前　言

所有的经济现象都发生在一定的地理空间中，经济问题不可避免地涉及特定经济活动的空间，因而一门新兴的经济学科区域经济学产生了。区域经济学是从空间角度研究人类经济活动规律，从1826年冯·杜能提出区位理论开始，经过近两百年的发展，区域经济学得到了不断发展与充实、演替。但至今其理论与方法仍然不太成熟。本书是我校区域经济学科团队共同努力的成果。我校区域经济学科是云南省重点学科，拥有博士学位授权点和硕士学位授权点。作为本科教材，本书立足于比较系统地阐述区域经济学的基本知识、基本理论和基本方法，并通过案例加以说明。写作过程中，除了参考2001年我校区域经济学科团队编写的《区域经济学概论》（孟庆红主编）外，还参考了大量国内外相关学者的论著，在此表示衷心感谢。

本书的章节安排如下：第1章，导论，主要阐明区域经济的基本概念、区域经济学的形成与发展、区域经济学的研究方法等。第2章，区域经济增长与区域经济发展，主要阐明区域经济增长的要素、增长阶段与增长理论等。第3章，区域产业结构的演变与优化，主要阐明区域产业结构的分类与演变规律、区域产业结构的配置与优化等。第4章，经济活动的区位，主要阐明区位的概念、要素和影响区位决策的因素，产业区位理论，企业区位理论，产业集群区位理论等。第5章，区域经济空间结构，主要阐明区域经济空间结构理论、区域经济空间结构演化和空间开发模式等。第6章，乡村与城市经济发展，主要阐明乡村与城市的起源和发展、乡村与城市发展理论、城乡统筹发展理论与实践等。第7章，区际经济关系，主要阐明区域经济协调及其测度，区域分工、交易费用和贸易，区域经济合作的条件和模式等。第8章，区域经济政策，主要阐明区域经济政策的目标和工具、区域经济政策的实施与评价等理论和方法。第9章，可持续发展战略，主要阐明可持续发展的内涵、原则和可持续发展战略的目标、实施等理论，简略介绍中国可持续发展战略。第10章，区域经济学的最新进展，主要介绍新经济地理学理论、区域营销与区域管治理论及实践、总部经济理论、区域创新与区域竞争力理论等。为了便于读者理解，每一章都有案例进行相关理论的说明。

各章的写作分工如下：第 1 章和第 10 章第 1 节，张洪；第 2 章、第 4 章和第 10 章第 2、3 节，林泉；第 3 章，卢正惠；第 5 章，侯学英；第 6 章，罗宏翔；第 7 章，钟昌标；第 8 章和第 10 章的第 4、5 节，邹再进；第 9 章，杨润高；第 10 章第 6 节，李建华。全书由张洪、林泉、邹再进统稿和进行文字校对。

虽然已经尽了最大努力，但限于学识和时间，错漏之处在所难免，还希望广大读者给予指正，我们在再版时将予以修改、完善。

感谢云南省教育厅和云南财经大学给予本书出版的大力支持和资金补助。感谢中国人民大学出版社及其编辑同志为本书出版付出的辛勤劳动。

张　洪

于云南财经大学康园

云南省普通高等学校“十二五”规划教材
云南省精品课程教材

·教育部经济管理类主干课程教材·

Quyu Jingjixue

区域经济学

主　编　张　洪
副主编　林　泉　邹再进

中国人民大学出版社
·北京·

目　录

第 1 章　导论　/1

1.1　区域与区域经济　/1
1.2　区域经济学的形成与发展　/6
1.3　区域经济学的研究对象和内容　/15
1.4　区域经济学的研究方法　/18
1.5　案例分析　/22
本章小结　/37
关键术语　/38
复习思考题　/38
建议阅读书目　/38

第 2 章　区域经济增长与区域经济发展　/39

2.1　区域经济增长与区域经济发展概述　/39
2.2　区域经济增长的要素　/42
2.3　区域经济增长阶段　/51
2.4　区域经济增长理论　/55
2.5　案例分析　/61
本章小结　/73
关键术语　/73
复习思考题　/73
建议阅读书目　/74

第 3 章　区域产业结构的演变与优化　/75

3.1　区域产业结构的分类　/75
3.2　产业结构的演变规律　/84

3.3　区域产业结构的配置与优化　/92
3.4　案例分析　/98
本章小结　/107
关键术语　/108
复习思考题　/108
建议阅读书目　/108

第 4 章　经济活动的区位　/110

4.1　基本概念　/110
4.2　产业区位理论　/118
4.3　多部门企业区位决策　/136
4.4　跨国公司区位　/140
4.5　新产业区与产业集群区位　/146
4.6　案例分析　/148
本章小结　/155
关键术语　/156
复习思考题　/156
建议阅读书目　/157

第 5 章　区域经济空间结构　/158

5.1　区位理论与区域经济空间结构　/158
5.2　区域经济空间结构的理论概述　/160
5.3　区域经济空间结构演化　/164
5.4　区域经济的空间开发模式　/173
5.5　案例分析　/180
本章小结　/185
关键术语　/186
复习思考题　/186
建议阅读书目　/186

第 6 章　乡村与城市经济发展　/187

6.1　乡村与城市的起源和发展　/187
6.2　城市与区域发展　/201
6.3　乡村经济与区域发展　/215
6.4　统筹城乡发展　/219
6.5　案例分析　/224
本章小结　/229
关键术语　/233
复习思考题　/233
建议阅读书目　/233

第 7 章　区际经济关系　/234

7.1　区域经济协调及其测度　/234

7.2 区域分工、交易费用和贸易 /241
7.3 区域经济合作的条件和模式 /250
7.4 案例分析 /257
本章小结 /264
关键术语 /265
复习思考题 /265
建议阅读书目 /265

第 8 章 区域经济政策 /268

8.1 区域经济政策概述 /268
8.2 区域经济政策目标 /272
8.3 区域经济政策实施 /278
8.4 区域经济政策评价 /285
8.5 案例分析 /289
本章小结 /299
关键术语 /301
复习思考题 /301
建议阅读书目 /301

第 9 章 可持续发展战略 /303

9.1 可持续发展概述 /303
9.2 可持续发展内涵 /306
9.3 可持续发展原则 /312
9.4 可持续发展战略 /312
9.5 案例分析 /315
本章小结 /317
关键术语 /318
复习思考题 /318
建议阅读书目 /318

第10章 区域经济学的最新进展 /319

10.1 新经济地理学 /319
10.2 区域营销与区域管治 /330
10.3 总部经济 /339
10.4 区域创新 /345
10.5 区域竞争力 /352
10.6 案例分析 /361
本章小结 /372
关键术语 /374
复习思考题 /374
建议阅读书目 /375

参考文献 /376

第1章 导论

1.1 区域与区域经济

作为一门新兴的从空间角度研究人类经济活动规律的经济学学科，区域经济学近些年得到了迅速的发展。本章首先界定区域的概念，剖析区域经济存在的客观基础，回顾和总结区域经济学在西方和中国的形成与发展过程，进而阐明区域经济学的研究对象、研究内容和常用的研究方法。

1.1.1 区域的概念、特征与类型划分

1. 区域的概念与特征

区域，既是一个客观存在的概念，又是抽象的人们观念上的空间概念，地球表面上的任何部分，比如一个地区、一个国家乃至几个国家均可称为一个区域。如何界定和划分区域是区域经济理论研究中首先面临的一个重要问题。然而，迄今为止，学术界对区域一词尚未有明确的定义，其大小也完全取决于研究的目的和问题的性质。区域概念之所以难以界定，主要源于以下几个方面的限制：一是根据研究问题的重要性和类型，区域的大小可以在相当大的范围内变动；二是区域的邻接性问题，即在把国家划分成区域时，不能出现飞地；三是由于许多学科的研究都涉及区域问题，不同学者从本学科的研究目的出发，对区域的界定和划分往往具有不同的看法。① 例如，地理学是最早提出区域

① 参见魏后凯主编：《现代区域经济学》，1页，北京，经济管理出版社，2006。

概念的学科。为了便于考察，地理学把地球空间划分为各种区域，如海洋区、陆地区、高原区、丘陵区等等。可见，地理学把区域定义为地球表面的一个地域单元。而政治学是从行政管理的角度去观察和分析各种不同的地点，根据人口居民点和社会经济活动的位置及分布状况，划分系统的地方单元。所以，政治学认为区域是行政管理的一个地方单元。社会学则把区域看作相同语言、相同信仰和民族特征的人类社会聚落，按这种标准，区域可以超过国界和行政边界，也可以包括不同的自然地理单元，只要语言、信仰或民族特征相同就可以划归为某同一社会聚落内。①

经济学的区域概念就是区域经济学的区域概念。经济学研究的区域，是指便于组织、计划、协调、控制经济活动而以整体加以考虑的，并考虑行政区划基础上的一定的空间范围。它具有组织区域内经济活动和区域外经济联系的能力，常由一个以上高级循环占重要比重的中心城市、一定数量的中小城镇以及广大乡村地区所组成。② 它具有以下几方面的含义③：

（1）区域既是一个实体概念，又是一个抽象的空间概念，它具有典型的二重性。我们所说的区域，通常是指地球表面存在的特定范围的空间，即特定的地区。然而，在理论研究中，“区域”一词又经常被看成是一个抽象的、观念上的空间概念，没有严格的范围、边界以及确切的方位。正因为如此，在区域经济学文献中，“区域”和“空间”这两个概念往往可以相互换用，而不必做细致的区分。

（2）区域的内聚力、结构、功能、规模和边界是构成一个区域的五个基本要素。其中内聚力是区域形成和演变的基础，它决定于区域内部的结构和功能，进而决定了区域的规模和边界。正是由于这种内聚力的存在，从而在一个区域各组成部分之间形成了一种相互依存的关系，并由此产生了一种共同的区域利益和区域意识。正如美国经济学家胡佛所指出的：“一个区域，它之所以成为一个区域，就在于区内有一种认识到某种共同区域利益的一般意识。”④ 这种意识是区域采取一些积极的措施，做出共同努力，提高区域福利水平的前提条件。

（3）区域具有客观性和动态性两个最根本的特征。一方面，区域是一个客观存在的现实现象，由此可以根据一定的目的对其加以描述、进行划分，并揭示其一般规律性。另一方面，区域又处于不断演进变化之中，随着社会经济的发展，区域的内聚力将不断发生变化，继而导致区域特别是经济区域的结构、功能、规模和边界也随之发生变化。但是，在某一特定时期，区域一般具有一定的规模和比较明确的边界。根据区域类型的不同，区域边界有可能是一条明确的边界线，也有可能是一条相互交错融合的边界带。由于商品经济的不发达，在两个经济区域之间可能会暂时出现一些空隙地带即飞地。

（4）区域具有一定的等级体系，不同等级区域的规模可能相差甚大。一个城市工业区、一个大的经济地带甚至一个国家都可以看作一个区域。区域经济学主要以国内的区域作为其研究的地域单元。按照地域规模的大小，国内区域大体可分为地带级、大区级、省区级、市级、县级、乡镇级等多个层次。当然，区域并非是无限可分割的，它具有一定的最小规模即单元区规模。

①② 参见郝寿义、安虎森主编：《区域经济学》，2版，1～7页，北京，经济科学出版社，2004。

③ 参见魏后凯主编：《现代区域经济学》，2页，北京，经济管理出版社，2006。

④ 参见［美］埃德加·胡佛主编：《区域经济学导论》，274页，北京，商务印书馆，1990。

2. 区域的类型划分[①]

按不同的划分标准，区域可分为不同的类型。

(1) 按物质内容，区域可分为自然区域和社会经济区域。自然区域是指根据自然地理环境的地域分布规律，依照一定的目的去揭示自然地理环境结构的特定性质而划分出来的自然地理综合体。其中又可分为非生态系统自然区域和生态系统自然区域。前者如流域、大地貌单元（平原区、山区、高原区），后者如太平洋生态系统、黄淮海平原农田生态系统、长白山区森林系统等。社会经济区域包括经济区域和社会、文化区域。经济区域是人类在运用科学技术、工程措施等对自然环境进行利用、改造和建设的过程中形成的特定性质的生产地域综合体。由生产、交换、分配等环节构成的区域，如东北经济区、山西经济区等。社会、文化区域是根据人类社会活动的特征，以及在人口、民族、宗教、语言、政治等因素交互影响下而产生的附加在自然景观上的“人类活动形态”——文化景观——的特定性质的相似性与差异性而划分出来的地域单元。如华人文化圈、东方文化圈、穆斯林文化圈、中华人民共和国（政治区域）等。

(2) 按内在结构（形态特征），区域可分为同质区域和极化区域。同质区域又称匀质区域，其划分依据的往往是区域内部共同拥有某一个特定的标志，如经济发展水平、产业结构、消费习惯或政治理念等。静态的区划一般是同质区域的划分，如大的经济地带、大的区域板块等的划分，都是从区域内部的相似性出发的。极化区域又称结节区域（集聚区域、功能区域），是相异性区域通过要素流动联系在一起的，具有很强的内聚力的一种区域。所谓“结节”，是指这类区域有一个或多个中心节点，其经济运行依赖于中心节点与周边地区之间的相互作用；所谓“极化”，是指区域中心节点周边的腹地的生产要素有向该节点集中的趋势。动态的区划一般是极化区域的划分，如都市圈、城市群的划分等都属于此类。[②]

1.1.2 区域经济的内涵与特点[③]

区域经济是相对于国家经济而言的，它是一个国家经济的空间子系统。任何一个国家的国民经济，都是由部门、空间和时间因素有机构成的三维系统。从空间的角度看，国民经济是由不同的异质区域经济有机耦合而成，区域经济可看成是国民经济的“器官”或“子系统”。具有不同特性和水平的区域经济在空间上相互依存和联系，构成一国的国民经济整体。

区域经济具有明显的二重性特点。一方面，区域经济富有“空间经济”的含义。任何人类经济活动，包括生产性活动和非生产性活动，都离不开空间，其生产、交换、流通和消费过程都必须落实到具体的区位。从这一点出发，区域经济也可看成是一个国家经济的空间侧面。另一方面，区域经济又通常是指国内特定地区的国民经济。在

① 参见吴殿廷主编：《区域经济学》，2版，1～3页，北京，科学出版社，2009。

② 参见孙久文主编：《区域经济学》，3页，北京，首都经济贸易大学出版社，2008。

③ 参见魏后凯主编：《现代区域经济学》，6页，北京，经济管理出版社，2006。

一国之内，各个地区所发生的各种经济活动及其资源配置问题，都属于区域经济的范畴。因此，那种只把区域经济与某个具体地方经济联系起来的看法，实属一种误解。

除了上述的二重性以外，区域经济还具有三个明显的特点。

(1) 地域性。各个地区的不同特点和情况，使区域经济具有强烈的地域性特点。无论是行政区经济，还是伴随商品经济的发育而逐步形成的经济区经济，都是如此。从这一点出发，区域经济的发展必须因地制宜、扬长避短、合理分工、发挥优势，以逐步形成各具特色的地区经济结构。

(2) 中观性。区域经济是一种承上启下，并有着自己的区域特点的中间型、非均衡型经济，是一种介于宏观经济和微观经济之间的中观经济。任何一个区域的经济发展，都既要满足本地居民的需要，谋求区内居民经济福利的增长，又要考虑整个国民经济发展的需要，搞好与全国经济的相互衔接和协调，兼顾区域利益和国家利益。作为区域经济的管理部门，地方政府既要对区内的企业进行管理和调控，又要接受中央和上一级政府的监督、指导和调控，执行国家的宏观经济政策。

(3) 相对开放性。与国家经济相比，区域经济在社会制度、经济体制、经济运行规则和币值等方面是一致的，不存在国与国之间常有的人为障碍，如关税、进口配额、移民限制等，因而具有更大的开放性。但这种开放性只是相对的，它受到空间距离和运输成本的限制。一般而言，区域规模越大，开放的程度越低；区域规模越小，开放的程度越高。

1.1.3 区域经济的客观基础

各种经济活动在空间上并非均匀地分布，它们往往相对集中在某些条件较好的地区，由此也决定了区域经济特点和发展水平的差异性。经济活动的分布和区域经济发展为什么会出现这种地域分异呢？或者说，究竟是什么因素决定了区域经济赖以存在的客观基础？学者们从不同的角度对这一问题进行探讨，归纳出三个主要的因素：资源禀赋差异、集聚经济和转移成本或距离成本，或称为生产要素的不完全流动性、经济活动的不完全可分性和产品与服务的不完全流动性。埃德加·胡佛在《区域经济学导论》一书中，把这三个因素称为区域经济的“三个基石”。

1. 生产要素的不完全流动性

一方面，人类的经济活动总是落脚在一定的地域空间上，而不同地域空间的自然资源条件差异很大。一些地方适宜人类生存与发展，而另一些地方则难以满足人类生存与发展的需要；一些地方适宜农业生产，而另一些地方则适合工业建设。因此，有一些地方的资源在该地的组合效率可能优于其他地方，于是就产生了区域差异和区域优势。

另一方面，人类生产生活所需的自然资源和社会经济资源是有限的和稀缺的。这些稀缺的资源，即使分布均匀，由于区位效应的作用，也会向某些地区集聚。自然资源

的位置确定之后，或者不能被移动，如土地、森林、矿山、草原等，或者很难被移动，如水资源等；社会经济资源当中最主要的人力资源、资本和技术的流动虽然是正常的，但必须付出相应的流动成本。所以，任何一个地区都应该利用本地资源优势发展区域经济。

生产要素分布的不均衡性和不完全流动性，使得人类的经济活动不可能形成空间均衡化。假如生产要素分布是均衡的，或者即使不均衡但却在空间上可以自由流动，那么各要素自然会向条件好的地区集中，形成世界大同的“均质”状态，在该状态下要素可随时随处供给，这样，将不会存在交换，不会有要素价格，这实际上意味着经济活动的停滞、窒息和死亡。但由于存在空间上不能移动的生产要素，所以人们要探讨资源替代和利用级差地租开发土地资源的可能性，以期形成经济在空间上的集聚，达到理想的分布状态。

因此，要素的不完全流动性是区域经济学的灵魂与活力所在，是区域经济分异的前提，也是区域经济多样性、互补性和区域分工的基础。

2. 生产活动的不完全可分性

现代企业的生产过程往往按照操作技术划分为若干彼此相连的工序，为了节约生产成本，各个工序在空间上集中在同一个地点。一个产业部门或一个产业群是由众多企业组成的，众多企业集中到一起，是生产联系、信息共享、共同利用基础设施和管理方便的必然要求，企业集中在一起之后，其成本一般会明显下降，这又进一步加大了集聚的力度。

经济活动的集聚性表现为规模经济和集聚经济，它是由经济本身的趋利性和节约性而导致的。在经济规律的作用下，要素的流向总是趋向于使其增值或提高效率的方向。一个企业的生产规模在一定限度内增大，一般可收到节省单位产品成本和提高效率的好处，这就是企业的规模经济。若干个企业集中于一个地点，能为各个企业带来成本节约等经济利益，这就是集聚经济。规模经济和集聚经济使得各生产要素和经济单位集结在一定空间上，形成区域经济的增长极。

由于规模经济和集聚经济的存在，生产活动不可能被彻底地分割及均衡地分布在所有的地区。我们应该考虑到规模经济和集聚经济的要求，在条件好的地方，集中布局各类产业，而集聚区的形成，又会带来人口的增加，从而形成城市这种地区的经济中心。

3. 产品与服务的不完全流动性

由于距离的客观存在，产品与服务的移动必须克服空间的距离限制，支付相应的运输成本。而为了减少距离成本，产品与服务生产的地方化即靠近消费市场，就十分必要。这就是所谓的产品与服务的不完全流动性。

尽管现代科技和现代交通、通信业的发展使空间距离对人类活动的限制越来越少，但是，只要距离存在，经济活动就要支付距离成本。这些距离成本仍对区域禀赋优势的发挥和空间集聚经济的实现有着极为重要的影响，使得经济活动局限于一定的地域空间范围内。

1.2 区域经济学的形成与发展

1.2.1 西方区域经济学的形成与发展①

西方区域经济研究的理论渊源最早可以追溯到19世纪初开始创立的区位理论，至今已有170多年的历史。然而，作为一门相对独立的学科，区域经济学在西方大体形成于20世纪50年代，是一门新兴的科学。自20世纪60年代以来，随着区位研究由微观向宏观领域的不断扩展，以及各国政府为解决区域问题而加强对区域经济活动的干预，大规模开展各种区域规划工作，区域经济学获得了迅速的发展。

西方区域经济理论脱胎于区位理论，它是在区位经济学的基础上形成与发展起来的。经过近几十年的发展，目前西方经济学已从传统的以单个厂商的区位选择为主要对象的区位理论，逐渐演变为主要为宏观区域决策提供理论依据的完整科学体系。

总体上看，从杜能提出农业区位论开始，西方区域经济学的形成与发展大体经历了三个阶段。

1. 第一阶段（杜能提出农业区位论至20世纪50年代）

这一时期，西方区域经济学研究主要局限在对企业、产业和城市的区位选择、空间行为和组织结构方面，出现了一批至今仍有较大影响的区位理论，如杜能的农业区位论、韦伯的工业区位论、克里斯塔勒的中心地理理论、勒施的市场区位理论等。

1826年，德国经济学家杜能根据长期经营农场的经验，出版了《孤立国同农业和国民经济的关系》一书，提出了农业区位论。在一系列的假定条件下，杜能指出距离城市远近的地租差异即区位地租或经济地租，是决定农业土地利用方式和农作物布局的关键因素。由此他提出了以城市为中心呈同心圆状分布的农业地带理论，即著名的“杜能环”。之后，德国经济学家韦伯在20世纪初出版了著名的《工业区位理论》，系统完整地建立了工业区位理论模式，成为工业区位理论的奠基人。韦伯理论的主要思想是区位因素决定生产场所，即生产费用最低、经济效益最大的地点。他把运费、劳动费用和集聚因素看成是工业区位指向的决定因素，并由此得出三条区位法则，即运输区位法则、劳动区位法则和集聚或分散法则。

以杜能和韦伯为代表的古典区位理论主要以第一产业和第二产业为对象，进行静态和微观的区位研究，以成本收益分析为主，形成区位理论的成本学派。

20世纪30—40年代，西方区位理论得到很大的发展。1933年，德国地理学家克里斯塔勒在其《德国南部的中心地原理》一书中，将区位理论扩展到聚落分布和市场研究，

① 参见魏后凯主编：《现代区域经济学》，8～11页，北京，经济管理出版社，2006。

建立了中心地理论。在此基础上，德国经济学家勒施则在1939年出版的《经济空间秩序》一书中，将利润原则应用于区位研究，并从宏观的一般均衡角度考察工业区位问题，从而建立了以市场为中心的工业区位理论和作为市场体系的经济景观论。此外，20世纪30年代，瑞典经济学家奥林（Bertil G. Ohlin）在《地区间贸易和国际贸易》一书中，将区位研究同贸易和区域分工研究结合起来，开辟了一个新的研究领域——一般区位理论。另一位瑞典经济学家帕兰德（T. Palander）则在《区位论研究》一书中，通过对市场区范围的深入研究，提出了市场区竞争区位理论。20世纪40年代，美国经济学家胡佛还扩展了韦伯的"运输成本"（仅指线路运输费用）概念，提出了转运点区位理论。

2. 第二阶段（20世纪50—70年代）

20世纪50—70年代，由于各种区域问题的出现，西方区域经济学研究的重点转向区域经济发展和区域政策问题。这一时期，各国学者提出了许多重要的区域发展理论和战略模式。其中，较有影响的有输出基础理论、增长极理论、循环累积因果理论、中心—外围模式、新古典区域增长模型等。

诺斯（North）在其论文《区位理论和区域经济增长》中提出输出基础理论。它的理论基础是静态比较分析中外贸乘数概念，其基本思想是：一个区域的增长取决于其输出产业的增长，区域外生需求的扩大是区域内增长的主要原动力。因而，增加区域的输出基础即区域所有的输出产业和服务，将启动一个乘数过程，其乘数值等于区域输出产业与非输出活动收入或就业量之比。

法国经济学家弗朗索瓦·佩鲁（Francois Perroux）最早提出"增长极"的概念。它的基本思想是，"增长并非同时出现在所有地方。它以不同的强度首先出现于一些增长点或增长极上，然后通过不同的渠道向外扩散，并对整个经济产生不同的终极影响"。20世纪60年代，法国学者布代维尔（J. R. Boudeville）把增长极概念扩展到内容更为广泛的区域范畴。他认为，"一个区域增长极是指区位在一个城市区，并在其影响范围内引导经济活动进一步发展的一系列推进型产业"。20世纪60年代以后，弗里德曼（J. Friedmann）、罗德温（Rodwin）等学者用"集中的分散化"思想进一步阐述了这一理论。

1957年，美国经济学家缪尔达尔（G. Myrdal）在其著作《经济理论与不发达区域》中提出循环累积因果理论。他认为，"市场的力量通常倾向于增加，而不是减少区际不平等"。按照他的观点，由于集聚经济的存在，繁荣地区会因市场的作用而持续、累积地加速增长，并同时产生扩散效应（spread effect）和回波效应（backwash effect）。前者对落后地区有利，而后者则对落后地区不利。由于前者远小于后者，因而经过这一不均衡的互动过程，繁荣地区愈繁荣，落后地区愈落后。之后，卡尔多（N. Kaldor）、狄克逊（Dixon）等人进一步发展了缪尔达尔的思想，提出了具体的循环累积因果模型。

与循环累积因果理论从狭义的经济角度来探讨区际不平等的原因不同，弗里德曼在其1966年出版的《区域发展政策》一书中，从更广泛的范围来研究区域不平等过程。他把落后地区看成是与中心保持着殖民关系、依赖的且缺乏经济自主权的外围区，认为思想、技术、资本和观念等所有这些有利于经济发展的因素都产生于中心，或者由中心从海外接收。这导致空间二元结构的出现，并随着时间而增强。从长远发展看，"随着区域经济的持续增长，将推动着空间经济逐渐向一体化方向发展”。

新古典区域增长模型是运用标准的新古典国家增长理论来分析区域增长问题的一个学派。20世纪60年代以后，一些区域经济学家开始把需求、规模报酬递增、新技术、集聚经济以及支持投资的公共部门的影响引入新古典增长模型，使其逐步得以完善。

3. 第三阶段（20世纪80年代以后）

自20世纪80年代以来，随着官方统计数据的大量公布和计算机网络技术的迅速发展，西方区域经济学研究开始逐步走向计量化，实证研究成为一种新时尚。在这一时期，无论是在区位理论还是在区域发展和区域政策方面，西方区域经济研究的范围和领域都有了很大的扩展，研究的内容也越来越深入。

在区位理论和空间经济领域，随着多厂企业特别是跨国企业的迅速发展，研究重点转移到多厂企业的区位选择与空间组织上来。主要包括：(1) 多厂企业投资区位的决策过程以及区位选择考虑的主要因素；(2) 公司总部、地区性总部以及地区办事处的区位选择；(3) 研究与开发活动的国际化及区位选择；(4) 企业内部的区位调整、撤资以及工厂关闭问题；(5) 企业内分支机构之间的空间联系与组织形式；(6) 企业外部的空间联系，如转包、国际战略等。同时，随着国际直接投资急剧增长，国际直接投资区位的选择、经济国际化乃至全球化的空间影响，以及新型的劳动地域分工问题，正日益成为当今西方区域经济学研究的热点。

在区域经济发展方面，20世纪80年代以来，西方区域经济学研究的重点已从过去强调规范研究逐步转移到注重实证研究，其研究的主题也越来越深入细化，研究的内容极其广泛，几乎涉及经济发展的所有方面。如采用一些新的数学方法和手段，对区域收入差异的构成按部门、按地域单元或者按因素进行分解，探索区域失业和通货膨胀差异形成的原因及机制；建立各种计量模型，测算区域经济增长的来源、周期波动及收敛性，分析出口、外资流入、基础设施以及政府政策等对区域经济的影响，考察区域经济结构变化的资源配置效果；从集聚经济和专业化的角度，探讨产业和区域集群的形成和影响机制；等等。

在区域政策与管理方面，当前西方区域经济学研究的侧重点集中在区域可持续发展、区域政策的效应评价、宏观政策的区域效应、区域政策与产业政策的协调、地方经济政策、区域营销与形象设计、区域管制等方面。由于保罗·克鲁格曼（Paul Krugman）等人的重要贡献和积极倡导，近年来空间经济问题越来越受到主流经济学界的高度重视。

1.2.2 中国区域经济学的形成与发展①

中国区域经济学起步很晚，作为一门学科来进行系统研究是近一二十年的事。以

① 参见魏后凯主编：《现代区域经济学》，8～11页，北京，经济管理出版社，2006；郝寿义、安虎森主编：《区域经济学》，2版，29～32页，北京，经济科学出版社，2004。

1978 年为界，中国区域经济研究和区域经济学的发展大体经历了两个时期。1978 年以前，与大一统的体制相适应，研究的重点是生产力布局问题。1978 年以后，随着经济发展战略和经济体制的转轨、经济运行体制的变化，特别是宏观经济分级调控体系的建立，中国区域经济发生了一系列新变化。在新形势下，理论界开始探讨社会主义市场经济条件下经济布局理论问题，同时针对区域经济实践中出现的一系列新问题、新现象，逐步拓展区域经济研究的领域，包括区域经济结构、区域经济发展战略、区域经济增长、区际分工与区际贸易、区域发展差异、区域政策、区域经济体制与管理等等。

1. 1978 年以前的生产力布局研究

改革开放以前，我国经济是中央高度集权的计划经济，生产力布局研究是为制定国家的宏观计划以及实施这种计划提供理论依据。生产力布局的基本理论是从原苏联“引进”的。

生产力布局理论认为，任何生产总要落脚到特定的空间，生产力分布状况对生产有着重大的影响：一是影响生产的发展速度及社会经济效益；二是影响区域的产业结构、优势发挥以及区际协作；三是影响生产要素本身的发展，包括自然资源的保护和再生资源的再生能力、生态评价以及人本身的发展。生产力布局学的任务是从错综复杂、千变万化的生产分布过程中，揭示生产力分布发展变化的规律性，并以此来研究解决生产的再分布或生产布局问题。

生产力布局理论认为，在以公有制为基础的社会主义社会，要通过生产要素有计划按比例的分配，使地区之间以及地区内部各部门之间协调发展，促进各地区和全国国民经济的普遍高涨以及各生产要素的保持或发展。因此，投资的地区分配和建设项目地点的选择、地区内部投资结构的安排以及区域间分工协作关系的确定要依据以下这些原则：(1) 有计划地在全国范围内均衡地布局生产力；(2) 把地区专业化和综合发展结合起来；(3) 工业尽可能接近原料地、燃料地和消费地；(4) 合理集中与适当分散相结合；(5) 有利于提高国家的战略防御能力和国防的巩固。在五条原则中，平衡布局是总的指导思想，其他原则均从属或服从于它。当时的这种生产力布局研究，对迅速改变旧中国遗留下来的工业偏集于沿海和广大内地经济落后的畸形格局，曾发挥了不小作用。

2. 1978 年以后区域经济学的发展

1978 年以后，随着改革开放的不断深入，中国区域经济发生了根本性变化，区域经济学的发展进入一个崭新的阶段。

对 1978 年以前中国生产布局的经验教训进行理论总结，认识到任何国家或地区的区域经济都是一个由不平衡到平衡波浪式地向前发展的漫长历史过程，平衡只是相对的，不平衡是绝对的，而且平衡目标只有通过不平衡的途径才能实现。但是，非均衡发展必须以协调为前提，地区倾斜必须适度。

结合国家经济建设任务和中国区域经济出现的新问题，拓展了区域经济研究的领域。1979—1981 年国民经济调整时期，国家组织开展了经济结构的国际比较和中国经济结构问题与对策研究。1981 年全国开展国土整治工作，随后国土整治与规划研究迅速在全国各地展开。国家计委国土局组织各方面力量，研究编制了《京津塘地区国土规划纲要》和《全国国土总体规划纲要》，同时还选择了若干不同类型地区作为区域性国土规划试点。

1982 年 9 月，党的十二大提出了中国到 20 世纪末经济社会的发展战略构想。之后，一股研究发展战略的热潮在全国各地兴起。区域发展战略研究主要集中在两个方面：一是中国宏观区域发展战略或生产布局战略的探讨。学者们提出了梯度推移模式、点—轴开发模式、一个半重点模式、优区位开发模式、东西结合模式、四沿开发模式、梯度推移和发展极—增长点模式、西部跳跃模式等多种发展战略，丰富了区域经济理论，对学科发展和经济实践都具有十分重要的意义。二是对国内某一类型或某一具体区域发展战略的研究。目前，发展战略研究已由地带级、大区级、省区级、地级、市级，发展到县级、乡镇级。

进入 20 世纪 90 年代，中央提出了加快中西部地区经济发展步伐，逐步缩小地区差异的战略任务。在新形势下，国家计委地区经济司等部门组织各方面力量，先后开展了环渤海、长江中下游、东北、西南、西北以及长江流域、陇海、京九和南昆沿线等地区的区域规划研究。各地区也相继开展了地区产业结构调整、投资环境和竞争力评价、区域营销和形象建设等方面的研究。学术界则针对改革与发展过程中出现的各种区域问题，如区域经济合作、区域经济一体化、区域发展差异、老工业基地改造以及区域政策等，进行了广泛深入的探讨。

区域经济理论与方法的学科建设近年来有较大进展。20 世纪 80 年代以来出版的区域经济研究和理论方法方面的专著，远远超过了前 30 年的总和。有关中国区域经济研究的学术著作，更是不计其数。同时，随着区域经济建设实践的大规模开展，一大批经济学者、地理学者、社会学者以及管理和工程技术专家，都加入了区域经济研究的行列。区域经济研究的队伍不断壮大，研究人员迅速增加。许多大学都开设了区域经济学课程，设立了区域经济方面的专门研究机构。国务院学位委员会则将区域经济学，包括城市经济学和经济地理学（部分），列为与产业经济学并列的二级学科，并增设了博士和硕士研究生招生点。作为组织研究区域经济理论和实践的全国性学术团体，中国区域经济学会也于 1990 年 2 月正式成立。

1.2.3 现代区域经济学的主要流派①

目前，区域经济学形成了三大流派：新经济地理学派、区域政策学派和区域管理学派。

1. 新经济地理学派

新经济地理学派以克鲁格曼、藤田昌久等学者为代表，形成于 20 世纪 90 年代。

新经济地理学派的宗旨是将区域经济学带进主流经济学的殿堂。正是从这点出发，

① 参见孙久文：《现代区域经济学主要流派和区域经济学在中国的发展》，载《经济问题》，2003（3）。

其分析区域问题的模型框架基本上是经济学的，其理论的基石建立在三个命题之上。一是收益递增。生产规模的扩大带来产出的增加，从而带来生产成本的下降。各国或区域间通过发展专业化和贸易，提高收益。集中是规模经济的反映，地理上的集中形成大型的集聚地区，其规模优势远远大于某一个部门或产业的集中优势，从而为地区获得竞争优势创造了前提。二是不完全竞争模型。由迪克西特和施蒂格利茨创立的不完全竞争模型，被克鲁格曼引入区域经济的分析。例如，由于不完全竞争的存在，某个地区的制造业发展起来之后，就形成工业地区，而另一个地区可能仍处于农业地区，两者的角色将被固定下来，各自的优势被“锁定”，从而形成中心区与外围区。三是运输成本。以保罗·萨缪尔森引入的“冰山”理论的运输成本计算方法为依据，即任何制成品的价值在运输途中都将有一部分丢失。由这三个基石，新经济地理学派建立了区域经济的“中心—外围”模型。① 克鲁格曼指出，“中心—外围”均衡的条件依赖于制成品在支出中的份额、以倒数衡量的运输成本和成反比的均衡规模经济。应当说，“中心—外围”模型是新经济地理学派对区域经济学的主要贡献。

新经济地理学派认为，区域经济学有五大传统，并依照这五个方面向前发展。

（1）区位理论。克鲁格曼认为，它应分为两个部分：一部分是韦伯的工业区位论，它分析的是厂商的区位决策问题。另一部分是中心地理论，由克里斯塔勒和勒施提出，这个理论分析了制造业和市场营销中心的定位和作用，并认为中心地方应当是有层级的。依据这个传统，艾萨德（W. Isard）从理论上对“中心地理论”进行了阐述。克鲁格曼认为，“中心地理论”及其模型化是区域经济学今后研究的方向之一。其主要理由是：“规模经济要求生产地点的个数尽可能少，而增加地点却可以降低运输成本，每一个厂商都要权衡规模经济与运输成本……除非你可以描述不完全竞争的市场结构，否则不可能说清楚中心地方是如何形成的。”②

（2）城市地理学。在城市地理学中，人们借助于物理学的公式来描述城市地理现象。如“城市位次规模法则”③、“城市地理联系率”④ 等。这里面隐含了市场结构的假设，也隐含了垄断竞争，如果厂商的规模报酬不变，那么全国设立一个工厂就够了，也就用不着去分析市场潜力了。

（3）循环累积因果理论。循环累积因果理论是缪尔达尔、赫希曼等人提出来的一种发展经济学理论，中心是“循环累积因果关系”的概念，艾伦·普里德将其应用到分析地区增长问题中去。克鲁格曼认为，超发展理论的思想在区位问题中的应用比在发展经济学中更合适。例如，公司往往趋向于市场规模较大的地区，而市场的扩大又与公司的数量增加相关，这样因果累积，市场规模越来越大，集中的趋势越来越明显。

（4）外部经济。马歇尔所表述的外部经济，其概念是：生产者集聚在一个特定区位

① 参见［美］克鲁格曼：《地理和贸易》，98页，北京，北京大学出版社、中国人民大学出版社，2001。

② ［美］克鲁格曼：《发展、地理学与经济理论》，40页，北京，北京大学出版社、中国人民大学出版社，2001。

③ 城市位次规模法则：$P_r=P_1/r$，式中，P_r 为第 r 位城镇的人口数，P_1 为第1位城镇的人口数，r 以 P_r 为序。

④ 城市地理联系率，$G=100-\frac{1}{2}\sum_{i=1}^{n}|S_i-P_i|$，式中，$G$ 为城市地理联系率，S_i 为第一要素占全国或全区同类要素的百分比，P_i 为第二要素占全国或全区同类要素的百分比。

有许多优势，而这些优势反过来又可以解释这种集聚现象。外部经济对地区发展的作用很大，但人们对这方面的研究还不够深入，它是区域经济学的一个重要研究方向。

（5）地租和土地利用。杜能的农业区位论思想设想了一个从中心到外围地租不断下降的模型。克鲁格曼认为，这个模型涉及均衡理论、价值理论、土地价格理论等等，具有广阔的前景。但该模型只揭示了从中心到外围的扩散效应，而没有揭示同时存在的从外围到中心的集聚效应，这方面也应是区域经济学要研究的重点方向。

2. 区域政策学派

区域政策学派研究的中心是将制度要素引入区域分析，研究政府及其体制对区域发展的影响，并通过制定相应的区域政策，协调区域发展。所以，该学派研究的中心是区域政策问题。

目前，区域政策问题在欧洲引起了相当多人的重视。其主要原因在于欧盟成立之后，欧盟内部各个国家之间的关系转变成为一种“国家地区”与“国家地区”之间的关系。如何在欧盟的层面上协调各国的利益，也就是地区利益，成为欧盟经济政策研究的中心之一。正是在这样的背景下，区域经济政策的研究才成为欧洲各国区域经济学家的工作重心之一。

显然，区域政策主要是解决区域问题和协调区域利益。约翰·弗里德曼认为，区域政策处理的是区位方面的问题，即经济发展“在什么地方”，它反映了在国家层次上处理区域问题的要求。只有通过操纵国家政策变量，才能对区域经济的未来作出最有用的贡献。区域政策的主要特征是积极的区域倾斜和集中化，因而区域政策的内容包括：（1）通过政府的干预而导致生产的空间转移。政府可以选定可支持的部门，并由这些部门的分布来影响空间结构，从而提高地区的经济竞争力，改善贸易平衡，发展自身的研发能力等。（2）产业和部门规划。国家通过制定援助规划，促进某些产业和部门的发展，或是延缓其衰退的过程。（3）缩小区域差距。国家通过财政政策、金融货币政策等，实现转移支付，帮助落后区域的发展，缩小地区差距或者抑制地区差距的扩大。缩小区域差距是区域政策最直接的内容。

综观世界各国所提出的区域政策，其主要目标可概括如下：（1）提高区域内现有资源的利用水平；（2）更有效地在区域内各种用途间分配资源；（3）实现区域内的最佳增长；（4）在区域间有效地再分配生产要素，以使总收入与总增长最大化；（5）实现区域间增长率的均等化；（6）实现区域间收入的均等化；（7）为缓解通货膨胀压力而缩小区域差异；（8）减少区域内因拥挤而造成的外部成本，形成最佳空间结构。上述目标在许多情况下并不是相容的，所以必须依据不同的区域和不同的发达程度做出选择。

3. 区域管理学派

区域管理是区域经济融入管理学的内容后形成的新的学派，对于区域经济学从理论到应用，起到了桥梁的作用。

区域管理起源于人们对20世纪50—60年代区域发展和区域问题的认识。由于落后地区和发达地区的对立，人口大量从落后地区流向发达地区，而发达地区的产业部门却很

难向落后地区转移，产业结构升级受到阻碍。要解决这一问题，人们认识到，仅有政策和规划是不够的，还必须借助管理学的方式，把区域作为对象进行管理。如日本的国土开发、美国的区域再开发等，都是著名的区域管理范例。

区域管理主要由三部分内容组成。

(1) 区域经济发展管理。区域经济发展管理是在公平竞争的前提下，通过对区域内经济资源的有效协调，使区域经济能够健康有效地发展。区域经济发展管理面对的主要是宏观经济问题，面临的两大挑战是：经济增长和充分就业。美国田纳西河流域的开发，是区域发展管理的经典范例。区域经济发展管理的主要方法有：管理学的方法、法律的方法、行政的方法。方法当中既包括指导性的手段，也包括强制性的手段。

(2) 区域人口管理。区域管理的基本目标是服务于人，人口管理是区域管理的基本内容。[①] 人是生产者，也是消费者。由于人口的增长速度一直在加快，目前全球人口已超过 60 亿，而我们所拥有的资源在一定技术条件下是固定不变的。所以，对一个区域来说，区域发展必须考虑适度的区域人口，即主要应考虑区域内的资源状况、经济发展基础和人口就业的形势。人口管理和人力资源开发，可以促使区域的发展上到一个新的台阶。

人力资源开发是近年来颇受重视的一个区域发展的项目。在新经济时代，人力资源已逐渐成为创造财富的主体资源。区域的发展状况，很大程度上取决于这个区域的人口教育水平、科技开发能力和技术创新精神。所以，人力资源开发正成为区域管理的重要组成部分。

人口和劳动力迁移也是近年来区域发展的重要项目。国外从事区域经济学研究的学者对人口迁移进行了详细的研究，提出了出发地或迁出地、目的地或迁入地及介于两者之间障碍的主要理论。在中国，近 20 年来的“民工潮”使人口迁移问题在区域管理中更为重要。无论沿海发达的人口迁入地区，还是内地落后的人口迁出地区，都期望从农民工的迁移中获得好处。对于沿海城市来讲，农民工的涌入，可以使其保持一个相对较低的工资水平，从而降低产品成本，增强市场竞争力；对于内地而言，农民工从外地汇回的现金收入，可以拉动地区的消费，同时也形成了一部分固定资产投资。

区域人口管理不同于全国整体性管理的地方在于，其人力资源的开发更为具体、人口就业形势更加多变和人口迁移缺乏规律性，并常常由此带来一些相应的社会问题。

(3) 区域环境管理。区域环境管理正在成为区域管理的主要内容。《21 世纪议程》和《中国 21 世纪议程》都明确地表述了这一点。有的学者认为，区域环境管理主要是对矿产资源、土地资源、大气污染、噪声及废弃物污染等进行管理。这种观点侧重于从环境经济学的角度表达区域管理的内容。但近年来，一些学者提出，区域环境管理应当是造就一种发展的模式，在对环境进行严格控制的前提下，造就一种经济发展的良好空间。这种被称为“环境经济模式”的观点认为，环境经济模式是以区域或城市的区位优势和环境优势为前提条件，发展相应的经济中心，并带动周边地区的发展。这种模式将区域或城市视为最大的产品，以城市自身形象为品牌，吸引投资者，促进区域和城市发展。

由于这种模式的行为主体是地方政府，所以其环境管理的功能更突出，引起的累积

① 参见王铮：《区域管理与发展》，19 页，北京，科学出版社，2000。

效应也就更大。由于环境影响的进一步增强，人们已经不仅仅从环境的直接影响的角度去研究区域环境管理问题，而是以环境控制和保护作为最基本的发展条件，寻找区域发展和产业发展的新模式与新途径。

1.2.4 当前中国区域经济问题①

在当前中国区域经济得到迅速发展的同时，也出现了一些新的问题，而且这些问题正愈演愈烈。

1. 区域发展不平衡加剧

改革开放以后，我国扭转了过去的平衡发展模式，开始重视资源配置效益，投资重点放在经济效益高、见效快的沿海地区，迅速造就了一个繁荣的沿海工业增长地带，进而拉动了全国的工业化过程。这些实践活动调动了地方发展经济的积极性，增强了区域经济自主性和发展能力，大大提高了宏观经济效益。但倾斜式的发展同时也造成了空间比例的失调，加剧了区域发展的不平衡。目前，我国东、中、西三大地带的经济增长速度的差距在不断扩大、经济总量差距不断扩大，经济发展水平差距也在不断拉大。区际差距的加大，使经济落后地区财政更加困难，不仅个人收入偏低、群众生活困难，而且城镇建设、基础设施和基础产业、文教卫生等发展所需的资金严重短缺。这些又加剧了发展的不平衡，使落后地区经济陷入了一种恶性循环之中。

2. 区际分工弱化，区域结构趋同严重

改革以后的放权让利一方面调动了地方政府的主动性和积极性，另一方面又助长了地方政府追求和保护地方利益的冲动。同时中央政府的调控能力大大削弱，无法组织有效的区际分工。发达地区为了保护自己在经济发展中的领先地位，落后地区为了跳出贫困的恶性循环，纷纷在附加值高、利润大、周期较短的加工工业领域内进行激烈的竞争。结果出现了低水平的重复建设、盲目引进、盲目搞配套、区际无法形成分工、区域产业结构趋同的现象。这种分工的弱化和结构的趋同，反过来又引发新一轮更加激烈的竞争，导致资源的大量浪费和区域整体经济效益的降低。

3. 区域间摩擦加剧

在放权的情况下，中央和地方政府必然依据各自的分工行使权力。地方政府则更多地关注本地区社会经济环境，努力增加就业机会、增加地方财政收入、稳定当地物价。但是，目前我国地方政府追求地方利益目标的行为没有受到任何制约。它集中表现出对外的排他性，既要向外争利，又要防止“肥水外流”。为此，地方政府常采取一些不正当手段，筑起各种壁垒，人为地设置屏障，对外来产品的进入进行制裁，对区域资源、人

---

① 参见郝寿义、安虎森主编：《区域经济学》，2版，33～34页，北京，经济科学出版社，2004。

力、技术、商品的进出实行封锁或者垄断。结果导致区际的摩擦、爆发争夺原材料的“资源大战”、地方保护主义盛行，从而形成了所谓的“诸侯经济”。地方权力的加强和缺乏有效的约束机制，还使得地方政府执行中央政策时，往往选择有利于自身的或过滤不利于自身的有关政策，结果使得中央的经济政策在区域中无法正确地得到贯彻落实，进而导致中央政策失效。同时，地方政府常寻找政策上的空当来谋求地方的利益，也就是所谓的“上有政策，下有对策”。在中央和地方的这种博弈中，胜者常常是地方，中央对地方行为的约束已在很大程度上失控了。

上述问题严重地危害了我国区域经济正常和稳定地发展。如何有效地解决这一问题，是过渡经济中我国区域经济学研究所面临的极其重要的课题。

1.3 区域经济学的研究对象和内容

1.3.1 区域经济学的研究对象①

任何一门学科要想相对独立地存在，就必须有自己独特的研究对象和领域以及一个准确、规范的表述，否则便会失去存在的根据。区域经济学诞生以来，中外许多学者基于不同理解、不同角度、不同侧重点，都对区域经济学的研究对象做出了不同的表述。概括起来，代表性的观点有以下几种：

（1）一种观点认为区域经济学是研究特定地理范围的经济学，它与一般经济学并没有什么差别，只是在研究的地理范围上前者是国内区域，而后者是国家。持这种观点的大多是一些初步接触区域经济研究的学者，他们习惯于将研究一国经济的理论和方法照搬来研究国内某一地区，由于忽视区域特点，其研究不能真正促进区域经济学的发展。

（2）从人类经济活动的地理分布和空间组织来界定区域经济学。如诺斯在其所著《区域经济学》一书中，将区域经济学界定为“研究为人们所忽视的经济空间秩序，研究稀有资源的地理分布的科学”。原苏联学者涅克拉索夫则认为，区域经济学是为组织地域经济提供科学依据的一门经济学科，它的主要研究对象是地域经济组织。类似地，中国有的学者也认为，“区域经济学的研究对象是国民经济发展的地域组织规律”。提出这种观点的学者，其意图是想弥补以往经济学研究忽视空间维度的缺陷，但由于定义过于宽泛，以至于囊括了许多以地理空间为对象的学科。最典型的莫过于胡佛的观点，他在《区域经济学导论》中认为，区域经济学即“空间”经济学，可以用“哪里有什么，为什么，又该怎么办”这个问题囊括。② 这与经济地理学的四“W”（where，what，why，

① 参见魏后凯主编：《现代区域经济学》，14～15页，北京，经济管理出版社，2006；张敦富主编：《区域经济学原理》，16～18页，北京，中国轻工业出版社，1999；郝寿义、安虎森主编：《区域经济学》，2版，35～40页，北京，经济科学出版社，2004。

② 参见［美］埃德加·胡佛：《区域经济学导论》，6页，北京，商务印书馆，1990。

which）定义几乎相同。

（3）把区域经济学看成是研究某些特殊领域的经济学。如利菲伯（L. Lefeber）把区域经济学界定为“空间隔离”（spatial separation）的经济学，博茨（G. H. Borts）把区域经济学界定为“资源不流动性”的经济学，而法国学者布代维尔则把区域经济学界定为一种决策科学。显然，这种界定并没有很好地把握区域经济学的科学性质。

（4）根据区域经济学研究的主要问题来界定。如艾萨德在《区域分析方法》一书中把区域经济学视为研究“确定可在某一区域有效地从事生产并获取利润的单个或集团产业，改善区域内居民的福利，如提高区域内人均收入水平，改善收入分配，更有效地衡量收入，区域内产业的分散，获得区域内资源的最有效利用等问题的科学”。周起业等人在《区域经济学》中将区域经济学看作研究如何建立国家经济区域系统，并按照地域分工与合作的原则来组织系统内各区域中第一、二、三产业的发展与布局，使之形成一个既能顺乎世界经济发展潮流又能最大限度发挥地区优势的产业结构，形成一个大、中、小企业相结合，集聚与分散相结合，以多层次城市为结点，由运输网、信息网、服务点分布网等网络系统将全区城乡连成一片的经济有机体的科学。① 显然，采取这种列出问题清单的方法，无益于把握和了解一门学科的性质与规律。随着科学研究的不断深入，区域经济学研究的问题将逐步增加，由此所列出的问题清单也将会越来越长。

（5）把区域经济学的研究对象界定为区际相互关系的研究。杜贝 1964 年发表了《区域经济学的定义》一文，他在对各家的定义加以研究后认为，“区域经济学是以经济学观点，研究在资源不均匀分配且不能完全自由流动的世界中，各个地区的差异以及各地区间的关系的科学”。这种观点较为全面地概括了当代区域经济学研究的对象，为许多从事区域经济研究的学者所接受，但它并不是一个令人十分满意的定义。

（6）一种观点认为区域经济学是从宏观角度研究国内不同区域经济发展及其相互关系的决策性科学。② 这个观点强调了如下几个方面：首先，提出区域经济学的宏观性，强调区域经济学并不以区域内单个经济主体的经济行为为考察对象，而把一个区域看作一个整体的经济活动来考察。其次，强调在全国的宏观背景中去考察某一区域的经济运行，在全国国民经济总体最优的目标下分析各区域之间的资源配置问题，认为区域最优不等于总体最优。最后，强调区域经济发展、区际分工与联系、区域经济政策为区域经济学的主要研究内容，尤其是区域经济政策，这一点与前面几种观点是不同的。

为什么不同的学者对区域经济学研究对象的理解会出现如此大的差异呢？最主要有两方面的原因：一方面，作为一门新兴的学科，区域经济学的研究范围和研究领域随着学科本身的发展在不断变化，一些新现象、新问题不断涌现，需要我们去解答和探索。另一方面，区域经济学作为一门实践性、应用性很强的交叉边缘学科，与生产力布局学、经济地理学、区域科学和城市科学等相关学科有着密切的联系。对于同一个问题，如企业区位选择、城市与区域发展等，不同学科的研究者从不同角度来研究，就会有不同的理解。

综上所述，我们可以这样来认识区域经济学及其研究对象，区域经济学是一门运用

① 参见周起业等：《区域经济学》，北京，中国人民大学出版社，1989。

② 参见陈栋生主编：《区域经济学》，19～21 页，郑州，河南人民出版社，1993。

经济学的观点和方法，研究国内不同区域经济的发展变化、空间组织及其相互关系的综合性应用学科，其基本特征是区域性、综合性和应用性。

1.3.2 区域经济学的研究内容①

作为综合性的应用学科，区域经济学研究的内容极为广泛。根据我们对区域以及区域经济学的定义，结合当前中国区域经济建设实践的需要，区域经济学的研究内容可以分为五个方面：经济活动区位、区域供给与需求、区域经济发展、区际经济关系、区域政策与管理。

1. 经济活动区位

经济活动区位是指人类各种经济活动在地域上的分布和组织。它一直是区域经济学所探讨的核心内容之一。经济学者感兴趣的是区位决策的过程、区位成本与收益以及不同区位模式对资源配置效率的影响。区域经济学所探讨的各种区位问题，既包括微观层次的企业区位决策和空间组织，又包括中观层次的城镇和区域产业区位的选择及结构优化，还包括宏观层次的全国产业区位优化和区位政策问题。在本书第4章中，我们将从经济学的角度，探讨经济活动区位的几个基本问题，包括区位决策与企业迁移、产业区位理论、国际投资区位以及与区位密切相关的集中、专业化与集群问题等。

2. 区域供给与需求

在社会主义市场经济条件下，无论是企业区位选择还是区域经济发展，都必须同时考虑供给与需求两方面的因素。因此，深入考察区域的供给与需求关系是开展区域经济学理论研究的前提和出发点之一。过去，中国区域经济研究往往过分强调区域供给方面的因素，尤其是地区资源禀赋的作用，而相对忽视市场需求方面的因素。事实上，社会主义市场经济从根本上来说是一个需求导向经济，它的社会生产和再生产过程首先是一个需求决定过程。因此，从某种意义上说，区域市场需求方面的因素往往比供给因素更为重要。当然，区域经济学除了要考虑供给与需求因素外，还要重视空间维因素如运输成本和集聚经济的重要作用。这一点，也正是区域经济学区别于经济学其他分支的关键所在。

3. 区域经济发展

区域经济发展就是区域经济总量的增长及其结构变迁。它是区域经济学所特有的且具有排他性的研究领域。20世纪五六十年代以来，各国对区域经济发展问题研究的重视，使得区域经济学在传统区位理论基础上迅速发展成为一门独立的学科。在研究区域经济发展方面，区域经济学从发展经济学中吸收了许多有益的成分，但两者是有明显区别的。发展经济学研究发展问题，主要是以一个国家（指发展中国家）为单元开展的，它对空

① 参见魏后凯主编：《现代区域经济学》，15～17页，北京，经济管理出版社，2006。

间维的区域问题虽有涉及，如城乡二元结构问题，但并不像区域经济学那样从空间角度做专门的探讨。而区域经济学研究经济发展问题是以单个区域为单元展开的，必须考虑各个区域的特性。因此，区域经济学研究在借鉴发展经济学的理论与方法的时候，要注意一个区域和一个国家经济发展问题的区别。

4. 区际经济关系

区域经济学不仅要研究经济活动的区位选择和单个区域的经济发展问题，而且要研究各地区之间的经济关系和经济联系问题。任何一个国家经济都是由一些层次不同、特色各异的地区经济有机耦合而成的整体，各地区经济只是国民经济的一个有机组成部分。因此，在一般的意义上对单个区域的经济发展进行剖析之后，还必须把区域经济放在整个国民经济的宏观背景中加以考察，分析各地区之间形成的各种经济关系，并揭示其内在的一般规律性。从资源配置的角度来说，区域经济学不是孤立地研究某个区域内的资源最优配置，而是在实现国民经济总体最优的目标下分析各地区的资源配置问题，考察各地区经济的兴衰对全国经济的影响和作用。因此，不能把区域经济学狭义地理解为区位经济学，更不能把它等同于那种以某一地区利益最大化为主旨的所谓“地方经济学”或“块块经济学”。

5. 区域经济政策与管理

区域经济政策与管理是区域经济学所探讨的另一个特有的且具有排他性的研究领域。在市场经济体制下，企业区位的选择一般遵循效率原则，即把经济活动的区位选择在那些最适合其发展的地方。劳动力、资金等生产要素的流动也具有趋利性的特点，于是，在经济发展的初期和中期阶段，市场的力量通常倾向于扩大而不是缩小地区之间的差距，一些发达国家的经验已经证明了这一点。因此，为促进各地区经济的协调发展，中央政府运用各种政策手段，加强对区域经济的干预与调节，这是十分必要的。同时，在实行分级管理的情况下，如何探索一种与社会主义市场经济体制相适应的区域经济管理新体制，以促进各地区经济高效有序地发展，也是当前中国经济建设中亟待解决的一个新问题。

1.4 区域经济学的研究方法[①]

1.4.1 区域经济分析方法论

区域经济学的哲学基础或哲学意义上的方法论，是区域经济分析最高和最抽象层次

① 参见孙久文主编：《区域经济学》，312～318页，北京，首都经济贸易大学出版社，2008。

的基本方法论，是关于方法论的方法论。区域经济分析的基本方法论是从价值观、科学观、真理观等角度考察区域经济学问题的方法论，其内容包括对区域经济学研究对象的哲学思考或对经济世界观的考察，认识区域经济学的科学性的方法，看待空间经济活动主体、区域经济学和区域经济学者的价值标准等。

区域经济学方法论是区域分析哲学意义上的方法论之下层次的方法论。它是对区域经济学进行研究的思维原理和方法，或者说，是区域经济学者从事区域经济理论研究、构建理论体系的方法。它不直接涉及真理观、价值观、世界观等高度抽象问题，对区域分析提出了明确要求，具有可操作性。

1.4.2　区域经济研究的常用方法

1. 规范分析和实证分析

规范分析和实证分析是现代经济学中非常重要的研究方法，在区域经济研究中也被经常运用。区域经济的规范分析是指从一定的价值判断出发，提出一些衡量区域经济活动的标准，根据这些标准来分析研究区域经济现象和处理区域经济问题，将其作为制定区域经济政策的依据，并研究区域经济活动通过何种途径才能达到符合这些标准的状态的一种分析方法。规范分析力求回答的是“应该是什么”或“不应该是什么”、“应该做什么”或“不应该做什么”的问题，也就是为什么要做出这种选择而不做出另外一种选择的问题。例如，对于区域经济增长问题，从规范分析角度而言，就是要分析一个区域的经济增长究竟是好是坏、多大的增长率是好的、多大的增长率是不好的、应该保持多大的增长率等问题。与规范分析相对应，区域经济的实证分析是指企图超脱或排斥一切价值判断，只研究区域经济本身的内在规律，分析区域经济是如何运行的以及它为什么是这样运行的，并根据这些规律，分析和预测人们的经济行为的效果。它要回答“是什么”或“不是什么”的问题，而不对事物的好坏做出评价。仍以区域经济增长问题为例，从实证分析角度来研究，要说明区域经济增长的标准是什么，即什么是区域经济增长、它是怎样增长的、增长的原因是什么等。

规范分析与实证分析既有区别又有联系。二者的区别是：第一，规范分析依据一定的价值判断对区域经济现象进行分析和研究，实证分析超脱价值判断去研究区域经济本身的内在规律。第二，实证分析要解决的是“是什么”的问题，而规范分析解决的是“应该是什么”的问题。第三，实证分析所得到的结论具有比较强的客观性，结论可以根据事实进行检验，而规范分析研究问题所得到的结论则具有比较强的主观性，结论无法通过客观事实来验证。二者的联系是：规范分析会影响人们对于实证分析的态度，而实证分析则能增进人们对于区域经济活动和政策运用的了解，有助于减少认识上的差异。一般而言，区域经济研究的问题越具体，实证分析的成分越多，而研究的问题层次越高、决策性越强，则规范分析的成分就越多。

2. 微观研究与宏观研究

区域经济学中的微观研究方法（亦称个量研究方法），是以区域单个经济主体活动为视角和研究对象，在假定其他条件不变的前提下研究个体的经济行为和经济活动。例如，对单个企业的选址布局与区位决策问题的研究就是典型的微观研究方法。区域经济学中的宏观研究方法（亦称总量研究方法），则以区域总体经济为视角和研究对象，在假定制度不变和区域经济个量不变或已知的前提下来研究宏观经济总量及个量间的相互关系。例如，对经济发展过程中的区域差距问题的研究必须从区域整体的宏观研究视角展开，强调从宏观层面来解决问题，促进区域协调发展，因而此时就应采用宏观研究方法。

作为区域经济分析的两种重要研究方法，微观研究方法和宏观研究方法各有其适用的范围并具有互补性，在区域经济研究中应灵活运用。因为微观和宏观的关系不是简单的加总关系，所以对某些区域经济问题，从微观和宏观两个不同的角度来观察与研究，所得结论会有所不同。

3. 静态分析与动态分析

静态分析是在有关生产要素等假设条件不变的情况下，对经济现象的均衡状态以及有关经济变量达到该均衡状态时所需要具备的条件进行研究的一种分析方法。静态分析不涉及时间因素所引起的变动，不考虑均衡变动过程，只考察一定时期内各种变量之间的相互关系，可以看作一种状态和事物横截面的分析。动态分析是通过分析各个时期经济体系中各个经济变量的连续变动，来研究整个经济体系运动的一种经济分析方法。动态分析要涉及时间因素所引起的变动，考察各种变量在不同时期的变动情况，是一种过程分析或时间序列分析。动态分析研究的是经济现象的发展变化过程。

早期的区域经济研究主要应用静态分析方法，如古典区位论在研究区域差异时运用静态研究方法。但后来区域经济学的发展更为注重动态分析方法的运用，如研究区域产业结构的演变、区域空间结构的演化、区域经济的增长、区域差距的变动等问题通常更偏向于使用动态分析方法。实际上，静态分析和动态分析这两种方法在区域经济研究中都是十分重要的。这两种方法各有优点：静态分析简单、直观、分析难度小，可以有效地说明均衡条件，为我们了解区域横截面状态和不考虑复杂时间因素情况下分析区域问题提供了基本思路；动态研究可以观察到经济的变化根据和变化过程，为我们动态地、反映时间变化轨迹地、较精确地考察区域经济现象的变化规律提供了帮助。

4. 均衡分析与非均衡分析

均衡分析是假定所涉及的区域经济变量中的自变量为已知的和固定不变的，以观察因变量达到均衡状态时所出现的情况以及实现均衡的条件。均衡分析中通常抽掉了时间因素，因此它总是与静态分析联系在一起。现代微观经济学与宏观经济学运用的主要分析工具是均衡分析。例如，微观经济学中的均衡分析，是以理性经济人假设为前提，以实现最优化为目标，主要通过边际分析方法来进行均衡状态分析。非均衡分析则认为经济现象及其变化的原因是多方面的、复杂的，不能单纯用有关变量之间的均衡与不均衡来加以解释，主张采取历史、制度、社会等因素分析的方法作为基本方法。

在区域经济学研究中，均衡与非均衡方法主要体现在空间均衡分析方法的运用上，着重研究区域资源配置的空间均衡问题。经济学除了研究生产什么、为谁生产和怎样生产以外，还要解决在何处生产的问题；企业的管理者不仅要进行产品数量和生产技术方面的决策，还要进行空间区位决策。空间均衡分析主要研究空间的供给和需求，在此基础上进一步研究空间的均衡及其形成。

5. 定性分析与定量分析

定性分析是分析研究经济现象内在的性质与规律性的方法。具体地说，就是运用历史和逻辑相统一的抽象方法，对所获得的各种社会经济材料进行思维加工，去粗取精、去伪存真，由此及彼、由表及里，以高度抽象为基础，归纳出影响经济运行机制的主要因素，再对主要因素进行分析和综合，演绎出经济发展的一般规律。定性分析得出的结论一般回答各种主要因素对经济运行有怎样的影响、各种主要因素之间有何种抽象关系、经济发展的历史过程是怎样形成的、未来发展趋势的概貌如何等问题。定量分析是将所研究的经济现象的有关特征及变化程度进行量化，然后对取得的数据进行数学处理，再从对事物量变过程的分析中得出结论和揭示经济现象规律。定量分析要说明事物或现象是“如何变化”或“变化过程与结果怎么样”。

定性分析与定量分析相互补充、相得益彰，具有不可分离的关系，二者处在统一的连续体之中。例如，在分析区域城市化问题时，讨论究竟采取何种城市化道路及进行各种道路的利弊分析时，主要采用定性分析方法，而在预测区域城市化进程和城市化效率时，则侧重定量分析方法。在更多情况下，为了使区域研究具体化、精确化，一般要求将定性分析与定量分析结合起来。

6. 边际分析

边际分析是西方经济学普遍采用的分析方法，是利用边际概念对经济行为和经济变量进行数量分析的方法。所谓边际是指自变量发生少量变动时引起因变量相应变动的变动率。区域经济学对空间问题的研究引入了边际分析的方法。例如，在确定城市最优规模的时候，就运用了边际收益和边际费用这种边际分析思想来分析城市的规模与其损益的关系进而确定城市的最优规模。其他如分析空间集聚经济规模效益、区域主导产业确定等问题，也都有边际分析的思路。

除了上述主要的分析方法以外，区域经济学还应用历史分析方法、制度分析方法、结构分析方法等研究解决区域问题。所谓历史分析方法是人们对各种事物、事件、现象进行分析研究，根据它们发生、存在的历史条件，考察其历史进程，揭示其变化发展规律的一种方法。历史研究的方法要求在研究区域问题时，历史地、辩证地分析问题，必须注重研究区域的发展历史，运用历史归纳法来研究区域的经济社会现象及总结其变化规律。制度分析方法是把制度作为变量引入经济理论研究中，并用正统经济学的研究方法来分析制度的构成和运用，揭示制度对社会经济发展的影响，以及发现这些制度在经济体系中的地位和作用。例如，我国区域发展战略经历了从改革开放以前的区域均衡发展战略到改革开放以后向东部沿海倾斜发展战略，再到实施西部大开发、东北振兴战略，以及目前为了解决中部崛起问题而实施的区域协调发展战略，决定这些区域发展战略的因素多是来自制度领域。同样，我国地区发展差距、城乡发展差距、利用外资空间分布差异等问题，都可以从制度分析的角度得到解释。所以，制度分析是区域经济分析的重要方法之一。结构分析方法是对经济系统内部诸要素的组织方式或联结方式进行分析的方法。结构分析方法有其特定的研究领域，包括产业结构、空间结构和制度结构等。研究这些构成（结构）的状态及其变动是结构分析方法的基本任务。区域经济学是以空间结构为研究对象的经济学科，主要研究国民经济在空间上的整体与部分，即一国经济与该国内部各地区经济之间的关系，以及各地区经济相互之间的关系，即生产力的空间布局规律与原则、空间上的各种结构性矛盾。显然，对这些问题的研究，结构分析方法的运用很重要。

1.5 案例分析

1.5.1 国家级区域规划与区域经济新格局①

2009年12月3日，国务院正式批复《黄河三角洲高效生态经济区发展规划》，标志着黄河三角洲地区的开发上升为国家发展战略。2009年以来，获批上升为国家战略的区域发展规划的数量超过前4年总和，范围从东部、南部延伸到中部、西部、东北等地区。中国沿海已形成了“三大五小”（即珠三角、长三角、京津冀与辽宁沿海、山东半岛、江苏沿海、海峡西岸、北部湾）的开发格局，中西部地区也在奋起直追，国家正顺势打出“区域振兴牌”。

所谓国家级区域规划，主要是指由国家批复实施的区域性规划（也包括旨在促进特定区域发展的国家政策措施）。2009年，有多个这样的区域规划获得批复，或称上升为国家战略，区域规划如此受重视在新中国史上罕见，说这一年为“区域规划之年”都不为过。那么，这些国家级区域规划是在什么背景下出台的，都有哪些特点？目前我国区域协调发展面临哪些亟待研究的重要课题？未来尤其是“十二五”时期我国区域经济又将呈现什么新的格局？

1. 国家级区域规划的出台背景及特点

（1）科学发展，规划先行。我国是一个地域广袤、人口众多、地区发展很不平衡的发展中大国。改革开放后，计划经济体制下中央高度集权逐渐让位于适度的地方分权，使地区经济释放出巨大的发展活力。然而，地区主体及利益的多元化，也导致区域开发

① 参见陈耀：《国家级区域规划与区域经济新格局》，载《中国发展观察》，2010（3）；《十余个国家级区域规划盘点：中国打出区域振兴牌》，见 http://politics.people.com.cn/GB/1025/10511079.html，2009-12-04。

的盲目性、无序性，有些开发已超出了当地资源环境的承载力，危及发展的可持续性。中央提出科学发展观，就是要强调以人为本，实现全面、协调、可持续的发展。从第一个五年规划开始，我国就已将“国民经济和社会发展计划”改为“国民经济和社会发展规划”。“计划”改“规划”虽一字之差，但内涵有很大变化。“规划”不仅强调了中长期规划的指导性和约束性，而且更加重视国土空间的规划和管治。区域规划将成为引领我国区域经济科学发展的行动指南，也将成为国家战略布局和区域发展政策的一个重要工具。2009年获批的国家级区域规划有一个共性的特点，就是强调要在科学发展观指导下，根据资源环境的承载力、开发条件和潜力，确定能够体现区域经济特色的战略目标定位，并对产业布局、基础设施、生态环境和社会发展做出统一的、合理的部署和谋划。有的规划区域特色更显著，如《黄河三角洲高效生态经济区发展规划》、《鄱阳湖生态经济区规划》、《关中—天水经济区发展规划》等，都明显地突出了人与自然和谐发展的主题。

（2）应对危机，加快开发。2009年是我国经济最困难的一年，为了应对国际金融危机的冲击，国家出台了一系列扩内需、保增长的政策措施。其中在产业方面，相继制定了钢铁、石化、纺织、装备制造、电子信息、物流等十大产业振兴规划，而在区域方面，则密集地批复实施了十余个重点区域的发展规划和区域性应对危机的举措。利用这些重点区域所具备的优势条件，加快其开发步伐，不仅有利于促进区域协调发展，而且能够通过一些重大项目的建设带动更大区域的发展，减弱金融危机对我国的不利影响。如专门针对西部地区出台了《国务院办公厅关于应对国际金融危机保持西部地区经济平稳较快发展的意见》（指出西部地区在扩大内需中具有重要地位），针对东北老工业基地制定了《国务院关于进一步实施东北地区等老工业基地振兴战略的若干意见》，并批复了《促进中部地区崛起规划》。这些政策措施针对性强，既立足眼前，又着眼长远，对于实现保增长、调结构的任务起到了重要的作用。2009年中西部地区经济增长速度不仅高于全国，而且远远高于东部沿海地区。中部和西部地区投资增速分别达到36%和35%，而东部地区只有23.9%。中西部地区投资占全国城镇投资的比重超过了50%（达到50.9%），同比提高1.9个百分点。

（3）从跨省区到省区内部，培育不同层次增长极。以往国家层面的区域规划，在空间尺度上通常都是涉及两个以上省份的区域即跨省区规划。其目的一般有两个：一个是解决单一省份内部无法解决的发展问题，比如跨省区之间的交通网络建设、生态环境保护、重大产业分工协作以及相关地方政策的协调。通过国家级规划，统筹考虑，形成跨省区协调机制。另一个在于培育国家一级的经济增长极，从而带动辐射更大范围的区域发展。比如，“十二五”时期由国家发展和改革委员会牵头组织，专门对京津冀地区和长三角地区（沪苏浙）分别单独制定区域性规划，旨在促进两大经济圈的一体化发展，使其成为能够具有国际竞争力的大都市圈。2009年获批的国家级区域规划出现与以往不同的重要变化，许多规划的空间尺度都在一个省区之内，如江苏沿海经济带规划仅包括江苏省南通到连云港的一片区域，辽宁沿海经济带规划包括辽宁省以大连为中心的沿海六个城市的范围，图们江区域合作开发规划主要包括长春市、吉林市和延边朝鲜族自治州等“长吉图先导区”，海峡西岸经济区规划是以福建省为主体、以两岸合作为重点的区域性规划，横琴岛总体规划是广东珠海联结澳门的一个岛屿开发规划，海南国际旅游岛规划是专门针对海南省开发制定的规划。一方面，这种空间尺度的缩小，进一步表明这些特定地区战略地位的重要，具有从国家层面来考虑支持其发展的必要性；另一方面这些特定区域的规划也是为了培育“次增长极”，解决特定区域的发展问题，从而促进各区域之间及其内部的协调发展。

（4）由上至下到上下互动，发挥中央和地方的积极性。国家级区域规划以往主要是由中央有关部门提出并组织研究制定，涉及的地方要配合规划开展工作。而目前这些所谓上升到国家战略的区域规划，并不完全是中央部门提出来的，而很多是地方主动提出并获得中央部门认可的。这种程序上的变化反映出一些地方发展经济的主动性和积极性，以及需要得到国家政策支持的强烈愿望。同时，通过上下互动出台的这些区域规划不仅使得地方更加明确发展的方向，指导其科学发展，而且中央部门也负有监督规划实施的责任。需要注意把握的是，国家级区域规划必须立足于国家整体战略，着眼于全国区域协调发展的大局。特别是，对特定区域的支持性政策宜审慎权衡，支持的力度、范围和相应工具的运用要符合市场经济下国家区域政策的基本原则，避免政策倾斜的随意性和政策普适性造成的政策效应弱化。

2. 我国区域协调发展面临的重要课题

（1）四大板块发展与国土开发管治的衔接。从沿海与内地、东中西三大地带，到四大板块的区域发展总体战略的形成，我国区域发展政策不断完善成熟。从“十二五”规划开始，我国把促进人与自然的和谐纳入“区域协调发展”的内涵之中，根据资源环境承载力划分主体功能区，提出优化开发、重点开发、限制开发和禁止开发四种类型的空间管治政策。这种国土开发管理理念已取得广泛共识，但如何推进实施面临现实难题。因为大部分限制、禁止开发的区域既是生态环境脆弱的区域，也是开发不足的低收入地区，它们的生存和发展是首要解决的问题。按照地区协调发展的要求，这些地区应当是加快发展，缩小差距。

目前研究的难点在于，如何保证这些区域的人口和全国一样逐步实现小康目标，大规模迁移人口不现实，大规模财政转移支付有难度。这个问题有人认为是中央与地方的发展权博弈。应该看到，划定限制和禁止开发的区域，是国家整体利益的体现，这种理念和原则必须坚守，但实际执行过程要因地制宜，不宜“一刀切”。要有轻重缓急的排序调控思路，严控饮用水源地开发，对大江大河上游限制开发的同时，要建立相应的生态补偿机制。限制开发区必须降低开发的强度，但允许适度发展一些环境友好的产业项目；禁止开发区不允许搞工业项目，而以生态涵养和保护为重点。

（2）区域规划如何引导各主体一致行动。制定区域规划的一个重要目的是通过统一规划促进区域内各经济主体分工合作，避免各自为政，重复建设。但是现实情形是，区域规划获得批准后，区域内各经济主体纷纷抢抓机遇，谋划各自的发展，甚至各主体之间为争取外部投资者落户不惜竞相让利攀比。结果，区域规划获批不仅没有对各地开发提供正确指导，反而成为新一轮无序开发建设的开始。有鉴于此，必须把区域规划的权威性提上议事日程。通过立法，明确区域规划的法律地位，使区域规划从编制、实施、监管各环节具有法律约束力，对随意违反规划的行为予以制裁，使规划真正成为区域内各主体一体化的行动指南。

(3) 如何建立有效的区域协调机制。随着我国各地区经济的快速发展，资源配置已突破现有的行政区划范围，但目前的行政区经济依然主导并限制着资源在更大范围内的配置。广义上讲，区域规划本身就是一种区域协调、区域合作的机制，但实际上规划协调的作用十分有限。由各行政区建立的区域性合作组织（如省市长联席会），在协调区域行动方面发挥了一定的作用，但这种组织是一种松散的联盟，对于涉及区域发展重大利益的问题往往也难以协调好。从我国行政管理体制的现实出发，由上一级政府部门设立有权威的协调性机构相对来说效果会更好。因此，可以设立类似“国家区域政策委员会”的机构，它可以不是职能机构（也可以赋予一定的资源掌控权，如运作“区域发展基金”），而是国务院下属的议事性机构、主要任务是制定国家级区域规划、出台区域发展政策，以及协调跨省区利益关系。

(4) 如何把握“促进均衡发展”与“提升整体竞争力”双重目标。促进国内各区域均衡协调发展，是国家长期的战略目标，其最核心的任务就是运用公共政策资源，并动员社会人力、财力和物力，对国内最不发达的地区实施发展援助，我国西部地区特别是老、少、边、穷地区应当长期成为国家发展援助的最大受援者，瞄准这一目标，区域政策才不会偏离方向。当然，作为发展中大国，提升国家整体竞争力也是重要的战略，在扶持欠发达地区发展中，要以不损伤发达地区竞争优势为前提。同时，要注意的是，对欠发达地区的援助也并不是力度越大越好（尤其是对口支援，容易形成相互攀比），因为它可能会滋生地区自身努力动力不足的依赖性。把握好两个目标的“度”，是需要国家区域政策制定者长期思考和研究的课题。

3. 未来区域经济新格局展望

(1) 沿海经济带走向“俱乐部趋同”，作为“国家队”的整体实力将进一步增强。从20世纪80年代国家实施沿海地区率先发展战略，迄今已经历30个年头，沿海地区成为中国经济快速发展的领头羊。但沿海地区内部发展也很不平衡，不仅总体上表现为“南强北弱”，而且强省内部也有欠发达的地区（如广东北部山区和东西两翼、江苏的苏北、山东的鲁西南）。通过若干沿海经济带规划掀起的新一轮沿海经济再造，处于沿海的后发展地区将加快开发，奋起直追。“十二五”或更长一个时期，沿海经济重心将逐步由南向北适度转移，各省区内部逐步走向相对平衡，沿海经济带将日趋完善，整体实力更强。

(2) 大城市圈主导区域资源配置，区域经济进入“动车组时代”。城市经济圈是工业化和城市化发展到一定阶段的产物，是一种集约、高效的空间组织形式。发展城市经济圈的主旨就是要优化区域内的资源配置，形成经济合力和内聚力，增强国土空间的综合承载能力。大城市圈通过“极化”和“扩散”两大效应，调动、控制和管理区域资源，使之得到不断优化，并带动更大区域的发展。未来除了沿海三大都市圈外，中西部地区和东北地区的重要城市圈（群、带）如成渝城市圈、武汉城市圈、皖江城市带、中原城市群、长株潭城市群、辽中南城市群，都将进入活跃发展期，城市圈内部一体化进程加快，形成多极化的、辐射带动力强的区域增长极。各区域的城市圈作为增长引擎，改变单一火车头牵引的旧模式，形成众多动力牵引的“动车组”，这将使我国区域经济发展再一次“提速”。

(3)“移民就业”向“移业就民”转换，产业资本将替代劳动力成为流动的主体。改革开放以来我国经济持续快速发展、国际竞争力不断提升，主要得益于劳动力成本低的比较优势。表现在区域上，就是大规模的劳动力从中西部地区向沿海地区输出，这样既解决了沿海快速发展的用工短缺问题，又缓解了中西部地区农村剩余劳动力的就业压力。但是，这种大规模“移民就业”(把劳动力转移到有就业岗位的地方)也带来诸多问题，如造成全国交通运输紧张、输入地公共设施负荷加重及社会成本加大、输出地人力资源流失和发展条件恶化。未来这种格局将会逐步得到扭转，通过对中西部地区新产业的培育和引导，实现东部产业转移，这将较大地增加中西部就业规模，从而形成“移业就民”(把产业转移到劳动力富余的地方)的新模式。这种模式转换不仅会加快中西部地区的发展，而且有利于东部产业升级和发展方式的转变。

(4)民族地区经济的战略地位跃升，跨越式发展将成为民族地区主旋律。我国西部地区既是资源富集区，也是少数民族的聚居区。西藏和新疆爆发的冲突事件既有民族矛盾因素，也有民族地区经济发展不足的成分。经过几十年的发展，两地少数民族与汉族之间的融合发展已成为主流，但受境外分裂分子的挑拨，民族矛盾如果不能及时化解，有时也会引发冲突事件。目前，中央已经就民族地区如何实现跨越式发展展开专门的大规模调查研究，并会出台更有强度的援助性政策。通过加快经济发展，大力改善民族地区居民的生产生活条件，提供基本均等化的公共服务，民族团结和边疆稳定会得到进一步增强。同时，推动民族地区对外开放、科技进步和人力培养，对丰富的自然资源实施“就地转化”战略，为当地多留一些油气矿产等资源，带动当地经济快速发展。

1.5.2 发展云南区域经济的宏观思考①

云南省区域经济发展的实质在于转变经济发展方式，优化区域内部的产业结构，整合好区域发展要素，组合好区域发展优势，减少区域发展阻力，提高区域经济发展的总量和质量。

1. 从发展战略需求的高度进一步明确区域经济发展思路

(1)从项目与产业角度确立区域经济协调发展思路。从项目与产业角度确立区域经济协调发展思路，需要立足云南经济发展现状，按全省各州市区域经济发展的目标要求，树立分阶段发展、分区域梯度推进、分重点依次突破的发展思路，有序而稳健地推进各地的经济发展进程。这当中，落实区域发展思路的方式在于从两方面着力推动区域经济的协调发展。一是要坚持实施大项目带动大协调，大协调保障区域合作下的大开发；二是要与构建现代产业体系相联系，提升区域之间的科技协作水平，提高区域性特色产业的竞争实力。

(2)以产业选择为主体突出区域经济特色。突出区域经济发展与升级的地域化特色

① 参见董棣：《发展云南区域经济的宏观思考》，载《社会主义论坛》，2010(2)。

可从三方面着手。一是要从云南经济发展的未来出发，围绕全面建成小康社会的宏伟目标，在确保国民经济持续增长、不断提升经济发展质量的基础上，正视区域经济发展的差距，从中构建特色化的区域经济发展模式。二是要在开放条件下，遵循专业化导向和市场导向，减少盲目延伸当地产业链的投资引导，调整原有自成体系的产业开发项目及其布局，改善区域产业结构趋同的被动状况，按经济发展规律推进主导产业的跨越式发展。三是按产业结构调整的有效性，遵循市场规律选择调整方向并确立调整手段，以区域骨干企业集团作为选择和决策的主体，着眼于国内产业未来产业分工中的地位和作用，通过市场分工后的产业布局，实现产业结构的优化升级。

(3) 塑区域经济品牌以推进区域经济升级。区域经济可持续发展能力和水平可由区域经济品牌及其影响力来体现，因此，塑区域经济品牌将极大地推动区域经济的发展。区域经济品牌的建设，需要政府立足产业发展来与企业合力打造。其步骤为：首先，应通过云南现有产业行业协会制定其战略、协调其运行关系来推动，重点在于有效加强区域内企业之间的联系，减少企业之间的内耗，调整竞争与合作的关系，形成区域内平衡企业品牌塑造与发展的良好环境。其次，将政府与企业合力打造区域经济品牌的着力点放在两个方面。一是要借助企业品牌的平台来建设区域品牌，将省内现有的企业品牌上升为产业品牌，进而提升为区域品牌；二是要通过区域品牌带动和带强更多的企业品牌，以区域品牌改善区域产业发展的环境，形成整体品牌的核心竞争力，进一步拉动区域经济的发展。

2. 从区域发展的差距中寻求区域经济发展的突破口

云南区域经济整体呈现出非均衡发展的特征，这是经济发展过程中面临的客观实际。随着经济总量的持续快速增长、省级综合经济实力的不断增强，全省各州市经济发展与资源禀赋之间的差异仍将继续存在，发展不平衡的问题仍将进一步加剧。如何缩小差距，进而推进区域经济的平衡发展，是云南区域发展面临的重要内容。在如何应对客观差距的思维上，不能简单地为了缩小差距而缩小差距，更不能以降低省内相对发达地区的发展，来等待落后地区的发展，而要突出全省经济的区域协调发展，然后逐步实现地区之间经济的共同发展和共赢发展。这当中，要结合云南实际来遵循经济发展规律，慎重选择有关跨越式发展的方式。

基于上述考虑，需要从区域发展的差距中，寻求区域经济发展的突破口。对云南各州市经济发展水平差异的分析显示，昆明、曲靖、玉溪三地的地区生产总值，占全省的比重已超过50%。2008年统计显示，昆明、曲靖、玉溪三地GDP占云南省GDP的52.4%，其中昆明GDP就占全省GDP的28.2%。率先发展和重点提升昆明、曲靖、玉溪三地的经济总量和质量，一是完全能够带动并推进全省经济发展跨上新台阶，二是完全能够启动并提高全省各区域经济之间的协作性，进而增强区域经济的发展支撑点。因此，有必要以实施昆明、曲靖、玉溪三地经济的率先发展为突破口，通过对这三个地区经济结构的快速优化，带动其他地区经济的协调发展，尤其要带动滇西区域的产业发展和升级。同时，应根据区域经济发展差异的状况，结合实际建立一套预警系统。

3. 从顺应区域经济发展趋势的角度优化区域经济结构，强化区域合作

（1）未来云南区域经济发展可能呈现的趋势。根据云南经济发展的基础和可能面临的发展机遇，未来10年省内区域经济发展可能呈现的趋势有四种。一是区域经济一体化进程正在加快，以昆明为中心的大城市圈将成为区域经济发展的主导力量；二是省内州市之间的跨区域经济交流与合作正在不断加强，预计全省将出现各具特色的区域分工和合作格局；三是各州市间经济合作对新的区域经济发展的牵引作用，将有助于提高省内区域间的产业转移速度，由此催生新型的产业分工，形成调整和优化区域产业结构的空间牵引力；四是各州市内现有的经济开发区，会呈现出一种相互融合的趋势，并且这种区域合作的主导力量，将由地方政府主导转变为企业主导，使区域资源配置中大型企业的作用效应更加突出。为此，可结合区域经济发展趋势，有针对性地制定相应的推进区域经济发展的对策和措施。

（2）优化区域经济结构，着力推动增长方式、产业结构和发展格局的进一步优化。优化区域经济结构的着力点选择主要有三方面。一是在增长方式方面，着力推动主要以低成本的物质要素和劳动要素投入为主的增长方式，向以知识和技术要素投入为主的增长方式转变。要通过深化省级财政体制改革、金融体制改革、规划体制改革等，不断强化省级宏观经济调控，以支持和引导区域经济的发展。二是在产业结构方面，着力推动高消耗、高排放、低附加值的产业结构，向低消耗、低排放、高附加值的产业结构转变。三是在发展格局方面，着力推动城乡分割的发展格局向城乡一体的发展格局转变，着力推动区域非协调发展向区域协调发展转变，着力推动内外经济失衡的格局向内外经济平衡的格局转变。此外，还应当着眼于对内对外全面开放的格局，按本地延伸产业链条的预期效益、按本地项目布局的自成体系之合理性，统筹考虑区域产业在未来省内、国内产业分工中的地位和作用，避免片面性和盲目性。

（3）优化经济结构的策略选择。一是在具有交通区位优势的地区，要积极主动地抢抓省内外产业转移的机遇，主观上准备好承接产业转移的充足思想，客观上更加完善好承接产业转移的政策环境，由此有效加强省内各区域之间的交通对接和市场对接。二是对具备资源禀赋优势的地区，要选定优势资源开发来定位支柱产业构建，用龙头骨干大企业带动产业链上下游的企业，促进产业集聚的形成，以此降低生产成本，提升市场竞争力。三是对能够面向东南亚、南亚开放并“走出去”形成国际产业联动的产业及重点企业集团，需要提前做好利用境外资源优化自身产业的规划及部署，尽早做好实施国际合作的软环境建设准备，搭建起更大和更具开放性的发展平台。

（4）强化区域经济合作的思考。深化区域经济分工是强化地区经济功能的条件，区域经济合理分工有助于区域经济总量的整体增长。当前，省内各地区经济运行效率不高的主要原因之一，就是除昆明之外区域产业结构的同化问题。这一问题的形成，从根本上说是云南各州市政府在主导产业发展时，相互在目标之间、步骤之间缺乏协调的结果。多年来，一些地方政府在做产业规划时总是不由自主地产生越位现象，把本应是企业要做之事做了。调查表明，在一些地方政府工作报告及规划中所提的产业发展目标及制定的发展愿景，至今总是难以实现，原因就在于云南各州市在产业规划上存在的缺乏分工、产业雷同、产品过剩等情况。因此，要促进云南区域经济发展，关

键在于怎样促进16个州市之间的有重点和有选择的区域经济分工与合作。这当中，解决昆明市与周边地区有效分工不足的问题，是现阶段破解区域经济合作性差的主要切入口之一。其中，若昆明发展好第三产业，以第三产业的服务保障和服务促进来推进周边地区第一产业、第二产业的协调发展，那么，昆明的发展就能与周边地区形成互补的产业结构关系。按建设面向东南亚、南亚“桥头堡”的要求，一是将昆明建设成为具有更强大吸引力与辐射力的金融保险中心，则可大幅度提高对周边地区的资金供给保障；二是率先将昆明建成省内发达的物流配送中心及枢纽，则有助于通过大幅降低物流成本来进一步减少产业结构的趋同，增进与周边地区的产业分工与合作。目前云南省内区域发展中存在着行政分割下的产业发展格局，在一定程度上导致昆明与周边地区为了同质同类产业而争夺许多稀缺资源的现状。全面强化昆明区域经济功能，使其形成层次更高的龙头型特色产业集聚中心，将有助于区域经济分工的深化，有利于发展与周边区域经济的合作，进而形成更强大的省级区域经济格局。

(5) 加强区域发展规划的前瞻性研究。首先，在区域经济发展的统筹上，一定要加强科学的区域发展规划的引导作用。面向“十二五”规划的制定时，云南各州市一定要从全省区域经济发展的大局出发，避免因各自制定规划时相互分隔而导致重复规划问题的产生。为此，一是需要面向各州市建立起跨行政区的由省级调控的利益协调机制；二是制定规划之前，要先明确好各州市在全省发展中的功能作用的定位。其次，实施云南各区域经济发展规划，需要提前夯实和提升县域经济的自我发展能力。根据2004—2007年全省所定40个县域经济发展试点县取得的主要经验，在“十二五”期间，应面向云南“七入境与四出境的通道”布局县域经济发展试点，设立云南省县域经济发展的财政专项基金，进一步扩大试点县规模和试点分布范围，运用更积极的财税手段启动区域经济发展的运行。在试点县中，优先对资源环境条件好、产业基础好、具有发展潜力的县，实施有效的扶持政策，筛选扶持有发展前景的区域型骨干企业，优先考虑信贷项目的贷款评估、企业授信等。最后，继续改进和完善统筹城乡促发展战略。要从区域发展布局的高度，统筹城乡经济增长、统筹城乡产业发展、统筹城乡要素配置。一是建立区域型促进城乡发展一体化的体制机制；二是制定区域经济引导政策，通过市场机制引导来形成合理的城乡产业分工并实现其产业优势互补；三是统筹好城乡生产要素的优化配置，减少资金、土地、技术等要素在优化配置中的流动阻力。

1.5.3 中国区域经济发展与空间结构的演变①

1. 改革开放以来中国区域经济发展的空间次序及主要特征

(1) 以效率为核心的区域对外开放及其基本构想。

改革开放以来，为实现经济的快速增长，中国实施了以效率为核心的非均衡区域发展战略，希望通过部分地区的快速发展来带动中国经济的整体增长。而以增长为重心的

① 参见刘乃全等：《中国区域经济发展与空间结构的演变——基于改革开放30年时序变动的特征分析》，载《财经研究》，2008 (11)。

区域对外开放必然考虑到对外开放的效率，也就要关注以下几个方面：

首先，地理位置等基础性因素是区域对外开放战略和政策制定中所考虑的重要因素，如得天独厚的地理条件（如交通枢纽或港口）、同国际经济的密切联系等因素可以使这些地区更容易通过参与全球分工获得快速发展。并且，区域战略和政策的制定及实施几乎总是与地理因素结合在一起。地理因素诱致经济发展战略和政策的调整，战略和政策的作用效果又取决于地理条件的差异。陆铭等人将导致中国地区间经济发展差距的根本原因归结为地理与政策两大因素。

其次，以增长为目标的区域发展战略则还要考虑地区原有的经济基础及市场规模。虽然区位等初始比较优势是企业区位选择及区域发展战略所考虑的重要因素，但是，经济地理却难以解释为什么初始禀赋相同或接近的地区会有完全不同的生产结构等经济现象。1978 年，我国东部沿海地区的地区生产总值及工业总产值占全国 50%以上的水平，以上海为核心的长三角地区、以广州为核心的珠三角地区、由京津与山东及辽宁等组成的环渤海地区则更是我国工业经济的重心，对于外来资本的进入具有较强的吸收及接纳能力。正如克鲁格曼所得出的结论那样，一个地区为实现规模经济而使运输成本最小化，制造业企业区位选择于市场需求大的地点，反过来大的市场需求又取决于制造业的分布。

此外，对外开放的区域选择也考虑到区域原有的对外开放历史及人文关系（如华侨）等因素，这些因素会直接或间接影响到对外开放的效率。具有对外开放历史或具有外部人脉关系的区域对于吸引外来直接投资（特别是侨资）具有天然的优势，这也是为何将广东与福建东南沿海地区作为首先对外开放区域的一个主要原因。

区域对外开放的基本设想就是充分利用初始开放区域的先发效应，吸引国际产业转移与外资进入，规模报酬递增的正反馈机制又使得其他地区各种要素向该地区进一步集中（向心力），使其逐步成为经济发展的中心地区（东部地区）。但随着中心地区的大规模集聚、要素成本的上升、环境承载力的下降、市场准入门槛的提高等外部不经济（离心力）不可避免地使得中心地区的许多产业向外围地区（中西部地区）迁移，最终形成我国区域经济发展的相对均衡模式，进而实现中心与外围地区的联动。

并且，区域发展战略与政策也会选择在经济发展的不同阶段，结合不同地区的地理条件及发展基础，进行均衡和与非均衡发展战略之间的调整以实现总体效率和空间平等的相对均衡。如西部大开发、东北老工业基地振兴、中部崛起战略等就是基于空间平等而采取的一系列战略举措。中国区域对外开放及空间布局的基本设想如图 1—1 所示。

(2) 从非均衡到相对协调的区域发展战略及由东向西的梯度格局。

改革开放之初非均衡区域发展战略的目的是使“一部分地区先富起来”，并希望这些地区（中心地区）能够产生一定的“示范效应”，进而带动其他地区（外围地区）的发展。在以“先富”带动“后富”为逻辑基础的区域递推发展模式下，我国的区域经济发展战略经历了从改革之初效率优先的非均衡发展战略到现阶段相对协调发展战略的转变，区域发展战略的重心及空间格局则相应体现为由东向西、由沿海到内陆的调整和转移，具体如表 1—1 所示。

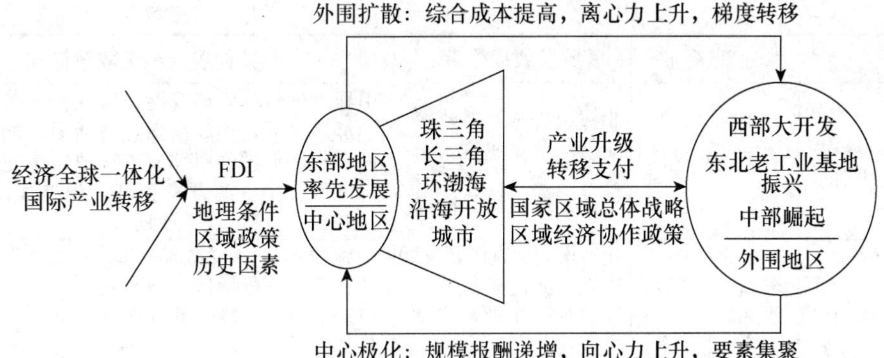

图 1—1　中国对外开放的路径与空间布局格局

以经济特区为起点标志着中国区域经济发展的非均衡发展模式的开始，"七五"计划明确地提出了效率优先及非均衡发展的战略思想，并首次按照东中西三个地带提出了不同的支持政策和措施，强调形成由东到西、由沿海向内陆的雁行梯级模式。要求加速东部沿海地带的发展，积极做好进一步开发西部地带的准备，并提出了建设全国二级经济区网络的设想。"八五"计划继续按照沿海和内陆非均衡发展的指导思想，但开始重视地区间的协作和联合，提出了"合理分工、各展其长、优势互补、协调发展"的战略思路。"六五"至"八五"期间，为推动非均衡发展战略的顺利实施，我国制定了一系列的促进东部沿海地区快速发展的特殊政策。这些政策极大地提高了东部地区吸引国内外资源和要素集聚的能力。

表 1—1　　中国区域发展战略及其重心演变

阶段	地理区划	区域发展战略重心	具体内容与相关政策措施
1949—1978 年改革开放以前	沿海、内陆、三线建设	平衡发展战略，注重均衡发展和国防安全，以公平为重心。	计划经济下的重工业优先发展战略；"大跃进"时期的区域平衡发展方针（"二五"计划）；三线建设的大规模西推。
1981—1985 年"六五"计划	沿海、内陆和少数民族地区	不平衡发展战略，效率优先；设立经济特区；控制大城市，发展中小城市。	重点产业投资布局"东倾"政策；经济特区、沿海开放城市、经济开放区和保税区的"特殊政策，灵活措施"；开放沿海港口城市；实施国家扶贫开发政策；少数民族地区对口支援和财政补贴政策。
1986—1990 年"七五"计划	东部沿海地区、中部、西部地带	东部优先、中部重点、西部准备的效率优先非均衡发展战略；沿海地区经济发展战略作为国家方针被正式提出。	沿海对外开放政策；加速东部沿海地区发展；开辟沿海经济开发区；开发台商投资区；构建地区协作和三级经济区网络。
1991—1995 年"八五"计划	沿海、内陆、少数民族和贫困地区	非均衡协调发展战略，注重效率；严格控制大城市规模，小城镇大战略，梯度推移战略。	形成全方位的对外开放格局（沿边、沿江和省会）；增设国家级经济技术开发区；加快中西部乡镇企业发展；促进棉纺织工业区域转移；投资布局重点西移；开发开放以上海浦东为龙头的长江地区。

续前表

阶段	地理区划	区域发展战略重心	具体内容与相关政策措施
1996—2000 年“九五”计划	七大经济区	非均衡协调发展战略，注重效率，兼顾公平；大中小城市和小城镇协调发展；梯度推移。	引导地区经济协调发展，形成若干各具特色的经济区域，提高东部经济活力，加强东中西合作，促进中西部改革开放；优先在中西部地区安排资源开发和基础设施建设项目；《国家八七扶贫攻坚计划》。
2001—2005 年“十五”计划	东部、中部、西部	相对均衡促进协调发展战略，促进东部创新，辐射带动中西部发展；注重效率，兼顾公平。	实施西部大开发战略；加快中西部地区发展；合理调整地区经济布局；促进地区经济协调发展；提高东部地区的发展水平；形成各具特色的区域经济。
2006—2010 年“十一五”规划	东部、中部、西部、东部地区：四类主体功能区	均衡协调互动发展战略，注重以公平为重心；以特大城市为依托，形成辐射作用大的城市群，培育新的经济增长极。	坚持实施推进西部大开发、振兴东北地区等老工业基地、促进中部地区崛起、鼓励东部地区率先发展的区域发展总体战略，健全区域协调互动机制，形成合理的区域发展格局；合理确定不同区域的主体功能，明确优化开发、重点开发、限制开发、禁止开发的空间布局。

资料来源：根据国民经济和社会发展历次“五年计划”及“十一五”规划整理。

随着地区之间差距进一步扩大，针对经济效率和空间平等问题，“九五”计划首次将发展、改革和稳定的关系提升到战略高度，以协调为主要特征的区域发展战略开始形成。“十五”计划期间以推进西部大开发战略为标志，强调东部地区更好发挥对中西部地区的辐射带动作用，促进地区协调发展。科学发展观和建设全面小康社会目标引领的“十一五”规划的最大特点是提出了“四轮驱动”的区域发展战略思路和主体功能区设想，基本形成相对均衡的区域协调发展总体战略，并且不再单纯以增长指标作为经济绩效判断标准，而是强调按照主体功能区定位要求规范经济空间开发秩序，形成合理均衡的空间结构，国家的区域政策也开始从侧重沿海向侧重中西部地区及区域的协调发展。

（3）从核心到边缘再到外围的递次区域开发模式及由南向北的梯次推进方式。

从改革开放的空间路线图上可以明显看出，我国的区域经济开发具有明显的递推式空间模式。从 1978 年决定进行经济体制改革到 1980 年起建立了深圳等 4 个经济特区，到 1984 年进一步开放了 14 个沿海城市，陆续形成了沿海经济开放带；从 1990 年的开发开放上海浦东新区，并进一步开放一批长江沿岸城市，形成了以浦东为龙头的长江经济开放带；从 2006 年决定开发天津滨海新区开始，掀起了以滨海新区为核心的环渤海经济区的新一轮开发。所以说，随着改革开放广度和深度的不断强化，我国基本形成了沿海、沿江、沿边、内陆地区相结合、全方位及多层次的空间格局，同时也形成了分别以深圳特区、浦东新区、滨海新区为核心到以珠三角、长三角和京津唐为边缘再到泛珠三角、泛长三角与环渤海等外围地区的递次区域开发模式，并且在空间上还呈现出明显的由南向北递次推进的开发方式（见图 1—2）。

对于设立的核心地区（如深圳特区、浦东新区、滨海新区），中央政府主要通过配套的“先试先行”政策试验，实现基础设施的改善和生产要素的集中，然后通过规模效应与集聚效应的正反馈机制来加快核心地区经济的增长。核心地区的发展模式开始在更大范围内推广，特别是边缘地区受到核心地区示范与扩张效应的影响，开始学习和借鉴核心地区的发展经验，逐步形成核心—边缘—外围的区域递次开发模式。

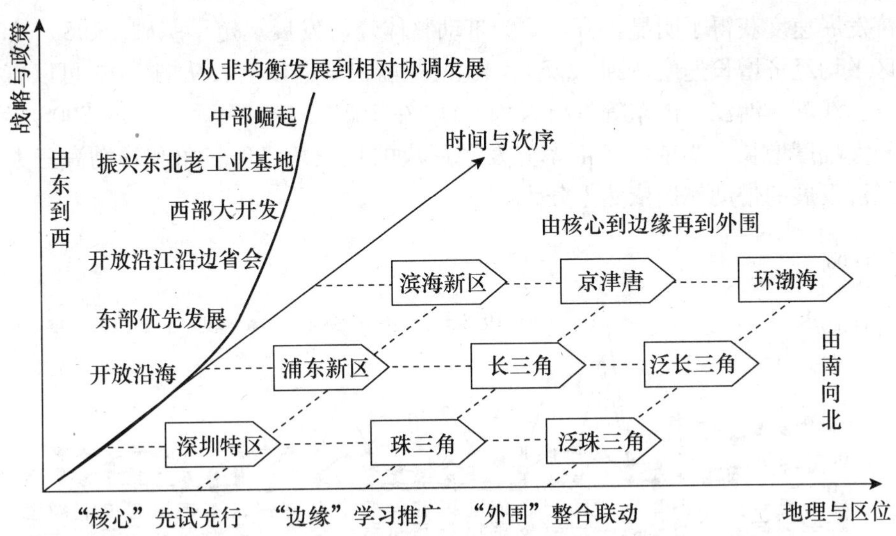

图1—2 改革开放以来中国区域发展的梯次开发模式

由南向北的空间次序体现了改革开放以来我国区域发展战略在作用机制上的创新和转变。首先，由南向北推进的三个核心地区使命不同。深圳特区是中国渐进式改革开放的起点，主要目的在于试验可供推广的开放模式；浦东新区则主要是针对管理制度、体制改革的探索；滨海新区则重点关注新型工业化和城市化问题，如土地利用问题等。其次，从东向西的均衡发展主要通过财政补贴、转移支付等方式实现。而从核心到边缘再到外围主要通过集聚和扩散效应的传递机制影响区域经济发展，经济活动在空间上的集聚及其循环累积效应会提高总体效率（集聚效应），但会导致空间上的两极分化；核心对边缘及外围的辐射以及外溢（扩散）效应则会带动周边地区的发展，具体体现为地区间差距的缩小和区域一体化的发展。

2. 改革开放以来中国区域经济发展战略的绩效评价与经验教训

（1）中国区域经济发展战略的绩效评价与取得的一些经验。

从总体上讲，经过20多年"一个中心、两个基本点"的坚持，以经济增长为核心的非均衡区域发展战略成功推动了中国经济的快速发展与整体实力的显著增强，东部沿海地区占全国GDP的比重从1978年的50.2%逐步增加到1999年的60%以上，而工业总产值也从1985年的59.4%上升到1999年的70.1%。1999年实施西部大开发战略以来，虽然区域发展战略的重心发生转变，但这并没有影响到东部地区的经济增长，东部沿海地区占全国GDP的比重基本保持在60%左右，工业总产值的比重在2005年更是增加到73.4%，应该说实现了整体效率与空间平等的相对协调。刘乃全等人对于改革开放以来的区域发展战略绩效进行了整体评价及分析，本文结合上述研究认为，我国区域发展战略在空间上的演变次序和渐进模式，既兼顾到了各地区在不同发展阶段对总体经济效率的积极作用，又充分注意了区域发展重心调整对整个区域格局和持续发展的影响，其模式和机制为进一步改革积累了丰富经验。

第一，区域发展战略演变由东向西和由南向北的空间渐进模式是颇具中国特色的成功探索。从改革开放前期注重效率的非均衡发展战略聚焦于东部地区，不仅使得东部各省市经济发展速度获得了明显提升，更为带动整体经济发展奠定了基础。1980—1998 年，东部地区平均经济增长速度达到 12.5%，比改革前快 1 倍以上。从图 1—3 可以看出，上海、广东、江苏、浙江、山东等省市人均 GDP 在 1978—1994 年和 1994—2006 年两个阶段都有较大幅度增长。当前，东部率先发展形成的长三角、珠三角和环渤海三大增长极对总体经济发展的带动作用依然十分明显。

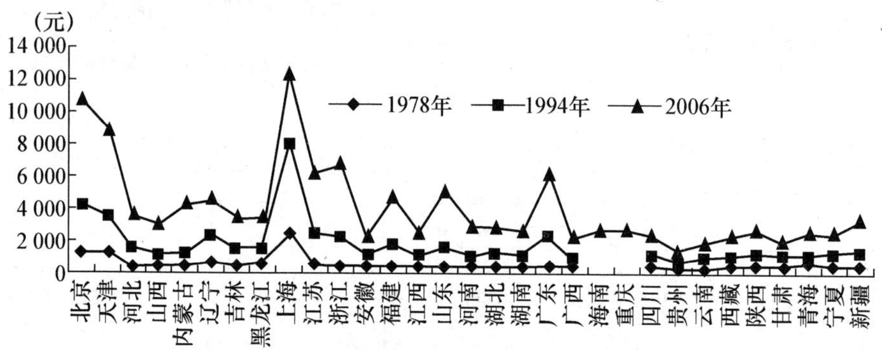

图 1—3　各地区人均 GDP（1978 年不变价格）的变化

注：海南省与重庆市 1978 年、1994 年数据空缺。

资料来源：中华人民共和国国家统计局编：《中国统计年鉴（2007）》，北京，中国统计出版社，2007。

从非均衡发展向相对协调发展的转变最初主要是通过财政扶持和转移支付，而不是通过产业布局调整等手段实现，并且将重心放在自然地理差异最大的西部地区，这样既避免了兼顾公平对东部地区空间集聚和发展速度的负面影响，又可以使得在实现空间平等方面短时间内能够迅速取得成效。从表 1—2 可以看出，自 2003 年以来，中部、西部、东北同东部地区经济总量基本保持在 34%、31%和 15%左右的相对稳定水平上。西部大开发、东北振兴、中部崛起等战略实施以来，1999—2006 年东部地区依然能够保持 12%以上的年均增长速度，从非均衡向相对协调发展战略的转变可以说在东部地区受到较小影响的情况下，实现了“总体效率和空间平等”的较好结合。

表 1—2　　由非均衡到相对均衡的中国各地区 GDP　　（亿元）

年份	1980	1990	1995	2000	2002	2003	2004	2005	2006	2007
全国	4 374	18 447	57 890	97 210	120 575	139 254	167 587	197 744	231 053	272 988
东部	2 202	9 537	32 344	55 690	65 718	76 965	92 823	109 935	128 593	150 439
中部	1 301	5 160	15 075	24 865	22 695	25 871	31 616	37 230	43 218	51 864
西部	871	3 750	10 471	16 655	20 718	23 696	28 603	33 586	39 527	47 360
东北	—	—	—	—	11 444	12 722	14 545	16 993	19 715	23 325
东部/全国	0.50	0.52	0.56	0.57	0.55	0.55	0.55	0.56	0.56	0.55
中部/东部	0.59	0.54	0.47	0.45	0.35	0.34	0.34	0.34	0.34	0.34
西部/东部	0.40	0.39	0.32	0.30	0.32	0.31	0.31	0.31	0.31	0.31
东北/东部	—	—	—	—	0.17	0.17	0.16	0.15	0.15	0.16

资料来源：2000 年以前数据来自王小鲁、樊纲：《中国地区差距：20 年变化趋势和影响因素》，北京，经济科学出版社，2004；2000 年以后数据根据《中国统计年鉴》计算得出。其中 2000 年以前地域划分按照东、中、西部统计，2000 年后的全国数据是东部、中部、西部和东北四个地区数据的汇总。

第二，由核心地区的“先行先试”及空间范围逐步扩展的发展模式，既可以利用学习效应来增强政策的外部性，也可以通过“先行先试”政策的绩效评价来降低政策使用风险。随着促进中部崛起战略的推进，我国目前已初步形成东部率先、西部开发、中部崛起和东北振兴的区域发展格局，区域的内涵也在不断演化，从核心到边缘再到外围的空间扩展进一步扩大。在继深圳特区、浦东新区、滨海新区成功模式之后，2007年西部的成都和重庆、中部的武汉城市圈以及长株潭城市圈也相继成为国家级的综合配套改革试验区，中国初步完成了由沿海到内陆综合配套改革试验区的全面布局。

应该说，深圳特区的改革开放试点取得了较大的成功，进而向沿海、沿江、沿边及省会城市推进。浦东开发开放的战略对于带动浦西及上海的发展来说获得了比较满意的成效，使得上海经济的发展自浦东开发后始终保持了10%以上的高增长态势，并且其关于土地政策及管理制度的改革也为全国提供了较有价值的经验。但由于自身受发展阶段、经济实力及产业升级限制、服务业市场封闭等原因，结果使得江泽民同志在党的十四大报告中提出的“以上海浦东开发开放为龙头，进一步开放长江沿岸城市，尽快把上海建成国际经济、金融、贸易中心之一，带动长江三角洲和整个长江流域地区经济的新飞跃”目标没有较好实现，所以严格来说，浦东开发开放作为一个国家战略的作用还未能充分体现。此外，通过浦东新区与长江流域其他6省市的协整关系分析中也得到了这样的结论：到目前为止，浦东开发开放与长三角及长江流域的经济增长不存在明显的因果联系，反而是长三角地区的经济增长在一定程度上带动了浦东地区的发展。① 而以滨海新区实施的区域发展战略的重心则在于以新型工业化与城市化为目标，为中国经济发展所面临的一些重大问题提供经验借鉴，从而实现中国经济的可持续发展，同时对原有的试点经验与教训进行完善与补充。由于其实施的时间还不长，所以对此效应的评价尚为时过早。

第三，区域发展战略实施的不同阶段对应于不同的政策重点与政策手段，以增强区域政策及战略实施的有效性。在开始阶段，基本上是以直接的资金支持与优惠政策为主。图1—4给出了东部、中部、西部和东北三省在中央财政净支出中所占比重的变化。可以看出，自1999年实施西部大开发战略以来，四大区域占中央财政净支出的份额中西部的比例明显提高。从趋势上来看，西部在财政转移中所占份额在2000—2002年明显上升，而后一直维持在较高的水平。对于2003年开始实施振兴东北老工业基地战略的东北地区和2004年开始实施中部崛起战略的中部来说，其占中央财政净支出的份额也都表现出不同程度的提升。

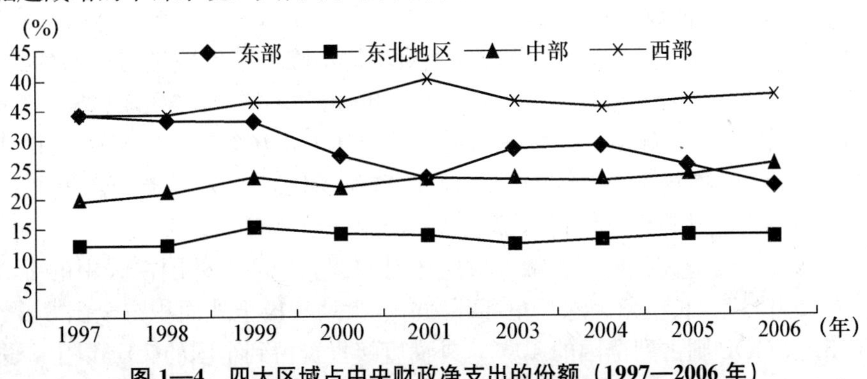

图1—4 四大区域占中央财政净支出的份额（1997—2006年）

注：2002年资料因不可查而缺失，无法弥补，所以图中未有2002年数据。

资料来源：1997—2006年《中国统计年鉴》。其中，财政净支出＝财政支出－财政收入。

① 参见刘乃全等：《中国区域经济发展与空间结构的演变——基于改革开放30年时序变动的特征分析》，载《财经研究》，2008（11）。

在开始阶段，政府的资金支持主要用于基础设施建设，希望通过基础设施建设来加快区域经济发展。而随着基础设施建设的逐步完善，政府资金支持的重点则会放在区域发展的产业方面，希望通过特色及优势产业的发展来带动相关产业的发展，形成产业集聚，并通过优势特色产业参与区域分工与合作。同时，政策的重心也将逐步从以直接的资金支持为主逐步转向以鼓励创新等为主，包括鼓励技术创新、制度创新及管理创新等等，希望通过各种创新来推动区域经济的持续发展，而不是单纯地依赖政府的资金支持。与此同时，政策的重点也将从特定区域转向特定产业及企业。

第四，中央政府直接干预下的区域对口扶持及区域经济协作等政策也发挥了积极作用，对于缩小区域差距及建立区域经济联动机制提供了一种模式。发达地区通过智力输出、人才培养、市场培育、区域产业转移及产业支持等方式，促进区域之间的合作不断向深层次发展。发达地区与落后地区之间的区域协作也逐步从原来的“输血”型援助转向“造血”型支持与互利型合作、从单纯的对口帮扶转向跨区域联动发展，这对于促进落后地区经济的持续发展及缩小东西部地区之间的发展差距等发挥了很重要的作用。

（2）中国区域经济发展战略中存在的一些问题。

第一，尽管实现了从“东部率先”到“四轮驱动”的转变，但我国区域发展战略仍然是“粗线条”和“大尺度”的。从空间角度来看，由于我国幅员辽阔，地理差异较大，区域战略对目标区域发展特征和发展阶段的细分程度仍然不够，致使区域政策的有效性受到影响。特别是现阶段国家沿袭过去在各个区域内部大面积地“撒胡椒面”式投资刺激和扶持措施可能会造成经济发展效率的大大降低。

虽然战略重心从东部转向覆盖全国，但是区域政策工具却没有出现因地制宜的创新。虽然政府希望通过政策导向来吸引资本和企业进入中西部地区，从而促进该区域的经济发展，但由于中西部地区难以提供和东部沿海地区同样的机会，因而上述战略目标近期可能难以实现。所以，区域发展战略及政策制定必须充分注意各地区的自然禀赋和比较优势，并对此进行更深层次的细分，以确定合理的增长点，因地制宜地实现由点到线、由线到面的多层次深化开发战略。“十一五”规划中，以下体功能区建设为主的改革手段无疑将会促进上述现状的改变。

第二，经济活动和要素禀赋空间分布的相对不均衡降低了区域发展战略的总体绩效。从发达国家经验看，经济总量集聚的地方，人口也相应集中，最终形成经济总量与人口的大体协调。然而，由于制度、市场进入及二元劳动力市场等原因，结果使得我国目前区域经济发展在空间格局上不协调，从而不仅造成了区域收入的差距不断扩大，而且（由于存在着劳动力流动障碍）使得东部地区的产业升级速度放缓。

第三，“极化”效应较强而“扩散”效应相对较弱，中心—外围模式中的中心带动作用尚待加强。现阶段，长三角、珠三角和环渤海三大增长极土地面积占全国 3.1%，人口占全国的 25%，GDP 则占到全国的 40%，外商直接投资占到全国的 70%以上，进出口总额占全国比重达到 77%。但三大增长极在形成大规模产业集聚和外来投资集聚的同时，对周边地区的辐射效应仍然十分有限。潘文卿等人通过测算区域间后向关联系数表明，环渤海、长三角和珠三角对中国内陆地区的外溢效应只有 10.9%，并且主要集中在中部地区，对东北、西北、西南地区的外溢效应则十分有限。而刘乃全等人也从我国东中西部地区之间的经济联系角度探讨了区域经济之间的内在关系，得出的结论是东部地区的经济增长对西部地区有促进作用，但对中部地区却没有促进作用。

第四，“两头在外”及“以市场换技术”的发展模式也存在一定的弊端。“两头在外”的对外开放及加工贸易形式仅仅获得了较小的附加价值，同时造成了沿海与内地之间的经济联系弱化及区域之间差距扩大的状况。虽然初始的对外开放对于吸引外来资本的进入具有非常明显的政策效应，但这种原材料及市场在外的开放模式使得沿海地区没有与内地企业形成经济上的关联，也就难以形成区域之间的内在联系，从而不能形成区域互动。即使是市场在国内的吸引外资模式（即通常所说的以国内市场换取国际技术）也存在问题，期望外来资本的进入能够带动本地技术的发展与升级，但核心技术或关键技术被国外企业所掌控的局面始终没有得到根本性的改善。

从总体上看，改革以来中国逐步形成的区域格局中，空间平等和经济效率实现了一种相对均衡。但中国未来区域经济发展在空间布局上的走向及经济效率与空间平等的相对均衡仍旧是值得我们注意的一个核心问题，也即缩小地区差距、实现共同富裕将在什么时刻和水平上实现？诚然，“四轮驱动”和主体功能区建设是否能够达到预期效果现在判断尚为时过早，但是至少可以肯定的是，其带来了区域经济发展政策目标和作用机制的转型。推动主体功能区的规划，将对于各区域的功能定位与分工、加快转变经济发展方式、加大经济结构调整力度、促进经济社会和人口资源环境相协调、增强区域政策有效性及最终实现共同富裕等具有重要意义。

本章小结

经济学研究的区域，是指便于组织、计划、协调、控制经济活动而以整体加以考虑的，并考虑行政区划基础上的一定的空间范围。区域具有客观性和动态性两个最根本的特征。按物质内容，区域可分为自然区域和社会经济区域。按内在结构（形态特征），区域可分为同质区域和极化区域。

区域经济是一个国家经济的空间子系统。区域经济具有地域性、中观性和相对开放性三个突出特点。

生产要素的不完全流动性、经济活动的不完全可分性和产品与服务的不完全流动性是区域经济存在的客观基础。

从杜能创立农业区位论开始，西方区域经济学的发展经历了三个阶段：第二次世界大战以前，研究重点是区位选择理论和空间经济；20世纪50—70年代，研究重点转向区域经济发展与区域政策问题；20世纪80年代以后，注重实证研究和计量分析。现代区域经济学形成了三大流派：新经济地理学派、区域政策学派和区域管理学派。

中国区域经济学研究分为两个阶段：1978年以前，研究的重点是生产力布局问题；1978年以后，针对区域经济实践中出现的一系列新问题、新现象，区域经济研究的领域逐步拓展。

区域经济学是一门运用经济学的观点和方法，研究国内不同区域经济的发展变化、空间组织及其相互关系的综合性应用学科，其基本特征是区域性、综合性和应用性。区域经济学的研究内容主要包括经济活动区位、区域供给与需求、区域经济发展、区际经济关系、区域经济政策与管理五个部分。

区域经济学常用的分析方法有：规范分析和实证分析、微观分析与宏观分析、静态分析与动态分析、均衡分析与非均衡分析、定性分析与定量分析、边际分析、历史分析、制度分析、结构分析等等。

关键术语

区域　区域经济　同质区域　极化区域　生产要素的不完全流动性　经济活动的不完全可分性　产品与服务的不完全流动性　生产力布局　新经济地理学派　区域政策学派　区域管理学派　规范分析和实证分析　微观分析与宏观分析　静态分析与动态分析　均衡分析与非均衡分析　定性分析与定量分析　边际分析

复习思考题

1. 什么是区域和区域经济？
2. 区域经济存在的客观基础是什么？如何理解？
3. 当前区域经济学有哪些主要流派？
4. 西方区域经济学的发展过程是什么？对于中国区域经济研究有何借鉴意义？
5. 区域经济学的研究对象和主要研究内容是什么？
6. 区域经济学的常用分析方法有哪些？

建议阅读书目

1. 郝寿义，安虎森主编. 区域经济学（第二版）. 北京：经济科学出版社，2004
2. 张敦富主编. 区域经济学导论. 北京：中国轻工业出版社，2013
3. [美] 埃德加·胡佛. 区域经济学导论. 北京：商务印书馆，1990
4. 魏后凯主编. 现代区域经济学. 北京：经济管理出版社，2006

第2章 区域经济增长与区域经济发展

2.1 区域经济增长与区域经济发展概述

2.1.1 区域经济增长的概念与特性

1. 区域经济增长的概念

区域经济增长是指一个国家或地区生产的产品和劳务总量的不断增加，它受到区域内外生产和消费的影响，表现为一系列经济指标值的增加，如国民生产总值、人均国民生产总值、人均收入、就业水平、人口规模等，并将最终导致区域经济结构和空间分布格局的演进。经济增长的快慢通常用一定时期内国民生产总值或人均国民生产总值的平均增长速度来衡量。国民生产总值或人均国民生产总值必须采用不变价格计算，以剔除物价变动和通货膨胀的影响。

2. 区域经济增长的特性

区域经济增长具有三个特性。

(1) 增长仅指经济总量的增加，即国民生产总值的增大。而总值的增大不一定意味着某个产业部门产值的同步提高，或某项经济指标的上升。如在国民生产总值增长的同时，农业产值比重则可能呈现下降趋势。

(2) 增长是一个长期的变动过程，是一个地区经济总量的攀升过程。在这个过程中的任何一个时段，经济增长并不总呈正值，有时会出现负增长。但区域经济变动过程的总体趋势是经济总量的不断增加。无论速度快慢或增幅大小，各个国家和地区的经济都是不断增长的。

（3）增长既是区域经济发展的基础和前提，又是区域经济发展的必然结果。与增长相伴出现的，是人均收入水平的提高、人口的向心迁移、城市人口的增多，以及就业规模的扩大。

2.1.2 区域经济发展的概念与特性

1. 区域经济发展的概念

区域经济发展是指一个国家或地区不断进步的经济演化过程，即伴随着经济结构、社会结构、政治结构及观念意识的变化或变革的持续的经济增长过程。其基本要素包括经济增长、结构变迁、福利改善等。大卫·巴金在其《国际社会发展展望》一书中写道："无论就一个国家还是就一个地区而言，发展都是一个包括了致富和结构变动的双重进程：一方面通过有效地利用现有资源和积累追加资源，促进和增加生产来提高收入；另一方面，通常包括经济结构的转变——从一个建立在初级农业和仅能维持简单再生产基础上的经济结构变为更加多样化的商品经济结构。"① 美国经济学家查尔斯·P·金德尔伯格等人认为，经济发展的一般定义包括：人们尤其是低收入的人们物质福利的改善；根除贫困、文盲、疾病和过早死亡；改变投入产出结构，将经济基础由农业转为工业；对适龄劳动人口普及生产性就业等。②

随着对经济发展内涵理解的深化，人们正力图建立起一套综合指标体系以弥补或代替传统的经济增长指标和经济结构指标来更好地衡量区域经济发展。例如联合国社会发展研究所设计的综合发展指标由出生时的预期寿命、人均日消费蛋白质、中小学注册人数、每间居室平均居住人数等16个经济和社会指标的加权平均数构成。美国经济学家莫里斯（M. D. Morris）于1977年设计出著名的物质生活质量指数（Physical Quality of Life Index，PQLI）包括平均预期寿命、婴儿死亡率和识字率三项内容。以PQLI最高的国家为100，推算出其他各国的物质生活质量指数水平。③

2. 区域经济发展的特性

由以上分析可知，区域经济发展的内涵比区域经济增长的内涵要丰富得多，它具有以下几种特性：

（1）区域经济发展不仅着重外延扩大再生产，即经济规模的扩大，更强调内涵扩大再生产，尤其是科学技术进步和组织管理水平提高带来的经济效率的提高。

（2）发展是一个多层次的变动过程，它不仅涉及物质产品生产的增长，而且涉及社会和经济制度的完善以及人们价值取向的变动。

① 转引自［美］艾萨德：《区域科学导论》，455页，北京，高等教育出版社，1991。

② 参见［美］查尔斯·P·金德尔伯格、B. 赫里克：《经济发展》，3页，上海，上海译文出版社，1986。

③ 参见武友德等编著：《区域经济学导论》，30～31页，北京，中国社会科学出版社，2004。

(3) 发展是一个长期的变动过程，短期的经济波动并不能真正反映经济发展的本质特征。

(4) 发展不仅代表人类的进步过程，还蕴含着人类所采取的开发行动，如各种开发方案、各项政策措施以及开发的结果等。

2.1.3　区域经济增长与区域经济发展的关系

尽管区域经济发展以区域经济增长为基础，但它又不完全等同于区域经济增长。经济发展和经济增长是区域经济发展过程中既相互联系又相互区别的两个方面。科学地把握两者的联系与区别是研究区域经济发展理论的必要前提。

首先，区域经济增长和区域经济发展是相互联系的。①

(1) 它们之间是一种包容关系，即经济发展包容着经济增长。一方面，增长是发展的基础和核心内容，没有经济总量的增长，经济实力就不可能得到增强，经济、社会和政治结构的调整与变革便成为空中楼阁；另一方面，增长不一定能带来相应的发展，如中东一些石油生产输出国的人均国民生产总值虽然出现高速增长，但其经济结构、政治结构和社会结构并没有得到相应改善，贫困、失业和收入不均等问题仍很突出。

(2) 它们之间是一种互动关系。从短时期来看，经济增长不一定能带来相应的发展，但从长远来看，经济增长必然或早或晚地引发社会进步，发展将不可避免。因此，就这一点而言，经济增长能促进经济和社会的发展。反过来，社会发展水平的提高、物质财富和精神财富的累积，又必然能促进区域经济增长，提高经济增长的速度和增长幅度。

可见，区域经济增长是区域经济发展的基础，是社会进步首要的、必要的物质条件，区域经济发展是区域经济增长的结果；区域经济增长是手段，而区域经济发展才是人们从事经济活动的目的；没有一定幅度的经济增长，也就无所谓经济发展。

其次，区域经济发展和区域经济增长又存在着许多重大的区别。

(1) 从性质上看，增长是一个数量概念，发展是一个质量概念。区域经济增长意味着更多的产出，区域经济发展则同时意味着更多的技术与制度的创新。

(2) 从范围上看，增长是仅指经济总量的持续增加，而发展则不仅包括经济结构的改进或优化、经济质量的改善和提高，它还是一个国家或地区人们传统文化、价值观念和社会习俗的变革。可见，发展的内涵更为深刻，体现了社会的变革与进步。

(3) 从原因上看，增长是由于投入量的增加所导致的，或是生产效率提高的结果，而发展不但具有这些因素，还包括了产品构成的变化和生产过程中各种投入量所作贡献的相对变化等。

(4) 从时间上看，增长是一个静态的结果，而发展是一个动态的过程，具有连续和渐进的特征。

---

① 参见张敦富主编：《区域经济学原理》，257～260 页，北京，中国轻工业出版社，1999。

2.2 区域经济增长的要素

区域经济增长是在一定的自然、社会经济和技术条件下进行的，其发展的速度和水平受到一系列因素的影响。本节主要分析自然条件和自然资源、人口和劳动力、资本、科技进步以及制度安排五个要素对区域经济增长的影响。

2.2.1 自然条件和自然资源①

1. 自然条件和自然资源的定义

自然条件，又称自然环境，是自然界中与人们生产和生活有直接或间接关系的部分。自然资源是自然条件中可以被利用的自然物质和自然能量。自然条件中目前尚不能利用的部分，如地震、山崩、泥石流等不属于自然资源的范围。自然资源与自然条件的界限是可以变更的，随着生产力水平的提高，自然资源的范围越来越大，内容越来越丰富。

2. 自然资源的基本特性

自然资源虽然复杂多样，各有自己的特性，但由于各类自然资源在自然界中存在着一定的联系，从而具有一系列的共性，可将其基本特性归纳为以下几点：

（1）自然资源的整体性。自然界中各类自然资源之间存在着相互依存关系，彼此联系，构成一个有机的整体，可称之为自然系统。自然资源的整体性，决定了任何一类自然资源的开发利用必然引起其他各类自然资源的改变。因此，必须综合研究各类自然资源之间的相互依存关系，全面认识自然资源系统的特性，合理利用和保护自然资源。

（2）自然资源的区域性。自然资源的空间分布是不均匀的，其种类特性、数量多寡、质量优劣等都具有明显的地域差异。如我国的水资源大致从东南向西北递减、我国的煤炭和石油主要分布在西北部地区。自然资源的区域性特点决定了在开发利用自然资源时应充分发挥地区资源优势，因地制宜进行生产。

（3）自然资源的多用性。自然资源具有为人类提供多种用途的可能性。例如，水资源可被用于发电、航运、灌溉、养殖、娱乐、观赏等。自然资源的多用性为人类利用资源提供了不同用途的可能性。因此，在开发利用自然资源时必须遵循综合利用原则，充分发挥资源潜力，使地尽其利，物尽其用。

（4）自然资源的动态稳定性。自然系统的稳定性是短暂的，当外部条件发生改变所产生的干扰超过系统所能承受的阈限时，系统的结构将遭到破坏，并通过调整形成新的系统结构。因此，在开发利用自然资源时，要求深入了解自然资源系统内部结构的变化

① 参见陈鸿宇主编：《区域经济学新论》，141～146页，广州，广东经济出版社，1998。

规律，采取有效的措施来维护对人类生产、生活有利的系统结构，或使其向有利于人类社会的方向转化，谋求人与环境之间协调共生。

（5）自然资源的有限性。自然资源并非是无限供给的。根据其自身可被利用的特点，可分为非耗竭性资源、再生性资源、非再生性资源三大类。非耗竭性资源，如太阳能、潮汐能、风能等，似乎是取之不尽、用之不竭的，但以某个时段或地区来考虑，它们所能提供的数量也是有限的。而再生性资源，如森林、牧场、野生动物、水产、土地等，不仅其再生能力是有限的，而且利用过度会使其丧失再生能力，成为非再生性资源。至于石油、煤、宝石、铁矿等非再生性矿物资源，由于在地壳中的储量有限，所以是用一点少一点。自然资源的有限性决定了人类在开发利用自然资源时必须坚持可持续发展原则，珍惜一切自然资源，绝不能只顾眼前利益掠夺式开发资源，甚至肆意破坏资源。

3. 自然条件和自然资源对区域经济发展的影响

（1）对劳动生产率的影响。自然条件和自然资源对工业、农业和交通运输都存在着不同程度的影响。

1）工业生产需要从自然界中获取原料，自然资源的数量、质量及开采条件，会直接或间接地影响生产效益。从数量上看，由于当地缺乏某种必需的资源，需要从较远的地区运送这些资源，这显然会增加生产成本；从质量上看，质量较差的资源不仅给生产过程带来困难，往往还会影响产品的质量，最终影响生产效率。

2）农业生产是利用动植物的生理功能从自然界中获取各种营养成分的过程，因此，自然条件对农业生产具有极为深刻的影响。例如，平原地区地势平坦、冲积层较厚，其良好的自然条件对于农田开发、修建灌溉设施、农业机械化、道路铺设等比较有利。因此，往往成为农业较发达、人口较稠密的地区。

3）自然条件对交通运输的影响也是非常重要的。在山区修筑一条与平原地区运输能力相同的铁路，造价要提高三倍，而遇上更为复杂的地形，造价差距还要大。

（2）对经济部门的影响。自然条件和自然资源对经济部门的影响主要表现为两个方面：一是不同的自然条件往往形成不同的产业部门；二是每一个自然因子对各个经济部门的影响程度不同。

1）种植业、林业、牧业、渔业和矿业等产业部门受自然条件的影响最大，因此有强烈的地域限制。目前世界上贸易量最大的物资，如石油、咖啡、烟叶、茶叶等大都是这些部门的产品。很多著名的大工业区都是在丰富的煤铁资源基础上兴起的，如美国五大湖南岸工业区、英国伯明翰工业区、德国鲁尔工业区等。

2）每一个自然因子对于不同的经济部门的影响有差异。以气候为例，气候对各个经济部门影响的排序大致为：种植业、林业、牧业、渔业受气候影响最大；运输业，特别是航海业，受风暴、冰冻等气候影响较大；气温、降水量影响建筑业中建筑施工费用和建筑材料消耗；矿业，特别是露天采矿，受气候影响很大；明媚宜人的气候是发展旅游业的良好条件。

（3）自然条件对于产品质量和形成的影响。自然条件是影响产品质量的自然基础，许多特产都有特定的自然环境。如新疆的哈密瓜、吐鲁番的葡萄、库尔勒的梨等水果的独特品质都与当地气候有关。又如小麦蛋白质含量与干旱度成正比，在12%～26%之间波动。干旱地区小麦蛋白质含量高，营养价值也高，适合制作面包；潮湿地区小麦淀粉多，适合制作面条。此外，自然条件对产品形成的影响，如对建筑物形式、服装形式的影响，也是十分明显的。

2.2.2 人口和劳动力①

人口和劳动力是两个既紧密相关又相互区别的概念。区域人口中具备劳动能力和一定的劳动技能、生产经验与科学文化知识的人才构成区域劳动力资源；人口中的非劳动人口，不是现实的劳动力。

马克思将劳动过程的简单要素归结为“有目的的活动或劳动本身，劳动对象和劳动资料”②。根据马克思的理论，生产力三要素中的劳动者是社会财富的唯一创造者，人是生产力中最重要、最活跃的组成部分。一定数量与质量的人口和劳动力是区域经济发展的前提条件。经济活动的一般过程划分为生产、流通、分配、消费四个环节。人们的生活消费既是经济活动的起点，也是经济活动的终点。区域人口和劳动力通过消费制约着区域经济的发展状况。

1. 人口和劳动力数量与区域经济增长

通常把总人口中15～64岁的人口看作劳动人口，把14岁以下、65岁以上的人口看作非劳动人口。一般情况下，区域人口的数量越多，劳动力就越丰富，从而可以为区域经济增长提供充足的劳动力供给。同时，人作为消费者，其数量增长也会增加对消费资料的需求，从消费方面促进区域经济的发展。

区域经济发展应与人口、资源、环境相协调。在区域经济发展水平一定的条件下，人口数量过大或人口增长过快，可能导致：（1）劳动力过剩，影响技术进步和劳动生产率的提高，不利于区域经济的长远发展；（2）影响人们收入水平和消费水平的提高，减少区域用于扩大再生产的资本积累，进而对区域消费水平的提高产生长远的不利影响；（3）影响区域资源、环境、生态状况，从而制约区域经济的发展。相反地，区域人口过少或增长太慢可能会导致劳动力供不应求，这对于区域经济的发展也是不利的。

区域人口和劳动力数量影响区域要素投入结构与区域产业结构类型。劳动力资源丰富的区域倾向于发展劳动力密集型产业，以充分利用劳动力数量多的优势，最大限度地减少资金的约束。而人口数量少、劳动力资源较为短缺的区域，则可以多发展资本密集型或技术密集型产业，以解决劳动力不足的问题。

2. 人口和劳动力质量与区域经济增长

区域劳动力的质量主要取决于区域劳动者的身体素质、工作态度以及文化、科学、技术

---

① 参见孟庆红主编：《区域经济学概论》，66～70页，北京，经济科学出版社，2003。

② 《马克思恩格斯全集》，中文1版，第23卷，202页，北京，人民出版社，1972。

素养等要素。身体素质是人的生物属性，是劳动力质量的自然基础。一般情况下，区域经济发展水平越高，人们的收入水平和消费水平就越高，劳动者的身体素质也就越高，就更有条件从事艰苦的学习和工作，提高劳动效率。工作态度主要表现在劳动者的事业心、责任心、纪律性以及是否踏实肯干等方面。区域劳动者的工作态度是区域内的社会风气、思想道德水平和管理状况等因素共同作用的结果。区域劳动者的文化、科学、技术素养表现为劳动者的一般文化知识水平、专业知识与科技水平、专业劳动经验与技术水平等，可以用人口平均受教育年数、人口文化水平结构和专业知识结构等指标来衡量。在知识经济条件下，人口和劳动力的文化、科学、技术素养的提高成为区域经济发展的关键。

劳动力质量的提高将提高劳动生产率，这意味着在劳动力投入数量不变的情况下，经济增长中的劳动投入增加，经济能够在节约资本和更多地利用劳动力的情况下获得增长。所以人口和劳动力质量的提高是实现区域产业结构优化升级的前提条件。

3. 人口和劳动力结构与区域经济增长

人口结构包括人口年龄结构、人口性别结构、人口职业结构、人口空间分布结构等。人口年龄结构是指各年龄人口的比重，反映总人口中劳动人口和非劳动人口的比重。在区域总人口数量一定的条件下，区域人口的年龄结构决定着区域劳动力数量的多少。人们常用人口年龄中位数来分析区域劳动力供给状况，人口年龄中位数是指从0岁起累积到总人口一半的平均年龄。一般地，人口年龄中位数越高，区域劳动力的供给就越充分。在男女就业平等的社会条件下，人口的性别结构对区域当前或近期的供给没有根本性的影响，但对未来的劳动力供给却有重要影响。因为女性人口越多，育龄妇女就越多，人口的自然增长也就越快，区域未来的劳动力供给也就越充分。通常区域人口的男女性别比例为106∶100～107∶100为宜。人口职业结构是指在区域人口中劳动人口在社会各部门分布的比例，反映区域经济结构状况和经济发展阶段。一般来说，经济发展水平高的区域，第一产业职业人口比重小，而二、三产业职业人口比重大，区域产业结构向知识—技术密集型方向转化。人口空间分布结构的一个重要方面即人口的城乡结构，与人口职业结构也密切相关，因为农业劳动力分布在乡村，二、三产业劳动力主要分布在城市。

4. 人口和劳动力流动与区域经济增长

人口和劳动力流动从时间长短上看有短期的、重复的或周期性的流动以及永久性迁移，从空间距离上看有近距离流动、远距离流动，从范围上看有区域内流动、区际流动、从农村向城镇流动、乡村间的流动、城镇间的流动等等。流动的原因是由于地区间经济、社会、政治和自然等因素存在差异。一般说来，人口总是倾向于流入经济发达、政治开明、社会安定、自然灾害小的地区。处于工业化发展阶段的地区，其乡村人口向城镇流动和迁移是人口空间移动的基本特征。

从全国整体的角度来看，人口和劳动力流动是资源重新优化配置过程的重要组成部分，对经济增长产生积极的推动作用，但对于劳动力流入区域和流出区域则会产生不同的影响。劳动力流入地区通常经济比较发达或发展速度较快、区内劳动力短缺、工资水平较高。劳动力的流入可以缓解劳动力供给不足的矛盾、抑制工资水平上升、降低成本、增强产品竞争力。而劳动力流出区域通常经济比较落后或发展速度较慢、就业机会较少、工资水平较低。劳动力流出可以缓解当地就业压力，外出劳动力寄回的汇款还会给区域经济发展带来大量资金。但流出的劳动力主要是青壮年和具有较高科技文化知识和专业技能者，因而会造成人才流失，降低劳动力的整体素质，对落后区域经济发展造成不利影响。

2.2.3 资本

从资本类型上看，一般可以把资本分为物质资本、人力资本和金融资本。物质资本指的是长期存在的生产物质形式，包括机器、厂房、建筑物、交通运输设施等。这里所指的资本即物质资本这种资本形式。

1. 资本在经济增长中的作用①

资本是人类从事经济活动的基本投入要素之一，但它也是一种稀缺的资源。在经济增长理论中，资本常常被认为是经济增长的重要的因素之一。古典经济增长理论中提出，经济增长和资本积累呈正比例关系，资本积累量的大小是决定经济增长率高低的关键。在哈罗德—多马模型 $G=S/C$ 中，由于 C 被假定为不变，因此储蓄率 S 成为决定经济增长率 G 的唯一因素，而储蓄可以全部转化为投资。在这里，资本对于经济增长的作用十分突出，是唯一的，也是最重要的决定性因素。由于该分析模型的广泛运用与影响，大大强化了资本在经济增长中的作用。经济学家罗斯托（Rostow）在其经济成长阶段论中，分析了一个国家经济起飞需要具备三个基本条件，即投资率（资本积累率）达到10%以上，建立起能够带动整个国民经济发展的主导部门体系，必须伴随着制度和意识形态变革。而在这三个条件中，资本积累率达到10%以上是基本和先决条件。

在20世纪50—60年代，一些西方经济学家依据哈罗德—多马模型和罗斯托的经济成长阶段论，认为资本的形成是经济发展的约束条件和决定性因素。他们认为现代经济发展的过程就是工业化和城市化过程，而这一过程以伴随着农村劳动力转移和工业扩张中所需要的大量资本投入作为支撑条件，因此资本积累是工业化和城市化的关键。20世纪后半期，尽管在发达国家或发达地区，物质资本的积累对于经济增长的重要性有所降低，技术和制度等因素对经济增长的重要性越来越被强调，但在发展中国家或落后地区，资本仍旧被许多人视为经济发展的关键性因素。

2. 资本的形成

（1）资本形成的类型。资本形成主要有两种类型，即外延型资本形成和内涵型资本形成。

1）外延型资本形成指的是资本形成在数量和规模上的增长。在一个特定区域内，国民收入水平的高低是决定资本形成规模的最重要因素。国民收入的一部分通过储蓄，进而由储蓄转化为投资，最后形成资本。外延型资本形成主要依靠提高储蓄率、投资转化

① 参见孟庆红主编：《区域经济学概论》，61～66页，北京，经济科学出版社，2003。

率来实现。

2）内涵型资本形成指的是通过资本综合效益的提高而使得资本在质上的改进。在资本规模既定的情况下，资本效益的高低对经济增长的推动作用是不同的，综合效益高的资本对经济增长的推动作用更大，反之则小。一般地，资本效益受到两方面因素影响：一是投资选择，即同一区域内，投资不同的部门或者项目，其经济效益可能相差很大，或者投资相同部门和项目，在不同区域之间，其经济效益也会相差很大。二是区域的资本吸附能力，即一定条件下区域利用资本的能力。如果区域不能充分吸收和利用资本，资本投资效率就会降低，资本形成也会受到制约。内涵型资本形成主要依靠提高资本利用效率来达到资本形成的目的。

(2) 资本形成的来源。资本形成的主要来源在于储蓄。一国的储蓄可以转化为投资，从而转化为机器设备、厂房、交通工具、基础设施等物质资本，使得资本得以形成。

一个地区的储蓄可以具体分为四种情况。

1）个人储蓄。个人储蓄即居民储蓄或家庭储蓄。个人储蓄一般为总储蓄的主要来源。影响个人储蓄水平的因素主要是储蓄倾向和个人可支配收入。储蓄倾向指的是平均每个人可支配收入中用于储蓄的比例，在收入一定的情况下，储蓄倾向越高，储蓄额也就越多。储蓄倾向的高低受到多种经济和非经济因素的影响。一国或一个地区经济发展水平在总体上决定了个人可支配收入水平的高低，但具体而言，国民收入总量和人口数量是直接影响个人可支配收入的因素。

2）企业储蓄。企业储蓄包括净储蓄和折旧费两项。净储蓄指的是企业的未分配利润（企业税后利润扣除股息和职工福利支出后可用于扩大再生产的部分）。净储蓄的多少取决于企业经营状况和企业的分配政策。折旧费在未用于更新设备之前实际是一种储蓄，它是一种重要的资本积累来源。发达国家常常用加速折旧的办法来鼓励企业投资，加快技术进步。

3）政府储蓄。政府储蓄主要是指政府预算储蓄和国有企业上缴利润两部分。预算储蓄是政府的所得（税费）扣除经常性公共支出后的余额。

4）外国储蓄。外国储蓄包括官方储蓄和私人储蓄两部分。官方储蓄主要指外国政府和国际金融机构的援助与贷款，私人储蓄则包括外国私人金融机构和公司企业的贷款与直接投资（如跨国公司的投资）。实际上这一部分储蓄即所谓的外来资本。

上述几种储蓄来源指的是货币形态的资本形成，实际上，在实物形态上资本还有一些形成方式。如落后地区可以通过对外贸易方式，出口本国或者本地剩余农产品或者初级产品，换回需要的资本品，从而达到资本积累的目的；可以通过组织闲置劳动力从事不需要较多资本投入的生产性活动，如建筑、农业基础设施建设等，达到直接增加资本形成的目的。

3. 资本的利用效率

在一定条件下，经济增长率与形成资本的储蓄率成正比关系，但并不能就此简单地认为储蓄率越高，经济增长率也就越高。除储蓄率以外，资本的利用效率是决定经济增长率的一个重要因素。不同的资本利用效率，导致相同的投资比例带来不同的经济增长速度。资本利用效率的提高，可以在储蓄率一定的情况下，提高经济增长的速度。

资本的利用效率包括资本的配置效率和资本的使用效率两个方面。

资本的配置效率由资本的时间有效配置和空间有效配置两部分组成。资本的时间有效配置是指资本形成中储蓄率的高低所反映出的资本在增加现期消费与扩大再生产以增加未来消费之间的有效配置。资本的空间有效配置是指一定资本规模在不同经济部门和区域内不同地区之间进行的分配。影响资本配置效率的主要因素有：（1）生产要素的流动性。生产要素流动性越强，越有利于资本配置效率的提高。（2）技术水平。技术水平的差异会影响到区域内生产要素之间的配置比例，进而影响到区域经济增长的速度。（3）要素禀赋。区域之间要素禀赋的差异，同样会影响区域内生产要素之间的配置比例，进而影响经济增长的速度。

资本的使用效率是指资本使用过程中所达到的经济效果。它包括资本在区域内或部门内的使用效果和资本的空间有效配置效果。一般来说，在经济发展落后的国家或地区，提高资本使用效率主要应该注意以下几个问题：（1）为维持较高经济增长率以解决就业和低收入问题，落后国家或地区倾向于采用粗放式经济增长方式，即以高投入换取高产出的投资方式。这种增长方式通常投资效率较低，并且当经济增长达到一定程度，或者资源呈现稀缺状况时，必然促使这些地区转变经济增长方式，由粗放式增长转为集约式增长，从而提高资本的使用效率。（2）投资结构影响资本使用效率的问题。一方面，投资于生产部门和基础设施部门的比例应该合理，否则两者的投资差距会造成资本总的使用效率降低；另一方面，应该加快技术进步，使得产业结构向资本节约型转变，提高资本使用效率。（3）投资的规模效益和配置效率问题。实践表明，大部分发展中国家和经济发展落后地区由于种种条件制约，大量的新增投资达不到规模经济的效果，或者主要由于技术进步限制达不到规模收益递增的状态，投资的配置效率也达不到最佳配置结构，从而影响资本使用效率。（4）资本的流动性问题。资本的转移和流动速度的快慢会提高或降低资本的使用效率。

2.2.4 科技进步

随着经济、社会的发展，科学技术推动经济发展的作用日益增强，科学技术已成为第一生产力，科技进步对经济增长的贡献远远超过资本和劳动投入量增加的贡献，成为经济增长的主要动力和源泉。从这个意义上讲，区域经济发展最核心的问题，就是加速区域的科技进步，促进科学技术成果转化为现实生产力，从而推动区域经济增长和社会进步。

1. 科技进步对区域经济发展的影响①

科技进步对区域经济发展的影响主要体现在以下几个方面：

（1）改善生产要素的质量和效率。科学发明和技术创新促进了劳动手段不断变革，以大机器代替人工劳动、自动化机器代替人工操作机器，大大提高了产出水平。科技进步改善

① 参见孟庆红主编：《区域经济学概论》，71～73页，北京，经济科学出版社，2003。

了劳动对象，扩大了劳动对象的范围：通过改变材料的物理或化学属性，导致新材料的出现；通过生物技术、化学技术和机械技术的发展应用，改良土壤和物种；科技进步加深了资源的开发利用程度和利用效率，扩大了资源的利用范围。科学技术知识的传播和普及，提高了劳动者的素质。科技进步导致的劳动时间的节约和分工的深化，为劳动者素质的提高创造了条件。管理科学的发展，改善了组织的功能和效率，提高了管理工作的质量。

（2）优化各种要素在经济活动中的结合方式，影响经济增长方式。自然资源、劳动、资本在经济活动中只有按照一定的比例，以某种具体形式结合在一起，才能形成现实的生产力。各种要素结合的比例，从根本上讲是由技术决定的。不同区域可以根据要素禀赋的差异，选择不同类型的技术，促进经济的发展。例如劳动力稀缺的区域，宜采用“劳动节约型技术”；资本稀缺的区域，宜采用“资本节约型技术”；自然资源稀缺的区域，宜采用“资源节约型技术”。由于科学技术知识可以低成本地不断复制并且是可以产生递增报酬的唯一生产要素，科学技术的发展和推广应用可以缓解经济增长对有形资源的依赖，改变经济增长方式，使经济的可持续发展成为可能。

（3）改造传统产品和产业，创造新产品和产业，促进产业结构优化升级和经济结构的高级化。新产品和产业的出现是科技进步的结果。纺织技术、炼钢技术、汽车制造技术和电子信息技术在历史上的不同阶段分别使纺织业、钢铁业、汽车业和高新技术产业成为欧美发达国家经济发展的主导产业。科技进步是工业化的基础，也是第三产业兴起的条件。科技进步促进了生产要素不断地从第一产业向第二产业转移，再由第二产业向第三产业转移。科技进步促进资源密集型产业和劳动密集型产业向资本密集型产业、技术密集型产业的发展，是引起产业结构变动的最根本的原因。由于科学技术的进步，一些传统产业得以改造，被注入新的活力，延长了产业生命周期。

（4）影响区域经济布局的态势和区域分工格局。传统工业的布局受自然资源分布状况的影响较大，因此布局上趋向于靠近原料、能源产地。随着科学技术的进步，工业利用自然资源的效率不断提高，交通运输业不断发展，技术密集型产业所占比重上升，自然资源对工业布局的约束越来越小，工业布局的自由度不断加大，可以在远离原料、能源产地的区域布局，区域发展工业的空间大大增加了。交通运输和通信技术的发展，促进了区域间的交流与合作，提高了资源总体配置效率。所有这些，都有利于缩小区域间的发展差距，改善区域分工格局。

2. 科技进步的推动力和基础

科技进步的推动力主要来源于三个方面：社会需求或市场需求、竞争、科技发展的内在趋势。因此，在区域经济发展中，要认真分析研究消费者当前和潜在的需求，没有市场需求的技术是没有生命力的。要努力创造一个公平、公开、合理、有序的竞争环境。竞争压力会迫使所有的企业在生存威胁和利益刺激下尽快地引进与开发新技术，推出新产品。要尊重科学技术发展的基本规律，避免开发研究的盲目性。

人是科学技术的创造者、传播者、接受者和应用者，从这个意义上说，人口和劳动力素质的提高是区域科技进步的基础。提高区域人口和劳动力总体素质的基本途径主要有两个，即发展区域国民教育和引进人才。要大力发展区域国民教育，包括普通教育以及各种各样的职业教育、技术教育、业余教育和成人教育等等。既注重对未来劳动者的培养，也重视对在业劳动者的教育。要通过多种途径引进和集聚各类人才，营造一个尊重知识、尊重人才的氛围，用好人才，留住人才。只有这样，才能为区域科技进步奠定一个坚实的基础。

2.2.5 制度安排①

制度是管束人们行为的一系列规则或各种约束，可以分为正式的制度和非正式的制度两大类。正式制度涉及两个层次：一个是宪法层次的基础制度，这是制定规则的规则；另一个是集体行动层次的运行规则，它是在宪法秩序框架内制定的各种操作规则。非正式制度则是指习惯或习俗，体现在人的观念和社会意识形态或文化中，属于观念层次的规范性行为准则。

生产要素的结合与经济资源的配置，不仅依赖于技术关系（或人与物之间的关系），而且还取决于一定的社会关系和制度安排（或人与人之间的关系）。制度对经济发展既有促进作用，也有阻碍作用。有效的制度安排对经济发展起巨大的促进作用，无效的制度安排则对经济发展起着巨大的阻碍作用。

1. 制度创新与区域经济发展

舒尔茨（Schultz）曾将制度提供的经济方面的服务归纳为四点：（1）降低交易费用；（2）影响要素所有者之间的配置风险；（3）提供职能组织与个人收入流的联系；（4）确立公共产品和服务的生产与分配框架。各国的历史表明，制度创新是促进经济发展的重要因素。工业化的过程同时就是制度变迁和制度创新的过程，其中包括打破以传统家庭为单位的生产组织、工厂和农场的建立、分工和协作的普及与深化、生产组织规模的日益扩大、以开放的市场经济代替封闭的自然经济等等。工厂制度和现代企业制度的建立和发展等制度变迁或制度创新，虽然要从科学技术的发展及其在生产上的应用普及和社会生产力水平的提高上寻找根源，但是这些新的、有效的制度一旦建立和发展起来，又大大促进了社会经济的发展。制度一方面提供了人们进行经济活动的约束，使得相互竞争的个人可以在一个有序的框架内运行；另一方面也提供了人们进行经济活动的激励，使人们的积极性和创造性得到最大限度的发挥。

中国改革开放以来的发展也证明了制度创新是促进经济发展的重要因素。改革之初，安徽、四川等地率先实行土地承包责任制，使土地所有权与经营权相分离，极大地调动了广大农民的生产积极性，农业生产迅速恢复、发展起来，进而促进了城市经济和区域经济的发展。东部沿海地区是中国最早实行对外开放的地区，吸引了大量的海内外资金、技术和人才，成为推动东部沿海地区迅速发展的重要因素。中国的经济体制改革是一项伟大的制度创新，邓小平称之为一次革命。中国经济体制改革的突出特点之一就是，改变所有制结构单一、公有制一枝独秀的状况，实行公有制为主体、多种经济成分共同发

① 参见孟庆红主编：《区域经济学概论》，75～78页，北京，经济科学出版社，2003。

展的基本经济制度。研究表明，东部地区民营企业发达、所占比重高，是推动东部经济发展的关键性因素之一。此外，在从计划经济向市场经济转化的过程中，所有制结构的变化也是关键因素之一。东部地区的非国有化程度较高、民营经济比重大、经济市场化的程度高，因而经济发展速度就比中西部地区快。

2. 影响制度创新的因素

影响制度创新的主要因素如下：

（1）社会生产力水平。一定的社会生产力水平要求有一定的社会生产关系与之相适应，生产力的发展必然要求经济制度发生相应的变化。例如随着中国东部沿海地区工业化水平的提高，农业劳动力大量向二、三产业转移，传统的农业小生产方式已经开始向规模化经营和现代农业生产方式转化。

（2）技术创新。技术创新改变了生产方式，引起生产要素的集聚和生产规模的扩大，客观上要求形成更加先进和复杂的生产组织与经营管理，从而引起原有社会经济制度的变化。在资本主义近代史上，机器的应用和普及为工厂制度的确立奠定了物质基础。

（3）市场规模。市场规模的变化会引起生产规模、生产方式、营销方式等的变化，从而导致社会经济制度的变化。改革开放以前，中国的企业大多是单工厂企业，生产的产品比较单一。随着人们收入水平的提高、市场规模日益扩大，需求也日益多样化，这促进多工厂企业和企业集团不断涌现和发展，从而使得现代企业制度的建立显得十分迫切。

（4）人们追求个人利益最大化的推动作用。如果一项新的制度安排的预期净收益超过预期成本，制度创新就有可能发生。改革开放以来，许多个体经济逐步发展壮大起来，有些发展成了大企业。当民营企业家意识到现代企业制度和现代管理方式能够给他们带来更多的利润和更大的发展时，传统的家族式管理就面临着变革。

（5）社会文化因素。当不同社会利益集团的构成和力量对比发生变化时，就会直接影响到原有制度的变革。不同区域道德、伦理和观念的差异，也会造成区域制度创新能力的不同。中国东部沿海地区较强的改革意识、开放意识和创业精神，使其更易接受新思想、新观念，更加敢于进行体制改革和制度创新。

（6）创新主体的作用。在制度创新过程中，创新主体特别是政府和企业的作用非常重要。改革开放以来，中国政府推动制度创新的努力是有目共睹的。企业作为经济活动的基本单元，直接感受着经济条件的变化，其制度创新不仅促进微观层次上的发展，而且影响到宏观制度的变革。

2.3 区域经济增长阶段

区域经济从不发达到发达要经历漫长的演变过程，在不同的发展阶段，要素供给、经济结构等会呈现不同的特征，对区域经济增长演变过程的研究有助于推动区域经济的发展和区域经济发展战略的制定。

2.3.1 一般区域的经济增长阶段[①]

1. 待开发阶段

在这一阶段，传统农业占主导地位，经济发展水平和劳动生产率低下，劳动成果仅能满足生产者基本生存的需要，剩余产品较少，区域资本供给能力不足，同时受传统观念和收入水平的束缚，基础教育落后，劳动者文化素质低下，储蓄能力弱，区域资本形成不足，难以推动第二产业和第三产业的发展，因此区域经济结构落后，经济增长缓慢。

2. 成长阶段

随着区域优势资源的逐步开发和区域资本积累能力的增强，区域工业化的发展速度随之加快，工业逐渐超过农业并成为区域经济的主导部门。由于工业的劳动生产率较高，农业劳动力逐渐向工业部门转移，区域平均劳动生产率得到提高，居民收入和储蓄能力随之加强，区域资本的供给能力增强，这推动了区域经济的发展，而区域经济的发展又带来经济结构的变化。在农业生产中，随着人们消费水平的提高，农产品的需求结构发生变化，畜牧业在农业中的地位增强，经济作物种植面积扩大；在工业生产中，资本密集型产业的发展速度加快，工业产品不仅满足区内的需求，而且向区外输出。随着区域与外界联系能力的增强，交通、通信等配套基础设施的建设也日趋完善，其他服务业也迅速发展。在这一阶段，劳动生产率不断提高，资本供给能力增强，经济结构明显优化，经济增长速度加快。

3. 成熟阶段

随着区域经济增长速度的加快，区域经济基本实现了现代化，第三产业的发展速度加快，要素配置效率提高，技术创新能力增强，劳动力价格逐步提高，劳动密集型产业逐渐被资本密集型产业所取代，区域产业结构进入高级化阶段。对农业而言，技术进步促进了农业劳动生产率的提高；对工业而言，自动化程度日益提高，向外输出的主要是附加值和技术含量高的中间产品与最终产品，产品在国内外市场竞争能力的增强已成为推动工业增长的主要动力。随着工农业的发展，交通、通信业、金融、保险、咨询、技术服务等产业也得到迅速发展。在这一阶段，技术创新能力增强，产业结构不断升级，区域经济增长速度较成长阶段更快。

4. 高级化阶段

在这一阶段，经济完全实现现代化，技术和组织创新能力的增强已成为推动经济增

① 参见邓宏兵主编：《区域经济学》，86～89页，北京，科学出版社，2008。

长的重要因素，大型企业迅速形成并不断扩大，区域经济与外界联系能力增强，向区域输出的不仅包括技术含量高的物质产品，而且包括技术、资本和其他服务。区域产品国际竞争能力的增强极大地推动了区域经济的增长，区域经济已步入高级化阶段，人们不再仅仅追求物质享受，对高层次精神生活的追求也成为一种时尚，这种需求的变化带动了第三产业的发展，也推动了区域经济的快速增长。

2.3.2 罗斯托的经济成长阶段论

美国著名经济学家罗斯托长期致力于经济成长阶段的研究，他在《经济成长的阶段》一书中，将人类社会发展划分为六个经济成长阶段，各个阶段的划分及主要特征如下：

1. 传统社会阶段

这一阶段，社会生产力水平低下，产业结构单一，经济活动主要局限于传统的农业活动，其他产业不发达，区域经济增长缓慢。

2. “起飞”准备阶段

所谓“起飞”，指的是突破经济传统的停滞状态。罗斯托指出，区域经济要想实现起飞，必须具备三个条件：第一，具有较高的资本积累能力，资本积累要占国民收入的10%以上。可通过三个途径实现：私人储蓄，政府发行债券、征税和出让公有土地，国外（或区外）资本输入。第二，建立“起飞”的主导部门。该部门发展速度快，既能带动其他部门，又能赚取外汇，以便引进技术和购买外国产品。第三，要有制度上的改革，即建立一种能保证“起飞”的制度。以上三个“条件”之所以是区域经济实现“起飞”的前提，主要原因在于：第一，较高比例的资本积累可确保经济增长的资本需求。第二，主导部门的建立和发展带来的外汇收入，可用来引进先进技术，同时，保障投资利益的制度变革的实行有利于外国企业直接投资建厂，从而带来新技术。第三，主导部门的建立会产生“连锁”效应，即主导部门的建立可带动其他部门的发展，从而引起区域经济的整体发展。

3. “起飞”阶段

罗斯托认为，在社会经济成长的六个阶段中，“起飞”阶段相当于工业化初期，是具有决定性意义的转折时期。在这一阶段，基本的经济结构和生产方式将发生剧烈变化，这意味着技术的吸收并产生扩散性结果。在“起飞”阶段，限制经济增长的主要因素是主导部门的“减速趋势”。引起主导部门减速的原因有很多，如人口增长率的下降、新兴国家或地区的竞争、资本供给的不足、与主导部门相配套的其他产业部门发展缓慢、企业家才能的减退、消费倾向的下降等，这些原因都不可忽视，但最主要的原因是工业部门技术改造的缓慢和停滞。罗斯托认为，经济的“起飞”主要是因为采用了先进技术、扩大了市场、增加了资本积累，从而带动了整个国民经济的发展。但经过一段时间后，当初的先进技术及其影响已经扩散到整个经济部门中，必然会导致工业部门技术改造的缓慢，主导部门的“减速趋势”不可避免。因此，一个社会要想保持较高的平均增长率，必须不断地采用新技术、产生新的主导部门。新主导部门通过技术扩散和利润的再投资可带动其他部门的发展，从而实现经济的另一次“起飞”。

4. 成熟阶段

在经济实现“起飞”后，经过较长时间的持续成长，达到成熟阶段。在这一阶段，经济发展已经吸收了先进的技术成果并将其推广到其他部门，工业向多样化发展，主导部门为铁路、钢铁工业、通用机械、电力工业与造船工业等重型工业与制造业综合体系。经济的成熟带来了新产品汽车的出现，同时引起劳动力结构的变化，城市居民人数和人们的收入均有所增加，而收入的增加使人们对高档消费品的需求随之增加，促使社会必须投入更多的资源满足人们需求的变化。在成熟阶段，经济增长在先进技术已被充分吸收并被应用于大多数生产部门之后，将不可避免地出现“减速趋势”，为了终止这种趋势，必须向更高级的新成长阶段过渡，因此，以汽车为主导部门的“高额群众消费阶段”必然形成。

5. 高额群众消费阶段

在这一阶段，工业高度发达，主导部门为汽车工业综合体系。该体系不仅包括汽车工业本身，还包括与汽车工业具有回顾效应的钢铁、橡胶轮胎、石油精炼等工业部门以及与汽车工业具有旁侧效应的私人住宅建筑、高速公路建设等部门。罗斯托认为，在高额群众消费阶段，必须保持相当高的消费者需求水平，否则耐用消费品生产部门和各相关部门将会开工不足，从而缩减投资利益，经济成长将不能得到保证。

6. 追求生活质量阶段

罗斯托认为，由于存在主导部门的减速趋势，高额群众消费阶段同样也会被新的成长阶段所代替，这一新的成长阶段即为追求生活质量阶段。这一阶段的主导部门为教育、卫生保健、住宅建筑、城市和郊区的现代化建设、社会福利等与提高人们生活质量有关的部门。

罗斯托关于“起飞”、主导部门以及经济成长阶段演进机制的研究，对分析和判断区域成长阶段具有一定的参考意义，但该理论也存在局限性：首先，该理论是基于发达国家经济演变的过程提出的，它是否适应于发展中国家，还有待于历史的检验。其次，罗斯托理论的基本研究单位是国家，在进行区域经济演变历程的研究时，不能完全照搬，必须根据区域经济发展的特点进行研究。如对于基础薄弱的区域而言，虽然其积累率很高，但其发展水平仍可能处于传统阶段；从主导产业来看，由于各个区域存在较大差异，区域主导产业的更替也会存在较大差异。因此，对区域成长阶段进行判断时要根据区域发展的实际情况具体分析。

2.4　区域经济增长理论

2.4.1　新古典经济增长理论[①]

自哈罗德和多马建立了经济增长模型后，许多经济学家都投入经济增长理论的研究中，其中，索洛（Solow）、斯旺（Swan）对哈罗德—多马模型进行了修正，形成了一种新的增长模型，即新古典经济增长模型。该模型首先做出如下假设：第一，资本和劳动之间存在替代关系，即资本—劳动比可变；第二，产出的增长由资本和劳动共同决定，且资本与劳动的边际生产力递减；第三，市场是完全竞争的，价格机制起主要作用；第四，不存在技术进步，或技术进步属于哈罗德中性技术，其变化不影响资本—产出比，因而规模收益不变。

在上述假定下，索洛和斯旺建立了如下方程：

$$Y=f(K,L) \tag{2.1}$$

式中，Y 为产出；K 为资本；L 为劳动力。式（2.1）表明，产出水平决定于资本和劳动投入量的大小。

如果考察产出增量，式（2.1）可以写为

$$\Delta Y=\Delta K\cdot MP_K+\Delta L\cdot MP_L \tag{2.2}$$

式中，ΔK 为资本存量的增量；ΔL 为劳动的增量；MP_K 为资本边际生产力；MP_L 为劳动边际生产力。它们分别取决于下述公式：

$$\Delta K=SY \tag{2.3}$$

$$\Delta L=L_0\mathrm{e}^{nt} \tag{2.4}$$

$$MP_K=\frac{\Delta Y}{\Delta K} \tag{2.5}$$

$$MP_L=\frac{\Delta Y}{\Delta L} \tag{2.6}$$

式（2.3）中，资本存量的增量取决于储蓄率（S）与产出水平（Y）。式（2.4）中，L_0 为总就业量；n 为人口自然增长率；t 为时间。该式表明，劳动力的增加取决于总就业量、人口自然增长率和时间。式（2.5）表明，资本边际生产力等于资本的边际产出。式（2.6）表明，劳动的边际生产力等于劳动的边际产出。

式（2.2）表明，产出的增加取决于资本和劳动的增量，以及资本和劳动的边际生产力。

在式（2.2）的两边分别除以 Y 可得

① 参见邓宏兵主编：《区域经济学》，89～95 页，北京，科学出版社，2008。

$$\frac{\Delta Y}{Y}=\frac{\Delta K\cdot MP_K}{Y}+\frac{\Delta L\cdot MP_L}{Y}=\frac{\Delta K}{K}\cdot\frac{K\cdot MP_K}{Y}+\frac{\Delta L}{L}\cdot\frac{L\cdot MP_L}{Y} \tag{2.7}$$

在式（2.7）中，令

$$\frac{K\cdot MP_K}{Y}=a,\ \frac{L\cdot MP_L}{Y}=b \tag{2.8}$$

其中，$a+b=1$（由 $Y=K\cdot MP_K+L\cdot MP_L$ 可知），则式（2.7）变形为

$$\frac{\Delta Y}{Y}=a\cdot\left(\frac{\Delta K}{K}\right)+b\cdot\left(\frac{\Delta L}{L}\right) \tag{2.9}$$

式（2.9）为索洛—斯旺的经济增长模型。该模型表明，经济增长是由资本和劳动的增长率及边际生产力决定的，通过调节生产要素投入的边际生产力，可对资本—产出比进行调节，从而实现理想的均衡增长。

索洛—斯旺的经济增长模型以技术不变为前提条件，无法体现技术进步对经济增长的贡献，基于此，索洛和米德在索洛—斯旺的经济增长模型中引入技术进步和时间因素，建立了索洛—米德的经济增长模型。该模型假定：第一，生产要素的投入等于它们的边际产品；第二，总量生产函数的变化是线性的；第三，技术变化是中性的，即技术进步可以提高产出水平，但不改变资本和劳动的比率。①

基于以上假设，索洛和米德建立了如下方程：

$$Q=A(t)f(K,L) \tag{2.10}$$

式（2.10）中，Q 表示产量；K 表示资本要素投入；L 表示劳动要素投入；$A(t)$ 表示生产函数随时间变化的累积效果。

对式（2.10）求导可得

$$\frac{\dot{Q}}{Q}=\frac{\dot{A}}{A}+A\frac{\partial f}{\partial K}\cdot\frac{\dot{K}}{Q}+A\frac{\partial f}{\partial L}\cdot\frac{\dot{L}}{Q} \tag{2.11}$$

式中，字母上的点表示对时间的导数。

假定 $W_K=\frac{\partial Q}{\partial K}\cdot\frac{K}{Q}$ 和 $W_L=\frac{\partial Q}{\partial L}\cdot\frac{L}{Q}$ 分别表示资本和劳动的相对收入份额，并注意到 $\frac{\partial Q}{\partial K}=A\frac{\partial f}{\partial K}$，$\frac{\partial Q}{\partial L}=A\frac{\partial f}{\partial L}$，则式（2.11）变形为

$$\frac{\dot{Q}}{Q}=\frac{\dot{A}}{A}+\frac{\partial Q}{\partial K}\cdot\frac{K}{Q}\cdot\frac{\dot{K}}{K}+\frac{\partial Q}{\partial L}\cdot\frac{L}{Q}\cdot\frac{\dot{L}}{L}\text{，即}$$

$$\frac{\dot{Q}}{Q}=\frac{\dot{A}}{A}+W_K\cdot\frac{\dot{K}}{K}+W_L\cdot\frac{\dot{L}}{L} \tag{2.12}$$

令 $\frac{\dot{Q}}{Q}=\frac{\Delta Y}{Y}$，$\frac{\dot{A}}{A}=\frac{\Delta T}{T}$，$W_K=a$，$W_L=b$，$\frac{\dot{K}}{K}=\frac{\Delta K}{K}$，$\frac{\dot{L}}{L}=\frac{\Delta L}{L}$，则式（2.12）可以写为

① 参见郝寿义、安虎森主编：《区域经济学》，2 版，北京，经济科学出版社，2004。

$$\frac{\Delta Y}{Y}=a\left(\frac{\Delta K}{K}\right)+b\left(\frac{\Delta L}{L}\right)+\frac{\Delta T}{T} \tag{2.13}$$

式（2.13）为索洛—米德的经济增长模型。该模型表明，经济增长取决于资本和劳动的增长率、资本和劳动各自相对收入的份额，以及随时间变化的技术变化。该模型的意义如下：（1）该模型假定资本—劳动比可以变化，暗含通过调节资本—劳动比调节经济增长的含义。当资本和劳动的比率增加时，劳动的边际生产力随之提高，而资本的边际生产力随之降低。因此，当区域 i 的资本—劳动比大于区域 j 时，劳动力将从区域 j 迁入区域 i，资本则从区域 i 流入区域 j，通过资本和劳动力在区域间流动，可以提高要素的配置效率，从而实现区域的平衡增长。（2）该模型强调了市场机制的调节作用，即通过市场机制而不是国家对资本—产出比进行调节。在市场机制下，要素可以在区域之间合理流动，从而有利于区域经济均衡增长。（3）该模型首次强调了技术进步对经济增长的贡献，从而突破了传统经济增长理论中认为资本积累是经济增长重要决定因素的束缚，有利于分析技术进步对经济增长的影响。

除上述重要意义外，新古典经济增长模型也存在一定缺陷：它将除劳动和资本要素对经济增长贡献份额之外的全部剩余都归于技术进步，不利于分析技术进步对经济增长的真实贡献。

2.4.2　区域经济均衡增长理论

所谓均衡增长，是指在整个工业或国民经济的各部门中，按同一比率或不同比率同时、全面地进行大规模投资，从而使各部门间实现相互配合和支持的全面发展。根据所强调侧重点的不同，区域经济均衡增长理论可分为三种类型：极端的区域经济均衡增长理论、温和的区域经济均衡增长理论和完善的区域经济均衡增长理论。

1. 极端的区域经济均衡增长理论

该理论主张对区域各工业部门同时、按同一比率进行大规模投资，从而使整个工业按同一速度实现全面增长，主要代表人物是保罗·罗森斯坦·罗丹。1943年，他在《东欧和东南欧国家的工业化问题》一文中指出，实现工业化是使发展中国家脱贫的最好方式。为实现工业化，必须保证充足的资本供给，由于资本供给、储蓄和市场需求三者是紧密联系的，因此，小规模、个别部门的投资难以解决问题，只有对工业部门进行大规模投资，即实现“大推进”式的经济发展战略，才能使各工业部门间实现相互依赖、互为市场的均衡发展。同时，保罗·罗森斯坦·罗丹还认为，在投资过程中，为了避免某些部门出现过度增长，还必须按同一比率进行，只有这样才能保证各工业部门按同一增长速度实现均衡增长。

2. 温和的区域经济均衡增长理论

该理论主张对国民经济各部门同时但按不同速率进行大规模投资，从而使各部门按不同比率实现全面发展，代表人物是纳克斯。他在《不发达国家的资本形成》一书中提出了著名的贫困恶性循环理论。他认为，发展中国家资本供给和资本需求同时存在两个恶性循环。在资本供给方面，由于经济不发达，人均收入低，导致了储蓄水平低，资本形成不足，这又使得生产规模难以扩大、劳动生产率难以提高，于是低生产率造成低产出，低产出又导致低收入，由此，收入低下、储蓄量少、资本缺乏形成了一个“低收入—低资本形成—低收入”的恶性循环。同样，在资本需求方面，人均收入水平低下意味着低购买力，导致投资引诱不足，进而造成资本形成不足，使生产规模难以扩大、生产率低下，从而带来低产出和低收入，于是，收入低下、购买力萎缩、投资不足也形成“低收入—低资本形成—低收入”的恶性循环。两个循环相互制约、相互加强，任何一个循环都无法自行突破而转为良性循环（见图2—1）。

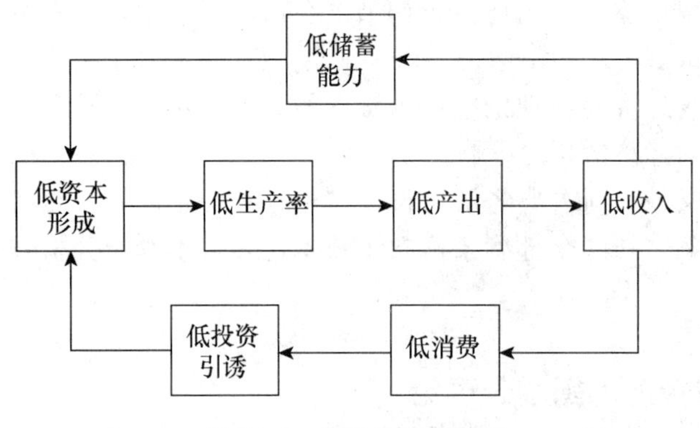

图2—1　贫困的恶性循环

为摆脱贫困恶性循环陷阱，发展中国家必须增加投资，扩大市场，从而增加人均收入，产生足够的投资刺激，保证一定水平的经济增长率。纳克斯特别强调市场容量对经济增长的影响，认为只有同时、全面地对各部门投资，才能打破贫困陷阱，实现整个经济的全面快速增长。但他并不认为投资应按同一比率进行，因为各部门的需求价格弹性和收入弹性存在差异，因此应根据各部门的实际情况选择适当的投资比率，对需求和收入弹性大的部门应加大投资比率，对需求和收入弹性小的部门则应缩小投资比率。

3. 完善的区域经济均衡增长理论

该理论综合了前面两种理论的观点，是一种折中的均衡增长理论，代表人物是斯特里顿。斯特里顿一方面强调大规模投资对国民经济各部门实现均衡发展的重要性，另一方面认为应该根据不同部门需求价格弹性和收入弹性的不同选择不同的投资比率。因此，他的理论综合了保罗·罗森斯坦·罗丹和纳克斯理论的观点，把均衡增长作为长期目标，把不均衡增长作为实现均衡增长的手段，是一种比较完善的均衡增长理论。

斯特里顿之所以提出折中的均衡增长理论，主要基于如下考虑：发展中国家普遍存在一种“欲望合成代谢”，即当人们的某些基本欲望得到满足后，就会产生新的欲望。因此，当人们对有些部门或产品的需求暂时得到满足后，会因为人们的需求转移而引起有效需求不足，而其他部门的有效需求则出现过剩。基于此，对各部门的投资不能按同一比率进行，应该优先对某些主导部门进行投资，这种方式虽然会暂时导致经济增长的不均衡，但从长期来看，它将有利于经济发展各项障碍的消除，使各部门最终实现均衡增长。

上述三种形式的均衡增长理论都强调大规模投资对实现全面、均衡增长的重要性，但在发展中国家，由于存在资金短缺和人才不足，加之市场经济体制的不完善，因此不可能筹集大量资金并按一定比例分配到各部门，实现大推进的均衡增长战略显然会遇到很多阻碍，均衡增长理论必然会被非均衡增长理论所代替。

2.4.3 区域经济非均衡增长理论

区域经济非均衡增长理论认为，在市场经济体制下，由于存在规模经济和集聚经济效益，经济增长往往倾向于集中在某些地方，因此区域经济增长是不均衡的。该理论的主要代表人物是佩鲁、缪尔达尔、赫希曼和弗里德曼。

1. 佩鲁的增长极理论

增长极的概念和理论，最初由法国经济学家弗朗索瓦·佩鲁于 20 世纪 50 年代初提出。1955 年，他在《增长极概念的解释》一文中正式提出“增长极”概念，并在 1961 年出版的《二十世纪的经济》一书中，对增长极理论进行了充分阐述。佩鲁认为增长并非同时出现在所有的地方，它以不同强度首先出现在一些增长点或增长极上，然后通过不同的渠道向外扩散，并对整个经济产生不同的最终影响。佩鲁在其理论中，从四个方面阐述了增长极的作用机制。(1) 技术创新与扩散。增长极能不断地进行技术创新，从而使新技术、新产品、新组织和新的生产方法层出不穷。一方面吸引其他地区的最新技术和人才，另一方面又将新技术扩散到其他地区。(2) 资本的集聚与输出。增长极良好的投资环境，能从其所在地区和部门或从其他地区和部门吸引与集聚大量资本。同时，为了满足对原材料、农产品的需求，增长极向周围地区和部门输出资本。(3) 产生规模经济效益。增长极的企业和行业集中，生产规模庞大，可以形成规模经济，产生内在经济效益。同时，由于完善的基础设施以及其他服务部门的建立，形成了显著的外部经济效益。(4) 产生凝聚经济效果。增长极的形成，将促使产业活动和技术、资本、贸易、人口在地域上集聚，从而产生具有多种功能的经济中心，并通过与周围地区的密切联系，利用吸引和扩散作用机制，推动整个区域乃至一个国家的经济发展。

2. 缪尔达尔的循环累积因果理论

佩鲁的增长极理论，主要阐述了增长极对其自身和其他地区发展的积极作用，而忽视了增长极对外围地区的消极影响。缪尔达尔的“地理上的二元经济”结构理论，利用扩散效应和回波效应阐释了城市中心区对其边缘和外围的促进作用与不利影响。

缪尔达尔在批判新古典主义经济发展理论所采用的传统静态均衡分析方法的基础上，认为市场机制能自发调节资源配置，从而使各地区的经济得到均衡发展的观点不符合发展中国家的实际。缪尔达尔提出，应采用动态非均衡和结构主义分析方法来研究区域空间发展问题。他认为，市场力的作用一般倾向于增加而非减少区域间的不平衡。由于发展不平衡，使得某些地区发展更快一些，另一些地区发展则相对较慢。作为城市中心的区域由于初始优势而超前于别的地区获得发展，那么这种发展优势将保持下去，因此其发展得更快，而农村将发展得更慢，这就是“循环累积因果效应”。这一原理的作用导致“地理上的二元经济”结构的形成。

缪尔达尔用“循环累积因果理论”解释了“地理上的二元经济”的消除问题。他认为，循环累积因果关系将对区域经济发展产生两种效应。一是回波效应，即劳动力、资金、技术等受要素收益差异的影响，由农村向城市流动。回波效应将导致地区间发展差距的进一步扩大。二是扩散效应。当城市发展到一定程度后，人口稠密、交通拥挤、污染严重、资本过剩、自然资源相对不足等问题，使其生产成本上升，外部经济效益逐渐变小，这时，中心城市生产规模的进一步扩大变得相对不经济，资本、劳动力、技术向落后地区扩散，缪尔达尔把这一过程称为扩散效应，扩散效应有助于落后地区的发展。

3. 赫希曼的空间极化发展理论

美国著名发展经济学家艾伯特·赫希曼在1958年出版的《经济发展战略》一书中指出，一国要提高其国民收入水平，必须首先发展一个或几个地区中心，这意味着增长不均衡是增长本身不可避免的前提条件。他认为，核心地区的增长动力主要来源于集聚经济效益，但核心区的集聚不可能无限地进行下去，因为在区域不均衡发展过程中将产生两种效应：涓滴效应和极化效应。

所谓涓滴效应指的是区域经济发展过程中城市地区通过购买农村地区的产品、增加投资，以及农村地区向城市地区的移民，提高农村地区的边际劳动生产率和人均消费水平；极化效应是指由于城市的发展，其高工资和高利润吸引农村的资本和人才向城市流动。涓滴效应有利于缩小农村与城市的发展差距，极化效应则趋于扩大城乡间的发展差距。这两种效应的大小取决于城市的发展在多大程度上依赖于农村的产品。如果城市的发展必须依靠农村的产品，那么，涓滴效应会占据优势；如果城市的发展主要依赖于国外产品的供给，那么，极化效应将占据主导地位。

4. 弗里德曼的“核心—外围”理论

弗里德曼利用熊彼特的创新思想建立了空间极化理论。他认为，发展可以看作一种由基本创新群最终汇成大规模创新系统的不连续的积累过程，大城市系统通常具备有利于创新活动的条件。创新往往是从大城市向外围地区扩散的。基于此，他创建了核心—外围理论。核心区是具有较高创新变革能力的地域社会组织子系统；外围区则是根据与核心区所处的依附关系，由核心区决定的地域社会子系统。核心区与外围区共同组成完整的空间系统，其中核心区居于支配地位。他认为，核心区位于空间系统的任一网络结构上，空间系统可以支配到边缘广大的外围空间。一个支配外围地区重大决策的核心区的存在决定了该地区空间系统的存在。任何特定的空间系统都可能有不止一个核心区，特定核心区的地域范围将随相关空间系统的自然规模或范围而变化。

空间系统发展过程中，核心区的作用主要表现在以下几个方面：（1）核心区通过供给系统、市场系统、行政系统来组织自己的外围依附区；（2）核心区系统向它们所支配的外围区传播创新成果；（3）核心区增长的自我强化特征有助于相关空间系统的发展；

(4) 随着空间系统信息交流的增加，创新将超越特定空间系统的承受范围，核心区不断扩展，外围区力量逐渐增强，这又导致新的核心区在外围区出现，引起核心区等级水平的降低。

2.5　案例分析

2.5.1　20 世纪 90 年代中国区域经济发展的历史考察与基本经验①

从 20 世纪 90 年代开始，中国区域经济发展开始由非均衡发展转向协调发展。从区域经济发展战略上看，1991 年和 1999 年是中国区域经济发展战略改革与转轨的转折点。中国政府在 1991 年的七届全国人大四次会议上开始强调区域经济的协调发展，1999 年，正式提出实施西部大开发战略。从区域经济发展政策层面上看，全方位的对外开放政策与西部大开发战略是实施区域经济协调发展的重大举措。下面，我们主要分析 20 世纪 90 年代中国区域经济发展战略调整与改革的现实和历史背景、区域经济政策实施与演变的历史轨迹、区域经济格局变化的原因及后果，总结中国区域经济发展的历史经验教训。

1. 区域发展战略大调整

(1) 区域协调发展战略的历史与现实背景分析。1979—1991 年，中国区域经济格局中出现了经济重心向东部沿海地区倾斜的显著特征，中国区域经济发展差距迅速扩大。尽管地区社会经济发展差距扩大是许多国家在经济发展过程中都曾出现的共同现象，也是中国渐进式经济体制改革与梯度式对外开放的必然结果，但是，长期持续的区域经济差距扩大不利于中国社会与经济发展、民族团结和政局稳定。实际上，1979—1991 年中国区域经济发展差距扩大，已经产生了一些消极效应，给国民经济发展带来了许多问题。首先，加剧了地区产业结构趋同趋势；其次，强化了地方利益，阻碍统一市场形成；最后，影响整体国民经济的持续、稳定发展。如何逐步缩小地区经济发展差距，治理和控制区域经济发展差距过大带来的消极效应，已成为摆在决策层面前的重大问题。

同时，经济全球化也是影响和制约中国区域经济发展的重要因素。20 世纪 80 年代开始的经济体制改革，使得中国经济与世界经济的联系日益紧密。一方面，东部沿海地区由于地理位置、文化环境、政策、体制等方面原因，抓住了发展机遇，利用了全球产业结构调整，发挥了自己的比较优势。相比而言，中西部地区在经济走向全球化的时代，由于对外开放的速度慢，社会经济的国际化程度很低，因而不但没有能够从世界经济发展中得到多少利益，反而自身发展的条件还因国内经济向开放型发展而被恶化，与东部

① 参见杨祖义：《20 世纪 90 年代中国区域经济发展的历史考察与基本经验》，载《当代中国史研究》，2006 (3)。

沿海地区的差距被进一步扩大了。尽管从20世纪90年代初中国政府高层就开始强调区域经济的协调发展，但是到了90年代后期，中国区域经济发展差距依然呈扩大的趋势。东部和西部地区人均GDP之比由1995年的2.3：1，扩大到1999年的2.4：1。1986—1999年，东部与西部人均收入绝对差额由132元变为2 022元，东西部收入之比由1.15：1变为1.4：1。1996年东西部地区城镇居民的人均收入分别为5 880元和4 397元，明显低于东部地区；农村人均纯收入东西部分别为2 956元和1 493元，与东部地区差距更为明显。① 另一方面，在经济全球化的背景下，西部民族地区不断遭到境外"民族主义"和宗教极端主义的骚扰，使得原本已基本解决的民族团结和国家统一的问题又一次凸显出来。最后，东南亚金融风暴之后，以发展外向型经济为主的东部沿海地区的经济发展受到了严重影响，中国政府开始寻求实施扩大内需的宏观经济政策。这也是影响区域战略转变的重要诱因，它直接影响着西部大开发战略的适时出台。自1997年，中国经济增长速度不断下滑，商品零售物价指数曾持续出现负增长的态势，由此导致国内市场消费低迷、商品库存增加、企业亏损扩大。造成这一结果的主要原因是有效需求不足。从地区发展的角度看，有效需求不足与我国地区经济发展不平衡、农村居民和中西部地区收入水平较低直接相关。中国中西部地区人口占全国的近60%，但社会消费品零售额仅占全国的40.4%。1999年，中西部地区人均社会消费品零售额仅1 791元，只相当于全国平均水平的68.6%、东部地区的47.3%（见表2—1）。如果中西部地区人均消费能达到全国平均水平，将可以增加消费需求5 995亿元，如果能达到东部地区平均水平，将可以增加消费需求14 586亿元。由此可见，中西部地区尤其是中西部农村地区，居民消费市场的潜力很大。显然，要启动广大的中西部地区的消费市场，关键是要加快其经济发展，增加其居民收入水平。实施西部大开发战略，国家将加大对西部地区的财政投入，尤其是生态环境保护和基础设施建设的投入。这既可以促进西部地区的经济发展，又将有助于扩大内需，启动国内市场。总之，历史与现实呼唤着中国区域经济发展战略的重大调整与转轨，从非均衡型战略向协调发展战略转变是20世纪90年代中国区域经济发展的必然选择。

表2—1　　1999年我国各地区社会消费品零售总额

项目＼地区	总计	东部地区	中西部地区	中部地区	西部地区	西部12省市区
社会消费品零售总额（亿元）	32 439.4	19 347.2	13 092.2	8 866.6	4 225.6	5 454.3
占各地区总额的比重（%）	100.0	59.6	40.4	27.4	13.0	16.8
人均社会消费品零售额（元）	2 611.0	3 786.0	1 791.0	2 000.0	1 469.0	1 522.0

资料来源：中华人民共和国国家统计局编：《中国统计年鉴（2000）》，北京，中国统计出版社，2000。

20世纪90年代的中国区域经济发展战略以"全方位开放"和"区域经济协调发展战略"的提出为基本特征。这一战略的推行并不是对以往发展战略的否定，也不是以牺牲

① 参见国家计委国土区司、国家计委国土开发与地区经济所编：《'97中国地区经济发展报告》，239～240页，北京，改革出版社，1998。

东部沿海地区的发展速度为代价，而是根据区域经济发展的现状及社会发展的要求而制定的新的区域经济发展战略与政策。

(2) 区域发展战略决策的历史过程。20世纪80年代开始的日益扩大的地区发展差距，愈来愈引起中国政府高层的关注，从1991年七届人大四次会议开始，中国政府高层开始强调区域经济的协调发展。1992年初，邓小平发表了重要的南方讲话，他指出："一部分地区有条件先发展起来，一部分地区发展慢点，先发展起来的地区带动后发展的地区，最终达到共同富裕。如果富的愈来愈富，穷的愈来愈穷，两极分化就会产生，而社会主义制度就应该而且能够避免两极分化。解决的办法之一，就是先富起来的地区多交点利税，支持贫困地区的发展。""可以设想，在本世纪末达到小康水平的时候，就要突出地提出和解决这个问题。"① 邓小平的这一讲话精神，对于解决促进中国区域发展战略和区域政策的根本性转变，产生了重要而深远的影响。

在党的十四大报告中，江泽民同志对这个问题做出了专门论述。他指出，"应当在国家统一规划指导下，按照因地制宜、合理分工、各展所长、优势互补、共同发展的原则，促进地区经济合理布局和健康发展"②。1995年底，党的十四届五中全会通过的《中共中央关于制定国民经济和社会发展"九五"计划和二〇一〇年远景目标的建议》，明确把"坚持区域经济协调发展，逐步缩小地区发展差距"作为今后工作15年经济和社会发展必须贯彻的重要方针之一，并明确提出："从战略上看，沿海地区先发展起来并继续发挥优势，这是一个大局，内地要顾全这个大局。发展到一定时候沿海多做一些贡献支持内地发展，这也是大局，沿海也要服从这个大局。从'九五'开始，要更加重视支持内地的发展，实施有利于缓解差距扩大趋势的政策，并逐步加大工作力度，积极朝着缩小差距的方向努力。"③ 根据上述指导方针，八届全国人大四次会议审议通过的《中华人民共和国国民经济和社会发展"九五"计划和二〇一〇年远景目标纲要》，从建立七个跨省区市的经济区域的角度，明确提出了区域经济协调发展的方向和六个具体政策措施。

1997年底，江泽民同志在党的十五大报告中特别强调，要"从多方面努力，逐步缩小地区发展差距"，"促进地区经济合理布局和协调发展"。东部地区"有条件的地方要率先基本实现现代化"④。《中共中央关于制定国民经济和社会发展第十个五年计划的建议》又明确提出，要不失时机地实施西部大开发战略，促进东中西部地区协调发展。这些思想在2001年3月召开的九届全国人大四次会议上也成为讨论的中心，《中华人民共和国国民经济和社会发展第十个五年计划纲要》中，明确提出了"实施西部大开发战略，加快中西部地区发展"⑤ 的指导方针，并按照西部、中部和东部地区的先后顺序，对各地区的发展进行了总体安排。这样从根本上扭转了"七五"计划中按东、中、西部梯度推进的思想，实施西部大开发战略是进行经济结构战略性调整、促进地区经济协调发展的重大部署，是逐步缩小地区差距，实现区域协调发展的必然要求。

① 《邓小平文选》，1版，第3卷，374页，北京，人民出版社，1993。

② 中共中央文献研究室编：《十四大以来重要文献选编》(上)，27页，北京，人民出版社，1996。

③ 中共中央文献研究室编：《十四大以来重要文献选编》(中)，1485页，北京，人民出版社，1997。

④ 中共中央文献研究室编：《十五大以来重要文献选编》(上)，27、26、27页，北京，人民出版社，2000。

⑤ 中共中央文献研究室编：《十五大以来重要文献选编》(中)，1690页，北京，人民出版社，2001。

总体分析，追求区域协调发展已成为整个20世纪90年代中国区域经济政策的主旋律。中国区域经济发展战略演变主要分为两个阶段：1991—1999年为决策层开始关注、强调区域协调发展阶段；1999年西部大开发战略的提出，标志着区域发展战略由酝酿、出台政策转向具体实施阶段。

2. 主要区域经济政策的制定与实施

为促进地区经济协调发展，优化区域资源配置，缩小地区经济发展差距，自20世纪90年代初开始，中国政府采取一系列政策措施，使得中西部可以享受“国民待遇”或“超国民待遇”的政策。在制度安排方面，实行全方位的对外开放政策；在投资与产业政策方面，尽量向中西部倾斜，并于2000年正式实施西部大开发战略；开展扶贫协作和对口支援，促进东部沿海地区与西部地区经济协调发展；调整行政区划，设立重庆直辖市，加快长江流域开放，在中西部地区培育新的经济增长极。随着这些区域经济政策的制定与实施，中国区域经济格局发生了积极的变化，并对未来区域经济增长格局产生了深远影响。

（1）实行全方位的对外开放政策。1992年邓小平南方讲话以后，中国政府在进一步巩固沿海地区对外开放成果的基础上，逐步加快了中西部地区对外开放的步伐，相继开放了一批沿边城市、长江沿岸城市和内陆城市，设立了三峡经济开放区。由此形成了沿海、沿江和内陆省会（首府）城市相结合的，多层次、多渠道、全方位的对外开放格局。

1）扩大经济开放区的范围。1992年9月，国务院批准广东省的韶关、河源、梅州三市列入沿海经济开放区。1993年2月和3月，又分别批准福建省的三明、南平、龙岩、福安、福鼎5县市，以及辽宁省的营口市和山东省的东营市（不包括所辖县）列入沿海经济开放区。在适当扩大了沿海经济开放区范围的基础上，1994年8月国务院又批准建立了三峡经济开放区，其范围包括湖北省的宜昌、秭归、兴山、恩施、巴东以及四川省的万县等十多个县市。国家对这些地区实行沿海经济开放区的有关政策。

2）对外开放沿边口岸城市。为发展同周边国家的经济技术合作，繁荣少数民族地区经济，加快内地对外开放的步伐，1992年3月9日，国务院批准进一步对外开放黑龙江省的黑河和绥芬河、内蒙古自治区的满洲里以及吉林省的珲春。6月9日，国务院发布了关于新疆维吾尔自治区进一步扩大对外开放问题的批复，进一步开放伊宁、塔城、博乐3个边境城市；同时决定对外开放广西壮族自治区的凭祥市和东兴镇，云南省的畹町、瑞丽市和河口县。7月30日，国务院又决定进一步对外开放内蒙古自治区的二连浩特市。国家对这13个沿边开放城市，实行鼓励投资和贸易的政策，允许其兴办边境经济合作区。总规划面积达77.45平方公里。

3）开放沿江和内陆省会城市。继沿海、沿边地区开放之后，1992年6月，国务院决定进一步开放乌鲁木齐、西宁、昆明3个内陆边境城市。1992年7月，国务院又进一步开放了重庆、岳阳、武汉、九江、芜湖5个长江沿岸城市，哈尔滨、长春、呼和浩特、石家庄4个边境、沿海地区省会（首府）城市，以及太原、合肥、南昌、郑州、长沙、成都、贵阳、西安、兰州、西宁、银川11个内陆地区省会城市。1993年2月和1994年8

月，国务院又决定进一步开放黄石、宜昌、万县、涪陵等长江沿岸城市。国家对这些城市均实行沿海开放城市的政策，并允许其在具备条件后兴办一个经济技术开发区。

4）增设国家级经济技术开发区。1984—1986年，中国曾在沿海开放城市设立了14个经济技术开发区。邓小平南方讲话以后，中国对外开放的格局迅速由沿海向内陆地区推进，经济技术开发区的建设也大踏步地前进。1992年，国务院先后批准了温州、昆山、营口、威海及福建的融侨、东山6个经济技术开发区，1993年又批准了沈阳、哈尔滨、长春、武汉、重庆、杭州、芜湖7个经济技术开发区，1994年又新批准建设了苏州工业园和北京、乌鲁木齐经济技术开发区。为加快中西部地区的发展，2000—2002年，国务院又先后批准将合肥、郑州、西安、成都、昆明、长沙、贵阳、南宁、呼和浩特、西宁、南昌、石河子、太原、银川、石家庄、拉萨、兰州17个省级经济技术开发区升级为国家级。到2002年6月，经国务院批准的国家级经济技术开发区达到了54个（含5个实行国家级经济技术开发区政策的开发区）。此外，为促进高新技术产品的出口，2000年4月国务院同意海关总署选择辽宁大连、天津、北京天竺、山东烟台和威海、江苏昆山和苏州工业园区、上海松江、浙江杭州、福建厦门杏林、广东深圳和广州、湖北武汉、四川成都、吉林珲春15个地区，作为第一批出口加工的试点。

5）鼓励外商到中西部地区投资。1996年8月，国务院决定将内地省、自治区和计划单列市吸收外商直接投资项目的审批权限，由1 000万美元以下提高到3 000万美元以下。1998年4月，中央和国务院决定，鼓励东部地区的外商投资企业到中西部地区再投资，外商投资比例超过25%的项目，视同外商投资企业，享受相应待遇。1999年11月，国务院又决定，自2000年1月1日起，对设在中西部地区鼓励类外商投资企业，在现行税收优惠政策执行期满后的3年内，可以减按比例15%税率征收企业所得税。2000年6月，国家经贸委、国家计委和外经贸部又发布了《中西部地区外商投资优势产业目录》，列出了中西部各省（区市）的优势产业，鼓励外商进行投资。

(2) 调整国家投资和产业布局政策。自20世纪90年代，随着投资主体的日益多元化，中央政府直接配置资源的能力不断下降。到1996年，国家预算内资金占全社会固定资产投资的比重已下降到2.7%。之后，由于中央财政采取了多方面的措施，国家预算内投资所占比重略有提高，到2000年已增加到6.4%。尽管如此，在这期间，中央还是相应增加了在中西部地区的投资比重，并积极推动沿海一些加工制造业逐步向中西部资源丰富地区转移扩散，以加快中西部地区的经济发展。

1）投资布局重点的转移。在“八五”时期，国家提出在资源开发利用和大中型建设项目的布点上，对西部地区实行同等优先的政策，提高对西部地区的投资比重。“九五”时期，为加快中西部能源、原材料工业基地建设，国家进一步加大了对中西部重点建设投资的力度。如1996年在建的119项国家重点工程，东部地区46项、中西部地区63项、部分地区10项，中西部地区占52.9%。在1998年国家计委下达的117项国家重点建设项目中，工业项目共有63项，其中沿海地区24项、中西部地区38项、部分地区1项，中西部地区占60.3%。为扩大国内市场需求，1998年国家新增发行量1 000亿元财政债券，配套的1 000亿元中长期银行贷款也主要用于基础设施建设，并要求向中西部地区倾斜。从表2—2中可以看出，从20世纪90年代中期开始，沿海地区国家预算内投资所占比重在不断下降，而中西部地区所占比重在逐步提高，沿海与内地投资之比由1996年的

0.93 下降到 2000 年 0.66。如果以人口分布作为参照系，到 2000 年，中西部地区人均占有国家预算资金已经超过沿海地区。这说明，目前国家投资布局已经由沿海地区转移到中西部地区。

表 2—2　　1993—2000 年国家预算内基本建设投资的地区分布

年份	国家预算内资金（亿元）	各地区所占比重（%）			人均占有预算内资金（元）			沿海与内地之比
		东部	中部	西部	东部	中部	西部	
1993	431.76	37.8	24.4	17.1	33.8	25.0	27.4	0.91
1994	434.57	40.7	25.8	16.9	36.2	26.3	26.8	0.95
1995	491.67	38.8	28.6	20.2	38.4	32.7	35.9	0.80
1996	524.38	42.4	28.9	16.5	44.5	35.0	30.9	0.93
1997	574.51	43.7	30.9	20.6	49.8	40.6	42.0	0.85
1998	1 021.32	36.7	24.4	19.3	73.9	56.7	69.3	0.84
1999	1 478.88	36.5	27.5	19.4	105.6	91.9	99.8	0.78
2000	1 594.07	31.5	26.5	21.4	93.7	96.1	118.8	0.66

注：由于存在部分地区投资，因此各地区比重之和不等于 100%。

资料来源：中华人民共和国国家统计局编：《中国统计年鉴（2000）》，北京，中国统计出版社，2000。

2）加快中西部乡镇企业发展。党的十四大明确指出："继续大力发展乡镇企业，特别要扶持和加快中西部地区和少数民族地区乡镇企业的发展。"① 根据这一精神，国务院于 1993 年起到 2000 年，每年将在国家信贷计划中单独安排 50 亿元专项贷款，支持中西部地区发展乡镇企业。在 1993 年 9 月召开的全国乡镇企业工作会议上，国务院再次决定从 1994 年到 2000 年每年增加 50 亿元专项贷款，支持中西部地区的乡镇企业。

3）调整产业布局，推动部分产业向中西部转移。到了 20 世纪 90 年代初期，东部沿海地区的产业结构已进入一个大调整期，新兴产业的发展在许多方面已遇到传统产业拥挤的障碍，在用电、用水、用地等许多方面新兴产业将与传统产业展开竞争。另外，中西部一部分地区经过长期的基础准备已具备了经济迅速扩张的能力，与东部沿海地区相比，更接近能源与原材料供给地，在工资、水、电、地及环保要求等方面具有一定优势，因而已具备对一些加工工业的吸引力。外推力与吸引力两股力量合二为一，推动了一部分产业的转移。

20 世纪 90 年代中后期，纺织等轻工业、石油等重化工业已开始向中西部资源富集地区转移，一部分市场让渡出来。例如，为解决棉纺织生产能力过剩以及加工能力与原料基地脱节问题，1995 年国家提出在压锭改造的过程中，有计划地引导沿海地区和中心城市逐步将棉纺织初加工能力转移到中西部产棉地区，国家在政策和资金上重点扶持京、津、沪等一些大中城市将纺锭向新疆转移。按照国家规划，在"九五"期间，沿海地区和中心城市向中西部产棉地区转移棉纺锭 200 万锭，其中国家重点扶持京、津、沪等大中城市向新疆转移棉纺锭 50 万锭。这种产业转移无疑给中西部部分地区带来了有利的发展机会，提升了中西部地区的工业化水准。

（3）酝酿、出台、实施西部大开发战略。早在 1997 年，江泽民同志就指出要"再造一个山川秀美的西北地区"。1999 年 6 月，他在陕西考察时又进一步指出："必须不失时

① 中共中央文献研究室编：《十四大以来重要文献选编》（上），23 页，北京，人民出版社，1997。

机地加快中西部地区发展，特别是要抓紧研究实施西部地区大开发。”这是中央领导第一次正式提出“西部（地区）大开发”的概念。之后，江泽民同志又多次强调，加快中西部地区的发展特别是实施西部大开发战略，条件已基本具备。实施西部大开发是中国 21 世纪发展的一项重大战略任务。2000 年 10 月 11 日，党的十五届五中全会通过的《中共中央关于制定国民经济和社会发展第十个五年计划的建议》又进一步明确提出：“实施西部大开发战略，加快中西部地区发展，关系经济发展、民族团结、社会稳定，关系地区协调发展和最终实现共同富裕，是实现第三步战略目标的重大举措。西部大开发是一项艰巨的历史任务，既要有紧迫感，又要有长期奋斗的思想准备。要坚持从实际出发，积极进取、量力而行，统筹规划、科学论证，突出重点、分步实施。力争用五到十年时间，使西区地区基础设施和生态环境建设有突破性进展，西部开发有一个良好的开局。”①

西部大开发是加快缓解东西部之间地区发展差距、加强民族团结、维护国家安全和政治社会稳定的重要途径。同时也是扩大内需、开拓市场的内在要求。西部大开发的重点有五个方面：一是加快基础设施建设；二是切实加强生态环境保护和建设；三是积极调整产业结构；四是加大科技和教育投入；五是加大改革开放力度。2001 年 8 月，国务院西部开发办出台了《关于西部大开发若干政策措施的实施意见》，提出了国家促进西部大开发方面的政策措施。同时，国家对西部的固定资产投资大幅度提高。2000 年，国家决定在西部地区新开工“十大工程”，包括西安至南京铁路、重庆至怀化铁路、柴达木盆地涩北—西宁—兰州天然气输气管道、西部公路和机场建设等。国家在西部地区扩建机场 20 个，共需资金 50 亿元。2001 年 6 月，青藏铁路开工建设，7 月“西电东送”工程正式启动。投资的大幅度增长带动了西部经济增长的速度。在具体的开发策略上，国务院颁发的《关于实施西部大开发若干政策措施的通知》明确提出，西部大开发要实施“以线串点，以点带面”及建设经济带的模式。“十五”计划进一步指出，实施西部大开发，要依托亚欧大陆桥、长江水道、西南出海通道等交通干线及中心城市，以线串点，以点带面，实行重点开发，促进西陇海兰新线经济带、长江上游经济带和南（宁）贵（阳）昆（明）经济区的形成。

（4）开展扶贫协作和对口支援，促进东西地区经济协调发展。为加强东西部地区互助合作，实现区域经济的协调发展，1996 年国务院批准并转发了国务院扶贫开发领导小组《关于组织经济较发达地区与经济欠发达地区开展扶贫协作的报告》。开展扶贫协作的主要任务就是按照优势互补、互惠互利、共同发展的原则，加大对贫困地区的扶贫开发力度，如期实现《国家八七扶贫攻坚计划》确定的目标。该报告确定经济发达的东部 9 个省市和 4 个计划单列市对口帮扶经济欠发达的西部 10 个省区（具体分工见表 2—3）。2000 年 4 月，中共中央和国务院又决定启动实施“东部地区学校对口支援西部 ”政策。目前东西部扶贫协作领域越来越宽、方式越来越多、力度越来越大。各具特色、形式多样的东西扶贫协作对充分发挥比较优势，全面促进贫困地区的经济发展和社会进步产生了深远影响，也给东部地区实现结构调整、产业升级提供了广阔的市场，创造了良好的机遇。

① 中共中央文献研究室编：《十五大以来重要文献选编》（中），1380 页，北京，人民出版社，2001。

表 2—3　　我国发达地区与发展中地区对口支援一览表

发达地区	对口支援的发展中地区
上海	新疆、西藏、云南、宁夏
北京	内蒙古
天津	甘肃
广东	贵州
江苏	广西
山东	青海
辽宁	青海
浙江	西藏
河北	贵州
湖北	青海

资料来源：胡兆量：《中国区域发展导论》，193 页，北京，北京大学出版社，2000。

（5）调整行政区划，设立重庆直辖市，加快长江流域开发开放。在建国后多次的区域经济战略调整中，长江流域都得到重视和发展，成为发展潜力最大的地区。长江“黄金水道”将沿海的经济优势与中西部的资源优势结合起来，它的发展起着沟通东中西三大地带、牵动大半个中国的作用。20 世纪 90 年代初期，中央作出开发长江流域的战略决策，开放了上海浦东和长江沿岸芜湖、九江、武汉、岳阳、重庆 5 个城市，并开工修建三峡水利枢纽工程。《中华人民共和国国民经济和社会发展“九五”计划和二〇一〇年远景目标纲要》将长江沿江地区列为我国未来七大经济区之首。1997 年，重庆升格为中国第四个直辖市。作为长江上游最大的内陆港口和西南地区最大的工商业中心，重庆具有承东启西的枢纽作用。设立重庆直辖市，呼应上海浦东开放开发，是加快中西部振兴与发展的重大举措，可以形成以上海为“龙头”、以沿岸中心城市为“龙身”、以重庆为“龙尾”的长江流域整体开放开发格局，对协调东中西部经济发展具有巨大作用。

设立重庆直辖市，不仅改变了中国区域发展中的开放格局，而且标志着中国政府再次运用调整省级行政区划、培育新的经济增长极的手段来解决中国区域协调发展问题。

3. 区域经济格局变化及其影响

从 20 世纪 90 年代初，中国政府开始重视区域协调发展问题，区域经济格局发生了一系列积极的变化，中西部地区投资增长明显加快，新的区域经济增长极开始形成。1999 年中央提出实施西部大开发战略之后，国家投资布局和政策优惠的重点开始逐步向中西部地区转移。但由于沿海地区凭借其区位优势、发展条件和政策优惠，地区经济持续快速发展，东西发展的绝对差距非但没有缩小，反而继续扩大。

（1）中西部地区投资增长明显加快。在国家财政投资的积极引导下，自 20 世纪 90 年代中期以来，中西部地区全社会固定资产投资增长速度已连续多年快于东部沿海地区。沿海与内地全社会固定资产投资之比，已由 1994 年最高时的 1.98∶1 下降到 2000 年的 1.54∶1。2001 年 1 月至 11 月，西部地区投资 3 616 亿元，增长 22.3%，比东部、中部地区分别高出 7.9 个百分点和 2.5 个百分点。全国投资增幅在两成以上的省、自治区、直辖市，全部集中在西部地区。然而，由于西部地区基础设施较为薄弱，投资环境的改善还需要一个过程，因此，尽管国家在西部地区的财政投资明显增加，但国内外民间资本并没有迅速跟进，外商直接投资仍高度集中在沿海地区。2000年，中国各地区实际利用外商直接投资共403.33亿美元，其中，东部地区为354.11亿美元，所占比重达87.8%，而中部地区只有37亿美元，西部地区则只有12.22亿美元，所占比重分别只有9.2%和3.0%。西部地区外商投资所占比重尽管比上年有所提高，但仍低于前些年的水平。

（2）地区间发展差距仍在继续扩大。近年来，尽管国家加大了对西部地区投资和政策支持的力度，西部地区全社会固定资产投资获得了迅速增长，但由于西部地区原有基础较差，加上新投资主要集中在基础设施建设方面，东部与中西部地区差距仍在继续扩大。据统计，自1992年以来，东部与中西部地区人均GDP相对差距一直在不断扩大，相对系数由49.9%急剧增加到1999年的58.7%。东部与中部地区人均GDP相对差距虽有所增加，但并没有东西差距扩大的幅度明显。特别是，1996—1997年，东部与中部地区间发展差距曾出现一定程度的缩小，但1998年以后又开始趋于扩大。2000年，在国家财政政策的支持下，东部与中、西部地区人均GDP相对差距已出现逐步缩小的趋势。然而，由于发展基数的增加，即使剔除物价因素的影响，东部与中、西部地区人均GDP绝对差距仍在急剧扩大。1992—2000年，东部与中、西部人均GDP绝对差距年均扩大的幅度分别达到了103.3元和138.2元，远高于1979—1991年年均扩大20.6元和21.7元的幅度。

东部所以发展更快，主要是东部内在的自主增长率大幅度增强，形成强大的自我积累、自我发展能力；同时又面临一个新一轮国际资本和高科技产业向中国转移的重大机遇，现在东部已经进入制造业和服务业拉动经济更快增长的时期，产业结构迅猛升级，不仅增长速度快，而且增长的附加值高。然而西部的经济增长还处在依靠国家对基础设施投资拉动的阶段，制造业和服务业远远没有发展起来，自我积累、自我发展能力很弱，一旦国家投资减少，速度还有可能下降。因此，未来相当一段时间，东西部地区发展差距将呈扩大态势。

（3）传统区域经济增长格局开始被打破。1949年以来，为适应不同时期国家发展的需要，我国提出和应用过沿海—内地划分、六大或七大经济协作区及1986年以来采用的东、中、西区划。东、中、西三大地带主要根据海陆地理位置和20世纪80年代早期人均收入相对一致性并考虑到工业机能相对一致性来划分的。但是，这一区划没有充分考虑到影响20世纪90年代我国区域经济格局发展变化的因素。90年代以来，一方面，随着产业结构的梯度转移，另一方面，随着我国国内市场的成长与逐步开放，国内市场成为吸引内外投资越来越重要的因素，长江沿江因地处国内市场中心位置而成为新的投资热点。另外，1992年中共中央和国务院提出并实施长江沿江地区发展战略。这些因素，加快了沿海周围及沿江省区经济的发展。1999年，中共中央和国务院正式提出西部大开发战略，西部逐步发展成为新的经济增长中心。

综观20世纪90年代，中央政府把区域经济发展布局和对外开放布局有机地结合起来，形成了外引内联、双方循环、东西互补、南北联动的生产力布局框架，形成了若干新的经济增长极，传统区域经济增长格局开始被打破。

（4）区域联合与协调的政策效应开始显现。政府主导的扶贫协作和对口支援、产业布局的宏观调整开始演变成企业的自主市场行动。早在1986年3月，国务院在《关于进一步推动横向经济联合若干问题的规定》中，就区域联合与协作的原则、目标、管理方式、征税办法、协作领域、权责界限等都作了明确规定。1996年制定的“九五”计划提出了加快中西部开发，并重新划分了我国七大经济协作区域。2000 年实施的西部大开发战略，标志着我国的区域间的联合与协作发展进入了一个崭新的发展时期。区域联合与协作发展实现了中央政府、地方政府与企业三者对区域经济协调发展的共同意识和行动，区域联合与协调的政策效应开始显现。

4. 中国区域经济发展的基本经验

（1）缩小地区差距，促进区域协调发展将是一个长期的过程。历史经验表明，国内地区差距的缩小是一个十分漫长的过程，它是经济发展的内在规律、市场的力量和政府干预相互作用的结果。当前，中国正处于工业化的中期阶段，经济发展中市场调节的成分不断增加，市场机制的作用日益加强，这些因素都不利于地区差距的缩小。20 世纪 90 年代，尽管中国政府强调区域协调发展，出台与实施了一系列政策措施，但是区域差距扩大的态势并没有被根本扭转和解决。因此，继续采取积极有效的政策措施，逐步缩小地区差距特别是东西差距，促进地区经济协调发展，将是一项十分艰巨的任务，也是今后应该坚持的一个长期发展战略方针。

（2）建立区域经济关系协调机制。区域经济增长机制是保证区域经济持续、稳定和协调发展的重要基础。要确保区域经济快速增长，就必须有一个能促使区域经济增长运行良好的机制。区域经济增长的动力主要是经济利益，建立促进区域经济增长的动力机制，就必须在有利于区域经济利益的提高上做文章。

20 世纪 90 年代中央政府在制定区域政策时，注重运用政策手段建立区域经济关系协调机制，这主要包括四个方面的内容。首先，逐步增强中央政府协调地区经济利益关系的能力。其次，加大向中西部地区投入的力度，实现增长速度上的协调。具体表现为建立规范化的中央财政转移支付制度，适当调整国家投资布局政策，有限度地减少国家在东部地区的直接投资比重，逐步提高国家在中西部地区的投资比重，并且对西部地区实行一定程度的投资优惠政策。再次，利用经济杠杆，促进比较优势的发展，实现区域分工的协调。具体表现为充分发挥国家投资政策在地区经济布局中的调控作用，协调国家产业政策与区域政策之间的关系。最后，成立区域间协调发展组织机构，协调区域合作。

（3）正确处理好沿海发达地区率先实现现代化与支持中西部地区加快发展的关系。区域经济差距过大，必然造成区域间的矛盾和冲突，甚至引起一些不稳定的因素。我们应该清醒地看到，虽然我国在改革开放后经济增长势头一直处于世界领先水平，但从总体上看，我国经济的整体水平还很低，至今仍是发展中国家。沿海发达地区的经济发展水平也远低于世界发达国家和地区。我们不能因为沿海地区相对内地较为发达，就迫不及待地挖肉补疮，以抑制沿海地区的发展为代价换取中西部地区的发展。在今后较长一段时间内，中国经济发展将同时面临着缩小两大差距即国际差距与国内地区差距的问题。

要缩小与发达国家之间的差距，需要更多地依靠沿海地区，进一步加快经济发展，率先实现现代化；要缩小国内地区之间的差距，就必须加大转移支付的力度，积极扶持中西部地区的经济发展。客观上，二者之间存在着一定的冲突，如何协调这一矛盾，将影响未来中国政府区域经济政策的决策与实施。

（4）中央政府区域政策的目标取向：区域统筹。实践表明，我国区域经济发展格局

与国家的宏观政策有着密切关系。国家宏观调控可以减轻或缓解市场化过程对区域发展的消极影响，是市场机制的必要补充。实施西部大开发战略，国家运用积极的财政政策及其相关政策，以引导生产要素和社会资源的流向，使资本、知识、技术、商品和人力资源向中部和西部地区流动。中国未来的区域协调发展，中央政府的宏观区域政策仍将扮演着重要角色。增长与协调是中央政府区域政策需要实现的两个重要目标。在市场经济条件下，增长目标应主要依靠市场机制来取得，宏观经济政策主要是解决区域协调问题。由于单纯的市场力量一般会扩大而不是缩小地区差距，因此，中央政府需要采取逆市场调节而不是顺市场调节的方式，从多方面帮助欠发达地区发展经济。在市场经济条件下，中央区域政策更应注重区域统筹发展。

2.5.2　改革开放30多年中国区域经济发展战略的嬗变及展望①

众所周知，在计划经济体制下，我国的区域发展战略基本上遵从重工业发展和国防安全的需要，具有明显的均衡性质。但由于忽视各区域自身的发展优势，导致了区域经济活力不足、效率低下和整体发展速度迟缓等一系列问题。所以，改革开放之后，我国从根本上改变了这一战略。回顾改革开放30多年来区域经济发展战略的演变，基本上经历了由非均衡发展战略到协调发展战略再到统筹发展战略的三个阶段。

区域非均衡发展战略的形成，是“六五”到“七五”时期以邓小平为核心的党的第二代中央领导集体对改革开放之前区域均衡发展战略进行反思的结果，也是在综合考察当时我国国内外经济、政治、社会环境等因素以及吸收借鉴国内外有关理论研究成果的基础上逐步完善和发展的。区域非均衡发展战略的基本特点在于以经济效率为目标，以发挥各个地区的比较优势为出发点；理论基础涵盖了区域分工理论、增长极理论、梯度及反梯度推移理论、优区位开发理论、地区发展阶段理论等研究成果；形成了包含区域重点发展（如东部重点论、中心开花论和战略重点西移论）、中性发展（如点—轴开发模式、“菱形”发展模式、“开”字形发展模式、三沿战略、四沿战略和三环战略）和结合发展在内（如“东靠西移论”、“内联外移论”和“一、三线结合论”）的区域非均衡发展战略模式。在非均衡发展战略的影响下，19世纪80年代至90年代初，我国逐步形成了“经济特区——沿海开放城市——沿海经济开放区——沿江经济区——内地中心城市——铁路公路交通沿线和沿边地带”这样一个多层次、有重点的、全方位立体交叉的对外开放新格局，为我国融入世界经济，提高国际市场上的竞争力奠定了基础。

随着非均衡发展战略的全面实施和市场自发作用的逐步增强，区域发展差距问题开始凸显并日趋严重，促使社会各界对这种战略本身进行反思，并催生出以处理好东部与中西部发展关系问题为核心内容的区域协调发展战略。这一战略思想是邓小平“先富后富、共同富裕和两个大局”思想的延续，也是“循环累积因果理论”、“倒U模型”、“非均衡协调发展论”等相关成果综合作用的产物。其基本出发点在于处理好东部与中西部

①　参见范巧：《改革开放30年来中国区域经济发展战略的嬗变及展望》，见 http://guancha.gmw.cn/content/2008-06/23/content_795143.htm，2008-06-23。

之间的关系，核心要义在于保持东部地区经济和总体国民经济较快发展基础上的加快中西部地区经济发展以及加强对中西部地区的支持力度。这一战略以“十五”时期正式实施的西部大开发战略为主要代表，其实施使得西部地区在基础设施、生态环境保护和建设、特色优势产业发展、人民生活水平等方面取得了显著成绩，初步扭转了东西部差距不断扩大的局面。

在实施西部大开发战略的同时，在科学发展观的指导下，为统筹区域发展，中央先后实施了振兴东北老工业基地、促进中部崛起、东部率先发展等重大战略举措，并形成了一整套有机结合的统一的区域整体发展战略，我们将其归结为“四轮驱动的区域统筹发展战略”。在这一战略指导下，进入“十一五”时期后，中国的国土空间被划分为优化开发、重点开发、限制开发和禁止开发四类主体功能区，并按照主体功能定位调整完善区域政策和绩效评价，规范空间开发秩序，形成合理的空间开发结构。这是根据资源环境承载能力、现有开发密度和发展潜力，统筹考虑未来我国人口分布、经济布局、国土利用和城镇化格局，从区域功能定位的角度进行区域划分的结果，也是对“四轮驱动的区域统筹发展战略”的必要补充。应当说，在科学发展观指导下的“四轮驱动”与“主体功能区划分”相结合的区域统筹发展战略继承了非均衡发展战略和协调发展战略的最具有价值的内涵，是对非均衡发展战略特别是对协调发展战略的进一步完善。

然而，我们应当看到，未来的区域经济发展战略仅仅停留在统筹的层面是远远不够的，因为我们现在的统筹在实施的过程中实际上包括了中国大陆的所有区域，而作为一个发展中的大国，其区域发展的重点必须有所选择。因此，在探讨和制定未来区域经济发展战略的过程中必须注意以下几个问题：第一，必须注意不同阶段的区域发展战略之间的继承性和包容性，以避免由于发展战略在较短时期内发生巨大转折所导致的经济运行和社会活动的震荡，保持经济社会稳定发展；第二，必须结合经济、社会、生态等发展实际，兼顾效率和公平，以确保经济发展基础上的社会发展和生态文明以及兼顾公平下的效率导向；第三，必须在统筹发展、分区推进的前提下突出重点，有选择性地促进区域发展。

为此，我们倡导一种“倾斜适度的区域统筹发展战略”，其核心要义主要包括以下几点：第一，四轮驱动、各轮优化、整体优化。也就是说，在科学发展观的指导下将“四轮驱动”以及“主体功能区划分”相结合，形成在西部大开发、振兴东北老工业基地、促进中部崛起、东部率先发展的区域经济四轮驱动发展格局下的各分区内主体功能区划分与全国主体功能区划分相结合，促进区域内优化发展和区际优化发展的融合。第二，政策无偏性。也就是说，国家对构成区域经济四轮驱动发展格局的各分区采用同等的优惠政策，以减少由优惠政策的差别而带来的区域发展依赖，增强区域内自我发展的“造血”功能。第三，适度的中央资金投入规模。根据各区域内经济社会生态发展对整体经济社会生态发展的贡献程度决定中央资金投入的配置比率，确保资金使用效率的提高。综上所述，该种战略也可以称作“政策无偏、适度投资规模的区域统筹发展战略”。当然，我们的这一想法正处于构思阶段，至于主体功能区划分原则、主体功能区的具体划分、区内区际主体功能区划分矛盾的协调、无偏性政策的涵盖范围、考察各区经济社会生态发展对整体经济社会生态发展的贡献程度的模型建构以及具体的资金配置比率等，将是我们下一步研究的主题。

本章小结

区域经济增长是指一个国家或地区生产的产品和劳务总量的不断增加，表现为一系列经济指标值的增加。区域经济发展是指一个国家或地区不断进步的经济演化过程，即伴随着经济结构、社会结构、政治结构及观念意识的变化或变革的持续的经济增长过程。经济发展和经济增长是区域经济发展过程中既相互联系又相互区别的两个方面，科学地把握两者的联系与区别是研究区域经济发展理论的必要前提。

区域经济增长受到一系列因素的影响，其中影响最大的五个要素是：自然条件和自然资源、人口和劳动力、资本、科技进步以及制度安排。

一般地，经济增长可分为四个阶段，即待开发阶段、成长阶段、成熟阶段和高级化阶段。罗斯托的经济成长阶段论将人类社会发展划分为六个经济成长阶段，该理论关于“起飞”、主导部门以及经济成长阶段演进机制的研究，对分析和判断区域成长阶段具有一定的参考意义。

索洛、斯旺在哈罗德—多马模型基础上构建的新古典经济增长模型指出，经济增长是由资本和劳动的增长率及边际生产力决定的，通过调节生产要素投入的边际生产力，可对资本—产出比进行调节，从而实现理想的均衡增长。

发展经济学的均衡增长理论和非均衡增长理论应用到区域经济增长中形成了区域均衡增长理论和区域非均衡增长理论。前者强调各部门同时、全面地进行大规模投资，在区域内均衡布局生产力，各产业均衡发展，齐头并进，最终实现区域经济的均衡发展。后者看到资本和其他资源对区域经济发展的约束作用，以及对规模经济和集聚经济效益的作用，认为区域经济增长是不均衡的，往往倾向于集中在某些地方，因此应集中有限的资源，优先发展具有战略意义的产业部门，以这些产业部门的发展创造出的新的投资机会带动其他产业部门的发展，最终促进整个经济的发展。

关键术语

区域经济增长　区域经济发展　自然资源　资本　科技进步　制度创新　罗斯托的经济成长阶段理论　“起飞”阶段　新古典经济增长理论　区域经济均衡增长理论　区域经济非均衡增长理论　“大推进”理论　贫困的恶性循环理论　增长极理论　循环累积因果理论　空间极化发展理论　“核心—外围”理论

复习思考题

1. 区域经济增长和区域经济发展的内涵以及两者的区别与联系。
2. 一个区域的经济增长是通过哪些因素实现的？
3. 一般区域的经济增长可分为几个阶段？各个阶段的特征是什么？
4. 罗斯托的经济成长阶段论的主要内容和意义是什么？
5. 阐述新古典经济增长理论的主要内容和特点。
6. 阐述区域经济均衡增长理论和区域经济非均衡增长理论的主要观点。

建议阅读书目

1. ［美］罗伯特·J·巴罗，哈维尔·撒拉伊马丁. 经济增长. 北京：中国社会科学出版社，2000

2. ［美］查尔斯·P·金德尔伯格，B. 赫里克. 经济发展. 上海：上海译文出版社，1986

3. 孟庆红主编. 区域经济学概论. 北京：经济科学出版社，2003

4. ［美］罗斯托. 经济成长的阶段. 北京：中国社会科学出版社，2001

第3章 区域产业结构的演变与优化

3.1 区域产业结构的分类

区域产业结构是指区域内具有不同经济功能的产业部门的构成及各产业部门之间的比例关系、关联关系、相互作用及其综合，是一国经济在特定区域的布局格局及组合形式。在一定的区域内，之所以形成某种类型的产业结构，是由该区域的资源禀赋及区位特点和市场及经济环境等因素决定的。

3.1.1 产业与产业结构

1. 产业与产业结构的概念

(1) 产业的内涵。产业是社会分工和经济发展的产物，它作为经济单位，随着社会分工的产生而产生，并随着社会分工和经济的发展而发展。事实上，产业的形成是随着三次社会大分工的发生而发展，然后逐渐形成了农业、畜牧业、手工业、商业等产业部门。随着技术进步和生产力的不断发展，分工越来越精细化，产业的概念与内涵也逐步丰富和完善。在经济社会发展的不同阶段和不同的经济格局中，产业也具有不同的含义。在重农主义时期，产业主要指农业。工业革命之后，机器大工业迅速崛起，工业在整个社会经济发展中居于支配地位，这一时期，产业曾被用来专指工业。到了近代，社会生产力有了巨大的发展，工业、农业、建筑业、商业、运输业等均达到相当规模，特别是服务业得到了空前发展，产业的内涵和外延进一步扩展，凡是投入产出活动的行为和事业，都列入产业活动。因此，产业的内涵不仅包括生产领域的活动，还包括流通领域的活动，而且把生产、生活服务的活动也纳入产业活动中，这样，产业的内容不仅包括生产部门、流通部门，还包括服务部门、文化部门及公共行政事务部门等。

产业既是国民经济的组成部分，又是同类企业的集合。但是产业的内容十分复杂，迄今尚无规范统一的定义。一般而言，产业的内涵至少有四方面的内容。

1）产业是历史范畴，是随着技术进步与社会分工的深化而产生和不断扩展的。

2）产业是与社会生产力发展水平相适应的社会分工形式的表现，是一个多层的经济系统，如部门、行业等。

3）产业作为一个经济单元，与其他经济单元是相互联系的，产业间的相互联系性形成了经济体系与经济结构。一个产业的存在，会成为其他产业出现和发展的条件，一个产业内部结构的变化会直接或间接引起其他产业的变化。

4）产业是处于宏观经济与微观经济之间的中观经济，是从事同类属性的经济活动的集合体。

（2）产业结构的内涵。产业结构这个概念始于20世纪40年代，是指具有不同经济功能的各产业部门的构成及各产业部门之间的联系和比例关系。各产业部门的构成及相互之间的联系、比例关系不尽相同，对经济增长的贡献大小也不同。因此，把包括产业的构成、各产业之间的相互关系在内的结构特征概括为产业结构。

产业结构是在社会经济发展过程中形成的，是以某种标志将经济体系划分成若干个产业。产业之间的经济技术联系主要反映产业间相互依赖、相互制约的关系。产业间的数量比例关系，反映了各类经济资源在各产业间的配置情况，如资金、劳动力、技术等生产要素在不同产业之间的集聚，也反映了不同的产业对国民经济总产出的贡献度，如一定时期内的总产值、总产量和劳务、利税额在各产业间的分布等。

决定和影响一个国家或区域产业结构的因素有很多，主要可以划分为以下几类：

1）资源供给结构。一国或特定区域自然资源的禀赋状况等在很大程度上决定着其产业结构，尤其是工业化中期之前的经济发展阶段，资源禀赋对产业结构的影响很大。另外，劳动力的数量与质量结构及资本供给状况对产业结构也有很重要的影响。

2）科学技术结构与水平。技术进步弱化了经济发展对自然资源的依赖，但技术结构与技术水平影响着产业结构和产业演化的方向。

3）需求结构与市场容量。它包括中间需求与最终需求的比例、社会消费水平和结构、消费和投资的比例、投资水平与结构等。市场容量决定着产业的规模与发展水平。

4）国际经济关系。经济全球化和区域一体化的推进，无论是国家还是区域都能在全球范围内整合资源，开展国际分工与合作，这既有利于比较优势资源的利用，也有利于产业分工与产业发展。

（3）区域产业结构的内涵。区域产业结构是指区域内具有不同经济功能的产业部门的构成与各产业部门之间的比例关系、关联关系、相互作用及其综合。区域产业结构分类不同于一般的产业结构分类，区域产业结构是一种产业结构功能分类，以一般产业结构分类为基础，根据各产业在特定区域经济发展中的功能、地位和作用划分区域产业类型，以反映区域的优势和区域分工的要求。

2. 产业分类方法

产业分类是为了便于分析、研究和管理产业活动，根据产业的某些相同或者相似特征将企业的各种不同的经济活动分成不同的集合。由于分类标准不同，产业的分类方法有很多种，主要有：

（1）马克思两大部类分类法。马克思将社会总生产分成生产资料（Ⅰ）部门和消费资料（Ⅱ）部门两大部类，但是，马克思提出的两大部类仅指物质生产部门，不包括非物质生产部门。马克思分析说明了在简单再生产条件下，必须满足：

$$\text{Ⅰ}(v+m)=\text{Ⅱ}c \tag{3.1}$$

并引申出两个公式，即

$$\text{Ⅰ}(c+v+m)=\text{Ⅰ}c+\text{Ⅱ}c \tag{3.2}$$

$$\text{Ⅱ}(c+vm)=\text{Ⅰ}(v+m)+\text{Ⅱ}(v+m) \tag{3.3}$$

在扩大再生产情况下，两大部类生产的平衡条件为

$$\text{Ⅰ}(c+v+m)=\text{Ⅰ}c+\text{Ⅱ}c+\text{Ⅰ}\Delta c+\text{Ⅱ}\Delta c \tag{3.4}$$

$$\text{Ⅱ}(c+v+m)=\text{Ⅰ}(v+m/x)+\text{Ⅱ}(v+m/x)+\text{Ⅰ}\Delta v+\text{Ⅱ}\Delta v \tag{3.5}$$

在两大部类的生产中，马克思强调生产资料生产优先增长，列宁则将马克思的这一思想和资本有机构成的理论及再生产公式相结合，提出了在技术进步条件下，生产资料生产优先增长的问题。他指出，在扩大再生产过程中，“增长最快的是制造生产资料的生产资料生产，其次是制造消费资料的生产资料生产，最慢的是消费资料生产”①。这一理论在一定前提下可以反映一国产业结构的变化情况。

两大部类划分是马克思在研究资本主义简单再生产与扩大再生产的实现条件时提出的。两大部类分类法对社会再生产过程做了高度概括和抽象，但在分析产业结构时有很大的局限性：1）生产资料部门必须具备用于补偿维持简单再生产所需要的生产资料和用于扩大再生产的追加生产资料；2）消费资料部门必须具备用于补偿维持简单再生产所需要的消费资料和用于扩大再生产的追加消费资料。

（2）农轻重产业分类法。农轻重产业分类法是将社会经济活动中的物质生产部门分成农业、轻工业和重工业三大部门。其中，农业包括种植业、畜牧业、林业和渔业等；轻工业包括纺织、服装、食品、饮料、造纸、印刷、家具、制革等工业部门；重工业包括冶炼、建材、钢铁、煤炭、电力、石油、化工、机械等工业部门。农轻重产业分类法适合于工业化程度较低的发展阶段，不适合于工业化程度较高的发展阶段。

农轻重的产业结构划分，把经济体系分为三大系统，既有利于合理安排与调节农轻重产业的比例和发展速度，也有利于经济平衡发展战略的计划与实施，一般用于研究工业化的程度、过程、阶段及其特征。

事实上，经济体系的重叠性、多样性和复杂性，不能仅用三个部门来概括，某些产业的归属很难确定，如建筑、运输、邮电、旅游等；社会产品使用价值的多样性、变化

① 《列宁全集》，中文2版，第1卷，66页，北京，人民出版社，1984。

性也不能仅用三个部门来划分，如随着技术进步和经济发展，电风扇、电视机、电冰箱等产品，已从重工业部门向轻工业部门转移，变成两部门的兼容产品，小汽车等高档奢侈品也逐渐变为普通的生活资料。

（3）霍夫曼分类法。霍夫曼分类法是德国经济学家霍夫曼在对工业化过程进行分析和考察时，于1931年在《工业化的阶段和类型》一书中提出的，他将工业分为消费资料工业、资本资料工业与其他工业三类。

1）消费资料工业，包括食品工业、纺织工业、皮革工业、家具工业。

2）资本资料工业，包括冶金及金属材料工业、运输机械工业、一般机械工业、化学工业。

3）其他工业，包括橡胶、木材、造纸、印刷等工业。

霍夫曼分类的原则是某工业产品的用途有75%以上是消费资料则归入消费资料工业，75%以上作为资本资料的就列入资本资料工业。难以归入上述两类的就划入其他工业部分。霍夫曼分类法的主要目的是研究不同的工业化阶段消费资料工业与资本资料工业的比例关系的变化。

（4）三次产业分类法。三次产业分类法最早是由新西兰经济学家费希尔（Fisher）提出的，他在1935年所著的《安全与进步的冲突》一书中系统地提出了三次产业的分类方法及其分类依据，即所谓的第一产业、第二产业、第三产业。之后，英国经济学家科林·克拉克（C. G. Clark）在继承费希尔研究成果的基础上，采用三次产业分类法对三次产业结构的变化与经济发展的关系进行了大量的实证分析，总结出三次产业结构的变化规律及其对经济发展的作用。目前这种分类方法在研究产业结构理论中得到了广泛认同和应用。

三次产业分类法是把全部经济活动按照社会分工形式及经济活动的内在联系，划分为第一次产业、第二次产业和第三次产业。根据这一标准，第一次产业是指广义农业，包括种植业、畜牧业、渔业、狩猎业和林业；第二次产业是指广义工业，包括制造业、采掘业和矿业、建筑业，以及煤气、电力、供水等；第三次产业是指广义服务业，包括运输业、仓储业、批发零售业、金融业、保险业、房地产业、科学、教育、新闻、广播、公共行政和国防，以及社会服务、娱乐、个人生活服务、通信和信息产业等。

（5）标准产业分类法。标准产业分类法分为国际标准产业分类法和国家标准产业分类法。国际标准产业分类法是联合国为了统一世界各国的产业分类于1971年编制和颁布的《全部经济活动的国际标准产业分类索引》中提出的，它将全部经济活动分为10个大项，每个大项下分出若干中项，中项下分出小项，小项下再分细项，四个层次相应地配以统计代码。其中的10个大项分别为：1）农业、狩猎业、林业和渔业；2）矿业和采矿业；3）制造业；4）电力、煤气、供水业；5）建筑业；6）批发与零售业、餐馆与旅店业；7）运输业、仓储业和邮电业；8）金融、不动产业、保险及商业性服务业；9）社会团体、社会性及个人服务活动；10）不能分类的其他活动。

联合国标准产业分类的一个特色是和三次产业分类法保持着稳定的联系，标准产业分类的大项，可以很容易地组合为三个部分，因而同三次产业分类法相一致。

国家标准产业分类法是一国（或地区）政府为了统一该国（或该地区）产业经济研究的统计和分析口径，以便科学地制定产业政策和对国民经济进行宏观管理，并根据该国（或该地区）的实际而编制和颁布的划分产业的一种国家标准。我国的国家标准是由国家标准局编制和颁布的《国民经济行业分类与代码》，它把我国全部的国民经济划分为20个门类、98个大类、300多个中类和更多的小类。

（6）生产要素分类法。生产要素分类法就是按照劳动、资本、知识等生产要素的比重或对各生产要素的依赖程度对产业进行分类的方法。它是根据所需投入生产要素的不同比例和对生产要素的不同依赖程度将全部生产部门划分为劳动密集型产业、资本密集型产业和知识密集型产业三类。这种分类有利于揭示区域要素禀赋的构成与生产优势，能比较客观地反映一国或一地区的经济发展水平。其特征是将各产业使用的各种生产要素组合进行比较，不存在绝对的划分标准，只是一种相对的划分。但是，这种分类法也有它的局限性，它的划分界限比较模糊，也比较容易受主观因素影响，而且随着技术进步的加快，资源、资本和知识的密集程度是不断变化的。

通常钢铁工业、石油化学工业等被认为是资本密集型产业；机械和纺织等工业同钢铁工业、石油化学工业相比是劳动密集型产业，而电子计算机产业看上去既是知识密集型产业，又是劳动密集型产业。

（7）产业功能分类法。产业功能分类，即从产业链的角度出发，着重考察各产业间的关联程度和方式，以社会再生产过程中产业的相对地位、作用和功能为标志，将产业划分为潜导产业、主导产业、关联产业（配合和围绕主导产业发展的产业）、基础产业等。

1）潜导产业。潜导产业是指当前规模小、对区域经济增长影响有限，但代表未来产业发展的方向的产业，是科技含量高、发展潜力大、成长空间广阔的产业。这类产业有可能成为未来的主导产业。

2）主导产业。主导产业是支撑区域经济发展，并决定在地域分工体系中的地位和作用的部门，是整个区域经济发展的支柱和核心，决定着区域经济的发展方向、速度和规模。主导产业部门一般具有以下三个特征：第一，主导产业部门增长速度快、规模大，对区域经济发展起到支撑作用；第二，主导产业部门的回顾效应和旁侧效应渗透到整个经济系统；第三，主导产业部门能够诱发产生新一代的主导产业。

3）关联产业。关联产业是围绕主导产业发展起来的配套产业部门，一般分为四个部分：后向关联产业，为主导产业提供产前服务的产业；前向关联产业，为主导产业提供产后服务的产业；侧向关联产业，为主导产业提供产中服务的产业；下向关联产业，也称为区域自给产业，主要为区域提供消费用品等服务。

4）基础产业。基础产业是为社会生产、生活、服务等提供保证条件的产业部门。根据其主要服务对象，大体可以分为生产性基础产业、生活性基础产业和社会性基础产业三个部分。

（8）四次产业分类法。1962年，美国经济学家弗里兹·马克卢普（Fritz Machlup）在《美国的知识生产与分配》一书中，第一次提出了知识产业和信息服务业的概念。他把教育、研究与开发、通信媒介、信息设备和信息服务等五大类划为第四产业（信息产业）。1977年，美国斯坦福大学博士波拉特（M. V. Porat）在美国商务部资助下出版了《信息经济：定义与测量》一书，继承与发展了马克卢普的研究成果，系统地提出了一套关于信息产业经济分析的基本概念和整体框架，从而发展了四次产业分类法，即农业、工业、服务业和信息业。他把知识的生产、处理和传播分为五大类，即教育、科学研究与开发、通信、信息设备、信息服务。

四次产业分类法是在三次产业分类法的基础上，从服务业中再划分出一个第四产业。第四产业是指包括教育、文化、广电、卫生（疾控）、体育、民政（残疾、福利、慈善）、环保、国防、司法、治安、社会保障、计生、宗教及民族事务等具有社会公共性和行政管理职能性的产业，是介于计划与市场之间的以国家行政作保障、以职能化公共服务为本质特征的边缘产业。以公共政策为主导、以职能化公共服务为主要生产经营方式、以生产公共产品和私人产品为产业基础，是第四产业的主要特征。由于其生产关系亦即社会关系所具有的公共性特点，亦可称第四产业为公共产业。

3.1.2 产业结构理论

产业结构是指在社会再生产过程中，具有不同经济功能的产业部门的构成及各产业部门之间的联系和比例关系，即资源在产业间的配置状态、产业发展水平及各产业所占比重，以及产业间的技术经济联系等。

1. 产业结构理论的思想渊源与形成

（1）产业结构理论的思想渊源。产业结构理论的思想渊源可以追溯到17世纪，早在古典经济学时代，英国古典经济学家威廉·配第（William Petty）就发现了造成世界各国国民收入水平的差异和经济发展的不同阶段的重要原因是产业结构的不同。在1672年出版的《政治算术》中，他认为工业比农业收入多，商业又比工业的收入多，即工业比农业、商业比工业附加值高。配第之后，重农主义学派的创始人，法国经济学家弗朗斯瓦·魁奈（Francois Quesnay）在《经济表》中提出了社会阶级结构的划分：生产阶级，即从事农业可创造“纯产品”的阶级，包括租地农场主和农业工人；土地所有者阶级，即通过地租和赋税从生产阶级那里取得“纯产品”的阶级，包括地主及其仆从、君主官吏等等；不生产阶级，即不创造“纯产品”的阶级，包括工商资本家和工人。

亚当·斯密（Adam Smith）于1776年出版《国富论》，书中虽未明确提出产业结构概念，但论述了产业部门、产业发展及资本投入等应遵循农工批零商业的顺序。从经济思想史角度看，配第、魁奈及亚当·斯密的发现和研究是产业结构理论的重要思想来源。

（2）产业结构理论的形成。20世纪30—40年代是现代产业结构理论的形成时期，这一时期对产业结构理论的形成作出突出贡献的主要有费希尔、科林·克拉克、赤松要和库兹涅茨等人。18世纪中叶之后，工业部门在第一次、第二次工业革命推进下突飞猛进，服务部门也有较大扩展。在20世纪30年代大危机时期，工业部门衰退，从统计上体现出服务部门在经济中的明显优势。经济学家费希尔以统计数字为依据，再次提起配第的观点，并提出了关于三次产业的划分方法，产业结构理论开始成形。

1932年，日本经济学家赤松要提出了产业发展的“雁行理论”，主张本国产业发展要与国际市场相结合，使产业结构国际化。后起国家可以通过四个阶段来加快工业化进程，日本的产业经历了进口、当地生产、开拓出口、出口增长四个阶段。某一产业随着进口的不断增加、国内生产和出口的形成，其图形就如三只大雁展翅翱翔。它表明后进国家的工业化、重工业化和高加工度的发展过程，并被称为“雁行产业发展形态”。

在吸收并继承了配第、费希尔等人的观点的基础上，科林·克拉克建立起了完整的、系统的理论框架。在1940年出版的《经济进步的条件》一书中，他通过对40多个国家和地区不同时期三次产业劳动投入和总产出的历史资料的分析研究，得出了劳动力在三次产业中的结构变化与人均国民收入的提高存在着一定的规律性。劳动人口从农业向制造业，进而从制造业向商业及服务业的移动，即所谓克拉克法则。

1941年，库兹涅茨在《国民收入及其构成》一书中阐述了国民收入与产业结构之间的关系。通过大量历史数据的研究得出产业结构和劳动力的部门结构将趋于下降、政府消费在国民生产总值中的比重趋于上升、个人消费比重趋于下降的结论。他把产业结构重新划分为农业部门、工业部门和服务部门，并使用了产业的相对国民收入这一概念来进一步分析产业结构。

2. 产业结构理论的发展

20世纪50—60年代，由于里昂惕夫（Leontief）、丁伯根（Tinbergen）、刘易斯（Lewis）、赫希曼、罗斯托、钱纳里（Chenery）、霍夫曼、希金斯等人的研究，产业结构理论得到了较快的发展。

里昂惕夫于1953年和1966年分别出版了《美国经济结构研究》和《投入产出经济学》两书，建立了投入产出分析法。丁伯根的研究也丰富了产业结构理论。他认为，经济结构就是要有意识地运用一些手段以达到某种目的，其中就包含了调整结构的手段。

刘易斯于1954年发表的《劳动无限供给条件下的经济发展》一文，提出了用以解释发展中国家经济问题的理论模型，即刘易斯理论二元经济结构模型。拉尼斯（Ranis）与费景汉（John C. H. Fei）把二元经济结构的演变分为三个阶段，认为因农业生产率提高而出现农业剩余是农业劳动力流入工业部门的先决条件。

赫希曼在1958年出版的《经济发展战略》一书中提出了一个不平衡增长模型，突出了早期发展经济学家限于直接生产部门和基础设施部门发展次序的狭义讨论。罗斯托提出了著名的主导产业扩散效应理论和经济成长阶段论。他认为，产业结构的变化对经济增长具有重大的影响，在经济发展中应重视发挥主导产业的扩散效应。

钱纳里认为，经济发展中资本与劳动的替代弹性是不变的，从而发展了柯布—道格拉斯生产函数学说。指出在经济发展中产业结构会发生变化，对外贸易中初级产品出口将会减少，逐步实现进口替代和出口替代。

日本的筱原三代平提出了“动态比较费用论”，即后起国的幼稚产业经过扶持，处于劣势的产品有可能转化为优势产品等观点。

3. 产业结构演变趋势理论

产业结构演变趋势理论根据是否考虑外贸因素对产业结构的影响，分为封闭型产业结构理论和开放型产业结构理论。

（1）封闭型产业结构理论。封闭型产业结构理论一般不考虑外贸因素对产业结构的影响和作用，即在封闭的条件下研究产业结构演变的趋势。其代表人物主要有克拉克、库兹涅茨、霍夫曼和里昂惕夫等。

最早注意到产业结构演变趋势的是配第，他在《政治算术》一书中比较了英国农民收入和船员的收入，发现后者是前者的四倍，而荷兰的人均国民收入比其他欧洲国家要高。配第据此认为，比起农业来，工业的收入多，而商业的收入又比工业多。事实上，配第已经发现了产业结构演变和经济发展的基本方向。

1940年，克拉克在《经济进步的条件》一书中，揭示了人均国民收入水平与结构变动的内在关联。随着人均国民收入的提高，劳动力首先由第一产业向第二产业转移，当人均国民收入水平进一步提高时，劳动力便向第三产业转移。

库兹涅茨在继承克拉克研究成果的基础上，从劳动结构和部门产值结构两个方面，对人均产值与结构变动的关系作了更为彻底的考察。在《各国的经济增长》一书中，库兹涅茨发现，在按人均产值的较低水平组距内，农业部门的份额明显下降，非农业部门的份额相应地大幅度上升，但其内部（工业与服务之间）的结构变动不大。在按人均产值的较高水平组距内，农业部门的份额与非农业部门份额之间变动不大，但非农业部门内部的结构变化比较显著。

霍夫曼对工业结构演变规律作了开拓性的研究，提出了所谓的霍夫曼定理，即在工业化进程中霍夫曼比例（消费资料工业的净产值和资本资料工业的净产值比）是不断下降的。

里昂惕夫开创的投入产出分析法把封闭型产业结构理论定量化，并发展到最完美的程度。利用投入产出分析法可以推断某一部门经济活动的变化对其他部门的影响，计算为满足社会的最终需求生产的各种产品总量，并分析国民经济发展和结构变化的前景。

（2）开放型产业结构理论。开放型产业结构理论考虑国际分工和国际贸易对产业结构的影响。其代表人物主要有斯密、李嘉图、赫克歇尔、奥林和钱纳里等。在古典经济学家中，斯密在1776年的《国富论》一书中提出绝对成本说。他认为，各国按照绝对成本的高低进行成本分工，就必然使各国的生产要素从低效率产业流入高效率产业，从而使资源合理配置和产业结构优化。大卫·李嘉图于1817年出版的《政治经济学及其赋税原理》一书中发展了斯密的绝对成本理论，提出了比较成本学说。

奥林在赫克歇尔理论的基础上，提出了生产要素禀赋理论，认为比较成本差异产生的原因在于生产要素禀赋差异，因此，各国应从事自己拥有优势的那些商品生产，通过自由贸易重新分配各国生产要素，以实现国际商品价格的均等化。

钱纳里进一步把开放型产业结构理论规范化和数学化，提出了著名的"发展型式"理论。他从大量观察值中选择一些基本经济过程来描述国家发展的基本特征，并把收入水平和人口数据作为外生变量对所有这些过程进行一致的统计分析，构造了反映结构转换的主要变量，揭示人均GNP与结构变动的关系。

4. 产业结构调整理论

在产业结构调整理论中，影响较大的有刘易斯的二元结构转变理论、赫希曼的非均

衡增长理论、罗斯托的主导部门理论和筱原三代平的两基准理论等。

（1）刘易斯的二元结构转变理论。刘易斯的理论建立在以下三个基本假定上：1）农业的边际劳动生产率为零或接近零；2）从农业部门转移出来的劳动力的工资水平由农业的人均产出水平决定；3）城市工业中的利润储蓄倾向高于农业收入中的储蓄倾向。

因农业的边际劳动生产率为零或接近零，农业剩余劳动力对城市工业的供给价格低，且工业的边际劳动生产率远远高于农业剩余劳动力的工资，工业发展可以从农业中获得无限廉价劳动力供给，在劳动力供给价格与边际劳动力差额中获得巨额利润。由于工业利润中的储蓄倾向高，使得城市工业发展对农村剩余劳动力的吸纳能力进一步提高，由此产生一种累积性效应。这种累积作用的结果是，农业劳动力的边际生产率提高，工业劳动力的边际生产率下降，最终达到工、农业劳动力边际生产率相等，二元经济转变为一元经济。

（2）赫希曼的非均衡增长理论。由于发展中国家资源的稀缺性，全面投资和发展一切部门几乎是不可能的，只能把有限的资源有选择地投入到某些行业，以使有限资源最大限度地发挥促进经济增长的作用。一是“短缺的发展”，即先对直接生产资本投资，引起社会资本短缺，而社会资本短缺引起直接生产成本的提高，就会迫使投资向社会资本转移以取得二者的平衡，然后再通过对直接生产资本的投资引发新一轮非均衡增长过程。二是“过剩的发展”，即使对社会资本投资，使二者达到均衡后再重复此过程。

（3）罗斯托的主导部门理论。罗斯托根据技术标准把经济成长划分为传统社会、“起飞”准备、“起飞”、成熟、高额群众消费、追求生活质量六个阶段，而每个阶段的演进是以主导产业部门的更替为特征的。他认为经济成长的各个阶段都存在相应的起主导作用的产业部门，主导部门通过回顾效应、前瞻效应、旁侧效应带动其他部门发展。与六个经济成长阶段相对应，罗斯托在《战后二十五年的经济史和国际经济组织的任务》一文中，列出了五种主导部门综合体系。

1）作为起飞前提的主导部门综合体系，主要是食品、饮料、烟草、水泥、砖瓦等工业部门。

2）替代进口货物的消费品制造业综合体系，主要是非耐用消费品的生产。

3）重型工业和制造业综合体系，如钢铁、煤炭、电力、通用机械、肥料等工业部门。

4）汽车工业综合体系。

5）生活质量部门综合体系，主要指服务业、城市和城郊建筑等部门。

罗斯托认为主导部门序列不可任意改变，任何国家都要经历由低级向高级的发展过程。

（4）筱原三代平的两基准理论。两基准是指收入弹性基准和生产率上升基准。收入弹性基准要求把积累投向收入弹性大的行业或部门，因为这些行业或部门有广阔的市场需求，便于利用规模经济效益，迅速地提高利润率；生产率上升基准要求把积累投向生产率（指全要素生产率）上升最快的行业或部门，因为这些行业或部门由于生产率上升快，单位成本下降最快，在工资一定的条件下，该行业或部门的利润也必然上升最快。

3.2 产业结构的演变规律

一般而言，一个区域产业结构的演变是随主导产业的更替而发生的由低级向高级变化的过程。产业结构演变与经济增长具有内在联系，产业结构的变化会导致经济总量的快速增长，而经济总量的增长又反过来促进产业结构的变化。

3.2.1 产业结构演变的一般趋势

1. 产业结构的演变与工业化发展阶段相关

产业结构的演化一般而言有四个阶段，即前工业化时期、工业化中期、工业化后期和后工业化时期。在前工业化时期，第一产业产值在国民经济中的比重逐渐缩小，其地位不断下降；第二产业有较大发展，工业重心从轻工业主导型逐渐转向基础工业主导型，第二产业占主导地位；第三产业也有一定发展，但在国民经济中的比重还比较小。在工业化中期，工业重心由基础工业向高加工度工业转变，第二产业仍居第一位，第三产业逐渐上升。在工业化后期，第二产业的比重在三次产业中的地位占有支配地位，甚至占有绝对支配地位。在后工业化阶段，产业知识化成为主要特征。产业结构的发展就是沿着这样的一个发展进程由低级向高级走向高度化的。

2. 主导产业的转换过程具有顺序性

产业结构的演进有以农业为主导、轻纺工业为主导、原料工业和燃料动力工业等基础工业为重心的重化工业为主导、低度加工组装型的工业为主导、高度加工组装型工业为主导、第三产业为主导、信息产业为主导等几个阶段。

3. 三大产业具有依次替代的性质

一般而言，产业结构的演进是沿着以第一产业为主导到第二产业为主导，再到第三产业为主导的方向发展的。

4. 产业结构演进的阶段区间具有可塑性

产业结构由低级向高级发展的各阶段是难以逾越的，但各阶段的发展过程可以缩短。从演进角度看，后一阶段产业的发展是以前一阶段产业充分发展为基础的。只有第一产业的劳动生产率得到充分的发展，第二产业的轻纺工业才能得到应有的发展，第二产业的发展是建立在第一产业劳动生产率大大提高的基础上，其中高度加工组装型工业的发展又是建立在原料工业和燃料动力工业等基础工业的发展基础上。同样，只有第二产业

的快速发展，第三产业的发展才具有成熟的条件和坚实的基础。

3.2.2 产业结构演变规律相关理论

1. 配第—克拉克定律

英国经济学家配第和克拉克通过研究，先后发现随着社会人均国民收入水平的提高，就业人口首先由第一产业向第二产业转移；当人均国民收入水平有了进一步提高时，就业人口便大量向第三产业转移。

早在17世纪，配第发现了造成世界各国的国民收入水平的差异及其形成的不同发展阶段的关键在于产业结构的不同。克拉克受配第思想的影响，在1940年出版《经济进步的条件》一书，根据费希尔提出的三次产业的观点，对40多个国家不同时期的三次产业的劳动投入和总产出的资料进行了整理与比较，指出了随着人均国民收入的提高劳动力在三次产业分布结构变化的一般趋势，并将各国经济发展划分为三个阶段。

（1）以农业为主的低开发经济社会。在这个阶段，人们主要从事农业生产，由于农业生产率低，人均收入比较低，全社会的国民收入较少。

（2）随着经济发展，制造业比重迅速提高，进入以制造业为主的经济社会。在这一阶段，由于制造业的劳动生产率高，人均收入比较高，引起劳动力从农业向制造业转移，全社会国民收入增多，人均国民收入提高。

（3）随着经济的进一步发展，商业和服务业得到了迅速发展，由于商业和服务业的人均收入比农业和制造业要高，引起劳动力从农业主要向商业和服务业转移，全社会国民收入增长加快，人均国民收入大大提高。

配第—克拉克定律表述为：随着经济的发展，第一次产业国民收入和劳动力的相对比重逐渐下降；第二次产业国民收入和劳动力的相对比重上升，经济进一步发展；第三次产业国民收入和劳动力的相对比重也开始上升。

2. 库兹涅茨法则

库兹涅茨在继承配第和克拉克等人研究成果的基础上，对产业结构变动与经济发展关系进行了进一步分析。他认为，随着经济的发展，农业部门不管是在国民生产总值中所占份额，还是在总劳动中所占份额都显著下降，而在工业部门和服务业部门所占份额却趋于上升。工业内部一些与现代经济增长密切相关的新兴部门，其份额在大多数国家都是上升的。在服务业内部，教育、专业性服务和政府部门在全部劳动中的份额也趋于上升。在现代经济发展过程中，任何国家的经济结构都是在变动的，影响结构变动的因素主要有国内需求结构、对外贸易结构和生产技术水平及其变量。发展中国家和发达国家在经济结构上的差异十分显著，这些差异涉及部门之间的劳动生产率差距，也涉及部门结构转变的速度等。

库兹涅茨对国民总收入变动和就业人口结构变动规律的研究，揭示了产业结构变动的趋势，从而进一步证明了配第—克拉克定律。库兹涅茨认为，各产业均存在增长率递减规律，具有与技术创新相联系的生命周期。所有产业的发展先是加快，然后放慢，主导产业不断从一个部门转向另一个部门，构成不同主导产业部门依次更替的动态序列。他发现的这种变动规律，即产业结构的变动受人均国民收入变动的影响，被称为库兹涅茨法则。

3. 罗斯托的主导产业扩散效应理论和经济成长阶段论

美国经济史学家罗斯托采用部门总量分析方法，总结了发达国家经济成长的经验，提出了发展中国家工业化道路的基本模式。他认为，无论在任何时期，甚至在一个已经成熟并继续成长的经济体系中，经济增长之所以能够保持，是因为为数不多的主导部门迅速扩大的结果，而这种扩大又产生了对产业部门的重要作用，即产生了主导产业的扩散效应，包括回顾效应、前瞻效应和旁侧效应。

罗斯托根据科学技术和生产力发展水平，将经济成长的过程划分为六个阶段，即传统社会阶段、"起飞"准备阶段、"起飞"阶段、成熟阶段、高额群众消费阶段、追求生活质量阶段。在这六个阶段中，每个阶段的演进都是以主导产业部门的更替为特征。他认为，无论在哪一个阶段，甚至在一个已经成熟并继续成长的经济中，前进冲击力之所以能够保持，是由于为数有限的主导部门迅速扩大的结果，而且这些部门的扩大，又产生了具有重要意义的对其他产业部门的作用，即产生了主导产业的扩散作用，包括回顾效应、前瞻效应和旁侧效应。

4. 钱纳里的工业化阶段理论

钱纳里从经济发展的长期过程中考察了制造业内部各产业部门的地位和作用的变动，揭示制造业内部结构转换的原因，即产业间存在着产业关联效应，为了解制造业内部的结构变动趋势奠定了基础。他通过深入考察，发现了制造业发展受人均 GNP、需求规模和投资率的影响大，而受工业品和初级品输出率的影响小。他进而将制造业的发展分为三个发展时期，即经济发展初期、中期和后期，并将制造业按三个不同的时期划分为三种不同类型的产业。

（1）初级产业，是指经济发展初期对经济发展起主要作用的制造业部门，例如食品、皮革、纺织等部门。

（2）中期产业，是指经济发展中期对经济发展起主要作用的制造业部门，例如非金属矿产品、橡胶制品、木材加工、石油、化工、煤炭制造等部门。

（3）后期产业，是指在经济发展后期起主要作用的制造业部门，例如服装和日用品、印刷出版、粗钢、纸制品、金属制品和机械制造等部门。

钱纳里利用第二次世界大战后发展中国家，特别是其中的九个准工业化国家（地区）1960—1980 年的历史资料，建立了多国模型，利用回归方程建立了经济模型，提出了标准产业结构，即根据人均国内生产总值，将不发达经济到成熟工业经济整个变化过程划分为三个时期六个阶段，从任何一个发展阶段向更高一个发展阶段的跃进都是通过产业结构转化来推动的。

第一阶段是不发达经济阶段。产业结构以农业为主，没有或极少有现代工业，生产力水平很低。

第二阶段是工业化初期。产业结构由以农业为主的传统结构逐步向以现代化工业为主的工业化结构转变，工业中则以食品、烟草、采掘、建材等初级产品的生产为主。这一时期的产业主要是以劳动密集型产业为主。

第三阶段是工业化中期。制造业内部由轻型工业的迅速增长转向重型工业的迅速增长，非农业劳动力开始占主体，第三产业开始迅速发展，也就是所谓的重化工业阶段。重化工业的大规模发展是支持区域经济高速增长的关键因素，这一阶段产业大部分属于资本密集型产业。

第四阶段是工业化后期。在第一、二产业协调发展的同时，第三产业开始由平稳增长转入持续高速增长，并成为区域经济增长的主要力量。这一时期发展最快的领域是第三产业，特别是新兴服务业，如金融、信息、广告、公用事业、咨询服务等。

第二、三、四阶段合称为工业化阶段，是一个地区由传统社会向现代社会过渡的时期。

第五阶段是后工业化社会。制造业内部结构由资本密集型产业为主导向以知识密集型产业为主导转换，同时生活方式现代化，高档耐用消费品被推广普及。知识密集型产业的迅速发展是这一时期的主要特征。

第六阶段是现代化社会。第三产业开始分化，知识密集型产业开始从服务业中分离出来，并占主导地位；人们消费的欲望呈现出多样性和多边性，追求个性。

5. 霍夫曼工业化经验法则

德国经济学家霍夫曼对工业化问题进行了许多富有开创性的研究，提出了被称为“霍夫曼工业化经验法则”的理论。霍夫曼认为，工业化过程中各工业部门的成长率并不相同，因而形成了工业部门间的特定的结构变化，而且具有一般倾向。这个不同的成长率是由于以下因素的相互作用引起的：生产要素（自然资源、资本、劳动力）的相对数量、国内市场与国际市场的资源配置、技术进步、劳动者的技术熟练程度、消费者的兴趣爱好等。

根据霍夫曼系数，即消费资料工业净产值与资本资料工业净产值的比例，把工业化分为四个阶段。

第一阶段：消费资料工业在制造业中占统治地位，霍夫曼系数为（5±1）左右。

第二阶段：资本资料工业的增长速度高于消费资料工业，但消费资料工业在制造业总产值中所占的比重仍大于资本资料工业比重，霍夫曼系数为（2.5±0.5）左右。

第三阶段：消费资料工业所占比重与资本资料工业比重大致相同，霍夫曼系数约为（1±0.5）。

第四阶段：资本资料工业占主导地位，霍夫曼系数降到1以下，这一阶段被认为实现了工业化。

在实际应用中，霍夫曼系数往往用轻工业品净产值与重工业品净产值的比例来表示。霍夫曼的工业阶段论阐述的主要是工业化过程中重化工业阶段的演变情形。它表明在工业化早期，工业结构以轻工业化为主，加工程度较低。随着工业化的发展，加工程度高的重化工业和机械加工业必定优先发展，从而在总产出中的比重增加，即霍夫曼比例越小，重工业化程度越高，工业化水平也就越高。

6. 赤松要的“雁行理论”

日本经济学家赤松要于1960提出了著名的“雁行理论”，这一理论揭示了发展中国家参与国际分工实现产业结构高度化的途径，认为发展中国家的产业发展应遵循“进口—国内生产—出口”模式，使其产业相继更替发展。

第一只“雁”是进口浪潮。由于发展中国家的产业结构脆弱、国民经济体系不完善，而市场又是对外开放的，外国产品大量进入后进国家的市场。

第二只“雁”是进口所引发的国内生产浪潮。国外新产品进入后，国内市场开始逐步扩大，发展中国家可以充分利用模仿、引进和利用进口产品的生产工艺与技术，并使之与本国的廉价劳动力和优势自然资源相结合，不断增加该产品的国内生产。

第三只“雁”是国内生产促进出口浪潮。后进国家生产达到一定规模后，由于本国的劳动力和自然资源优势，加之技术转化率和转化速度的提高，具备了更大的成本优势，在国际市场上具有较大的竞争优势，开始大量出口商品并占领国际市场。

7. 弗农的产品循环发展模式理论

产品循环发展模式理论是由美国学者弗农（Raymond Vernon）提出的，说明国际贸易对发达国家产业结构的影响，认为发达国家的产业结构演变要与通过参与国际分工来实现本国产业结构升级，这种产品循环顺序为“新产品开发—国内市场形成—出口—资本和技术出口—进口—开发更新的产品……”，产品经过这一顺序不断循环，带动工业结构由劳动、资源密集型向资本密集型，进而向知识密集型演进。

第一阶段：研究开发新产品，逐渐占领国内市场。

第二阶段：国内市场饱和，开拓国际市场，增加该产品的出口。

第三阶段：随着国外市场逐渐形成，输出技术设备，促进资本、技术和当地廉价的劳动力和其他资源相结合，就地生产和销售。

第四阶段：国外生产能力形成，产品以更低价格返销，迫使国内该产品减少生产，并促进新产品开发。

3.2.3 产业结构的高度化规律

1. 产业结构高度化概述

（1）产业结构高度化的内涵。产业结构高度化也称产业结构高级化，指一国经济发展重点或产业结构重心由第一产业向第二产业和第三产业逐次转移的过程，标志着一国经济发展水平的高低和发展阶段、方向。产业结构高度化具体反映在各产业部门之间产值、就业人员、国民收入比例变动的过程。

产业结构高度化以产业结构合理化为基础，脱离合理化的高度化只能是一种“虚高度化”。产业结构合理化的过程，使结构效益不断提高，进而推动产业结构向高度化发展。可见，合理化和高度化是构成产业结构优化的两个基点。从产业结构的结构比例看，高度化有三个方面的内容。

1）在整个产业结构中，由第一次产业占优势逐级向第二次产业、第三次产业占优势演进，即产业重点依次转移。

2）产业结构中由劳动密集型产业占优势逐级向资本密集型、知识密集型产业占优势演进，即各种要素密集型产业依次转移。

3）产业结构中由制造初级产品的产业占优势逐级向制造中间产品、最终产品的产业占优势演进，即产品形态依次转移。

从产业结构高度化的程度看，高度化有四个方面的内容。

1）产业高附加值化，即产品价值中所含剩余价值比例大，具有较高的绝对剩余价值率和超额利润，是企业技术密集程度不断提高的过程。

2）产业高技术化，即在产业中普遍应用高新技术。

3）产业高集约化，即产业组织合理化，有较高的规模经济效益。

4）产业高加工度化，即加工深度化，有较高的劳动生产率。

（2）产业结构高度化的标准。一般地说，产业结构高度化表现为一国经济发展不同时期最适当的产业结构，其主要衡量标准有三条原则。

1）需求的收入弹性原则。需求的收入弹性即每增加一个单位收入与增加对某商品需求量之比。如果由于收入扩大而增加的需求能转化为收入弹性高的商品，出口增长率则可随之提高，有利于整体经济增长。

2）生产率上升原则。为了使收入弹性高的商品能够出口，必须具备充分的国际竞争能力，因而最佳选择是把生产率上升高的产业或技术发展可能性大的产业作为重点。

3）技术、安全、群体原则。也就是说，从长远观点看，经济发展的动力是技术创新，从而对于能成为未来技术创新核心部门的产业，目前虽然它处于比较劣势地位，但也不能轻易放弃。为了一国经济的稳定发展，事实上要求有某种程度的国家安全保障或能够保障国家威望的产业。为了产业部门之间的平衡发展，必须形成范围较广的产业群体。

符合上述三条原则的产业结构，可被称为一定时期一国或区域产业结构的最合理状态。产业结构的优化过程主要是产业结构的高度化过程和产业结构的合理化过程，合理化是高度化的基础。

2. 产业结构演进的有序性特征

产业结构演进的有序性特征一般通过以下五个方面得以体现：

（1）生产要素的密集度演化：劳动密集→资本密集→资本技术密集→知识技术。

（2）采纳新技术革命成果的能力演化：传统产业→新兴产业→新兴与传统相结合产业演化。

（3）第一产业→第二产业→第三产业→第四产业。

（4）低附加值→高附加值→更高附加值。

（5）劳动力的分布在第一产业越来越少，在第二、三产业越来越多。

3. 产业结构的转换

产业结构演进有一定的规律性，是社会生产力发展的必然结果，各国经济学家都对此进行了研究和总结，它也被许多发达国家的经济发展实践所证实，具有一定的普遍性和规律性。但各国和各地区产业结构的具体演进过程和变化速度存在明显差异，又各自具有特殊性。如一国或区域的现有经济基础、资源状况、对外开放程度、市场化程度、产业政策等，都会不同程度地影响产业结构的演进速度和具体过程。

（1）从三次产业结构的转换看。第一产业无论是从产值看还是从就业人员看，其所占份额都存在不断减少的趋势，第二产业所占份额则首先是迅速增长，然后趋于稳定，第三产业所占份额则一直增长，存在由“一、二、三”向“二、一、三”再向“三、二、一”的转变趋势。

（2）从工业化发展阶段来看。产业结构的演进有前工业化时期、工业化初期、工业化中期、工业化后期和后工业化时期五个阶段。

（3）从主导产业的转换过程看。从主导产业的转换过程来看，在不同阶段产业结构演进的一般规律如下：

1）以农业为主导的阶段：农业比重有绝对支配地位，第二、三产业发展很有限。

2）以轻纺工业为主导的阶段：轻纺工业由于需求拉动、技术要求简单、从第一产业分离出来的劳动力价格低廉等因素而得到较快发展，同时，轻纺工业取代农业成为主导产业，重化工业和第三产业的发展缓慢。

3）以基础工业为重心的重化工业阶段：农业产值在国民经济中的比重已经很小，轻纺工业继续发展，但速度减缓，而以原材料、燃料、动力、基础设施等基础工业为重心的重化工业得到了较快的发展，并逐渐取代轻纺工业成为主导产业。

4）以低度加工组装型重化工业为主导的阶段：制造业中传统型、技术含量较低的机械制品、钢铁、造船等低加工度的产业发展速度较快，其产值在三次产业中的比重逐渐增大，成为主导产业。

5）以高度加工组装型工业为主导的阶段：由于高新技术的大量应用，传统产业得到改造，知识密集型产业有了快速发展，技术要求高且附加值高的产业成为经济增长的主要推动力量。

6）以第三产业为主导的阶段：第三产业如服务业、运输业、旅游业、商业、房地产业、金融保险业、信息产业等发展速度明显加快，其产值在国民经济中的比重增大，占据较大的份额，成为国民经济的主导产业。

7）以信息产业为主导的阶段：信息产业获得长足发展，特别是信息高速公路的建设和国际互联网的普及，推动了信息业的快速发展。信息产业已成为国民经济的支柱产业，这成为后工业化时期的基本特征。

（4）从三次产业的内在变动看。在第一产业内部，产业结构从技术水平低下的粗放型农业向技术要求较高的集约型农业，再向生物、环境、生化、生态等技术含量较高的绿色农业、生态农业发展；种植型农业向畜牧型农业、野外型农业向工厂型农业方向发展。

在第二产业内部，产业结构的演进朝着轻纺工业→基础型重化工业→加工型重化工业方向发展。从资源结构变动情况来看，产业结构沿着劳动密集型产业→资本密集型产业→知识密集型产业方向演进。从市场导向角度看，产业结构遵循着封闭型→进口替代型→出口导向型→市场全球化的方向演进。

在第三产业内部，产业沿着传统型服务业→多元化服务业→现代型服务业→信息产业→知识产业的方向演进。

3.2.4 三次产业结构演变的动因

三次产业结构的演变是客观的，是由各产业产品需求的收入弹性以及各产业技术进步和技术结构特征等因素所决定的。

1. 需求的收入弹性差异是产业结构演变的基本动因

某产业的收入弹性系数＝该产业产品需求的增加率/人均国民收入的增加率

一般来说，如果某产业产品的收入弹性系数小于1，则意味着人们在增加的收入中，用于购买该产业产品的比重在下降。随着经济的发展和收入的增加，该产业产品的市场处于相对萎缩状态，那么该产业在经济发展总量中的比重也会下降。反之，如果某产业产品的收入弹性系数大于1，则说明人们将新增加收入的较大比例用于购买该产业的产品，随着人们收入的增加，该产业具有不断扩大的市场潜力和发展空间，其在国民经济总量中的比重会逐步增加。产业收入弹性越高，在国民经济发展中的比重的提高速度也越快。

一般认为，当人们进入温饱型社会以后，第二产业及第三产业的收入弹性开始大幅度上升。德国著名社会统计学家恩格尔曾经研究了以食物支出为代表的农产品需求与人们收入水平之间的关系，并得出随着人们收入水平的不断提高，食物支出在消费品总支出中的比重不断下降的结论。

人们将食物支出在消费品总支出的比重称为恩格尔系数，恩格尔系数＝食物支出/消费品总支出。

用恩格尔系数可以判断生活水平的高低。联合国颁布的恩格尔系数分级为：最富裕：20%以下；富裕：20%～40%；小康：40%～50%；温饱：50%～59%；绝对贫困：59%以上。

2. 技术进步和技术结构特征决定产业结构变动

新技术、新发明、新创造、新产品的出现，实际上反映了产业兴衰的趋势，因此，技术进步是产业结构演变的根本推动力。以制造业为例，在整个工业化过程中，制造业内部结构演化分为三个过程。

（1）重工业化过程，即工业结构由以轻工业为主逐步向以重工业为主转换。与重工业相比，轻工业投资少、建设周期短、见效快、吸收劳动力多、原材料可以从传统产业中以较低的价格取得，因此通常成为区域工业化起步的首选产业。随着工业化水平的不断提高，重工业的比重逐步增加。轻工业的进一步发展需要重工业提供更加先进的技术装备，人民生活水平不断提高，对工业品的需求也由一般日用消费品转向高档耐用消费品，这些都为制造业创造了广阔的市场。制造业是一个产业链条，前后关联度高的产业，特别是任何机械设备制造业的发展都需要矿业、原材料工业作基础，庞大的重工业体系一旦建立起来，就替代轻工业成为工业化的主导力量。

（2）深加工化过程，即在工业结构中的深加工工业比重不断提高。在重工业化过程中，制造业结构又表现为由原料工业为主逐步转向以加工工业和组装工业为主，这就是工业结构中的深加工化进程。

（3）技术集约化过程，即在制造业结构深加工化的过程中，进一步表现出高技术化的趋势。技术集约化不仅表现为所有制造业部门都有采用越来越高的技术、越来越先进的工艺并实现自动化，而且表现为大批以技术密集为特征的高技术产业得以兴起和发展，并逐步成为工业的主体。在技术集约化过程中，科学技术将日益成为工业发展中最重要的资源。

3. 社会需求结构与供给结构的变化带动产业结构演变

需求数量及需求结构变化推动产业结构演变，供给结构变化对产业结构也有重要的影响，如资源（包括劳动力资源、自然资源）的拥有量及相对价格的结构对产业结构演变产生影响。

4. 对经济利益的追求引导产业结构演变

第一，经济发展战略和产业政策对产业结构演变的影响。

第二，国家收入分配政策及财政、货币政策对产业结构的影响。

第三，国际贸易与国际分工对产业结构演变的影响。

5. 主导产业的更替

从主导产业转换过程看，产业结构的演进沿着如下路径发展：农业为主导→轻纺工业为主导→原料工业和燃料动力工业等基础工业为重心的重化工业为主导→低度加工组装型的工业为主导→高度加工组装型工业为主导→第三产业为主导→信息产业为主导。

3.3 区域产业结构的配置与优化

3.3.1 区域主导产业的选择与发展

1. 区域主导产业的内涵

区域主导产业是在区域经济发展中起主导作用的产业，是指那些产值占有一定比重、采用了先进技术、增长率高、产业关联度强、成长性好并具有很高的创新率，对一定阶

段的技术进步和产业结构升级转换具有重大的关键性的导向作用和推动作用，对区域经济增长具有很强的带动性和扩散性的产业。

区域主导产业从量的方面看，应是在国民生产总值或国民收入中占有较大比重或者将来有可能占有较大比重的产业部门；从质的方面看，应是在整个国民中占有举足轻重的地位、能够对经济增长的速度与质量产生决定性影响，其较小的发展变化足以带动其他产业和整个国民经济变化，从而引起经济高涨的产业部门。

2. 区域主导产业的特点

（1）区域主导产业是对较多区域产业产生带动和推动作用的产业，是前后关联度和旁侧关联度较大的产业。

（2）区域主导产业的存在及作用会受特定的资源、制度和历史文化的约束，因此不同的区域在不同的经济发展阶段主导产业也是不一样的，它会随着所依赖的资源、体制、环境等因素的变化而变化。

（3）区域主导产业具有更替性。由于区域主导产业能够诱发新一代主导产业的出现，因此，特定阶段的主导产业是在具体条件下选择的结果。一旦条件变化，原有的主导产业群对经济的带动作用就会弱化，就会被新一代的主导产业所替代。

（4）区域主导产业具有多层次性。在产业结构调整和优化过程中，既要解决产业结构的合理化问题，又要解决产业结构的高度化问题，因此，处在战略地位的区域主导产业应该是一个主导产业群，并呈现多层次的特点，实现多重化的目标。

（5）区域主导产业的生产率上升比其他产业快，其价值在区域产业结构中占有越来越大的比重，其需求收入弹性高，具有较强的市场扩张能力。

3. 区域主导产业的选择基准

（1）产业关联效应基准。20世纪50年代中期，美国经济学家赫希曼在《经济发展战略》一书中，提出了发展中国家应首先发展那些产业关联度高的产业，通过政府重点支持和优先发展，以带动整个经济的发展。

主导产业对经济发展和产业结构的引导带动作用，主要通过其关联效应表现出来。主导产业的关联效应有三种形式：一是前向关联效应。主导产业广阔的市场前景和持续发展，必然扩大对相关设备、技术和原材料等要素的需求，从而带动为其提供这些要素的产业的迅速发展。二是后向关联效应。主导产业关联性强、技术领先、发展快速，能够为其后续产业的发展提供更多的产品和技术，创造更好的条件，感应这些后续产业的发展。三是旁侧关联效应。主导产业的发展还会引起一系列经济、社会、文化等多方面的变化，对主导产业主要分布地区的市场繁荣、就业面扩大、基础设施建设以及其他产业的形成和壮大产生积极的影响。

（2）收入弹性基准与生产率上升基准。20世纪50年代，日本经济学家筱原三代平提出两基准理论，两基准即“收入弹性基准”和“生产率上升基准”。收入弹性基准用需求的收入弹性系数来表示。

需求的收入弹性系数＝某一产业的产品需求的增加率／人均国民收入的增加率

收入弹性基准表明产品需求增长对收入增长的敏感程度。收入弹性系数大于1的产品和行业，其增长速度将高于国民收入的增长速度；弹性系数小于1的产品和行业，其增长速度低于国民收入的增长速度。主导产业的弹性系数应该大于1，随着人均国民收入的增长，收入弹性系数高的产品在产业结构中的比重逐渐提高，选择这些产业作为主导产业，将促进整个产业保持持续的高增长率，有利于创造更多的国民收入。收入弹性系数高的产品的产业部门将获得更快的发展，占有更大的比重。

生产率上升率基准是指某一产业的要素生产率与其他产业的要素生产率之比，一般用全要素生产率进行比较。

$$\text{全要素生产率上升率}=(\text{报告期全要素生产率}/\text{基期全要素生产率}-1)\times 100\%$$

全要素生产率的上升主要取决于技术进步。按生产率上升率基准选择主导产业，就是选择技术进步快、技术要素密集的产业，因此，生产率上升基准也被称为比较技术进步率基准。这一基准反映了主导产业迅速有效地吸收技术进步成果的特征，优先发展全要素生产率上升快的产业，有利于技术进步、提高创汇能力、改善贸易条件和贸易结构、提高整个经济资源的使用效率。

（3）技术密集度基准。产业的技术密集度不仅通过影响产业技术进步而影响产业的生产率上升率，而且具有提高产业增加值率的作用（技术含量高使附加值高）。产业的生产率上升率与就业功能有一定的反向变动关系。综合生产率（TFP）指标，包括了劳动、资本、中间投入等要素生产率的变动，但劳动生产率毕竟是其中的一个重要方面，劳动生产率增长会相对减少就业量，而产业的技术密集度带来的技术进步、生产率上升率和增加值率，不一定会影响产业的就业功能。

（4）就业基准。从产业的要素密集度看，劳动密集型产业的就业功能强，资本密集型产业的就业功能弱，知识密集型产业则分为两种情况：一是劳动—知识密集型产业的就业功能相对较强，二是资本—知识密集型产业的就业功能相对较弱。但是，各个产业的实际就业功能及其差别，还要取决于产业的发展水平、趋势和特点。产业的相对就业密度，一方面是看每亿元工业增加值或产品销售收入所对应的就业人数，另一方面可以从产业的资本与劳动力比率来分析提供一个就业机会所需要的资本量。

（5）可持续发展基准。制造业产业的可持续发展性，主要表现在资源消耗（物耗和能耗）低和环境污染小两个方面。它可以通过产业的经济效益水平来考察，因为物耗和能耗本身就是经济效益的部分内容，而环境污染的大小一般可以通过治理污染的成本反映出来。由于高污染产业有负的外部性，因此可以将这些产业排除在外。

（6）比较优势基准。主导产业必须建立在区域经济优势的基础上，这种经济优势是同其他区域相比较而言的，即比较经济优势，它可以用比较优势系数表示。比较优势系数由比较生产率系数、比较集中率系数、比较输出率系数、比较利税率系数等组成。

$$CP=(P_{ik}/P_i)/(P_k/P) \tag{3.6}$$

式（3.6）中，CP 为比较生产率系数；P_{ik}为i 区域k 产业全要素生产率；P_i为i 区域所有产业平均全要素生产率；P_k为全国 k 产业全要素生产率；P 为全国所有产业平均全要素生产率。

如果某区域某产业该系数大于1，说明具有生产率的比较优势，这个产业可以作为主导产业加以发展。

$$CC=(C_{ik}/C_i)/(C_k/C) \tag{3.7}$$

式（3.7）中，CC为比较集中率系数；C_{ik}为i区域k产业的产值；C_i为i区域所有产业的产值；C_k为全国k产业的产值；C为全国所有产业总产值。

主导产业一般在区域生产总值中占有较高的或最高的比重。如果比较集中率系数大于1，说明该区域该产业在产出规模上具有优势；如果该系数小于1，则说明该区域该产业在产出规模上不具有优势。

$$CX=(X_{ik}/X_i)/(X_k/X) \tag{3.8}$$

式（3.8）中，CX为比较输出率系数；X_{ik}为i区域k产业产品和劳务生产总量；X_i为i区域所有产业产品和劳务生产总量；X_k为全国k产业产品和劳务的生产总量；X为全国所有产业产品和劳务生产总量。

比较集中率系数反映的是某区域某产业专业化程度的高低，尽管产业专业化程度越高，比较输出率系数可能越大，但在反映某区域某产业的输出时，还是比较输出率系数更直接。一般而言，主导产业的比较输出率系数必须大于1，只有该系数大于1时，才能说明某区域该产业商品输出率高于全国平均输出率；等于1时，说明某区域该产业商品输出率等于全国平均输出率；小于1时，说明某区域该产业商品输出率低于全国平均输出率。

$$CT=T_{ik}/T_k \tag{3.9}$$

式（3.9）中，CT为比较利税率系数；T_{ik}为i区域k产业的产值利税率；T_k为全国k产业的产值利税率。

$$CS=CC\times CX\times CP\times CT \tag{3.10}$$

比较优势系数（CS）等于上述四个系数的乘积。如果上述四个系数均大于1，其乘积（CS）也必然大于1，并且越大越好；如果四个系数中，有的大于1，有的小于1，则视其乘积是否大于1来鉴别该产业是否具有比较优势。

（7）资源禀赋基准。在已形成的区域产业结构中，如果比较多地利用了本区域相对丰富、价格相对较低的生产要素从事商品生产，那么，这些商品的生产成本就比较低，就能够在市场竞争中处于有利地位，因此这样的区域产业结构就是比较合理的。

区域生产要素禀赋不尽相同，生产要素的供给能力和供给价格也就不一样。合理的产业结构，就是在区域经济发展中，供给比较充分、价格相对较低的生产要素即区域具有比较优势的资源，得到了充分而有效的利用，与其相对应的产业和产品得到了优先、重点发展。

3.3.2 区域产业结构的配置

1. 区域产业结构配置的标准

产业结构是生产要素在各产业部门之间的比例构成和它们之间相互依存、相互制约的关系，也就是一个国家或地区的资金、人力资源和各种自然资源与物质资料在国民经济各部门之间的配置状况及其相互制约的方式，一般以产业增加值在 GDP 中的比例和产业就业人数在总就业人数中的比例来表示。

(1) 产业结构合理化标准。区域产业结构配置的标准首先体现在区域产业结构的合理化上，通过产业结构的优化与升级，形成科学合理的一、二、三产业结构。

(2) 资源配置高效率标准。资源配置的高效率标准，要通过采用先进的科学技术来提高资源的使用效率，通过有效的制度安排来高效率地配置区域内的自然资源与社会资源。

(3) 区域比较优势发挥标准。区域比较优势的发挥关系到区域产业的竞争力，因此，配置区域产业结构，要注重区域比较优势资源的发挥、区域特色产业的形成等方面。

2. 区域产业结构配置的内容

区域产业结构配置的实质是优化区域产业结构，发挥区域比较优势，形成有核心竞争力的区域主导产业，促进区域经济持续、快速发展，因此，区域产业结构配置的基本内容是区域主导产业的选择与培植、区域产业结构的优化与升级、区域比较优势资源的发挥、区域产业结构的协调等方面。

3.3.3 区域产业结构的优化

1. 区域产业结构优化的含义

区域产业结构优化是指推动产业结构合理化和产业结构高级化发展的过程，是实现产业结构与资源供给结构、技术结构、需求结构相适应的状态。

区域产业结构优化过程就是通过政府的有关产业政策调整，影响产业结构变化的供给结构和需求结构，实现资源优化配置，推进产业结构的合理化和高级化发展。

具体地说，其内涵包括三个方面的内容：第一，区域产业结构优化是一个动态过程，是区域产业结构逐步趋于合理，不断升级的过程，在区域经济发展的不同阶段，产业结构优化的衡量标准不同；第二，产业结构优化的原则是产业间协调发展和最高效率原则；第三，产业结构优化的目标是资源配置最优化和宏观经济效益最大化。

区域产业结构合理化和产业结构高级化是相互联系、相互影响的，产业结构合理化是产业结构高级化的前提条件。产业结构合理化主要从静态角度分析产业结构，产业结构高级化主要从动态角度分析产业结构，它是一个渐进的长期发展过程。

(1) 区域产业结构合理化。区域产业结构合理化是指产业与产业之间协调能力的加强和关联水平的提高，这一过程主要是建立再生产过程比例关系，促进国民经济各产业间的协调发展，使各产业发展与整个国民经济发展相适应。

产业结构合理化要解决的问题包括供给和需求的相互适应问题、三次产业以及各产业内部各部门之间发展的协调问题、产业结构效应如何充分发挥的问题等。

（2）产业结构高级化。产业结构高级化也称为产业结构高度化，是通过技术进步，使产业结构整体素质和效率向更高层次不断演进的趋势与过程。产业结构高级化的核心是促进产业结构的优化升级，通过技术进步以及用高新技术改造传统产业等，使区域产业竞争力得到提升。

区域产业结构高级化，包括在整个产业结构中由第一产业占优势比重逐级向第二、三产业占优势比重演进；由劳动密集型产业占优势比重逐级向资本密集型产业、知识密集型产业占优势比重演进；由制造初级产品的产业占优势比重逐级向制造中间产品、最终产品的产业占优势比重演进等。

（3）供需结构的优化。供给结构是指在一定价格条件下作为生产要素的资本、劳动力、技术、自然资源等在国民经济各产业间可以供应的比例，以及以这种供给关系为联结纽带的产业关联关系。

需求结构是指在一定的收入水平条件下政府、企业、家庭或个人所能承担的对各产业产品或服务的需求比例，以及以这种需求为联结纽带的产业关联关系。它包括政府（公共）需求结构、企业需求结构、家庭需求结构或个人需求结构，以及以上各种需求的比例。

（4）国际贸易结构的优化。国际贸易结构是指国民经济各产业产品或服务的进出口比例，以及以这种进出口关系为联结纽带的产业关联关系。国际贸易结构包括不同产业间的进口结构和出口结构，也包括同一产业间的进出口结构（即进口和出口的比例）。

（5）国际投资结构的优化。国际投资包括区域资本的流出，即区域内企业在外国的投资，以及外国资本的流入，即外国企业在本区域的投资。对外投资会导致区域产业的对外转移，外国资本的流入则促使国外产业的对内转移。这两方面都会引起区域产业结构的变化。国际投资结构是指对外投资与外国投资的比例结构，以及对外投资在不同产业之间的比例和外国投资在本区域不同产业之间的比例及其各种派生的结构指标。

2. 区域产业结构优化的评价标准

（1）是否充分利用了区域资源。区域内的比较优势资源是否得到了充分利用、是否把资源优势转化为经济优势和产业优势，是重要的衡量标准。

（2）区域产业的技术结果是否合理。这一标准具体指区域绝大多数产业部门是否已经采用了较先进的适用技术，是否建立起了有利于促进技术进步的从传统的一般技术、适用新技术到高精尖技术的合理的产业技术结构等。

（3）区域内各产业部门之间的关系协调如何。这一标准主要是分析主导产业与辅助产业和基础性产业的协调关系，即主导产业的发展能否带动相关产业的发展，以及相关产业是否与主导产业发展相配合，从而促进区域经济全面、协调与可持续发展。

3.4 案例分析

3.4.1 东北老工业基地产业结构调整

1. 东北老工业基地产业结构现状

产业结构变动的一般规律是劳动力由第一次产业向第二、三次产业转移，工业结构朝着重工业化、高技术集约化、高附加值化、节能和高效益化演进。

产业结构的演化一般而言有四个阶段，即前工业化时期、工业化中期、工业化后期和后工业化时期。在前工业化时期，第一产业产值在国民经济中的比重逐渐缩小，其地位不断下降；第二产业有较大发展，工业重心从轻工业主导型逐渐转向基础工业主导型，第二产业占主导地位；第三产业也有一定发展，但在国民经济中的比重还比较小。在工业化中期，工业重心由基础工业向高加工度工业转变，第二产业仍居第一位，第三产业逐渐上升。在工业化后期，第二产业的比重在三次产业中的地位占有支配地位，甚至占有绝对支配地位。在后工业化阶段，产业知识化成为主要特征。产业结构的发展就是沿着这样的一个发展进程由低级向高级走向高度化的。

产业结构转变的过程，一般是由“一、二、三”向“三、二、一”转变的趋势。前工业化时期是“一、二、三”格局，三次产业结构为 50∶30∶20；前工业化时期是“二、三、一”格局，三次产业结构为 40∶30∶20；工业化中期是“二、三、一”格局，三次产业结构为 50∶40∶10；工业化后期是“三、二、一”格局，三次产业结构为50∶40∶5；后工业化时期是“三、二、一”格局，三次产业结构为 65∶30∶5。在工业化初期，以传统农业为主导的第一产业在国内生产总值中占有较大份额，而以食品、纺织为代表的第二产业和以饮食、商业为代表的第三产业在国内生产总值中所占份额较小，三次产业比重呈现“一、二、三”的格局。随着经济发展水平的提高，技术进步速度加快，社会消费需求上升，以机械制造工业为主导的第二产业在国内生产总值中的份额迅速上升，国内生产总值三次产业比重随之变化为“二、一、三”或“二、三、一”的格局。进入工业化后期，以金融、保险、医疗、教育为主导的第三产业迅猛发展，国内生产总值三次产业比重随之演化为“三、二、一”的格局。

从表 3—1 可以看出，东北三省的三次产业结构已经进入了“二、三、一”阶段，即进入了工业化的中期阶段。在三省中，辽宁的第一产业低于 10%，吉林与黑龙江的第一产业还在 10%以上。但黑龙江的第一产业在 2005—2009 年，不仅没有下降，反而从 12.2%上升至 13.9%；第二产业从 53.9%下降为 47.3%。这是一种反工业化的不正常现象。第三产业的结构变化是，辽宁呈下降趋势，从 40.5%下降为 38.7%，吉林从 38.8%下降为 37.9%，黑龙江从 33.9%上升至 38.8%。

表 3—1　　2005—2009 年东北三省三次产业结构状况　　(%)

年份	辽宁			吉林			黑龙江		
	一产	二产	三产	一产	二产	三产	一产	二产	三产
2005	10.7	48.8	40.5	16.8	44.4	38.8	12.2	53.9	33.9
2006	10.5	51.0	38.5	15.7	44.8	39.5	11.81	54.6	33.5
2007	10.7	52.9	36.4	15.6	45.7	38.7	12.6	53.4	34.0
2008	9.67	55.8	34.52	14.3	47.7	38.0	13.1	52.5	34.4
2009	9.4	51.9	38.7	13.6	48.5	37.9	13.9	47.3	38.8

2. 东北老工业基地产业结构存在的问题

(1) 产业结构与产业布局不尽合理。东北老工业基地的产业布局是在计划经济时期形成的，产业布局不尽合理，产业的层次比较低，管理方式、技术装备和产品水平比较低，缺乏竞争力。支撑东北经济增长的主要是传统产业，其中石油天然气开采业、黑色金属采矿业、木材加工业的资源条件将继续恶化，生产成本将会上升，丰富资源基础上的竞争优势日益丧失。汽车、机械、石化等产业技术落后，竞争力不强。原材料及初、中级产品多，产业链条短。高新技术产业发展规模较小。

(2) 农业生产的基础比较脆弱，仍以传统农业为主体。农业人口向第二、三产业转移的速度下降，影响农业劳动生产率的进一步提高，也抑制了农民收入的稳定增长。以吉林为例，粮食的人均占有量、商品率和出口量，连续十几年全国第一。世界三条“黄金玉米带”，一条就在吉林。然而长期以来没有将其转化成产业优势，没有将农产品加工业建成支柱产业。

(3) 第二产业的竞争力不强。老工业基地的企业大而全、小而全，企业间壁垒分割的产业组织结构从形式上看一个区域内集中了大批同行业企业，但企业专业化组织程度很低。这种形态只是一种“企业集中”，并未形成“产业集聚”，极大地限制了技术水平和经济效益的提高。

(4) 第三产业发展滞后，结构有待进一步优化。一般而言，发达国家的第三产业占 GDP 的比重为 60%～80%，日本为 71%。2009 年，中国三次产业结构比为 10.6∶46.8∶42.6；东北三省的第三产业为 38%，低于全国平均水平 4 个百分点，说明东北地区的第三产业发展滞后于全国平均水平。

3. 东北老工业基地产业结构调整的方向

产业结构调整是振兴东北老工业基地的客观要求，也是决定东北老工业基地能否振兴的关键。针对东北地区产业结构中存在的问题，东北老工业基地产业结构调整的方向应从以下几方面入手。

(1) 三次产业协调发展。东北产业结构调整要坚持发展资金、知识密集型产业与发展劳动密集型产业并重。充分利用传统产业中有大量的设备、技术、人才，将良好的传统工业基础、优良的区位优势及比较完善的基础设施充分利用起来，使传统产业成为新兴的主导产业、支柱产业，另外不能拘泥于传统产业，还应该发展很多新兴的产业、轻型的产业。

在产业发展方向上，吉林省以汽车制造、石油化工、农副产品加工、医药和高新技术等五大产业为发展方向；辽宁省以石化、冶金、装备制造、软件产业、电子信息产品制造业、生物工程与制药产业等支柱产业为发展方向，重点建设现代化装备制造业和重要原材料两大基地；黑龙江省以装备、石化、能源、食品、医药、森工六大产业为发展方向。

(2) 加强农业基础地位，大力发展现代农业。加快发展现代农业，引导和推动农业产业化龙头企业发展。依托丰富的农产品资源和生态优势，以粮食、畜牧产品、林产品、水产品、水果蔬菜和特产品等农产品加工行业为重点，大力发展玉米大豆精深加工、畜禽乳精深加工、生态食品开发，建设生态型绿色农产品加工基地，把农产品加工业建成新的支柱产业。提高农业劳动生产率和综合效益，实现工业与农业、城市与农村的良性互动。提高对农业基础设施的投资，加强以水利为重点的农业基础设施建设，提高抗御自然灾害的能力，包括大江大河堤防建设、农田水利建设、农田灌溉及节水工程、生态工程的建设。

(3) 加强区域合作，充分发挥比较优势。加强辽宁、吉林、黑龙江三省的经济合作，优化资源配置，促进要素流动，密切产业分工与协作，形成既有竞争又有合作的关系，增强合力与整体实力，是东北经济一体化、共建新型工业基地的必然选择。

坚持东北地区协调发展，加强产业分工与协作，努力取得规模效益，增强整体合力与竞争力。哈尔滨、长春、沈阳、大连四城市在东北地区共同建设全国重要的绿色食品加工基地、共同开放市场、加快跨城市、跨行业、跨所有制的企业重组、共同建设东北亚国际航运中心和东北物流主廊道，建设成为中国重要的现代化装备工业走廊和世界性的装备业基地，其中包括汽车、船舶、航天器、铁路客货车、机床、发电设备、机器人、重型设备、军工设备、仪器仪表、农用机械等行业。构成技术先进、结构合理、特色明显、机制灵活、竞争力强的新兴产业基地，形成东北区域的核心工业带、东北经济的主要增长带、全国重要的高新技术产业带。

(4) 加快第三产业发展，优化三次产业结构。第三产业的发展，具有高产出、高就业、低消耗以及低污染的特点。大力发展第三产业，提高其对国民经济发展的贡献率。第三产业是老工业基地振兴的重要组成部分，必须加快发展。

加强交通运输和电信的发展，以发展运输大通道为中心，加快综合运输体系的建设。电信要以高速、高质、大规模为基点，积极采用国际先进技术与装备，有重点、分层次地大力推进信息高速网络建设。

4. 东北老工业基地产业结构调整的成效

东北三省作为中国的老工业基地，产业结构以重化工业为主体，有相当好的工业基础。中央实施振兴东北老工业基地以来，东北的产业结构调整取得了明显成效，产业竞争力逐步增强。

从表 3—1 中可以看出，2005 年以来，辽宁省的第一产业占 GDP 比重从 10.7%下降为 9.4%，下降了 1.3 个百分点；第二产业占 GDP 的比重从 48.8%上升至 51.9%，上升了3.1个百分点；第三产业占GDP的比重从40.5%下降为38.7%，下降了1.8个百分点。吉林省的三次产业占GDP的比重变化分别为，第一产业下降了3.2个百分点，第二产业上升了4.1个百分点，第三产业下降了0.9个百分点。黑龙江的三次产业占GDP比重的变化为，第一产业上升了1.7个百分点，第二产业下降了6.6个百分点，第三产业上升了4.9个百分点。

从三次产业结构变化看，辽宁省和吉林省的第一产业占GDP的比重呈现下降趋势，第二产业占GDP的比重呈上升态势，第三产业占GDP的比重则出现了不同程度的下降。第一产业占GDP比重的下降属于正常现象，而第三产业占GDP比重不升反降，说明两省的第三产业发展出现了滞后，在今后的结构调整中，应加快第三产业的发展，促进产业结构的合理化。黑龙江的三次产业结构变化也出现了一些非正常现象，第一、二产业占GDP的比重不降反升。综合起来分析，三省的产业结构随着调整力度的加大，会逐渐从目前的“二、三、一”结构向“三、二、一”结构演化。

3.4.2 云南产业结构调整

1. 云南经济发展及产业结构现状

2009年全省生产总值（GDP）完成6 169.75亿元，比上年增长12.1%，高于全国平均水平3.4个百分点，增长速度在全国排名第15位。分产业看，第一产业增加值1 067.60亿元，增长5.2%；第二产业增加值2 582.53亿元，增长13.6%；第三产业增加值2 519.62亿元，增长13.4%（见表3—2）。①

表3—2　　2005—2009年云南省三次产业结构

年份	GDP（亿元）	第一产业		第二产业		第三产业	
		绝对数（亿元）	比重（%）	绝对数（亿元）	比重（%）	绝对数（亿元）	比重（%）
2005	3 461.73	661.69	19.11	1 426.42	41.20	1 374.62	39.71
2006	3 988.14	724.40	18.16	1 705.83	42.77	1 557.91	39.06
2007	4 772.52	837.35	17.55	2 038.39	42.71	1 896.78	39.74
2008	5 692.12	1 020.56	17.93	2 452.75	43.09	2 218.81	38.98
2009	6 169.75	1 067.60	17.30	2 582.53	41.86	2 519.62	40.84

资料来源：云南统计局编：《云南统计年鉴（2010）》，北京，中国统计出版社，2010。

2009年，云南三次产业结构为17.30∶41.86∶40.84，全省人均GDP达到13 539元（按年末汇率折合1 983美元），比上年增长11.4%。非公有制经济增加值2 412亿元，占全省生产总值的比重达39.1%，比上年提高0.6个百分点。

（1）农业生产结构。全年完成农业总产值1 700.69亿元，比上年增长5.5%。其中，种植业产值849.3亿元，增长4.5%；林业产值196.1亿元，增长6.6%；畜牧业产值553.6亿元，增长6.7%；渔业产值41.8亿元，增长10.1%；农林牧渔服务业产值59.7

① 有关增长率的数据是剔除价格因素后计算所得。

亿元，增长1.2%。

(2) 工业和建筑业内部结构。全年全部工业完成增加值2 088.3亿元，比上年增长11.2%；规模以上工业完成增加值1 904.38亿元，比上年增长11.2%。在规模以上工业中，轻工业完成增加值884.66亿元，比上年增长13.0%；重工业完成增加值1 019.72亿元，增长9.8%。

全年规模以上工业中，属于云南支柱产业的烟草制品业完成增加值689.82亿元，同比增长11.4%；电力生产和供应业完成增加值242.36亿元，同比增长16.6%；矿产业完成增加值670.57亿元，同比增长6.3%。

(3) 固定资产投资结构。2009年全社会固定资产投资规模达到4 527.02亿元，比上年增长31.7%。分三次产业看，第一产业投资197.06亿元，增长13.2%；第二产业投资1 524.87亿元，增长21.1%，其中工业投资1 521.55亿元，增长23.5%；第三产业投资2 805.09亿元，增长34.0%。

全年房地产开发投资完成737.46亿元，比上年增长32.3%。其中，商品住宅投资552.96亿元，增长30.5%；办公楼投资18.91亿元，增长55.9%；商业营业用房投资80.52亿元，增长40.4%。全省商品房屋施工面积6 837.88万平方米，增长27.2%；竣工面积1 680.56万平方米，增长59.9%；商品房屋销售面积2 229.95万平方米，增长35.7%；商品房屋销售额653.53亿元，增长48.4%。

2. 云南经济发展战略演变及重点支柱产业的形成

改革开放以来，云南产业结构调整及重点支柱产业的形成是伴随着经济发展思路与战略调整而进行和逐渐形成的。20世纪80年代，主要是以解决短缺问题为重点的发展思路和政策取向，经济社会发展战略是依据“调整、改革、整顿、提高”和“对内搞活经济、对外实行开放”的方针而展开的，经济发展思路和目标仍处于探索阶段，尚未形成具有云南特色的发展战略。政府的主要工作目标是通过发展农业，尤其是粮食生产以解决温饱问题，发展轻工业以解决日用生活品的短缺问题。基本经济政策思路是“调整”，政策重点是“打基础”，发展基础产业，并在调整中注意发挥云南自然资源的优势。

1987年，云南省三次产业结构首次实现了重大跨越，一、二、三产业占生产总值的比重由“一、二、三”型转变为“二、一、三”型，实现了产业结构的第一次升级。“八五”时期，随着第三产业的迅速发展，全省产业结构由“二、一、三”型逐步调整为“二、三、一”型，实现了产业结构的第二次升级。“九五”时期经济结构进一步调整优化，烟草、生物资源开发创新、旅游、电力和矿产业等五大支柱产业的地位得以确立。

1986—1995年，具有云南特色的经济政策基本形成，战略方针是集中力量打基础，扬长避短抓优势。经济发展思路是，发展农业促轻工，依靠轻工搞积累，集中财力保重点。积极发展电力、交通、农业、教育和科技，大力开发优势资源，抓好加工增值，形成新的骨干产业。

1995年8月，中共云南省第六次代表大会提出，建设烟草产业、生物资源开发产业、矿产资源开发产业和旅游业等四大支柱产业。1996年12月，云南省委、省政府出台了《关于加快四大支柱产业建设的决定》。2000年，云南省委、省政府在组织深入调研的基础上，在省委六届十一次全会上正式决定，把以水电为主的电力产业作为支柱产业加以培育。

进入新千年，云南省紧紧围绕“建设绿色经济强省、民族文化大省和连接东南亚、南亚国际大通道”三大战略目标和实施以国有企业产权改革为核心的各项改革的多元目标，提出了“科教兴滇和人才战略、可持续发展战略、城镇化战略、全方位开放战略”四大战略，经济政策思路从单一重点向多极重点转化。2006年以来，发展战略与思路向科学发展的政策取向转变。以又好又快发展为主题，以经济结构调整和转变经济增长方式为主线，以改革开放和科技进步为动力，以统筹城乡和区域协调发展为重点，以全面建设小康社会、以人为本构建平安和谐为目的，加快推进绿色经济强省、民族文化大省和中国连接东南亚、南亚国际大通道建设。提出了九大任务：全面推进社会主义新农村建设、继续推进新型工业化、大力发展现代服务业、大力加强基础设施和基础产业建设、统筹城乡和区域协调发展、建设资源节约型环境友好型社会、实施“科教兴滇”和人力资源开发战略、深化体制改革扩大对内对外开放、构建平安和谐云南。

省委八届八次全会又提出“两强一堡”新战略，要求“紧紧围绕建设绿色经济强省、民族文化强省和中国面向西南开放的桥头堡”来开展，这是省委根据新形势、新任务的要求，及时调整工作思路的具体体现，是云南省未来一段时间经济社会发展的新的战略目标。

经过近十年的努力，实施了七彩云南保护行动、九大高原湖泊治理、生物资源开发创新、绿色旅游精品、清洁能源建设等多项重大措施，在建设绿色经济强省方面取得了显著成绩；着力保护和弘扬优秀少数民族文化，培养和造就了一批民族文化人才，促进了民族文化经典作品的诞生，推动了民族文化与旅游产业相结合，加快了从民族文化大省向民族文化强省迈进的脚步；在大通道建设方面，大力推进公路、铁路、民航及水运通道建设，打通了中国南下越南、老挝、泰国，西通缅甸及南亚国家的国际通道，努力联通中国、东南亚和南亚三大市场，大通道建设初见成效。2009年7月，胡锦涛总书记来云南考察时指出，“要充分发挥云南作为我国通往东南亚、南亚重要陆上通道的优势，深化同东南亚、南亚和大湄公河次区域的交流合作，不断提升沿边开放质量和水平，使云南成为我国向西南开放的重要‘桥头堡’”，这为云南对外开放工作指明了新的发展方向，提出了更高的要求。

3. 云南产业结构空间分布

(1) 云南省三次产业空间分布现状。改革开放以来，云南三次产业结构发生了重大变化，1987年第二产业占GDP的比重超过第一产业，1992年第三产业占GDP的比重超过第一产业，三次产业结构由“一、二、三”型转化为“二、三、一”。

从三次产业空间分布看，1992年分为三类地区：第一类地区包括昆明和红河，其第二、三产业占GDP的比重均超过第一产业；第二类地区包括曲靖、楚雄、玉溪，其第二产业占GDP的比重超过第一产业，但第三产业占GDP的比重低于第一产业；其余地区属于第三类地区，其第二、三产业占GDP的比重均低于第一产业。

到2003年，云南省三次产业结构空间分布仍划分为三类地区：第一类地区是第二、三产业占GDP的比重均超过第一产业，包括昆明、曲靖、玉溪、红河、楚雄、丽江、昭通、怒江；第二类地区包括文山、普洱、西双版纳、大理、保山、德宏、迪庆，其第三产业占 GDP 的比重超过第一产业，但第二产业占 GDP 的比重低于第一产业；第三类地区只有临沧，其第二、三产业占 GDP 的比重均低于第一产业。到 2008 年，仍有西双版纳、保山、德宏、临沧 4 个地区的第一产业比重高于第二产业或第三产业。

（2）云南省第一产业空间分布。云南省第一产业相对集中于曲靖、大理、红河和昆明这 4 个地区，并且有进一步集中的趋势。2004 年这 4 个地区的农业总产值占全省农业总产值的比重为 40.04%，到 2008 年这 4 个地区的农业总产值占全省农业总产值的比重上升到 45.23%。迪庆、怒江、丽江、德宏的农业总产值占全省的比重较低，2004 年和 2008 年这 4 个地区的农业总产值之和占全省的比重分别为 7.09%和 6.22%；其余各地区的农业总产值占全省的比重为 3.59%～7.52%。

在云南的第一产业空间分布中，曲靖是云南农业产值比重最高的地区，怒江则是最低的地区，还不到全省的 1%。2004 年和 2008 年，曲靖的农业产值分别占全省农业总产值的 11.57%和 15.83%。

（3）云南省第二产业空间分布。云南省的第二产业主要集中分布于昆明、曲靖、玉溪和红河 4 个地区，工业集中度非常高。2004 年，这 4 个地区的工业总产值占全省工业总产值的比重为 80.53%；2008 年为 78.62%。2004—2008 年，大理、楚雄、昭通 3 个地区的工业总产值占全省工业总产值的比重由 11%上升至 11.6%。在此期间，昆明、曲靖、玉溪、红河、大理、楚雄、昭通 7 个地区的工业总产值占全省工业总产值的比重一直保持在 90%左右，其余的 9 个地区的工业总产值占全省的比重不足 10%。昆明作为云南的省会城市，工业总产值占全省的比重在 2004—2008 年始终保持在 38%以上，远远高于其他地区。

（4）云南省第三产业空间分布。云南省第三产业主要集中在昆明、曲靖、玉溪、红河和大理 5 个地区。2004 年，这 5 个地区的第三产业增加值占全省的比重分别为 40.53%、8.8%、7.42%、5.75%、7.3%，总计占到 69.8%。到 2008 年，这 5 个地区的第三产业增加值分别为 38.76%、9.75%、7.03%、6.05%、6.05%，总计占到 67.64%。4 年间虽然所占比重有所下降，但仍然主要集中在这 5 个地区，其他州市所占比重都非常低。

4. 云南产业结构调整的重点

改革开放以来，云南的资源优势得到了充分发挥，形成了以烟草、有色金属、磷化工、能源、旅游等为主的支柱产业群，初步建立了特色鲜明、比较优势突出的产业体系。

由于受金融危机的冲击，2008 年以来云南省的冶金、化工等产业遭受重创，暴露了云南长期存在的产业结构单一，资源型粗加工产业比重大，企业创新能力不足、抵御市场风险能力弱等问题。

为有效应对金融危机的冲击，保持云南经济的持续发展，云南省提出了在继续巩固提升烟草、电力、冶金、化工等传统优势产业的同时，重点打造生物产业、清洁能源产业、旅游文化产业、装备制造产业、生态环保产业和新材料产业等六大产业，努力构建一个比较优势明显、产业附加值高、创新能力强、节能环保、可持续发展的现代产业体系，增强云南经济发展的新动力。

2006年，云南省制定了《云南省促进工业产业结构调整实施意见》，提出了产业结构调整的原则是：以科学发展观统领结构调整工作全局。紧紧围绕云南全面建设小康社会宏伟目标，坚定不移实施工业强省战略，走新型工业化道路。以信息化带动工业化，走科技含量高、经济效益好，资源消耗低、环境污染少、安全有保障、人力资源优势得到充分发挥的发展道路。把自主创新作为调整产业结构的中心环节，建立以企业为主体、高校和科研院所积极参与、产学研相结合的技术创新体系，大力提高企业原始创新能力、集成创新能力和引进消化吸收再创新能力，提升产业整体技术水平。努力实现产业与区域协调发展。继续着力改变工业支柱产业单一的局面，优化轻重工业结构。引导加工业与农业、制造业与生产性服务业、能源工业与矿产资源加工业紧密联结。大力发展工业循环经济，针对不同地区实际，分类指导，合理实施。

产业结构调整的基本思路：围绕全面推进新型工业化，继续实施信息化带动、自主创新提升、扩大开放促进、可持续发展等战略，构筑技术进步、企业集群、融资担保、创业服务、人才保障等平台。完善促进工业发展的政策体系。加大工业投资力度。加强经济运行调控。加快区域协调发展，培育工业强县、特色园区和产业基地，形成集约化、集群化发展优势，推进优势资源向优势产业集聚、优势生产要素向优势企业集聚、优势企业向园区集聚、优势产品向优势品牌集聚。

产业结构调整方向和重点：落实国家产业政策，加大宏观调控力度，结合我省实际，大力发展特色优势产业。加快发展烟草及配套、能源、钢铁及有色金属、化工、机械制造、建材、电子信息制造、造纸和农特产品加工等重点产业。建设能源、有色金属、高浓度磷复肥、煤化工、云药、农特产品加工、林竹浆纸、麻丝纺织等基地。优化轻重工业结构，延伸原材料和矿产品加工产业链，加快发展先进制造业，大力发展特色产业和循环经济，加快发展现代物流业。

5. 云南省产业结构调整的成效

从1978年到2009年，全省的产业结构发生了明显的变化，三次产业的产业结构类型由不合理调整为逐步趋近于合理，三次产业增加值在地区生产总值中的比例关系由1978年的42.7∶39.9∶17.4调整为2009年的17.30∶41.86∶40.84。总体的变化趋势是：第一产业比重逐年下降，第二产业和第三产业比重逐年上升，但产业结构调整和产业升级较慢（见表3—3）。

表3—3　云南省生产总值及三次产业增加值结构　(%)

年份	1978	1992	2000	2005	2008	2009
地区生产总值	100.0	100.0	100.0	100.0	100.0	100.0
第一产业	42.7	30.2	21.5	19.11	17.93	17.30
第二产业	39.9	35.4	41.4	41.20	43.09	41.86
工业	30.3	31.3	35.0	34.0	36.1	33.8
第三产业	17.4	34.4	37.1	39.71	39.98	40.84

（1）第一产业结构调整成效。全省农、林、牧、渔业总产值在第一产业总产值中的

比例关系进一步得到调整，纯农业（种植业）比重下降，林、牧、渔业比重上升。1978年，在第一产业总产值中，农业（种植业）比重占75.8%，林、牧、渔业比重分别占6.2%、17.8%、0.2%；2009年，农业（种植业）比重占49.85%，林、牧、渔业比重分别占11.5%、32.7%、2.45%。粮经作物作为种植业调整的主线，优质水稻、名特优水果和蔬菜的生产向专业化发展。第一产业内部结构调整的显著成效促进了农民收入、农村工作以及农业经济的协调发展（见表3—4）。

表3—4　　云南省第一产业总产值内部结构　　（%）

年份	1978	1992	2000	2005	2008	2009
第一产业	100.0	100.0	100.0	100.0	100.0	100.0
农业	75.8	65.5	61.2	54.4	50.3	49.85
林业	6.2	9.1	7.3	10.3	11.6	11.5
牧业	17.8	24.6	29.6	33.1	35.5	32.7
渔业	0.2	0.8	1.9	2.2	2.6	2.45

注：未包括农、林、牧、渔服务业总产值。

（2）工业内部结构调整成效变化情况。近年来，全省以加快工业发展为主题，以优化结构调整为主线，突出抓好企业改革、技术改造、节能减排和安全生产，使全省工业增强了自我发展能力，促进工业更快更好发展。经过多年来工业内部结构的不断调整，全省的工业经济结构取得明显改善，呈现轻重工业相互协调发展的良好局面（见表3—5）。

表3—5　　云南省规模以上工业总产值内部结构　　（%）

年份	1978	1992	2000	2005	2008	2009
工业	100.0	100.0	100.0	100.0	100.0	100.0
轻工业	43.0	51.3	52.3	34.3	25.2	30.8
重工业	57.0	48.7	47.7	65.7	74.8	69.2

在规模以上工业总产值中，轻工业与重工业的比例关系发生明显变化，从表3—5中可以看出，1978—2000年全省规模以上轻工业总产值占规模以上工业总产值的比重逐年上升（以下均为规上口径），由1978年的43.0%上升到2000年的52.3%，上升了9.3个百分点，而重工业总产值占工业总产值的比重却在逐年下降，由1978年的57.0%下降到2000年的47.7%，下降了9.3个百分点。之后随着工业内部结构的调整和优化，全省轻工业总产值占工业总产值的比重逐年下降，而重工业总产值占工业总产值的比重在逐年上升。2000年全省规模以上轻工业总产值占规模以上工业总产值的比重为52.3%，重工业总产值占工业总产值的比重为47.7%，而到了2009年全省轻工业总产值占工业总产值的比重为30.8%，重工业总产值占工业总产值的比重为69.2%。这表明了全省工业经济在经过多年调整发展后，原有的轻工业经济已经发展到了一定规模，且没有新的经济增长点出现，发展后劲不足，而重工业则凭借资源优势得到较快发展，使得重工业经济取代了轻工业在工业经济的部分份额，其占工业总产值的比重超过轻工业，从而保持了工业经济在整个国民经济中的主导地位。

（3）第三产业的内部结构变动。从第三产业增加值的内部构成看，各行业增加值占

第三产业增加值的比重也发生了较大变化。房地产业和其他服务业的比重明显上升，传统第三产业中的交通运输邮电业、批发和零售贸易餐饮业比重明显下降，而作为服务于经济社会发展的新兴行业金融业的比重呈现出明显下降趋势。房地产业和其他服务业占第三产业增加值的比重由1978年的2.7%和27.6%分别上升为2008年的9.8%和42.5%，分别上升了7.1个百分点和14.9个百分点。1978年交通运输邮电业、批发和零售贸易餐饮业占第三产业增加值的比重分别为19.5%、37.4%，到2008年该比重分别下降为15.2%和22.7%，分别下降了4.3和14.7个百分点。金融业的比重由1978年的12.8%下降为2008年的9.8%，下降了3.0个百分点（见表3—6）。

表3—6　　云南省第三产业增加值内部结构　　（%）

年份	1978	1992	2000	2005	2008	2009
第三产业	100.0	100.0	100.0	100.0	100.0	100.0
交通运输邮电业	19.5	11.8	16.5	17.1	15.2	
批发和零售贸易餐饮业	37.4	34.6	29.0	23.0	22.7	
金融业	12.8	16.2	10.6	9.6	9.8	
房地产业	2.7	5.0	11.2	10.5	9.8	
其他服务业	27.6	32.4	32.7	39.8	42.5	

（4）三次产业从业人员结构变化。从1978年至2009年，三次产业从业人员结构也发生了明显变化（见表3—7）。

表3—7　　云南省三次产业从业人员及其构成　　（%）

年份	1978	1992	2000	2005	2008	2009
合计	100.0	100.0	100.0	100.0	100.0	100.0
第一产业	86.1	79.4	73.9	69.4	63.6	62.3
第二产业	7.7	9.7	9.2	10.0	11.32	11.97
第三产业	6.2	10.9	16.9	20.6	25.08	25.73

从三次产业从业人员构成情况看，全省三次产业从业人员结构的变化也比较明显。从1978年到2009年，三次产业从业人员结构发生了显著变化，第一产业从业人员占比重从86.1%下降为62.3%，第二产业从业人员占比重从7.7%上升至11.97%，第三产业从业人员占比重从6.2%上升至25.73%。

本章小结

产业结构理论是以研究产业之间的比例关系为对象的应用经济理论。其研究内容包括：产业分类、产业结构的概念及研究方法、产业结构演变的规律及原因、产业结构的分析及评价、产业结构的配置与优化等等。

产业分类是为了便于分析、研究和管理产业活动，根据产业的某些相同或者相似特征将企业的各种不同的经济活动分成不同的集合。由于分类标准不同，产业的分类方法有很多种。

区域产业结构是指区域内具有不同经济功能的产业部门的构成及各产业部门之间的比例关系、关联关系、相互作用及其综合，是一国经济在特定区域的布局格局及组合形式。一个区域产业结构的演变是随主导产业的更替而发生的由低级向高级变化的过程。主要的产业结构演变规律有：配第—克拉克定律、库兹涅茨法则、罗斯托的主导产业扩散效应理论和经济成长阶段论、钱纳里的工业化阶段理论、霍夫曼工业化经验法则、赤松要的“雁行理论”等。

三次产业结构的演变是客观的，是由各产业产品需求的收入弹性以及各产业技术进步和技术结构特征等因素所决定的。需求的收入弹性差异是产业结构演变的基本动因，技术进步和技术结构特征决定产业结构变动，社会需求结构与供给结构的变化带动产业结构演变，对经济利益的追求引导产业结构演变。

区域主导产业是在区域经济发展中起主导作用的产业，是指那些产值占有一定比重、采用了先进技术、增长率高、产业关联度强、成长性好并具有很高的创新率，对一定阶段的技术进步和产业结构升级转换具有重大的关键性的导向作用与推动作用，对区域经济增长具有很强的带动性和扩散性的产业。可以根据一定的标准来选择区域主导产业。

区域产业结构优化是指推动产业结构合理化和产业结构高级化发展的过程，是实现产业结构与资源供给结构、技术结构、需求结构相适应的状态。可以依据以下三个标准来评价区域产业结构是否得到了优化，即是否充分利用了区域资源、区域产业的技术结果是否合理、区域内各产业部门之间的关系协调如何。

关键术语

产业分类　区域产业结构　三次产业分类法　潜导产业　主导产业　关联产业　基础产业　刘易斯二元结构转变理论　筱原三代平的两基准理论　配第—克拉克定律　库兹涅茨法则　霍夫曼系数　“雁行”理论　产品循环发展模式理论　产业结构高度化　需求收入弹性　区域产业结构优化　区域产业结构合理化　区域产业结构高级化

复习思考题

1. 试述区域产业结构的含义。
2. 产业分类的方法主要有哪些？
3. 试述产业结构理论的形成与发展。
4. 产业结构演变的一般趋势是什么？
5. 试述配第—克拉克定律。
6. 产业结构高度化的内涵是什么？
7. 区域主导产业的内涵与特征是什么？
8. 区域主导产业选择的基准主要有哪些？

建议阅读书目

1. 卢正惠编著. 非均衡到均衡的过程——区域开发的理论与模式. 昆明：云南科技出版社，2002

2. 郝寿义，安虎森主编. 区域经济学. 北京：经济科学出版社，2004
3. 陈秀山，张可云. 区域经济理论. 北京：商务印书馆，2003
4. 郝寿义. 区域经济学原理. 上海：上海人民出版社，格致出版社，2007
5. 孟庆红主编. 区域经济学概论. 北京：经济科学出版社，2003
6. 魏后凯主编. 现代区域经济学. 北京：经济管理出版社，2006
7. 孙久文，叶裕民编著. 区域经济学教程. 北京：中国人民大学出版社，2010

第 4 章 经济活动的区位

4.1 基本概念

4.1.1 区位的基本含义

“区位”源于德文的“standort”，是 1882 年由德国学者高兹首次提出的。① 在德语里，“standort”是个复合词，前半部分“stand”，是“站立”、“位于”之意，后半部分“ort”，表示“地点”、“场所”、“位置”等，组合在一起，即“站立之地”、“位于……地点”。1886 年，“standort”一词译成英语“location”②，该词意义为“场所”、“位置”、“定位”等等。“区位”确切地翻译成汉语应为“分布的地区或地点”。

关于区位的含义有多种解释和理解，有的学者把它作为事物存在的场所，或事物存在的位置来理解；有的学者认为区位是确定某事物活动场所的行为，从这层意义上讲区位具有动词的性质，类似于“空间布局”一词；还有的学者认为区位是某事物占据场所的状态，类似于“空间分布”一词。不管怎样解释，区位一词有场所的含义，但又不同于通常所说的场所，它是指被某种事物占据的场所或空间。

以下是几种有代表性的看法：

① 参见［日］胁田武光：《立地论读本》（Ⅰ），1～30 页，东京，大明堂，1983。

② 参见刘继生、张文奎、张文忠编著：《区位论》，1～14 页，南京，江苏教育出版社，1994。

(1) 郝守义、安虎森在《区域经济学》中提出：一方面，区位即为某一主体或事物所占据的场所，可以依照某种标准体系，如经纬度、街道住址等，较确切地将它标识为一定的空间几何位置。同时，我们强调自然界的各种地理要素和人类社会活动之间的相互联系与相互作用所产生的相对位置。因此，前者可称为绝对区位（site），后者则称为相对区位（situation）。而经济区位则是指经济活动主体为开展其社会经济活动所占有的空间。从这一角度讲，工业生产所占据的场所即为工业区位，而居住活动所占据的场所即为居住区位，各城市经济活动所占据的场所则为城市区位。在经济空间系统中，区位概念具有更丰富的内涵。在一定的经济系统中，由于社会经济活动的相互依存性、资源空间布局的非均匀性和分工交易的地域性等特征，各空间位置具有不同的市场约束、成本约束、资源约束、技术约束，从而具有不同的经济利益。在这一意义上，经济区位则更多地强调由地理坐标所标识的经济利益差别。

(2) 李小建在《经济地理学》中提出：区位和位置不同，既有位，也有区，还有被设计的内涵。区位的主要含义是某事物占有的场所，但也有“位置、布局、分布、位置关系”等方面的意义。区位定义中的“某事物”限定在为人类生存和发展而进行的诸活动，即人类活动或人类行为。从这个意义上讲，区位是人类活动（人类行为）所占有的场所。

(3) 王铮在《区域科学原理》中指出：区位，简单地讲就是空间位置。他在《理论经济地理学》中提出：区位特指企业、产业、设施等在经济空间格局中的位置，有时特别指它们的盈利位置或者说最优的经营位置。

区位具有以下特点：首先，它是区域空间网络中的一个节点，具有确定的空间坐标、要素禀赋、自然条件，世界上不可能存在完全相同的两个区位，资源空间布局具有非均匀性，具有唯一性和差异性，一旦人们选择了它，由于存在沉没成本，就不能随意改变（至少在短期内），因此区位还具有独占性；其次，它是人类活动的地点，人们占据某一区位的目的是为了从中获得经济利益或者取得效用上的满足，经济活动或者社会活动是实现其目的的过程，在这一过程中必然伴随着要素（劳动、技术、土地、投入品）变化、景观的改变（各种设施的布局及相互位置的变动）、社会和制度（市场）的变迁等，因此区位具有质的可变性；最后，它不是孤立存在的地点，由于经济关系和社会关系存在相互依存性、分工与专业化，以及交易等，区位之间会产生知识、技术、信息、资金的溢出和劳动力、资源、产品等的交流，因此，区位具有外部性和相互依存性。

人类社会的经济活动必然要选择区位，区位单位就是选择经济活动区位的主体。研究的视野不同以及经济活动主体的多样性，决定了区位单位具有层面性。从宏观层面看，区位单位包括从业劳动者群体、街坊邻里、城市、产业、地区等大而复杂的实体，而构成这些较大实体的个别单位如个人、单个的住所、农场、工厂、商店及其他这一层次的经营单位则属于微观层面的区位单位；在更微观的研究层面上来看，某个工厂、公司、大楼的业务部门也是区位单位。虽然不同层次区位单位的实际或理想区位决定因素存在一些共同点，但它们涉及的原则和应用方法有着重大区别，因此，在谈到区位时要明确所指的是哪一层次的区位。一般而言，区位单位有一个特定的场所。在某些情况下，区位单位的实际活动可能覆盖相当大的，甚至不断变动的区域。如建筑业、服务业有固定的总部，但其职工的工作地点有时却在远离总部的地方。再如，运输公司的区位是一个线路网而并非一个点。

4.1.2 区位条件和区位因子

1. 区位条件

人类活动并非均匀地分布在地球表面，而仅仅在局部地点（场所）上进行，其原因是不同的场所不能同样地满足人类从事某项活动的要求，即不同的场所有不同的区位条件。因此，区位条件是区位（场所）所特有的属性或资质，是由区域自然要素和经济要素构成的对于一项特定经济活动的条件，包括这些要素的绝对位置和相对位置。人类对自身活动场所的选择很大程度上取决于区位条件的好坏。区位条件是相对于区位主体而言的。区位主体不同，区位条件也随之不同。例如，农业区位选择要考虑光热与温度条件、土壤条件、劳动力条件、交通以及市场条件等主要的区位条件。工业区位选择要考虑劳动力、资本、原料、能源、运输、市场等主要的区位条件。同时，区位主体对其区位的要求还会随时间而变化，因而要求的区位条件也随之变化。例如，就选择工业区位而言，由于交通运输技术的发展、工业活动本身制造工艺技术进步以及生产中的物耗水平和投入比例的变化，在区位选择中的原料、能源、运输等区位条件的地位相对下降，相反，市场、劳动力，尤其是高技能劳动力等区位条件的地位提高。

2. 区位因子

区位因子或称区位因素是指影响区位主体分布的原因。最早提出区位因子概念的是韦伯，他将区位因子定义为经济活动在某特定地点进行时所得到的利益，即费用的节约，也就是特定产品在某地比在别的场所用较少的费用生产的可能性。

区位条件与区位因子经常被混淆。对于决策者而言，区位条件是区位决策的要件，是指某一区位选择在这一特定场所和选择在其他场所不同的，这一场所拥有的对决策目的施加影响的各种性质。这些条件均构成区位选择的要件，考虑这些条件的衡量标准是哪些条件构成成本因子，哪些条件构成收入因子。区位因子则是决策者为实现决策目的而必须要考虑的变量，一般以区位因子作为变量来考察与判断区位条件的好坏。①

区位因子分为能用货币度量的经济因子和不能用货币测算的非经济因子。经济因子又可分为成本因子（运费因子和非运费因子）和收入因子。在韦伯的工业区位论中，将成本归纳为三种，即运费、劳动力成本和集聚、分散所带来的成本变化。考虑三者后的最低成本点就是最佳区位点。成本因子又可分为运费因子和非运费因子。区位因子的分类见图 4—1。运费因子是以运输为主随距离变化而有规律变化的因子，这些成本在各个场所以系统的、可预测的方式变化，因此一直作为区位理论成本研究的基础；非运费因

① 参见邓宏兵主编：《区域经济学》，28 页，北京，科学出版社，2008。

子，包括诸如劳动力、动力、水、税金和资本的利息等与投入相关的各种因子以及能够产生集聚和分散经济的各种因子，这些因子一般相对比较固定，不表现出随距离规律性的变化，其中的集聚和分散因子则只与经济活动的规模等有关。

区位因子
- 经济因子
  - 成本因子
    - 运费因子
    - 非运费因子
  - 收入因子
- 非经济因子

图 4—1　区位因子的分类

以勒施为代表的利润最大化区位理论从需求因子出发，重视经济因子中的收入因子。勒施认为，正确的区位是纯利润最大的地点，只有收入和成本差最大的区位才是最大利益的区位，即影响区位的因子不仅包括成本因子也包括收入因子。收入与市场大小有密切关系，这里的市场主要指区位主体可能占有的市场区域的大小。市场区域大小与商品的市场价格、区域人口数量和居民收入有关。因此，人口密集和收入水平高的地域是区位选择的最佳候选地。在区位决策过程中，经济因子起重要作用，但有时一些非经济因子也在起作用。比如决策者的行为、区位政策、自然条件的作用和军事上的考虑等。在这些因子作用下进行的区位选择一般追求的不是成本最低，也不是利润最大，而是某种程度上的效用满足。例如，区位决策者还要考虑舒适的生活环境等。在这种情况下，区位决策者有可能选择既接近最佳利润区位，又能够满足自己行为的空间。

政府政策可通过改善区位条件、增加区位补助金和区位限制条件等手段来改变生产费用、收入以及一些非经济因子，例如生活环境、服务设施等，以吸引、诱导或改变个人或企业的区位投资决策。区位政策从区位理论的角度看，可以达到降低生产费用，扩大收入空间的效果，最终使利益空间界限发生变化。

有些区位选择主要是自然条件作用的结果。如受自然条件限制较大的农业区位布局，不论生产技术发展水平多么高，其区位活动也不能完全脱离自然条件的作用。

按照对区位主体经济活动的影响大小可以将区位因子分为主要因子和次要因子。对区位主体的区位影响大的因子是主要因子，相对影响比较小的因子为次要因子。就工业区位而言，劳动力、资本、原料、能源、运输、市场是主要区位因子，用水、研究开发、经营、税制、自然条件以及其他要素归结为次要区位因子。

4.1.3　区位决策影响因素

区位决策是决策主体根据自身需要和外部约束条件进行区位选择的过程。区位决策是一个复杂的动态过程，它受到许多因素的影响和制约，其中既有决策主体（区位单位）外部的因素，又有决策主体内部的因素。在此，我们重点分析一些主要因素。①

① 参见李小建主编：《经济地理学》，30～50 页，北京，高等教育出版社，1999；邓宏兵主编：《区域经济学》，30～38 页，北京，科学出版社，2008。

1. 生产要素供应

对于经济活动中生产区位产生影响的生产要素除资本、劳动力、技术外，还有土地、原材料、能源等。在这些生产要素中，既有初级基本要素，如土地、原材料、能源、一般金融资本和普通劳动力等，也有高级生产要素，如现代化信息网络、高科技人才以及高等教育与科研院所等。

（1）土地。土地主要通过自身的特性以及所处的经济区位对经济活动产生影响。土地自身的特征更多地表现在其自然特性上，包括土地所处的空间位置（经纬度）、与其他自然环境要素的相互关系（气候、水文条件）、土地的形态（大小、地形、地貌等）以及土地的地表物质构成（如土壤、岩石、植被等）等。土地的自然特性构成了土地利用的可能性，但并不构成土地利用的可行性。土地利用的可行性更多由土地所处的经济区位所决定。土地所处经济区位的差异，反映出土地利用价值的不同。

土地一般以两种基本方式参与经济活动：第一种是作为劳动对象，例如农业生产活动。在这种土地利用形态中，土地的自然特性起着决定性的作用。土壤的肥力和土地的位置很大程度上影响着土地的利用，并且由于相对于市场（城市）的位置（距离）不同会导致农业生产方式的空间分异。第二种是作为活动的空间，像工业、交通以及城市建设土地利用等。在这种土地利用形态中，土地所处的经济区位起着决定性作用，土地利用的空间竞争显得格外显著。由于不同的土地利用方式所能提供的地租差异，使得城市内部土地利用的圈层分化较显著。

（2）原材料。原材料因子主要通过运费多少，原材料的可运性、可替代性，以及价值，尤其是在产品成本中的构成状况对经济活动区位施加影响。原料按来源可分为初级原料与加工原料。初级原料是指从自然界中直接获取或经人工培育的原料，如矿产资源和动植物原料。矿产资源分布的不均衡性以及开采成本的差异性，使得处于不同区位的经济活动主体获取它的成本不同，直接影响到原料成本在总成本中占较大比重的原材料型工业的区位选择。

现代大规模工业生产，往往利用多种原料，而且原料配合比例以及原料本身的价格变动程度不一，因此原料对区位的作用随之发生变化。交通枢纽等便于原料集散的区位越来越显示出对原材料型工业企业而言的区位优越性。一些以原材料型工业企业的产品作为加工原料的企业，如机械加工、组装等工业企业，在区位上除受到提供其加工原料的原材料工业企业区位的影响之外，更多地受其产品市场以及劳动力成本、技术条件等的影响。现代经济活动原材料组织的空间范围已经扩展到全球范围，像汽车制造等零部件需求种类繁多，又要求及时供应的厂商，形成了一种新的组织原材料供应的地域综合体——供应商园。供应商园指围绕某一组装厂而形成的为这一组装厂提供零部件供应的供应商的空间集聚区。通过这种空间集聚，组装厂能够在需要的时候及时得到它所需要的零部件供应，从而缩短从厂商接到订单与产品到客户手中之间的时间。这说明现代经济活动区位已经不像以前那样被动地接近原材料地，而是通过重新组织原材料地达到现代社会生产的及时性、可靠性与灵活性的要求。

（3）能源。大量、稳定的能源供应对产业活动的发展极为重要。大量消耗能源的工业，如金属冶炼中的电解铝、铁合金等，要求在区位选择中接近廉价的电力供应地。能源作为产业活动的影响因素不仅仅表现为提供能源供给，还直接影响到产业经营成本、效率、对环境的影响以及公众对企业发展的态度。稳定的能源供给是产业发展的必备条件，因此，区域的能源，尤其是电力供给的保证程度是许多企业选择区位的标准之一。由于能源在各地的分布以及蕴藏条件不同，生产成本差异较大，因而带来了能源供应价格的地域差异，也导致了大耗能经济活动的区域差异。

（4）资本。资本包括金融资本和厂房、设备等固定资本。资本规模、利率、融资条件、融资政策等是主要的影响因素。不同的企业对资本的需求不同。成熟型产业或大型企业一般通过上市从资本市场融资，或以资产抵押的形式从银行获得商业贷款。然而新兴企业，尤其是新兴高科技中小企业，由于企业规模有限、固定资产额低，很难在一般商业银行得到融资支持，其发展需要风险投资的支持。因此，风险资本市场完善程度是区位选择的关键。固定资本的费用，尤其是工业用地费用，因地点不同而差异很大。对于大型装置型工业企业，固定资本的费用对区位选择的费用有很大的影响。

（5）劳动力。劳动力是经济活动区位，尤其是生产活动区位中重要的区位因子之一。劳动力无论是质还是量都存在空间上的差异。劳动力的空间分布差异以及劳动力移动上的摩擦等因素导致劳动成本存在着空间差异。劳动力供应量、素质和结构、成本、可迁移性对区位决策有影响。劳动力对经济活动区位的影响依经济活动区位主体性质的不同而不同。通常劳动密集型产业，劳动成本的空间差异对其区位的影响很大，而资本密集型产业活动则受劳动力的影响较小。

在劳动力因子中，质量和数量都很重要，而且前者越来越重要。现代经济活动对劳动力需求的数量因为生产与服务自动化程度的加强而减少，因此普通劳动力经济活动区位选择的影响越来越小。相反，经济活动对高素质劳动力的需求却越来越大，因此，具有高素质、高技术劳动力的区域（主要是教育水平比较高的大城市地区），成为最适宜现代高科技布局的区域。

2. 市场

经济活动的最终目的是满足消费者的需要，因此市场因素对经济活动十分重要。对于经济活动区位给予重大影响的市场因素主要有以下几个：

（1）市场规模直接影响到经济活动的持续以及经济的合理性。经济活动无论是生产活动还是服务活动都要达到一定的规模，这一规模也就是所谓的需求门槛。一般而言，电力、钢铁、石油、化工与机械制造等资本密集的装置型传统工业的需求门槛很高，而一般轻工业部门的需求门槛较低。

（2）市场地域范围的大小直接影响经济活动的类型与规模。尤其是传统商业活动中的零售业，不同的经营类型与规模对应于比较固定的市场地域的范围与规模。

（3）市场特性会对经济活动、区位活动产生影响。市场特性往往是由消费者的消费需求偏好特点引起的。在不同的区域，由于不同的消费习惯和其他的不同因素，占首要地位的需求层次往往并不相同。例如，由于中国不同地区的饮食习惯存在一定的差异，这就要求餐饮业必须适应地方市场的特性，满足当地民众的特定需求。

（4）市场意识对区位决策也有重要的影响。不同地区的消费者对市场的认识是大不相同的。在市场意识强的地区，经济活动被崇尚，因此观念上的创业门槛比较低，有利于培育创业者与企业家阶层，从而有利于经济活动的发展。

(5) 市场秩序和管理对区位决策有重要的影响。市场需要竞争，也需要秩序，良好的市场秩序是经济活动的激励机制得以发挥的前提。高效、优质的政府服务往往构成经济活动区位选择的重要因素。市场秩序和管理均需要以法治为基础，市场的法制环境对于经济活动，尤其是提供知识服务的现代高科技企业而言，尤为重要。

3. 交通运输和通信条件

交通技术与手段的进步是改变经济活动区位的重要因素之一。交通运输条件通过运费因子对经济活动的区位选择产生很重要的影响。尽管随着交通运输技术与手段的进步，运费在产品成本结构中的比重不断下降，但由于距离的客观存在，交通运输仍是影响经济活动空间结构与组织的重要因素之一。运费主要由线路运行费和站场费两大部分组成，线路运行费与运输距离相关，一般认为是运输距离的线性函数；站场费则一般与运输距离无关，仅同装卸、站场设施以及管理维护费有关。减少装卸等站场费和线路运行费均可起到减少运费的作用。仅从运费因素考虑，企业应选择总运输费用最小的区位。

运输方式不同，运费也不同。就不同运输方式而言，站场成本一般是固定的。以水路、铁路、公路运输为例，站场成本一般是水路高于铁路，铁路高于公路，但就线路运行成本而言，则是公路高于铁路，铁路高于水路。考虑综合运费（站场费＋线路运行费）情况，可得出公路适合短途运输，铁路适合中途运输，而水路适合远途运输。随着人类步入知识经济时代，核心生产要素从资本和劳动力转移到知识与知识劳动力，生产、管理以及产品特征也发生了重大变化，使得对于交通运输的要求也发生了质的变化。铁路枢纽以及港口的优势已不那么重要或突出，相反，机场以及高速公路交叉点的作用日益加大。原因在于：一方面产品已经从大量、标准化生产转向少量、个性化生产，产品的重量和体积都大大减轻和减小，从前不可能空运的产品或零部件现在可以进行空运；另一方面，为满足生产与流通快捷性的要求，机场的货运机能增强，因此，机场的有无以及机场设施的完善程度直接影响到企业的区位选择。

通信条件决定了对内和对外信息交往成本的高低。现代经济活动不仅需要实物传输（这主要由线路交通手段来实现），也需要非实物的信息传输。事实上，后者在现代经济活动领域中更为重要。通信设施越发达，通信效率越高，通信费用越低，表明信息通达性越好，反之亦然。因此良好的通信条件对经济活动有较强的吸引力。城市完备的信息基础设施增强了对现代经济活动的吸引力，并造成了大部分经济活动集中在城市，特别是大城市。

4. 政府政策环境①

作为一项重要的区位因素，政府的政策主要体现在三个方面：一是提供公共产品，

① 参见魏后凯主编：《现代区域经济学》，61页，北京，经济管理出版社，2006。

如公共基础设施；二是提供税收或其他经济刺激；三是制定相应的规章制度。显然，政府政策既可能对企业区位决策产生正面影响，也可能产生负面影响，如严格的劳动和环境保护规章制度，就会阻碍某些企业的进入，促使其向其他地区转移。目前，无论是欧美发达国家还是发展中国家，地方政府为吸引外来资本进入，往往在税收减免等方面进行激烈的竞争。然而，大量的研究表明，为吸引外来投资而设计的政策如税收减免和其他刺激等，在区际水平并不是很有效的，因为这些因素只占企业总成本的很小的一部分，而其他因素如劳动力和集聚经济可能掩盖这种税收减免效果。然而，在区域内水平，这些刺激可能会影响企业的区位决策。一旦企业决定在某一地区投资，将通过与地方政府的谈判，尽可能获取更多的优惠。

从统计上看，税收对区际水平的区位决策只有较少的影响。估计的税收弹性倾向只有0.2左右，也就是说，10%的税收减少只能带来大约2%的经济活动增加，但在区域内水平，税收弹性大约是区际水平的4倍以上。这是因为，在一个区域内，不同区位之间的其他成本和市场条件大体相似，这样区域内的财政差异在区位决策中将起到重要的作用。同时，税收的效果也具有产业差异，由于制造业比非制造业更加需要接近全国市场，资本密集程度更高，因此制造业的区位决策比非制造业对税收优惠更加敏感。此外，根据马丁和罗杰斯的研究，由于公司倾向于在那些具有较好基础设施的国家投资，因此，着眼于改善公共设施的区域政策将影响到工业区位的选择。促进落后国家区内贸易的基础设施政策，将有利于减少地区差距。

5. 自然环境

环境因素是影响经济活动最重要的因素之一。经济活动中无论是生产活动还是服务活动都越来越多地依赖和要求良好的环境质量。没有良好的环境质量不仅不能制造出高精密度与高技术含量的产品，而且不能提供一流的服务。同时，由于现代经济活动越来越依赖知识创造与高科技劳动力，为了吸引高素质的人力资源，稳定以及支持其创造性劳动，必须为其提供良好的居住与生活空间。这种良好的居住与生活空间必须建立在良好的环境质量的基础上。因此，优美的环境成为现代经济活动（知识经济时代的经济活动）最重要的生产要素之一。

20世纪60年代开始，由人类经济活动造成的环境破坏和污染对人类健康和生活的影响日益显著，促使人们重新认识环境因素的重要性。人们开始反省自身的经济活动行为，或者通过法律形式来规定其经济活动。各国相继制定了不同的环境保护法规以及规定不同区域的环境质量标准，对进驻企业的类型进行限制。

6. 经济地理位置及其他社会经济条件

现代经济活动越来越多地受制于相关活动以及内外部环境条件。能够同外界产生便捷联系的场所成为经济活动区位选择的重点。能否同外界产生便捷的联系，取决于该场所的经济地理位置，它也决定了该地区制度环境和社会文化环境、产业集聚环境。

地理位置包括数理地理位置，指场所在三维地球表面的空间位置，可由经、纬度和海拔高度来精确地表示，也包括经济地理位置，指场所与具有经济意义的其他事物的地理空间的相对位置关系。经济地理位置还可以表明与其他经济事物的空间关系。例如相对于市场中心的距离。市场中心分为全球性、国家性和区域性的市场中心。接近市场中心或便于接近市场中心，有利于经济活动在该地展开。

地区制度环境表明了地区的基本经济运行机制，决定了该区位对内外生产要素和商品交往的方便程度，一个地区制度越开放、越自由，越有利于新企业发展，反之亦然。

社会文化环境是由社会因素（包括语言、文化等）所决定的场所开展经济活动和对内外交往的便利程度。在社会文化环境中，语言的作用非常大。中国香港和新加坡发展成为区域性世界城市、世界金融以及贸易中心，是同其居民普遍能使用英语有很大关系的。社会文化环境还反映在文化背景方面的差异。例如我国南方沿海地区有经商传统，商品经济发达，有利于经济活动开展，而中西部一些地区则轻视商业，对外来投资不友好，不利于经济发展。

产业集聚环境也是区位决策的重要影响因素。随着社会化分工的发展，几乎所有的经济活动都离不开其他相关产业或部门的支持，也离不开生产要素的支持，所以经济活动区位选择中产业环境至关重要。构成产业环境的要素有很多，包括产业集聚、基础设施、生产服务以及其他自然与人文环境等。特定地区原有的产业布局历史基础、基础设施和生产服务等会影响企业的区位选择。此外，意识形态、决策者个人偏好等其他社会经济条件也是影响企业区位选择的重要因素。

4.2 产业区位理论

产业区位理论是研究各产业活动的空间选择及空间配置的理论。根据产业活动的内容不同，可分为农业区位论、工业区位论、商业区位论、服务业区位论和住宅区位论等。各种产业的区位选择是在一定的行为驱动下形成的，按照一定的法则、有规律地进行。

4.2.1 农业区位论

德国经济学家冯·杜能1826年出版了《孤立国同农业和国民经济的关系》一书，探索因为地价不同而引起的农业分带现象，奠定了农业区位论的理论基础，也标志着区位论的诞生。

1. 理论产生背景与前提条件

19世纪初期是西欧资本主义蓬勃发展时期，当时作为典型农业国的德国，受西欧资本主义发展的影响和市场经济的冲击，其农业进行着艰难的改革，面临着在农业中改善

经营管理和降低生产成本的问题。在此之前，德国实行“三圃制”①，产业革命后，这种耕作制度已经不能适应经济发展的要求。此时，杜能的老师、农业理论家阿尔布雷希特·特尔提出要实行农业经营集约化，广泛采用轮作制，以提高农业产量，增大收益。

杜能对此持适度的批判态度，并在农场经营管理实践的基础上深入探讨农业区位规律。1810 年，杜能在梅克伦堡（Mecklenburg）购置特洛（Tellow）田庄，亲自经营多年，在积累管理经验的基础上，对农业区位论进行深入研究。

为了阐明距离对农业土地利用类型的影响和研究的方便，杜能的分析采取“孤立化”方法（即演绎方法），假设了这样一个与世隔绝的孤立国：第一，在肥沃的平原中央只有一个城市；第二，不存在可用于航运的河流与运河，马车是唯一的交通工具；第三，土质条件一样，任何地点都可以耕作；第四，距城市 50 英里之外是荒野，与其他地区隔绝；第五，人工产品供应只来源于中央城市，城市的食物供给来源于周围平原；第六，矿山和食盐都在城市附近。

2. 农业生产方式的空间配置原理

杜能从这些假设前提出发，认为市场上农产品的销售价格决定着经营的产品种类和经营方式，农产品的销售成本为生产成本与运输成本之和。因此，经营者是否能在单位面积土地上获得最大利润 R（也是农场主所获的地租），将由农业生产成本 C、农产品市场价格 P 和把农产品从产地运到市场的运费 T 等三个因素决定。用公式表示为

$$R=P-(C+T) \tag{4.1}$$

根据杜能的假设，在一定时期内，“孤立国”各种农产品的价格是固定的，即 P 是个常数。而且由于“孤立国”各地发展农业生产的条件相同，因此各地生产同一农产品的成本也是固定的，即 C 也是个常数，于是式（4.1）可改写成

$$R+T=P-C=K \tag{4.2}$$

式（4.2）中 K 表示一个常数，可见，利润加运费等于一个常数。所以要想利润最大，必须将运费支出压缩到最小。杜能农业区位论所要解决的问题因此可以归结为一点，即如何通过合理布局使农业生产达到运费的最小化，从而获取最大利润。

又由于假设同类产品的单位运输成本相同，如果将 T 用 $r\times D$ 表示，其中 r 为单位产品每公里的运输成本，D 为农场到市场的距离，这样，对每种产品而言，利润就取决于市场到农场之间的距离，即 $R=K-rD$（K、r 为常数），农业收益与运输距离呈反向关系，距离越近，收益越大，反之亦然。而且农民选择的产品经营种类，也同距离密切相关。农场主在不同的区位选择种植不同类型的农作物，围绕城市构成一系列同心圆，这些同心圆被称为“杜能圈”或“杜能环”。杜能根据研究，认为“孤立国”的土地利用类型与农业集约化程度，将以城市为中心，形成由近及远的圈层分布：第一圈为自由农作区，它紧挨中心城市，主要生产蔬菜、牛奶、鲜花等不易运输、运费昂贵，而且易腐烂的、集约型的、单位面积产值

① “三圃制”（3-corprotation）为欧洲庄园时代的土地利用方式，除林地、牧草地外，将所有耕地分成东、南、西三圃，进行轮作。

较高的农产品。这一圈层在选择农作物与经营方式上受运输条件限制较小，有很大的自由选择余地。第二圈为林业区，主要为城市提供产品量大、运费高的木材和燃料。第三圈是轮作农业区，主要种植谷物和饲养牲畜，采用六年轮作制。第四圈是谷草农作区，主要向城市提供谷物和畜产品，杜能将其分成七个带，采用七年轮作制。第五圈是三圃制农作区，主要向城市提供经过加工的畜产品和极少数的谷物，采取极其粗放的经营方式。第六圈为畜牧区。第六圈以外是完全没有开发价值的荒野（见图 4—2 上半部分）。

但是现实条件与杜能的假设存在很大差异，如土地的自然条件在一定范围内不可能完全均质、河流的存在使得比马车运输更廉价的水运方式出现等，都会使假设条件发生变化。因此，杜能考虑到这些因素，减少了假设前提条件，增加了参数，如考虑可通航河流和其他小城市的影响，提出了"孤立国"的修正模式（见图 4—2 下半部分）。

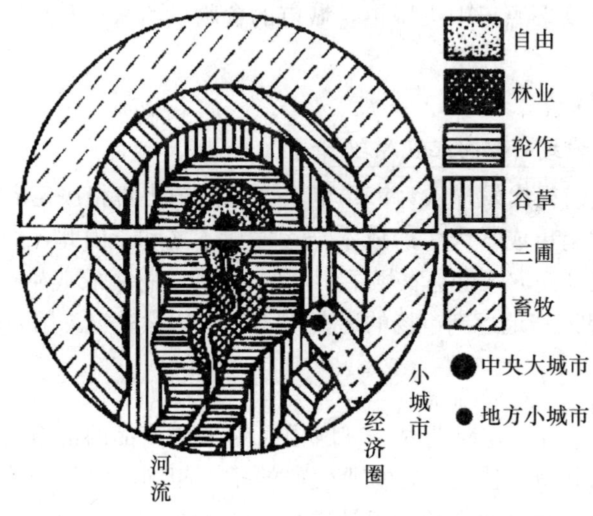

图 4—2　杜能农业圈层示意图

3. 农业区位论的评述

（1）农业区位论的意义。首先，杜能的理论对后来的区位论研究具有重要意义：一是理论思维方法的创新，即抽象演绎的孤立化法；二是杜能首次将区位和运输距离对人类经济活动的影响加以理论化与体系化，这一理论体系和研究方法被推广到了其他研究领域，对城市土地利用的研究也具有重要的指导意义。其次，杜能的农业区位论对农业地理学的发展也具有重要意义。该理论揭示了即使在同样的自然条件下也会出现农业的空间分异；不存在对于所有地区而言绝对优越的农业生产方式；距离市场越近，单位面积收益越高的农业生产方式的布局是合理的。

（2）农业区位论的局限性。[①] 首先，杜能的农业区位论建立在自然条件的非现实基础上，以农业生产具有商品性为前提，认为农场追求最大的地租。但现实中，除了商品性

① 参见魏后凯主编：《现代区域经济学》，82～83 页，北京，经济管理出版社，2006。

生产，还存在自给性生产，自给性生产的目标和产品种类都不同于商品性生产，这使得杜能环模式与现实农业生产空间产生偏离。其次，技术发展与交通手段的发达使杜能理论中起决定性作用的距离因素的制约变小，使某些农产品的供求伸展到数百或上千公里的空间范围，因此，现实中找到完整的杜能环比较困难。最后，杜能的孤立国只考虑农业土地利用，没有考虑城市周围地区的土地利用。现实中，随着城市化发展，城市周边的土地可能随时转化为城市用地，而远离城市的土地由于难以转换为城市用地，相反从事相对集约度高、农业利用价值大的生产经营，因此，可能出现农业生产呈“逆杜能环”的现象。

4.2.2 工业区位论

在杜能创立了农业区位论后，随着机器大工业的发展以及铁路、轮船等交通工具的兴起，开始出现以探讨成本和运输费用为内涵的工业区位研究。近代工业区位论的奠基者是德国经济学家韦伯。他在1909年出版的《工业区位论》一书中，完整、系统地提出了工业区位论，着重从运输费用、劳动力成本和集聚（分散）效应等方面分析工业区位的选择原则，探讨工业区位的移动规律。

韦伯的工业区位论建立在现代交通运输的基础之上。为了理论探讨的方便，韦伯提出了一些假设的前提条件：第一，在一个均质的国家或地区内只探讨影响工业区位的经济因素，而其他如自然条件、政治制度、政策和技术水平等都相同；第二，工业原料、燃料等分布在已知地点且不发生改变；第三，工业产品消费地既定，消费量不变；第四，劳动力供给地已知且供给充足，工资率不变，不同区位的工资水平有差异；第五，生产与交易只讨论同一种产品；第六，运费与距离及载重量成正比，以火车为运输工具。

韦伯首先按不同标准对区位因子进行了分类：（1）按作用程度分为一般区位因子和特殊区位因子。一般区位因子是对各种工业生产区位都有影响的因素，如运输成本、工资、地租等，而特殊区位因子是只对特定工业生产有影响的因素，如气候、水质等。（2）按作用方式分为区域性因素、集聚因素和分散因素。区域性因素指使工业生产分布于特定区位的因素，集聚因素指促使工业生产向特定地点集中的因素，分散因素则相反。（3）按照属性分为自然技术因素和社会文化因素。前者指取决于自然方面性质的因素，如气候、地质条件、劳动力技术水平等，后者如居民的消费习惯、利息的地区差别等。在这些因素中首先要找出一般区位因素才能确立工业区位的普遍规律。韦伯归纳出运输费用、劳动力成本和集聚（分散）效应为一般区位因子，其中运输费用对区位选择起基本定向的作用，而劳动力成本和集聚（分散）效应对区位选择起修正作用。

1. 运费对工业区位选择的基本定向

韦伯认为工业区位的选择取决于生产成本的大小，任何一个理想的工业区位都应该选择生产成本最小的地点。为了使工业生产成本最小，就必须尽量减少运费，这就涉及运输距离以及原材料的情况，除了运输里程外，原材料的性质往往对工业区位的选择具有决定性的意义。韦伯将原材料分为遍在性原料（ubiquitous raw materials）和地方性原料（localized raw materials）。遍在性原料是指到处都有的原料，如水、空气等，它们对工业区位选择的影响不大。地方性原料是指只分布在特定地点的原料。这种原料又可以根据其在加工过程中转移到成品中的重量与废弃物重量之比，分为失重原料（weight losing raw materials）和非失重原料即纯原料（pure raw materials）。失重原料在加工过程中只有部分重量转移到产品中，如铁矿石等，非失重原料在加工过程中可以把全部或大部分重量转移到产品中。地方性原料对工业区位选择有重大影响。工业使用遍在性原料愈多，在区位选择上愈要求接近市场，因为可以就地取材、就地加工、就地销售，大大节约运费。对于失重原料，要求工业区位选择在接近原料的地方，而对于非失重原料，工业区位选择比较灵活，既可以接近原料地，也可以接近市场区。

为了判断工业区位到底是指向原材料地还是市场，以及指向的强烈程度，韦伯提出原料指数（material index，MI）的概念。

$$\text{原料指数(MI)}=\frac{\text{生产中耗用地方性原料重量}}{\text{产品重量}}$$

当 MI>1 时，工业区位为原料地指向；当 MI<1 时，工业区位为市场指向；当 MI=1 时，工业区位为自由指向。用原料指数确定区位选择，对于只有一个原材料地和一个市场的情况是简单且切实可行的，但是在多数情况下，工业生产的原料、燃料与市场分散在许多不同的地点，这时不能单纯根据原料指数来选择区位。对此，韦伯又提出了用区位多边形求引力最大的方向来决定。为了方便，他通常用区位三角形来说明求解方法。假设某工业用两种原料生产一种产品，其最佳区位应选择在满足总运费最小的地点 P 处，即要求

$$\min T_P = r\times\min\sum_{i=1}^{3}(M_i\times D_i + D_P) \tag{4.3}$$

式中，T_P 为单位产品运费；r 为运费率；M_i 为单位产品消耗的第 i 种原料的质量；D_i 为原料 i 的运输距离；D_P 为产品的运输距离。由于原料地与市场的位置固定，M_i 为已知，所以 P 的位置可以计算出来。对于多种原料的情况只需将式（4.3）改写为

$$\min T_P = r\times\min\sum_{i=1}^{n}(M_i\times D_i + D_P) \tag{4.4}$$

可以通过区位多边形求解，其中 MKT 为市场区，如图 4—3 所示。

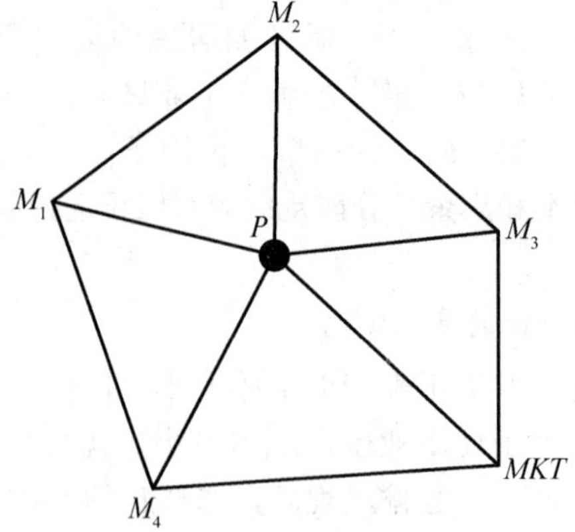

图 4—3　工业区位多边形

另外，在实践中，原料指数通常用运费指数（freight index）代替。运费指数等于单位产品中地方性原料失去的重量与所耗用的遍在性原料重量之比。

2. 劳动力成本对运费定位的修正

在单纯考虑了运输费用对工业区位的影响后，韦伯又研究了劳动力费用的影响。他认为，在某个具有廉价劳动力且供给充裕的地方，当企业从运费最低点迁到这一地点所增加的运费小于所节省下来的劳动力费用时，可能会使其离开或放弃运费最小点，转到廉价劳动力的地方，这样使运费定向区位发生偏离。为了分析这种偏离规律，韦伯使用了等费用线的概念。如图4—4所示，假设只涉及两个原料地 SR_1、SR_2 和一个市场 M，且假定原料为失重原料，失重率为50%，在 SR_1、SR_2、M 周围为运费的等费用线，离中心每增加一圈，运费增加1元。图中 P 点为运费最低点，其值为7.5（以 SR_1 为中心的单位运费2.5，加上以 SR_2 为中心的单位运费2.5，再加上以 M 为中心的单位运费2.5），点 X 处的值为8（以 SR_1 为中心的单位运费2.5，加上以 SR_2 为中心的单位运费4，再加上以 M 为中心的单位运费1.5），点 Y 处的值为9。连接总运费相等的点为新的等费用线。如果假设在点 Y 处生产一单位产品所需的劳动力费用要比 P 点低2元，当企业从 P 点迁到 Y 点时，总运费增加1.5元，这样所增加的运费小于劳动力节约的费用。因此，企业搬迁到 Y 点是比较划算的。

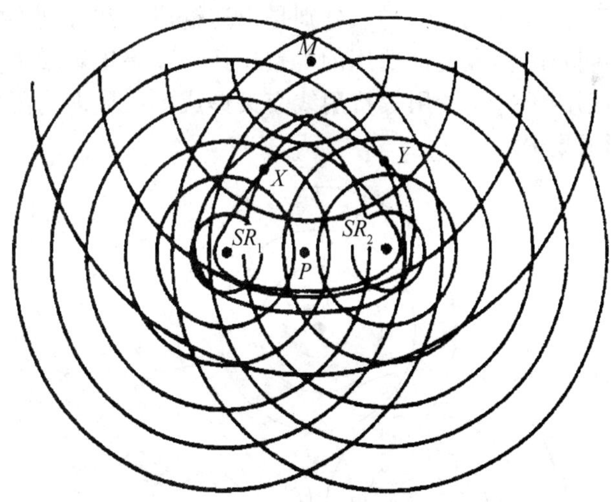

图4—4 等费用线示意图

韦伯为了分析不同的工业区位同劳动力费用的关系，提出了“劳动力成本指数”（index of labor cost）的概念，即劳动力成本与产品重量之比。他认为，如果劳动力成本指数大，那么远离最小运费区位而向廉价劳动力区位偏离的可能性就越大，同时他也认为，劳动力成本指数只是判断劳动力费用指向性强弱的因素，而不是决定因素。因为尽管某种产品的劳动力成本指数很高，但如果生产该产品所需要的区位重量[①] 非常大，那么生产单

① 区位重量（locational weight）=（遍在性原料重量+产品重量）/产品重量－原料指数+1，指生产单位产品所需运输的总重量。

位产品所需运输的重量也非常大，工业区位就不会偏离运费最小点。因此，为了进一步说明劳动力费用的吸引力，韦伯又提出了“劳动力系数”（coefficient of labor）的概念，即单位区位重量的劳动费用。劳动力系数大，远离最小运费区位的可能性越大；劳动力系数小，运费最小区位的指向性越强。

3. 集聚效应对运费定位的再修正

韦伯认为，集聚效应可以使运费和劳动力成本定向的区位再次发生偏离。所谓集聚效应是指由于某些工业部门向特定地域集中所产生的使产品生产成本降低的效果。集聚带来的地租上升又会形成分散效应。集聚效应的产生有两种方式：一是由于工业生产规模扩大，以及生产企业间分工协作的加强形成工业内部集聚。因为生产规模扩大可以产生规模经济而获取经济利益，而分工协作的加强可以使企业生产在地域上集中并且使分工序列化，这样企业间可以相互提供原材料、零部件、中间产品等从而获取经济利益。二是由于集聚的外部原因引起集聚效应。这主要是由于某个企业选择了与其他企业相邻的区位而得到额外的利益，如它们共同使用社会公共设施、专用设备等从而降低经营成本。集聚效应要改变已经定向的工业区位，必须要求集聚产生的经济效益大于或至少等于由于工业区位发生改变所追加的运输费用与劳动力成本之和。韦伯在具体分析中暂时忽略外部原因引起的集聚，主要分析了内部集聚对区位选择的影响。他仍然用等费用线进行分析，如图 4—5 所示，P_1、P_2、P_3 分别是由运输成本和劳动力成本最低点所确定的区位，围绕三点的同心圆代表追加费用的等费用线。如果集聚带来的经济效益为四个单位或以上，那么由第四条追加费用等费用线交叉形成的区域即为因集聚效应确定的新区位；否则，不能形成集聚。

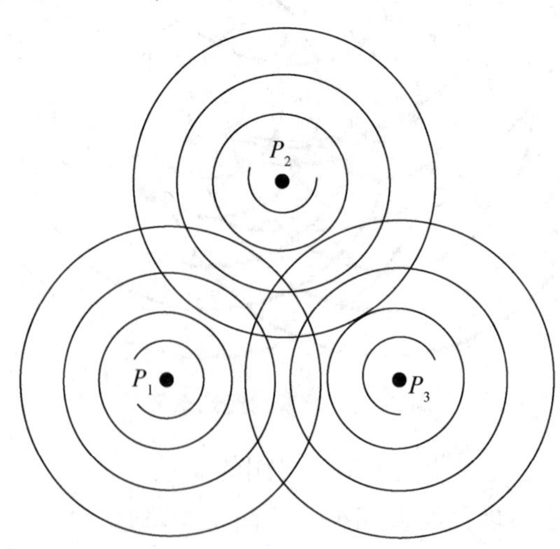

图 4—5　集聚因素的作用

为了判断集聚的可能性，韦伯还提出了加工系数的概念，即单位区位重量的加工费用。加工系数越高，工业集聚的可能性越大；反之，工业集聚的可能性越小。

韦伯的工业区位论以成本分析为主，对个别企业的生产区位进行分析。由于生产过程可以相继发生在几个不同的区位上，因此某个生产企业可能有好几个生产地点存在，

但它们的定位都会遵循这三个基本指向规律。对生产过程进行细分只会改变决定工业生产区位几何图形的维度、形状或者有关指数的大小。

4. 工业区位论的评述

（1）工业区位论的意义。

1）韦伯的区位理论是经济区位论的重要基石之一，不仅是理论研究的经典范例，而且对现实工业布局具有非常重要的指导作用。

2）韦伯首次将抽象和演绎的方法运用于工业区位的研究中，建立了完善的工业区位理论体系，为他之后的区位研究者提供了研究工业区位的方法论和理论基础。

3）韦伯区位论的最大特点或贡献之一是最小费用区位原则，即费用最小点就是最佳区位点。他之后许多学者的理论仍然脱离不开这一经典法则的左右，仅仅是在他的理论基础上的修补而已。

4）韦伯的理论不仅限于工业布局，对其他产业布局也具有指导意义，特别是他的指向理论已发展成为经济区位布局的一般理论。

（2）工业区位论的局限性。

韦伯工业区位理论对工业布局有重要的理论指导意义，但也存在一定的局限性，表现为：韦伯对于运费的假设与现实中的运费制度是不同的；韦伯假定的完全竞争条件是不现实的；韦伯考虑企业的区位选择以成本最小化为原则，但现实中企业更重视利润的最大化；随着技术进步、运输条件的变化，不能解释新出现的临空型、临海型和高智能型等指向的工业区位现象。①

4.2.3　市场的空间竞争②

1. 霍特林模式

霍特林（Hotelling）的市场空间竞争模式假定企业的生产费用一定，市场不是点状市场，而是在区域中分布的市场（但在理论研究中，假定为线状市场）。企业的最终价格因区位不同而不同，各个企业都尽量以低于竞争企业的价格向消费者销售，而最终价格与克服企业和消费者间的距离所支付的运费大小有关，再加上各个企业在选择区位时，都想尽量占有更大的市场空间，这样市场空间的位置和大小受到消费者的行为与其他企业的区位决策行为的影响。某企业如果能够以低于其他竞争者的价格在某市场空间销售产品，那么该市场就会被该企业所垄断。

霍特林的市场空间竞争模式主要研究在不完全竞争条件下均衡状态的形成过程，探讨在线状市场条件下，存在两个竞争企业时，区位与市场空间的关系。霍特林假定互相竞争的两个冰淇淋销售者向沿海岸均等分布的消费者供给相同的产品，各消费者每单位时间内购买一个冰淇淋。在这种情况下，他得出的结论是，两个销售者将在海岸的中央

① 参见张文忠：《经济区位论》，北京，科学出版社，2000。

② 参见魏后凯主编：《现代区域经济学》，94～100页，北京，经济管理出版社，2006。

部位相对布局，各占有市场的一半。

上述结论产生的前提条件是：（1）消费者在空间上均等地分布；（2）对于产品需求是无限的，而且是非弹性的；（3）生产费用在所有的区位都均等；（4）产品的运费率在所有的区位都相等；（5）生产者按照工厂生产价格销售，从工厂到消费者的运费由消费者支付。在这种条件下，如果只有一家企业 A 时，在任何地点布局都能占有所有市场。第三个企业 B 的区位选择同样是自由的，但它考虑到与 A 的竞争关系，在市场中央尽量靠近 A 的地点布局是最有利的。这样企业 A 和企业 B 分别向市场的左半侧和右半侧供给（见图 4－6a）。如果 B 在其他的地点布局（见图 4－6b），正如两条最终价格线表示的那样，B 在市场的右侧比在市场的中央布局最终价格要低。但需求是无限的而且是非弹性的，买方不论在怎样的价格下，都会购买。因此，像这样的区位选择对 B 来说没有任何利益，而且，离开 A 的区位选择，意味着 A 会通过竞争占有 A 和 B 之间的部分市场。总之，尽量接近 A 且在市场中央布局是 B 占有一半市场的唯一区位，这样各企业能垄断占有属于自己的市场。

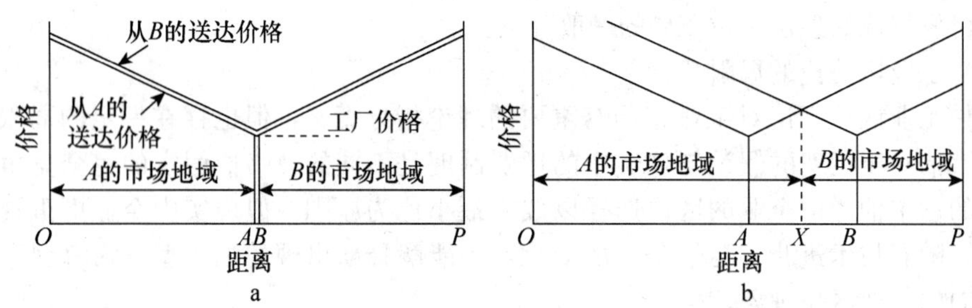

图 4—6　无限非弹性需求条件下的直线市场的竞争

但是，当考虑需求是弹性的，即价格对销售量有影响时，在最终价格最高的市场末端，降低最终价格非常重要。在这种情况下，两个企业将在直线市场的 1/4 处布局（见图 4—7a）。原因在于这样可使运费最小，从而达到消费量最大的目标，各企业都能得到一半市场。这种区位选择的运费节约（阴影部分）与在中央布局的运费节约（斜线部分）相比较要大得多，并且比其他可能的区位选择都有利，如图 4—7b 所示。

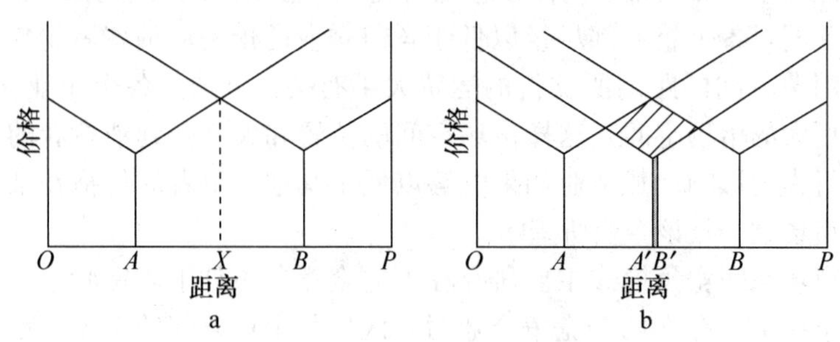

图 4—7　弹性需求条件下的直线市场的竞争

2. 帕兰德的区位理论

继韦伯之后，瑞典经济学家帕兰德是对区位论作出重要贡献的人之一。帕兰德在 1935 年完成学位论文《区位理论研究》时，试图把不完全竞争的概念引入区位论研究，

以价格为变量研究区位空间的均衡。

帕兰德在构建市场空间竞争理论时，首先对两个基本问题进行了区别：第一是在假定原料的价格和分布地以及市场的位置已知的条件下，生产在哪里进行；第二是在生产地、竞争条件、工厂费用和运费率已知的情况下，价格如何影响生产者的产品销售空间范围。

关于市场空间大小如何决定的问题，帕兰德通过自己设计的直线市场这一简单模型来说明，他研究了在这一直线市场上仅有的两个生产同样产品的企业的市场空间界线如何划定的问题。

假定在距离为 l 的两点 A 和 B 围绕市场空间展开竞争，消费者购买产品所要支付的费用是产地价格再加上从产地到消费地的运费，运费率分别为 f_A 和 f_B。对于消费者来说，尽量是在购买费和运费最小的地点购买；对于各生产者而言，通常首先是在自己的周边销售产品。两空间的界线应该在从任何一方生产者购买商品，其价格都相同的地点。

某地的价格如果等于生产地价格加上到消费地的运费，那么该地方价格（运费与距离成比例时）将随着离生产地的距离增加，在所有的方向都会同样增加。用几何学来说，地方价格的高低呈漏斗状，漏斗的下端都是生产地。在所有的竞争地，其价格都呈漏斗状，在这些漏斗相交的地点，价格相等，而与购买地无关。这样等竞争线可看作两个漏斗相交部在平面上的投影线（见图 4—8）。

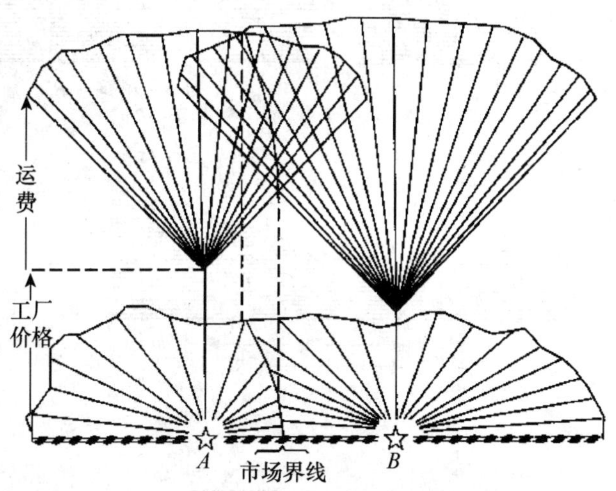

图 4—8　帕兰德的市场空间分割

图 4—9 显示了两个竞争地的价格漏斗相交得到的五种类型。第一种情况表示两竞争地的价格和单位距离的运费相同，因此市场空间的界线在 A 和 B 之间（见图 4—9a）。

$$x=l/2 \tag{4.5}$$

第二种情况表示运费率相同时，但区位 B 的生产价格（P_B）高于区位 A 的生产价格（P_A），因此在两个竞争地间 A 将占有更大的市场空间，当 B 的价格太高时，其产品有可能会从市场中被驱逐出去（见图 4—9b）。市场空间的界线在距生产价格相对低的区位 A 为：

$$x=\frac{fl+P_B+P_A}{2f} \tag{4.6}$$

第三种情况表示区位 B 的生产价格和单位距离的运费都比 A 高，但仍可占有较小的市场空间（见图 4—9c）。

$$x_2-x_1=\frac{f_Bl-P_B+P_A}{f_B-f_A}-\frac{f_Bl+P_B-P_A}{f_B+f_A}=\frac{2f_B(f_Bl-P_B+P_A)}{f_A^2-f_B^2} \tag{4.7}$$

第四种情况是区位 A 比 B 生产价格低，但运费率比 B 高，这时尽管 A 占有一定的市场空间，但在其左侧的市场空间也被区位 B 所占有了（见图 4—9d）。

$$x_2-x_1=\frac{f_Bl+P_B-P_A}{f_B+f_A}-\frac{f_Bl+P_B-P_A}{f_B+f_A}=\frac{2f_B(f_Bl+P_B+P_A)}{f_A^2-f_B^2} \tag{4.8}$$

最后一种情况与第四种相似，区位 B 的生产价格太高，以至于在自己周围的市场都被 A 占有，但由于其运费率极低，能占有右侧一定距离外的空间市场（见图 4—9e）。

$$x_2-x_1=\frac{P_B-P_A-f_Bl}{f_B-f_A}-\frac{P_B-P_A+f_Bl}{f_A-f_B}=\frac{2(P_B-P_A)}{f_A-f_B} \tag{4.9}$$

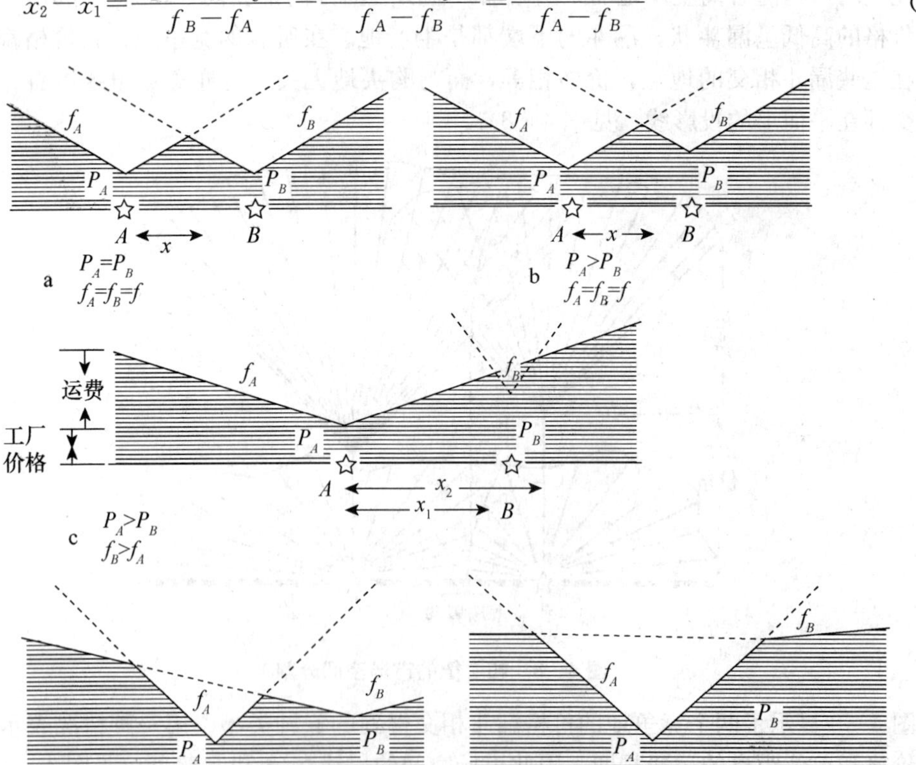

图 4—9 市场空间竞争

生产者占有的市场空间大小将对其获得的利润产生影响。在单位产品的生产费用和利润一定时，如果销售量与市场空间的大小有关的话，那么总利润将是生产地与其产品的销售市场间的距离函数。任意生产者的销售空间或利润将受到其竞争者区位决策行为的影响。

4.2.4　服务业区位论①

随着一个国家或一个城市的经济发展，服务业在整个经济活动中所占的比重将不断提高。服务业快速发展的趋势将导致城市内产业结构和产业区位空间结构的变化，同时也给我们提出了一个新的研究领域和课题。

1. 服务业的类型与区位特征

服务业一般不直接进行物质生产，主要是从事信息和管理或服务职能的经济活动。广义的服务业指不直接进行物质生产的所有经济活动，实际就是第三产业；狭义的服务业是指为个人或企业提供各类服务的行业。根据其性质不同，一般可分为四种类型。

第一类是以个人和家庭为对象，提供日常服务活动的服务业。这类服务业具有零售业的特征，由各种店铺组成，如理发和美容院、洗衣店、照相馆、修理店等。其区位选择类似于零售业，即尽量接近消费者。

第二类是以企业（或事务所）为对象，提供企业（包括行政机关、医院和教育部门等）活动中产生的服务性需求的经济活动。代表性的行业有广告业、设计业、信息服务业、复印和复印机的维修业、计算机软件开发和销售业等。由于其对象是企业或事务所等，因此各种事务所集中的市中心区一般是这类服务业的最佳区位。信息服务业、广告业、设计业和研究开发业等主要从外部支援企业的服务活动。它们往往高度集中在各大城市，以便利用大城市信息灵通，经济、技术和文化交流广泛的优势，掌握最新的情报和信息。而且，这些行业在城市内部也以市中心区为主要集聚点。其原因除追求市中心区的所有优点外，还在于它们的区位用地少，受空间制约相对较小。但是，与制造业部门关系较密切的服务业，如机器维修业等在大城市布局相对较少，它们通常与制造业的布局一致。

第三类是具有事务所性质职能的服务业。这类服务业主要是从事信息的收集、加工和发送的业务，如企业的管理和营业部门以及银行、保险公司和房地产等部门。服务的对象主要以与社会、经济和政治相关的企业与机关等为主，也包括部分个人和家庭。这类服务业的区位特点与第二类服务业具有相似性，也主要在市中心区布局，表现出极强的“求心性”。

第四类是公共服务设施，如学校、图书馆、医院和消防局等，这类服务业受行政制约较大，但公平性和效率性应该是此类服务业区位选择的主要因素。

---

① 参见魏后凯主编：《现代区域经济学》，100～103 页，北京，经济管理出版社，2006。

2. 服务业区位选择的因素分析

作为营利性服务企业的经营者，其区位选择一般分为以下三个层次：一是服务企业所在城市的选择；二是在城市内的一个区域或类型区位的选择；三是具体地点的确定。

服务业在不同的空间层次的布局，面临的问题和需要解决的关键问题不同，因此，影响区位选择的因素也不同。一个服务企业选择在某一个城市布局，应该考虑以下几个因素：（1）该城市能够接受该企业服务的规模范围；（2）服务区的人口数量和消费偏好；（3）总体消费能力和消费量的分配；（4）不同服务行业的总体消费潜力；（5）其他竞争者的数量、规模和质量；（6）竞争的程度等。

在确定了具体城市，进一步选择城市内部某一个区域或一个类型区位时，要分析以下几个因素：（1）服务业和具体服务设施对顾客的吸引力；（2）竞争企业的量与质；（3）到达该服务设施的路线状况；（4）该区域的居民特性和风俗习惯；（5）该区域的扩展方向；（6）该区域的基本概况等。

准确确定具体地点是服务业在空间上的落实，是区位决策的最终阶段。在选择具体地点时要考虑以下几个因素：（1）经过该地点的交通状况和交通发展潜力；（2）相邻企业的基本情况；（3）停车场的充足性；（4）在该地点布局的综合费用等。

对于大多数服务企业而言，“最佳”区位是在市场潜力较高的地方。交通流量和人口密度等条件对服务业区位选择具有重要的意义，一般消费性服务也会在交叉路口和其他交通便利的地点集聚。在服务区内，小企业依赖大企业创造的交通条件，大企业则依靠已有的交通流吸引顾客。可达性对于生产型服务业也同样重要，因为在交易中也存在距离衰减规律，接近市场仍然是一个很重要的区位因素。

以上是影响服务业区位选择的一般因素，对于不同类型的服务业，其区位选择的影响因素存在明显的差异。

3. 服务业区位选择的理论

（1）中心地理论。服务业的最佳区位模型是在中心地理论的基础上建立起来的。中心地理论由德国地理学家克里斯塔勒在20世纪30年代创立，而后德国经济学家勒施进一步拓展了该理论。

中心地理论认为，每个企业都需要一个市场门槛来维持它的生存，根据服务业或产品的等级，企业有不同的门槛和范围。产品的等级由四个特点决定：价格、购买率、门槛和范围。高级产品或服务价格比较高，购买率或接受服务的比率较低，因而这些产品或服务的供应商要求较高的人口门槛。高级产品或服务的市场范围较大，它们的高售价或高服务费用意味着单位运费较低，因此人们愿意经过长途旅行来购买高级产品或享受高级服务。低级产品或服务正好相反，低廉的价格、较高的购买率和低市场门槛可以维持低级商品的销售商的生存。总之，高级产品或服务要求规模更大的消费或服务市场，受距离衰减规律的限制较低，销售商之间的距离相对较远，而低级产品购买率较高，市场范围小，销售商之间的距离很近。

在中心地理论中，中心地等级取决于商品和服务的等级。一个低级中心地只能供给有限的低级产品，而一个高级中心地可以供给各种商品和服务。因此，任何一个高级中心地除了提供高级商品外，还提供下一级中心地所提供的一切商品。高级中心地提供的商品和服务要求更高的门槛人口，因此其人口必须比低级中心地多，从这个角度来看，低级中心地之所以是低级的，是因为它们的人口不足以维持供给高级产品的市场。

图4—10说明了一个沿线状布局的中心地体系。A至L的每一个地区都是一个自给自足的低级中心地，周围地区刚好包含了它的门槛要求。每一个中心地的需求门槛范围决定了它的地方市场，在这种垄断竞争体系下，中心地之间没有空白区。中心地A的低级市场直接与B的低级市场接界，中心地B的市场与中心地C的接界，以此类推。图4—10中12个中心地只有6个是高级中心地（B、D、F、H、J、L），它们之间的间隔具有一定的规律性，每两个高级中心地间隔一个低级中心地，它们在这条线上的相对位置，使各自有两个可以销售它们的高级产品的低级市场（假设这条线向左、向右都无限延伸下去）。例如，中心地D的高级产品一方面销售给自己的一个低级市场，另一方面销售给中心地C和E的各一半低级市场（1＋1/2＋1/2＝2），这样中心地D就拥有2个低级市场。

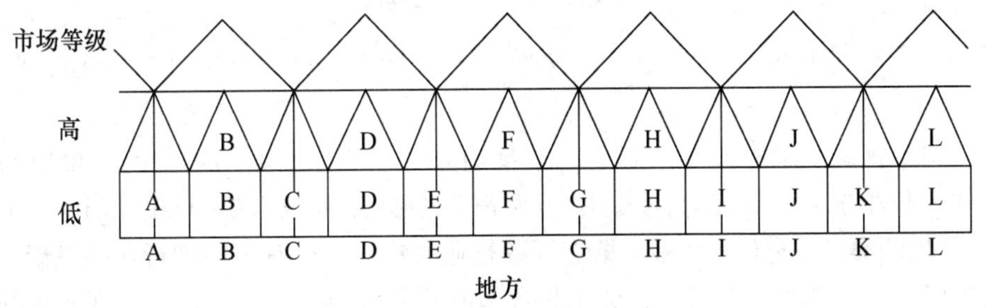

图4—10　中心地等级间关系

资料来源：Dean M. Hanink，*Principles and Applications of Economic Geography*：*Economy*，*Policy*，*Enviroment*，Wiley，1997。

如图4—11所示，一个中心地体系在平面上扩展为六边形市场区。六边形可以避免市场的重叠，而这种重叠将违背空间垄断原则，并由此妨碍了一个中心地确保自己的需求门槛的能力。六边形市场限定了在它的市场区内到市场中心的旅行距离费用，或者从市场中心购买商品的费用。在图4—11所示的单个中心地体系中，一个高级中心地向它本身和周围6个较低级市场的1/3范围提供商品和服务，即总共包括了3个低级市场。

中心地理论适用于研究城市体系、零售业、集市和以个人为对象的服务业。对于一些大企业（如制造业、金融和保险）的事务所来说，一般总部和分社与城市的等级序列相对应而布局。从这一趋势来看，中心地理论也适用于事务所的区位选择。另外包含行政职能的中枢管理职能也与都市的等级秩序相关联，如中枢管理职能的核心即国家职能，一般都集中于首都，而省、市、县、乡、村等级的管理职能则布局在与其相对应的城市或聚落内。

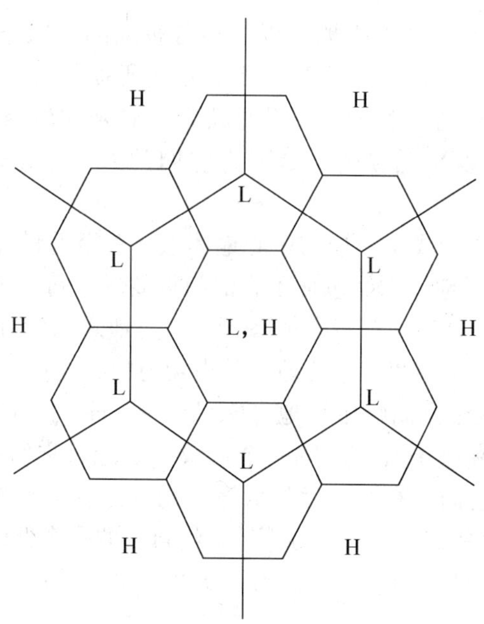

图 4—11　中心地体系

资料来源：Dean M. Hanink，*Principles and Applications of Economic Geography*：*Economy*，*Policy*，*Enviroment*，Wiley，1997。

（2）集聚理论。服务业在空间上的集聚趋势比工业生产活动的空间集聚更明显，特别是一些中枢事务部门大都高度集中于大都市中央商务区（Central Business District，CBD）。集聚的类型也类似于工业，既有同种行业的集聚，也有不同种行业的集聚。服务业的空间集聚主要是追求企业间商务交流和合作的便利性与互补性，以及高度熟练的劳动市场。因此，从区位指向理论来看服务业在空间上集聚的原则包括：一是集聚利益指向，即为了得到外部经济利益和减少不确定因素的影响而在空间上的集聚；二是劳动力指向，为了获得大都市 CBD 的各种高素质的技术和业务管理人员，事务所的区位多选择于中央商务区。

同类和不同类服务企业在空间上的集聚都可以得到集聚利益，大中小企业在空间上的集中都有利于情报和信息的收集与交流。英国学者亚历山大对伦敦、悉尼、多伦多等城市的事务所进行调查后发现，企业的经营者追求集聚利益的目的：一是便于与外部组织的接触；二是利于与政府和诸机关的接触；三是接近于顾客和依赖人；四是接近于关联企业；五是接近于其他服务业；六是决策者集中。

企业管理职能的事务所布局在城市中心位置的原因：一是这种区位选择可以使情报和信息的输送与收集的距离摩擦费用最小化。二是这类服务业能够支付高额的地租。围绕大都市 CBD 各企业和部门区位竞争的基础是它们支付地租的能力，大企业一般具有较高的地租支付能力，因此，大都市 CBD 自然成为很多大企业的管理职能集聚区。

保险和银行等金融业在特定的地点发展具有历史的偶然性，其形成与城市的发展历史有关。一般保险机构和银行集中的城市大多是贸易港口，如伦敦、纽约、香港、东京、上海等。

另外，服务业的形成与政治中心的空间迁移也具有密切的联系，如各大公司的总部和为企业提供信息、咨询服务的事务所大多布局在各大政治中心。

（3）公平性与效率性兼顾原则。对于公共服务设施如医院、疗养院、图书馆、邮局和消防局等设施的布局，既要考虑各种设施的可能利用效率，也要考虑所有的公民都能均等地享受到公共服务设施的权利，即公平性。在一定的预算约束下，根据消费者的平均移动距离来决定公共服务设施的数量和规模。政府既要考虑每个消费者对公共服务设施的需求和期望值，也要照顾到所有消费者的需求。一般追求效率性的布局类型多以居民到公共服务设施的总移动费用最小或总移动距离最短为目的；追求公平性的布局类型是远离公共服务设施居住的居民数最少或从各居民点到最近设施的最大距离最小化为目的。

4.2.5　住宅区位论①

1. 住宅区位的经典理论

在20世纪20年代初期，伯吉斯（Burgess）提出了同心圆的城市地域结构理论。在该理论中，他用归纳方法总结和说明了住宅区位模型。伯吉斯认为，一般高收入家庭在远离芝加哥市中心的地方选择住宅，而低收入家庭多居住在离城市中心近的老住宅区里。随着城市扩大，最富裕的家庭迁移到城市周围的新住宅区，而老住宅区将成为低收入者的住宅区，离CBD最近的老住宅区随着城市的进一步发展会转变为事务所和商业区。由于这一理论模型并非包括了所有城市的发展变化，具有偶然性，因此，阿朗索（Alonso）把它称作住宅区位的“历史的理论”。

霍伊特（Hoyt）的扇形模型也是住宅区位研究的经典理论。霍伊特认为，高收入者的居住区与城市的地形、社会和历史特征有关，如面向湖泊的地方以及沿交通线路两侧高收入居住者较多。随着城市的发展，这些地方居住的人们不断向外迁移，但高收入者将在相邻区域的新住宅区居住，低收入者则搬迁到高收入者搬出的住宅，如同过滤一样表现出集团向市中心区外侧迁移的倾向。

仅从不同层次的收入者的居住区位选择来看，上述两个理论具有一致性，即高收入者多居住在新建的城市外围住宅区，低收入者多居住在离市中心较近的老住宅区。

2. 折中理论

上述两个理论属于实证性理论，产生于实际调查和归纳总结的基础上，缺乏从经济学角度的分析。20世纪60年代开始，阿朗索和埃文斯（Evans）等学者从城市内土地利用和交通系统的关系来研究住宅区位问题，建立了折中理论（trade-off theory）。该理论的基本前提条件为：（1）大城市的中央商务区为一个点，城市的土地只能作为住宅用地利用；（2）所有劳动者都在CBD工作，并可得到一定的收入；（3）城市是一个平坦的平原，交通体系对于市内和市外的居民具有同样的效率，通勤费用随着距离的增加而增加；（4）城市具有封闭性，不存在任何形式的外部往来。

在上述条件下，由于土地买卖竞争的结果，市中心的地价达到最高，随着远离市中

① 参见魏后凯主编：《现代区域经济学》，104～107页，北京，经济管理出版社，2006。

心，城市内的土地价格逐渐递减，但同时交通费用逐渐增加。如果不考虑交通费用，房租与距市中心的距离间的关系为随着远离市中心房租呈递减的趋势；如果不考虑地价的作用，只分析交通费用与距市中心之间的距离关系，其变化是随着远离市中心交通费用呈递增的趋势。事实上，在住宅区位选择时，必须同时考虑交通费用和房租，两者之和的最小点才是最佳区位。选择远离市中心的区位，住宅租用费的节约将会被高额的交通费用支出所抵消，相反，选择市中心附近的区位，交通费的节约会被高额的房租所抵消，因此，该理论也称为相抵消理论。

家庭收入对住宅区位的决策影响可以从两个方面考虑：一是必需的居住面积；二是交通费用，它包括两个内容，即直接支付的费用和相对于时间的机会费用。随着家庭收入的增加，其对住宅面积的要求也增加，这时将选择离市中心更远的地点，但当通勤时间的价值上升时，将选择离市中心近的地点。两个因素哪一个起决定作用，要看对住宅面积大小的需求与收入增加之间的关系。如果需求弹性高且比 1 大，那么，富裕的家庭将选择城市的周围地区，贫困的家庭则选择市中心附近。相反，如果需求弹性小且接近于 0 时，富裕的家庭在市中心布局，贫困的家庭在城市周围地区布局。美国等一些发达国家的需求弹性大，前一种住宅区位模型表现得较明显，而发展中国家一般住宅需求弹性较小，后一种模型更突出。

上述理论可由如下住宅区位模型表示，在离市中心距离为 x 处选择住宅的家庭效用水平取决于在那里的住宅消费量 $l(x)$，以及住宅以外的其他所有物品的消费量（可作为一个综合商品消费量）$z(x)$，即效率水平可用如下效用函数表示：

$$u(x)=u(z(x),l(x)) \tag{4.10}$$

从式（4.10）可得到无差别曲线，即如图 4—12 所示的向原点凸出的平滑曲线，该曲线假定不与两坐标相交。

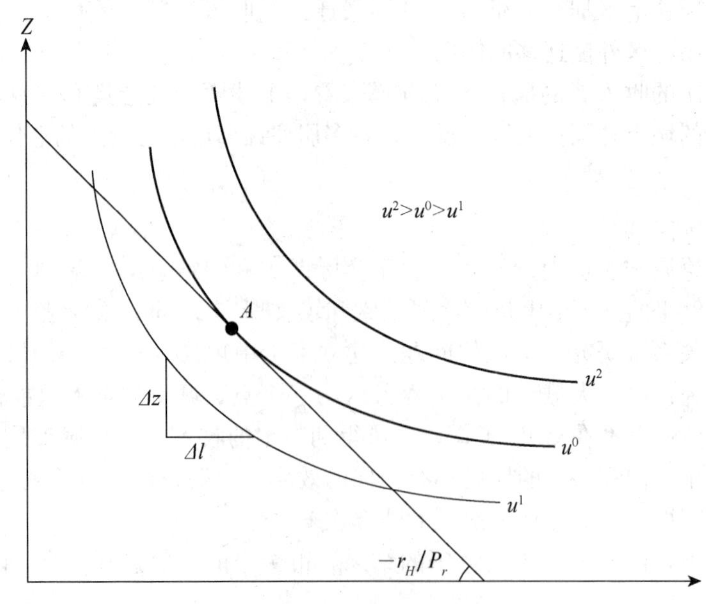

图 4—12 效用最大化

综合商品的价格为 p_z，离市中心 x 距离的区位点每单位面积的住宅地租为 $r_{H(x)}$，区位点 x 到市中心的交通费为 $t(x)$。家庭得到一定的收入为 y 时，预算约束可由下列等式表示：

$$y=p_z(x)+r_{H(x)}l(x)+t(x) \tag{4.11}$$

家庭支出在式（4.11）约束的基础上，使效用函数（4.10）最大的情况下，选择综合商品和住宅面积的最佳消费量。根据微观经济学的消费者行为理论，在效用函数的无差别曲线与预算约束公式（4.11）的相切点达到了最优化。在图 4—12 中的无差别曲线 u^0 上的 A 点，两者的消费量达到最佳，这一点无差别线的斜率（$\Delta z/\Delta l$）与预算约束线的斜率（$-r_{H(x)}/p_z$）相等。上述条件可表示为

$$\frac{\partial u/\partial l}{\partial u/\partial z}=-\frac{\partial z}{\partial l}\Big|_{u=u_0}=\frac{r_{H(x)}}{p_z} \tag{4.12}$$

在预算函数（4.11）基础上，效用函数（4.10）最大化，可得到综合货物和住宅面积的需求函数。把得到的这两个需求函数代入原效用函数得到的函数称为间接效用函数，可表示为

$$U(x)=v(p_z,r_{H(x)},l(x)) \tag{4.13}$$

价格和收入为参数，$l(x)=y-t(x)$ 为可消费收入。

因为支付地租是表示维持某特定效用水平 u' 的最大地租，因此，$v(p_z, r_{H(x)}, l(x))=u'$，可求得 $r_{H(x)}$ 的解：

$$r_{H(x)}=r_H(p_z,l(x),u') \tag{4.14}$$

式（4.14）为住宅支付地租函数，该函数具有如下特征：

（1）收入增加时，支付地租也增大；

（2）收入一定，效用水平提高时，支付地租降低；

（3）随着远离市中心，支付地租将降低。

其中，（1）意味着 $\Delta r_H/\Delta l>0$，为了维持一定的效用，与收入增加平衡的地租增加是必要的，因此（1）成立。（2）意味着 $\Delta r_H/\Delta u'<0$，收入等条件相等时，效用水平提高，地租必须下降。（3）意味着 $\Delta r_H/\Delta x<0$，它的经济意义可从区位均衡来分析。如果将区位点移动微小距离 Δx 时，综合商品的消费量、住宅地租、住宅面积的消费量和交通费用分别变化 Δz、Δr_H、Δl、Δt。任何一个区位点收入都是一定的，因此，由式（4.11）可得到

$$p_z\Delta z+l\Delta r_H+r_H\Delta l+\Delta t=0 \tag{4.15}$$

把由效用最大化推导出的式（4.12）代入式（4.15）可得到

$$l\Delta r_H+\Delta t=0 \tag{4.16}$$

式（4.16）表示住宅面积和交通费用的相抵消的区位均衡条件。它表示城市内的任何地点在消费支出中，地租的支付额的变化与通勤费用的变化相互抵消。在式（4.16）中，l 和 Δt 的值是正的，因此，Δr_H 的值为负的，即 $\Delta r_H/\Delta x<0$，也就是说，随着远离

市中心，地租函数在降低，这就是上述的第三个特征。

如果交通费与离市中心的距离成比例，Δt 为一固定值，住宅面积 l 随着远离市中心而增加，那么，从式（4.16）可得出地租函数的斜率，即 $\Delta r_H/\Delta x$ 的绝对值随着离市中心的距离增加而减少。如图 4—13 所示，在市中心区地租函数的倾斜度最大，随着向郊外的发展逐渐变缓。

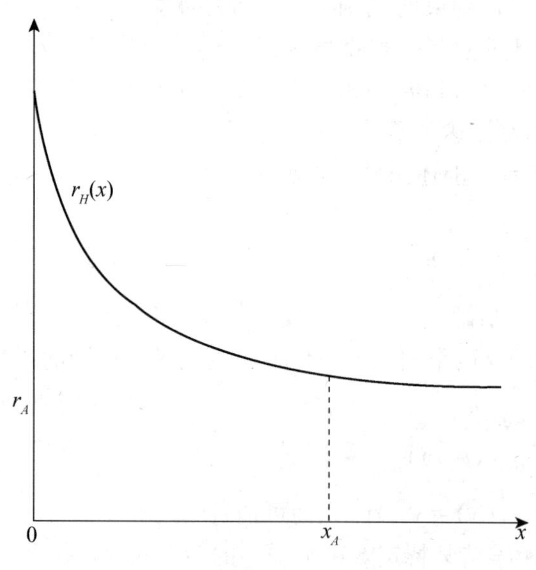

图 4—13　住宅地租的变化曲线

上述理论在一定程度上解释了住宅空间区位结构的形成，但尚存在许多问题，主要表现在以下几个方面：一是没有考虑住宅区的品质和邻里关系等，一般低密度的住宅区具有正向的外部效应，在距市中心一定距离的空间地租不会减少，反而出现递增的趋势；二是居民对住宅的选择是有限制的，也就是说，住宅区位选择是一个离散过程，而并不是一个连续过程；三是通勤费用不一定是居住区位选择的首要因素，居民的收入和其他个人属性常常决定着住宅区的选择。

4.3　多部门企业区位决策

企业区位决策必须考虑到企业的性质、规模、产品特征、市场特征，以及企业的成长阶段、企业战略、企业竞争对手等诸多因素。区位决策理论是企业投资决策理论的一部分。在企业发展过程中，随着经营范围和规模的扩大，其内部结构也发生了诸多变化，多厂（部门）企业（公司）逐渐代替单厂（部门）企业。多部门企业（公司）区位具有与单部门企业区位不同的特点。

4.3.1　企业空间扩张决策与规律[①]

1. 企业扩张

企业生命周期中会出现企业成长阶段，表现为扩大再生产、企业资本规模扩大和资本使用效率提高。新建、扩建和改建是其扩张的重要表现。企业对外扩张的原因主要是规模经济、内部交易、技术优势和竞争激励。

(1) 追求规模经济效益。企业经营的成本分为固定成本和可变成本。在一定阶段内，固定成本不随产量变化而变化，而可变成本随产量变化而变化，但其变化并不随产量等比例增减。由此，在一定范围内，企业生产规模扩大，可带来单位生产成本的下降。这种随着规模扩大而带来的效益增加，即规模经济效益。

(2) 实现市场交易内部化，降低交易成本。为减少市场交易成本，企业可通过扩大经营范围，实现内部交易。企业进行两个或两个以上相互关联的活动，要比将这些活动由多个企业进行更有效率，从而实现范围经济。范围经济与规模经济不同，它是指由于企业经营范围扩大而获得的效率。实现内部交易能够减少市场风险，提高供应和市场确定性。

(3) 发挥技术优势。一些具有某种技术优势的企业，趋于在本领域内扩张，在更大规模内发挥其技术优势。一般来说，由于市场不完善，技术的价值很难在市场交易中充分实现。为此，具有技术优势的企业通过该技术在新并购企业内的使用，来获取较大收益。同时，进一步的技术开发需要大量投资，这种投资需要大规模的生产才能支持。

(4) 应对来自竞争的压力。企业之间的生存与发展的竞争十分激烈。为了生存，企业必须发展。因此，从积极的方面看，发展企业实力和提高市场地位，可为企业带来竞争优势和行业的支配地位；从防御的角度看，发展是使企业不被竞争对手击败，从而生存下去的有效手段。

除上述四个主要因素外，企业扩张还与管理者和企业行为有关。如企业扩张可为管理者带来成就感；大的公司规模使公司具有较强的实力和讨价还价的力量，易于从市场和金融机构融资；企业为降低风险实行多领域扩张等。此外，政府的支持也促进了企业的扩张。

企业扩张在战略上可分为一体化扩张和多样化扩张。

(1) 一体化扩张又可分为横向一体化（水平一体化）扩张和纵向一体化（垂直一体化）扩张。横向一体化扩张指处于价值链同一环节的竞争对手的合并，即企业现有生产活动的扩展，并由此导致现有产品市场份额的扩大。纵向一体化扩张指上下游厂商实施的并购行为，即企业向原生产活动的上游和下游生产阶段的扩展。该类扩张使企业通过内部的组织和交易方式将不同的生产阶段联结起来，实现交易内部化。纵向一体化扩张包括后向一体化扩张和前向一体化扩张。后向一体化扩张指企业介入原供应商的生产活动，前向一体化扩张指企业控制其原属客户公司的生产经营活动。实现这些扩张的方法

① 参见李小建主编：《经济地理学》，110～131页，北京，高等教育出版社，1999；邓宏兵主编：《区域经济学》，38～42页，北京，科学出版社，2008。

包括内部发展和外部发展（合并和合资等）。内部发展是现有企业（公司）通过新股票发放或自身资金积累，扩大现有生产规模，或建立新厂、新的部门、新的子公司等；合并是指一企业获取另一企业的资源且无人抗争的过程。如果被合并的企业进行抗争，则称此过程为兼并。公司通过横向一体化扩张打败竞争对手，达到市场垄断地位后，便会进入纵向一体化扩张，以占领其供应和市场领域。

（2）多样化扩张。多样化是一个意义广泛的概念，它可以涉及相关产品的活动，也可以涉及不相关产品的活动。由于横向一体化涉及同类产品的多样化，纵向一体化涉及相关但不同生产阶段产品的多样化，所以这里的多样化仅指不相关产品的多样化。多样化扩张是企业基于对市场风险和环境不确定因素的防范意识而进行的。具有多样化经营的公司，可以减少某种不可预测因素的冲击。此外，一些原生产产品市场需求的下降，会促使公司寻求多样化机会，以充分利用其生产能力。而当某种产品市场需求旺盛时，也会诱发新的公司介入此类生产活动。企业规模增加到一定程度时，多样化扩张对企业充分利用各地优势、降低生产成本、扩大盈利起着重要作用。

2. 企业空间扩张决策

企业在扩张过程中会出现企业的地域空间扩展。其空间扩张决策除了受企业经济活动的特点和技术经济目标的影响外，还受到竞争力量、市场容量、政府调控和区域政策、特定地点经济状况和文化习俗等因素的影响。不同增长形式的空间扩张有所不同。内部增长带来的空间扩张通常选择就近布局。外部增长通常采取并购原来已经存在的工厂（公司），形成多区位的布局。不少研究强调这种被吞并（合并）企业的区位也具有从其中心区位向外不断扩张的特点。

迪肯（Dicken）等人总结多人的研究成果，将企业的空间扩张分为三个阶段。第一阶段：企业形式十分简单，生产单一产品，只有一个工厂，组织功能单一，仅管理一个工厂的生产，没有战略、管理和日常运作的决策等级划分。该类组织适于中小企业。第二阶段：随着企业生产规模和地理分布范围的扩展，引起组织的劳动分工。一些承担特殊功能的专业化部门建立起来，这些功能的专门化，以及不同区位的工厂的建立，需要更大程度的中央控制。由此，分离出公司总部，进行公司总体政策规划，协调其他组织单元的活动。该阶段企业空间格局特点是不同功能部分在空间上的分工。第三阶段：随着企业的增大，企业生产活动走向多样化。这时组织结构发生相应的变化，形成多分部结构。与按功能组织的公司结构不同，这类公司以不同的分部为结构的基本框架，每一个分部负责一种产品生产，存在于特定的市场、技术和政策环境条件之中。与此相对应，公司组织结构上产生三个等级：高层管理、战略决策，控制、协调和管理决策，企业日常运作管理。在地理分布上，各分部自成生产和销售系统，使得这种类型组织结构变得更加扩散。许多跨国公司和全球性公司便具有此种结构。这三个阶段较好地概括了企业组织结构逐步复杂、生产功能逐步多样化、地理范围逐步扩展的过程。

3. 企业空间扩张规律

企业空间扩张是一种经济现象，遵循社会经济现象地理扩散的一般规律；企业空间

扩张又是一个组织行为，这种行为受制于组织的决策行为、组织内外部网络和发展战略。这两种作用力共同作用于企业空间扩张过程中。

哈格斯特朗（Hagerstrand）及其以后学者的研究表明，在源地和扩散地的关系上，最为常见的是接触扩散，即地理扩散过程是由近及远进行的。另一种扩散规律是等级扩散，即经济或社会现象的扩张是沿着一定等级规模的地理区域进行的。这种扩散过程并不一定按地理邻近性，而是按区域（或城市）的重要等级跳跃式扩散的。这两条规律是社会经济现象地理扩散的基本规律。

企业的空间扩张基本也遵循以上两条规律。企业的销售区扩大、新建工厂以及并购活动发生的区位也具有接触扩散和等级扩散的特点。接触扩散在企业空间扩张中较为常见。尤其在各地社会经济条件差别不大的情况下，企业常常就近扩大市场，进而建立生产机构。这种扩散在服务企业中表现得更为典型。企业等级扩张常按市场规模，首先进入最大的市场（都市区），接着进入次大市场，并以此类推。扩张不考虑这些市场的距离是否邻近。实际上，等级扩张是企业为应对环境（社会经济条件）区域差别所采取的对策。

4.3.2 公司组织结构类型及其区位决策

公司组织结构可归纳为以下几种基本类型：职能部结构、产品部结构、区域部结构、顾客部结构、矩阵结构。

1. 职能部结构

职能部结构即按照专业化功能进行部门划分的公司结构。在该类公司内，各部门具有不同的功能，公司的所有同类功能均集中于一个部门之内。如工业公司内，可分为生产制造部、市场营销部、财务部、研究与开发部、人事部等。各部门分工明确、职责分明。一般情况下，生产产品领域相对狭窄的公司，多采用此种类型的组织结构。

2. 产品部结构

该类公司按生产产品的不同来进行部门划分，如汽车工业公司中，可按小汽车、卡车、大客车、农用机械等划分为相应的分部。该类公司的管理相对较为分散化。尽管公司总部有一些管理人员负责全公司的管理，并为每一个分部提供一定帮助，但是，每个分部具有自己的功能类管理人员。产品部结构多出现在生产产品领域较广的公司。

3. 区域部结构

区域部结构按照区域（生产设施区位或顾客区位）进行部门划分。也就是说，该类公司下属分部以区域为单位，而与功能产品无关。公司内所有在一定区域范围内发生的活动（包括购买、出售或生产的各种货物或劳务），均为相应的该区域公司的分部所管理。该类结构多出现在生产的产品和服务市场区域较小的公司，如石油公司、银行等。

4. 顾客部结构

有一些公司根据其顾客类别进行分部划分，即每一个分部服务一类顾客，并不考虑这些顾客的区位。这类公司的结构即顾客部结构。例如有的商业银行分为个人信贷、公司信贷、信托部，分别处理各类顾客的相关事务。

5. 矩阵结构

矩阵结构即联合采用以上两种或两种以上的结构类型。由于以上四种结构各有长处，也各有弊端，有些公司将两种以上结构类型合并采用，以分别利用各自的优势。如有些公司在区域部结构之下采用功能部结构，也有的公司在区域部结构之下采用产品部结构。

前三种类型公司组织结构的空间特征不同。职能部结构公司空间结构相对比较集中。产品部结构公司要比职能部结构明显分散。区域部结构的公司空间结构比产品部结构的公司更为分散。另外两种类型中，顾客部结构无区域特征，矩阵结构为其他结构的叠加，空间特征比较复杂。

4.4 跨国公司区位

跨国公司是多区位公司的一种特殊类型。通常将跨国公司定义为在两个以上国家（包括公司母国）具有生产或实际性经营活动的公司。对外直接投资（FDI）是一种企业（跨国企业）行为。跨国企业对外直接投资中的区位选择可以认为是跨国企业为追求企业战略实现，在全球范围内组织、发展生产与销售等经营行为活动，寻找能够将自身优势同外国的要素投入有机地结合起来的外国地区（点）。

4.4.1 跨国直接投资原因①

分析跨国直接投资区位，首先要了解跨国投资的原因。众多学者提出不同的理论来解释公司跨国直接投资的原因，主要有麦克杜格尔的资本流动理论模式，弗农的产品周期理论，海默（S. Hymer）的垄断优势理论，海雷那尔（G. K. Helleiner）的企业内国际分工理论，邓宁（John H. Dunning）的折中理论，巴克利和卡森（M. C. Casson）提出、拉格曼（A. M. Rugman）进一步深化的国际生产内部化理论，以及小岛清的比较优势理论等。下面我们简单介绍目前引用较多的几种理论。

① 参见邓宏兵主编：《区域经济学》，42～50页，北京，科学出版社，2008。

1. 海默的垄断优势理论

1960 年，海默的博士论文《民族企业的国际经营：FDI 研究》在理论上开创了以 FDI 为研究对象的崭新的研究领域，标志着 FDI 理论的诞生。该理论认为，对外直接投资是市场不完全和寡头垄断的产物，是拥有某些垄断优势的大企业为追求控制不完全市场而采取的一种行为方式。现实中绝大多数市场是不完全竞争的，正是这种市场不完全造成的垄断优势构成了国际企业对外直接投资的决定因素。对外直接投资的实质乃是培植、拓展和充分利用跨国公司总部所享有的特定垄断优势，以谋取高额利润。这种垄断优势可以分为两类：一是包括生产技术、管理技能、营销能力等所有无形资产在内的知识资产优势；二是企业凭借规模巨大产生的规模经济优势。海默还指出，跨国公司选择对外直接投资而不采用产品出口，是由于贸易关税和运输成本的限制，产品出口在许多情况下不理想。跨国公司之所以不选择特许转让方式出售其知识资产是因为缺乏一个完善的市场来交易此类专门知识。

2. 弗农的产品生命周期理论

美国哈佛大学商学院教授雷蒙德·弗农于 1966 年发表《产品周期中的国际投资和国际贸易》一文，提出了国际产品生命周期理论。弗农认为，垄断优势理论并没有彻底说明跨国公司需要通过 FDI 而不是通过产品出口和技术转让来获取利润的根本原因。他指出，国际产品生命周期的发展规律决定了企业为占领国外市场而进行对外投资。由于世界各国在科技进步及经济发展水平等方面的差异，同一产品在各国开发生产、销售和消费上存在时间差异，这种时间差异就是国际产品生命周期。弗农把产品发展分为三个阶段：新产品阶段、成熟产品阶段和标准化产品阶段（见图 4—14)。然后，把这些阶段与企业的区位选择联系起来分析。在新产品阶段，需要较高的科学技术水平（保证新产品开发)、良好的通信接触条件（联络消费者与生产者）以及较高的消费水平（提出对新产品的需求)。这些要求使得新产品的发明和生产出现在主要发达工业国。随着市场需求的增加，生产在主要工业国增长的同时，也开始在其他发达国家进行。但生产仍集中于主要工业国，产品通过出口供应他国市场。在成熟产品阶段，产品的设计和生产已经实现部分标准化，无须进行较大变化。这使得用已有技术从事长期生产成为可能。企业开始更多地关注生产成本，会在出口和投资他国生产之间进行利润权衡。当出口商品的边际生产成本加上运输成本大于在当地直接生产的平均生产成本时，企业便会选择直接投资。由于在该阶段产品的市场主要在发达国家，因而其直接投资的对象以发达国家为主。在标准化产品阶段，产品完全定型，生产技术标准化，生产区位的选择便以生产成本最低点为准则。此时，产品的市场也扩延至发展中国家。在这种情况下，企业趋于把生产和装配业务转移到劳动力成本低的发展中国家，并在这些国家进行专业化生产。产品生产区位转移的结果，使得初始发明此产品的国家变为该产品的进口国。

弗农的理论，综合考虑了在此之前企业的内部交易理论和相关的区位理论，较好地解释了战后初期美国在欧洲的投资扩展。但是，该理论在规划企业未来投资国别，以及说明跨国公司为其总体利益而实行全球化战略时，便不能令人满意了。

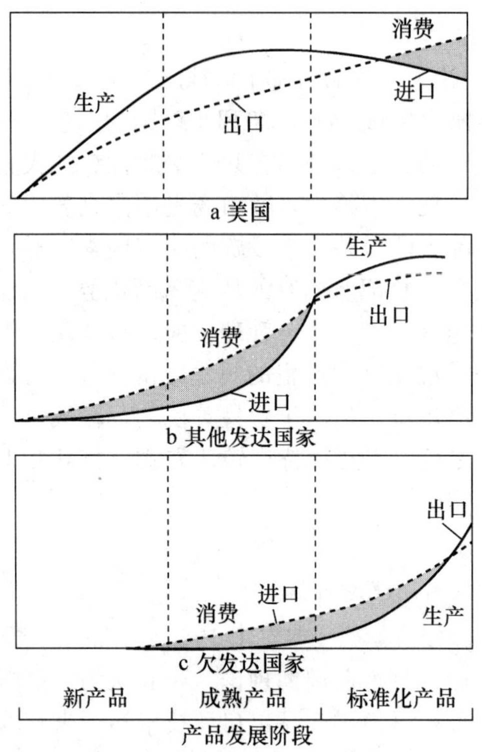

图 4—14 国际产品生命周期模式

3. 邓宁的折中理论

英国经济学家邓宁于 1977 年在题为《贸易、经济活动的区位与多国企业：折中方法探索》的论文中提出了国际生产折中理论。其基本观点是：

（1）企业的所有权优势。相对于其他国家的企业来说，跨国投资企业应该拥有服务特定市场的净所有权优势。这些优势主要表现为拥有无形资产、协调或降低风险优势。如跨国公司的技术优势、管理优势、规模或垄断优势、品牌优势、融资能力优势等。在一段时间内，这些优势应为相关跨国公司所独有。

（2）内部化优势。在已经满足第一个条件的情况下，拥有以上优势的企业还必须自己利用这些优势直接投资。这些利益的实现可通过现有的价值链或者建立新的生产经营机构（新的价值链）来实现。这种通过公司内部交易而获取的优势，被称为内部化优势。

（3）区位优势。假若已经满足以上两个条件，那么拥有这两项优势的企业必须从全球利益考虑，将这些优势的利用与国外优势的生产要素投入（包括自然资源）相结合，充分利用世界其他国家的要素优势。实际上，世界各国生产要素的（劳动力、自然资源、土地等）差别显著。各国的政治环境、政策、社会因素、市场等与公司经营有关的条件有很大不同。这些均构成国家的区位优势。

综上所述，当一个企业仅仅拥有所有权优势时，它可将其优势转让给其他企业以获取收益；当一个企业拥有所有权优势并在企业内部利用这种优势时，它可以通过产品出口获取收益；只有当企业内部利用所拥有的所有权优势，并充分利用世界各国的区位优势时，对外直接投资才会发生。

4. 小岛清的比较优势理论

日本一桥大学教授小岛清于1978年在其代表作《对外直接投资》一书中阐明了他的比较优势理论。他在分析和总结垄断优势理论的基础上，结合日本具体情况，提出了以比较利益为中心的FDI理论。这个理论突出了以下三点：(1) 摒弃了“市场不完全竞争”的论点，提出了从日本宏观经济利益出发发展对外直接投资的论点。要求从本国具体情况出发，强调对资本输出国和资本输入国的比较成本（利益），必须给予同等重视，并据以制定对外直接投资的策略，从而使东道国乐于接受日本的投资。(2) 摒弃了“垄断优势”的论点，提出了维护比较优势的论点。(3) 摒弃了“贸易替代型”的论点，提出了与贸易导向并行不悖的FDI理论。

4.4.2 跨国投资的区位选择

对于跨国企业的区位选择来讲，其过程一般由以下三个阶段构成。第一阶段，选择市场（选择目标市场）阶段。决策者主要考虑将企业配置在世界上的哪一个市场区，地域面积是大尺度、全球区域性或国家水平。第二阶段，选择区域（在第一阶段选定的市场内，确定有生产或销售竞争力的合理地区范围）阶段。这一区域可以是与上述市场区域等同，或者是其中的一部分地域。第三阶段，选择地点（在上述区域范围内选择地点）阶段。落实企业的具体区位。

1. 跨国投资的国别选择

跨国投资的国别选择主要是受利益驱动做出的投资区位选择。具体而言，成本、市场和要素投入在决定其跨国投资国别选择的决策上有重要影响。

根据区位论成本学派的观点，生产成本最低的区位为企业所追求的最佳区位。跨国公司在全球范围内寻找成本最低区位。当他国生产成本明显低于本国时，便会倾向于在这些国家投资。根据区位论市场学派观点，市场区是企业能否赢利甚至能否存在下去的关键。可以服务较大市场的区位，成为企业追求的最佳区位。这一原则，也可用于国际尺度上。除了成本和利润目标之外，跨国公司作为一个生产组织系统，为了公司的整体利益，还会从占领市场、获得资源储备以及形成企业竞争优势等战略上考虑，有时公司会在战略重点区位投资建立相应的生产或经营机构。这些战略重点区位，并不一定符合以上成本最低或者利润最大区位选择原则。

2. 跨国投资的地点选择

跨国公司投资区位与国内企业投资区位有一定差别。跨国公司在区位选择时受区域政策的影响更明显，并出现一定的区位集中。外国直接投资区位，一般集中在经济发达地区、边界地区和文化社会关系密切地区。

（1）经济发达地区。经济发达地区多为信息通畅、基础设施完备、政府管理水平高和各类经济活动集聚区，而经济欠发达地区则在基础设施、政府管理等方面较为落后。跨国投资者为减少因对投资地情况不了解所带来的风险和成本，多选择经济发达地区。

（2）边界地区。在边界地区，由于相邻两国（地区）的交往较多，彼此容易了解，投资者掌握的相关信息较多，有利于投资者控制风险和降低成本，因此成为投资区位的首选。此外，在发展中国家，政府在边界地区（或沿海地区）建立“经济特区”、“出口加工区”等，并给予较优惠的政策吸引外资，更加强了边界地区的吸引力。

（3）文化社会关系密切地区。语言和文化习惯相同，可以减少了解信息的障碍，加强投资者与当地各有关方面的沟通；了解当地的习惯、法律等，也利于避免劳资冲突。尤其当投资者与投资地具有密切的个人关系（如亲属关系）时，这些投资地更易于被投资者所选择。比如，日本与夏威夷联系密切促进了日本在此地的投资，英国对海外的投资中，其原殖民地（如澳大利亚、印度）占有重要地位。

4.4.3 跨国公司不同组成部分的区位选择

随着跨国公司内部功能的分化，公司总部、区域总部、研究与开发（R&D）机构、生产单位等有不同的区位需求条件。

1. 公司总部的区位特征

公司总部的功能是制定影响公司发展方向的战略决策，其中，公司总部最为重要的功能之一就是资金控制。只有总部才能决定公司预算中不同组成单位的资金分配。公司总部还要代表公司与其他公司进行高层协商、谈判，与政府部门交涉，与金融市场接触。因此，公司总部对区位条件的要求包括：（1）便利的交通联系，以便主要决策者与相关人员之间有良好接触，掌握公司运营状况，及时发现问题、解决问题；（2）及时的信息获取，包括市场变化信息、竞争对手信息、相关国家主要政治决策信息等；（3）便于与关键人员随时接触，包括国家立法机构和政府有关机构的主要人员、其他大型公司首脑、金融机构（包括证券市场）的决策人员等。根据这些条件，公司总部趋于选择主要大都市区。因为大都市区具有以下三种优势：一是具有公司之间当面接触的可能性；二是提供了金融、法律、广告等方面服务的便捷性；三是具有与其他大都市的高度接近性。

2. 公司研究与开发机构的区位特征

R&D对公司发展起着十分重要的作用。当前公司间的竞争，在某种意义上，就是技术水平的竞争。具有创新能力的公司往往具有强大竞争力，并可获得较高的利润。大型跨国公司一般具有较强的技术开发能力，也十分注重在R&D上的投资。

R&D是一个复杂的运营过程。该过程可以分为三个阶段：第一阶段为研究阶段，通过市场营销，发现新产品（或者对原产品改进）信息；同时，通过应用科学研究，了解生产这种产品的技术可行性。第二阶段为研制阶段，根据第一阶段所获信息，对拟开发产品进行产品设计和产品开发。第三阶段为生产阶段，先对研制的产品进行样品生产，

然后根据市场需求进行修改并大规模生产和营销。在R&D活动的不同阶段，其对区位的需求不尽相同。但总的来说，R&D对区位条件的要求为：(1) 接近于科研机构（如大学、科研院所等）和贸易组织，以获取市场需求信息和科技支持；(2) 接近数量充足、高素质的劳动力（科学家、工程师、技工）供应地，以满足研究、开发和试制生产等对劳动力的需求；(3) 接近新产品的使用者，以便及时对样本及新产品的性能、消费者偏好提供反馈意见，并引导消费。

依据以上区位条件，公司的R&D机构的区位应该趋于大都市区和大科研集中区。由于R&D机构的区位条件与公司总部具有某种相似，R&D机构的在空间上也应倾向于公司总部所在地。一般大型跨国公司的母国更具备R&D机构的区位条件，故这些公司的R&D机构多集中于母国。

3. 公司生产单位的区位特征

一般地，公司生产单位分布远比公司总部和R&D机构分散。对公司生产单位的区位格局很难做出一般性概括。迪肯的研究抛开部门和公司差异，从一般工业公司总体生产组织的角度，抽象出四种生产单位区位格局特征。

(1) 全球集中生产型。这类公司将生产活动集中在一个区位（或一个区域、一个国家），通过销售网络，将产品销往世界各地市场。这种区位类型，受国际贸易政策的影响较大。如果国家间的贸易壁垒存在，国外销售便难以拓展。所以，在大型地区性集团（如东南亚联盟、英联邦等）之内，易于形成此种类型的公司生产格局。此外，在公司跨国发展的早期阶段，也会出现此种格局。

(2) 市场地生产型。该类公司在每一个市场地（国家）均建立了其生产厂家。这些生产厂家以服务各自的市场为主，无（或很少有）跨越国界的销售发生，属于典型的进口替代型生产。显然，这些厂家的生产规模受制于当地的市场规模。一般情况下，这些厂家的产品与母国相同。有些情况下，需要根据当地市场的环境进行一些修改。这种生产区位类型的形成，早期与运输成本因素有关。科学技术的发展使运输成本大大下降，但其他成本（如劳动力成本、土地等）仍有一定的区域差异。除了成本因素外，仍在不断增加的公司市场地生产区位格局，主要受另外两个因素影响：1) 在市场地建厂，可使产品及时根据当地消费者的偏好改变，还可为当地提供快速的售后服务；2) 多数国家之间的关税和非关税贸易壁垒仍然存在，在市场地建立生产单位可跨越贸易壁垒。

(3) 专业化生产型。该类型的公司具有多个生产区位（国家），每一区位集中生产一种产品，服务于区域或世界市场。这种公司类型是最近三四十年来伴随公司生产合理化调整所出现的一种新类型。这种类型的公司格局易于在贸易壁垒较小的大区域内形成，如欧洲共同体和北美自由贸易区等国际性区域内，货物和服务的贸易较为自由。

(4) 跨国横向一体化生产型。该类型的公司按生产过程在不同区位（国家）进行专业化生产，每一区位只负责最终产品的一个生产过程。公司在一个区位生产的产品，与当地市场毫无关系。一制造业工厂的产品，只是同一公司内另一个位于其他国家工厂的生产原材料（投入品）。而最终产品，也许要运往第三国市场或跨国公司的母国市场。这种公司生产单元空间格局类型是20世纪60年代中期以后才出现的，最早的是美国电子工业公司在东亚、东南亚、墨西哥建立其生产装配厂家以利用那里的廉价劳动力优势。20世纪60年代后期至70年代，公司的这种区位格局发展十分迅速。80年代以来，这些国家的跨国公司不断涌入中国内地建厂。跨国公司横向一体化的跨国生产活动多为发达国家（或新兴工业化国家）的劳动密集型产业，其生产过程已达到较高程度的标准化。此外，这种生产过程还可分离为独立的运营阶段，距离对运输成本影响不大。

4.5 新产业区与产业集群区位

4.5.1 新产业区与产业集群

新产业区与产业集群是世界范围内的重要经济现象。无论是发达国家还是发展中国家都出现了一些成功的产业集群的范例。

产业集群（有时被称为产业集聚或产业簇群）是产生集聚经济的表现形式，由相关联的产业为赢得竞争优势，通过协同定位在特定空间集聚形成，集聚的空间为新产业区。产业集聚作为一种经济现象是在市场力量的作用下自然出现的，例如，有1 400多年历史的景德镇就是一个陶瓷产业集群。工业化进行到一定阶段后产业集聚开始大量出现。

经济学家对产业集聚问题的关注有相当长的历史，形成了多种产业集聚理论。早在一个世纪之前，新古典经济学家马歇尔便阐述了存在外部经济与规模经济的条件下，产业集聚产生的经济动因。韦伯在分析单个产业的区位分布时，首先使用了“集聚因素”（agglomerative factors）这一概念，认为同类产品及其相关产品的生产越集中于某一区域，所有的生产要素越向这一区域集中，从而越有利于区域企业获得“外部经济”所带来的利益。胡佛在分析产业集聚现象时引入了“地方化经济”（localization economies）与“城市化经济”（urbanization economies）的概念，并强调了二者的区别。其后的一些经济学家从不同的角度对产业集聚问题进行了研究。例如，佩鲁主要从产业关联、外部性及最终引起的产业集聚影响到经济增长的角度，探讨了非均衡增长战略的状况，提出了增长极理论。增长极理论与产业集聚理论是紧密相关的，产业的地区性集中给产业结构调整与升级、经济增长带来了特殊效应，它会强化经济活动并相互影响，经济增长是通过生产的集聚及辐射作用带动的。迈克尔·E·波特（Michael E. Porter）则从企业竞争优势获得的角度对产业集聚现象进行了分析。他在1990年出版的《国家的竞争优势》一书中对加拿大、德国、法国、英国、意大利、日本、美国等国的产业集聚现象进行了研究，从企业竞争优势和创新能力的角度对这种现象进行了理论分析，并提出了“产业群”（industrial clusters）的概念。保罗·克鲁格曼则主要从经济地理的角度探讨了产业集聚的动因，认为贸易成本影响企业的区位选择，强调外部经济是与供求关系相联系的，而不是纯粹的技术溢出效应。

以上不同理论分别从不同的角度探讨了产业集聚这一现象的理论基础，指出了产业集聚发展的必然性，但是，对于如何定义产业集聚，并未形成一致概念。

一般认为，产业集聚是指特定领域内的关联企业、专业化供给企业、服务供应商、关联机构（大学、产业协会、中介机构等）集中于特定的区域，相互间既竞争又合作的一种状态，并形成区内企业之间以地方网络为基础的正式和非正式协作的产业体系。其基本含义为：产业集聚是一种发生在某一特定地理区域内的经济过程或现象；产业集聚是产业纵向、横向的一体化的区域集中，而不是单一企业的一体化发展；企业在空间上的局部集中有量的规定性，必须达到一定的数量才能产生外部规模经济；产业集聚具有产业属性和地理集中的特性，形成不同的产业集聚区。其基本特征是产业领域相对集中，产业集聚区内的企业是属于同一特定产业或具有直接上下游产业关联或具有其他密切联系的相关产业的企业；相关从业人员和人才集中；产业技术知识和市场信息集中；中间投入品和产成品相对集中；购买者意向集中；配套的服务组织（如研究开发、企业咨询、教育和职业培训、法律援助、资产评估以及金融、保险、广告策划、测试、维修保养等各种服务性组织或企业）和设施集中等。产业集聚是特定区域、同业交往、行业文化、产业技术和产业价值链等的集合，体现出集聚体内企业间的竞争与合作、信息交流和知识共享。

4.5.2 产业集群区位选择

随着生产力的发展和分工的细化，企业间的各种协作关系也越来越密切，企业空间布局集中所产生的集聚效应在给聚群中的企业带来外部收益的同时，也会促进产业的发展。在发达国家产业集群大量出现之后，目前产业集群的热潮主要出现在发展中国家。这表明，产业集群的发展与工业化进程有紧密联系。工业化的过程是第二产业迅速发展并占主导地位的过程，而第二产业中的制造业不仅有较长的产业链，而且具有一定的迂回生产的特点，形成产业间的前、后向关联和旁侧联系，这些特性决定了在制成品的生产过程中采用产业集聚方式能够提升制成品的竞争优势。所以，工业化进程促进了产业集群的发展，产业集群又推动了工业化进程，两者之间相辅相成。

对集群形成的区位选择有两种不同的观点。第一种观点（如杜能、早期的韦伯等）是把特定的工业区位模式看成预先注定的，其决定因素是地理禀赋、运输条件和企业本身的偏好等。在4.2.2中，我们已经了解了韦伯的工业区位论中集聚因子对企业区位选择的影响。韦伯将产业集聚归因于企业决策者将集聚所得的利益与因迁移追加的运输和劳动力成本进行比较后的结果。按这种观点，现存的工业区位模式就是以这些决定因素为约束条件的一个工业空间配置问题的唯一均衡解。所以，配置过程中出现的具体事件并不对最终的结果产生影响，即区位的历史不起作用。

第二种观点主要从一个国家或一个地区产业发展演化历史去分析产业集群区位。这种分析注重制度创新、企业组织变革或历史性事件。把工业的空间配置过程看成路径依赖的过程，即后来的配置依赖于先前的配置状况。按这种观点，地理上的差异仍然是重要的，但决定因素是所谓的集聚经济。由于某些偶然因素，最先建立的企业可能选择某个区位建厂，但后来的企业选择同一个区位建厂，原因是集聚经济而不是地理禀赋。这个过程的最终结果是许多企业群集于同一个区位。但是，这种空间配置过程的结果并不是唯一的，可以由于最先建立的企业的区位选择不同而形成不同的区位模式。克鲁格曼将最初的产业集聚归于一种历史的偶然，初始优势因路径依赖而被放大，从而产生锁定效应，所以集聚的产业和集聚的区位都具有历史依赖性。

应该说，在集群形成过程中区位选择的问题上，必然性和偶然性同时起作用。究竟哪个区位会成为产业集群的选择事先并不知道，它将受制于偶然的历史事件（体现在新生企业类型的随机性上）。不过，这里偶然性不再是唯一的因素，必然性（体现在地理禀赋上）也起着重要的作用。那些在地理上对更多种类型企业有吸引力的区位在初始阶段更可能被选中建厂，从而居于领先地位并最终垄断整个产业。所以，最终集群区位是必然性和偶然性同时作用而形成的。

4.6 案例分析

4.6.1 台州产业群成长的内生机制与学习路径的实证研究①

同类产品的生产企业在一定的空间范围内集聚是区域经济发展的重要特征。下面我们以台州产业群为例，对产业群的运作机制、结构特征、小企业集聚的内生机制与学习路径进行分析。

1. 台州产业群集聚机制

（1）台州产业群生成的动力机制。产业群生成的动力机制是市场机制和投资激励。

首先，关联企业可以降低区域内相关产品的交易成本。产业群能够诱导稳定的专业化供应商集群的形成。企业在空间上的集聚能够形成创造性思想及技术信息在区域内的非正式交流，一些学习型单位产生知识外溢，形成区域性的创新群。区域内学习型企业的经营经验、稳定的客户群也增加了区域内的投资机会，有利于规避投资风险和误区，从而降低了增量投资的市场风险，提高了投资的成功率和安全性。

其次，产业群的动力机制也表现为区域生产力的竞争机制和创新能力。区域性产业群的形成首先反映了区域产业组织具有柔性适应竞争的能力。区域竞争力表现为劳动生产力的效率，产业组织的变化是劳动力的组织形式变化的外在表现，在企业集聚的不同区域之间，就区域的经济活力和综合发展水平比较，生产力集聚规模较大的产业群明显优于其他劳动力集聚规模小的产业群，这说明产业群的形成和发展在很大程度上取决于劳动生产力的绩效，而区域生产力绩效的提高则是由区域内的竞争机制和创新机制决定

① 参见周霖：《区域产业群成长的内生机制与学习路径——以台州产业群为个案的实证研究》，载《中共浙江省委党校学报》，2004（4）。

的。因此，产业群形成的动力机制就体现在区域经济运行当中，表现为区域生产力的竞争机制和创新能力。

最后，吸收外部异质生产要素的能力。生产力的竞争不仅表现为劳动者的从业技能和区域社会群体的知识积累，还表现为吸引外部劳动力的积极性向产业群所处的区域集聚。对于由许多小企业组成的产业群，区域内不仅要有大规模投资激励来促进区域生产力的形成，还要有吸引其他区域的异质人力资源进入本地产业群，促进本区域竞争力的持续积累。在我们所关注的产业群中，发现普遍存在活跃的投资机制和外部高素质劳动力的集聚。区域生产力也体现在“产业群”收集相关的信息、组织公共资源的可持续发展方面。

(2) 知识集聚对产业群扩张的影响。在资源主导的产业发展阶段，产业的优势是由所处区位、生产活动所需资源以及运输成本决定的。在资金主导的发展阶段，企业的市场优势区位是由土地和劳动力价格决定的。在知识主导的发展阶段，企业的市场优势是由创造型人才和产业组织的创新机制决定的。

在产业群中，企业的集聚规模是由资金规模决定的知识结构决定的。知识结构与产业群的空间分布成正相关，知识结构越高，产业群在空间上的跨度越大，产品的结构和管理模式同构程度越低。在自由市场条件下，小企业以一定的数量形成规模集聚可以替代产业和产品所要求的规模效应，产业群中小企业集聚体现的是行业的内部规模要求与小企业的外部规模效应，小企业的内部规模不经济是以小企业产业群集聚的形式获得外部性规模效应来替代的，知识结构则决定了外部规模在空间上的边界。

以眼镜产业群与缝纫设备产业群为例。杜桥眼镜制造业在杜桥镇集聚了460多家生产企业，8万～10万元的投资就可以办一个小型眼镜加工厂，几乎没有技术、资金和设备门槛，企业的知识结构几无差别，企业的规模扩张主要依靠企业管理者的市场拓展能力。由于这类产业群的技术结构偏低，企业在生产产品过程中没有技术差异，只有在开拓销售市场的技术方面存在差异，产业群对当地产业结构升级和转换的速度较慢。台州缝纫设备产业群主要集中在椒江和路桥，有390多个企业，飞跃、宝石、中捷、杰克、大洋、通宇等6家企业进入全国服装机械制造行业10强行列，其中飞跃、中捷已经进入全国前四强行列，十多家企业拥有自己开发的专利技术。光机电一体化的多功能家用缝纫机、自动控制平缝机等产品质量接近国际先进水平，部分产品填补了国内空白。这个产业群使台州成为国内缝纫设备的生产和出口基地。

产业群内企业之间的专业化生产和协作也是由技术结构决定的，技术结构决定产业群内部分工协作的深度和范围。当外部可获得的要素如劳动力和土地等价格处于同一条件、生产技术结构比较简单、管理者的知识结构相近时，企业在生产环节方面几乎找不到彼此进行生产协作活动的需求。规模较大的企业既没有对小规模企业产生协作的要求，也没有在技术结构中为小规模生产企业提供技术支持的协作行为。

而在技术结构较高的产业群，如台州的车辆制造产业群中，与56家整车生产企业配套的2 250多家小企业有较强烈的协作生产要求。为钱江摩托集团配套生产零配件的企业分布在温岭、黄岩、路桥、玉环和椒江，空间跨度涉及台州南部区域1 000多家生产单位，其中在椒江的橡胶件生产企业，除橡胶原料由区域外部供给外，生产机械可从路桥市场获得。与杜桥的眼镜产业群所使用的简单劳动力相比，台州车辆制造业产业群中，产业群在劳动力专业化程度、资金规模和知识结构方面也表现出了较高的协作性。

(3) 民间金融活动轨迹与产业群的集聚边界。产业群的形成和扩张必须有相应的资金增量，增量资金在空间上的集聚以及增量资金转化为生产资金的路径都影响着产业群的成长过程。台州的产业群集聚的一个重要的基础就是以亲缘和乡缘为信用基础、运作有效的民间金融市场。长期以来，国家金融机构很难满足民营企业对金融服务的需求。台州民间金融活跃，小企业的成长与民间金融的活跃程度直接相关，以“会”为筹集资金的形式，筹集的资金用以投资小企业。在民间金融支持下，台州小企业的生产资金来源广泛，投资活动比较活跃，从而使台州小企业的金融活动一直游离于国有金融体系之外。

台州大量小企业的创业资金需求在 10 万～30 万元。温岭大溪镇的塑料生产企业绝大多数是家庭企业，其创业所需的厂房是自己的私房、1～2 台注塑机，固定资本的投资规模为 20 万元左右。大溪镇翁岙村是以生产农用小泵、排风扇和小型鼓风机为主的专业村，全村 400 多户人家，有 140 多户从事水泵、排风扇及其配件的生产，据估算，该村内部民间金融信用活动的总规模超过 3 000 万，其中家庭工厂相互借贷形成的信用规模近 2 800 万元，占翁岙村金融市场总规模的 93%。区域内小企业要获得资金来源首先选择以亲缘和乡缘作为信用基础的民间金融，因为民间金融能够快速适应当地产业群的发展需求，而这种亲缘和乡缘在空间上的边界就是传统乡村的社区认同。

由于区域内亲缘和乡缘具有不可替代性，在亲缘和乡缘基础上不仅更能够产生不可替代的集聚力，还能产生比一般的社会关系更安全的信用基础，这种信用基础支持了民间金融的有效运作。台州产业群的产生一方面是由于民间业活跃，同时亲缘与乡缘的信用效应放大了资金的集聚与流动效应，进一步增强了产业群与亲缘和乡缘之间的紧密联系，这是台州民营经济中的本地化特征。

(4) 产业群要素集聚的社会基础。小规模企业首先以家庭为单位开展生产活动，亲缘和通婚圈是企业生产活动的范围。在小企业集聚的地区，民间金融非常活跃，但所筹集的资金的渠道和资金量局限于家庭范围，这就决定了企业发展的初始阶段只能是家庭式的小生产组织，即“家庭工厂”。家庭工厂没有形成规模的边际效益，但扩张了区域经济活动。

乡缘不仅在筹资方面为产业群提供条件，而且为产业群提供了规避风险和投资退出的条件。在同一产业群中，小企业的资金结构、市场结构和管理技术是同质的，如果业主需要交换所拥有的存量产权，在这样的产业群中比较容易找到接受者。产权交易是经济领域竞争所致，是经济市场化成熟的表征之一。产业群中的同质资产产权交易也说明，以亲缘和乡缘为基础的产业群，产权也具有流动性，交易的成本较低，这是不同行业之间的非同质资产相比所不能达到的。产业群中更低的交易成本和更强的资产流动性是产业群中维系企业相生共存的重要纽带之一。

产权的交换更多是发生在规模相当、技术结构相当的企业之间，亲缘和乡缘关系的亲疏也是选择产权交易对象与交易成功的重要参数。在产业群内部产权交易的资金路径和对象选择中，不仅市场原则会对要素的集聚和流动产生影响，而且社会与人文原则也会在经济生活中对经济要素的集聚产生影响，并且使得经济活动表现得更加生动而具体、经济与人文的关系更加紧密而复杂，同时亲缘与乡缘关系也限制了选择产权交易对象的范围。

2. 产业群的市场职能与经济绩效

产业群的本质是专业化，这种专业化的产业群包括生产型产业群和流转型产业群。生产型产业群是制造商集群，集聚取向选择在要素供给成本较低的区域，特别是在资金流动活跃和劳动力成本较低的乡镇，形成较多的制造产业群。流转型产业群是批发商集群，从事商品流转的批发集聚而成的批发市场集聚在一定的区域，集聚的导向是市场信息来源集中、产销需求集中度高、交易成本低。台州是生产型产业群和流转型产业群均比较典型的区域。路桥是传统工商集镇，民间创业活跃，形成了生产型产业群与流转型产业群并存的产业格局，形成了塑料制品、模具制造、摩托车配件和节日灯等类企业的集聚地，同时路桥城区还集聚了包括中国日用品商城、路桥小商品市场、路桥机电五金、中国建筑装饰城等在内的77个交易市场，是典型的专业市场群。专业市场群中的专业经销户的经营规范和模式，不仅是专业制造的延续，也是大量同质要素的集聚，属于流转型产业群。

（1）生产型产业群的形成路径与市场绩效。生产型产业群是制造类企业的集聚形式。台州生产型产业群有两种形成路径：一种路径是以原国有制企业为母体，技术骨干和业务骨干从原国有企业中分离出来，把所掌握的技术和业务资源转入自己创办的企业；另一路径是国有企业的经营信息外溢，诱致生产同类产品民营企业的生成。

计划体制的低效率和外部市场因素的成长，诱使部分国有企业的职工离开原企业，筹集资金办企业，利用在原企业所掌握的市场、技术和管理信息，生产与原企业同类的产品。这种企业一般都集聚在原企业母体的周围，形成的产业群在台州具有代表性，如黄岩的精细化工企业群的母体是原黄岩化工厂，椒江小型真空泵企业群的母体是浙江真空设备公司，椒江橡胶企业群的母体是浙江海门橡胶密封件厂，台州的化学原料药产业群也是这种途径衍生出来的。生产原临海化工厂的产品所需的最低资金规模很小，只要有2～3户人家的财力就能创办一个小型化工厂，而且技术要求也不高，因而临海出现了一批生产化学原料药的企业，其中华海药业集团的高管层和技术骨干中的相当部分来自原临海化工厂。企业群的形成是市场行为对计划体制的低效率生产的替代。

生产型产业群形成的另一路径是原国有企业的经营信息外溢，民间资金进入国有企业产品的同一领域，这种产业群获得的市场信息来自外地国有企业，在当地没有可供示范的生产技术。这类企业的创办者与国有企业有业务或技术联系，他们利用掌握的业务或技术联系，自己投资并组织生产，所生产的产品向外地的国有企业供货。国有企业提供的投资机会和市场信息，给台州有投资能力的人提供了“搭便车”的机会，导致同类生产规模的企业进入同一生产领域，这种产业群以外地国有企业为合作对象，生产中间产品，形成了小企业不能形成的外部规模。这类产业群在台州有玉环阀门产业群、汽车配件产业群、橡胶企业群等。

在台州区域内集聚的生产型产业群有100多个。这类产业群的特点是：每个产业群当中都有若干个在行业中居领先地位的优秀企业，在生产技术方面起示范作用，其他生产同类产品的企业与其构成一个产业群。

以规模较大的企业在台州区域内集聚的产业群有医药化工产业群、缝纫设备产业群、车辆制造产业群。这类行业进入的资金门槛较高，如对资金规模、技术运用、管理水平、销售网络等方面都有较高的要求，企业对销售类专业市场的依赖程度较低，与产品销售合作伙伴维持比较稳定的联系，特别重视维持企业在所处行业中的地位和已经形成的竞争优势，但同类产品的生产企业在生产技术、销售网络方面往往避开在同一产品上的竞争，走独自发展的道路。

（2）流转型产业群专业市场的形成路径与扩张效能。流转型产业群有原料型专业市场和成品销售专业市场。台州的专业市场主要集中在台州南部。1990 年台州有各类工业品专业市场 82 个、废旧工业品专业市场 23 个。2000 年台州有 580 多个现货交易市场，总成交额 475 亿元，其中台州南部有各类市场 370 多个，占台州区域市场总数的 64%，成交额占台州区域成交额的 92%；北部地区有 210 个，其中 95 个集中在临海市，成交额 33.4 亿元。在 585 个市场中，生产资料市场 108 个，其中南部 77 个。台州南部的专业市场与专业生产联系紧密。

流转型专业市场群包括消费品专业市场和生产资料专业市场。以路桥为中心，在半径 20 公里的范围内集聚了 260 多个专业市场，构成了一个庞大的专业市场群。其中消费品专业市场以中国日用品商城、路桥小商品城、路桥东南副食品批发市场、泽国鞋革专业市场、杜桥眼镜市场等市场为核心，生产资料专业市场有中国建筑装饰城、浙江物资调剂市场、路桥机电五金城、化工原料市场、汽车—摩托车配件专业市场等。

台州工业资源极度贫乏，生产资料的供给长期不足，在工业化初始阶段，以供给生产资料为市场职能的专业市场应运而生，如物资调剂市场群是由路桥至峰江 2.5 公里的 104 国道沿线的机械设备市场、电动机市场、变速箱市场、有色金属市场、电器拆解分市场、矽钢片市场、再生资源分市场等市场集聚形成的，以拆解废旧电机、变压器等为主，形成以经营废钢铁、有色金属、机床、电动机、发电机、变速箱、卷扬机等机械设备为主的专业市场，货源来自全国各地及日本、美国、俄罗斯和欧洲等国，年吞吐废旧金属达 100 多万吨，主要满足台州、温州和金华等地的企业生产所需。专业市场群为台州的制造企业提供了生产资料，并与制造业产业群结合形成协作体系，在专业化生产区域形成较强的集聚力。

路桥有工商部门登记的专业市场 77 个，其中消费品市场 53 个，生产资料专业市场 23 个，2000 年市场贸易成交额达 223.14 亿元。专业市场分消费品、生产品市场，工业品、农副产品、生产资料、要素市场同步发展，商品流向全国 20 多个省、市、自治区，并通过边境贸易进入俄罗斯和东南亚国家。围绕专业市场，路桥有 130 多家托联运中心，货运车辆为 1 280 多辆，每日发往全国各地班车 180 多次。

泽国镇是工业企业和专业市场密集的工商重镇，与路桥同属于台州南部的制造、集贸中心镇，两地工商业联系紧密，经济活动互为一体。2000 年，泽国有工业企业 3 280 多家，以生产汽车—摩托车配件、鞋革箱包、五金机械、电器配件、空压机等产品为主，年产值 36.41 亿元，其中年销售收入在 500 万元以上的工业企业 130 多家，年销售收入在 1 000 万元以上的工业企业 30 多家。在 20 世纪 70 年代初，泽国镇一带出现大量家庭工业制造补鞋机，旧电器和废旧钢材交易应运而生，从业 100 多人。泽国镇 1981 年有 9 个专业市场，2000 年有专业市场 25 个，年成交额 40 亿元，其中成交额超过亿元的交易市场 11 个。

专业市场中经营户的集聚也可以理解为产业群的形式，这种集聚在表面上看来是一生产型产业群的协作，实质上是对生产型扩张过程的另一种替代，市场经营活动集聚的经济动因是区域内商户为追求低成本和竞争力，以个体集聚经营实现规模效益，实现经济总量的扩张。

3. 台州产业群与区域经济增长

生产类产业群的内生动力是市场机制和投资激励。台州工业化的强大动力之一是改革开放初期国内市场对初级日用工业品旺盛的需求，台州民间资金因此进入工业领域。在市场机制作用下家庭工厂大量涌现，模仿使产品生产集中在相近领域。大量的生产同类品的小型加工企业在区域内集聚形成产业群，在市场化条件下实现了区域经济增长和区域竞争力形成。

(1) 台州产业群对区域经济的市场绩效。产业群中的小企业内部规模效益不充分，而市场竞争又需要规模效应，专业市场应运而生。专业市场在引导经济要素集聚并产生规模效应，从协作体系方面替代了单个小企业规模不经济，实现了经济市场化中专业化生产所需的规模效应。

20世纪80年代初，杜桥人开始贩卖温州生产的眼镜，90年代初开始在本地生产眼镜。现在杜桥有3万多人在全国从事眼镜贩销。在杜桥，8万～10万元就可以办一个生产眼镜的小厂，家庭规模也可以生产眼镜，全镇现有各类眼镜生产企业及相关企业450多家，从业人数近万人，实现工业产值12亿多元，占杜桥全镇工业总产值的31%，上缴税金1 528万元，出口创汇1.5亿元，成为全国四大眼镜生产基地之一。

由于杜桥眼镜产业的发展，周边乡镇也直接模仿杜桥从事生产和销售眼镜，使椒江北岸成为台州眼镜生产企业集聚的产业群。眼镜业的发展推动了杜桥相关行业的发展和城镇化进程，杜桥镇开始向小城市方向发展，在所在区域产生了强大的集聚力和辐射力，成为工业化和城市化的增长极。

台州另一个眼镜产业群位于玉环的陈屿，这里专业生产眼镜金属配件，产品占国内眼镜配件市场的30%左右。这个眼镜配件产业群源于广东东莞眼镜制造业，所生产眼镜配件向温州、东莞、台湾地区和欧洲厂商提供中高档眼镜配件。大麦屿眼镜产业群没有专业市场的支持，而是受到外部区域产业梯度转移的影响，特别是受到由于外部劳动力成本的提高导致的产业转移的影响。经济增长与生产型产业群和流转型产业群同步增长，体现了内生动力和集聚为特征的经济发展模式，这种模式准确地反映了台州工业化和经济市场化的发展轨迹。

(2) 台州产业群的外部市场绩效分析。从20世纪90年代中期开始，台州产品出现外向发展趋势，特别是铜球阀、工艺品、缝纫机、鞋类、车辆及配件、节日灯、医药化工等外贸出口增长很快，并在市场竞争中形成了较强的竞争力。产业群对区域经济增长的作用不仅表现在量的扩张过程中，还表现在产业群在进入国外市场时有较好的扩张力。

我们选择台州有影响力产业群的出口货值与GDP中的第二产业数值进行回归分析，发现产业群的外向发展趋势非常显著，对区域经济增长的关联性很强，这说明台州产业群自觉地参与全球分工，产业群是“全球化下的本地化”。根据1990—2000年GDP中第

二产业数值与7个产业群历年出口值。求得相关系数$R=0.951$，显著水平（Sig)为0，二者的回归方程为

$$Y=59.64 + 0.86 \times R \times X=0.905$$

式中，Y为台州7个产业群的出口产品货值；X为台州GDP中第二产业数值。

在这个相关模型中，台州工业的成长在很长一段时间内推动了外贸出口的增长。在这个模型中，台州工业的增长中有相当部分台州产业群的贡献，同时，工业化的深入也推动了产业群的外向发展。由于数据为逐年数据，所以样本选择为完全样本，不存在样本的代表性问题。计算所得$R=0.951$，这一相关系数值显示两组数值之间为强相关。这证明了台州的产业群在市场拓展中既实现了自身的发展，又进一步推动了产业群的外向发展。

产业群的外向发展趋势有一定的普遍性。温州的低压电器、烟具、眼镜等产业群，义乌的中国小商品城，绍兴中国轻纺城，台州中国日用品商城，永康中国科技五金城等都产生了强烈的外向发展趋势。产业群的外向发展使产业群在更广泛的范围选择市场结构，这不仅是区域经济发展的转型过程，更是产业群自身的转型发展过程。

4.6.2 美国加州产业集群发展的经验①

20世纪90年代以来，随着美国新经济的诞生和迅猛发展，加州经济顺势调整，迅速形成了四大集群产业经济区，即以航空制造、娱乐和电子通信业为主的南加州经济区，以软件、多媒体和互联网服务业为主的旧金山海湾经济区，以高产农业为主的中央流域经济区，以高科技制造、计算机服务业为主的萨克拉门托经济区。这四大经济区特色鲜明、自成体系，具有极强的产业竞争能力，有的集群产业已成为世界瞩目的发展典范，如南加州的航空制造业、海湾经济区圣塔克拉拉的硅谷软件业、中央流域的葡萄酒制造业等。

集群产业在加州经济发展中扮演着不可替代的角色。第一是推动经济增长。加州的软件业，是全美乃至全球软件业的先导，仅硅谷所在的圣塔克拉拉县，就拥有大约1 700家软件公司和4.3万名职员。第二是促进就业。20世纪90年代，加州软件业创造的工作岗位年增长14%，平均每年新提供就业岗位7.2万个。加州航空制造业也创造了全美这一产业中近20%的就业岗位。第三是提高国际竞争力。加州产业的集群化发展培养了一大批精英企业，在全美十大软件企业中，加州就拥有一半。Oracle、Adobe以及Sybase等，都是全球著名的软件系统提供商。第四是为资本集聚创造了条件。产业集群也带来了人流、物流、资本流、信息流的高度集中和有效配置。加州吸收风险投资一般占全美总额的1/3以上，其中1/4投向软件和通信类企业。

作为产业集群的典范，加州产业经济的集群化特征可以概括为：产业定位明确、企业高度集中、支持系统发达、发展环境一流，在竞争与合作中，提高企业竞争能力，形

① 参见钱东平：《产业集群与江苏区域经济竞争力——美国加州产业集群模式的借鉴》，载《现代经济探讨》，2004（6）。

成产业发展优势。加州产业集群的形成是一个系统性的选择过程，许多经验和做法值得借鉴。

一是选择确定产业集群发展方向。从静态看，加州不同地区确定主导产业的依据是区域资源，包括自然资源、人力资源、社会资源等。从动态看，集群产业的选择依据主要是是否具有竞争优势。以加州旧金山海湾经济区为例，2000 年该地区拥有农业、生物医药、高科技电子、通信服务、旅游、制造、运输等 14 个门类的主导产业，但在其发展规划中，集群产业目标只有 IT 与通信服务、制造、金属材料和运输 4 个门类。

二是有针对性地提供产业发展援助。加州有一个专门负责制定地区经济发展战略的机构——加州经济战略小组。从 1996 年起，该机构就开始进行全加州集群产业发展的跟踪研究，并适时提出政策援助建议。政府和公共部门提供的援助主要包括：（1）调整经济政策。根据形势需要更新产业发展标准，降低产业发展壁垒，以促进产业内部小企业发展；评估加州地区贸易成本、商业环境和企业竞争力；帮助解决产业领域的特殊问题等。（2）经济发展激励。如加州圣华金地区针对失业率较高的问题，实施吸引制造业发展的低税收激励措施等。（3）经济数据分析。加州贸易与商务处是加州提供经济数据分析资料的主要部门，承担着经济信息“智囊团”和“服务商”的角色。它不仅向许多企业有偿提供相关的信息分析产品，也为政府部门制定产业政策提供信息资料。

三是完善公共领域的支撑体系。在这方面，政府所做的工作非常广泛。（1）劳动力教育与培训。加州《地区劳动力储备教育和发展法》明确要求教育系统开展与经济发展相关的劳动力培训，以适应地区集群产业发展需要。（2）改善基础设施，包括交通系统、学校建设、土地利用、通信能力、信息系统等。通过立法途径增加对地方政府的财政预算，以新建或改善集群产业发展必需的基础设施。（3）提高社区生活质量。除了高效的教育体系、良好的住房条件和社区邻里关系、高质量的空气和水资源环境外，社区生活质量还包括高素质的劳动力供应、高效的交通系统和便捷的高科技进入通道等。从经济意义上看，加州集群产业发展所关注的生活质量，更倾向于积极的商业氛围和潜在的创业、就业机会。

本章小结

区位是某一主体或事物所占据的场所，是地球上某一个具体的位置。经济区位是某一经济体为其社会经济活动所占有的场所，它强调由地理坐标（空间位置）所标识的经济利益差别。

区位条件是区位（场所）所特有的属性或资质，是由区域自然要素和经济要素构成的对于一项特定经济活动的条件。不同的区位主体要求不同的区位条件。区位因子是经济活动在某特定地点进行时得到的利益，即费用的节约。

区位决策是决策主体根据自身需要和外部约束条件进行区位选择的过程。影响区位决策的因素除了生产要素供应、市场、交通运输和通信条件、政府政策环境以外，还包括自然环境、经济地理位置及其他社会经济条件。

产业区位理论是研究各产业活动的空间选择及空间配置的理论，可分为农业区位论、工业区位论、商业区位论、服务业区位论和住宅区位论等。各种产业的区位选择是在一定的行为驱动下形成的，按照一定的法则、有规律地进行。

杜能的农业区位论研究了农业生产的空间组织与产地距市场间的距离关系，其理论体系和抽象演绎的研究方法对后来的区位论研究具有重要意义。韦伯的工业区位论从费用角度分析了工业企业的区位决策，认为费用最低点是企业的最佳区位点。

生产者占有的市场空间大小将对其获得的利润产生影响，在单位产品的生产费用和利润一定时，总利润是生产地与其产品的销售市场间的距离函数。生产者的销售空间或利润受到其竞争者区位决策行为的影响。

服务业在空间的集聚原则为集聚利益指向和劳动力指向，因而大部分服务业趋向于在大城市的中央商务区集聚。

伯吉斯的同心圆城市地域结构理论和霍伊特的扇形模型是住宅区位研究的经典理论，但它们均属于实证性理论，缺乏从经济学角度的分析。阿朗索等学者从城市内土地利用和交通系统的关系来研究住宅区位问题，建立了折中理论，在一定程度上解释了住宅空间区位结构的形成。

多部门企业（公司）区位具有与单部门企业区位不同的特点。规模经济、内部交易、技术优势和竞争激励导致企业对外扩张。企业内部增长带来的空间扩张通常选择就近布局，而外部增长通常采取并购原来已经存在的工厂（公司），形成多区位的布局。企业的空间扩张基本遵循接触扩散和等级扩散这两条规律进行。

跨国公司是多区位公司的一种特殊类型。通过对外直接投资的区位选择，跨国企业可以达到实现企业战略，在全球范围内组织、发展生产与销售，将自身优势同外国的要素投入有机地结合起来的目的。跨国企业的区位选择分为选择市场、选择区域和选择地点三个阶段。

跨国公司不同组成部分的区位选择的特点是：公司总部趋于选择主要大都市区；公司的R&D机构区位趋于大都市区和大科研集中区，也倾向于公司总部所在地；公司生产单位空间分布比较分散，很难做出一般性概括。工业企业生产单位的区位格局可以归纳为四种类型：全球集中生产型、市场地生产型、专业化生产型、跨国横向一体化生产型。

产业集群是产生集聚经济的表现形式，由相关联的产业为赢得竞争优势，通过协同定位在特定空间集聚形成，集聚的空间为新产业区。在集群形成过程中区位选择的问题上，必然性和偶然性同时起作用。

关键术语

区位　经济区位　区位条件　区位因子　区位决策　产业区位论　杜能环　原料指数　集聚与分散　中心地理论　折中理论　产业集聚　产业集群

复习思考题

1. 简述区位的概念与特点。
2. 什么是区位决策？影响区位决策的因素有哪些？
3. 什么是产业区位论？
4. 简述杜能农业区位论与韦伯工业区位论的主要内容及意义。

5. 阿朗索的折中理论如何解释住宅区位的形成？

6. 简述跨国公司的空间扩张过程及主要空间组织形式。

建议阅读书目

1. ［德］约翰·冯·杜能. 孤立国同农业和国民经济的关系. 北京：商务印书馆，1986

2. ［德］阿尔弗雷德·韦伯. 工业区位论. 北京：商务印书馆，1997

3. ［德］沃尔特·克里斯塔勒. 德国南部中心地原理. 北京：商务印书馆，1998

4. 张文忠. 经济区位论. 北京：科学出版社，2000

5. 魏后凯. 区位决策. 广州：广东经济出版社，1998

6. 贺灿飞. 外商直接投资区位：理论分析与实证研究. 北京：中国经济出版社，2005

7. 王缉慈等. 创新的空间：企业集群与区域发展. 北京：北京大学出版社，2001

8. 梁琦. 产业集聚论. 北京：商务印书馆，2004

第5章 区域经济空间结构

区域空间结构理论在一定程度上是在区位理论基础上产生的，并且基本沿用和借鉴了区位论学者研究问题的方法。但区域经济空间结构理论的目标和着眼点又不同于区位理论，它不是要求找到各种单个社会经济现象的最优区位，而是要探明各种客体在空间中的相互作用和相互关系，以及反映这种关系的客体和现象的空间集聚规模与集聚程度。

本章首先介绍了区域经济空间结构理论的起源，区域经济空间结构的基本内涵、构成要素及组合形式和基本特征等相关理论，然后介绍了区域经济空间结构的研究阶段与演进机制，以及区域经济空间的各种开发模式，最后通过案例分析来进一步论述了区域空间结构理论的实践应用价值。

5.1 区位理论与区域经济空间结构

就空间形态而言，区域首先体现为区位，区位是指某一主体或事物所占据的场所，而区位理论则是研究人类相关的经济和社会活动的场所及场所选择，主要目标是探寻人类活动的一般空间法则。19世纪中期至20世纪40年代，德国学者相继提出了农业区位论、工业区位论、城市区位论和市场区位论，使得区位理论成为区域经济学的重要基石，并且成为这一时期区域经济学的主流学说。但是这些区位理论研究的对象基本上是单一的社会经济客体，即工业企业、农业经营方式、城市、市场区等，所概括的是这些单项事物的空间运动和空间定位规律。

第二次世界大战之后，发达的工业化国家和许多发展中国家的社会经济进入了长时期的高速发展阶段，这给区位理论的发展以很大的推动。由于影响国家、区域社会经济发展的因素的作用增强，因素之间相互作用的形式与结果更为复杂，使得20世纪40年代以前的区位理论难以圆满地解释日益复杂的社会经济现象，因而在区域发展规划和管理实践中难以应用。在这种新的社会经济发展形势下，区位理论得到继续发展，并摆脱了古典区位理论的某些局限性，形成了两个新的发展方向。①

5.1.1　区域分析方向

第二次世界大战后，以美国学者为主，主要是区域经济学家艾萨德以及伯顿（I. Burton）、加里森（W. L. Garrison）、贝里等人，将数学应用于区域发展研究与规划，掀起了"数量革命"的浪潮。学者在研究区域问题时，广泛应用数理统计、线性规划来分析区域社会经济结构，预测未来的发展；应用投入产出方法，分析各部门之间的相互作用关系，规划未来的经济结构或预测未来的发展变化趋势。这部分学者多数继承了德国学者研究区位理论的考察问题方式和严谨精神，同时又摆脱了区位理论学者那种单要素专业性的纯理论推导所固有的不实用性，他们探索的重要结果为今天区域发展及其规划中大量应用计算机和数量模型奠定了基础。

5.1.2　空间结构方向

空间结构是指社会经济客体在空间相互作用下所形成的空间集聚程度和集聚形态，该理论概括的不是单要素的空间分布规律，而是综合了几乎所有的社会经济客体，因而又被称为总体区位理论。这个理论最早是由德国人文地理学家施吕特尔1906年在关于人类地理的"景观"论思想中提出的空间结构理论的雏形。之后克里斯塔勒、勒施进一步发展了"景观"概念的内容，德国学者博芬特尔对空间结构理论进行了系统的理论分析和模型推导。

进入20世纪50年代以后，区域经济空间结构研究进入新的发展阶段，出现了许多新的区域经济空间结构演化理论，包括佩鲁的增长极理论、缪尔达尔的循环累积因果理论、弗里德曼的核心边缘理论、威廉姆逊的倒"U"形理论和赫希曼的不平衡增长理论等。相应的区域空间结构理论从关注单个厂商的区位决策发展到关注区域总体经济结构与形态的模式研究，从注重抽象的纯理论研究演变为从总体出发寻求各种经济主体在空间中的最优组合与分异。

20世纪80年代以来，区域经济研究进入了新空间经济学阶段。这一时期的主要理论和观点有新产业空间理论、新区域经济发展理论和新经济地理学等，其中以克鲁格曼、藤田昌久、维纳布斯（Venables）等为代表的经济学者所倡导的新经济地理学理论与模型方法的影响最大。

由以上分析可见，区域空间结构理论是传统的区位理论在新的社会经济形势下为摆脱其局限性而进行的新的突破与进展。

---

① 参见陆大道主编：《区域发展及其空间结构》，北京，科学出版社，1995。

5.2 区域经济空间结构的理论概述

本节内容对区域经济空间结构的基本内涵、构成要素与组合模式、基本特征等相关理论进行了介绍。

5.2.1 区域经济空间结构的基本内涵

区域空间结构本质上是一种空间的秩序①，有广义与狭义之分。广义的区域空间结构又被称为地域结构，是区域内各种组成要素的空间关系的综合，是区域自然空间结构与区域社会经济空间结构在地域上的复合；狭义的区域空间结构是指区域经济空间结构，它作为区域经济结构的一个重要方面，是指各种经济活动在区域内的分布状态、组合形式、形成机制和演进规律。一方面，各种经济活动的生产需要把分散在地理空间上的相关要素组织起来，形成特定的区域经济活动过程；另一方面，各种经济活动之间需要相互联系、相互配合，然而它们的区位指向又不尽相同。因此就需要考虑如何克服地理空间的约束而相互连接起来，形成一个大的经济系统。

由此可见，区域经济空间结构表明了区域经济客体在区域经济空间中的相互作用及相互关系，以及反映这种关系的客体与现象的空间集聚规模和集聚程度。因此区域经济空间结构研究首先要系统分析区域社会经济客体在空间相互作用下所形成的空间集聚程度和集聚形态，重点研究由点、轴、集聚区等组成的区域集聚形态，研究点、轴、面在空间中相互作用、相互影响形成的空间地域组织形式和组织系统。②

5.2.2 区域经济空间结构的构成要素与组合形式

空间结构的理论旨在研究诸要素的空间组合、关联和演变规律。③ 一般来说，构成区域经济空间结构的要素主要包括节点与节点体系、线、网络、域面四种。④

1. 节点与节点体系

节点是人口和产业的集聚地，是经济活动的内聚力极化而成的中心，常为整个空间

---

① 参见张秀生主编：《区域经济学》，武汉，武汉大学出版社，2007。

② 参见陈才主编：《区域经济地理学》，北京，科学出版社，2001。

③ 参见甄峰主编：《信息时代的区域空间结构》，北京，商务印书馆，2004。

④ 参见邓宏兵主编：《区域经济学》，北京，科学出版社，2008；张秀生主编：《区域经济学》，武汉，武汉大学出版社，2007。

结构系统的增长极，在空间上表现为各级城镇、独立工矿区甚至是城镇群。可以从集聚规模、主要职能和空间分布等方面来分析与描述节点。

一定区域范围内的各个节点因所控制的腹地范围、人口及财富的不同而存在着规模上的差异，不同节点之间在数量上和规模上的相互关系构成了节点的等级规模体系，可以从描述节点规模等级体系的指标和节点规模分布类型两个方面来分析节点的规模等级体系。其中常用的描述节点规模等级体系的指标有规模比、数目比、首位度和等级的完整程度等；节点的规模分布是指区域内不同节点间人口规模上的关系，区域的城市规模分布可分为序列分布和首位分布两种类型。

节点的职能体系是指区域中的节点各有分工，并通过各种形式和渠道协作配合，服务于整个区域。节点的职能体系反映了各个节点在地区社会经济活动中的分工。

节点空间分布体系是指区域内各节点在地域上的组合形式、相互分布位置的状况，它是职能类型结构和等级规模结构在区域空间组合的结果与表现形式。

2. 线

区域经济中的线路主要包括交通线路、通信系统、给排水系统等，其中以交通线路为主，因为交通线路是空间物质、能量、人口和资金等要素流动的通道，是建立区域空间结构的重要因素。现代交通线路包括铁路、公路及普通道路、内河航线、海运航线等。作为交通线路，必须具有一定的长度、方向、起点及终点，并由此规定了它在空间中所处的位置，同时根据线路的自然、技术装备状况以及经济运量，各种交通线路往往被划分为若干质量等级。

3. 网络

网络是节点和线路的结合体，不同性质、不同方向的线连接在一起就形成了网络。节点是网络的核心，线路是构成节点之间、节点与域面、域面与域面之间功能联系的通道。区域经济发展中的各种人流、技术流、资金流、信息流、商品流等都是通过相应的网络进行传递的。

网络是区域经济体系可以运转的通道和保证，又可分为有形网络和无形网络两种类型。有形网络包括交通网络、信息网络以及其他基础设施网络（如给排水网络、电力网络等）、城镇网络等，这是整个空间结构赖以存在的物质骨架，各种空间构成要素的形成和增长都需要遵循这些网络骨架的几何形态；无形网络如公司网络、社会网络、城市间合作网络、政府或其他结构的组织网络等，是区域经济空间结构得以存在和发展的组织保障，是将整个区域社会经济活动凝聚在一起的内在机制。

网络能够影响区域经济的稳定性，不同的人才、信息、技术和资金等通过基础设施网络、公司网络、组织网络、社会网络、城镇网络等发生移动，从而产生动态变化的空间结构。在这些网络中，交通运输网络的影响最大、作用最明显。

20世纪90年代以来的信息及通信技术的发展使得区域经济空间结构中的网络构成要

素发生了新的变化，主要体现在以下几个方面①：第一，信息技术的进步为区域创造的是一个开放的电子空间；第二，服务业和制造业部门的信息密集活动增加，客观上提高了信息网络的重要性；第三，信息技术在交通网络等有形网络运营及管理中的使用增强了这些网络原有的作用；第四，信息技术及信息活动在无形网络中应用的加强使得这些网络组织形式更加灵活，不同网络之间的互动也得以加强；第五，网络的发展将有形与无形网络日益结合在一起，这又进一步导致了空间结构的弹性化。

4. 域面

域面是指以区域内某些经济活动在空间地理所表现出的面状分布状态，是区域空间结构及其他要素的基础，同时又是节点和网络及其作用与影响在地表上的扩展。域面与区域本身存在着区别，虽然两者的空间范围大体一致，但结构大不相同：域面不包括节点和网络，而区域包括节点和网络。在实际中，一般把区域中城镇和交通网络之外的广大外围地区称为域面，包括工矿区和广大农村地区。

域面作为各项空间经济活动的“场所”，其空间范围及内部要素的密集程度随着它们与节点、网络的相互作用和影响的状态而变化。一般来说，域面的发展水平越高、经济规模越大，其节点就越多、网络就越密、空间结构就相对合理、空间结构功能就越完善。

5. 区域空间结构构成要素的组合模式

在一定的区域空间，由点、线、网络以及域面之间的不同组合形成多样化的空间结构模式。在工业化时代（见表5—1），经济活动的空间布局主要以矿产及能源、资本、土地、劳动力等资源的开发与利用为基础，遵循成本最小原则进行。这些不同的空间组合得以形成的黏合力使产品流、资金流、人流、信息流等围绕着几个主要的经济增长中心，铁路、公路的货物运输占主导，资金流动的国际性不强。因此，在港口、铁路、公路枢纽周围出现了大量工业增长中心、工业化城市，形成了具有一定吸引范围的经济区域或工业走廊。城市发展往往沿着主要的交通联系方向蔓延式发展，从而在一些工业发达的地域形成了具有一定规模的城市。

表5—1　区域空间结构构成要素的组合模式

要素及其组合方式	空间子系统	空间组合类型
点—点	节点系统	村镇系统、集镇系统、城镇系统
点—线	经济枢纽系统	交通枢纽、工业枢纽
点—面	城镇—区域系统	城镇集聚区、城镇经济区
线—线	网络设施系统	交通通信系统、电力网络、给排水网络
线—面	产业区域系统	作物带、工矿带、工业走廊
面—面	宏观经济地区系统	基本经济区、经济地带
点—线—面	空间经济（城乡）一体化系统	等级规模体系

资料来源：陆玉麟：《区域发展中的空间结构研究》，46页，南京，南京师范大学出版社，1998。

① 参见甄峰主编：《区域发展及空间结构》，北京，科学出版社，2004。

20 世纪 90 年代以来的信息及通信技术的发展促使了基于信息和知识发展模式的产生，在原有的空间构成要素赋予了新的含义的基础上，产生了与工业化时代不同的新的空间组合模式（见表 5—2）。

表 5—2　　信息时代区域空间结构构成要素的组合模式

要素及其组合方式	空间子系统	空间组合类型
点—点	信息节点系统	全球城市体系、区域网络城市
点—线	信息枢纽系统	信息港、信息中枢、创新中心
点—面	城市—区域系统	大都市区、扩展型大都市区
线—线	网络设施系统	信息网络、创新网络、高速交通网络
线—面	产业区域系统	信息产业带、高科技走廊、智能走廊
面—面	宏观地域系统	功能区域（功能互补性区域组合）
点—线—面	空间经济、社会统一体	智能区域

资料来源：甄峰：《信息时代的区域空间结构》，北京，商务印书馆，2004。

从这些新的组合中可以看出，信息流对空间重组过程起着非常重要的作用，信息产业、知识资源、创新为区域发展作出了重要的贡献，信息网络对空间结构的塑造作用在一定程度上改造了原有的由交通区委所决定的空间格局。

5.2.3　区域经济空间结构的基本特征

由以上区域经济空间结构的内涵和构成要素分析可见，区域经济空间结构具有五个特征。

1. 关联性

在区域经济发展的空间结构中，区域核心的规模与水平直接影响其网络状况和外围的发展水平，网络的分布状况又直接影响区域核心与其他城镇和外围的分布状况。

2. 系统性

区域经济发展的空间结构存在各自的特殊性，但都是存在于一个大系统之中。如果说全球经济的空间结构是一个巨大的复杂系统，那么各个国家区域经济空间结构就是这个大系统中的子系统，各个省域或大经济区的地域空间结构又是国家区域经济空间结构的子系统。大系统与子系统、子系统之间相互联系、相互制约，每个子系统内部又都有符合自己等级的核心、网络和外围空间。

3. 层次性

从区域经济发展的阶段和水平看，区域经济空间结构具有层次性，它与所在区域的生产力水平相对应，区域经济发展水平较低则它的空间结构层次就低，反之则高，并且这种层次性主要是通过区域核心的层次性体现出来，即层次高的区域核心支配层次低的区域核心，进而影响和辐射到它的外围区域。

4. 动态性

区域经济空间结构又具有明显的动态性。对一个具体的区域经济空间结构来说，它随着全球经济这个大系统及我国经济发展格局这个中系统的变化和需要，一直处于不断变化之中，而且这种变化呈现出由低层次到高层次逐渐发展的过程，反映了社会经济空间集聚和分散的趋势。区域经济空间结构的动态性和层次性的实质表明了空间结构具有不断运动、演进的发展特征。

5. 特殊性

区域经济空间结构存在着各自的特殊性。这是因为区域经济空间结构受制于地域分工规律，由它所处的地理位置、自然条件、社会历史条件、经济条件和生产力发展水平决定。因此，区域经济空间结构的内容、水平、层次等就有简单复杂和高低之分，其核心、外围、网络三者的组合形式多种多样。认识区域经济空间结构的特殊性，就是要对具体的区域经济发展的空间结构进行分析，揭示空间结构特殊的地域性，研究具体地域的空间结构现状、问题及发展趋势与完善途径，这样就能有效地避免理论脱离区域经济发展的时效性或照搬外国、外区发展模式的教条错误。

5.3 区域经济空间结构演化

本节内容首先介绍了区域经济空间结构的演变机制，然后介绍了区域经济空间结构的演化阶段，最后介绍了经济全球化下的区域经济空间结构演化趋势。

5.3.1 区域经济空间结构演化机制

区域经济空间结构的形成机制就是区域内部、外部各种力量相互作用的物质空间反映。各种类型的区域经济空间结构的形成需要有动力的牵引，是各种要素在相互作用之后产生的合理作用的结果，体现为区域经济空间结构的形成和演化。区域经济空间结构演化的主要机制包括区位势能机制、集聚与扩散机制、空间近邻效应等。①

① 参见张秀生主编：《区域经济学》，武汉，武汉大学出版社，2007；邓宏兵主编：《区域经济学》，北京，科学出版社，2008。

1. 区位势能机制

(1) 区位势能机制的基本概念。区位势能是指在特定区域内由于自然条件、资源分布、交通方式、人口状况、技术经济水平、政策优惠等因素在不同地点的组合所形成的差别程度。影响区位势能形成的主要因素有：自然条件势能、自然资料势能、交通运输势能、人口分布势能、技术经济势能、行政和政策势能等。

自然条件势能是指由于气候、土地、地形、地貌、水文、植被、资源等自然因素的地域差异所形成的区域经济发展潜力差异；自然资源势能是指由于土地、河流、能源、瀑布、地势、森林、矿山等自然资源的分布组合及开发价值的地域差异所导致的区域经济发展权利差异；交通运输势能是指由于交通运输水平、运输能力和便捷程度的差异导致的区域经济发展潜力的差异；人口分布势能是指由于人口分布密度和人口素质的差异导致的区域经济发展潜力的差异；技术经济势能是指由于技术经济发展基础不同所造成的区域经济发展潜力的差异，这是区位势能中最常见、影响力最大的一种，普遍存在于发达地区和欠发达地区之间以及城乡之间；行政和政策势能是指由于行政中心或行政权力与各项优惠政策等特殊因素差别所造成的区域经济发展潜力差异。

各种势能在不同极端和不同区域中所起到的作用是不同的，共同影响并作用于区域经济社会的发展。

(2) 区位势能的作用机制。区位势能的作用机制主要体现在四个方面：集聚、增值、辐射和自强。

集聚是指区位势能较高的区域所具有的一种吸引力，不仅能够吸引本区域的人才、资金和资源，而且能够将其他地区的生产要素吸引到自己区域内来，为本区域的经济社会发展服务。

增值是指高区位势能的地区对集聚的资源进行合理配置和加工，形成深度加工产品，尤其是加工密集型和技术密集型产品，使资源增值。

辐射是指区位势能较高的区域在经济发展过程中向其他地区扩散技术、输送产品、进行投资等经济行为，带动这些地区发展。

自强是指区位势能较高的地区在其经济发展过程中，通过集聚、增值和辐射作用，使得本地区不断发展壮大的经济现象。

以上这四种作用机制相互作用、相互关联。集聚作用、增值作用是自强作用的前提，自强作用又加强了集聚作用和增值作用；辐射作用是自强作用的结果，同时也是集聚作用和增值作用的条件。这四种作用是通过具有不同区位势能的地区间的人员、物资、资金、信息的流动来实现的。

(3) 区位势能的演化与区域经济空间结构。由于某个地区的自然条件势能、交通运输势能、技术经济势能、行政和政策势能等都处于或快或慢的动态变化状态，因而区位势能具有动态演化的特征。区位势能的变化可以导致一些节点城镇、产业带和经济区的兴衰，从而引起区域经济空间结构的不断变化。

当一个节点因为其产生聚集作用和增值作用的势能发生变化甚至消失时，该节点在区域节点体系中的分工和地位会发生相应的变化。例如，以前因为资源势能而成为区域中心的城市，在其资源枯竭时就有可能衰落为低级节点，而以前综合势能较差的节点，因为某种因素而具有了某种势能，也有可能成为区域中心。

2. 集聚与扩散机制

区域经济集聚是指资源、经济要素和部分经济活动主体（企业、经济部门）等在地理空间上的集中趋向与过程。区域经济扩散则是资源、经济要素和部分经济活动主体（企业、经济部门）等在地理空间上的分散趋向与过程。集聚机制和扩散机制是区域发展与区域空间结构演化的最基本力量，集聚机制使区域经济从孤立、分散的均质无序状态走向局部集聚非均衡发展的低级有序状态，扩散机制则使集聚逐步向全区域推进，最终实现区域经济相对均衡的高级有序状态。

（1）集聚机制。集聚机制的形成源于三个方面的原因：经济活动的区位指向、经济活动的内在联系和经济活动对集聚经济的追求。经济活动的区位指向产生集聚机制是指区位势能越高，集聚作用越大，人才、资金、要素等将会被吸引到这些区域，从而形成区域经济的集聚；经济活动的内在联系产生集聚机制主要是指一组内在联系紧密、相互依赖性大的经济活动趋向与集中在某一适宜的区域内发展；经济活动对集聚经济的追求包括区位经济效应、规模经济效应、城市化经济效应、自强效应以及惯性作用等，这些因素诱导经济活动为追求集聚经济而在空间内趋于集中。

集聚作用的方式是多样的，以增长极核的数量和分布来看，可以是多核集聚，也可以是单极集聚。从集聚的范围看，可以是全国性的，也可以是区域性的。从集聚在地域上展开的过程看，大致有三种（见图5—1）：向心型集聚，即周围区域向节点中心的集聚过程；等级集聚，即规模较小的节点中心向规模较大的节点中心的集聚；波状集聚，即集聚作用是围绕着集聚中心向外作波状圈层式展开。

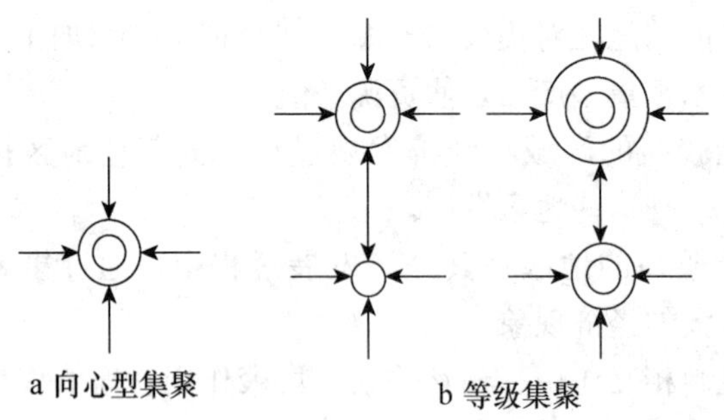

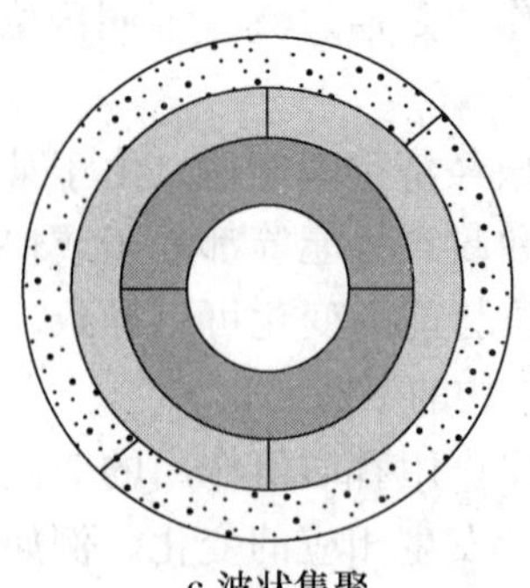

图5—1 集聚方式示意图

由于集聚机制能产生集聚引力，因而将引起区域经济在空间上发生各种变化：第一，导致区域经济的集聚现象，诱发和推动资源、经济要素、企业、经济部门等向优势区位移动，形成区域经济增长极或增长中心。第二，加剧经济发展的空间差异和不平衡。由于集聚作用，区域之间将产生核心与边缘的分化过程以及经济活动在空间分布上的密集和稀疏现象，区域内部因此出现空间差异和不平衡。第三，集聚是促进发达地区、城市、城市密集区、专业化地区、产业密集带等形成和发展的主要力量。第四，集聚还能够引发和加剧经济发达地区与落后地区、城市与农村、专业化地区与一般地区之间形成发展关系上的“马太效应”。第五，由经济发展的不平衡而进一步引起的区域间社会发展的不平衡，使区域的整体发展维持不平衡状态。

（2）扩散机制。扩散机制使生产要素逐步由极核区域向外围扩散渗透，形成一种离心运动。扩散机制的形成主要有三个方面：第一，极核的拉动和外溢作用。极核一般是区域产业特别是主导产业的集聚区，随着集聚效应的增强，主导产业得以发展壮大。极核地区必须通过对外投资、技术转让、产品收购等多种方式，促进广大不发达地区增加这些产品的生产，从而拉动极核周围地区的发展。除拉动作用外，极核的企业和经济部门为了寻求新的发展机会，将会出现外溢效应。第二，避免集聚不经济。当集聚规模超过了一定的阈值，就会出现集聚不经济，从而迫使一些企业或经济部门从原集聚地点或地区迁移出来，同时也会引起相关资源与经济要素随之而发生扩散。第三，政府的干预作用。为了解决集聚区域或地点因经济活动过密、人口膨胀而引起的经济和社会问题，促进其他区域的经济发展，协调区际经济关系，缩小区域间的经济发展差异，政府就会制定一系列政策，诱导和鼓励资源、经济要素、企业、经济部门等由集聚区域或地点向周围扩散。

扩散作用的方式也是多样的，以区域扩散中心的数量来看，可以是单核扩散，也可以是多极扩散。从扩散的范围看，可以是全国性扩散，也可以是区域性扩散。从扩散在地域上展开的过程看，大致有四种（见图 5—2）：核心辐射扩散，即由集聚中心向四周扩散；等级扩散，即生产要素按照节点的规模等级由高到低逐步扩散；波状扩散，即生产要素由核心区域逐步向外围区域扩散；跳跃式扩散，即生产要素跨越距离的限制，直接在区域之间各自首位节点间的扩散。

（3）集聚与扩散的关系。集聚与扩散是相互对立和并存的，是制约区域空间结构形成与发展的重要机制，它们之间的关系体现在以下几个方面：

第一，集聚和扩散是同时并存的组合过程。集聚促进区域经济活动的向心运动，导致人口、资金、物质向核心集聚，造成周围地区的经济处于停滞、衰退状态，将扩大集聚中心与周围地区的经济发展水平的差异；扩散是一种离心作用，使核心地区的信息、资金、产品、人口向周围地区转移，影响和带动周围地区经济的发展，缩小中心地区与外围地区的经济发展水平差距，将使经济在地区间均衡发展。因此当集聚效应占主导地位时，中心和外围地区的经济差距将拉大，当扩散效应占主导地位时，中心与外围地区的经济发展差距趋于缩小。

第二，在区域空间结构形成与发展的不同阶段，集聚机制与扩散机制发生作用的强度不同。在区域经济成长的初期阶段，集聚效应较扩散效应显著，促进区域经济呈现不平衡发展状态，而原结构明显；在区域经济发展的高级阶段，扩散效应则变得越来越重

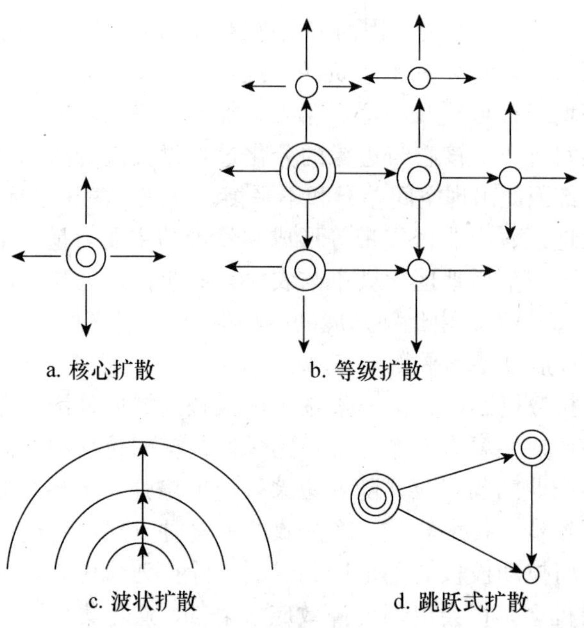

图 5—2 扩散方式示意图

要，作用越来越广泛，逐步超过集聚效应，导致区域间的差距逐步缩小，走向相对均衡的高级有序状态。

第三，集聚机制和扩散机制的作用都存在一定的惯性。在没有人为干预的情况下，只有等到出现集聚不经济（或扩散不经济）时，集聚（或扩散）才会受到遏制，才可能由集聚为主转化为扩散为主（或由扩散为主转化为集聚为主）。

第四，集聚机制与扩散机制的作用是有限度的。集聚机制的作用超过一定的限度，就会产生集聚不经济，从而遏制集聚的进一步进行；同样，扩散机制的作用达到一定限度时，也会产生扩散不经济，从而抑制扩散的继续进行。

3. 空间近邻效应

地面上的任何一个区域都不可能孤立存在，区域之间总是不断地进行物质、能量、人员和信息的交换，这些交换就被称为空间相互作用，其具体表现就是空间近邻效应。所谓空间近邻效应是指区域内各种经济活动之间或各区域之间的空间位置关系对其相互联系所产生的影响。

根据空间近邻效应的表现形式，可把空间相互作用的形式分为对流、传导和辐射三种类型。对流以物质和人的移动为特征；传导是指各种各项的交易过程，其特点不是通过具体的物质流动来实现，而只是通过簿记程序来完成，表现为货币流；辐射指信息的流动和创新的扩散等。

空间近邻效应对区域空间结构的形成与发展的影响主要表现在三个方面。① 第一，促进区域经济活动就近扩张。在满足发展所需条件的前提下，各种经济活动一般都会采取

① 参见李小建：《经济地理学》，北京，高等教育出版社，1999。

由近及远逐步推进的方式来扩大自己的影响空间、建立分支结构、寻求发展合作伙伴等。第二，影响各种经济活动的竞争。由于在一定时期内可投入经济发展中的资源和要素是有限的，同时市场的需求也是有限的，因而位于同一地区或相互靠近的各种经济活动在利用资源、要素，开发市场时就势必发生激烈的竞争。相反，如果经济活动彼此在空间上相距较远，那么它们之间的竞争就可能减少。第三，影响各种经济活动之间在发展上的相互促进。各种经济活动在空间上相互靠近除了会加剧竞争，它们之间也将因此而有更多的机会建立起相互依赖的发展关系，彼此开展分工与协作。这样既能因分工与协作而提高经济效益，又能在分工与合作中较容易地寻找新的发展机会。反之，如果各种经济活动相距较远，则它们之间开展分工与合作，进而在发展上获得相互促进作用的机会也会相应减少。空间近邻效应的这几个方面作用会在不同程度上影响区域经济空间结构的形成和发展。

5.3.2 区域经济空间结构的演化阶段

区域经济空间结构体现了经济活动的空间属性和相互关系，是经济活动在地理空间上的投影，是区域发展状态的主要指示器。当前的区域经济结构是从一个历史的空间结构的角度发展而来的，具有历史继承性和不确定性，是众多因素共同作用的结果。随着时间的推移、区域社会生产力的进步，区域经济空间结构也随之进行演化，由简单到复杂、由疏到密、由混沌到有序、由低级到高级逐渐演化。国内外有许多学者从各自的研究视角描述了区域经济空间结构的演化过程。

英国经济学家杰夫里·怀特海德（Geoffrey Whitehead）在其著作《经济学》中就描述了这一过程，即假定在无自然条件差异对区域空间结构产生干扰的前提下，可把区域经济空间结构的演化划分为四个阶段：第一，低水平的均衡阶段。经济活动分散孤立，地域空间很少有人员、物质能量的交换和循环。城市规模小，城市经济内容以手工业和少量商业服务为主。第二，极核式集聚发展阶段。低技术水平条件下集聚效益明显的产业迅速极化，并带动相关产业连锁集聚，促进城市规模迅速扩张，先进生产力要素大量集聚于城市，城市开始出现等级体系，依赖于少量的交通网络沟通城市与城市之间、城市与乡村腹地之间的物资和人员交往。第三，扩散均衡发展阶段。当极化发展到一定程度，集聚产生的规模不经济效应和外部不经济效应日益明显，大量生产力要素开始寻找新的区位，一般是向城市的边缘地区扩展，或向低规模等级的城镇扩散，大量新城市出现，城市规模等级关系日益复杂、城乡联系紧、网络环度和连通性高、节点间流动量大。第四，高级均衡阶段。区域经济一体化发展阶段，城乡差别小、联系紧密、网络高度发达、城镇密集。以网络化、均衡化、多中心为特征的空间结构处于一个高水平的、动态的均衡发展之中，多为后工业化社会和信息化社会的典型的空间结构。

我国学者陆大道认为，不同阶段人们往往以不同的方式解决区位选择问题，基于社会经济发展的四个阶段，在忽略社会制度以及海陆相对位置等因素影响及区域内自然条件差异的基础上，将区域空间结构演化分为四个阶段。①

① 参见陆大道主编：《区域发展及其空间结构》，北京，科学出版社，1995。

第一，低水平平衡阶段——农业经济占绝对优势阶段。该阶段社会经济发展稳定而缓慢，城镇没有形成规模等级体系，区域社会经济的空间组织呈原始状态或较为原始状态。该阶段的区域经济空间结构的基本特征如下：（1）没有形成大区域间的经济发展不平衡，即疏密问题；（2）社会经济空间自治的架构呈原始状态，道路网等级特征不明显，不能形成发展轴的功能；（3）区域的城镇居民点没有形成等级—规模体系，城市之间的关系即等级—规模成一平缓倾斜的曲线（见图5—3中的曲线a）。

第二，积聚、二元结构形成阶段——农业经济向工业化的过渡阶段。在该阶段，经济发展在区域之间的不平衡逐渐加剧，区域空间的二元结构已形成，城镇规模等级结构开始出现。但在远离城市及国家（区域）的边缘地带的发展仍旧落后，基本上与上个阶段一样。因此，这一阶段的空间结构是不稳定的。由农业经济占统治地位的阶段向工业化初期过渡，在不同的国家延续的时间有很大差别，主要取决于政治稳定与否及政治制度是否先进。该阶段区域经济空间结构的基本特征如下：（1）大区域间的经济发展不平衡开始出现，即一些地区开始加速发展，而另一些地区仍是原来的农业经济状态，开始形成了一定的空间经济梯度；（2）社会经济空间组织的架构在先开始发展起来的地区开始形成点—轴状态，开始具有等级特征；（3）区域的城镇居民点开始形成等级—规模体系，一般情况下，相邻等级城市之间的规模差越来越明显，等级—规模分布曲线逐步变陡（见图5—3中的曲线b）。这种结构状态符合于克里斯塔勒的中心地等级体系模型。

第三，扩散、三元结构形成阶段——工业化中期阶段。该阶段是社会经济发展中决定性的转折点。由于前一阶段的准备及随着社会的变革，生产力得以进一步解放，社会和私人投资能力扩大，国民收入大幅度增加，国民经济进入强烈动态增长时期。同时科学技术得到较快的发展，第三产业开始大量出现，稠密的交通网络深入区域的各部分，多种运输方式构成了综合体系。在大城市，集聚区迅速发展的同时，由于资源开发和经济发展，区域第二级和第三级中心得到加强，上一阶段淡出的“中心—边缘”结构逐渐变为多核心的结构。城市之间的交换、交流关系极为频繁。落后地区的资源和潜力日益更多地被吸引到经济循环中来，并被分配到原有的中心和形成新的中心。这是可以看到城市职能分工和等级体系的初期状态：越是大的城市，一般综合性就越强，其吸引范围就越大；区域的二级城市处于一级城市的吸引范围内，服务业的级别和种类必然较上一级城市低。由于经济实力还不是很强大，并不是所有的边缘地带都得到了充分的开发，空间结构仍处于变化之中。这一阶段经济增长速度一般都比较高，相应的区域经济空间结构的变化也是急速的，该阶段的经济空间结构的基本特征如下：（1）大区域间发展（开发）的不平衡程度越来越高，集聚经济原则在社会经济区位决策中占统治地位。在这种情况下，区域发展和以消除大区域间发展不平衡为目标的区域政策研究普遍受到重视。（2）社会经济空间组织架构形成，发展轴线和城镇居民点形成点—轴系统。社会及产业主要集聚于高等级的城市和轴线上。（3）由于集聚经济因素的强烈作用，大城市越来越发展，规模—等级曲线与横坐标的夹角达到最大（见图5—3中曲线c）。

第四，区域空间一体化阶段——工业化后期及后工业化阶段。该阶段，整个社会进入后工业化阶段，科学技术得到高度发展，社会成员的收入达到很高的水平，出现了现代化的交通和通信系统，计算机广泛应用，信息产业高度发达，社会经济各个领域都蓬勃发展。在这个阶段，社会经济客体区位决策集聚经济原则的作用有所下降，过密过疏问题将得到很大程度上的解决，区域间的社会经济发展不平衡基本消失。在区域地区结构上，形成各种核心之间的联系网络，并以区域城市体系为核心，实现地区结构的均衡，使各地区的空间和资源得到更充分合理的利用，空间结构各组成部分完全融合为有机整体，相互作用、相互依赖。整个空间结构体系重新恢复到“平衡”。该阶段区域经济空间结构特征如下：（1）由于过疏过密问题逐步解决，欠发达地区和不发达地区得到发展，大区域间的不平衡变得越来越不明显。集聚经济在区位决策中的作用下降，而平衡布局、发挥社会效益和生态效益日益受到重视。（2）形成完善的点—轴空间结构系统，但等级差别越来越小。（3）由于集聚因素的作用不那么强烈，分散化租用效果越来越重要，使得区域的城镇居民点等级—规模曲线又重新变得平缓起来（见图5—3中的曲线d）。

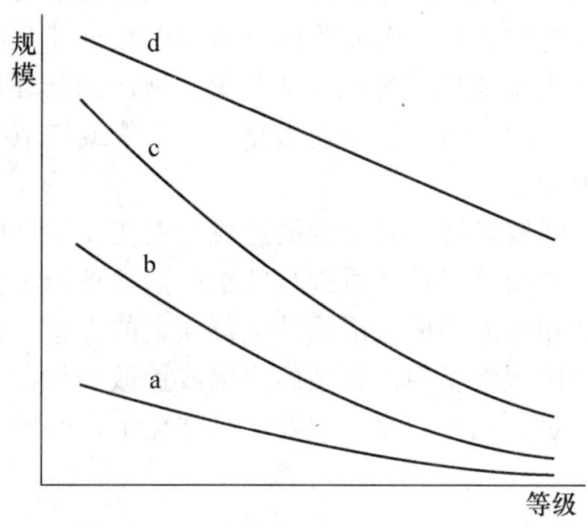

图5—3 区域不同发展阶段的城镇居民点等级—规模曲线

资料来源：陆大道主编：《区域发展及其空间结构》，108页，北京，科学出版社，1995。

除以上两位学者外，美国学者弗里德曼在1966年出版的《区域发展政策》一书中将区域经济空间结构的演化分为前工业化时期、工业化初期、工业化成熟时期和后工业化时期四个阶段，在不同的阶段，区域经济空间结构呈现出不同的特征；台湾学者唐富藏认为，区域经济空间结构的演化一般要经过早期的集中阶段、集中后扩散阶段和扩散后地方中心成长等三个阶段。①

由以上学者描述区域经济空间结构演化的阶段可见，随着社会生产力的发展，区域经济空间结构经历了一个由低到高的演化过程。在这一过程中，它表现出一些内在的方向性、趋势性和规律性。

首先，区域经济空间结构的发展处在均衡—非均衡—均衡的螺旋式循环中。从区域经济空间结构演化的阶段可以看出，区域经济空间结构是由低水平的均质化结构逐渐过渡到非均衡化的极核化、点—轴化结构，再发展到均衡化的一体化结构。

其次，区域经济空间结构演化总是遵循由点到轴、由轴到面的演化过程。从区域经济结构演变的阶段可以看出，在极化效用的作用下，区域空间结构首先开始了点的集聚，随着集聚程度的不断加强，一些节点逐步成长为区域中心。经济中心已进一步集聚到一

① 参见王铮：《区域管理与发展》，北京，科学出版社，2000。

定规模后，扩散效用逐步强大起来，经济中心开始通过扩散效应影响和带动周围地区的发展。这一过程首先发生在交通沿线附近，形成沿交通线的经济重心区，即轴。轴的交叉与点的结合，形成了更大的扩散效应，从而产生了面上的扩散效应，形成了区域内的城镇化和交通运输网络的高度密集与现代化，最后达到点、轴、面融合的最高状态。

5.3.3 经济全球化下的区域经济空间结构演化趋势

近50年以来，交通与通信技术的迅猛发展使以往许多限制生产活动区位选择的本地化生产要素丧失了固有的垄断性，国际金融市场自由化降低了资本流通的障碍，标准化生产减少了对工人特殊技能的依赖，因此跨国公司可以在全球范围组织生产活动，但是技术创新和知识创新又极大地突出了地区企业集聚、地区创新环境的重要性。因此，在经济全球化时期，生产活动的空间区位呈现出复杂的集聚或扩散趋势，区域经济空间结构表现为特殊的形式和规律。①

在经济全球化时期，区域经济空间结构的形成与演变要受到两种力量的作用：一方面是来自国外跨国公司、外商直接投资所进行的生产活动重新定位的力量；另一方面是来自本国已有的经济基础和地方环境所形成的区位锁定的力量。在这两种力量交互作用下，生产活动的空间区位区域将呈现出复杂的集聚或扩散趋势，使该时期的区域空间结构表现为特殊的形式和特征。归结看来，在经济全球化下，区域经济空间结构演化将表现为两种主要的趋势。

1. 全球经济活动空间联系趋向于网络化

从经济联系的角度看，随着运输和通信技术的进步，距离的阻隔作用日益削弱，全球经济趋向于一种网络化的结构。该网络由经济活动集聚的节点和连接节点间的通信、运输通道构成，每一个节点由都市区和围绕它的腹地构成，每一个都市核心都是相互交织的经济活动专业化和辅助型的网络中心，并伴随有大的、综合性地方劳动力市场，而且每一个劳动力市场都是经济权力的中心和投资回报递增中心。电子通信通道、主要的贸易通道则构成了网络的经纬。欠发达地区由于无力建设基础设施以吸收经济扩散，经济发展缓慢，从而被排除在网络之外，但是也不排除欠发达地区内一些相对繁荣和具有机遇性的小岛，成为该网络体系上的一个节点。

在这个联系网络中，城市是网络的节点，城市的功能就是网络的服务中心、管理和控制中心。在网络中，每个城市都担负着一定的功能，每个城市的功能均不一样，依据其在网络中的位置和协调控制网络的能力，具有不同的重要性，并构成了世界城市等级体系。世界城市等级体系主要包括三级：最顶层是全球性管理中心，这里集中了许多跨国公司的总部及相应的服务机构和基础设施；次一级是地区性的金融、管理和服务中心，其作用是协调和传达上下层的关系与信息；第三级是一些具体进行生产和装配的城市。

① 参见马丽、刘毅主编：《经济全球化下的区域经济结构演化研究评述》，载《地球科学进展》，2003（2）。

全球城市是位于该联系网络最核心的节点，是公司总部、国际金融服务、先进的制造业生产、先进的通信设施以及其他服务性社会和自然基础设施的高度集中点，是“命令—控制”职能的集中地。目前，纽约、东京和伦敦便是全球国际金融和国际性服务与顾问公司的主要中心。此外，还有一些二级中心，如香港、法兰克福、巴黎、洛杉矶等金融或国际企业服务中心。

2. 经济活动空间分布的不均衡

即使跨国公司在一定程度上实现了生产和销售活动的全球化，但真正意义上的跨国公司并没有出现。大多数产业集团的跨国活动仍然依靠强大的国内基础；对外直接投资高度集中在发达国家内部，除少数新兴工业国家外，第三世界无论在投资上还是在贸易上依然处于边缘化地位；所有贸易、对外直接投资和技术的流动，都向三极地带（以美、日、德为中心的发达工业国家）集中，这一趋势超过了其他一切全球化趋势。因此，经济全球化并没有导致经济活动的完全分散，区域空间结构没有走向完全的系统平衡，而是更加趋于集中化。

在经济全球化下，每一个区域的经济发展都受到全球其他地区的威胁和挑战。现代通信和交通技术的进步促进了全球各点之间的联系，但各种社会和经济交易依旧存在各种问题，在某种意义上这些问题使它们需要超脱距离的束缚，需要建立更有效的内部联系。因此，一方面，人口与物资的流动越来越迅速、方便和可靠；另一方面，这种趋势强化了某些区域的区位优势，使之成为经济贸易的集中地，或更凸显了某些区域的区位或制度劣势，使之成为经济活动的“死角”。不同地区，由于其地方经济基础、经济发展历史、劳动力市场发育程度和制度环境的差异，在全球经济分工中承担的角色不同，享受经济全球化的利益分配也不同，从而使全球经济活动的空间分布呈现不均衡的形态。

5.4 区域经济的空间开发模式

本节介绍增长极开发模式、点—轴开发模式和区域网络开发模式三种区域经济的空间开发模式。

5.4.1 增长极开发模式

增长极开发模式是增长极理论在地区开发布局实践中的应用。增长极理论自被佩鲁提出以来，经过许多学者的努力得到了完善。

1. 增长极理论的基本内涵

经济增长极理论是20世纪40年代末50年代初西方经济学家关于一国经济平衡增长

抑或不平衡增长大论战的产物。增长极理论最初由法国经济学家佩鲁提出，许多区域经济学者将这种理论引入地理空间，用它来解释和预测区域经济的结构与布局。后来法国经济学家布代维尔将增长极理论引入区域经济理论中，之后美国经济学家弗里德曼、瑞典经济学家缪尔达尔、美国经济学家赫希曼分别在不同程度上进一步丰富和发展了这一理论，使区域增长极理论的发展成为区域开发工作中的流行观点。

把握增长极理论的内涵与政策主张，关键是要搞清楚什么是增长极、增长极的形成需要具备什么条件、增长极是如何形成的三个问题。①

(1) 经济增长极就是一定区域的推进性产业。佩鲁认为，现实世界中经济要素的作用完全是在一种非均衡的条件下发生的。增长并不是同时在任何地方出现，它以不同强度首先出现在增长点或增长极上。增长极通过吸引力和扩散力作用不断扩大自身规模，对所在部门和地区产生支配性影响，从而不仅使所在部门和地区获得优先增长，而且能够带动其他部门和地区的迅速发展。

(2) 经济增长极的形成需要三个初始条件。佩鲁认为，增长极的形成应具备以下三个条件：一是在该地区有足够创新能力的企业和企业家群体。具有创新能力的企业在一些区域的集聚和优先发展，恰似"磁场极"的多功能的经济集聚中心，意即增长极。而具有创新精神的企业家则是创新型企业的主体，可以带动企业进行技术创新和制度创新。他们不仅能使有创新能力的企业不断发展，而且能带动一批追随和模仿创新企业的新企业不断涌现，即增长企业。二是要有一定的规模经济效应。增长极所在区域不仅要集中一批创新型企业和产业部门，而且要有效吸引资本、技术和人才等生产要素集聚。这一集聚现象产生的经济中心，如同一个"磁场极"，对周围产生强大的吸引和辐射作用，并带动周围的经济增长。三是要有适宜的经济增长环境，这既包括能源、交通、通信、社会服务等基础设施环境，也包括政治、经济、法律、文化、社会风气、习俗等非物质因素方面的环境。

(3) 经济增长极的形成。首先是自发的经济增长极。佩鲁认为"经济空间"存在若干中心、力场或极，并产生类似"磁极"作用的各种离心力和向心力，从而产生相互联合的一定范围的"场"，且总是处于非平衡状况的极化过程之中。极化的结果则是一些推进型企业或创新型企业在一定区域的集聚和优先发展，从而形成恰似"磁场极"的经济中心。它不仅促进自身发展，而且以其吸引和扩散效应带动其他部门与地区发展。

其次是由计划建立的诱导的经济增长极。在佩鲁之后的一些学者看到了由市场自发形成的经济增长极总是倾向于扩大而不是缩小区域经济差距。缪尔达尔和赫希曼都认为，任由市场机制的自发作用"回波效应"（极化效应）总是大于"扩散效应"（涓滴效应）。因而，为防止区域差距过于悬殊，不应消极等待"扩散效应"，而应由政府采取积极的干预政策，刺激落后地区的发展。此后，劳埃德·罗德温提出"集中的非中心化"区域发展理论，旨在强化"扩散效应"，遏制"回波效应"，并主张在边缘落后地区建立新的增长极或增长中心，使发达地区老增长极和落后地区新增长极协调发展。

① 参见任军、马咏梅等：《增长极理论视角下的我国中、西部增长极战略布局》，载《税务与经济》，2008 (4)。

2. 增长极理论的应用及评价

(1) 增长极理论的应用。增长极对地区经济增长产生的作用是巨大的，主要表现在：第一，区位经济。区位经济是由于从事某项经济活动的若干企业或联系紧密的某几项经济活动集中于同一区位而产生的。例如，某一专业化生产的多个生产部门集中在某一区域，可以共同培养与利用当地熟练劳动力，加强企业之间的技术交流和共同承担新产品开发的投资，形成较大的原材料等外购物资的市场需求和所生产产品的市场供给，从而使经济活动活跃，形成良性循环。区位经济的实质是通过地理位置的靠近而获得综合经济效益。第二，规模经济。规模经济是由于经济活动范围的扩大而获得内部费用的节约。如可以提高分工程度、降低管理成本、减少分摊广告费和非生产性支出的份额，使边际成本降低，从而获得劳动生产率的提高。第三，外部经济。外部经济效果是增长极形成的重要原因，也是其重要结果。经济活动在某一区域内的集聚往往使一些厂商可以不花成本或少花成本就能获得某些产品和劳务，从而获得整体收益的增加。

增长极理论提出后，被许多国家用来解决不同的区域发展和规划问题。20 世纪 70 年代以后，增长极理论曾广泛应用于不发达经济和不发达地域经济发展，成为指导经济发展的重要工具，许多国家试图运用这一理论消除落后地区的贫困，促进各地区经济协调发展。在一些发达国家和不发达地区也曾收到一定的效果，其中取得较大成功的国家有巴西和马来西亚。

就巴西而言，它在东南部地区经济发展时期，采取种种激励手段来刺激亚马孙河流域等落后地区的经济增长。如把首都从繁荣的里约热内卢迁往落后的巴西利亚，修建贯穿亚马孙河流域的公路体系，鼓励向落后地区移民，同时，重视落后地区的自我发展能力，开辟新工业区，利用优惠政策吸引外来投资，开辟内地自由贸易区等。在政府政策的扶持下，位于亚马孙河中游的"玛瑙斯自由港"成为巴西最大，也是全世界最大的经济特区。它被作为推动巴西中西部经济发展的增长极和辐射中心，有效地带动了周边地区经济的发展。

马来西亚的经济发展政策就是以增长极理论为基础，采取的政策符合自身国情，既充分发挥增长极的扩散效应，又力求克服其不利的回波效应，既考虑到地区优先发展战略，又兼顾了落后地区的发展，从而较好地解决了地区发展差距和地区收入差距问题。

(2) 增长极理论的优势。增长极理论提出以来，被许多国家用来解决不同的区域发展和规划问题，这是因为它具有其他区域经济理论所无法比拟的优点：第一，增长极理论对社会发展过程的描述更加真实。新古典经济学者信奉均衡说，认为空间经济要素配置可以达到帕累托最优，即使短期内出现偏离，长期内也会回到均衡位置。佩鲁则主张非对称的支配关系，认为经济一旦偏离初始均衡，就会继续沿着这个方向运动，除非有外在的反方向力量推动才会回到均衡位置。这一点非常符合地区差异存在的现实。第二，增长极概念非常重视创新和推进型企业的重要作用，鼓励技术革新，符合社会进步的动态趋势。第三，增长极的概念形式简单明了，易于了解，对政策制定者很有吸引力。同时，增长极理论提出了一些便于操作的有效政策，使政策制定者容易接受。例如，佩鲁认为，现代市场充满垄断和不完善，无法自行实现对推进型企业的理性选择和环境管理，因此，提出政府应对某些推进型企业进行补贴和规划。

(3) 增长极理论的缺陷。很多国家的实践表明，增长极理论指导的区域发展政策没有引发增长极腹地的快速增长，反而扩大了它们与发达地区间的差距，尤其是城乡差距，所以 20 世纪 70 年代以来增长极理论的有效性受到怀疑，究其原因，增长极理论的主要缺陷有：

第一，增长极的极化作用。增长极主导产业和推动性工业的发展，具有相对利益，产生吸引力和向心力，使周围地区的劳动力、资金、技术等要素转移到核心地区，剥夺了周围区域的发展机会，使核心地区与周围地区的经济发展差距扩大，这是增长极对周围区域产生的负效果。

第二，扩散阶段前的极化阶段时间过于漫长。扩散作用是极化作用的反向过程，两者作用力的大小是不等的。缪尔达尔认为，市场力的作用通常是倾向扩大而不是缩小地区间的差异，在增长极作用过程中，如果不加强国家干预，回波效应总是大于扩散效应。但赫希曼认为，增长的累积性不会无限地进行下去，从长期看，地理上的扩散效应将足以缩小区域之间的差距。1979 年，布赛尔在其论文《增长极：它们死了吗》中，提出扩散效应和回波效应随时间推移而变化的观点。无论哪种观点，增长极的扩散效应不可否认，扩散阶段前的极化阶段是漫长的也毋庸置疑。然而，要度过这个漫长时间，落后地区的人民要继续忍受贫困，政治不安定因素也可能增加。讲求政绩的政府官员在短期内看不到政策的显著效果，也一定程度上阻碍了增长极政策的实施。

第三，推动性产业的性质决定增长极不能带来很多就业机会。推动性产业是同主导产业紧密配合的新兴产业，具有很强的技术创新能力，属于迅速增长的企业类型，而且具有较大的规模。推动性产业的性质决定了增长极一般以现代工业为目标，技术装备和管理方法较为先进，因此培育增长极并不可能解决很多的就业问题，反而容易形成“飞地”型的增长极。

第四，新区开发给投资带来一定难度。从投资商角度看，增长极一般以城镇为依托，又常不在已有建成区，这些地方交通一般不便，生活服务设施相对较差，投资者往往不愿意为这种新区投资，而基础设施的建设需要政府的投入，如果政府不采取积极的态度，增长极政策的实施将遇到很大困难。

第五，增长极理论是一种“自上而下”的区域发展政策，它单纯依靠外力（外来资本以及本地自然资源禀赋等），可能造成脆弱的国民经济。在全球化与本地化趋势并存的世界经济中，寻求依靠内力发展地方经济的道路，以知识和技术为本的区域发展战略越来越受到很多国家政府的重视。

5.4.2 点—轴开发模式

1. 点—轴开发理论概述

点—轴开发理论最早由波兰经济学家萨伦巴和马利士提出。我国学者陆大道在深入研究区域发展战略的基础上，结合我国区域发展实践，提出了点—轴理论。它是在增长极理论、中心地理论和生长轴理论等理论基础上发展起来的。点—轴开发理论的基本思路包括以下几个方面：首先，在一定区域范围内，选择资源较好、具有开发潜力的重要

交通干线经过的地带，作为发展轴予以重点开发；其次，在各发展轴上将中心城市确定为重点发展的增长极，确定其发展方向和功能；最后，确定增长极和发展轴的等级体系，集中力量重点开发较高增长极的中心城市和发展轴，随着区域经济实力的增强，开发重点逐渐扩散到级别较低的发展轴和中心城市。

点—轴系统中的“点”是各级中心地，即各级中心城镇，是各级区域的集聚点，也是具有较强的创新能力和增长能力、能带动区域经济发展的各类区域增长极。其特点为：第一，科技水平相对较高，是所在区域的创新中心；第二，主导产业明确、与周边地区产业关联度高的产业综合体；第三，在某一方面或几个方面具有突出的优势，在区域竞争中具有明显的比较优势；第四，基础设施条件优越，交通、能源、水资源等供应体系完善。

点—轴系统中的“轴”是指连接各增长极的线状基础设施，包括水陆交通干线、动力供应线、水源供应线及其沿线地带，在一定的方向上连接若干不同级别的中心城镇形成的相对密集的人口和产业带。其特点如下：第一，资源开发、产品和劳务生产流通的基地可能是同一种类、同一层次的，也可能是不同种类、不同层次的；第二，处在水、陆、空交通干线上，有相对发达而稠密的运输网，把这些生产流通基地连成线，缩短空间距离并节省时间。

2. 点—轴空间结构系统的形成过程

社会经济点—轴空间结构系统的形成主要有四个阶段，在生产力水平低下、社会经济发展缓慢的阶段，生产力是均匀分布的（见图 5—4a）。到工业化初期阶段，随着矿产资源开发和商品生产的发展，在 *A*、*B* 两点出现了城市（见图 5—4b），*A*、*B* 两点之间的交通线也得到加强。由于集聚因素的作用，各种生产要素和经济设施继续在 *A*、*B* 两点集中，单一的交通线也发展成为包括各种运输方式和动力输送、通信联络等线状技术束（见图 5—4c）。在沿线的 *C*、*D*、*E*、*F*、*G* 各点也开始形成一些新的集聚，交通线也得到相应延伸。进一步的发展使得 *A* 点和 *B* 点集聚成为最大的经济中心，大量的人口和经济单位向 *A*—*M*—*H*—*N*—*B*—*C* 沿线集中，使沿线变成发展条件最好、效益水平最高、人口和技术经济集中的发展轴线（见图 5—4d）。在 *A*、*B* 和 *H* 三点还各出现了一个其他方向的较低级发展轴线，整个系统成为一个大的产业密集带。

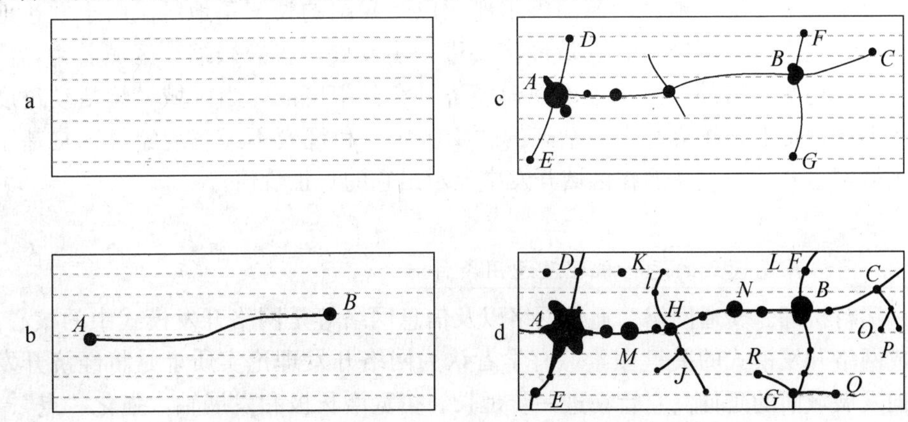

图 5—4　“点—轴”空间结构系统的形成过程

资料来源：陆大道主编：《区域发展及其空间结构》，108 页，北京，科学出版社，1995。

3. 点—轴开发模式的评价

点—轴开发模式既重视发挥中心城市的作用，又注意经济布局与线状基础设施之间的最佳组合，是一种有效的经济空间组织形式。点—轴开发模式提出后，立刻为理论界所接受，并广为应用。沿海和长江沿岸形成的“T”形地域，也成为我国经济发展最重要的两条主动脉。

点—轴开发模式的缺点在于它忽视了州县地带经济发展的不均衡性，经济发展水平不同的地区，因采用不同的发展形式、不同的产业类型，其空间发展的形式也不同。在幅员辽阔的中国，仅靠沿海和沿长江两条轴线带动，很难取得预期效果。另外，轴线和据点的等级划分，尚未有明确的标准和原则，因而带有一定的主观随意性。

5.4.3 区域网络开发模式

1. 区域网络开发模式的基本概念及内涵

网络开发模式是指当区域经济发展到一定程度时，可以依托已经建立起来的点—轴等级体系，发挥各级增长极对周围腹地经济发展的组织与先导作用，推动城乡经济一体化进程。同时，以各级轴线为基础，建立起各类要素的流通或网络传递，把各个地区连接在一起，逐步实现区域内经济一体化。网络开发理论是在点—轴开发理论的基础上发展起来的，是点—轴开发理论的延伸和继续，也是经济较发达地区实现区域整体均衡发展的有效方法。这里的网络是指一定区域内节点与节点之间及轴线之间经纬交织而发展成的点、线、面统一体。其中，节点是指区域内部的增长极，也就是各级中心城市和城镇。相互交叉的轴线则是指在节点间起连接作用的线状通道，比如铁路、公路、信息网络等基础设施。区域网络经济是高效率的经济，作为网络节点的各级城市，通过集聚与扩散效应，使人流、物流、信息流在区域内外迅速传输和回馈，从而保证了整个经济网络系统的高效运行。一般而言，一个地区应该在经过较长时间的增长极开发和点—轴开发阶段以后，在经济社会发展到一定程度的基础上才能适用此开发模式。比如美国东北部地区、日本太平洋沿岸地区、德国鲁尔地区以及我国的长三角地区。由于发达地区的区域经济已达到高度发展阶段，区域经济要进一步发展，就必须缩小区域差距，使经济在空间上达到均衡。另外，由于集聚规模经济是有其限度的，当区域经济活动过度集聚在少数的点和地带上，将会产生一系列的“膨胀病”和规模不经济现象。正是基于上述原因，区域网络开发模式才能在区域开发中显示出它的真正价值。①

2. 网络开发模式的运行机理及适用条件

（1）运行机理。交通网络、通信网络以及信息网络等是网络开发模式中的核心部分，它们构成网络开发模式的关键因素。有学者认为网络开发理论实质上是将经济开发由发展轴线向发展域面的延伸。它旨在进一步延长、拓宽增长极和发展轴，强化“点”、“轴”

① 参见王静：《区域经济发展中网络开发战略模式研究》，载《陕西教育学院学报》，2007（1）。

在经济发展中的辐射功能。通过网络发展，逐步实现区域经济的均衡协调发展。

当一个区域的经济活动都集中在一个狭小的地域范围内，并且当这种集中的规模达到一定程度以后，必定会产生一种集中的规模不经济，如土地价格的上涨、房地产价格的上涨等。所以区域发展到达一定阶段后，必须要进行网络开发。这种网络的开发有两个方面的任务：一是对老区进行整治，进行再开发。中心环节就是对它的产业结构、空间结构进行调整，大力发展高新技术产业，要发展现代都市产业，不能发展一般性的、有一定技术含量的加工制造业，这些产业要向其他地区转移。二是要对新区进行开发，应选择一些重点的开发路线、重点地区进行开发，这样更能构成一个区域开发的网络，经济发展才能达到均衡。学者认为网络开发理论是在一个区域的经济发展到一定阶段以后，这个地区形成了增长极（即各类中心城镇）和增长轴（即交通沿线），增长极和增长轴的影响范围不断扩大，在较大的区域内已经形成了商品、资金、技术、信息、劳动力等生产要素的流动网及交通、通信网。在此基础上，网络开发理论强调加强增长极与整个区域之间生产要素交流的广度和密度，促进地区经济一体化，特别是城乡一体化。同时，通过网络的外延，加强与区域外其他区域经济网络的联系，在更大的空间范围内，将更多的生产要素进行合理配置，促进区域经济的全面发展。

(2) 适用条件。就目前而言，学者普遍认为网络开发模式属于较高层级的开发模式，一般要在区域经济发展到一定阶段并具备相应的条件以后才能适用该开发模式。魏后凯认为，网络开发模式的运用有其具体的前提条件：第一，要经过前两个阶段的开发，即要经过增长极开发和点—轴开发两个阶段以后才能运用网络开发；第二，一个地区的经济实力已经达到一定阶段，综合经济实力较强，有较好的经济基础；第三，这个地区应该进入工业化的中后期阶段。

3. 区域网络开发模式的实践意义及评价

网络开发理论的最大特点在于它有利于缩小地区间发展差距，促进区域整体均衡发展。增长极开发、点—轴开发都是以强调重点发展为特征，在一定时期内和一定条件下会扩大地区发展差距，而网络开发是以均衡分散为特征，将增长极、增长轴的扩散向外推移。该理论一方面要求对已有的传统产业进行改造、更新、扩散、转移；另一方面又要求全面开发新区，以达到经济布局的平衡。新区开发一般也是采取点—轴开发模式，而不是分散投资，全面铺开。这种新旧点—轴的不断渐进扩散和经纬交织，逐渐在空间上形成一个经济网络体系。网络开发模式一般适用于经济较发达地区或经济中心地区，在不发达地区不宜应用。网络开发理论注重于推进城乡一体化，加快整个区域经济全面发展。因此，该理论应在经济发展到一定阶段、区域之间发展差距已经不大、区域经济实力已允许较全面地开发新区的时候应用为宜。网络开发理论在发达地区应用取得了较好的效果，在我国珠江三角洲、长江三角洲地区，经济发展已达到了较高水平，网络开发已成为当地发展模式的主要选择。这一地区是我国城镇化水平最高，城乡差别最小的地区。选取网络开发模式的主要动因有两个：一是中心城市的生产成本日益加大，在利润最大化规律的作用下，生产要素向相对便宜的落后地区扩散和发展更加有利可图。二是当地政府的主动参与。政府加大了对不发达地区的基础设施投入，引导资金流向未开发地区，推进了城乡经济一体化发展。

从促进区域经济开发的角度审视，区域网络开发理论的局限性仍然是比较明显的。这主要表现在以下几个方面：首先，网络开发理论忽视了不同区域在不同历史条件下开发所面临的具体情况，把区域开发的条件和阶段人为地固定化、模式化，把区域开发模式的应用与区域发展阶段一一对应，这种认识过于武断和教条，不利于区域开发实践；其次，缺乏系统性区域开发的思路，即理论出发点和逻辑起点缺乏系统性的指导，没有真正有效的切入点，可操作性差；最后，以西部地区开发为例，如果把西部地区的主要大中城市及其所辖郊区作为一个个增长极，把连接各个城市的公路、铁路等交通网络、通信网络及信息网络作为网络连接通道，就可以构成一个增长极网络。由于这些城市群地区是西部发展条件相对最好的地方，经济发展水平较高、基础设施完善、科技创新能力强，因此，有学者认为我国西部地区也具备了适用网络开发模式的条件，不能教条地认为网络开发模式必须要经历了增长极开发和点—轴开发阶段以后才能运用。

5.5 案例分析

5.5.1 新区域发展规划出台

2009 年国际金融危机的冲击使得我国外向型经济发展遭遇困难，为了应对危机的冲击，国家密集地批复实施十余个重点区域的发展规划和区域性应对危机的举措，并将其统一纳入国家总体战略的范畴，包括《国务院关于支持福建省加快建设海峡西岸经济区的若干意见》、《江苏沿海地区发展规划》、《横琴总体发展规划》、《关中—天水经济区发展规划》、《辽宁沿海经济带发展规划》、《促进中部地区崛起规划》、《中国图们江区域合作开发规划纲要》、《黄河三角洲高效生态经济区发展规划》、《鄱阳湖生态经济区规划》、《甘肃省循环经济总体规划》、《国务院关于推进海南国际旅游岛建设发展的若干意见》、《皖江城市带承接产业转移示范区规划》等。由于这些重点区域所具备的优势条件，加快其开发步伐不仅有利于促进区域协调发展，还能够通过一些重大项目的建设带动更大区域发展，减弱金融危机对我国的不利影响。在此背景下，区域规划同产业振兴规划双双被赋予保证经济稳步增长、推动经济转型的重任。

1. 各类新区域规划推出的背景

从 20 世纪 90 年代末开始，我国陆续出台了西部大开发、促进中部崛起和振兴东北等老工业基地等区域发展战略。这些战略的实施成效明显。但中国地域范围广大、地理差别明显，为了使这些战略能够更好地落到实处，产生更大的成效，自 2008 年下半年以来，我国相继批复了十多个区域规划性和指导性文件，出台速度和力度都前所未有。中央如此密集地出台区域规划有三个主要背景①：第一，国家对区域协调发展越来越重视。此时正值区域发展的高潮，已经由过去重视产业发展转向重视空间布局的优化。第二，这是中央与地方共同作用的结果。在区域规划的实施中，既有中央从全局性利益考虑，也有地方利益的驱动，但是，很大程度上是中央与地方合力的结果。在新区域规划中，不是要给地方区域多少政策优惠，而是要给予地方更多的制度创新和实验的自主权力。第三，目前的中国区域经济发展进入新的重要转折时期，由主要依靠东南沿海的珠三角、长三角等一两个地区的单极驱动逐渐转变为依靠多元化驱动，未来中国经济发展将依靠包括中西部在内的更多地区的经济增长极来支撑。

探究2009年我国密集出台区域规划的原因，需要从区域经济发展的外因和内因来分析。从外因来分析，2009年受国际金融危机冲击，国外市场萎缩，传统外贸依存型增长方式难以为继，尤其我国东部地区的经济发展受冲击最大，这就需要在更大的区域范围找到新的经济增长极，以解决我国经济社会发展面临的问题。寻求新经济增长点不仅需要依托于产业发展，也需要依托于区域发展。从内因来分析，以国家全局战略为维度，改革开放30多年来，我国经济经历了飞速发展阶段，但是经济增长的方式却存在着土地粗放利用、资源开采过度、环境破坏严重等问题，从长远来考虑，需要加强对区域发展的规划和指导。因此，在“十二五”来临之际，中央政府深谋远虑，在全局上推进地区经济发展向更高质量和效益迈进。以各区域自身发展需求为维度，我国各个区域经过多年的发展，已积累了一定的基础，现在面临着进一步提升的任务，这就需要更长远的战略定位和发展构想。在国家振兴东北老工业基地、西部大开发和促进中部崛起等政策刺激下，这些地区发展较快，具有了升级腾飞的内在动力和需求，从某种意义上说，新出台的规划是这些政策的延续和深化，也更加具体，更有针对性。

2. 新一轮区域规划的基本思路、发展机制、战略定位与内容

（1）新一轮区域规划的基本思路。根据国家发改委相关部门领导的解释，作为国家战略的新一轮区域规划，始终按照三条线索来推进②：基于加快重点地区发展、基于落实重大发展战略、围绕地区区域开拓空间。考察新一轮13个区域规划的战略定位和内容，可以发现区域发展战略的确遵循着这样的轨迹来进行。其中重点地区开发包括了两个方面：一方面，要有利于条件较好地区率先发展和加快发展，推动包括长三角、珠三角地区继续加快发展、率先开发开放。另一方面，要推动欠发达地区、贫困地区后来居上，实现跨越式发展，比如关于促进广西发展的意见、关于促进宁夏发展的意见等。落实国家提出的重大改革和发展战略，比如资源节约型战略、环境友好型战略、产业转移战略、开发开放战略等，以及《黄河三角洲高效生态经济区发展规划》、《青海省柴达木循环经济试验区总体规划》、《鄱阳湖生态经济区规划》、《皖江城市带承接产业转移示范区规划》、《促进中部地区崛起规划》、《国务院关于支持福建省加快建设海峡西岸经济区的若干意见》、《横琴总体发展规划》等；围绕地区区域开拓空间，在于打破行政区划的阻隔，通过综合功能的开发促进区域一体

① 参见陈秀山、赵霄伟主编：《区域规划密集推出重构区域经济格局》，载《领导之友》，2010（2）。

② 参见戚常庆、李健：《新区域主义与我国新一轮区域规划的发展规划》，载《上海城市管理》，2010（5）。

化发展，如《江苏沿海地区发展规划》、《关中—天水经济区发展规划》、《辽宁沿海经济带发展规划》、《中国图们江区域合作开发规划纲要》等。

（2）新一轮区域规划的发展机制。从推进主体来看，2009 年至今出台的众多区域规划，地方政府是最为主动的力量。随着国家对于区域规划与发展的重视，主体功能区规划在“十一五”规划中首次提出，到 2007 年党的十七大提出建立主体功能区布局的战略构想。主体功能区主要是从国家角度进行划分的，但主体功能区的规划建设在一定程度上对地方经济的发展有所限制，特别是在区域产业布局、财政和投资、土地和人口管理等重大社会内容的调控上。

反观本轮上升到国家战略的区域规划，不完全是中央部门提出来的，大部分是地方主动提出而后获得中央部门的认可的，这反映出地方发展经济的主动性和积极性。由地方率先提出进而由中央政府出台相关区域振兴规划，更加符合地方发展的实际需求和利益。因此，新一轮区域规划是中央与地方政府协调的结果，但所有的发展必须瞄准国家重大战略方向。

此外，新一轮区域规划体现出中央政府在干预区域经济政策的思路上发生重大变化：从“自上而下”到“自下而上”区域开发战略的转型。区域规划由地方政府主导并上报中央政府批复，使之具有国家战略层面的意义，这更有利于发挥地方政府的积极性、主动性和创造性。

（3）新一轮区域规划的战略定位与内容。新一轮区域规划的战略定位与内容是和区域规划的基本思路一脉相承的，特别是在加快重点地区的发展与产业升级，推进落实重大国家战略实施、推动区域功能整合等方面。

首先，新一轮区域规划体现了区域规划和产业振兴规划共同促进经济发展方式的转变。产业规划直接着眼于产业升级和产业调整，而结合产业升级和产业调整的区域规划政策更具有宏观战略性与针对性，以促进产业结构调整升级。如《珠江三角洲地区改革发展规划纲要（2008—2020 年）》提出建设世界先进制造业和现代服务业基地、全国重要的经济中心。

其次，促进特色区域板块的崛起。从区域规划的战略定位与内容考察，多个区域规划都有各自期望和战略重点，政府希望通过整体布局，实现板块间的相互协作和良性互动。如海西经济区要发挥独特的对台优势，努力构筑两岸交流合作的前沿平台；辽宁沿海经济带要起到拉动东北地区经济发展的作用；江苏沿海地区的发展有利于提升江苏经济社会整体发展水平、缩小苏南苏北发展差距。

最后，在科学发展观指导下，根据资源环境的承载力、开发条件和潜力，确定体现区域经济特色的战略目标定位，并对产业布局、基础设施、生态环境和社会发展做出统一、合理部署和谋划。如《黄河三角洲高效生态经济区发展规划》、《鄱阳湖生态经济区规划》、《关中—天水经济区发展规划》等，都明显突出了生态经济、可持续发展等主题。

5.5.2 中国区域经济一体化发展趋势

区域经济一体化是一国经济发展中必然经历的过程，是经济发展和经济空间作用的

必然结果。李嘉图等经济学家认为比较优势及要素禀赋差异决定区域分工内在机制和必然性。弗里德曼、陆大道等学者的研究表明，随着经济的发展，区域经济将从独立的地方中心发展到功能相互依存的城市体系，形成有组织的综合体所经历的四个阶段。我国正处于第三阶段向第四阶段的过渡阶段，将由简单的中心—边缘关系转变为多极结构，并逐步形成功能相互依存的城市体系。

新区域规划相关文件的出台，彰显着我国区域经济一体化的快速发展。区域经济一体化是这样一个过程，随着区域经济的发展，地理上相互临近、原本孤立发展的地区间经济交流逐渐频繁，经济分工合作日趋深入，经济联合发展与区划分割矛盾日益突出。为解决这一矛盾，进一步实现区域经济联合发展所带来的经济利益，地区内行政单位协同行动，逐渐消除市场流通壁垒，降低区域经济发展成本，提高区域经济发展效率，进而协调各成员的社会经济政策，最终实现经济发展的一体化。①

1. 中国区域经济一体化的快速发展及其表现

中国区域经济一体化快速发展具体表现在三个方面。

第一，区域基础设施一体化持续进行。从国外的发展经验来看，区域基础设施的一体化主要是指通畅的区域交通体系和完整的城市信息系统。交通一体化是实现区域经济一体化的前提和基础，信息一体化则是经济一体化的重要支撑。目前，中国区域交通一体化正在向深度和广度持续进行。在长江三角洲地区，交通一体化已经进入实质阶段。在高速公路一体化发展的珠三角地区，轨道交通规划方案已经出台，基本覆盖珠三角区域县级以上城市；在京津冀地区，城际客运铁路专线已经建成，基本上实现了京津一小时互通，而京津冀11条快速通道的规划建设，将连接整个京津冀地区；长株潭城市圈已实现公共交通一体化；武汉城市圈等地区交通一体化也提上日程。区域信息一体化的发展则表现出不同的区域特征。长三角地区正推进“长三角城市互联网络交换中心”建设；珠三角地区拟打造珠三角一体化的新起点；武汉城市圈中远期通信发展的构想，是要建设数字城市与网络城市圈，使城市圈网络基础设施建设走在全国前列。

第二，区域市场一体化深入发展。市场一体化是推动区域经济一体化发展的另一个动因，它是区域生产要素顺畅流通和经济一体化的重要保障。我国区域市场一体化正在政府作用与市场作用的合力下深入发展，并出现整体推进和部分先行两种模式。长三角地区市场一体化总体推进特征明显，苏浙沪致力于打造“三个统一”的大市场格局，包括统一的市场准入政策、统一的市场执法标准和统一的市场法制环境。在统一的市场准入政策方面，三地工商局联合发布了“长三角工商一号、二号文件”，出台了《公司股权出资登记试行办法》和《苏浙沪三省市外商投资企业登记注册合作交流六项措施》。武汉城市圈也出台了《武汉城市圈市场主体准入一体化试行办法》，统一了城市圈内的市场准入条件，打破了以往各自为政的行政区划限制，大幅度放宽了企业名称的行业限制。珠三角地区和京津冀地区则为部分先行，旅游市场一体化得到了深入发展，其中，珠三角市场一体化合作范围已延伸至泛珠三角地区，人才市场一体化有望先行。此外，重庆、

① 参见杨睿辰：《推动中国区域一体化发展的三大因素分析》，载《高科技与产业化》，2008（11）。

四川、云南、贵州、广西和西藏签署《西南六省区市关于共同构建统一开放市场的协议》，规定六省区市打破地方保护和地区封锁，在区域内相互投资经营的投资者享受同等的市场准入优惠政策，及时互通各类市场主体准入及准入后的动态情况。

第三，区域产业一体化形态初现。产业一体化是区域经济一体化的重要表现形式和关键点。目前，我国区域内及区域间产业垂直分工逐渐成形，产业统一布局正成为一体化的重要突破口。在长三角地区，市场主导的产业的分工协作正在形成，上海与江浙的分工，总体上是创新先导、产业龙头与生产基地的协作配套关系，上海侧重发展高科技产业和高端服务业，江浙主要发展先进制造业和现代服务业。京津冀产业一体化表现为产业转移的双向对接。北京和天津的连线是未来两城市的产业带和发展带。北京与河北区域分工也在产业转移中得到体现，除了首钢，包括北京焦化厂在内的一大批老企业完成了从北京到河北的迁移。不少成长起来的河北民企的视野日益国际化，华龙、神威、海湾、恒利等急需扩张生存空间的河北民企近年来纷纷“进京”。在垂直化分工条件较好的长株潭城市圈和武汉城市圈等地区，正逐渐形成产业的统一布局。长株潭将统一规划产业布局、统一产业政策、统一整合资源，构建四大产业群体，形成三市合理分工、优势互补的区域产业发展新格局。武汉将在圈内9个兄弟城市中率先打造钢铁、服装、农副产品三大产业走廊，实现产业统一布局，扩大为武汉相关龙头企业配套服务的规模，实质性地推进产业链向城市圈延伸。

2. 三大因素将促进中国区域经济一体化持续发展

第一，经济发展思路转变对区域经济一体化形成的刺激。区域协调发展的提出以及国家区域发展战略的深化，将刺激中国区域经济一体化快速发展。在经历了非均衡发展所导致的资源浪费、引发的资源与环境等矛盾后，中国改革进程正从不平衡发展转向协调和全面发展，区域协调发展成为重要内容。在我国“十一五”经济发展规划中，首次将区域规划摆在了突出位置，并提出了四大战略区域、四大机制和四大主体功能区的战略构想。经济发展思路的转变，无疑给出这样一个信号：区域协调发展将成为中国经济发展的重要任务，今后政策的作用对象将更多为区域而非单个行政单位，地方经济发展需要有更多的区域协同内容，这给了地方政府更多的合作的动机，为地方政府的合作提供了更多的支持，也使得地方政府合作热情高涨。

第二，中心城市扩散效应增强对区域经济一体化的促进。区域中心城市是一个地区经济发展的先行地区，作为区域经济的增长极，扩散效应逐渐大于极化效应是区域中心城市对其经济腹地发展作用的普遍规律，我国中心城市扩散效应的增强，正直接改变着区域经济的合作模式。

随着中国中心城市的发展壮大，其扩散效应正逐渐增强，恰逢产业结构调整，使其产生更强烈的要素回流及产业转移，与以经济腹地的联系也日趋紧密。北京、上海等中心城市已经步入工业化后期，产业结构向以第三产业为主转变，制造业逐渐向外转移，正承担起更多的服务功能。上海市的扩散效应，对江苏省和浙江省产生了极强的带动作用。1999年，江苏省和浙江省经济发展水平均落后于上海市，三者的工业发展水平差异大、产业之间联系小，江苏省、浙江省与上海市的产业结构相似度系数分别仅为39.81%

和30.89%。2007年，这一数字已经分别上升到88.85%和69.69%，两省与上海市工业发展水平的拉近，使三者之间经济分工协作得到提升。在京津冀地区，北京市第二产业所占比重持续下降，第三产业比重持续上升。与此同时，生产要素也产生了回流。1990年，河北省全社会固定资产投资占京津冀地区的39.90%，2007年，这一数值为51.97%，北京市的相应比重则由40.35%下降到29.98%，资金流向变化明显。

中心城市扩散效应的增强，能从根本上改变区域经济一体化的发展环境，其原因在于这种扩散效应所带来的区域经济分工合作条件的优化。中心城市生产要素的回流，乃至产业的转移，将能直接提高周边地区的经济发展水平，企业“总部在内、制造在外”的“中心—外围”布局模式的日益增多，将使得中心城市与周边城市经济联系更加紧密、区域分工协作日益频繁，最终促使区域经济走向一体化。

第三，市场对区域经济一体化的强烈要求。促使中国区域经济一体化的市场因素包括国内和国外两个方面，两者都对我国区域经济一体化提出了强烈要求。在国内，市场拉动力主要体现在跨越行政区划的要素流动、生产活动的日益频繁所产生的经济一体化要求，相关利益体对其产生的强烈推动欲望不言而喻。对外经济的新一轮调整，正从侧面推动着区域经济一体化的发展。中国经济对外依存度较高，“招商引资”一度成为经济发展的主旋律，经济发展产生“一致对外”的特征，区域经济在内部发展潜力挖掘方面存在不足。如今，国际市场疲软，出口加工贸易受挫，使得我国区域经济发展视角逐渐由对外联系为主，转向对外联系与对内挖掘并举，加快了区域经济一体化发展步伐。

综上所述，我国区域经济一体化发展条件日趋成熟，驱动要素明显，将进入快速发展时期。而区域经济一体化的形成，意味着区域经济发展联动机制以及协同机制的建立，以及区域市场的一体化和产业发展的一体化，它将有利于形成我国行政调控的新载体，促成地方政府管理方式的新变革，产生企业发展的新机遇。

本章小结

区域空间结构本质上是一种空间的秩序，有广义与狭义之分，它表明了区域经济客体在区域经济空间中的相互作用及相互关系，以及反映这种关系的客体与现象的空间集聚规模和集聚程度。

节点与节点体系、线、网络和域面是构成区域经济空间结构的四种要素。在一定的区域空间，由点、线、网络以及域面之间的不同组合形成多样化的空间结构模式。区域经济空间结构的特征是：关联性、系统性、层次性、动态性和特殊性。

区域经济空间结构演化的主要机制包括：区位势能机制、集聚机制与扩散机制、空间近邻效应等。区位势能的变化可以导致一些节点城镇、产业带和经济区的兴衰，从而引起区域经济空间结构的不断变化。集聚机制和扩散机制是区域发展与区域空间结构演化的最基本力量：集聚机制使区域经济从孤立、分散的均质无序状态走向局部集聚非均衡发展的低级有序状态；扩散机制则使集聚逐步向全区域推进，最终实现区域经济相对均衡的高级有序状态。空间近邻效应是指区域内各种经济活动之间或各区域之间的空间位置关系对其相互联系所产生的影响。空间近邻效应表现为对流、传导和辐射三种形式。

区域经济空间结构经历了一个由低到高的演化过程。在这一过程中，它表现出一些内在的方向性、趋势性和规律性，即区域经济空间结构的发展处在均衡—非均衡—均衡的螺旋式循环中，区域经济空间结构演化总是遵循由点到轴、由轴到面的过程。

增长极模式和点—轴开发模式是增长极理论和点—轴开发理论应用到地区开发布局实践中形成的区域经济空间开发模式。在经过较长时间的增长极开发和点—轴开发阶段以及经济社会发展到一定程度以后，一个地区应该采取网络开发模式，以便促进区域经济的进一步全面发展。

关键术语

区域空间结构　节点　域面　网络　区位势能　集聚机制　扩散机制　空间近邻效应　对流　传导　辐射　区域空间一体化　区域经济空间开发模式　增长极模式　点—轴开发模式　网络开发模式　区位经济　规模经济　外部经济

复习思考题

1. 简述区域经济空间结构理论与古典区位理论的关系。
2. 简述区域经济空间结构的基本内涵。
3. 区域经济结构的构成要素有哪些?
4. 试述区域经济空间结构演化机制。
5. 比较增长极开发模式、点—轴开发模式和网络开发模式。

建议阅读书目

1. 陆大道主编. 区域发展及其空间结构. 北京：科学出版社，1995
2. 邓宏兵主编. 区域经济学. 北京：科学出版社，2008
3. 王世豪. 区域经济空间结构的机制与模式. 北京：科学出版社，2009

第6章 乡村与城市经济发展

6.1 乡村与城市的起源和发展

6.1.1 乡村与城市的起源

人类居住、生活和从事多种社会经济活动的地方称为聚落，又称居民点。人类聚落可以分为乡村和城市两大基本类型。城市和乡村是两个相对而言的概念，它们各自具有不同于对方的某些经济、社会、文化、景观等方面的特征，所以可以相互区别。乡村聚落的居民绝大部分以农牧渔业为主，人口特点是零星分散，有的受职业所限，至今还过着流动的生活方式，与城镇人口的集聚性和集中性形成鲜明对照。城市则是相对乡村而言具有不同外表特征和内在功能的大型聚落，是非农业人口和非农产业的集聚地，是一定地域范围的经济、社会、文化和政治中心。

乡村和城市是两个历史的、发展的概念。乡村和城市都不是从来就有的。早期原始社会的人类是地球上的游客，靠狩猎和采集植物的活动谋生。由于食物生长受地域和季节的影响，当一个群体把某一地区的食物来源消耗得差不多的时候，他们就迁移到别的地方去。人类就居住在他们所能找到的自然栖身处，利用天然岩洞等遮风避雨、抵御猛兽，居住形式基本上是巢居或穴居，所以说“上古穴居而野处”，居无定所，是流动性的。虽然也有一些人工建造的简陋小屋，但永久性的村庄大约是在1万年前的新石器时代出现的。这时人类开始从狩猎和采集经济向原始农业转变，以饲养动物和栽培植物获取食物，这为固定村落的产生提供了经济基础。同时为防备自然灾害和野兽侵袭，便于与其他集团斗争，兴修农业水利、道路等公共设施，人们结成了较大的集团。从此人们的居住形式逐渐向定居转变，产生出原始的乡村聚落，逐步进入以乡村聚居为主的乡村化阶段。农业化和乡村化是人类经济和社会生活一次划时代的转折。

乡村聚落按其居民所从事的主要农业职能可以分为农村、牧村、渔村和山村，按形态可以分为集村（即多数住宅集合在一起形成的集中村落，有块状村、列状村、环村、路村、街村等形态）和散村（即人口、耕地分散的村落，有疏村、路状疏村、孤立庄宅等形态）。也有人把乡村聚落分为集团性聚落、非集团性聚落和特殊聚落等类型。[①] 中国还按行政级别把村落划分为自然村和行政村。

城市的产生要晚于乡村。“远在城市产生之前就已经有了小村落、圣祠和村镇”[②]。社会分工和商品经济的发展是城市产生和发展的经济基础。

社会分工是指各种社会劳动划分和独立化为不同的部门或行业。社会分工使生产专业化，生产者专门生产某种产品，每一个生产者成为社会分工体系的一员，而其生产和生活又需要多种其他产品，从而形成了生产者之间互相联系、互相依存的关系，不同产品生产者之间需要互通有无，彼此需要对方的产品作为生产资料或生活资料，这就产生了交换劳动产品的需求。社会分工是商品经济产生的一个前提，剩余产品的出现并分属于不同的生产者所有是商品经济产生的另一个前提。生产资料和劳动产品属于不同的所有者，决定了交换的等价性。社会分工使商品交换具有必要性，剩余产品归不同所有者所有则使商品交换成为可能。在原始公社末期，原始部落之间由于剩余产品的出现就出现了偶然的物物交换。原始社会末期出现的第一次社会大分工使畜牧业从农业中分离出来，于是产生了在社会分工基础上进行的更广泛的交换行为。随着生产力的进一步发展和第二次社会大分工的出现，手工业从农业中分离出来。与农业不同，手工业的生产目的不是为了生产者自身的直接消费，而是为了交换。因此，“便出现了直接以交换为目的的生产，即商品生产，随之而来的是贸易，不仅有部落内部和部落边界的贸易，而且还有海外贸易”[③]。商品生产和交换不再是偶然的，而是采取了经常化和扩大化的形式，流通也随之从生产领域分离出来，从而产生了商人，即出现了第三次社会大分工，商人从社会生产部门中分离出来，专门经营商品交换。这样，商品经济逐步形成并不断发展起来。随着生产力的发展和人们的需求日益多样化，社会分工也越来越细，交换活动越来越频繁，商品经济也就越来越发展。

商品交换需要一定的场所。最初的商品交换是偶然的、小规模的、分散的和零星的，交换的频率不高，虽有约定的交换地点，形成定期或不定期的集市，但却没有规模化、永久性的设施，商人基本上是行商。《史记》中记载的“古未有市，若朝聚井汲”，说的就是这种情况。随着分工的发展、商品交换品种的增加和规模的扩大、交换频率的提高、交易人数的增加，定期集市的周期逐渐缩短，最后发展为日日有市，手工业者和商人开始逐渐定居到集市中，行商转变为坐商，集市上有了永久性的建筑和基础设施。随着店铺和手工业作坊的逐渐增多，当手工业和商业集聚到一定程度，就产生了城市的初级形

① 参见张善余：《中国人口地理》，351页，北京，科学出版社，2003。

② 参见［美］刘易斯·芒福德：《城市发展史》，2页，北京，中国建筑工业出版社，1989。

③ 《马克思恩格斯全集》，中文1版，第21卷，187页，北京，人民出版社，1965。

态：小城镇。①

小城镇的发展具有阶段性特征。在经济、社会不发达，交通不便的时代，小城镇的规模不大、数量不多，吸引范围也很小，小城镇发展的主要特点是数量增长。《康熙字典》引《周礼·地官》记载的："五十里有市"，即当时集市的吸引范围（即其腹地）的直径在50里左右。因为一个人挑了东西一个小时大约能走5里，离集市最远的人早上从家里出发，用5个小时走25里，中午才到集市，因此中午集聚的人最多，这就叫作"日中为市"。如果顺利，中午可以卖完带来的东西，买好要买的货物，吃一顿饭往家赶，到家也是傍晚了，因而这叫作"交易而退"。但这样的小城镇，初期也并不是各地都有的，这时候还有大量的农村地区处于分散的、与城市文明相隔绝的状态。小城镇的数量是随着商品经济的发展特别是工业化的发展逐渐增加的。等到所有的农村地区都被数量不断增加的小城镇作为"势力范围""分割"完毕时，小城镇的数量就达到了极限，小城镇的数量增长就会停止，小城镇发展的主要特点将变为规模的扩大和质量的提高，随着进一步发展，小城镇的数量反而可能会减少。因为随着经济的发展和交通条件的改善，人们的日常活动范围不断扩大，从日行50里发展到日行百里、千里，交往也更加频繁，小城镇之间争夺腹地的竞争日趋激烈。那些在竞争中占了上风的小城镇的规模会不断扩大，其腹地范围越来越广，而在竞争中处于下风的小城镇则可能衰落甚至退化为乡村，此时小城镇的发展开始出现数量减少而规模扩大的特点。

随着社会分工特别是工业化的发展，部门或行业不断增加，推动了产业结构的演化升级，一些小城镇的就业人口不断增加、经济总量和交易规模不断扩大，从而逐步发展为小城市、中等城市甚至大城市。

集聚经济是城市产生和发展的动力。人口、劳动力、技术、资本等生产要素和经济活动在空间上的集中，是城市的基本特征。生产要素和经济活动在地理空间上集中的主要原因，就是集中会产生集聚经济效益。如果没有集聚经济效益，虽然有社会分工和商品经济的发展，在一个均质区域，经济活动会均匀地分布而不是集中。

集聚是工业和第三产业发展的常态，因为：第一，农业因依附于土地而分散经营，与农业相比较，工业更少受土地、气候等自然条件的制约而便于集聚。第二，分工、技术创新、制度创新是工业发展的基本形式和动力。然而分工意味着专业化、多样化和协作的同时发展，专业化经济、多样化经济和协作经济是分工经济的三个侧面。分工导致生产过程的空间纵向分解，产生企业联系与协作的空间成本和交易费用，从而引起工业的空间集聚。第三，第三产业的发展和集聚以工业的发展和集聚为基础。第二产业及人口集聚到一定程度是第三产业规模发展的门槛条件。

---

① 城市和乡村是两个相对而言的概念，它们各自具有不同于对方的某些经济、社会、文化、景观等方面的特征，所以可以相互区别。但是在城、乡两大体系之间，存在着一些过渡性社区，这些社区兼有城、乡两者的特点，而且又都不如典型的城市或乡村的特点那么明显。这些社区如果城市的特征较为突出、乡村的特征弱一些，我们可以把它们划归城市的范畴，首先承认它们基本上已经是城市了，但由于它又还不成熟，还带有较多的乡村特征，因而可以称之为"小城镇"。另外那些过渡性社区，虽然已具有了一些城市的特征，但乡村的特征更突出，如果要用一个词来与"小城镇"相对应，可称之为"村镇"，表示它首先是个村庄，但已经在从乡村发展为城市的道路上有所前进，已经带有一点城市的特征了。

集聚经济包括三个层次[①]：（1）企业内部经济，即生产要素点集聚或企业内部集聚带来的经济性。在企业内部，当产量超过一定规模后，其产品的平均成本便迅速下降，形成内部规模经济，这是由企业规模决定的集聚经济。（2）“地方化经济”，即企业外部、行业内部的集聚经济，指同一行业或一组密切相关的行业集聚在特定区域所获得的外部经济。这是由产业集聚规模决定的集聚经济。（3）“城市化经济”，即多个行业（产业）向城市地区集中后由于产业之间存在外部经济而形成的集聚经济。这是由城市集聚规模决定的集聚经济。以上三个层次的集聚经济都可能导致城市的产生和发展。如中国的大庆市就是在一个大型企业的基础上发展起来的。

城市（镇）的集聚经济效益主要表现在以下几个方面[②]：

第一，由集中所形成的大规模的本地市场有助于扩大企业规模，降低实际生产费用和销售费用。大规模本地市场的存在使生产者确信自己的商品有足够的市场，从而采用较大的、效率更高的机器，促进较高程度的专业化和企业内部分工，使大规模生产所获得的经济效益成为可能。由于企业与大规模的市场接近，也有助于降低实际销售费用，例如企业可以更方便地传播产品消息、及时获得消费者的反馈，并降低运输费用。人口的集中也为各种商品提供了潜在市场，因此城市人口规模越大，城市中生产的商品种类往往也越多，城市经济的自给自足倾向也越大。

第二，与企业在地理上的集中相联系，熟练劳动力、企业家、各层次的经营管理人员以及其他专业人士也汇聚起来，这有助于形成一种适应于当地经济发展的职业安置制度，各部门或企业可以方便地找到所需要的人才，同时也有利于企业家们面对面地打交道，促进交流，更有效地进行经营管理。

第三，某种行业在地理上的集中，有助于促进相关行业的发展，从而形成比较完整的产业结构、技术结构和产品结构，彼此互为原料供应商和产品使用者，缩短运距、减少运费和仓储，节约时间、提高收益。集聚有利于形成由多行业、多部门组成的有应变能力的产业结构，从而克服由偶然性、季节性、周期性等所导致的经济波动，促进经济持续稳定的发展。第三产业的发展也以工业的适当集中为前提，因此在较大的城市中，金融与商业机构的条件更为优越，为企业在筹措资金和管理投资方面提供帮助。大城市也更能提供广泛的设施，如娱乐、社交、教育等设施，从而更能吸引高级管理人员。

第四，人口集中也使各种公共服务事业的建设有可能实现规模经济。交通、通信、给排水、能源、环境、防灾等城市基础设施的建设只有达到一定的规模，人均费用才会降低，交通运输业尤其如此。

第五，集中能给予企业很大的刺激去进行改革，革新与集中是相关联的。地理上的集中有利于商品制造者、供给者与顾客之间产生一种更为自由的情报传播。相当数量的革新正是由于正确了解到顾客的需要以及发现供应上的特殊问题而产生的结果。大批生产同样商品的企业集中在一个城市里，必然引起竞争，从而促进了革新。企业的集中也有利于革新消息的传播，使企业尽快采纳这种革新，并促使新一轮的革新更快到来。

城市集聚经济效益是以企业的规模经济和外部经济（外部经济是指生产单位内部效

① 参见冯云廷：《城市集聚经济》，3～7页，大连，东北财经大学出版社，2001。

② 参见［英］巴顿：《城市经济学》，13～23页，北京，商务印书馆，1984。

率提高，但本单位并不支付代价，而是由单位外部的经济行为产生。外部经济与行业或部门规模密切相关，例如当整个行业或部门发展时，往往可以使个别厂商得到修理、服务、运输、人才供给、科技情报等方面的便利条件）为基础的。一般说来，城市的规模越大，其综合集聚经济效益也越高。换句话说，如同工厂、企业有规模经济一样，城市也有规模经济，大型经济比小型经济更为有效的原则也适用于城市。

根据不同的标准，可以对城市作不同的分类。如在中国，根据行政级别城市可分为4类：中央人民政府直辖市（省级）、副省级市、地级市和县级市；根据人口规模城市可划分为5类：小城市（人口在20万以下）、中等城市（人口为20万～50万）、大城市（人口为50万～100万）、特大城市（人口在100万以上）和超大城市（人口在200万以上）。根据城市的主要职能，城市又可区分为工业城市、交通港口城市、零售商业城市、批发商业城市、矿业城市、综合性城市、特殊职能城市（如革命纪念地、旅游城市等）、大学城市、娱乐休养城市、行政城市等类型。

城市和乡村的特征在不同的历史时期会有所不同，不同国度和地区的城市或乡村也各有其特点。古代城市的统治者是上层土地占有者，与农村的统治者同属于一个阶级，他们的财富主要表现为所占有的土地，经济收入主要来源于农村。城市居民中有相当数量的农民，白天出城到城郊从事农业生产。在欧洲许多城市，农民甚至在城墙之内也拥有广大的农地。因此，古代城市普遍有很强的自给自足的特点。工业革命前城市的经济职能主要侧重于商业和贸易方面，古代城市固然是手工业的集聚地，但除了其集聚的密集度超过农村外，城市手工业与农村手工业并没有本质的不同，在总的发展程度上，农村手工业并不落后于城市手工业。由于城市的消费主要依赖于农村的供应，城市的消费大于生产，属于消费性城市，农业是整个社会占统治地位的经济部门，城市的发展主要不是依靠自身的经济力量，而是取决于农业的繁荣，所以古代城市商业首先是服务于农副产品的集散和交易，其次才是手工业品。总之，古代城市的经济结构、阶级构成以及生活方式、文化观念等与乡村有很大的相似性，甚至可以说前者是后者的延伸，这大概就是马克思所说的古代是城市乡村化一语的含义。①

工业革命开始了城市从古代向近现代的转变，使城市形成了不同于农村的、相对独立的产业体系，形成了不同于农村的城市新社会阶级，从此开始了资本家取代封建地主、工人取代农民、非农产业取代农业、城市取代农村扮演历史主角的时代，开始了乡村城市化的时代。

城市的发展可以分为三个阶段。

（1）前工业社会时期的城市。其基本特征是：1）城市是手工业生产的集中地；2）城市是农产品的集散地；3）城市的规模较小、数量很少；4）城市的消费性与城乡分离。

（2）工业社会时期的城市。其基本特征是：1）城市是机器大工业生产的中心；2）城市是商业贸易的中心；3）城市的规模扩张、数量猛增；4）城乡对立统一、差距拉大。

（3）后工业社会时期的城市。其基本特征是：1）城市成为人类主要的聚居区；2）城市成为第三产业的中心；3）城市规模数量稳定，形成大都市连绵区；4）城乡融合、差别缩小。

① 参见《马克思恩格斯全集》，中文1版，第46卷上，480页，北京，人民出版社，1979。

不同时代的乡村也存在着很大的差异。古代乡村以自然经济为基础，只有很少量的产品拿到市场上去交易，农业是唯一独立的经济部门，手工业以家庭副业的形式存在。当代中国乡村经济活动的多样性和商品化则已经大大地发展了。在发达国家，农业更是已经成为完全商业化的产业了。

6.1.2 人类聚落演变的一般规律

人类聚落可以分为乡村和城市两大基本类型。在工业革命以前，村庄在数量上和容纳的人口方面都远远超过城市，是占绝对优势的人类聚落形式，城市人口占总人口的比例一直都很小。据估计，大约在 1 000 多年前，世界城市人口就达到了占总人口的 3%的水平①，但直到 1800 年仍为 3%②。也有人认为，“1800 年，世界城市人口比例不过 1%”③。还有人认为，一直到工业革命以前，大约只有 5%～10%的人口是居住在都市里。④ 中国古代经济发达，城市人口要多一些，估计唐代城市人口占全国总人口的比重在 10%左右⑤，但到 1949 年中国的城市人口仍只占全国总人口的 10%左右⑥。工业革命前的城市不仅数量少，而且规模也小。公元前 100 年全世界有 10 万人口以上的城市 24 座，其中有 16 座城市达 10 万人口，6 座城市达到 20 万人口，2 座城市达到 50 万人口；到公元 1700 年 10 万人口以上的城市才增加到 68 座，到 1800 年又增加到 96 座⑦，增长的速度是缓慢的。中国古代人多地广，是世界上经济和城市最发达的国家之一。据估计，东汉时期中国有县城以上城市共 1 076 个，到明清时期镇以上城市发展到 2 000 多个。⑧ 按施坚雅的估计，1843 年中国有 2 000 人口以上的城镇 1 633 个，城镇人口 2 072 万，占总人口的 5.1%；到 1893 年，中国有 2 000 人以上的城镇 1 779 个，城镇人口 2 351 万，占全国总人口的 6%（两组数据都不包括东北、台湾、新疆、青海、西藏、内蒙古）。⑨ 尽管人们的估计很难做到精确，各个人的估计数大小也会有差异，但工业革命前城市的数量少、规模小，城市人口占总人口的比重很小，而且长期变化不大，则是不争的事实。

18 世纪中叶工业革命以后，人类聚落的发展进入了一个新的时期，城市人口占总人口的比重迅速提高。1800 年世界城市人口占总人口的比重是 3%，1850 年为 6.4%，1900 年提高到 13.6%，1920 年是 19.9%，1950 年是 28.8%，1981 年是 38.2%，1990 年则进一步提高到 50%。⑩ 与此同时，城市的数量迅速增加，规模不断扩大。全世界 10 万人口

① 参见梁中堂等：《旧中国城市人口初探》，载《人口学刊》，1988 (3)。

② 参见［苏联］Б. Ч. 乌尔拉尼斯主编：《世界各国人口手册》，584 页，成都，四川人民出版社，1982。

③ 邬沧萍等：《世界人口》，265 页，北京，中国人民大学出版社，1983。

④ 参见蔡文辉：《社会学》，458 页，台北，台湾三民书局，1987。

⑤ 参见胡焕庸、张善余：《中国人口地理》，上册，248 页，上海，华东师范大学出版社，1984。

⑥ 参见《中国统计年鉴（1988）》，97 页，北京，中国统计出版社，1988。

⑦ 参见王春光、孙晖：《中国城市化之路》，11～12 页，昆明，云南人民出版社，1997。

⑧ 参见顾朝林：《中国城镇体系》，50、115 页，北京，商务印书馆，1992。

⑨ 参见［美］施坚雅：《中国封建社会晚期城市研究——施坚雅模式》，74 页，长春，吉林教育出版社，1991。

⑩ 参见胡焕庸、张善余编著：《世界人口地理》，155、157 页，上海，华东师范大学出版社，1982；［苏联］Б·Ч·乌尔拉尼斯主编：《世界各国人口手册》，584 页，成都，四川人民出版社，1982；谢文蕙、邓卫编著：《城市经济学》，58 页，北京，清华大学出版社，1996。

以上的城市数从1800年的96座增加到1925年的767座，并且出现了3座500万以上人口的超大城市。“包括郊区在内，1900年世界上只有10万人口以上的城市302个，其中百万人口以上的仅11个，而到了1950年便分别增加到906个和71个，1975年更达到1 966个和181个；照目前这样的趋势发展下去，有人估计到2000年会进一步跃升到3 316个和413个。”①

工业革命以前乡村人口占世界总人口的比重一直变化不大，但世界总人口却增长了很多。公元前10 000年世界人口有0.04亿，公元前3 000年为0.25亿，公元1年为1.70亿，公元1000年增加到2.65亿，1700年为6.10亿，1800年增加到9亿。② 因此，工业革命前世界乡村人口的绝对量总的说来是呈上升趋势。工业革命以后乡村人口占总人口的比重虽然不断下降，但在相当一段时间总人口的增长仍使得乡村人口的绝对量不断增加。世界乡村人口1800年为8.8亿，1850年为11亿，1900年为13.9亿，1950年为17.9亿，1981年为27.8亿。③ 既然乡村人口在增长，乡村聚落的数量就可能增加，规模也可能扩大。

但工业革命以后在发达国家则出现了乡村人口不仅相对量（乡村人口占总人口的比例）减少，而且绝对量也减少的情况。美国从1790年到1940年乡村人口都在增长，1790年的乡村人口是370万，1900年是4 600万，1940年是5 700万；同时成一定规模的乡村居民点的数量也在增加，1890年有乡村居民点6 490个，1910年有11 830个，1940年有13 288个。但20世纪50年代以后，美国乡村人口开始减少，1950年的乡村人口是5 420万，1960年是5 410万，1970年是5 380万；同时乡村民民点的数量也在减少，1950年有乡村居民点13 807个，1960年有13 749个，1970年有13 706个。在乡村居民点中，人口规模在1 000～2 499人的居民点的数量从1890年至1970年都在增长，从1890年的1 603个增加到1970年的4 191个；人口规模在1 000人以下的居民点从1890年至1930年由4 887个增加到10 346个，此后开始减少，1940年减少到10 083个，1970年进一步减少为9 515个。因此，1950年以后美国乡村居民点总数的减少，实际上是由规模在1 000人以下的较小的居民点的减少造成的。④ 美国总人口自1790年至1970年一直在增长，乡村人口和乡村居民点的数量之所以会减少，是因为城市化水平的提高。美国城市人口占总人口的比例，1801年是4.0%，1851年是12.5%，1881年是28.6%，1901年是40%，1921年是51.4%，1939年是56.5%，1950年是64.0%，1965年是72.0%，1976年是74.0%。⑤

法国在1851年至1881年间也开始出现了乡村人口减少的情况。法国城市人口占总人口的比例，1801年是20.5%，1851年是25.5%，1881年是34.8%，1901年是40.1%，

---

① 王春光、孙晖：《中国城市化之路》，11～12页，昆明，云南人民出版社，1997；胡焕庸、张善余编著：《世界人口地理》，156页，上海，华东师范大学出版社，1982。

② 参见胡焕庸、张善余编著：《世界人口地理》，8页，上海，华东师范大学出版社，1982。

③ 根据前述世界城市人口占总人口的比重，以及毛汉英、刘伉编：《世界人文地理手册》，北京，知识出版社，1984，第55页的数据计算而得。

④ The United States Bureau of the Census, “The Statistical History of the United States, From Colonial Times to the Present,” 1976, pp. 11-12.

⑤ 参见国家城市建设总局城市规划局《城市规划手册》编写组编：《城市规划资料集》，第1册，93页，北京，中国建筑工业出版社，1982。

1921 年是 46.7%，1955 年是 55.9%，1976 年是 70.0%。法国的总人口和乡村人口 1801 年分别是 2 730 万和 2 170 万，1851 年分别是 3 580 万和 2 670 万，1881 年分别是 3 740 万和 2 440 万，1901 年分别是 3 850 万和 2 300 万，1921 年分别是 3 880 万和 2 070 万，1954 年分别 4 280 万和 1 890 万。[①] 由于上述计算年份的总人口是在逐渐增长，因而乡村人口的减少当然是城市化水平提高的结果。乡村总人口减少，乡村居民聚居点就可能出现这样的情况：或者聚居点数量减少，或者聚居点规模缩小。如果聚居点的平均规模扩大，则聚居点的数量也会减少。

总之，工业革命以前世界城市人口占总人口的比重很小，而且一直变化不大，城市的数量少、规模小。随着经济发展和总人口的增长，虽然城市的数量逐渐增加、规模逐渐扩大，但发展缓慢。由于世界人口绝大部分是乡村人口，人类聚落的演变主要表现为村庄的数量增加和规模扩大。工业革命以后虽然世界乡村人口仍在增长，因而村庄的数量仍可能继续增加，规模仍可能继续扩大，但随着世界城市人口占总人口的比例的增加，城市渐渐取代村庄成了人类聚落演变的主角。城市的数量迅速增加，规模迅速扩大。美国和法国的历史告诉我们，只要总人口的增长率保持在一定的限度内，随着城市化水平的提高，总有一天乡村人口会开始减少。这时乡村聚落的发展就进入一个新的历史时期，村庄的数量就可能减少，规模也可能缩小。

6.1.3 城市化

1. 城市化的起源和内涵

关于城市化从何时开始，理论界有两种看法：一种是“城乡分离论”，即认为城市一旦产生，就开始了城市化进程；另一种是“产业革命推动论”，即认为真正意义上的城市化只是在 18 世纪 60 年代的工业革命以后才开始的。

之所以对城市化的起源有不同的看法，是因为人们对城市化的定义不同。如果仅仅认为城市化是指以第二产业和第三产业为主体的城市经济形成与发展以及劳动力等经济要素从农业向非农产业的产业转移和从乡村向城市的空间转化与集中的过程，可以认为从城市产生之日起就开始了城市化进程。因为既然有了城市，就必然有经济要素和资源从乡村向城市集中与转化，形成不同于典型乡村的城市经济，在总人口中产生一定比重的城市人口，出现不同于乡村的城市生活方式。

我们认为城市化的内涵比上述定义丰富得多。概括地说，城市化[②]是以第二产业和第三产业为主体的城市经济形成与发展的过程，是劳动力、人口和其他经济要素从农业向非农产业的产业转移以及从乡村向城市的空间转化和集中这两个过程的统一，并进而导

① 根据以下资料计算而得：国家城市建设总局城市规划局《城市规划手册》编写组编：《城市规划资料集》，第 1 册，93 页，北京，中国建筑工业出版社，1982；B. R. Mitchell，*European Historical Statistics* 1750—1970，abridged edition，The Macmillan Press Ltd.，p. 4，1978。其中 1954 年的乡村人口数是根据 1954 年的总人口数和 1955 年的城市人口占总人口的比例计算而得，因此可能略微偏小。

② 在 20 世纪 80 年代以后的中国，小城镇受到重视，人们常以“城镇化”代替“城市化”，以“城镇体系”代替“城市体系”等，若无特别说明，含义相同，只是前者更强调镇的作用。

致社会向以城市为主导的经济结构和空间结构的转换以及社会生产方式、产业结构、人口城乡结构、生活方式与整个社会转型的过程，是城市文明不断发展并向广大农村传播和普及的过程。按照这一定义，城市化开始于工业革命。如前所述，工业革命以前世界城市人口占总人口的比重很小，而且一直变化不大，随着经济发展和总人口的增长，虽然城市的数量逐渐增加、规模逐渐扩大，但发展缓慢，乡村人口占总人口的绝大部分，在城乡关系中农村始终居于主导地位。而工业革命以后城市人口占总人口的比重迅速增加并最终超过乡村人口（见表6—1），城市数量的增加和规模的扩大也很快，经济要素从农业向非农产业的产业转移以及从乡村向城市的空间转化和集中成为经济社会发展的突出特征，城市经济发展成为国民经济发展的主导力量，城市在城乡关系中居于主导地位，即发生了经济社会结构的转型。从这个意义上讲，城市化是工业化的产物。

表6—1　　1801—1976年西方发达国家城市人口占总人口比例　　（%）

国别＼年份	1801	1851	1863	1881	1901	1921	1939	1950	1955	1965	1976
美国	4.0	12.5	—	28.6	40.0	51.4	56.5[c]	64.0	—	72.0	74.0
苏联	—	—	9.9	12.1[a]	12.8[b]	—	26.3	—	—	44.6	60.0
英国	32.0	50.1	—	67.9	78.0	79.3	—	80.0[e]	78.5	77.6	76.0
法国	20.5	25.5	—	34.8	40.1	46.7	—	—	55.9[f]	—	70.0[g]
联邦德国	—	—	—	—	—	—	70.0[d]	78.3	—	—	88.0
日本	—	—	—	—	—	—	37.6	37.5	57.8	68.1	72.0

注：（1）a为1885年统计；b为1897年统计；c为1940年统计；d为1946年统计；e为1951年统计；f为1954年统计；g为1974年统计。

（2）几个发达国家的工业革命时期：英国工业革命从18世纪60年代开始，19世纪30年代末基本完成；德国工业革命从19世纪30年代开始，19世纪70年代末完成；美国工业革命从19世纪初开始，1860年基本完成；法国工业革命从1830年开始，1870年基本完成；日本工业革命从1868年明治维新开始，1914年基本完成。

资料来源：国家城市建设总局城市规划局《城市规划手册》编写组编：《城市规划资料集》，第1册，93页，北京，中国建筑工业出版社，1982。

人类社会迄今经历的最重要的经济革命及与其相应的社会转型有两次。① 第一次大约发生在1万年以前，人类的主要经济活动从狩猎采集业转到了定居农业，人类社会从被动觅食的迁移社会转向了以定居农业为主要经济活动领域的乡村社会，这一转型过程概括地说就是农业化和乡村化。第二次经济革命及与其相应的社会转型开始于18世纪60年代始于英国的工业革命，人类作为一个整体开始了从以农业为主要经济活动的传统乡村社会向以工业和服务业为主要经济活动的现代城市社会的转型。在这个过程中，劳动力等经济要素从传统经济部门到现代经济部门、从农业到工业和服务业、从乡村到城市的转移，是经济发展的主要内容。这个过程也就是城市化的过程。目前这个过程在发达国家已经完成，而中国则正处在转型的关键时期。乡村化和城市化都是通过劳动力和人口以及其他生产要素的产业转移和空间分布形式的变化而实现的，其经济实质是生产要素的重新配置和社会生产方式的转化，并且必然引起生活方式和价值观念的转化，导致整个

① 许多人认为信息革命和知识经济的兴起使人类面临着再一次的社会转型。即使这样，这一转型也才刚刚开始。

社会的转型。

城市化主要从以下方面展开：

(1) 随着乡村经济、社会、文化等的发展，原来的乡村就地演变为城市。这些城市的早期形态，就是小城镇。

(2) 在以农业发展为代表的农村"推力"和由工业化和第三产业发展为代表的城市"拉力"两股力量"一推一拉"形成的城市化动力机制的作用下，乡村中的劳动力、人口、资本等要素向原有城市和小城镇集中，实现"异地城市化"。

(3) 城市自身的发展，即"城市的城市化"。它包括单个城市的发展和城市总体形态的发展（如城市体系的演变）。从时间序列来看，则包括从工业革命前的传统城市，发展为工业化城市，再发展为第三产业占主导地位的城市、信息时代的城市等。

(4) 乡村自身的"城市化"。这些乡村虽然没有转化为典型的城市，产业结构仍以农业为主，聚落的规模较小，分散性仍很突出，但其他传统乡村的特色多已失去，现代工具代替了原始手工工具，商品经济、市场经济代替了自然经济，生产方式、居住景观、生活方式、思想观念、交往方式等都已向城市靠近，越来越多的人享受了越来越多的城市文明。

2. 城市化的阶段

由于统计上的便利性，人们常用城市人口占总人口的比重来测量一个国家或地区的城市化水平，其计算公式为

$$PU=\frac{U}{P}\times 100\% \tag{6.1}$$

式中，PU 为城市化水平；U 为城市人口；P 为总人口。

1979 年，美国地理学家诺瑟姆（Northam）发现，对于各国城市化发展过程所经历的轨迹，可以概括为一条稍被拉平的 S 形曲线，如图 6—1 所示。

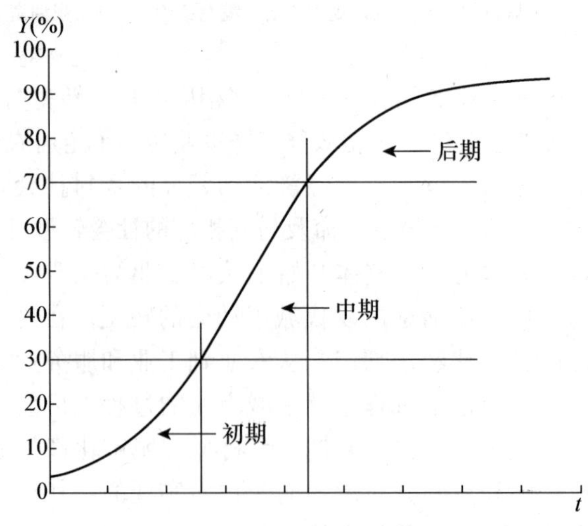

图 6—1 城市化发展的 S 形曲线

资料来源：谢文蕙、邓卫编著：《城市经济学》，45 页，北京，清华大学出版社，1996。

谢文蕙、邓卫对城市化发展的S形曲线的数学模型进行了推导，得出以下公式：

$$Y=\frac{1}{1+Ce^{-rt}} \tag{6.2}$$

式中，Y 为城市化水平；C 为积分常数，表明城市化起步的早晚；t 为时间；r 为积分常数，表明城市化发展速度的快慢。

随着系数 r 和 C 的取值不同，可以给出各种发展经历的 S 形曲线：C 越小，表明城市化起步越早，反之则越晚；r 越大，说明城市化发展越快，反之则越慢。

根据世界各国的历史经验和上述S形曲线，一般将城市化全过程分为初期、中期和后期三个阶段。①

（1）初期阶段（城镇人口占总人口比重在30%以下）。这个时期经过了相当长的历史阶段，经奴隶社会和封建社会，到发生工业革命。英国是工业革命的发源地和城市化起步最早的国家，到1720年，城市人口占总人口的比重才达20%。德国、法国、美国等城市人口占总人口的比重达20%分别是在1785年、1800年和1860年。这个时期，城市数量少、规模小，城市化水平发展缓慢。

（2）中期阶段即加速发展阶段（城镇人口占总人口的比重达30%～70%）。城市化的加速是英国工业革命引发的。这个时期城市化水平迅速提高，大约每年提高1个百分点；城市数量迅速增加，城市规模迅速扩大；城市地域大幅度拓展并出现城市密集地区和大城市连绵区；城乡之间的差别越来越大。

（3）后期阶段（城镇人口占总人口的比重达70%以上）。其特点是城镇人口比重的增长趋于缓慢甚至停滞，城乡差别近于消除，区域空间一体化，并出现郊区化和逆城市化。② 城市化后期阶段的人口转移的特征，主要不是农村人口向城镇人口的转化，而是城镇人口内部职业构成由第二产业向第三产业的转移，以及人口在各城市间的迁移。

叶裕民则根据城市化过程中城镇人口和乡村人口相对关系的变化（城镇人口增长系数 K，即城镇人口增长规模与总人口增长规模的比值测度），提出城市化的五阶段论。③

第一阶段：$K<0.5$，为前城市化阶段。$K<0.5$ 意味着城镇人口的增长规模小于乡村人口的增长规模，城市化水平很低，增长缓慢。这一时期的经济发展一般是处于工业化的起步阶段。

第二阶段：$0.5\leqslant K<1$，为城市化前期阶段。$K\geqslant 0.5$ 意味着城镇人口的增长规模持续超过乡村人口的增长规模，这是城市化过程中的第一个重要转折点，意味着城市化开始进入快速增长时期。这一时期，由于乡村人口规模相对庞大，尽管其增长规模小于城镇人口的增长规模，但乡村人口的绝对量仍然增长着。这一时期的经济发展一般处于工业化的前期阶段，是轻工业大发展的时期。

① 参见中国社会科学院研究生院城乡建设经济系编：《城市经济学》，40～42页，北京，经济科学出版社，1999。

② 发达国家的"逆城市化"（counterurbanization）或"郊区化"（suburbanization）的主要表现是：大城市明显萎缩，人口由中心城市大量向郊区乃至更外围的乡村地区迁移。中小城镇发展加速，乡村人口在经历了长时期的持续减少以后出现回升，甚至导致城镇人口在总人口中比重的绝对下降。参见张善余编著：《世界人口地理》，85～100页，上海，华东师范大学出版社，2002。

③ 参见张敦富主编：《城市经济学原理》，95～97页，北京，中国轻工业出版社，2005。

第三阶段：$K \geqslant 1$，城市化的中期阶段。$K \geqslant 1$ 意味着总人口的增长全部表现为城镇人口的增长，乡村人口的绝对规模开始由上升转为下降态势，这是城市化过程中第二个重要的转折点。这一时期的经济发展一般处于工业化的中期阶段，重工业化过程正在不断深化，第三产业获得大规模发展。乡村人口绝对下降，意味着农村土地的人口压力开始减小，人地矛盾开始缓和，农业的规模化和现代化经营的条件正在形成，从而农业产业开始由低效率向高效率转换，从事农业与非农产业的收入差距开始缩小，城乡二元结构得以淡化，而这正是城市化和城乡一体化的重要物质基础。

第四阶段：城镇人口比重≥50%，城镇人口绝对量超过乡村人口，初步进入城市社会，这是城市化过程中第三个重要的转折点。这一时期处于工业化的中后期阶段，技术密集型的制造业和新兴第三产业迅速发展，成为支持城市化水平进一步提高的主要产业。

第五阶段：城镇人口比重≥65%，进入成熟的城市社会。这时的工业化已经走到尽头，进入后工业化社会或现代社会，城乡一体化作为城市化的终极目标已经成为现实。

3. 城市化的动力机制

城市化是劳动力、人口以及其他经济要素从农业向非农产业的产业转移以及从乡村向城市的空间转化和集中这两个过程的统一。因此，城市化与产业结构的变动升级密切相关。纵观世界各国产业发展的历史，在工业化之前，整个国民经济的发展以农业为主，三次产业结构呈“一、二、三”的总体格局，农业生产力的发展水平是城市发展和工业发展的初始条件。工业化以后，工业在国民经济中的地位迅速上升，第二产业逐步发展为国民经济的主导产业，取代了第一产业的主导地位，三次产业的比重转向“二、一、三”或“二、三、一”的格局，这一阶段，工业化成为推动城市发展和城市化的主要力量。随后第三产业上升至主导地位，又取代了第二产业的主导地位，三次产业的比重转向“三、二、一”的格局，这时，第三产业的发展成为推动城市化的主要力量。

从世界各国的历史来看，农业剩余的存在是工业和城镇发展的前提条件。各国在工业化初期都不同程度地依靠农业剩余来发展工业和城镇，农业发展是城市化的初始动力，这表现在以下几个方面：

(1) 农业为城市提供商品粮。一个国家城市化的界限，一般由该国的农业生产力所决定，一个国家农业提供商品粮的数量多少，是决定该国城市人口数量多少的关键因素之一（除非通过贸易或政治、军事等手段从别国获取商品粮）。

(2) 在工业化起步时期，工业的自我发展能力有限，农业为城市工业提供了大量的原始发展资金。

(3) 农业为城市工业生产提供原料。

(4) 农业为城市工业产品提供市场。

(5) 农业为城市发展提供劳动力。

工业化以后，工业在国民经济和城市经济中的地位不断上升并逐步发展为主导产业，工业成为推动城市发展和城市化的主要力量。但在工业化的不同阶段，影响城市化发展

的主要工业行业也不相同。工业化不仅是工业在国民经济中所占比重上升的过程，也是工业部门内部结构变化的过程。工业化先行国家的经验表明，工业内部结构变动的一般趋势是：在工业化初期，轻工业的发展最为迅速，并确立了以纺织业为代表的支柱产业。19世纪末20世纪初，重工业在主要资本主义国家的工业中占据了主导地位①，工业结构进入重化工业阶段。先是由以轻纺工业为主转向以原料和能源工业为重心、以基础工业为主的结构，继而又由以原材料工业为重心的结构向以加工组装工业为重心的结构转化，进入重化工业过程中的高加工度化阶段。随着工业结构高加工度化的发展，工业各部门越来越多地采用高级技术，知识性劳务投入开始取代体力劳动投入和资金投入，技术密集型产业和高科技产业逐渐成为发达国家的主导产业。因此在工业化初期，轻纺工业等劳动密集型产业是推动城市化发展的主要力量；在重化工业阶段，以钢铁、化工、汽车为代表的资本密集型或资源密集型重化工业是推动城市化发展的主要力量；在工业化后期，以计算机、新材料、新能源、生物工程等为代表的技术密集型产业成为推动城市化发展的主要力量。

工业化后期，工业在国民经济中所占份额上升缓慢，进而停止上升甚至开始转为下降，第三产业在国民经济中所占份额上升迅速，第三产业成为推动城市化发展的主要力量。工业化最基本的特征，一是国民收入（或地区收入）中制造业活动和第二产业所占比例的提高，即“产值结构的工业化”；二是在制造业和第二产业就业的劳动人口的比例的增加，即“劳动力结构的工业化”。② 工业化首先是一个相对于农业社会而言的概念，是农业社会转化为工业社会的过程，因此，当工业在国民经济中的地位超过了农业时，就可以认为基本上实现了工业化。然而工业化的基本实现并不等于工业化的结束。工业化是工业在国民收入和劳动人口中所占份额的上升过程。当工业在国民收入和劳动人口中所占份额仍在上升时，说明农业所占份额仍在下降并且至少是部分地“化”为工业份额，工业化仍在进行。只有当工业在国民经济中所占份额停止上升甚至开始转为下降时，工业化过程才算结束。此后第一、二产业份额的下降就都“化”为第三产业份额的上升，国民经济的发展进入服务化阶段。第二次世界大战后，发达资本主义国家的产业结构发生了极其深刻的变化，在国民收入和就业人口中，第一产业比重迅速下降，第二产业的比重由上升转为停滞或下降，第三产业的比重不断上升。美国、英国、日本、联邦德国、法国这5个主要发达国家在1960—1980年先后结束工业化过程而进入服务化阶段。③《世界发展报告》的统计表明，在1960—1980年，发达国家在制造业中就业的人数比重一直徘徊在38%左右，制造业产值比重则从40%降为37%，但同期城市化水平不仅没有降低，反而从68%上升了10个百分点，达到78%。究其原因，就是第三产业的拉动所致，这段时间在第三产业就业的人数比重从44%提高到56%，第三产业产值比重也从54%提高到60%。④ 与此相应，第三产业取代工业成为城市产业的主导力量。

① 参见宋则行、樊亢主编：《世界经济史》，上卷，2版，246页，北京，经济科学出版社，1998。

② 参见［美］约翰·伊特韦尔、默里·米尔盖特、彼得·纽曼编：《新帕尔格雷夫经济学大辞典》，第2卷（中文版），861页，北京，经济科学出版社，1996。

③ 参见宋则行、樊亢主编：《世界经济史》，下卷，2版，27页，北京，经济科学出版社，1998；陶季侃、姜春明主编：《世界经济概论》，238～242页，天津，天津人民出版社，1999；李悦主编：《产业经济学》，170～174页，北京，中国人民大学出版社，1998。

④ 参见谢文蕙、邓卫编著：《城市经济学》，36页，北京，清华大学出版社，1996。

4. 农村劳动力和人口向城市迁移的动力机制

农村劳动力和人口向城市迁移的动力结构中包括推力、拉力、反推力、反拉力几个要素。城市化从根本上说是社会生产力发展到一定阶段的必然结果，因此由经济发展所产生的动力构成人口城市化的基本动力。

最重要的人口城市化推力来自农村中在既有生产力水平下的人地比例失调，来自农村中人均占有自然资源太少所造成的农业剩余劳动力的存在。这主要是农业劳动生产率提高和农业劳动力增长共同作用的结果。农业发展是农村劳动力向城市非农产业转移的前提条件，农业发展使劳动力不断从农村中析出成为可能，因为这时可以用更少的劳动力来推动同量资源，生产同量甚至更多的产品，用更少的劳动力来解决全社会的吃饭问题。同时一个国家农业所能提供的商品粮，也划定了该国城市化人口的界限，除非该国能够通过其他方式从国外获取更多的粮食。

最重要的人口城市化拉力来自城市远优于农村的收入预期和现代文明生活方式。城乡收入差距的存在是因为城市有比农村更高的劳动生产率，工业和第三产业有比农业更高的劳动生产率。因此，城市经济的发展是产生城市化拉力的主要源泉。只要城市能够支付一个高于农村的实际工资，城乡收入的差额能够补偿城市较高的生活费用和离乡背井的心理成本，农村剩余劳动力就有可能流入城市非农产业。美国经济学家迈克尔·P·托达罗（Michael P. Todaro）认为，农村劳动力向城市移民的决策，是根据预期收入最大化目标做出的。移民城市的预期收入等于城市实际工资与农村劳动力在城市中找到就业岗位的概率的乘积。只要城市预期收入大于农村劳动力在农村时的原收入，农民做出移民的决定就是理性的。城市在其较高的物质文明基础上产生的较高精神文明水平和更加丰富多彩的生活，同样对农村居民具有强烈吸引力，而且精神文明的生产与物质生产一样也具有集聚效应。随着人口规模的扩大、人际交往的范围扩大和频度增加、信息流通加快，精神文明生产也加速发展，对农村居民产生越来越大的吸引力。

除了上述两个最重要的动力外，人口城市化动力结构中还包括其他一些由经济的和非经济的因素引起的动力。例如，城市中的经济衰退、存在着失业和贫困、交通拥挤、住宅紧张、政治腐败、犯罪率较高、人际冲突和摩擦加剧、社会骚乱、环境污染、生态环境恶化等，都会形成城市化的反推力。而农业内部产业结构的变动、农村非农产业的发展、农村资源利用率的提高、农民收入的提高、农村清新的空气和宁静的生活环境、农民的恋土心理等，则形成人口城市化的反拉力。人口城市化的进程就是由这些推力、拉力、反推力、反拉力所形成的合力推动的。

以上我们讨论的是人口城市化动力的要素结构。此外还有人口城市化动力的空间结构，因为在现实中这些推力、拉力、反推力、反拉力是产生于一个个具体的城市或村庄的，不同地区和大小的城市所具有的拉力和反推力的强弱不同，不同的村庄所产生的推力和反拉力也大小不等。所有城市和村庄的拉力、推力、反拉力、反推力相互影响，共同形成一个有方向和强弱的人口城市化动力矢量场，决定着城市人口的地区流向和在各规模等级城市中的分布，影响着城市体系地域空间结构和等级规模结构的演变。

6.2　城市与区域发展

6.2.1　城市经济区

经济发展的历史就是分工和交往不断扩大与深化的历史，而经济空间结构则是社会分工与协作在空间上的投影。三大产业即第一、二、三产业之间的分工在空间上的基本表现形式就是城乡结构，形成乡村和城市两类基本经济功能区以及乡村和城市两大基本聚落。第一产业分布在乡村，第二产业和第三产业主要分布在城市，乡村和城市之间的经济联系主要表现为第一产业和第二、三产业之间的联系。

城市之间同样存在分工，各个城市的产业结构和产品结构因而显出差异，城市之间在分工的基础上形成了经济协作和联系。从发展趋势看，社会分工和专业化的演变大体经历了三个阶段：第一个阶段为部门间分工，它是经济发展早期阶段的产业分工形式；第二个阶段为部门内分工；第三个阶段为产业链分工。与此相应，城市之间的社会分工和专业化的演变也大体经历了三个阶段：第一个阶段为部门间分工，即不同城市发展不同的产业，形成部门专业化。第二个阶段为部门内分工，就是不同城市虽然发展同一个产业部门，但其产品是不一样的，从而形成产品专业化。第三个阶段为产业链分工。也就是说，虽然很多城市都在生产同一产品，但是各个城市按照产业链的不同阶段和环节进行专业化分工，形成城市之间的功能专业化。

城市经济区就是城市与乡村、城市与城市之间的分工和协作的产物。城市经济区的划分以城市经济影响区的分析为基础。城市经济影响区是城市经济活动影响能力能够带动和促进区域经济发展的最大地域范围。城市经济影响区的分析侧重于客观现状的分析，而城市经济区要在现状分析的基础上为组织经济发展和建设提供具体的空间组织方案，带有一定的预测和规划的意义，为便于实施，要尽量考虑与行政单元边界的一致性。

广义上说，一个城市的经济联系范围或市场范围，就是这个城市的经济影响范围，随着城市经济实力的增长与交往的扩大，城市经济影响范围会不断扩大。但是城市对其周围地区的影响呈现距离衰减规律，即从城市中心沿某个方向随着与城市距离的变大而衰减。在有两个城市存在的情况下，理论上我们可以找到一个边界，在这个边界上，两个城市的影响力相等，这个边界就成为两个城市经济影响区的分界线。因此，城市经济影响区的范围要小于城市的经济联系范围或市场范围。

城市经济区是综合经济区的一种类型，它与一般综合经济区的不同仅在于城市经济区更加重视中心城市在经济区形成中的关键作用，更加强调中心城市这一区位实体对其他区位实体的支配地位。城市经济区是以大中城市为核心，与其紧密相连的广大地区共同组成的经济上紧密联系、生产上互相协作、在社会地域分工过程中形成的城市地域综合体，经济中心、经济腹地、经济联系、联系通道和空间梯度是构成城市经济区的五大要素。①

1. 经济中心

城市经济区的经济中心由一个或若干个中心城市组成。中心城市是城市经济区的核心，也是城市经济区形成的第一要素。中心城市依托一个特定的区域而存在，不同尺度的城市经济区有不同尺度的中心。中心城市规定了城市经济区的层次，根据区域特征，可以划分出一级城市经济区、二级城市经济区、三级城市经济区等若干层次的城市经济区。在同一级的城市经济区的边界上，相邻城市经济区的中心城市的影响力相等；高级中心城市具有低一级中心城市的功能，高级城市经济区覆盖了低一级的城市经济区。

2. 经济腹地

经济腹地是经济上与中心城市紧密联系的区域，展示了城市经济区的范围。经济腹地的划分以中心城市与其周围地区之间各种流态（如人流、物流、技术流、信息流和资本流等）的分析和城市经济影响区的分析为基础。在实际应用中，城市腹地范围的界定既要强调现状联系，又要兼顾行政边界的存在，实际划分的城市经济区范围与中心城市的吸引范围往往只能大体一致而不是完全一致。

3. 经济联系

城市经济区是一个经济上紧密联系的区域。现实世界中的空间经济联系纷繁复杂，纵横交织，但是各地域单元之间的经济联系并不是同样强度的，一般都有主要的经济联系方向。主要经济联系方向是中心城市与腹地组合在一起的主要依据，形成城市经济区的主要发展轴。在市场经济条件下，门户区位是对内、对外主要经济联系方向的节点。

4. 联系通道

可达性是空间相互作用发生的基本条件，联系通道规定了区域可达性，城市经济区的经济联系是依托联系通道进行的。在城市经济区内，以经济联系为核心，形成了一系列网络系统，包括交通网络系统、信息网络系统、商品流通系统、金融系统、公司管理机构系统、行政管理网络系统等等。通过这一系列的网络系统，把区域内所有的经济活动（包括乡村的经济活动）凝聚成一个整体。

5. 空间梯度

由于城市对其周围地区的影响呈现距离衰减规律，要素集聚度和经济联系强度从中

① 参见许学强、周一星、宁越敏编著：《城市地理学》，193 页，北京，高等教育出版社，1997；周一星、张莉：《改革开放条件下的中国城市经济区》，载《地理学报》，2003（2）；顾朝林等：《中国城市地理》，244、333 页，北京，商务印书馆，1999。

心城市沿某个方向随着与中心城市距离的变大而衰减，城市经济区内部划分为中心城市、核心区域、紧密腹地、次紧密腹地、与其他城市经济区的竞争腹地和边缘腹地几个层次或梯度。因而城市经济区界线的划分视研究目的而定：用于操作的组织型经济区划，应该有明确的界线；认识型经济区划是为了反映客观经济联系的实际，可以采用过渡型界线。以后者为主要目的，允许城市经济区的空间重叠。

城市经济区是一个具有丰富内容的核心—外围结构，中心城市和核心区的极化与扩散效应在城市经济区的经济发展和空间结构的演化中起着重要的作用。

传统上常用的城市经济影响区的分析和城市经济区划分的方法主要有 R_d 链方法、断裂点方法、场强分析法等。① 近年来，不断有学者将经典的 Voronoi 图应用到城市与区域规划领域。黄建毅等采用定量化计算后的城市中心性强度作为 Voronoi 图的顶点加权依据，利用加权 Voronoi 图对 1990 年以来黑龙江省中心城市经济影响区范围的变动进行了定量分析，并对黑龙江省城市经济区进行了划分。② 具体做法是：

（1）选用反映城市规模、城市经济实力、城市经济效益、城市人口集聚能力、城市开发程度、城市居民生活水平等六个方面的指标，包括地区生产总值（万元）、非农人口规模（万人）、固定资产投资（万元）、人均地区生产总值（元）、人口密度（人/km^2）、第三产业就业比重（%）、地方财政收入（万元）、社会消费品零售总额（万元）、工业增加值（万元）、工业总产值（当年价）、城乡居民人均年末储蓄余额（元），构建城市中心性强度的指标体系，用因子分析方法确定黑龙江省城市的中心性强度。

（2）城市经济影响区范围变化及划分。根据各中心城市的中心性强度值计算结果，以各个中心城市城区的地理坐标位置为顶点，以城市中心性强度为顶点权重，进行加权的 Voronoi 图计算，得到各中心城市的引力范围。

（3）依据城市断裂点的加权 Voronoi 图确定的城市经济区引力范围，并综合考虑中心城市的功能与实力、县级行政区划的完整性、经济发展的互补性等因素，对黑龙江省的城市经济区进行划分。

6.2.2　城市体系

城市体系是在一定区域内由一系列等级规模不同、彼此间有比较稳定的分工、职能各异、具有一定的地域空间结构、相互联系、相互制约的城镇组成的有机的城镇群体组织。

城市体系是逐步发展和丰富起来的。中国的城市体系产生于何时，国内外学者有不同的看法。一种意见认为，中国城市体系“初形于西周奴隶社会末期，渐形于春秋战国奴隶社会向封建社会的转变时期，其间大体经历了近 1 000 年的时间”③。一种意见则认为，中国“城市体系基本上是从鸦片战争之后逐步形成的”④。起初的城市零星分布于各

① 参见顾朝林：《中国城市经济区划分的初步研究》，载《地理学报》，1991（2）。

② 参见黄建毅、张平宇、刘毅：《1990 年以来黑龙江省城市经济影响区范围变化研究》，载《经济地理》，2010（7）。

③ 顾朝林：《中国城镇体系——历史・现状・展望》，24 页，北京，商务印书馆，1992。

④ 刘国光主编：《中外城市知识辞典》，62 页徐凤臣所写条目，北京，中国城市出版社，1991。

地，数量少、规模小、职能单一、等级均衡，城市与城市之间距离远，联系也不多。工业革命前的城市，绝大多数以政治、军事职能为主，经济等其他城市职能居于次要地位，城市之间的行政联系重于经济联系。尽管到奴隶社会初期为止所发生的三次社会大分工，即畜牧业与农业的分离、手工业与农业的分离、商业的独立化，实际上已经形成了现代三大产业的原始形态，即原始农牧业、手工业、商业，但社会分工仍不发达，自然经济占主导地位，手工业与农业往往结合在同一个生产单位中（如中国古代的“男耕女织”），各生产单位、各地区以及各城市的经济发展，都具有高度的自给自足性，生产单位之间、地区之间和城市之间的经济联系不多。因此，如果说工业革命以前城市体系已经形成，与现代城市体系相比，那也是一种松散型的组织，等级规模体系和职能体系都不发达。

工业革命以后，生产分工和专业化日益发达，建立在大机器生产基础上的商品经济逐渐取代以手工劳动为基础的自然经济，社会各经济单位的生产由彼此孤立的自给自足的生产转化为相互联系、相互依赖的社会化大生产。城市作为生产的集中地，相互间也会形成一定的分工，彼此间的经济联系日益密切。城市间以经济联系为核心，形成一系列网络系统，包括交通网络系统、信息网络系统、商品流通系统、金融系统、公司管理机构系统、行政管理网络系统等等。通过这一系列的网络系统，把分布于各地的规模大小不等、职能各异的一系列城市联结为结构紧密的现代城市体系，并进而把所在地区内所有的经济活动（包括乡村的经济活动）凝聚成一个整体。

城市体系是由多级城市组成的。城市在城市体系中的级别不同，其规模大小、职能体系发达程度、吸引范围的大小和辐射力的强弱就不同，在城市体系中的地位和所起的作用也不一样。城市是一定地区范围内的经济、政治、文化和社会服务中心，通常要履行以下职能：作为地区的经济组织与指挥中心、信息中心、金融中心、交通中心、贸易中心、物资集散中心、工业中心、科学文化教育与多种服务行业集中的中心、社会活动中心、政治中心等。我们将其中的组织、指挥与推动地区经济发展的职能称为中心地职能。城市在上述各职能上的发展并不一定均衡，例如美国的华盛顿和联邦德国的波恩都是全国最高一级的政治中心，但其作为经济中心的职能则弱得多。我国的大庆市在石油开采方面、鸡西市在煤炭开采上都是一级城市，但其他职能则相对较弱。城市按其在地区内某一职能上的地位和作用，形成不同的专业职能城市体系，如政治中心城市体系、工矿业中心城市体系、交通中心城市体系、能源中心城市体系、中心地城市体系等。

按照由城市的规模、综合职能、吸引范围的大小和辐射力的强弱决定的城市在全国及一定区域经济发展中的地位和作用，可以将城市划分为若干等级。如我国目前存在着一个有七个等级的中心地城市体系。第一级是全国性中心城市，如上海、北京、广州。第二级是跨省区的大区级中心城市，如东北和内蒙古东部的经济中心沈阳、大连，华北地区的经济中心天津，华中地区的经济中心武汉，西南地区的经济中心重庆、成都，西北地区的经济中心西安、兰州。第三级是省域中心城市，主要由各省、自治区政府所在地城市构成。有的省份有两个省域中心城市，如山东有济南和青岛，河北有石家庄和唐山，福建有福州和厦门，广西有南宁和柳州，广东有广州和深圳，辽宁有沈阳和大连，内蒙古有呼和浩特和包头，浙江有杭州和宁波。第四级是省内跨市县经济区中心城市。

一省又可划分为若干经济区，这些经济区所依托的中心城市多数是中等城市，也有一部分是大城市。第五级是县（市）域中心城市，由县（市）政府驻地城镇组成。第六级是县（市）域内跨乡、镇中心镇，由县（市）政府驻地之外的一部分位置适中、交通条件较好，综合发展水平较高的建制镇甚至乡镇组成。这些建制镇或乡镇虽然在行政上与其周围的其他建制镇和乡镇平级，但却担负着为周围几个乡（镇）服务的中心地职能，规模上也较大。第七级是乡（镇）域中心镇，由其他的建制镇和乡镇组成。

按照城市在行政管理体系中的地位和作用，我国形成了首都—省会—地区级政府驻地城市—县城或县级市—一般建制镇或乡镇这样有五个等级的政治中心城市体系。我国的政治中心城市体系在组织结构上与中心地城市体系有极大的相似性，并与城市的规模等级体系关系明显。一般说来，在政治中心城市体系中级别越高的城市（镇），在中心地城市体系中的级别越高、规模越大、数量越少；在政治中心城市体系中级别越低的城市（镇），在中心地城市体系中的级别越低、规模越小、数量越多。

1. 城市体系的职能组合结构

城市是第二、三产业的集中地，但是各城市并非均衡地发展各产业或行业，而是在产业结构、行业结构和产品结构上存在差异，即城市之间存在着一定的分工，各城市在国家和地区发展中所承担的任务与所起的作用不同，并在分工的基础上产生协作、交换等经济联系。城市体系内部各城市职能的有机组合，形成城市体系的职能组合结构。

一个城市的全部经济活动按其服务对象可以分成两部分：一部分是为本城市的需要服务的，另一部分是为本城市以外的需要服务的。为外地服务的部分，属于专业化部门，是导致城市发展的主要动力，这一部分经济活动被称为城市的基本经济活动部分。满足城市内部需求的经济活动随着基本经济活动部分的发展而发展，属于非专业化部门，被称为非基本经济活动部分。相比较而言，非基本经济活动主要为本城市居民日常生活服务，为本城市的经济社会发展提供基础条件，各城市之间具有较大的相似性，而基本经济活动为其他城市和区域提供产品与服务，各城市之间差异较大。

虽然基本经济活动是城市发展的主导力量，但基本经济活动和非基本经济活动这两部分是相互依存的。城市经济活动的非基本经济活动和基本经济活动保持必要的比例，是城市经济保持良性发展的基本要求。

城市职能是指某城市在国家或区域经济、文化、政治等方面所居的地位、所起的作用、所承担的分工。城市基本经济活动是为本城市以外的其他城市或区域提供产品和服务的，体现了该城市在国家或区域中所承担的分工，因此城市的基本经济活动就是城市的职能。

城市性质则是与城市职能密切相关的概念。城市性质是城市主要职能的概括，指一个城市在全国或地区的政治、经济、文化生活中的主要作用和地位，代表了城市的个性、特点和发展方向。

按照城市职能的相似性和差异性对许多城市进行的分类，就是城市职能分类。表6—2反映了中国城市的基本职能类型。

表 6—2　　中国城市基本职能类型表

<table>
<tr><th>地域主导作用</th><th colspan="2">城市基本职能类型</th></tr>
<tr><td rowspan="3">以行政职能为主的综合性城市</td><td rowspan="3">行政中心城市</td><td>全国性中心城市</td></tr>
<tr><td>区域性中心城市</td></tr>
<tr><td>地方性中心城市</td></tr>
<tr><td rowspan="8">以交通职能为主的城市</td><td rowspan="3">综合交通枢纽城市</td><td>水陆空综合运输枢纽城市</td></tr>
<tr><td>水陆运输枢纽城市</td></tr>
<tr><td>陆空运输枢纽城市</td></tr>
<tr><td rowspan="2">部门交通性城市</td><td>铁路枢纽城市</td></tr>
<tr><td>港口城市</td></tr>
<tr><td rowspan="3">口岸城市</td><td>水运口岸城市</td></tr>
<tr><td>空运口岸城市</td></tr>
<tr><td>陆运口岸城市</td></tr>
<tr><td rowspan="13">以工业职能为主的城市</td><td rowspan="6">重型工业城市</td><td>煤矿城市</td></tr>
<tr><td>石油工业城市</td></tr>
<tr><td>冶金工业城市</td></tr>
<tr><td>电力工业城市</td></tr>
<tr><td>化学工业城市</td></tr>
<tr><td>建材工业城市</td></tr>
<tr><td rowspan="7">轻型工业城市</td><td>机械（含电子）工业城市</td></tr>
<tr><td>食品工业城市</td></tr>
<tr><td>纺织工业城市</td></tr>
<tr><td>森林工业城市</td></tr>
<tr><td>皮革工业城市</td></tr>
<tr><td>造纸工业城市</td></tr>
<tr><td>其他类型轻工业城市</td></tr>
<tr><td rowspan="3">以流通职能为主的城市</td><td rowspan="3">贸易中心城市</td><td>地方贸易中心城市</td></tr>
<tr><td>对外贸易中心城市</td></tr>
<tr><td>旅游城市</td></tr>
</table>

资料来源：顾朝林等：《中国城市地理》，185 页，北京，商务印书馆，1999。

城市的每一个经济部门或行业都可能既为外地服务又同时为本城市服务，虽然可以粗略地把基本经济活动占优势的经济部门划为基本经济部门，而把非基本经济活动占优势的经济部门划为非基本经济部门。但是在进行城市职能分类时，就要综合考虑基本经济部门的职能强度（由该部门产品或服务的输出比重衡量，输出比重越高，职能强度越高）和职能规模（由该部门产品或服务的输出规模衡量，输出规模越大，说明城市服务范围越广，在城市体系中的地位越高）。在职能强度很高的专业化工业城市之间，职能规模的差异常常退居次要地位，但在专业化程度不高的综合性城市，职能规模往往构成城市工业职能差异的主要因素。

城市经济基础理论认为，城市发展的内部动力主要来自基本经济活动的发展和更替。如果城市传统的基本经济活动由于某种原因而衰落，同时却没有新的基本经济活动发展起来，那么这个城市就会趋向衰落。当城市的条件发生变化而产生了新的基本经济活动时，衰落的城市还会复兴。

2. 城市体系的等级规模结构

反映城市规模的指标主要有人口规模、用地规模和经济规模等。城市体系的等级规模结构，就是城市体系中不同城市的人口、腹地空间、经济总量等指标的相对次序和组合结构。

一个城市的等级规模与其所承担的职能密切相关。德国地理学家克里斯塔勒认为，城市的基本功能是作为其腹地的服务中心即中心地，为其腹地提供商品和服务。每种商品或服务的销售只有达到一定的规模，才能获得平均利润。商品或服务为获得平均利润所需要的销售范围即其最小销售限界，主要取决于商品或服务的需求频率、资金占用率与单位商品销售利润率等因素。商品或服务的需求频率越低、资金占用率越高、单位商品销售利润率越高的商品或服务的最小销售限界越大，需要更大的市场区和腹地；商品或服务需求频率越高、资金占用率越低、单位商品销售利润率越小的商品的最小销售限界越小，较小的市场区或腹地即可获得平均利润。因此，可以根据商品和服务的市场区与腹地的大小将城市划分为不同的档次或等级系列。在需求总量一定的区域中，只可能布局较少数量的销售范围较大的商品或服务的供应地，而销售范围越小的商品或服务的供应地则数量越多。那些既提供中低档次商品和服务，又提供高档次商品和服务的城市，其提供的商品和服务的种类更多，产业门类和企业更多，城市规模更大，数量也更少；提供中低档次商品和服务的城市，其提供的商品和服务的种类较少，产业门类和企业较少，城市规模更小，数量则更多。总之，城市体系的等级规模结构与市场等级体系存在一种对应关系（见图 6—2）。由于商品和服务依其特性可分成若干档次或等级，因而城市可按其提供的商品及服务的档次或等级确定其在中心地系统中的位置，各城市之间因此划分成若干等级，构成一种有规则的层次关系。中心地的发展取决于中心地功能的专门化，而中心地的发展速度则取决于其腹地对中心地商品和服务需求量增长的快慢。

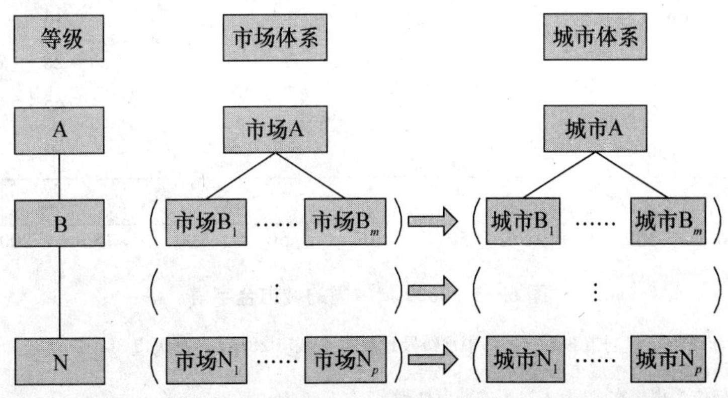

图 6—2 市场等级体系与城市（规模等级）体系的对应关系

资料来源：张敦富主编：《城市经济学原理》，47 页，北京，中国轻工业出版社，2005。

人们发现，城市的规模分布存在一定的规律：

(1) 城市首位律。杰斐逊 (M. Jefferson) 在 1939 年观察到一种普遍存在的现象，即一个国家的"首位城市" (primate city) 普遍比这个国家的第二位城市 (更不用说其他城市) 大很多。杰斐逊分析了 51 个国家 (其中 6 个国家为两个不同时段) 的情况，发现其中有 28 个国家的最大城市是第二位城市人口的 2 倍以上，有 18 个国家大于第二位城市 3 倍以上。杰斐逊把这种在规模上与第二位城市保持巨大差距，吸引了全国城市人口的很大部分，在国家政治、经济、社会、文化生活中占据明显优势的城市定义为"首位城市"。有人还提出了所谓首位优势生长模型，即城市体系的顶级城市作为区域的增长极首先增长，超前增长，并带动其他次级城市的增长。戴哥以交通运输成本、规模报酬递增、劳动力跨部门与地区流动等因素建立了一个数学模型，其运算结果表明：人口具有向顶级城市优先集中的倾向。①

为了更全面地反映城市体系中的城市人口在最大城市的集中程度，又有人提出 4 城市指数和 11 城市指数，而把最大城市和第二位城市的人口比值称为首位度。

$$首位度\ S=P_1/P_2 \tag{6.3}$$

$$4\ 城市指数\ S=P_1/(P_2+P_3+P_4) \tag{6.4}$$

$$11\ 城市指数\ S=2P_1/(P_2+P_3+\cdots+P_{11}) \tag{6.5}$$

P_1，P_2，…，P_{11}为城市按规模从大到小排序后，某位序城市的人口规模。按照位序—规模的原理，所谓正常的 4 城市指数和 11 城市指数都应该是 1，而两城市指数应该是 2。

(2) 城市金字塔。把一个国家或区域中许多大小不等的城市，按规模大小分成若干等级，就有一种普遍存在的规律性现象，即城市规模越大的等级，其城市的数量越少，而规模越小的城市等级，其城市数量越多。把这种城市数量随着规模等级而变动的关系用图表示出来，就形成城市等级规模金字塔。金字塔的底部是大量的小城市，金字塔的顶端是一个或少数几个大城市 (见图 6—3)。

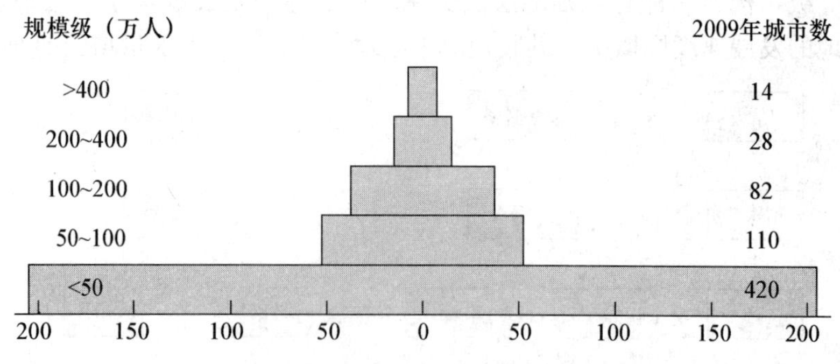

图 6—3 2009 年中国的城市金字塔

注：(1) 2009 年全国有建制市 654 个，其中地级及地级以上城市 287 个，县级市 367 个。
(2) 地级及地级以上城市按城市市辖区总人口分组。
(3) 县级市全部作为规模在 50 万人以下的城市处理。
资料来源：中华人民共和国国家统计局编：《中国统计年鉴 (2010)》，3、383 页，北京，中国统计出版社，2010。

① 参见魏后凯主编：《现代区域经济学》，323 页，北京，经济管理出版社，2006。

（3）位序—规模法则。城市规模和城市规模位序之间存在比较稳定的相关关系，即遵循位序—规模法则。1936 年，曼莫汉·辛格（Manmohan Singh）给出了“位序—规模”分布的一般性关系式：

$$P_i = P_1 \cdot R_i^{-q} \tag{6.6}$$

对上式作对数变换，则

$$\lg P_i = \lg P_1 - q \lg R_i \tag{6.7}$$

式中，P_i为第 i 位城市的人口；P_1为规模最大的城市人口；i 为第 i 位城市的位序；q 为常数；R 为相关系数。

该式的相关系数 R 越大，说明该城市体系越符合“位序—规模”分布；如果相关系数不够大，则可能是首位分布，或者有多个大城市并存，或者是别的特殊类型的分布。

与城市体系的等级规模结构相关，人们提出了城市合理规模、最佳规模、有效规模等概念和理论。城市合理规模、最佳规模、有效规模的界定，首先取决于对标准的认识。有人认为，最佳规模的标准应是城市人均规模净收益最大；有人认为，城市最佳规模标准应是城市的总净收益最大；罗伯塔（Roberta）等则提出了城市“有效规模”的概念，认为平均收益超过平均区位成本是“有效规模”的标准，平均收益超过平均区位成本存在一个区间，应当用一个区间来代替最佳城市规模。

理论上讲，存在一定的规模区间，在这一区间内，城市整体的或人均的收益大于成本，在这一区间内的城市规模就是城市的合理规模，当收益大于成本的差值达到最大时，就是城市的最佳规模。一般来说，大城市的经济效益要比中小城市好。但是大量的实证研究也已证明，城市合理规模只能是一个相对的概念。从不同的评价角度和采用不同的评价标准，可以得出不同的最佳规模。最佳规模是时间的变量，随着时间的变化，技术水平在变化，人们的价值观及价值所构成的标准也随之变化，相同的标准也会得出不同的最佳规模。因此，对于某一特定的城市，在一定的历史时期内，根据其具体条件，研究其合理规模是有必要的，而一个统一的、能被普遍接受的城市最佳规模至今仍然没有找到，也许它根本就不存在。①

此外，要辩证地看待不同规模城市的效益问题，不但要看单个城市的规模效益，还要从整个城市体系和国民经济发展的全局来看待城市的规模与效益问题。城市规模的大小，取决于它们在国民经济中的地位、功能和在城市体系中的等级，取决于它们所控制的腹地范围的大小以及腹地内人口、财富与自然资源的集中程度，不可能任意地、无限度地改变。同一等级内的某些城市可能会因发展较快而在短期内升级，但整个等级的城市平均规模则相对稳定，城市体系总是由一系列大小不同的城市组成的。小城镇虽然规模小，经济效益比不上其他城市，但正是有小城镇的存在，其他大、中、小城市的作用才能正常发挥，整个城市体系和国民经济才能取得好的宏观经济效益。

---

① 参见许学强、周一星、宁越敏编著：《城市地理学》，143～144 页，北京，高等教育出版社，1997。

3. 城市体系的空间组织结构

城市体系的空间组织结构与城市体系的职能组合结构及城市体系的等级规模结构密切相关。

由于分工，各城市职能各异，城市之间、城市和区域之间不断地进行着物质、能量、人员和信息的交换等空间相互作用，每一个城市都有一定的城市经济影响区。随着距离的增加，城市对周围区域的影响力逐渐减弱，并最终被附近其他城市的影响所取代。一般情况下，城市经济影响区的大小，与城市的经济实力、人口规模成正比。在同一等级规模的城市的经济影响区的边界上，相邻城市的影响力相等。若干低一等级的城市经济影响区共同组成高一等级的城市经济影响区，由此向上，直到等级体系中的最高一级城市经济影响区。不同等级规模的城市经济影响区的有机结合，形成城市体系的经济空间组织结构。

城市经济影响区的划分的方法主要有 R_d 链方法、断裂点方法、场强分析法等（参见 6.2.1 的“城市经济区”）。

城市体系的空间组织结构的发展演变与经济社会的发展密切相关，具有明显的阶段性。①

（1）离散阶段（低水平均衡阶段）：对应于自给自足、以农业为主体的阶段，以小城镇发展为主，缺少大中城市，没有核心结构，构不成等级系统。

（2）极化阶段：对应于工业化兴起、工业迅速增长并成为主导产业的阶段，中心城市强化，各等级规模城市数量增长迅速，城市间经济联系日趋紧密。

（3）扩散阶段：对应于工业结构高度化阶段，中心城市的轴向扩散带动中小城市发展，在主要城市之间形成不同等级的发展轴线，点—轴系统形成。

（4）成熟阶段（高级均衡阶段）：对应于信息化与产业高技术化发展阶段，区域生产力向均衡化发展，空间结构网络化，形成点—轴—网络系统，整个区域成为一个高度发达的城市化区域。

城市密度（即单位面积内的城市数量）的概念与城市体系的空间组织结构相关。影响城市密度的因素有经济发展水平、人口密度，以及自然、政治、历史等因素。一般而言，经济发展水平高、人口密度大的地区，城市密度较大；海岸、河流、湖泊周围城市密度通常也比较大；平原丘陵地区城市密度大，高原山区城市密度小。

6.2.3 城市化与区域经济发展

1. 城市化与经济发展的定量研究

著名经济学家霍利斯·钱纳里和赛尔昆通过对世界各国工业化、城市化的比较分析，认为城市化与经济发展水平及工业化、非农化有正相关关系，得出人均国民生产总值越高、工业化水平越高，城市化水平也越高的结论（见表 6—3）。

① 参见许学强、周一星、宁越敏编著：《城市地理学》，183 页，北京，高等教育出版社，1997。

表6—3 城市化与工业化关系的一般变动模式

人均GNP (1964年美元)	GDP结构变化（%）			就业结构变化（%）			城市化率（%）
	工业	服务业	非农产业	工业	服务业	非农产业	
70	12.5	30.0	47.8	7.8	21.0	30.2	12.8
100	14.9	33.8	54.8	9.1	25.1	35.8	22.0
200	21.5	38.5	67.3	16.4	27.9	46.5	36.2
300	25.1	40.3	73.4	20.6	30.4	53.6	43.9
400	27.6	41.3	77.2	23.5	32.7	59.0	49.0
500	29.4	41.5	79.8	25.8	34.7	63.4	52.7
800	33.1	41.6	84.4	30.3	39.6	73.3	60.1
1 000	34.7	41.3	86.2	32.5	42.3	78.2	63.4
1 500	37.9	38.6	87.3	36.8	47.3	87.8	65.8

资料来源：［美］霍利斯·钱纳里、莫尔赛斯·赛尔昆：《发展的模式：1950—1970》，31～32页，北京，中国财经出版社，1988；李林杰、王金玲：《对工业化和城市化关系量化测度的思考——兼评我国的工业化与城市化进程》，载《人口学刊》，2007（4）。

从世界各国城市化与经济发展水平或工业化、非农化发展水平的关系来看，有三种模式：一是同步城市化，指城市化、工业化、非农化、经济发展基本协调，大部分发达国家的城市化基本上属于这种模式；二是过度城市化，指城市化水平超过工业化、非农化和经济发展水平的城市化模式，相当数量的发展中国家的城市化基本上是这种模式；三是滞后城市化，指城市化水平落后于工业化、非农化和经济发展水平的城市化模式，少部分发展中国家属于这种模式。

（1）城市化水平与经济发展水平的关系。周一星对1977年世界157个国家和地区的资料进行统计分析后发现，城市化水平与经济发展水平的关系既不符合线性相关，也不符合双曲线模式，而是一种十分明显的对数曲线关系。① 其数据回归的结果是

$$y=40.62\lg x-75.6 \tag{6.8}$$

其中，相关系数 $R=0.9079$，标准差 $S=9.8$

式中，y 为城镇人口占总人口的比重（%）；x 为人均国民生产总值（元/人）。

谢文蕙、邓卫也通过对统计资料的分析，建立了一个对数数学模型②：

$$Y=a\ln X+b \tag{6.9}$$

式中，Y 为城市化水平；X 为人均国民生产总值：a、b 为回归系数。

运用该对数模型，对1980年153个国家和地区的城市化水平与人均国民生产总值（即人均GNP）进行相关分析，可得回归方程

$$Y=16.44\ln X-72.14 \tag{6.10}$$

① 参见周一星：《城市化水平与国民生产总值关系的规律性探讨》，载《人口与经济》，1982（1）。

② 参见谢文蕙、邓卫编著：《城市经济学》，37页，北京，清华大学出版社，1996。

其中，样本数 $N=153$，相关系数 $R=0.92$，标准差 $S=9.28$

陈明星、陆大道、查良松研究了 1965 年、1975 年、1985 年、1995 年、2005 年 5 个不同年份的 118 个国家城市化与经济发展水平关系的变化，也发现城市化与经济发展水平之间具有明显的对数关系①（回归结果见表 6—4），并把城市化与经济发展水平关系的类型划分为四类：第一类是高级协调型，经济发展水平较高，城市化水平同步；第二类是城市化过度型，经济发展水平较低，但城市化水平较高；第三类是低级协调型，经济发展水平较低，城市化水平也较低；第四类是城市化滞后型，经济发展水平较高，城市化水平不高。

表 6—4　　不同阶段城市化与经济发展水平之间关系的对数回归

年份	回归方程	判定系数 R^2
1965	ln(URBAN1965)＝0.033 17＋0.465 85×ln(GDPP1965)	0.635 831
1975	ln(URBAN1975)＝0.671 70＋0.390 90×ln(GDPP1975)	0.667 007
1985	ln(URBAN1985)＝1.332 93＋0.317 85×ln(GDPP1985)	0.619 378
1995	ln(URBAN1995)＝1.910 89＋0.252 89×ln(GDPP1995)	0.544 872
2005	ln(URBAN2005)＝2.214 38＋0.219 41×ln(GDPP2005)	0.518 239

资料来源：陈明星、陆大道、查良松：《中国城市化与经济发展水平关系的国际比较》，载《地理研究》，2009（2）。

但也有人通过对世界上 25 个非计划经济大国的人均国民生产总值与城市化水平进行回归分析，得出以下双曲线回归模型②：

$$1965\text{ 年：}\frac{1}{y-6.2}=0.010\,86+\frac{44.74}{x} \tag{6.11}$$

估计标准差 $S=10.31$，相关系数 $R=0.898$

$$1990\text{ 年：}\frac{1}{y-8.8}=0.010\,86+\frac{44.74}{x} \tag{6.12}$$

估计标准差 $S=11.60$，相关系数 $R=0.862\,7$

式中，y 为城市人口占全国人口的比重（百分点）；x 为以国际比较项目方法计算的人均 GDP（1990 年国际美元）。

（2）城市化与工业化的相关关系。关于工业化与城市化的相关关系，世界银行在《1981 年世界发展报告》中提出如下模型：

$$U=0.052+1.882I,\qquad R=0.993$$

式中，U 为城市化率；I 为工业化率（工业就业人数占总就业人数的比重）；R 为相关系数。

在其他条件不变的情况下，I 变化 1%，U 随之变化 1.882%。定义 $IU=I/U$。参考世界经济和城市化的发展过程及经验，当城市化与工业化的发展比较适度、二者关系呈耦合联动协调发展状态时，IU 大致为 0.5 左右。若 IU 显著小于 0.5，说明城市不仅集中了从事非农产业的人口，而且也集中了相当数量的农业人口，这反映了城市化发展超前。若 IU 显著大于 0.5，则反映了大量从事非农产业的劳动力仍然分散在农村地区，说明城市化

① 参见陈明星、陆大道、查良松：《中国城市化与经济发展水平关系的国际比较》，载《地理研究》，2009（2）。

② 参见俞德鹏：《中外城市化进程的定量比较——兼与孟立联同志商榷》，载《人口研究》，1994（2）。

滞后发展。①

（3）城市化与服务业的相关关系。李勇坚、夏杰长对2003年世界43个国家和地区的数据进行回归分析，得到如下回归方程，这个方程的自变量——城市化率——在1%的水平显著，具有良好的统计性质②：

$$S_i=33.877+0.381C_i \tag{6.13}$$

式中，S_i为服务业在GDP中所占的比重；C_i为城市化水平。这个方程说明，城市化率每提高1个百分点，将使服务业占GDP的比重提高0.381个百分点。

李勇坚、夏杰长还以城市化率为自变量，以服务业占GDP的比重为因变量，对中国1978—2006年的数据进行回归分析，得到如下回归方程：

$$S_i=8.593+0.806C_i \tag{6.14}$$

这个方程的系数在1%的水平上显著。考虑到户籍制度的影响，将户籍制度H_i作为一个哑变量引入方程中，从2000年开始对H_i取值为1，经过回归分析，得到如下回归方程：

$$S_i=4.809+0.963C_i-3.322H_i \tag{6.15}$$

在方程中，城市化率的系数在1%的水平上显著，常数项与户籍制度的系数在10%的水平上显著，城市化率与户籍制度之间不存在多重共线性。

（4）城市化与非农化的相关关系。对城镇人口比重y与产业非农化率（即第二产业、第三产业合计占国内生产总值的比重）x作回归分析，可得如下回归方程③：

$$y=2.537e^{0.0348x} \tag{6.16}$$

其中，标准差$S=5.98$，相关系数$R=0.810$

经F检验，表明在置信度为95%的情况下回归方程效果显著，反映出二者之间确有较明显的相关性。

2. 城市化与区域经济发展

一个国家或地区的城市化水平与经济发展水平是紧密联系在一起的，二者之间存在着互为因果、互相促进关系，经济发展推动着城市化进程，城市化的推进又反过来推动一国或地区的经济增长和发展。城市化对区域经济发展的重大影响主要体现在以下几个方面：

（1）城市化进程有助于提高农业劳动生产率，促进农业现代化和乡村经济的发展。随着城市化水平的提高，大量的农业劳动力从农村转移到城市，农业就业人数减少、比重降低。在耕地面积不变的情况下，当农村劳动力数量绝对下降时，农业规模化经营的条件就开始形成，机械化、自动化等现代农业生产手段的规模化使用成为可能，这种趋势发展下去，将促进农产品商品率的提高，使农业与工业、服务业的联系更加紧密，促

① 参见李林杰、王金玲：《对工业化和城市化关系量化测度的思考——兼评我国的工业化与城市化进程》，载《人口学刊》，2007（4）。

② 参见李勇坚、夏杰长：《户籍制度、城市化与服务业增长关系的实证分析》，载《经济与管理》，2008（9）。

③ 参见张善余：《人口地理学概论》，338页，上海，华东师范大学出版社，1999。

进农业自身的分工和专业化发展，从而提高农业劳动生产率。随着城市化水平的提高，农村作为城市的腹地，将越来越多地接受到城市文明的辐射。城市经济发展可以为农业生产提供更多更好的农业机械、交通和通信手段、化肥和农药等产品，为农业现代化提供物质基础。城市的新技术、新思想传播到农村，有利于改变农村居民的生产和生活方式，提高其生产效率和生活水平。

另一方面，随着城市人口的增加，会不断增加对农产品尤其是食物的需求，带动更多种类农产品生产的增长。同时，城市居民生活水平不断提高，其对农产品的质量、产品结构等的需求必然会升级，从而带动农业产品结构和产业结构的升级。

(2) 城市化进程有助于促进工业和服务业的发展。伴随着城市化进程而出现的城市规模扩张，促使在城市里形成足够大的各类市场，为社会分工的发展提供了更有利的条件，而社会分工的演进正是经济发展的基本形式和动力。城市的发展能产生集聚经济效应和外部经济效应，也为第二产业和第三产业提供了良好的发展环境。从世界经济发展的历史来看，服务业的快速发展是与城市化过程联系在一起的。由于服务产品的不可储存性与不可运输性，使服务产品的需求要有足够的经济活动密集度才能达到规模生产的要求，而工业和人口在城市的集聚正提供了这一条件。工业越发展，专门化程度越高，越要求加强横向协作与交流，增加生产配套性服务；城市化引起生活方式的市场化转变，为服务业的发展提供了市场条件；随着经济收入的提高和闲暇时间的增多，人们开始追求更为丰富多彩的生活消费性服务，如购物、文化教育、体育娱乐、医疗保健、旅游度假、法律诉讼、社会福利等。这些变化都促进了第三产业的发展。

(3) 城市化带动的投资需求和消费需求，有助于扩大市场规模从而拉动经济增长。一方面，随着城市化的发展和城市人口的增加，对城市和区域公共基础设施物品的需求会增加。城市化的持续推进将为基础设施产业提供持续扩张的市场，成为区域经济增长强有力的助推器。

另一方面，在城乡一体化实现之前，区域市场分为城市高消费和农村低消费两大群体，城市化的过程就是变农村低消费群体为城市高消费群体的过程。农村低消费群体和城市高消费群体的消费水平不同，减少农村低消费群体，扩大城市高消费群体，必然增加市场需求规模，拉动经济增长。同时农村低消费群体和城市高消费群体对商品与劳务市场的需求处于不同发展阶段，消费结构不同。通常农村居民的消费结构中食品支出和居住支出比重较高，对其他商品和劳务的支出比重较低，而城市居民的非食品、非居住支出比重较高。农村居民消费中生活必需品所占比重较高，一般性耐用消费品和高档耐用消费品所占比重较低；城市居民消费中生活必需品所占比重较低，一般性耐用消费品和高档耐用消费品所占比重较高。农村人口进入城市在市场上首先表现为非食品居住需求比重的增加，也即对工业产品和服务业产品需求比重的增加，从而促进工业和第三产业市场快速扩张。此外，城市化进程将缩小进入城市的农村居民的消费结构与城市居民的差异，逐步增加一般性耐用消费品的需求进而向高档耐用消费品过渡，扩大一般性耐用消费品和高档耐用消费品市场规模，促进制造业产品市场结构的升级。

(4) 城市化的产业结构效应促进了经济发展。在城乡一体化实现之前，第二产业、第三产业的劳动生产率高于第一产业，农村劳动力转移到城市意味着资源从低效率的部门转到相对高效率的部门，实现了资源配置的优化，因此城市化水平的提高意味着区域经济整体生产率的提高，从而促进了经济增长。

（5）城市化的空间结构效应促进了区域经济发展。城市化所带来的资源在空间上的高度集聚性是创新的源泉。精神文明的生产与物质生产一样也具有集聚效应。城市集中了丰富的、高质量的资源，包括发达的教育体系，先进的技术设备，丰富的图书情报资料，雄厚的人力、物力、财力等，有利于引进、消化和吸收国内外先进技术，开展创新活动。同时，人口、资源和经济的高度集中，既产生一种竞争激励，又扩大了人们交往和学习的机会，从而促使新思想、新观念的产生。因此，先进的思想观念和科学技术主要产生于城市。在当今世界，科学技术是第一生产力，城市对国内外先进技术的引进、消化、吸收和创新活动是推动区域发展的重要动力。

正因为城市是人口、资源和经济活动的集聚地，是引进、消化和吸收国内外先进技术以及进行创新活动的主要地区，使得城市成为区域经济的核心组成部分，城市经济成为区域经济增长的主要推动力量。城市对其周围地区具有辐射功能和协调功能。城市特别是中心城市通过产业结构的相互关联使区域经济形成一个有机的整体，实现区域内优势互补和资源的合理利用与优化配置；通过技术扩散推动整个区域经济结构的升级；通过对区域的支援，包括人才培养、教育培训、技术转让、资金与物质的支持等，尽快提高区域经济发展活力，从而推动区域经济的发展。

城市化推动区域空间结构从低级阶段向高级阶段发展。随着城市化的发展，城市数量不断增加，城市规模不断扩大，城市之间的分工协作日益发达，城市之间、城市与腹地之间的经济联系不断加强，从而推动区域空间结构从低级均衡阶段发展为极核发展阶段、点—轴发展阶段，进而向高级均衡阶段演化，不断扩大着区域发展的整体效应。

6.3　乡村经济与区域发展

6.3.1　传统乡村经济的特征

乡村是相对于城市而言的空间组织单元，乡村经济以第一产业为主体，也有一部分工业，主要是采掘工业和对矿产资源、农产品进行粗加工的工业；城市经济则以第二产业和第三产业为主体。城市经济和乡村经济共同构成区域经济的基本组成要素。从世界发展的历程看，乡村经济经历了从传统乡村经济到现代乡村经济的发展演变过程。传统乡村经济具有如下特征：

1. 技术进步极为缓慢甚至长期停滞，形成低水平、超稳定的生产技术和耕作方式

舒尔茨认为："完全以农民世代使用的各种生产要素为基础的农业可称之为传统农业。"① 尽管随着历史的发展，农业经营品种有所更替，耕作制度经历了从刀耕火种到休

① ［美］舒尔茨：《改造传统农业》，4页，北京，商务印书馆，1987。

闲制，进而到轮作制再到多熟制的演化，但农业生产技术一直没有发生根本性革命，传统农业一直以人力、畜力和水力为主要生产动力，使用的是建立在观察经验基础上的农业技术。农民世世代代都同样地耕作和生活，他们基本上是年复一年地耕种同样类型的土地，播种同样的作物，使用同样的生产要素和技术。①

2. 储蓄率和投资水平低

由于低水平的劳动生产率，农民的收入除维持基本的生活和简单再生产的需要外，所剩无几，进而导致农业储蓄率和投资水平低下，资本形成困难。土地租佃制度下的生产要素和收入分配的不合理与不平等，更加剧了这种状态。例如，在中国封建社会，土地主要集中在地主和官僚手中，农民徭役和租税负担沉重，储蓄和投资能力几乎为零。

3. 由人口增加引致的需求增长是推动传统农业增长的基本动力，而农业增长主要靠土地和劳动投入的增加来实现

在技术进步极为缓慢并处于低水平状态的情况下，技术进步对农业增长的贡献极其有限，而且资本要素在传统农业中所起的作用也很小②，农业增长主要靠土地和劳动投入的增加来实现：在劳动力充足的情况下，主要靠土地的扩张性投入；在土地规模一定的情况下，则形成劳动密集型的精耕细作。农业增长主要是粗放式的增长。

4. 具有明显的生存性和自然性③

传统农业的生存性和自然性主要体现在以下两个方面：首先，由于技术水平低下，农业抵抗自然风险的能力有限，农民的产出水平的高低在很大程度上取决于大自然，农业在很大程度上是“靠天吃饭”。其次，由于农业生产率水平低下，导致收入水平低下，从而使传统农业中农民的生产成果，在扣除维持自身和家庭的最低生存及简单再生产需要后，所剩无几，农民能够提供给市场的剩余农产品极其有限，因此传统农业是一种生存型农业。农民能够提供给市场的剩余农产品极其有限，农产品的商品率低，意味着农业只是很有限地参与市场交换和社会分工，而这又进一步导致农业和农村内部分工的不发达，农民不仅要从事农业生产活动的全过程，而且要准备生产和生存所必需的一系列产品，包括制造工具、生产衣物、修建房屋等。在半自给自足的经济中，农民尽管可以将部分剩余农产品拿到市场上换取自己所需的生产和生活必需品，但大部分的生产和生活用品仍要靠自己生产与经营。因此，传统乡村经济是一种自给自足或半自给自足的经济。

6.3.2 现代乡村经济的特征

现代乡村经济以现代农业为基础，现代农业具有以下特征④：

---

① 参见［美］舒尔茨：《改造传统农业》，29、31页，北京，商务印书馆，1987。

② 参见郭熙保：《农业发展论》，136～159页，武汉，武汉大学出版社，1995。

③ 参见郝寿义、安虎森：《区域经济学》，2版，450～454页，北京，经济科学出版社，2004。

④ 参见李静：《简论现代农业建设》，载《光明日报》，2005-11-29。

1. 现代农业是机械化、化学化的技术密集型产业

劳动生产率（而不是土地生产率）的高低是区分传统农业与现代农业的本质性指标。现代农业高水平的劳动生产率主要来源于科学技术的进步和应用。传统农业主要依赖劳动力和土地资源的投入，而现代农业则日益依赖不断发展的新技术的投入，新技术是现代农业发展的主要动力。现代农业广泛采用了机械化、化学化的生产技术。包括生物技术、信息技术、耕作技术、节水灌溉技术等农业高新技术使现代农业成为技术高度密集的产业。这些科学技术的应用，提高了单位农产品产量，改善了农产品品质，减轻了劳动强度，节约了能耗，改善了生态环境。新技术的应用，使现代农业的增长方式由单纯地依靠资源的外延开发，转到主要依靠提高资源利用率和持续发展能力的方向上来。

2. 现代农业是以市场为导向的高度商品化的农业

与传统农业以自给为主的取向和相对封闭的环境相比，现代农业中，农民的大部分经济活动被纳入市场交易，农产品的商品率很高，用一些剩余农产品向市场提供商品供应已不再是农户的基本目的。完全商业化的“利润”成了评价经营成败的准则，生产完全是为了满足市场的需要。市场取向是现代农民采用新的农业技术、发展农业新的功能的动力源泉。从发达国家的情况看，无论是种植经济向畜牧经济转化，还是分散的农户经济向合作化、产业化方向转化，以及新的农业技术的使用和推广，都是在市场的拉动或挤压下自发产生的，政府并无过多干预。

3. 现代农业是专业化生产、规模化经营、区域化布局的农业

现代农业的内涵更为丰富。我国原国家科学技术委员会发布的《中国农业科学技术政策》，对现代农业的内涵分为三个领域来表述：产前领域，包括农业机械、化肥、水利、农药、地膜等领域；产中领域，包括种植业（含种子产业）、林业、畜牧业（含饲料生产）和水产业；产后领域，包括农产品产后加工、储藏、运输、营销及进出口贸易等。因此，现代农业不再局限于传统的种植业、养殖业等农业部门，而是包括了生产资料工业、食品加工业等第二产业和交通运输、技术和信息服务等第三产业的内容，原有的第一产业扩大到第二产业和第三产业。现代农业成为一个与发展农业相关、为发展农业服务的产业群体。农业生产经营不但在产前、产中和产后各部门之间实行了专业化分工，而且在部门内部广泛实现了产品专业化，甚至在一些产品和生产工艺上也实行了高度的专业化分工，形成了涵盖乡村农业的产前、产中和产后各部门的乡村农业社会化生产与服务体系。

现代农业是在产业结构高度化和城市化进程中发展起来的，城市化水平的提高和农业劳动力的减少，为农业的规模经营提供了条件。例如作为美国农业经济的基本组织形式的农场有三大类，即家庭农场、合作（合伙）农场和公司农场，其中以家庭农场为主体。82%的合伙农场只有3个以下的合伙人，其中又多为一家人中的两代人或兄弟合伙，所以仍是一种以血缘关系为主的大家庭式的农业经营方式。这三类农场中公司农场所占的比例最小，1982年公司农场有2.24万个，占农场总数的1%，占拥有总耕地面积的3%。1979年家庭农场平均使用的土地面积是316.0英亩（即1918.2市亩），合伙农场平

均使用的土地面积是 703.7 英亩（即 4 271.7 市亩），规模又大出一倍多。①

现代农业是商品化、市场化的农业，在市场竞争中，各地区依其自然资源、自然气候、自然条件和区位优势等，逐步适度集中生产某类或某种产品，以降低成本，增加利润，从而促进了农业区域性专业化生产。

4. 现代农业的组织形式是产业化组织

传统农业是以土地为基本生产资料，以农户为基本生产单元的一种小生产。在现代农业中，农户广泛地参与到专业化生产和社会化分工中，加入各种专业化合作组织中，农业经营活动实行产业化经营。这些合作组织包括专业协会、专业委员会、生产合作社、供销合作社、公司加农户等各种形式，它们活动在生产、流通、消费、信贷等各个领域。

5. 现代农业具有多种功能和多样形式

相对于传统农业，现代农业正在向观赏、休闲、美化等方向扩延，假日农业、休闲农业、观光农业、旅游农业等新型农业形态也迅速发展成为与产品生产农业并驾齐驱的重要产业。传统农业的主要功能是提供农产品，而现代农业除了农产品以外，还具有生活休闲、旅游度假、生态保护、文明传承等功能，进一步满足了人们的精神需求，成为人们的精神家园。生活休闲的功能是指从事农业不再是传统农民的一种谋生手段，而是一种现代人选择的生活方式；旅游度假的功能是指出现在都市的郊区，以满足城市居民节假日在农村进行采摘、餐饮、休闲的需要；生态保护的功能是指农业在保护环境、美化环境等方面具有不可替代的作用；文化传承的功能则是指农业还是农耕文明的承载者，在教育孩子、发扬传统等方面可以发挥重要的作用。

6. 现代农业重视生态环保

现代农业在突出现代高新技术的先导性、农工科贸的一体性、产业开发的多元性和综合性的基础上，还强调资源节约、环境零损害的绿色性。现代农业因而也是生态农业，是资源节约和可持续发展的绿色产业，担负着维护与改善人类生活质量和生存环境的使命。目前可持续发展已成为一种国际性的理念和行为，在土、水、气、生物多样性、食物安全等资源和环境方面均有严格的环境标准，这些环境标准，既涉及产品本身，又涉及产品的生产和加工过程；既涉及对某地某国的地方环境影响，又涉及对相邻国家、相邻地区和全球的区域环境影响以及全球环境影响。

6.3.3 乡村经济在区域发展中的地位与作用

乡村经济和城市经济共同构成了区域经济，乡村经济和城市经济之间存在着相互依存、相互促进、相互制约的关系。在区域经济发展的早期，乡村经济占区域经济总量的

① 参见陈华山：《当代美国农业经济研究》，193～206 页，武汉，武汉大学出版社，1996。

比重较高，随着工业化、城市化的发展，乡村经济占区域经济总量的比重逐步降低，最终居于次要地位，而城市经济则逐步在区域经济发展中起到主导作用。尽管如此，乡村经济仍然在区域经济发展中起到不可忽视的作用。乡村经济在区域经济中的重要作用主要表现在以下一些方面：

1. 农业剩余的存在是区域工业和城市发展的初始条件

从世界历史来看，各国在工业化初期都不同程度地依靠农业剩余来发展工业和城市，农业发展是工业化和城市化的初始动力。

2. 乡村经济为城市提供商品粮、蔬菜等农副产品，满足城市居民的生活消费需要

乡村经济农副产品的产出在很大程度上决定着区域内能够供养的人口规模和城市的规模。

3. 乡村经济为城市工业生产提供生产原料

如粮食、水果、干果、肉、蛋、奶是食品饮料加工业的原料，棉花、蚕茧是纺织工业的原料，而乡村采掘工业则为城市经济发展提供所需要的各种矿产资源。

4. 乡村经济的发展为城市经济发展提供劳动力

城市工业和第三产业的发展以及规模的扩大需要大量的劳动力，而乡村经济的发展和农业劳动生产率的提高使农业劳动力从土地上转移出来，满足了城市经济发展对劳动力的大量需要。

5. 乡村经济是城市经济的市场

乡村经济是城市工业生产的生活消费品和农业生产资料的销售市场，是城市第三产业服务的重要对象。乡村经济为城市经济提供的市场及其规模的大小，对城市经济的发展起着重要的作用。

6.4 统筹城乡发展

6.4.1 城乡关系的历史演进

城乡关系随着城市的产生而产生，城市的产生和发展过程就是城乡关系对立统一的运动过程。城乡间关系演变的根本原因，是生产力的不断发展和社会分工的不断深化。

城乡关系的历史发展可以划分为城乡合一、城乡分离、城乡对立、城乡交融、城乡

一体化五个阶段（见表 6—5）。①

表 6—5　城乡关系各阶段城市化率、人均 GDP、产业结构、就业结构、城乡收入比划分情况

发展阶段		城乡合一	城乡分离	城乡对立	城乡交融	城乡一体化
城市化率		10%以下	10%～30%	30%～50%	50%～70%	70%以上
人均GDP	1964 年美元	小于 70	70～200	200～500	500～1 500	1 500 以上
	1997 年美元	小于 350	350～1 000	1 000～2 500	2 500～7 500	7 500 以上
产业结构		52 以上：13 以下：35 以下	52：13：35～40：20：40	40：20：40～22：28：50	22：28：50～10：35：55	10 以下：35 以上：55 以上
就业结构		71 以上：8 以下：21 以下	71：8：21～62：12：26	62：12：26～44：23：33	44：23：33～12：30：58	12 以下：30 以上：58 以上
城乡收入比		1：1～1.5：1	1.5：1～2.5：1	2.5：1～4：1	1.5：1～2.5：1	1：1～1.5：1

资料来源：白志礼、欧阳敏：《我国城乡一体化的阶段性及其量化分析》，载《西北农林科技大学学报（社会科学版）》，2010（6）。

1. 城乡合一阶段（城市化率＜10%）

一般以城市人口占总人口的比重超过 10%作为城市化的起步阶段，这是城乡合一与城乡分离这两个阶段的分水岭。在城乡合一阶段，农业为主导，城市化总体上呈现一种低水平扩张的相对稳定状态，城市依赖乡村，城乡居民收入几乎没有差别，不存在明显的城乡差距问题。

2. 城乡分离阶段（城市化率为 10%～30%）

工业革命使城市发生了根本性的变化，工业化的迅猛发展大大加快了城市化的进程，工厂的大量出现与集中，使城市成为先进生产力的代表，城市经济在国民经济中的地位迅速上升，并逐步成为国民经济发展的主导力量。“城市已经表明了人口、生产工具、资本、享受和需求的集中，而在乡村则是完全相反的情况：隔绝和分散”②。在城乡分离阶段，城市发展迅速，地位越来越重要，城乡差距出现并逐渐扩大。

3. 城乡对立阶段（城市化率为 30%～50%）

当城市人口占总人口的比重超过 30%后，城市化进入中级阶段，城市化快速发展，城乡关系随之发生剧烈变化，因而城市人口占总人口超过 30%是城乡分离与城乡对立两个阶段的分界点。在城乡对立阶段，大多国家或地区的经济、社会、政治、文化等都会发生重大变化，各种社会矛盾和问题暴露得最充分。城市完全占据主导地位，通过集聚效应不断将农村的资金、土地、劳动力等生产要素吸引到城市中来，城乡差距越来越大，

① 参见白志礼、欧阳敏：《我国城乡一体化的阶段性及其量化分析》，载《西北农林科技大学学报（社会科学版）》，2010（6）。

② 《马克思恩格斯全集》，中文 2 版，第 1 卷，104 页，北京，人民出版社，1995。

矛盾越来越尖锐。

4. 城乡交融阶段（城市化率为50%～70%）

一旦城市人口占总人口的比重达到50%以上时，城乡对立的症状便逐渐缓和并好转。因此，城市人口占总人口的比重超过50%是城乡对立和城乡交融两阶段的分界点。在城乡交融阶段，城市仍然占据主导地位，但城乡经济社会逐渐走向协调发展，城乡差距开始缩小，矛盾也趋于缓和。

5. 城乡一体化阶段（城市化率>70%）

当城市人口占总人口的比重超过70%后，城市化进入高级阶段，农村人口的绝对数和农村中从事农业的劳动力的数量很小，城市化发展速度趋于平稳。从英国、美国、北欧国家的情况来看，城市化率在达到70%以后，城乡关系实现了融合，城市的主导地位虽然不变，但是城乡经济社会实现了协调发展，除了景观上的差异，城乡差距已基本消除，城乡居民都能平等地享受到经济发展的好处，基本实现了城乡一体化。因此，城市化率超过70%是城乡交融与城乡一体化两个阶段的分界点。

6.4.2　统筹城乡发展是工业化、城市化发展到一定阶段的必然要求

欧美国家工业化以后的一段时间，由于种种社会经济历史等原因，农业的科技进步和制度变革较为缓慢，农业的比较经济效益低，资本积累能力弱，农业的发展一般都是滞后于整个国民经济的发展，尤其是滞后于工业的发展，由此带来的工农差别、城乡差距具有某种客观必然性。但在资本主义条件下，“资产阶级使农村屈服于城市的统治”①，这种城乡差别发展为城乡对立并造成严重的社会后果。第二次世界大战后发展中国家的工业化则是在国内生产技术极为落后、人均收入不足以维持温饱、资本积累能力很差、实现大规模工业化的条件很不成熟的情况下起步的，这些国家往往是首先集中力量在城市和经济中心建立一批较先进的工业企业和部门，与此同时，相应地削弱了原有经济部门特别是农业的发展，由此形成现代工业部门和传统农业部门同时并存的二元经济结构。而引进的国外技术和资本的投入方向，也大都为资金利润率较高的现代工业部门和基础设施较好的城市地区，交通、地理等条件的限制又弱化了城市与乡村、现代工业与传统农业之间的经济联系，进一步强化了发展中国家的二元经济结构。因此，在工业化、城市化的一定阶段，城乡之间的分离或对立是带有普遍性的现象。发达国家和地区在经济发展过程中都经历过二元经济结构转化的阶段，而发展中国家和地区大多正处于二元经济结构转化时期。

马克思恩格斯认为，正如当初城乡对立是生产力发展到一定阶段的产物一样，随着大工业的发展，“把每个人的生产力提高到能生产出够两个人、三个人、四个人、五个人或六个人消费的产品；那时，城市工业就能腾出足够的人员，给农业提供同以前完全不

① 《马克思恩格斯选集》，2版，第1卷，276页，北京，人民出版社，1995。

同的力量；科学终于也将大规模地、像在工业中一样彻底地应用于农业”①。由于经济的发展“产生了空前大规模的资本和生产力，并且具备了能在短时期内无限提高这些生产力的手段”，此时，“社会将生产出足够的产品，可以组织分配以满足全体成员的需要。因此，社会划分为各个不同的相互敌对的阶级就是多余的了”，“城市和乡村之间的对立也将消失”②，融合将随之产生。

在任何历史时期，工业和农业、城市和乡村都是相互依存、互相制约的，如果农业和乡村不发展或发展缓慢，工业和城市的发展必然受阻。城乡关系长期失调会导致城乡产业结构、就业结构和国民收入分配结构严重扭曲，资源配置效率低下，城乡居民收入差距持续扩大，城乡之间公共物品和服务供给落差不断加大，进而阻滞工业化、城市化和农业现代化进程，影响国家和区域经济的发展。从工业化国家发展的历程看，在工业化和城市化达到相当程度以后，实现工业与农业、城市与乡村协调发展，也是带有普遍性的趋势。

工业化以后工业和农业的相互关系的演变大体可以分为三个发展阶段。③

1. 农业支持工业阶段

这一阶段处于工业化的初期，工业发展面临的主要任务是资本的原始积累。由于工业化资本积累的主要来源是国内资源，且这一阶段国民收入的绝大部分又来源于农业，劳动力的绝大多数也分布在农村，因此，为工业提供初始积累的重担就落在农业上。这一阶段的基本特征是农业剩余流向工业和城市，工农差距、城乡差距初步显现。

2. 工农业互动阶段

这一阶段处于工业化的中期，工业的加速扩张更需要农业提供剩余，同时工业自身的积累能力大大增强，域外资源成为工业发展新的动力。这一阶段，农业比较利益越发低下，而工业已从数量的简单扩张转向质的改造，劳动生产率的提高比第一阶段更为迅速。到了这一阶段后期，由于人口增长变慢，农业出现供过于求、增产不增收的现象，工农差距、城乡差距迅速扩大，是社会矛盾的多发期。

3. 工业反哺农业阶段

这一阶段处在工业化的后期，工业的成长已趋于成熟，工业自身的剩余除了支撑工业化的进一步发展外，还可以扶持其他产业的发展。农业发展对国民经济的重要性日益凸显，工业反哺农业、城市支持农村、城乡统筹发展成为该时期的政策主基调。由于农业人口大幅减少，科技水平迅速提高，农业劳动生产率大幅提升，农业现代化水平因此得到进一步提高，工农差距、城乡差别开始缩小并逐渐消失。

胡锦涛同志在党的十六届四中全会上提出的“两个趋向”的论断正是深刻把握了这

---

① 《马克思恩格斯全集》，中文1版，第31卷，470页，北京，人民出版社，1972。

② 《马克思恩格斯选集》，2版，第1卷，242、243页，北京，人民出版社，1995。

③ 参见刘歆立、张要杰：《统筹城乡发展的要义、依据及战略意义》，载《中国特色社会主义研究》，2009（4）。

种历史的必然性：纵观一些工业化国家发展的历程，在工业化初始阶段，农业支持工业、为工业提供积累是带有普遍性的趋向，但在工业化达到相当程度以后，工业反哺农业，城市支持农村，实现工业与农业、城市与农村协调发展，也是带有普遍性的趋势。

6.4.3 统筹城乡发展的内涵和主要内容

1. 统筹城乡发展的内涵①

城市经济和乡村经济共同构成区域经济的基本组成要素，因此统筹城乡发展与统筹区域发展具有内在一致性。一般认为，统筹城乡发展就是要把城市和农村的经济社会发展作为一个整体来统一规划，通盘考虑，把城市与农村发展中存在的问题及其因果关系综合起来进行研究，统筹加以解决，打破城乡二元结构，使城市和农村紧密地联系起来，使城乡各个方面的发展相互衔接、相互配套、相互促进、共同发展，实现城市与农村生存与发展的条件和机会均等、资源和利益共享、市场共用、政策配套、制度接轨、各种资源得到高效利用，城乡经济、社会、环境和谐发展，形成城乡经济社会发展一体化格局，使全体国民共享工业化、城市化和现代化带来的成果，城乡居民的才能都得到全面的发展，进而实现城乡均衡发展和共同繁荣的目的。

2. 统筹城乡发展的主要内容②

(1) 统筹城乡经济发展和生产力布局。在发展工业和第三产业的同时，改造传统农业，建设现代农业，促进农业和工业、服务业密切联系，实现三大产业的协调发展和工业化、城市化、农业现代化的良性互动。促进生产力在城乡地域空间的合理分布、组合与配置。实行工业反哺农业、城市支持农村和对农村“多予、少取、放活”的方针，形成工农互动、城乡互动、以工促农、以城带乡的局面，缩小城乡发展水平、工农业发展水平的差异，推动城乡经济社会发展融合。

(2) 统筹城乡就业和市场建设，促进城乡市场体系一体化。统筹城乡劳动就业，推进城乡就业和劳动力市场一体化。改革现有的户籍制度和附着其上的种种对农村人口的就业限制，逐步建立全国统一的、以身份证管理为主的一元户籍制度，鼓励并允许有稳定职业和居住条件的农民进城落户，赋予全国公民平等择业和选择居住地的权利，实现城乡居民就业机会的平等和劳动力、资金等生产要素在城乡之间的自由流动。健全具有区位优势的城乡接合部以及乡（镇）政府所在地的农业生产服务体系、农村市场体系和农民生活服务体系，发展城乡互动的农村现代化仓储物流体系和新型流通业态，培育多元化、多层次的市场流通主体，形成城乡互为资源、互为市场、互相服务的局面。

(3) 统筹城乡基础设施建设。强化城乡基础设施的衔接互补，加大对农村基础设施

① 参见刘歆立、张要杰：《统筹城乡发展的要义、依据及战略意义》，载《中国特色社会主义研究》，2009 (4)。

② 参见刘歆立、张要杰：《统筹城乡发展的要义、依据及战略意义》，载《中国特色社会主义研究》，2009 (4)；白永秀、赵伟伟、王颂吉：《城乡经济社会一体化的理论演进》，载《重庆社会科学》，2010 (10)。

的投入力度，并与城市相关设施统筹考虑，切实改变农村的生产、生活条件，改变城乡基础设施建设“两重天”的局面，实现城乡共建、城乡联网、城乡共享。

（4）统筹城乡公共服务事业建设。推进公共服务设施、公共服务产品、公共服务机构、公共服务制度等方面的城乡一体化进程和公共资源在城乡之间的均衡配置，缩小城乡差距。发展农村科技、教育、文化、卫生等社会事业，建立能够维护农民自身权益的新的社会管理体制，建立覆盖全体农民的统一的社会保障体系，让广大农民包括进城农民工也能享受到基本的社会保障。拓宽农村公共产品与公共服务范围，树立基本公共服务均等化理念，实现基本养老、基本医疗、社会保险、社会救助等公共服务的城乡一体化。

（5）统筹城乡规划。统筹城乡道路、公共基础设施和信息等硬件以及城乡社会管理制度和服务等软件建设规划，全面提高农业和农村发展的保障能力，改善农民生产与生活环境。形成中心城市、中心镇、中心村一体化规划体系，促进城镇基础设施建设向农村延伸，让农村、农民成为分享城乡基础设施的受益对象，促进公共资源在城乡之间均衡配置。

（6）统筹城乡生态环境建设。一是要将城市的生态环境建设与农村的生态环境建设纳入统一的框架内进行规划，避免污染由城市向农村转移，建立起和谐共生的城乡生态保护体系；二是注重农村生态环境保护问题，既要杜绝以牺牲生态环境为代价的经济增长方式，建立绿色的经济发展模式，打造绿色产业，又要杜绝以牺牲农村的生态环境来建设城市的生态环境。

（7）统筹城乡国民收入分配与再分配。改变国民收入分配中的城市偏向，提升农民劳务价格和农产品附加值，完善对农民的政策性转移支付制度与激励机制，建立城乡一体的财政支出体制，不断提高农民收入水平，缩小城乡居民的收入差距，实现城乡居民收入分配方式和收入水平的一体化。

（8）统筹城乡文化建设，推进城乡文明一体化。要注重城乡文化发展差异基础上的借鉴和融合，着力丰富农村、偏远地区、进城务工人员的精神文化生活，培育城乡文明风尚，加快城乡文化产业基地和区域性特色文化产业群建设，不断增强城乡文化的发展活力，让城乡居民共享先进文化的魅力。

6.5 案例分析

6.5.1 中国城市化历程

尽管1840年鸦片战争以后，近代工业在中国开始较多地发展起来，但在新中国成立之前，中国长期处于战乱之中，工业化、城市化举步维艰。到1949年，中国的城市人口仍只占全国总人口的10%左右，与盛唐时期城市人口占全国总人口的比重相当。直至

1949年以来中国的工业化和城市化发展才有了一个和平的环境，但其中也有波折。概括地说，1949年以来中国的城市化大致经历了两大阶段，即1978年以前的低速增长甚至停滞的阶段、1978年以后城市化迅速推进的阶段（见图6—4）。

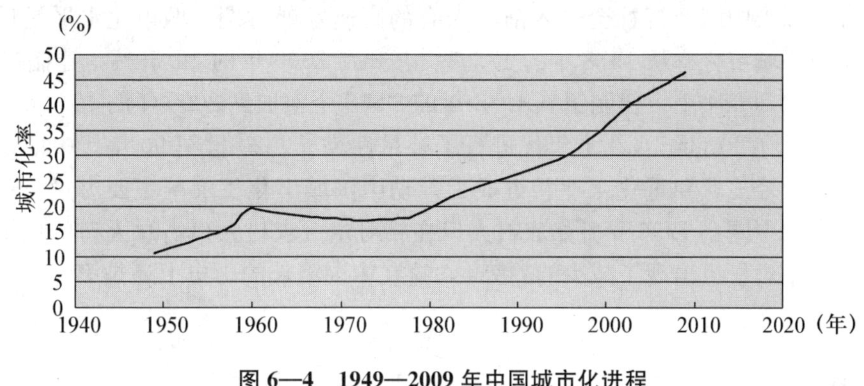

图6—4　1949—2009年中国城市化进程

资料来源：中华人民共和国国家统计局编：《中国统计年鉴（2010）》，95页，北京，中国统计出版社，2010。

1978年以前的城市化又可分为三个时期：

（1）1949—1957年的健康发展时期。经过建国初期3年的国民经济恢复时期和第一个五年计划（1953—1957年）的顺利实施，全国工农业总产值增长近2倍，城市化率由1949年的10.64%上升到1957年的15.39%。

（2）1958—1960年3年"大跃进"时期。这是中国工业和城市化脱离农业基础超高速发展的时期。从1958年到1960年，城市化率从16.25%上升到19.75%。

（3）1961—1978年城市化水平下降和停滞时期。由于"大跃进"的失误和1966—1976年"文化大革命"的影响，国民经济主要比例关系严重失调，国民经济处于崩溃的边缘，"三线"建设又把大量的资金、设备、技术力量"靠山、分散、进洞"，以及国家采取种种措施大规模精简职工和城镇人口，使我国城市化发展缺乏动力。城市化率从1961年的19.29%降至1978年17.92%。

1978年以前中国城市化水平低、波动大，进程缓慢甚至停滞，与中国选择的工业化道路以及城乡分割的制度（政策）有关。当时中国的工业化走的是一条优先发展重工业的道路，而重工业属于资本或资源密集型的产业，投资多而且单位投资所能容纳的劳动力相对较少，不利于大量吸收农村转移劳动力。因此，资本要素从农业和农村向工业和城镇的流动，难以带动劳动力从农业和农村向工业和城镇的转移，大量农业剩余劳动力继续滞留在农村。与此同时，农业剩余无偿地向工业转移（中国在20世纪50年代到70年代主要是以工农业商品价格"剪刀差"的形式，通过工农业产品的不等价交换把农业剩余转移到工业中去）是在农业劳动生产率很低的情况下发生的，这造成了农业投资的不足和城乡收入及生活水平差距的扩大。在这种情况下，影响城乡间要素流动的农村"推力"和城市"拉力"都十分巨大。为了在维持农业剩余向工业和城镇转移的同时，阻止大量农村剩余劳动力涌入城市，中国逐步建立和形成了一整套城乡分割的制度（政策）壁垒，包括城乡分割的就业制度、户籍制度、粮食供应制度、住房供应制度、社会保障制度、土地制度等等。这些制度壁垒虽然在农业劳动生产率很低的情况下维持了农业剩余继续向工业和城镇的转移，以及优先发展重工业方针的继续推行，但却在农村造成日益增多的农业剩余劳动力，扩大了城乡差别，并最终阻碍了工业和城镇的繁荣。

改革开放以来中国经济社会进入前所未有的高速发展时期，城市化水平呈现快速持续上升的态势，城市化率从 1978 年的 17.92%上升到 2009 年的 46.59%，建制市从 1978 年的 191 个增加到 654 个，建制镇从 1983 年的 2 968 个增加到 2009 年的 19 322 个。改革以来中国轻工业在 20 世纪八九十年代进行了补足性增长，20 世纪 90 年代中期以后进入重化工业阶段，轻工业和重化工业相继成为推动中国城市化发展的主要力量。随着城市化水平的提高，中国自 1996 年开始农村人口在相对量（农村人口占总人口的比重）不断减少的同时，绝对量也出现了减少的趋势①，这在中国漫长的历史上还是第一次，具有里程碑式的重大意义。

6.5.2 改革开放条件下的中国城市经济区②

周一星、张莉在城市中心性、核心区和腹地分析的基础上，根据核心区与腹地之间联系强度的高低，把中国的经济地域划分为以京津唐、长三角、珠三角为核心的 3 个一级城市经济区，分别命名为北方区、东中区和南方区（见表 6—6）。

表 6—6　　中国一级城市经济区组织方案

经济区	中心城市	核心区	紧密腹地	次紧密腹地	竞争腹地	边缘腹地
北方区	北京、天津	京津唐	北京、天津、河北、山西、内蒙古中段四盟三市	辽宁、吉林、宁夏、甘肃、青海、内蒙古东段三盟一市和阿拉善盟	山东、河南、陕西	新疆、黑龙江
东中区	上海、南京、杭州	长江三角洲	上海、江苏、浙江、安徽	湖北	山东、河南、陕西南部、江西、四川、重庆、贵州、福建	湖南
南方区	广州、深圳、香港、澳门	珠江三角洲	广东、湖南、广西	海南、云南、西藏	江西、贵州、四川、重庆、福建	湖北

北方区以京津唐为主要联系方向的腹地，覆盖了中国秦岭—淮河一线以北的几乎所有省区，因此将其命名为北方区。北京、天津是北方区的两大中心城市，北京是国家首都，全国最大的铁路枢纽和航空港，天津是北方最大的海港和外贸口岸，以两大城市为核心的京津唐地区成为北方各省区对内对外联系的主要枢纽。就联系强度看，河北、山西、内蒙古中段是京津唐地区联系最紧密的腹地，与其他地区的联系强度则相对减弱，

① 参见中华人民共和国国家统计局编：《中国统计年鉴（2003）》，97 页，北京，中国统计出版社，2003。

② 参见周一星、张莉：《改革开放条件下的中国城市经济区》，载《地理学报》，2003（2）。

表现出随距离衰减的明显趋势。京广、京沪、京哈、京包—包兰—兰新等纵横交织的交通干线网，构成了区内联系的主要骨架，是北方区空间经济系统形成的主要支撑。

东中区以长江中下游的沪、苏、浙、皖为主要构成单元，在沿长江流域向内地延伸的同时向南北扩展，范围包括鄂、闽、鲁、豫、陕南、赣、渝、川等地。长江三角洲是我国规模最大的城市密集区和都市连绵区，优越的居中门户地理位置，使长三角在沟通南北、东西之间的经济联系中发挥重要作用。但是由于长江南北缺乏沿江铁路干线，东中区各省区内横向经济联系的开展明显不足。基础设施建设的加强会促进东中区的进一步形成和发展。

南方区以珠江三角洲为核心，范围包括长江以南的赣、湘、粤、桂、琼、闽以及西南地区的云、贵、川、藏和渝。除了广东以外，珠三角核心区与桂、湘联系紧密，在内向型联系中与海南有很强的联系，在外向型联系中对云南、西藏也有较强的吸引。受区位条件限制以及长三角腹地的挤压，珠三角的内向型腹地相对较小，但是毗邻港、澳的优越位置为珠三角的外向型经济赋予了更大腹地。交通不畅是影响区内联系的主要因素，京九铁路、南昆铁路的建成和梅坎铁路、内昆铁路、粤海铁路、渝怀铁路的修建将使区内交通状况大大改善，尤其是在沟通与西南各省区的联系中起到重要作用。

三大城市经济区之间互有重叠，鲁、豫、陕南是北方区与东中区之间的竞争腹地组成的过渡带。闽、赣、鄂、湘、渝、川、黔是东中区与南方区之间的竞争腹地组成的过渡带。处于过渡带上的这些省区，对外联系方向有较多的选择性，因而也是核心区扩大腹地的争夺对象。湖南的联系方向已经更多地转向珠三角就是改革开放以来的变动之一。

一级城市经济区是基于三大核心区对国家全覆盖吸引前提下的城市经济区划方案。在三个全国一级城市经济区之下还存在着以区域性中心城市为核心的相对完整的二级城市经济区，如表 6—7 所示。

表 6—7　　中国二级城市经济区组织方案

二级区	中心城市	核心区	腹地
华北	北京、天津	京津唐	京、津、河北、山西、内蒙古中段四盟三市、河南北部
华东	上海、南京、杭州	长江三角洲	上海、江苏、浙江、安徽、江西北部
华南	穗、港、深、澳	珠江三角洲	广东、湖南、广西、海南、江西南部
东北	大连、沈阳	辽中南地区	辽宁、吉林、黑龙江、内蒙古东段三盟一市
西南	重庆、成都	四川盆地	重庆、四川、云南、贵州
西北	西安、兰州	关中和兰州地区	陕西、甘肃、青海、宁夏
新疆	乌鲁木齐	乌、石、哈天山北坡	新疆
西藏	拉萨	一江三河地区	西藏
山东	青岛、济南	山东半岛	山东
福建	厦门、福州	闽东南地区	福建
湖北	武汉	武汉地区	湖北、河南南部

6.5.3 成都市统筹城乡发展的经验①

成都市委、市政府从2003年开始开展了城乡一体化改革的先行先试。2007年6月7日，国家批准成都市和重庆市为全国统筹城乡综合配套改革试验区。成都从2003年开始进行的一系列城乡一体化改革探索，对于四川全省乃至全国具有普遍推广意义的经验有两个方面。

1. 变单程式的统筹为双向互动的统筹

“工业反哺农业、城市支持农村”是统筹城乡发展的主要措施。但“以工促农、以城带乡”不应当是单程式的统筹城乡模式。农业和农村不只是单向地、被动地接受补贴。“以工促农、以城带乡”与“工农互促、城乡共荣”是一个由量变到质变、相互推移的过程。成都试验区最宝贵的经验之一就在于通过构建工业化、城镇化和农业现代化联动的平台把单程式的统筹变成了双向互动的统筹。

(1)“全域成都”就是“成都全域城市化”。“全域成都”就是将整个市域的城乡作为一个有机的整体，统一规划，统筹安排；把城市和农村存在的问题和关系进行综合研究，统筹解决。通过推进经济城市化和社会城市化，重新布局生产力，优化配置各种资源，促进农村工业化与城市工业化接轨；通过农村城镇化与城市化联动，把过去“一城独大”、“摊大饼”式发展的城市化变成由都市区、中等城市、小城市、小城镇、农民集中居住区、农村新型社区等多层级、多形式构成的新型城市体系的全域城市化。

(2)“三化”联动的工业园区平台。成都市郫县安德镇川菜原辅材料等工业园区把符合“三化”联动要求、带动农民增收、促进农业结构调整作为工业企业入园的门槛和条件，建立了“三同步”的保障机制，要求引进产业项目与签订农民就业岗位合同同步，项目动工建设与就业技能培训同步，项目建成投产与失地农民进厂务工同步，把园区建设与农民集中安置点、城镇建设紧密结合。

(3)“三化”联动的产业平台。通过加大对区域中心城市以外地区资源的开发利用，改变现有的、依赖某种既定资源而形成的比较单一的产业结构，促进区域三次产业结构的协调和优化升级，形成有较强竞争力的产业结构和产业集群；选择产业关联性强、对城乡发展带动强、劳动力丰富的优势能够得到充分发挥的产业进行重点发展，大力发展以“五朵金花”为代表的都市农业、观光农业、旅游农业和现代服务业。

2. 釜底抽薪：改革城乡二元结构的制度基础

(1) 改革城乡分割的户籍制度。城乡分割的户籍制度把城市和乡村分割成封闭性的单元，生产要素的流动受到严格的限制。广大农民被束缚在土地上，禁锢在农村中，城市和农村居民的权利是不平等的，机会也是不均等的。成都市统筹城乡的户籍制度改革不仅在把城乡户籍制度改为按居住地登记户口方面有了很大进展，而且更注重解决户籍

① 参见杜受祜：《成都的先行先试贡献了哪些统筹城乡发展的普适经验？——写在成都城乡一体化改革七周年之际》，载《农村经济》，2010(8)。

制度后面的城乡二元体制问题，剥离附属在户口制度上的城乡不平等待遇，推进与户口制度改革相配套的改革。例如让进城农民能在城市定居、接受教育、正规就业，享受城市居民所能享受到的住房、医疗和各种社会保障的改革，以及推进城市优质社会事业资源进入农村、优化配置的改革。

（2）改革城乡二元投入机制。城乡之间的二元投入机制，是城乡二元体制的重要表现和成因。建立统筹城乡和在城乡间合理分配的投入机制，是改革城乡二元体制的关键环节。成都市在统筹城乡投资体制改革中，采取统筹城乡市政建设资金，向农村和边远地区倾斜，每年安排专项资金补助县城、小城镇、农民集中居住区、新型社区建设；以财政投入为引导，带动社会资金投向农村基础设施、公共设施建设；建立以土地出让金为主体的耕地保护资金，保证基本农田的稳定和粮食安全。

（3）改革城乡二元环境治理、保护体制。环境治理和保护方面的城乡差距，既是城乡二元结构的重要表现，也是城乡二元体制的结果。成都市统筹城乡环境保护和治理改革以“让农民喝上干净的水、呼吸上清洁的空气、吃上放心的食品”为目标，以建设社会主义新农村为契机，以建设生态县、生态乡镇和生态家园为基础，统筹城乡环境治理和保护，开展城乡环境的综合整治。建设农业资源节约型、环境友好型生产体系与发展现代农业相结合。实现城乡环境保护规划一体化、城乡环境保护基础设施一体化、城乡环境保护监测机制全覆盖、环境保护机构向农村延伸。在全国率先实行对农村生态公益林每亩每年补贴30元的生态补偿制度。

（4）以产权制度改革为重点的农村土地制度改革。现行的农村土地制度所有权主体不明确、所有权不完整，限制了农村土地的流转、市场优化配置，制约了农业规模经营和现代农业的发展。成都市统筹城乡土地制度改革以建立“归属明确、保护严格、流转顺畅”的农村产权制度为目标，明晰各项权能，改革农村土地、房屋的产权制度，实现农村资产的资本化，促进农村土地依法、自愿、有偿流转，为农民增加财产性收入、发展规模经营和现代农业提供产权基础和保障。

（5）战略和策略相结合，综合配套推进统筹城乡改革。成都市统筹城乡改革中治标与治本相结合，既解决已经出现的矛盾，更注重治理产生矛盾的根源；既注意改革政策的科学性，又注意改革政策的配套性；既坚定不移地推进改革城乡二元体制，也注意探索分阶段、有步骤的过渡性形式和制度安排。探索建立农村现代金融体系，建立农村产权流转担保公司，主要为土地承包经营权、林权等流转行为提供行为担保和信用担保。

本章小结

人类居住、生活和从事多种社会经济活动的地方称为聚落，又称居民点。人类聚落可以分为乡村和城市两大基本类型。乡村聚落的居民绝大部分以农牧渔业为主；城市则是相对乡村而言具有不同外表特征和内在功能的大型聚落，是非农业人口和非农产业的集聚地，是一定地域范围的经济、社会、文化和政治中心。

原始农业的出现为固定村落的产生提供了经济基础，农业化和乡村化是人类经济和社会生活一次划时代的转折。城市的产生要晚于乡村，社会分工和商品经济的发展是城市产生和发展的经济基础，集聚经济是城市产生和发展的动力。

工业革命以前，人类聚落的演变主要表现为村庄的数量增加和规模扩大。工业革命以后，城市渐渐取代村庄成了人类聚落演变的主角，城市的数量迅速增加，规模迅速扩大。

城市化开始于工业革命。城市化是以第二产业和第三产业为主体的城市经济形成与发展的过程，是劳动力、人口和其他经济要素从农业向非农产业的产业转移以及从乡村向城市的空间转化和集中这两个过程的统一，并进而导致社会向以城市为主导的经济结构和空间结构的转换以及社会生产方式、产业结构、人口城乡结构、生活方式和整个社会转型的过程，是城市文明不断发展并向广大农村传播和普及的过程。

一般将城市化全过程分为初期阶段（城镇人口占总人口比重在30%以下）、中期阶段即加速发展阶段（城镇人口占总人口的比重达30%～70%）和后期阶段（城镇人口占总人口的比重达70%以上）三个阶段。也可以根据城市化过程中城镇人口和乡村人口相对关系的变化（城镇人口增长系数 K，即城镇人口增长规模与总人口增长规模的比值测度），将城市化划分为五个阶段：第一阶段：$K<0.5$，为前城市化阶段；第二阶段：$0.5\leqslant K<1$，为城市化前期阶段；第三阶段：$K\geqslant 1$，城市化的中期阶段；第四阶段：城镇人口比重≥50%，初步进入城市社会；第五阶段：城镇人口比重≥65%，进入成熟的城市社会。

城市化与产业结构的变动升级密切相关。农业发展是城市化的初始动力；工业化以后，工业成为推动城市发展和城市化的主要力量。到了工业化后期，第三产业成为推动城市化发展的主要力量。

农村劳动力和人口向城市迁移的动力结构中包括推力、拉力、反推力、反拉力几个要素。由经济发展所产生的动力构成人口城市化的基本动力。最重要的人口城市化推力来自农业剩余劳动力的存在，最重要的人口城市化拉力来自城市远优于农村的收入预期和现代文明生活方式。

经济发展的历史就是分工和交往不断扩大与深化的历史，而经济空间结构则是社会分工与协作在空间上的投影。三大产业即第一、二、三产业之间的分工在空间上的基本表现形式就是城乡结构，形成乡村和城市两类基本经济功能区以及乡村和城市两大基本聚落。第一产业分布在乡村，第二产业和第三产业主要分布在城市，乡村和城市之间的经济联系主要表现为第一产业和第二、三产业之间的联系。

城市之间同样存在分工，各个城市的产业结构和产品结构因而显出差异，城市之间在分工的基础上形成了经济协作和联系。

城市经济区就是城市与乡村、城市与城市之间的分工和协作的产物。城市经济区的划分以城市经济影响区的分析为基础。城市经济影响区是城市经济活动影响能力能够带动和促进区域经济发展的最大地域范围。城市经济影响区的分析侧重于客观现状的分析，而城市经济区要在现状分析的基础上为组织经济发展和建设提供具体的空间组织方案，带有一定的预测和规划的意义，为便于实施，要尽量考虑与行政单元边界的一致性。

城市经济区是以大中城市为核心，与其紧密相连的广大地区共同组成的经济上紧密联系、生产上互相协作、在社会地域分工过程中形成的城市地域综合体，经济中心、经济腹地、经济联系、联系通道和空间梯度是构成城市经济区的五大要素。

城市经济区是一个具有丰富内容的核心——外围结构，中心城市和核心区的极化和扩散效应在城市经济区的经济发展和空间结构的演化中起着重要的作用。

城市体系是在一定区域内由一系列等级规模不同、彼此间有比较稳定的分工、职能各异、具有一定的地域空间结构、相互联系、相互制约的城镇组成的有机的城镇群体组织。城市体系是由多级城市组成的。城市在城市体系中的级别不同，其规模大小、职能体系发达程度、吸引范围的大小和辐射力的强弱就不同，在城市体系中的地位和所起的作用也不一样。

城市体系内部各城市职能的有机组合，形成城市体系的职能组合结构；不同等级规模的城市经济影响区的有机结合，形成城市体系的经济空间组织结构；城市体系的等级规模结构，就是城市体系中不同城市的人口、腹地空间、经济总量等指标的相对次序和组合结构。城市体系的职能组合结构、城市体系的等级规模结构、城市体系的空间组织结构三者密切相关。

一个城市的全部经济活动按其服务对象可以分成两部分：一部分是为本城市的需要服务的非基本经济活动部分，另一部分是为本城市以外的需要服务的基本经济活动部分。

城市职能是指某城市在国家或区域经济、文化、政治等方面所居的地位、所起的作用、所承担的分工。城市基本经济活动是为本城市以外的其他城市或区域提供产品和服务的，体现了该城市在国家或区域中所承担的分工，因此城市的基本经济活动就是城市的职能。城市性质则是城市主要职能的概括，指一个城市在全国或地区的政治、经济、文化生活中的主要作用和地位，代表了城市的个性、特点和发展方向。

城市经济基础理论认为，城市发展的内部动力主要来自基本经济活动的发展和更替。如果城市传统的基本经济活动由于某种原因而衰落，同时却没有新的基本经济活动发展起来，那么这个城市就会趋向衰落。当城市的条件发生变化而产生了新的基本经济活动时，衰落的城市还会复兴。

人们发现，城市的规模分布存在一定的规律：一个国家的"首位城市"普遍比这个国家的第二位城市大很多，人们把这种规律称为城市首位律；如果把一个国家或区域中许多大小不等的城市，按规模大小分成若干等级，则城市规模越大的等级，其城市的数量越少，而规模越小的城市等级，其城市数量越多，把这种城市数量随着规模等级而变动的关系用图表示出来，就形成城市等级规模金字塔。此外，城市规模和城市规模位序之间存在比较稳定的相关关系，即遵循位序—规模法则。

城市化与经济发展水平及工业化、非农化有正相关关系，通常人均国民生产总值越高、工业化水平越高，城市化水平也越高。

从世界各国城市化与经济发展水平或工业化、非农化发展水平的关系来看，有同步城市化、过度城市化、滞后城市化三种城市化模式。

一个国家或地区的城市化水平与经济发展水平是紧密联系在一起的，二者之间存在着互为因果、互相促进关系，经济发展推动着城市化进程，城市化的推进又反过来推动一国或地区的经济增长和发展。城市化对区域经济发展的重大影响主要体现在以下几个方面：(1) 城市化进程有助于提高农业劳动生产率，促进农业现代化和乡村经济的发展。(2) 城市化进程有助于促进工业和服务业的发展。(3) 城市化带动的投资需求和消费需求，有助于扩大市场规模从而拉动经济增长。(4) 城市化的产业结构效应促进了经济发展。(5) 城市化的空间结构效应促进了区域经济发展。

从世界发展的历程看，乡村经济经历了从传统乡村经济到现代乡村经济的发展演变过程。传统乡村经济具有如下特征：(1) 技术进步极为缓慢甚至长期停滞，形成低水平、超稳定的生产技术和耕作方式。(2) 储蓄率和投资水平低。(3) 由人口增加引致的需求增长是推动传统农业增长的基本动力，而农业增长主要靠土地和劳动投入的增加来实现。(4) 具有明显的生存性和自然性。

现代乡村经济以现代农业为基础，现代农业具有以下特征：(1) 现代农业是机械化、化学化的技术密集型产业。(2) 现代农业是以市场为导向的高度商品化的农业。(3) 现代农业是专业化生产、规模化经营、区域化布局的农业。(4) 现代农业的组织形式是产业化组织。(5) 现代农业具有多种功能和多样形式。(6) 现代农业重视生态环保。

乡村经济和城市经济共同构成了区域经济，乡村经济和城市经济之间存在着相互依存、相互促进、相互制约的关系。在区域经济发展的早期，乡村经济占区域经济总量的比重较高，随着工业化、城市化的发展，乡村经济占区域经济总量的比重逐步降低，最终居于次要地位，而城市经济则逐步在区域经济发展中起到主导作用。尽管如此，乡村经济仍然在区域经济发展中起到不可忽视的作用。乡村经济在区域经济中的重要作用主要表现在以下一些方面：(1) 农业剩余的存在是区域工业和城市发展的初始条件。(2) 乡村经济为城市提供商品粮、蔬菜等农副产品，满足城市居民的生活消费需要。(3) 乡村经济为城市工业生产提供生产原料。(4) 乡村经济的发展为城市经济发展提供劳动力。(5) 乡村经济是城市经济的市场。

城乡关系随着城市的产生而产生，城市的产生和发展过程就是城乡关系对立统一的运动过程。城乡间关系演变的根本原因，是生产力的不断发展和社会分工的不断深化。

城乡关系的历史发展可以划分为城乡合一阶段（城市化率＜10%）、城乡分离阶段（城市化率为10%～30%）、城乡对立阶段（城市化率为30%～50%）、城乡交融阶段（城市化率为50%～70%）、城乡一体化阶段（城市化率＞70%）五个阶段。

在工业化初始阶段，农业支持工业、为工业提供积累是带有普遍性的趋向，但在工业化达到相当程度以后，工业反哺农业，城市支持农村，实现工业与农业、城市与农村协调发展，也是带有普遍性的趋势。

城市经济和乡村经济共同构成区域经济的基本组成要素，因此统筹城乡发展与统筹区域发展具有内在一致性。一般认为，统筹城乡发展就是要把城市和农村的经济社会发展作为一个整体来统一规划，通盘考虑，把城市与农村发展中存在的问题及其因果关系综合起来进行研究，统筹加以解决，打破城乡二元结构，使城市和农村紧密地联系起来，使城乡各个方面的发展相互衔接、相互配套、相互促进、共同发展，实现城市与农村生存与发展的条件和机会均等、资源和利益共享、市场共用、政策配套、制度接轨、各种资源得到高效利用，城乡经济、社会、环境和谐发展，形成城乡经济社会发展一体化格局，使全体国民共享工业化、城市化和现代化带来的成果，城乡居民的才能都得到全面的发展，进而实现城乡均衡发展和共同繁荣的目的。

统筹城乡发展主要包括以下内容：(1) 统筹城乡经济发展和生产力布局。(2) 统筹城乡就业和市场建设，促进城乡市场体系一体化。(3) 统筹城乡基础设施建设。(4) 统筹城乡公共服务事业建设。(5) 统筹城乡规划。(6) 统筹城乡生态环境建设。(7) 统筹城乡国民收入分配与再分配。(8) 统筹城乡文化建设，推进城乡文明一体化。

关键术语

乡村　城市　聚落　社会分工　农业化　乡村化　工业化　城市化　同步城市化　过度城市化　滞后城市化　社会转型　城市经济　集聚经济　城市规模　城市职能　城市性质　非基本经济活动　基本经济活动　区域　城乡结构　空间结构　核心—外围结构　城市经济影响区　城市经济区　城市体系　城市体系的职能组合结构　城市体系的等级规模结构　城市体系的空间组织结构　乡村经济　城乡关系　城乡一体化　城乡统筹

复习思考题

1. 试分析城市形成、发展的经济基础和城市化动力之间的关系。
2. 如何理解城市化的内涵?
3. 城市化与产业结构变动升级有何关系?
4. 结合案例分析城市经济区与城市经济影响区的异同。
5. 试讨论城市化在区域空间结构演变中的作用。
6. 随着城市化水平的提高，乡村空间结构会发生什么样的变化?

建议阅读书目

1. 张敦富主编. 城市经济学原理. 北京：中国轻工业出版社，2005
2. 谢文蕙，邓卫编著. 城市经济学. 北京：清华大学出版社，2008
3. 许学强，周一星，宁越敏编著. 城市地理学. 北京：高等教育出版社，1997
4. 郝寿义，安虎森. 区域经济学（第二版）. 北京：经济科学出版社，2004

第 7 章 区际经济关系

7.1 区域经济协调及其测度

7.1.1 区域经济差异概述

区域经济差异是指在一个统一的国家内部，一些区域比另一些区域有更快的增长速度、更高的经济发展水平和更强的经济实力，致使空间上呈现发达区域与不发达区域并存的格局。

与区域差异化发展密切相关的一个概念是区域协调发展，其本质内涵是区域之间经济和社会发展的和谐、经济发展水平和人民生活水平的共同提高、社会的共同进步、区域之间的经济和社会福利差距控制在社会心理所能承受的范围内。

中国是一个人口众多、幅员辽阔的大国，由于各地区间的自然环境、地理条件、经济基础、社会结构、思想观念存在较大差异，加之我国历史上实行的区域不平衡发展战略，导致我国区域发展极不均衡，出现了“一个中国、四个世界”的现象。如，省级行政区域之间人均 GDP 的差距大，2010 年最高的广东省为 77 205 元，是西藏 15 294 元的 5 倍；又如，城乡差距大，2010 年我国城乡居民收入比率为 3.35∶1。

形成中国区域发展差异的原因既有资源禀赋的不同，也有历史文化的因素，更有制度因素的影响。我们可以从以下社会经济总体视角来分析：

第一，区位和资源禀赋的不同是产生区域发展差距的自然因素（见图 7—1）。区位条件的不同与区域经济的发展直接相关。我国东南沿海地区处于太平洋西岸的中心位置，沿海各主要城市均与世界经济有广泛联系，整个地区交通便利、气候温和、资源丰富、城市化水平高、基础设施完备，这对吸引外资提供了十分有利的条件。中西部地区却处于相对封闭或半封闭地带，地形地貌复杂、交通不便，气候条件也差，远离亚太地区经济发展中心。因此，虽然拥有较为丰富的资源，但难以引来外资，形不成生产力。建国以来，由于受备战和区域平衡发展思想的影响，沿海地区的区位优势并未得到很好利用，但在改革开放以后，沿海地区立即成为经济发展的前沿地带，特别是珠江三角洲和长江三角洲地区，由于毗邻我国的港、澳、台地区以及韩、日两国，区位优势很快得到了体现。

- 投入要素的量和质：资本、劳动力、自然资源、要素的结构和空间分布
- 要素配置效率：市场化程度
- 要素使用效率：技术进步、要素空间集聚状况、劳动分工、社会文化制度因素、企业自生产能力
- 空间格局变动：政府区域发展战略选择、市场力量作用

图 7—1　要素禀赋影响结构图

第二，制度变迁与政策资源是形成区域差距的体制性原因。改革开放以来，中国很长一段时间内实行了向东部倾斜的区域发展政策，也就是说将投资与政策的重心放在东部地区，这与中国的国民经济总体发展所处阶段、区域经济发展格局、国家总体发展追求快速增长目标等是分不开的，有其内在必然性。

第三，资本因素和劳动力因素是导致区域经济差距拉大的重要原因（见图 7—2）。

- 资本因素
  - 本地区积累
  - 外地区流入
    - 中央财政拨款（在讨论个别层面的资本因素时）
    - 外国资本流入（政府功能、战略）
    - 其他同级区域的资本流入（政府功能、战略）
- 劳动力因素
  - 人口流动因素（迁移、打工等因素）
  - 人口出生率

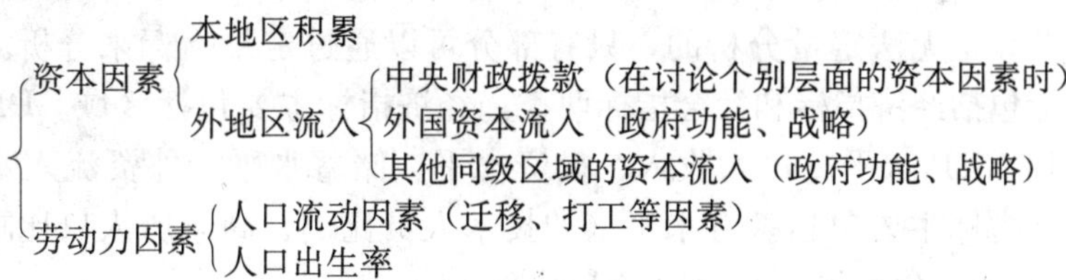

图 7—2　资本和劳动力因素对区域差距的影响

中国不同地区历史积淀的人力资本存在较大的差异，专业技术人员、大中专毕业生在地区分布上呈现由东向西减少的格局。根据对 2001 年数据的统计，从业人员中受过大学教育的劳动力全国超过 10%的有北京（18.0%）、天津（10.3%）、上海（11.6%）地区，集中在东部沿海。专业技术人员占从业人员的比重存在从东向西递减。

而资本在区域间的分布同样非常不平均，由于回报率的差异，资本市场的吸引、收入及储蓄分布等原因，大量资本集聚东部，东部地区的资本形成足以支撑其区内经济的发展，而中西部地区的资本形成严重不足。不仅历史积累资本较少，而且资本形成的渠道也相对较弱。区域资本的形成主要渠道包括：自身的资本积累、区外资金流入和中央政府的财政转移支付。从我国的情况看，区域资金主要由以下几部分构成：（1）财政资金；（2）信贷资金；（3）企业资金；（4）个人资金；（5）外资。根据对 2001 年数据的统计，我国资本形成能力比较强的省市包括山东（4 513 亿元）、江苏（4 239 亿元）、广东（3 860 亿元）、浙江（2 891 亿元）、河北（2 511 亿元）、上海（2 294 亿元）。资本积累率高的省份主要有北京（62.4%）、天津（50.8%）、浙江（48.1%）、山东（47.8%）、上

海（46.3%）、江苏（45.1%），资本积累率较低的省份有辽宁（32.3%）、广西（34.5%）、湖南（35.8%）、西藏（35.9%）、安徽（36.0%）、广东（36.6%）、四川（39%）、内蒙古（39.7%）。人均财政收入也能反映一个地区的资本形成能力，我国人均财政收入前5位的地区的分别是：上海（3 716元）、北京（3 347元）、天津（1 663元）、广东（1 362元）、浙江（1 090元），多为东部省市；人均财政收入位于后五位的地区分别是：湖南（325元）、河南（293）、贵州（283元）、甘肃（278元）和西藏（233元），基本上在中、西部地区。

第四，区域文化观念的差异同样也是造成地区经济发展差距的重要原因。由于历史的原因，中国的经济社会重心逐步从中原地区南移。但沿海地带经济发展而内陆相对衰落这种宏观地域结构的变化，则主要还是西方殖民主义者入侵的结果。1840年鸦片战争后，外国资本与商品首先进入中国东南沿海地带。与此相反的是，由于封建统治、自然灾害以及战乱的影响，许多中西部的城市却相应地衰落或停滞不前。东部地区商品经济意识强，当改革开放的商机到来时，能够很快抓住。

7.1.2 区域协调性的测度

学者们对区域差距状况的观点比较一致，即普遍认为东、中、西区域差距比较大，且存在进一步扩大的趋势，东、中、西区域内部差距较小且呈俱乐部收敛。尽管由于大国区域之间差异的复杂性，特别在中国经济体制转型过程中，由于制度变迁等原因的影响，许多区域差异是无法定量分析的，只有部分可以通过定量指标来分析。常用来测度区域差异的指标包括经济指标和社会指标两类。经济指标主要包括区域GDP总量、人均GDP、城乡人均GDP水平、户均收入、投资水平、储蓄水平、外资流入水平、进出口额；常用的社会指标主要包括教育水平（如技术人员比例、高学历人口比重、教育科研机构的设置）、医疗卫生水平、文化发展水平等。

早期多数经济理论工作者以帕累托指数等于1.5作为平衡与否的界限。随后洛伦兹曲线和基尼系数得到广泛应用。基尼系数是指社会成员的总体收入分配状况与绝对平均分配状况的相对差距。此系数介于0与1之间，数值越大表明社会成员之间的相对收入差距越大，反之越小。国际上通常认为此系数在0.2以下为绝对平均，0.2～0.3为比较平均，0.3～0.4为比较合理，0.4～0.5为差距较大，0.5以上为差距悬殊。[①] 以省、直辖市、自治区为观察值，计算我国人均国内生产总值及基尼系数。在1978—1995年，全国人均GDP快速增长，翻了两番，但反映地区差异变化的基尼系数相对稳定，在1978—1985年呈缓慢下降的趋势，由0.24下降到0.23。1985年以后缓慢上升，1995年提高到0.27，此后这一数值还有不断提高的趋势。2010年“两会”期间，九三学社向中央提交的关于优化国民收入分配结构的提案中指出，我国衡量贫富差距的基尼系数已经达0.46。

由于基尼系数的变化可以说明地区经济差异的变化，但解释不了区域总体发展水平差异。我们尝试用锡尔系数，分别从经济系统、公共服务系统和生态环境系统三个层面

① 从经济学的角度分析判断，基尼系数0.3是稳定线，0.4是警戒线，0.5是危机线。

对全国29个省市地区发展水平差异做出定量分析。

锡尔系数又称锡尔熵，最早是由锡尔（Theil）等人在1967年首先提出，因其可以分解为相互独立的组间差异和组内差异而被广泛用于衡量经济发展相对差距。锡尔系数 T 的计算公式为

$$T=\sum_{i=1}^{n}x_i\log(\frac{x_i}{p_i}) \tag{7.1}$$

式中，n 为区域的个数；x_i 为 i 地区的某项经济指标占全部地区该项经济指标之和的份额；p_i 为 i 地区的人口数占人口总数的份额。锡尔系数越大，就表示各区域间经济发展水平差异越大。

对锡尔系数进行一次分解，可以将全国的总体差异分解成东部、中部、西部和东北四大地带间的差异和东部、中部、西部三大地带间的差异，从而便于研究总体差异的来源。分解公式如下：

$$T=\sum_{i=1}^{29}x_i\log\frac{x_i}{p_i}=\sum_{i=1}^{4}y_i\log\frac{y_i}{p_i}+\sum_{i=1}^{4}y_i\Big[\sum_{j}y_{ij}\log\frac{y_{ij}}{p_{ij}}\Big]=T_{BR}+T_{WR_i} \tag{7.2}$$

式中，T_{BR} 为四大地带间的差异；T_{WR_i} 为第 i 个地带的省际差异。设 f_1（t）、f_2（t）、f_3（t）分别表示经济系统、公共服务系统和生态环境系统的差异指数，则区域发展的综合差异指数为

$$F(t)=\sum_{i=1}^{3}\omega_i f_i(t) \tag{7.3}$$

式中，权数 ω_i 是由相关系数法①确定的。其中，

$$\begin{aligned} f_1(t)&=\sum_{i=1}^{5}a_{i,t}T_{i,t}\\ f_2(t)&=\sum_{j=1}^{4}b_{j,t}T_{j,t}\\ f_3(t)&=\sum_{k=1}^{3}c_{k,t}T_{k,t}\end{aligned} \tag{7.4}$$

式中，$a_{i,t}$ 为反映经济发展水平的指标权重；$b_{j,t}$ 为反映公共服务发展水平的指标权重；$c_{k,t}$ 为反映生态环境发展水平的指标权重。它们由变异系数法②确定。且有 $\sum_{i=1}^{5}a_{i,t}=\sum_{j=1}^{4}b_{j,t}=$

① 相关系数法的计算步骤如下：首先求出 Y 个评价指标的相关系数 K，则第 L 个评价指标与其他 $\Delta Y=\Delta K\cdot MP_K+\Delta L\cdot MP_L$ 个评价指标之间的多元相关系数为 ΔK，其中 ΔL 是除去第 MP_K 个指标后的 MP_L 个指标的相关系数矩阵的逆矩阵，$\Delta K=SY$ 为 $\Delta L=L_0e^{rt}$ 中第 $MP_K=\frac{\Delta Y}{\Delta K}$ 列向量去掉元素1后的 $MP_L=\frac{\Delta Y}{\Delta L}$ 维列向量。然后将 S 的倒数进行归一化，即可得到各评价指标的权数 $Y=L_0$。

② 如果某项指标的数值能明确区分各个被评价对象，说明该指标在这项评价上的分辨信息丰富，因而应赋予该指标较大权数；反之，若各评价对象在某项指标上数值差异较小，则应赋予其较小的权数。这就是变异系数法的思想。具体计算公式如下：$\frac{\Delta Y}{Y}=\frac{\Delta K\cdot MP_K}{Y}+\frac{\Delta L\cdot MP_L}{Y}=\frac{\Delta K}{K}\cdot\frac{K\cdot MP_K}{Y}+\frac{\Delta L}{L}\cdot\frac{L\cdot MP_L}{Y}$ 是第 $\frac{K\cdot MP_K}{Y}=a$ 项指标值的方差。对 $\frac{L\cdot MP_L}{Y}=b$ 进行归一化，即得到各指标的权数：$a+b=1$。

$\sum_{k=1}^{3} c_{k,t} = 1$ 。$T_{i,t}$、$T_{j,t}$和 $T_{k,t}$分别是三个系统中第 i、j、k 个指标在第 t 年的锡尔系数。

设 $f(x)$、$g(y)$、$h(z)$ 分别为经济、公共服务与生态环境的综合指数，其计算公式如式（7.5）至式（7.7）所示：

$$f(x) = \sum_{i=1}^{5} a_i x_i \qquad i = 1,2,3,4,5 \tag{7.5}$$

$$g(y) = \sum_{i=1}^{4} b_j y_j \qquad j = 1,2,3,4 \tag{7.6}$$

$$h(z) = \sum_{i=1}^{3} c_k z_k \qquad k = 1,2,3 \tag{7.7}$$

其中，a_i、b_j 与 c_k 由变异系数法确定。x_i、y_j 与 z_k 分别是对经济系统、公共服务系统与生态环境系统包含的 12 个小指标标准化后的指标，即

$$x_i = \frac{x_{1i} - x_{1\min}}{x_{1\max} - x_{1\min}} \qquad y_j = \frac{x_{2j} - x_{2\min}}{x_{2\max} - x_{2\min}} \qquad z_k = \frac{x_{3\max} - x_{3k}}{x_{3\max} - x_{3\min}} \tag{7.8}$$

其中，$i=1$, 2, 3, 4, 5；$j=1$, 2, 3, 4；$k=1$, 2, 3。

上述标准化后的指标均是效益型指标，某些指标越大，表明某系统发展水平越高。于是，在此基础上构建发展度函数如式（7.9）所示。

$$D = \alpha f(x) + \beta g(y) + \gamma h(z) \tag{7.9}$$

式中，α 为经济系统的权重；β 为公共服务系统的权重；γ 为生态环境系统的权重。随着我国经济的持续快速发展，人们对发展重心的关注，已经由经济领域逐步向政府有能力提供完善均等的公共服务与追求建立在良好生态环境基础上的高质量生活品质转移。综合权衡，决定赋予经济系统、公共服务系统与生态环境系统相等权重，即 $\alpha=\beta=\gamma=1/3$，于是式（7.9）变为

$$D = \frac{1}{3}(f(x) + g(y) + h(z)) \tag{7.10}$$

可以考虑在锡尔系数的基础上建立协调度。由锡尔系数定义可知，锡尔系数越大，则各区域间发展水平差异越大。区域发展水平差异越大，则其协调程度越低。不难发现，协调度与锡尔系数成负向变动关系。设 $F_{i,t}$ 表示第 i 个地带第 t 年的综合发展差异指数，则第 i 个地带第 t 年的协调度可表示为

$$C_{i,t} = 1 - F_{i,t} \tag{7.11}$$

在上述分析的基础上，可知第 i 个地带第 t 年的协调发展度可表示为

$$CD_{i,t} = \sqrt{C_{i,t} \times D_{i,t}} \tag{7.12}$$

我们采用锡尔系数对 1995—2008 年中国总体和东部、中部、西部与东北四大地区的差异水平与协调发展水平进行评价。结果表明，在区域发展差异方面，1995—1999 年，中国总体区域发展水平差异先是不断缩小，然后又逐渐增大；1999 年后，差异基本上呈

现不断缩小态势。就分地区而言，东部地带省际差异最大，其次是四大地带间的差异，再次为西部地区与中部地区的差异，东北地区的总体差异最小。就分系统而言，公共服务系统差异最大，经济系统差异次之，生态环境系统差异最小。在区域协调发展效果方面，东北地区和东部地区的协调发展水平相当，远远领先于中西部地区。中部地区的协调发展水平次之，再次是西部地区的协调发展水平，全国总体协调发展水平则最低。

7.1.3　经济发展与区域差异

从世界范围看，地区发展不平衡是一个长期的、普遍性的现象。发展受多种因素的制约，我国各地区的自然环境、地理条件、经济基础、社会结构、人文素质和思想观念都存在一定的差异。这些因素有的比较难改变，如自然环境和地理条件等；有的虽然可以改变，但需要相当漫长的过程，如人文素质、思想观念等。这些因素都将会继续影响区域发展差距的存在。为此，不管采取何种调控措施和解决方法，地区差距问题只能被相对解决，而不能被绝对或完全解决。我们的政策目标和调控任务不是单纯缩小地区间经济发展水平的差距，而是逐步缩小地区间公共服务和人民生活水平的差距。

地区差距的存在既有消极的一面，也包含着正面效应。我国20世纪80年代以来采取的“差别发展”战略产生了前所未有的活力，带动了经济的高速增长，但由此造成的区域差异也相当明显。“区域差异”是把“双刃剑”。从积极的角度看，适度差距能够调动地方政府的积极性，发挥地区比较优势；发达地区先发展起来，不仅积累了大量经济财富，而且创造了地区工业化的丰富经验，从而对落后地区产生一种示范、激励和传导效应；经济发展的地区落差，一般会促进生产要素的空间流动，使全面资源配置不断优化。

区域差异是中国经济发展的动力。差异性的存在又必然会催生出事物内部之间的竞争，当先期胜出的一方，为了谋求更大的后续发展，就必然会通过一些附加措施，来提升被淘汰方或者说是暂时落后方的整体实力，以其竞争方实力的不断提高达到自身实力的增强，并为优胜方的后续发展提供坚实的保障。区域差异的存在，带来了人口的大流动，人口流动加快必然会导致区域差异的加快形成。对于人口的主要流入地来说，因外地人口增多，必然会加快当地的物流发展，刺激当地的消费增长。与此同时，因劳动力的相对丰富，到当地投资办厂的商家也必然会增多，工厂的增多，又必然会增生出许多新的就业机会，并吸引更多的人向容易就业的地区集聚，于是又进一步增大人员流动的范围，进一步刺激人口主要流入地的消费和投资，使得人口流动相对集中的地区在短时间内蓄发了一股强大拉动力，并使该地区发展的速度明显快于其他地区，逐渐形成了今天有着明显区域差异的格局。而对于人口输出地来说，它们同样是区域差异导致人口大流动的间接和直接受益者。说其间接受益，是因为随着当地大量的富余劳动力向外地输出，一方面，避免了因劳动力的大量闲置带来的社会管理难度增大和案件增多的社会问题，以及相应的社会负担；另一方面，使人们的眼界开阔了、素质提高了、思想灵活了，为当地的后续发展储备了大量的有一技之长或懂经营的人才。说其直接受益，是因为大量的外出人员带回了大量的资金，提升了当地群众的消费水平，拉动了当地的消费需求的增长。

但这不意味着区域差异越大，经济增长的动力就越强。因为经济问题归根到底还是社会问题的一部分而并不是全部，若是能够从经济和社会的多个角度去研究区域差异的问题，就不难发现，差异的存在有助于经济的快速增长，一旦差异超越了人们所能承受的心理范围，它又必将会起一个反向作用，来阻碍经济的发展，甚至会导致社会陷入动荡的困境。我国区域发展差距已经扩大到一定程度，并给我国经济社会整体有效运行带来了一系列负面作用。大城市极化发展，造成规模收益递增转向它的反面，降低了资源配置效率；区域保护与市场分割，阻碍了有效分工，减少了贸易利得，还影响到相对市场价格体系的合理运作；区域间就业机会的不平等性和收入水平的巨大差距，引起了劳动力从落后地区向发达地区的过度流动。另外，地区经济差距过大，使得经济不发达而资源丰富的地区长期依赖对资源的掠夺性经营来支撑当地经济不健康的增长，从而影响了经济的可持续发展。区域经济发展差距还直接导致各地区人均收入和人均享有的公共服务呈现巨大差距。我国基尼系数早在2000年就达到了0.4的国际“警戒线”，并且近几年还有不断上升的趋势，2013年已达0.473，这很大程度上源于区域间居民收入差距的扩大化。在教育方面，西部地区人口占全国人口总数的28%，但是教育经费一直以来基本上只占全国的20%左右。每万人教育经费、高等院校数量、文盲人口、文盲率等数据，也大大落后于全国平均水平。在卫生医疗方面，各省的卫生事业费用都得依靠自身的财力来解决。经济实力越强的省份，人均卫生事业费也越高。这严重影响了社会公平，违背了社会主义共同富裕的本质。

区域经济差距的持续扩大，不仅仅是一个经济问题，如果不能及时得以改观，很有可能演变为政治问题、社会问题。尤其是，我国社会经济发展相对落后地区主要集中在少数民族聚居地区和边疆地区，其战略和国防位置十分重要。以我国西部地区为例，西部地区陆地边境线长一万多公里，与俄罗斯、蒙古、哈萨克斯坦、巴基斯坦、印度、尼泊尔、缅甸、老挝、越南等多个国家接壤。如果这些地区经济不能得到迅速发展，人民生活水平不能得到及时提高，将会直接影响到民族团结和国家凝聚力、向心力，以及国防安全，从而引起重大的政治问题。尤其是，多年来，国内外敌对势力一直在利用民族和宗教问题在这些地区搞渗透与分裂活动，使得西部边疆地区政治稳定方面形势严峻。

因此，缩小区域差距已成为我国政府刻不容缓的职责，成为今后一段时间内政府宏观调控的重要任务之一。在这种情况下，中央政府更加要强调社会公平的原则，通过政策优惠、资金援助等措施扶持这些地区的经济发展，缩小它们与发达地区的差距，提高这些地区人民的生活水平，只有这样，才能真正做好民族、宗教和边防工作，才能从根本上维护社会稳定和边境安宁的大好局面，实现国家的长治久安。

对于我国来说，问题的关键是要正确对待和把握区域发展差距，适时调控差距，包括调整经济发展策略，加大对落后地区的扶持力度，让先发展地区帮助和支持后发展地区等。当然，不管采取何种调控措施和解决方法，地区差距问题只能被相对解决，而不能被绝对解决和完全解决。我们的政策目标和调控任务就是把差距缩小到一定程度内。大国从起飞到成熟，区域差距先发散后收敛是大多数经济学家主张的观点。经过30多年的改革开放，我国经济增长已步入良性循环，高经济增长变得比较稳定和持续。在2010年，我国人均GDP已经超过4 000美元，达到中等收入国家水平，具备协调区域发展的经济条件。

7.2 区域分工、交易费用和贸易

7.2.1 区域分工理论

亚当·斯密最早对分工的经济增长的含义进行了系统的分析，他认为：“劳动生产力上最大的增进，以及运用劳动时所表现的更大的熟练、技巧和判断力，似乎都是分工的结果。”也就是说，分工和专业化的发展是经济增长的源泉。

亚当·斯密的思想，区分了两种分工和专业化：一种是不同组织结构间的分工，如企业之间的分工，分工水平表现在不同组织结构对产品种类的选择上；一种是组织内部的分工，如企业内部的分工，分工水平表现在该组织结构内部的工序安排和管理上。

进一步，亚当·斯密讨论了企业内部分工的两个收益来源，一是节省转换工序的时间，二是有利于人力资本和物质资本的积累。他还认为，除此之外，在劳动生长率给定的前提下，分工还可以获得配置收益，这一点突出表现在现代企业经营和管理专业化上。杨小凯继承并补充了斯密的理论，认为不同的组织结构获得的收益不仅来自降低交易费用的好处，而且也来自组织内部分工的好处，即可以获得专业化的收益，这种收益源于一定的技术和知识特征。

对于分工和专业化的关系，亚当·斯密和杨格认为分工经济以专业化经济为基础，分工以专业化为基础，但又不同于专业化。杨小凯等人则将专业化水平定义为一个消费—生产者在生产一种产品时的时间份额，并认为个人专业化水平随着他运作范围的减小而提高。他们还认为专业化经济与企业的规模没有直接的关系，一个企业的规模可能很大而同时专业化水平很低，也可能专业化水平很高却拥有较小的规模。[①] 正如特许经营所显示的，在零售业中受许人的小型便利店往往都能够提供优质的服务。

而分工是一种组织结构，在这种结构中不同的个人从事不同的专业。如果所有人都从事同一专业，那就没有分工。分工经济与人与人之间的组织程度和相互依存度有关。

为考察分工演进与经济增长的关系，杨小凯和博兰（Borland）进行了经验研究，对分工经济进行分析，得到如下结论：一是交易部门的收入份额随着分工的演进而提高；二是内生演进的贸易商品的种类数同分工网络大小的演进有关；三是随着分工网络的扩大，许多分割的地区将合并成一体化市场，这种现象可以在没有规模效果的情况下发生。杨小凯和博兰的经验研究证实了分工演进与经济增长的正相关关系，并且验证了在不存在规模变化的情况下分工引起的经济增长。这说明当存在专业化生产时由分工带来的好处是显而易见的，即存在分工经济。

但是，既然分工的生产率是显而易见的，那么为什么分工的演进是渐进的过程，而不是

① 参见杨小凯、黄有光：《专业化与经济组织》，9～26页，北京，经济科学出版社，2000。

一下子就从自给自足跳到极高的分工水平？而且这种以企业制度为特征的高度分工的现代社会是如何演进来的呢？单纯的分工理论并不足以解释上述问题。于是新兴古典经济学借助了新制度经济学家科斯（Ronald H. Coase）的交易费用理论来说明分工网络的形成和发展。

7.2.2 交易费用

虽然斯密的分工理论更能解释现实世界，但是分工理论中没有企业理论，无法解释组织形式的变化。新制度经济学的代表人物科斯在1937年引入了交易费用概念，该概念被用来解释企业出现的原因，杨小凯继承了交易费用思想并扩大了它的应用范围，他认为交易费用思想不仅可以解释企业的产生，而且可以更一般地解释经济组织形式的变化，于是将交易费用思想引入了新兴古典经济学。

科斯从消费者和生产者完全的分离假定得出的结论是，如果没有企业的存在，消费者就无法生存。这当然不是一个符合现实的答案，因为如果没有企业，人们依然可以自给自足地生产，满足自己的需求。对这个问题的一种解释是由于劳动分工的存在所以需要企业。科斯在《企业的性质》中反驳到，这个答案是错误的，因为市场的功能就是组织劳动分工，那么既然市场可以组织分工，为什么我们还要企业？

而且如果假设产品种类可以无限细分，那么企业的数量将取决于可以细分的程度，或者说，社会生产的分工会细化到技术可以支持的水平。但这与现实也是不相符的。如果以技术的支持为前提，社会分工可以根据产品种类进行无限细化，那么每个企业必然只生产一种产品，怎么还会存在企业同时生产投入品和产品的现象呢？企业为何不在市场上购买其他企业生产的投入品，而要自行生产呢？

科斯将企业和市场都看作资源配置的方式。除了价格机制外，企业内部的管理协调也是一种重要的资源配置方式。为了说明企业这种资源配置制度的存在，科斯必须说明，新古典世界中的市场制度存在某种障碍，这种障碍被科斯称为交易费用。

科斯认为市场配置资源是利用价格机制，而企业是依靠行政命令，“对价格的依赖是非企业或基于市场的和约形式”①，两者是对资源进行配置的不同方式，两者之间是替代关系。企业对市场进行替代的主要原因，“似乎是利用价格机制是有成本的，通过价格机制‘组织’生产的最明显的成本就是发现所有相关价格的工作……市场上发生每一笔交易的谈判和签约的费用也必须考虑在内……”②。科斯将企业出现的原因归为交易费用，“企业的显著特征是作为价格机制的替代物”③，企业的出现是因为企业组织生产的交易费用低于市场组织生产的交易费用。企业的边界是由企业内行政管理费用与市场费用相比较而决定的。

同样由于交易费用的存在和降低交易费用的需求，企业会自己生产中间产品。由于企业从市场上购买投入品的成本可能大于企业自己生产投入品的成本，因此，企业同时生产产品和投入品的选择是合理的。

科斯自己认为将交易费用概念引入经济分析具有重要意义，对于交易费用的概念，

① ［美］哈罗德·德姆赛茨：《经济理论中的企业》，载《经济学家》，2003（3）。

②③ R. H. Coase, “The Nature of the Firm,” *Economics* (November), pp. 386-405, 1937.

在1960年的《社会成本问题》中，科斯进行了如下的说明："为了进行市场交易，有必要发现谁希望进行交易，有必要告诉人们交易的愿望和方式，以及通过讨价还价的谈判缔结契约，督促契约条款的严格履行等等。这些工作常常是花费成本的，而任何一定比率的成本都足以使许多无须成本的定价制度中可以进行的交易化为泡影。"① 在1991年接受诺贝尔经济学奖的演讲中，科斯进一步补充说："谈判要进行，契约要签订，监督要实行，解决纠纷的安排要设立等等。这些费用后来被称之为交易费用。"②

20世纪80年代初，张五常进一步发展了科斯的企业理论。张五常对企业出现的原因做了更进一步的分析。张五常认为科斯所说的"企业替代市场"是不太正确的，不如说一种契约形式取代另一种契约形式。③ 也就是说，劳动契约代替中间产品契约。按张五常的企业理论，只有当中间产品的交易费用高于用来生产此种中间产品的劳动力的交易费用时，企业才会出现。④

张五常对科斯理论的发展具有重要意义，因为根据张五常的观点，替代不是发生在企业和市场之间的，而是发生在不同的组织结构之间，企业替代的不是市场而是自给自足的分工组织形式，企业的出现只是一种分工组织形式向另一种分工组织形式的过渡，这种过渡的原因在于交易费用的改变。

杨小凯继承了科斯和张五常的交易费用理论，并将交易费用引入对分工的组织形式的分析。杨小凯认为企业和市场都是组织分工的一种形式，企业出现的原因在于用这种形式组织分工比直接用产品市场组织分工更有效率。人们如果选择企业，就意味着用劳动力市场替代相关产品市场。此时，劳动的交易效率高于产品的交易效率。

杨小凯用交易效率的概念代替了交易费用的概念，两者说明的是同一问题的两个方面，一项交易的交易费用越高交易效率就越低，在本文的分析中交易费用的降低和交易效率的提高说明的是相同的问题。

在新兴古典框架中，劳动的买卖只是组织分工的一种形式，它可以与产品买卖相互替代。哪种交易方式更好，哪种分工组织形式更有效率，都取决于劳动交易和产品交易的相对交易效率，即相对的交易费用。

但是，交易费用不仅仅是一种简单的费用。1975年威廉姆森（Oliver Williamson）就曾清楚地指出了由于机会主义行为引起的内生交易费用（endogenous transaction cost）和外生交易费用（exogenous transaction cost）之间的区别。诺斯和托马斯也曾指出过道德风险、逆向选择和其他一些机会主义行为引起的内生交易费用同外生交易费用的区别。杨小凯认为，要进一步理解交易费用在经济决策中的作用，就要对不同性质的交易费用进行区分。杨小凯将交易费用区分为内生交易费用和外生交易费用。

外生交易费用是指在交易过程中直接或间接发生的那些费用，它不是由于决策者的利益冲突导致的经济扭曲的结果。例如，去家具市场买家具，进行选择、讨价还价、装

① ［美］科斯：《论生产的制度结构》，157页，上海，上海三联书店，1994。

② R. H. Coase, "1991 Nobel Lecture: The Institutional Structure of Production," in *The Nature of the Firm: Origins, Evolution, and Development*, edited by O. E. Williamson and G. W. Winter, Oxford University Press, p. 230, 1993.

③④ 参见张五常：《企业的契约性质》，上海，上海三联书店，1994。

运回家的费用都是外生交易费用。人们在做决策之前能看到它的大小，它同各种由于自利决策之间的利益冲突而产生的经济扭曲没有任何关系。商品运输过程中所耗去的资源是一种直接的外生交易费用，而用于生产运输、通信以及交易过程中的交易设施（计算机、汽车、信用卡等）则是一种间接的外生交易费用。

内生交易费用包括两种类型：广义内生交易费用和狭义内生交易费用。广义内生交易费用是指，只有在所有参与者都做出了决策后才能得知的交易费用，是个体自利决策之间交互作用的结果。由于对间接外生交易费用的定义同广义内生交易费用的定义有重叠部分，故杨小凯又定义了狭义内生交易费用，狭义内生交易费用是市场均衡同帕累托最优之间的差别。也就是说，人们在交易中争夺分工的好处，每个人都希望分得更多的好处，而不惜减少别人从分工中得到的好处。这种机会主义行为使人们不能充分利用分工的好处，或者资源分配达不到帕累托最优的状态，由此所造成的经济损失就是狭义内生交易费用。

不论外生交易费用还是内生交易费用都对专业化程度和生产力的发展有着决定性的影响。但是内生交易费用对专业化的意义更大，因为既然它是内生的，就有可能通过制度的创新和改进、习惯的形成而加以减少。而外生交易费用的降低是伴随着交易辅助设施的技术进步实现的。

交易费用的概念拓宽了对分工组织结构的分析。为了能够获得降低交易费用的好处，分工组织结构的选择必须考虑降低交易费用的要求。但是，要解释生产组织形式的选择问题，单纯依靠交易费用并不具有完全充分的解释力度，因为降低交易费用的问题必须建立在对生产者之间复杂的分工结构的分析基础之上。

由于对分工理解的缺失，科斯在这一问题上仅仅强调了企业之间分工的好处在于可以避免通过市场获得投入品的交易费用，而忽视了分工带来的专业化的好处。

而新兴古典经济学的增长模型将组织结构的选择定位在分工的内生机制中，在组织理论中直接注入了经济增长的含义，从而从根本上克服了新古典增长理论中的缺陷。

更进一步地，杨小凯探讨了分工和交易费用之间的关系。他认为，分工与交易是一个问题的两个方面，没有交易的分工是不存在的。分工深化在取得分工经济的同时，增加了分工协调的费用——交易费用。分工程度，取决于市场范围的大小，而市场范围的大小归根结底是由交易费用的大小决定的。市场上自利行为交互作用形成的最重要的两难冲突就是分工经济与交易费用的冲突。交易费用高时，分工的好处被分工造成的大量的交易次数带来的费用所抵消，在这种情况下自给自足可能是最有效的生产方式。而当交易效率高时，分工的好处就大于交易费用。在现实中可以看到，凡是工业化比较发达的地区，其交通运输、通信设施等也相对发达，而一个自然条件优越但交通、信息比较闭塞的地区，其经济通常是自给自足的小农经济。

7.2.3 区域间贸易

1. 基于传统 H-O 模型的分析

传统的 H-O 模型着重从地区间生产要素禀赋的相对差异来解释贸易，认为各地区输

出那些密集地使用它们相对充裕的生产要素的产品，输入那些密集地使用它们相对稀缺的生产要素的产品。赫尔普曼（Elhanan Helpman）和克鲁格曼在论述规模经济在国际贸易中的作用时，也对H-O模型的基本原理作了分析。我们在此主要根据赫尔普曼和克鲁格曼的解释，提出我国各省份面临的基于H-O模型原理的贸易模式。

（1）基本假设及要素价格均等化（FPE）解集。

我们首先做出如下假设：

1）存在完全竞争。

2）存在着 N 种生产要素，其供给是无弹性的。N 维向量 $\overline{V}=(\overline{V}_1, \overline{V}_2, \cdots, \overline{V}_N)$ 表示这个世界经济中这些要素的可得数量。N 也用以表示投入品的集合。

3）ω 为投入品价格（要素报酬）的 N 维向量。

4）世界经济分成 $J\geqslant 2$ 个地区，我国各省份都是其中的一个地区，每个地区 j 的生产要素禀赋为 $V^j=(V_1^j, V_2^j, \cdots, V_N^j)$。

5）存在着 I 种商品，这些商品的生产函数是拟凹的，且规模报酬不变。I 也用作代表商品的集合。

6）地区 j 的产出水平为 X_i^j，$j\in J$，$i\in I$。

7）整个世界经济能在贸易均衡下使产出达到$\overline{X}_i$，$i\in I$，即 $\sum_{j\in J} X_i^j = \overline{X}_i, i\in I$。

利用这些假定，可以给出H-O模型揭示的要素价格均等化解集，形式上

$$\text{FPE}=\left\{(V^1,V^2,\cdots,V^j)\,\middle|\,\text{存在着 } \lambda_{ij}\geqslant 0,\text{对所有的 } i\in I, \sum_{i\in I}\lambda_{ij}=1,\ \text{使得对所有的 } j\in J, V^j=\sum_{i\in I}\lambda_{ij}\overline{V}(i)\right\} \tag{7.13}$$

式中，λ_{ij} 为 j 地区在 i 产品的总体均衡产量中所占份额。根据定义，对于 $V\in\text{FPE}$，每个地区都能在使用世界经济均衡下的生产技术的同时，使其资源充分利用。特别地，给定 λ_{ij}，这些资源就能在贸易均衡下产出水平达到 $X_i^j=\lambda_{ij}\overline{X}_i$（$i\in I$，$j\in J$）的时候得到充分利用。

（2）H-O模型下的贸易模式。

下面我们给出在 $V\in\text{FPE}$ 时多种商品和要素情况下某省份面临的要素含量之净贸易流动。

设 j 为我国某省份，$j\in J$，t_V^j 为 j 省要素含量净输入的 N 维向量，再设 s^j 为以GDP衡量的 j 省的相对大小：

$$s^j=\frac{\omega V^j}{\omega\overline{V}} \tag{7.14}$$

那么有

$$t_V^j=s^j\overline{V}-V^j,\qquad j\in J \tag{7.15}$$

式中，$s^j\overline{V}$ 为消费的要素含量。给定 $\omega\cdot t_V^j=0$（贸易平衡），则 t_V^j 的有些成分为正，另一些为负。将生产要素编号使之排序为

$$\frac{V_1^j}{V_1}>\frac{V_2^j}{V_2}>\cdots>\frac{V_m^j}{V_m}>s^j>\frac{V_{m+1}^j}{V_{m+1}}>\cdots>\frac{V_N^j}{V_N} \tag{7.16}$$

为了简便起见，我们这里忽略了可能存在的等式。由式（7.15）、式（7.16）可得

$$t_{Vl}^j<0, \quad l=1,2,\cdots,m$$
$$t_{Vl}^j>0, \quad l=m+1,m+2,\cdots,N \tag{7.17}$$

也就是说，j 省是前 m 个生产要素服务的净输出地区，又是后 $N-m$ 个生产要素服务的净输入地区。在这里，我们以要素的相对可得性（与世界经济相比较而言）从多到少编号排列的。因此，j 省实际上是其禀赋相对较多的要素服务的净输出地区，又是其禀赋相对较少的要素服务的净输入地区。

以上是在要素价格均等化条件下运用 H-O 模型对 j 省贸易模式的一般说明，结合要素禀赋的差异，通过参与分工和贸易（包括外贸和内贸），j 省得以增加产出或节约资源，体现出福利的增加。

由式（7.16）、式（7.17）可以判断，当 j 省处于世界经济之中时，N 较大，m、$(N-m)$ 也相对较大，表现出地区之间的要素禀赋差异较大，参与分工、开展贸易的机会也就较多。而当 j 省仅仅处于国内经济之中时，参与分工、开展贸易的机会就相对较小。所以，基于 H-O 模型，j 省应争取对外开放，充分利用国际资源。

2. 基于 H-O-R 模型的分析

传统 H-O 模型解释的是基于要素禀赋差异的产业间贸易。20 世纪 60 年代以来，国际贸易出现了许多新现象，具有相似要素禀赋的发达工业国家间的贸易额以及同类产品之间的贸易额均大大增加，对传统 H-O 模型提出了挑战。据此，国内有学者在保留规模不变的假设下将 H-O 模型与李嘉图的理论结合起来，建立了 H-O-R 模型[2]，用于解释产业内贸易。该模型可以用来分析我国各省份面临的贸易模式。

（1）H-O-R 模型的要素价格均等化解集。

首先，我们构建一个 2×3×2 模型。假设有两个地区（A 和 B）构成地区集合 J，生产 3 种产品（X_1、X_2 和 Y）构成产品集合 I，其中 X_1、X_2 为完全产业内产品且具有相同的要素密集度，相对产品 Y 而言 X_1、X_2 是资本密集型产品，使用两种生产要素（资本 K 和劳动力 L）。两地区用于生产 X_2 和 Y 的技术是相同的，在生产 X_1 的技术上存在着生产率的差异。

A 地区：$X_1=\alpha F(K_{X_1}, L_{X_1})$，$X_2=F(K_{X_2}, L_{X_2})$，$Y=G(K_Y, L_Y)$。

B 地区：$X_1=F(K_{X_1}, L_{X_1})$，$X_2=F(K_{X_2}, L_{X_2})$，$Y=G(K_Y, L_Y)$。

这里，在资本密集度上 $K_{X_1}=K_{X_2}>K_Y$，并且 $\alpha>1$，A 地区在 X_1 产品的生产上具有绝对技术优势，只有 A 地区的技术用于该产品的生产。

我们仍然用 $\overline{V}$ 表示世界要素禀赋，但这里比较简化，用 $(\overline{V}_1, \overline{V}_2)=[(K^A, L^A), (K^B, L^B)]$ 来表示两地区要禀赋组合。在总体均衡时，I 部门的要素利用量 $\overline{V}_{(i)}=[\overline{K}_{(i)}, \overline{L}_{(i)}]$，仍用 λ_{ij} 表示 j 地区在 i 产品的总体均衡产量中所占份额。这样，要素价格均等化解集为

$$\text{FPE}=\{(V^1,V^2)\mid \text{存在着 } \lambda_{X_2}^A,\lambda_{X_2}^B,\lambda_Y^A,\lambda_Y^B\geqslant 0 \text{ 且 } \lambda_{X_2}^A+\lambda_{X_2}^B=1,\lambda_Y^A+\lambda_Y^B=1,$$

$$\lambda_{X_1}^{A} = 1, \lambda_{X_1}^{B} = 0, 对所有\ j \in J, V^j = \sum_{i \in I} \lambda_{ij} \overline{V}(i) \} \tag{7.18}$$

式（7.18）表明，要素价格均等化是世界总的要素禀赋通过产品的贸易在两国配置的结果。

（2）H-O-R 模型下的贸易模式。

接下来我们给出在 FPE 解集内 B 地区面临的贸易模式。

如图 7—3 所示，等收入线 EH 一直处于由不同要素禀赋比例所决定的 FPE 总均衡边界内，EH 上的点代表的 B 地区要素禀赋比例各不相同。下面我们沿着等收入线分析要素比例变化对贸易模式的影响。

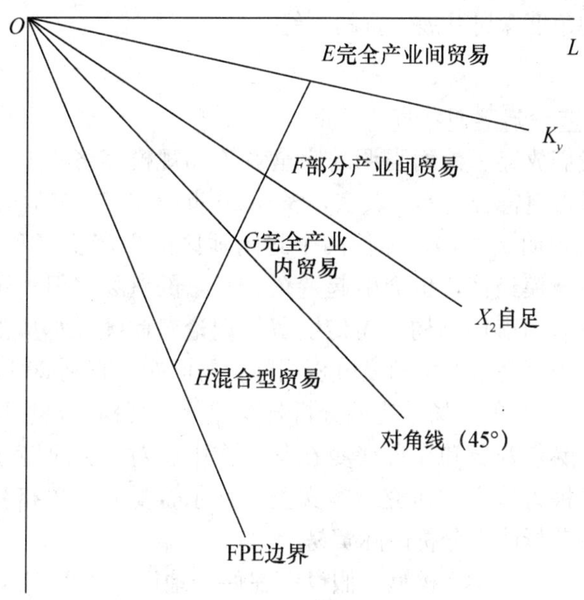

图 7—3　B 地区 H-O-R 模型下的贸易模式

1）当要素禀赋处于点 E 时，从点 O 出发的矢量斜率为 K_y。此时，B 地区只生产 Y，并输出 Y 以输入 X_1、X_2，表现为完全产业间贸易。

2）在 $E \to F$ 过程中，B 地区开始生产 X_2，但不能满足自己的消费，还是要输出 Y 以输入 X_1、X_2。在达到点 F 时，B 地区实现 X_2 的自足。此时，B 地区输出 Y、输入 X_1，表现为部分产业间贸易。

3）在 $F \to G$ 过程中，B 地区生产的 X_2 超过其自身消费需求，开始输出 X_2。从图 7—3 中可看出，此时 B 地区仍表现为劳动密集型地区，但开始输出资本密集型产品。在到达点 G 时，每个地区在 Y 生产上达到自给自足。但 B 地区要输入 X_1，仍然要输出 X_2。此时，两地区要素禀赋比例一致（对角线上），地区间贸易表现为完全产业内贸易。

4）在 $G \to H$ 过程中，B 地区劳动相对稀缺，开始输入 Y（输入 X_1 仍然维持），由输出 X_2 来支付。在到达点 H 时，B 地区只生产 X_2，并输出 X_2，以从 A 地区换取 X_1、Y。此时，表现为产业间贸易和产业内贸易混合的贸易模式。

H-O-R 模型保留了除规模报酬不变的假设，揭示了在要素禀赋比例相同的地区之间仍可以开展贸易。我们这里运用的假设是，A 地区在产品 X_1 的生产技术上存在绝对优势，由此假设其专业生产 X_1 并提供输出。所以，即使在 A 地区为资本密集型地区时，在安排生产 X_1 的全部市场供给量后，用剩余的要素禀赋去生产 X_2、Y 时，表现为劳动力充裕地区，此时劳动力充裕地区 B 就可以生产并输出资本密集型产品 X_2，如图 7—3 $F \to G$ 阶段所示。在要素禀赋比例相同时，则表现为基于生产技术差异基础上的产业内贸易，如图 7—3 点 G 所示。

H-O-R 模型的分析为我国各省份开展贸易提供了思路。在传统 H-O 模型的影响下，我们强调在资源禀赋差异的地区间开展贸易，优先考虑发展外贸。H-O-R 模型论证了在要素禀赋不同和相同的地区间均可开展贸易，只要求产品生产技术上存在差异，这个条件在我国省份间还是成立的。考虑到对外贸易相对较高的贸易成本，我国各省应该多从产品生产技术差异的角度探讨开展内贸的可能。

3. 基于相异产品模型的分析

在这一部分，我们放弃了前面强调的完全竞争和规模经济不变，引入不完全竞争和规模报酬递增，这样做更符合现实。其实，早在 20 世纪 30 年代奥林在其《地区间贸易和国际贸易》一书中就曾明确指出，即使两个封闭地区的生产要素和商品价格完全一致，若其中一个地区存在规模经济，也会引起持久和互惠的贸易。但由于规模经济往往要求并导致一个不完全竞争的市场结构，而传统贸易理论对此缺乏相应的分析工具，经济学家们无法从规模经济和不完全竞争角度分析国际贸易问题。直到 20 世纪 70 年代中、后期和 80 年代，随着不完全竞争市场结构的分析日臻成熟，规模经济在国际贸易正统理论中的地位才得以确认。赫尔普曼和克鲁格曼在其著作中就对不完全竞争和规模报酬递增与国际贸易的关系作了极为深入的研究。本文援引赫尔普曼和克鲁格曼在阐述规模经济理论时使用的相异产品分析法来分析区际贸易。

我们首先构建一个 2×2×2 模型。假设存在两个地区（A 和 B），生产两种产品（制成品 X 和食品 Y，由此构成两个部门），使用两种生产要素（资本 K 和劳动力 L），取 ω_L 和 ω_K 分别表示工资率和资本的租金率。其中，食品是无异产品，以不变的规模报酬生产；制成品由许多相异产品组成，定义为 n 种，每种变体都以同样的规模报酬递增的生产函数生产，制成品部门是一个垄断竞争部门。

图 7—4 所示是在整体均衡中部门间劳动力和资本配置。O^A 为 A 地区的起点，O^B 为 B 地区的起点。向量 O^AQ 表示制成品部门的资源使用，向量 O^AQ' 表示食品部门的资源使用。向量 O^AO^B 表示资源总体使用，它等于（$\overline{L}$，$\overline{K}$）。我们假定在这个均衡中制成品部门每个工人的使用资本比食品部门多，表现为图 7—4 中 O^AQ 比 O^AQ' 更陡。我们采用 $\overline{O^AQ}=\overline{X}$ 和 $\overline{O^AQ'}=\overline{Y}$ 来度量单位产出。

平行四边形 O^AQO^BQ' 区域是要素价格均等化解集，反映整体均衡状态。在平行四边形 O^AQO^BQ' 中，选取一个在对角线之上的配置点 E，用以分析各个地区的劳动力和资本在各部门配置的水平。在图上画一个 O^A 和 E 之间的平行四边形得到点 P_X 和 P_Y，在这里，$\overline{O^AP_Y}=Y^A$，$\overline{O^AP_X}=X^A$，而 $\overline{P_YQ'}=Y^B$，$\overline{P_XQ}=X^B$。在整体均衡状态下，点 E 表示的两个地区经济的总产出正好为（$\overline{Y}$，$\overline{X}$）。设 x 为制成品部门某一典型公司的产出水平，则两个地区在制成品部门配置中，A 地区生产 $n^A=X^A/x$ 种相异产品的变体，B 地区生产

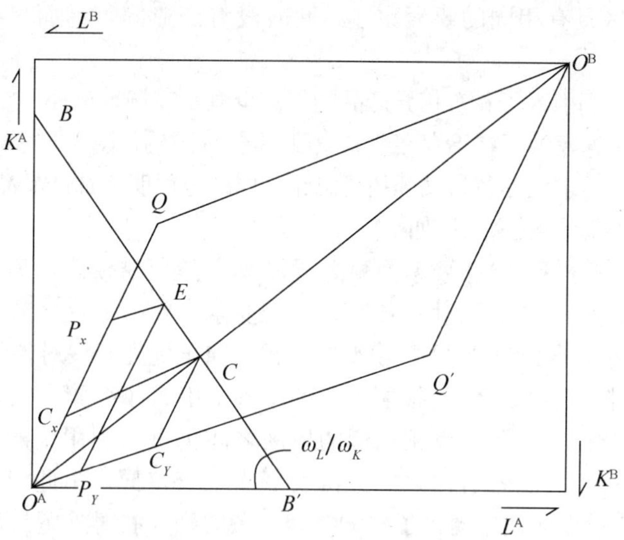

图 7—4　相异产品模型贸易模式分析

$n^B=X^B/x$ 种相异产品的变体，其中，$n^A+n^B=\bar{n}=\dfrac{\overline{X}}{x}$。

为了进一步展示贸易模式，从点 E 引一条斜率为 $-\omega_L/\omega_K$ 直线（即图 7—4 中的 BB'），这条直线代表了唯一的要素收入（没有利润），描述了每个地区的 GDP 水平。BB' 和 O^AO^B 的交点 C 代表按 GDP 度量的地区相对大小，$\overline{O^AC}/\overline{O^BC}$ 即表示 A 地区的相对大小。假设每个地区在食品和制成品上花费相同的预算份额，而且把所有的收入都花费掉，A 地区的总消费就可以通过在图 7—4 中构造 O^A 和 C 间的平行四边形得出点 C_Y 和 C_X 的方法得到。其中 $\overline{O^AC_Y}$ 等于 A 地区的食品消费，$\overline{O^AC_X}$ 等于 A 地区的制成品消费。通过生产点（P_Y，P_X，）同消费点（C_Y，C_X）的比较，可知在均衡状态下 A 地区输入食品且是制成品的净输出者。

A 地区的制成品消费由 n^A 种本地区生产的变体和 n^B 中从 B 地区输入的变体组成。若用 s^A 表示本地区在世界收入中的比例，用 D_X^A 表示 A 地区制成品的消费量，则有

$$D_X^A=s^A(n^Ax+n^Bx) \tag{7.19}$$

式（7.19）表示 A 地区居民消费了 s^A 份额的每种变体的产出。相似地，B 地区居民消费了 s^B 份额的每种变体的产出，以 D_X^B 表示 B 地区制成品的消费量，则有

$$D_X^B=s^B(n^Ax+n^Bx) \tag{7.20}$$

由式（7.19）、式（7.20）可知，A 地区输入了数量为 s^An^Bx 的食品而输出了数量为 s^Bn^Ax 的制成品。因此，图 7—4 中 $\overline{C_XP_X}$ 表示的净输出等于（$s^Bn^Ax-s^An^Bx$）。

至此，我们可以总结一下 A 地区面临的贸易模式。当 A 地区的资源禀赋在点 E 时，表现为资本充裕地区，A 地区是资本相对密集的制成品的净输出方，是劳动力相对密集的食品的净输入方。以上分析论证了 H-O 模型的合理性。但本模型又有别于 H-O 模型，提出了在存在相异产品的制成品部门，存在着产业内贸易。当食品部门也存在相异产品时（现实中就是如此），两个部门内都会有产业内贸易。特别地，当要素禀赋点落在对角

线时，表明两个地区具有相同的要素禀赋，此时没有产业间贸易而只有两部门内的产业内贸易。

在这一部分，我们引入了具有相异产品的不完全竞争市场，论证了在存在相异产品的部门存在产业内贸易。这反映了在不存在要素禀赋差异和生产技术差异的场合，仍有开展贸易的可能。这为各地区寻求区际贸易又开拓了思路，同时也说明增加产品品种的必要性。

我们把这部分导出的结论总结如下：

第一，H-O模型分析了基于要素禀赋差异基础上的贸易模式，为我们提供了区际贸易的一般思路。与我国各省份同世界各国之间的要素禀赋差异相比较，各省份之间的要素禀赋差异相对较小，所以基于H-O模型的分析倾向于优先开展对外贸易。

第二，H-O-R模型在保留规模报酬不变的基础上引入了要素密集度相同产品生产技术的绝对差异，由此得出在要素禀赋相似的地区之间仍可以利用生产技术的差异开展分工和产业内贸易。由于我国各省份之间经济发展水平有差异，由此导致生产技术的差异较大，这为H-O-R模型的运用提供了较大空间。考虑到开展对外贸易的难度，基于H-O-R模型的分析倾向于优先开展国内区际贸易。

第三，相异产品模型引入了不完全竞争和规模报酬递增，指出在存在相异产品的部门容易形成产业内贸易。随着各微观厂商加大力度进行产品的研制和开发，同类产品之间差异必将增大，由此提供了新的贸易空间。基于相异产品模型的分析同样倾向于优先开展国内区际贸易。

7.3　区域经济合作的条件和模式

7.3.1　区域经济合作的内涵和意义

关于区域经济合作的概念表述不尽相同。有人认为，区域经济合作是国民经济横向联系的一种形式；有人认为，区域经济合作是区域规划指导下的区域分工协作关系；还有人认为，区域经济合作是不同地区内外的经济组织间的横向联合。综观各种观点，区域经济合作是自然人、法人、经济组织、行业协会、地区政府等行为主体，为了共同的经济利益，在生产领域中以生产要素的流动和重新配置为主要内容而进行的较长期的经济阶段活动。区域经济合作一般是在国家主导下或通过地方政府、经济组织、行业协会的协商而形成的。

区域经济合作的行为主体是指直接参与组织或从事生产要素区域流动的个人、企业、组织或机构。经济人既是生产要素的提供者，也可以是生产要素的需求者，个人的区域流动表现为劳动力要素的区域流动。企业是生产要素流动的主要行为主体，是区域经济合作的基础，大多数微观区域经济合作活动都是由企业或公司承担完成的，宏观区域经济合作的执行者也往往是企业。政府机构在区域经济合作中主要起方向指导、宏观协调等作用。行业协会等社会经济组织在区域经济合作中发挥着中介和服务功能，同样具有非常重要的作用。在计划经济体制下，区域经济合作主要由政府部门推动、运作实施，企业处于被动执行地位。往往是发达地区对落后地区的“对口支援”，主要由地方政府协作办来完成。但是，在市场经济体制发展框架下，经济合作的主体主要是企业和自然人，在市场机制引导下企业和自然人进行经济合作活动。

区域经济合作是在生产领域中进行，以生产要素的流动和优化配置为标志。尽管区域经济合作是在区际商品贸易的基础上发展起来的，两者之间存在着密切的联系，两者都受区域生产要素禀赋影响，都是参与区域分工、获得比较优势利益的重要手段。然而，区域经济合作无论从内容、方式，还是就其运动规律来看，都具有与区际商品贸易完全不同的特殊性，表现为：首先，运作对象不同。商品贸易是商品区际流动，属于流通领域范畴。而区域经济合作则是生产要素区际的直接流动和重新配置，是生产领域内的直接协作。其次，所采取的方式不同。商品贸易采取的是批发销售，而经济合作则大多采取项目合作的方式。最后，区域经济合作比商品贸易周期长、风险大，但可以获得独特的经济效益，特别在地方保护主义、地区市场封锁盛行的情况下，区域经济合作比区际商品贸易更容易进入其他区域市场获取相关生产要素，从而得到比较利益。

改革开放以来，中国的区域合作在推动经济体制改革与增进地区利益方面发挥了不可或缺的作用。简要地说，其意义在于促进了各地区相互取长补短，增加了一个地区的发展资源与手段。

区域经济合作是大国缩小地区差距，构建和谐社会的重要基础。和谐社会是生产力发展到一定阶段，物质财富相对丰富的产物。社会和谐的标准之一是不同利益群体的合理需求都能够得到满足，而这只有靠不断发展才能实现。和谐社会只有在区域合作协调发展的基础上，才能不断缩小区域之间的发展差距，提高各地区人民的福利水平和缩小各地区公共服务的差异，最终实现发展的长期可持续性。

7.3.2　区际经济合作的条件

区域经济合作对于中国这样的发展中大国具有重要的现实和战略意义，但能否有序推进，取决于多种影响因素。

第一，自然条件和自然资源始终是区域产业分工与合作的自然物质基础。不同种类、不同规模的自然资源地域，会发展成为不同种类、不同规模的能源产地、原材料产地和农业生产地域。在自然条件基础上形成的区域经济差异和分工是区域合作的基础。一个国家，尤其是像中国这样的大国，由于国内要素供给丰富、市场需求大，出于安全的考虑，有必要建立相对完整的产业体系。而区域则不同，由于受要素供给规模、种类等的限制，不仅不可能建立完整的产业体系，而且没有必要建立这种完整的产业体系。一个地区只有在某些产业上形成专业化和规模化优势，才能参与全国统一大市场的产业分工。各省区通过按比较优势进行区域产业分工，可以提高区域经济福利水平，从而增强区际合作的动力，也可以进一步推动区域内产业部门不断分解，衍生出越来越多的新产业，如此一来，区际之间共同产品越来越少，差异性越来越大，继而创造出新的合作领域。

总之，区际经济合作的基础在于产业分工，而区际产业分工将创造出比自给自足更多的贸易依存度和更大的产业规模。

第二，社会经济条件是区域分工合作的重要基础。人口、技术和资金等是区域产业发展的基础要素。各地区劳动力、资本等社会经济要素的数量与质量都存在明显的差异。从劳动力的数量看，我国各省市区的劳动力资源都比较丰富，为本地区产业发展准备了足够的劳动力数量。然而，现代经济发展对劳动力质量的要求愈来愈高。劳动力质量通常用劳动力受教育的程度来衡量，虽然我国劳动力数量充足，但受文化的程度不高。根据2002年我国统计年鉴数据，从业人员中受过大学教育的劳动力超过10%的只有北京（18.0%）、天津（10.3%）、上海（11.6%）3个地区。而职工中只有小学文化程度超过30%的省份却大量存在，包括河北（30.9%）、内蒙古（31.6%）、吉林（32.0%）、浙江（37.7%）、安徽（36.3%）、福建（42.2%）、江西（43.2%）、山东（31.4%）、湖北（33.8%）、湖南（39.5%）、广东（35.7%）、陕西（31.4%）、甘肃（32.1%）13个省（区）。专业技术人员占从业人员的比重北京（20.6%）、天津（12.1%）、上海（11.3%）达到两位数，其他省份均低于10%，总量差异明显，所占百分比区域差异不明显。

第三，共同的利益趋向是中国区域合作的动力源泉。区域经济合作不仅是从资源分布梯度和经济技术水平分布梯度的角度展开的，更是建立在共同利益基础之上的。在市场经济条件下，中国各个地区都在自己所拥有的生产要素使用上最大力度追求利益最大化。所以，区域经济合作必然是利益驱动下的一种战略选择，获得经济利益的双赢是区域经济合作的动力源泉，没有经济利益的区域合作是不会发生的，即使发生也不会长久。从这种意义上说，是否具有共同的利益基础是分析区域经济合作的一个重要条件。

第四，制度环境是有效推进区域经济合作的重要机制条件。区域经济合作的发展机制主要有市场机制与非市场机制。市场机制是通过市场的资源配置功能自发地调节区域经济合作；非市场机制主要是指政府和有关区域经济组织依靠法律、行政计划和政策协调等手段对区域合作进行的一种自觉调节，以实现深化区域分工体系、促进区域合作有序进行的目标。从目前来看，中国区域经济合作已逐渐形成了以市场机制为主导、以政府引导推动为重要内容的发展机制，并积极探索组建区域合作的协调组织。

从市场机制看，以效率为原则的市场机制，应该成为配置资源的基本手段，实现比较优势的充分发挥。市场的逐利性会抹平同一种要素在不同区域的价格的相对差异。在国际或国内分工的格局下，任何区域都不可能发展故步自封的经济，市场放开是维持可持续稳健发展的重要途径。实现资源在不同区域的自由流动，既能够提升资源的使用效率，也有助于不同区域更快地实现协调发展。

市场机制要校正政府干预的相对失灵。政府应该成为市场规则的制定者而非参与者，即成为裁判员而非运动员。然而，我国的政绩考核制度和地方财政收入制度等因素决定了地方政府在很大程度上会对区域经济运转进行干预，由此产生了相当程度的政府干预失灵。通过市场的反馈作用，能在一定程度上纠正政府干预不足或干预过多。

市场是优化资源配置以实现区域经济合作与协调发展的基础性力量，而政府尤其是中央政府也能够从不同层面促进区域发展，如提供跨区域的基础设施、引导区域合理分工、促进区域合作、支持落后地区提高公共品供给能力、鼓励发达地区带动欠发达地区发展。政府既可以通过制定发展规划引导要素转移，也可以运用财政转移支付等手段支持区域政策的目标区域的社会发展。政府的功能定位主要包括以下几方面：

第一，政府是区域经济合作制度的制定者。要建立和完善促使区域经济合作的法律法规，应该在宪法中制定区域经济合作和协调发展的相关条款，做到事前防范和事后督查；完善财税调节制度，应通过“费改税”扩大现有税种、税基或设置新税种等办法建立以税收为主、收费收入为辅、税费并存的财政收入运行机制；完善公共服务制度，深化转移支付的改革，制定全国基本公共服务的最低标准以实现公共服务相对公平的目标。

第二，政府是区域合作组织的指导者。成立区域协调机构，在提出区域经济协调的建议并报请审批、执行经立法程序通过的政策和规划并约束地方政府行为、统一管理专门的区域基金或约束有关部门的资源使用方向、负责区域划分以组织实施重大项目、审查和监督区域政府间自主达成的区域合作规则的执行等方面起作用；区域间构建专门的跨区域合作协调机构，在促成经济区域的合作上建立权、责、职统一的长效机制；加强区域间非官方组织的协调，政府通过组织更多的民间组织来推进区域间的协调发展，如采取创建区域协调发展智囊团、行业协会和组建区域性的企业集团等方式。

第三，政府是宏观调控机制的缔造者。我国政府管理区域协调发展应该做到“宏观做好、微观放活”和“区别对待、有保有压”。由于在协调发展的过程中会产生利益的重新分配，而利益分配不均会成为各级地方政府阻挠区际协调发展的动机，因而要求政府尤其是中央政策实施相应的宏观调控机制。通过建立政府投资稳定增长的机制、完善财政体制、稳定信贷、建立符合科学发展观的政绩考核体系和进一步完善统计体系等方面的调控，为实现我国区域协调发展提供必要的宏观保障。

第四，政府是公共产品和公共服务的提供者。公共产品和公共服务由于存在较强的外溢性，因而私人部门往往会出现供给不足，这就要求各级政府来弥补供给的缺口，并且中央政府的提供力度远小于地方政府，再加上中央实施了差异性的政策，由此导致不同区域存在着比较大的差别。实现公共产品和公共服务的相对均等化，应该成为我国区域协调发展的重要目标。

第五，政府是市场秩序的维护者。在区域经济合作中，政府是实现市场稳健发展的重要力量之一。市场在运作过程中会出现种种失灵，政府在出台相关措施的同时需要按照规则来运作，即协调市场秩序的有序发展。区域之间进行联合会导致辖区内的市场格局重调，而地方政府出于自身利益考虑会对市场秩序实施显性或隐性的阻挠措施，因而中央政府应该对重构后的市场秩序进行维护。

第六，政府是社会保障体系的建设者。我国总体经济发展水平相对不高并且区域差距明显，与此同时，地方政府和中央政府共同承担着社会保障体系的建设。地方政府存在为本区域人民谋福利的动机，而实现区域间的协调发展就必然会使得要素在不同区域实现更大程度的流动，这势必会加大发达区域的财政负担，因而发达区域有可能阻碍区域间要素的流动。

7.3.3　区域经济合作的模式

中国区域经济合作模式根据不同视角可以有不同的划分方法。

第一，根据合作地区经济发展水平的差异，可以分为垂直型经济合作、水平型经济合作和混合型经济合作。凡是经济发展水平差异较大的地区之间的经济合作为垂直型经济合作，如沿海与内地的经济合作；凡是经济发展水平差异较小的地区之间的经济合作就是水平型经济合作；既有经济发展水平接近的地区参与，也有经济发展水平差距明显的地区参与的区域经济合作属于混合型经济合作。

第二，根据主导合作主体的不同，可以分为宏观经济合作与微观经济合作。宏观经济合作是指不同地区之间、城市之间、地区与城市之间的经济协作活动，它一般是由各级政府部门、经济组织或行业协会发起和组织的，从宏观的角度协商规划地区间经济发展和生产力配置，如区域基础设施的网络化、地区间的“对口支援”等。而微观经济合作主要是指不同地区之间自然人和法人之间通过一定非正式的方式开展的经济合作活动，如企业的跨地区投资、劳务输出、企业建立购销网络、组建跨区域企业集团等。微观经济合作大多通过协议、合同等方式，确立合作方式、内容及合作各方的权利与义务。

第三，根据参与合作方数量的多少，可以分为双边经济合作和多边经济合作。双边经济合作主要是指各主体一对一的经济合作。多边经济合作主要是指三个或三个以上的自然人、法人、政府、经济组织、行业协会、城市、地区之间的经济合作。

第四，根据空间模式，可以分为单核外围区域合作模式（以上海为中心的长三角区域合作模式）、双核外围区域合作模式（如以北京、天津为双核的区域合作模式）、多核区域合作模式（如广州、香港、深圳的区域合作模式）。

下面我们列举几种模式进行介绍。

1. 宏观区位模式

这是一种以国家宏观区域发展政策为目标形成的一种区域经济合作模式。根据空间形态的不同，结合中国发展实践，又可以进一步划分为“点对点的哑铃模式”、“轴线带动模式”、“流域经济一体化模式”等类型。

（1）“点对点的哑铃模式”是指空间上先形成若干增长的点（极），通过增长极与周边区域合作，再连接增长极形成片。这种合作模式源自法国经济学家佩鲁的增长极理论。该理论认为，产业方面可以通过增长极与周边地区的合作得到发展；空间上可以通过增长极重新优化配置资源，实现增长目标。改革开放以来，中国沿海从南到北形成了以广州、上海、北京为中心的三大经济增长极，还形成了深圳、杭州、青岛、天津、大连等次一级的增长极。西部地区形成了西安、成都、重庆、兰州、西宁、南宁、昆明、贵阳等一批增长极。一方面，东部具有相对先进的管理理念和技术，但资源短缺和发展空间相对狭小；另一方面，西部缺少先进的管理理念和技术，但拥有相对丰富的资源与发展空间。区域之间的合作首先是在这些增长极之间展开的，这种点对点式的合作，形成了两头大、中间小的哑铃形态，通过点带动面的发展。

（2）“轴线带动模式”是在增长极模式基础上发展起来的。在点对点合作过程中，大量物资、人员、资金、技术和信息通过交通线、动力供应线、通信联络线等连接起来，逐渐形成轴线，沿着轴线形成经济活动密集区。比较有影响的如 20 世纪 80 年代的“T”形开发合作模式，以及后来衍生的“Ⅱ”形模式等。轴线带动模式的主要特征是将区域经济发展和产业布局的点—轴理论与东西部经济合作联动结合起来，通过这种模式东西部地区之间在各个层面上展开了合作。首先是商品的互通有无，商品流动和交换是轴线带动合作模式的最低层次；其次，实现了一些非优势产业向西部转移并再布局；最后，通过这种模式，东西部地区各种生产要素之间通过优势互补，在各个领域和层面展开了形式多样的相互结合。

(3)“流域经济一体化模式”是以大江、大河为纽带，通过流域涉及的行政区域合作开发而使经济一体化，以此来推动区域经济合作。作为东西部区域经济合作的一种重要模式，其不仅具有重要的理论基础，更具有实践探索的意义。通过流域经济专业化协作和分工，最终促进东西部经济的统一、联动和快速发展。以长江、黄河、珠江为三大流域为轴线进行开发合作是这种模式的具体体现。三大水系横贯中国的东西部地区，它们的上游都在经济落后的西部地区，而中、下游则是分属于经济较发达中部地区和经济发达的东部地区。生产要素禀赋的区域差异十分明显，上游地区幅员辽阔、自然资源丰富，国土面积占到全国的57%多，与多个国家直接接壤。陆地国界线占全国近80%，中国大多数天然矿物资源都集中在这些地区，而且具备开发的条件，但这些地区的不利条件是经济基础薄弱、市场化程度低，缺乏人才、资金、技术等资源要素，而下游地区经济发展水平高、市场经济发育早，拥有丰富的资金、技术、人才优势，其不足的是自然资源相对匮乏，劳动力、土地等生产要素的价格成本高，且处于产业结构调整幅度较大的时期，具有将一部分产业向其他地区转移的要求。为此，流域的上下游经济区域具有的互补性合作优势十分明显。实行流域经济一体化融合发展，可以推动上下游地区的资源、资金、技术、产业的横向联合，有利于优势互补、互惠、互利，合理调配资源，优化流域产业结构，使流域内经济协调发展。

2. 大都市经济圈的区域合作模式

这是由一个或若干个突出的经济中心（如上海）或政治中心（如北京）与一定范围的周边区域构成的一种区域合作体。经过30多年的高速发展，中国已经形成一批地区性的经济联合体，如以上海为中心的长三角经济圈，以广州、深圳、珠海为中心的珠三角地区，以北京、天津为中心的环渤海经济圈，以重庆为中心的渝西经济走廊，以大连、沈阳为中心的东北经济圈。中心城市通过“集聚”和“辐射”与周边城市以及经济腹地形成紧密合作关系。经济中心城市的规模效益、市场效益、人才和设施效益等，使得所属经济区域中的产业、资本、人才、原材料、科学技术和信息等资源不断向中心城市集聚。显著的极化效应促使经济中心城市生产率不断提高，经济发展速度增长迅速，并进一步强化了经济中心城市的区域增长带动作用。经济中心城市的辐射效应一方面源于中心城市因技术进步带动产业升级使传统产业开始不断向腹地转移，另一方面源于经济中心城市规模效益的逐渐丧失，致使土地价格上涨、生活费用攀升、引起部分资源向周边地区迁移。

3. 以市场一体化为主导的区域合作模式

这是参照“欧共体”的一种合作模式，即通过建立区域共同市场，使参与合作的区域商品和要素能够自由流动，互通有无，在区域之间实现资源优化配置，利益共享。这是针对长期以来我国存在的大国诸侯现象而构建的一种合作模式。这是在市场经济条件下，通过政府搭台、市场运作，按照商品经济发展的内在要求，来规范和操作地区经济合作的行为。这是按照地区产业结构的专业化、社会化发展方向，构造出一种产业互补、市场互补、资金互补、资源互补，并按市场功能和要求能自由流动与最佳组合的统一大市场。这种模式比较成功的是粤港合作。早在 20 世纪 70 年代末，通过建立经济特区、减免税收、提供廉价土地和内地大批劳动力等一系列优势，吸引香港等地企业，与此同时港澳等地的制造业正面临劳工短缺、土地资本昂贵等高成本压力。珠江三角洲地区成为香港经济名副其实的“工厂”。香港在把广东作为“工厂”来发展的同时，利用与国际市场联系紧密的优势，把自身变成广东重要的“购销店”，并不断构筑自己的国际市场营销网络。

4. 产业园区合作模式

这是产业转移的一种形态，指东部发达地区政府搭建平台在中西部地区集中投资设立产业园区，也有一些大的企业、大集团在中西部设立产业园区，并以此为载体进行开发发展，从而实施的区域经济合作。园区能营造优越的投资环境、优惠的入园政策以及完善的服务体系，成为大中小企业集聚发展的主要场所和块状特色经济发展的“核心区”，能有效地发挥经济集聚效应。园区能集中资源和进行能力扩散，发挥纽带效应和企业自身裂变效应，特别强化资金汇聚和信息扩散，加快贸易、人才、资金、技术、项目、成果、信息、知识的集散。所以，以工业园区为载体实施东西部区域经济合作是一个比较有实践意义的模式。

5. 政策性的对口帮扶模式

东西部对口帮扶是我国作为社会主义国家在特定国情条件下形成的一种政府主导的区域合作模式。早在 1979 年，中共中央就作出了组织东部发达省市实行对口支援边境地区和少数民族地区的决定；1980 年，国务院出台《关于推动经济联合的暂行规定》；1996 年，党中央、国务院作出沿海发达省市对口帮扶西部欠发达省区开展扶贫协作的战略部署。这种模式由于是发挥了中央政府的高度集权作用，能够集中力量办大事，在重大基础设施建设、生态环境保护等领域完成了一批靠西部自身无法完成的项目，对于促进西部经济发展和全国生态安全保护具有重要意义。通过东西部对口帮扶，让西部少数民族地区直接体会到这种民族间的关怀与帮助，有利于民族团结和社会稳定。但是，对口帮扶模式存在明显的缺陷，表现在：长期以来的输血功能造成了西部地区自身的依赖性，很难实现由输血模式向造血模式转变；由于对口帮扶是由中央政府发起的，东西部地区政府作为主要参与者，很难建立一种长效机制，怎样建立对口帮扶的长效机制对这种合作模式的推广、应用尤其重要。

7.4 案例分析

7.4.1 中国区域合作的历程

中国区域经济合作萌芽于20世纪五六十年代。当时在计划经济指导下，虽有组织地区经济协作、支援内地建设的联合活动，但其规模有限，而且单靠行政命令，因而效果不太理想。为组织地区经济协作而划分的六大经济协作区和国家计委统筹全国各地协作的地区局，也没有有效地发挥作用，前者名存实亡，后者被撤销。直到20世纪70年代末，改革开放序幕拉开以后，区域经济合作才逐渐活跃起来，从其发展历程来看，大体可分为三个阶段。

第一阶段，20世纪70年代末至80年代中期为兴起发展期。按照“扬长避短、发挥优势、坚持自愿、组织联合”的原则，在地区之间进行余缺物质的调剂和签订技术、资金协议。1984年全国达成的省际经济技术协作合同17 000项，物资协作资金额达88.8亿元。在各级政府的推动下，地区、城市和企业之间不同层次、不同规模、不同内容的合作大量涌现，区域合作组织发展到100多个，特别是1985年后，经济技术协作有更新的发展，全国普遍建立起了经济技术协作机构和区域经济协调组织。经济技术协作已从过去的以物资为主的协作转为资金、技术、人才等多方面的协作，从临时的协作开始向大中型企业联合发展，由流通领域扩展到生产领域，出现地域性的城市经济联合体和跨地区、跨行业的经济联合体。

第二阶段，20世纪80年代末90年代初为全面铺开期。1986年国务院颁发了《关于进一步推动横向经济联合若干问题的规定》，对横向联合的原则、目标，促进物资横向流通，加强生产与科技结合，发展资金横向融通，调整征税办法，保障经济联合组织合法权益等问题作了具体明确的规定。之后，地区、城乡、企业之间四位一体（物资、技术、资金、人员）的联合日益活跃，长期固定的协作增多，企业联合体大量涌现，区域合作的地域范围不断扩展，内容不断丰富，形式也不断多样化。

第三阶段，20世纪90年代中期开始为网络构建深化提高期。以大城市为中心的不同层次，规模不等、各有特色的经济区域网络先后建立，企业协作进一步发展为区域联合，有科研生产联合、工商联合、商商联合、资金联合等。城市联合群体、大都市圈的发展趋势日益突出。这一阶段区域经济合作日益向着规模化、区域化、集团化方向发展，在促进产业结构、地区结构、企业组织结构和技术结构的调整、培育市场体系、完善市场机制等方面，发挥了巨大作用。特别在国务院实施西部大开发战略以后，中国区域经济合作更是进入了一个崭新的发展阶段。随着市场机制作用的深入、企业自主地位的日益凸显、区域经济集聚扩散效应的进一步显现，区域合作在多层次发展的同时，逐渐向一体化方向发展，如长江三角洲、珠江三角洲、环渤海地区建立经济都市圈的步伐不断加快，“优势互补、互惠互利、联合发展、共同繁荣”的区域经济合作新局面不断形成。

7.4.2 区域经济合作的发展趋势

随着国际市场国内化、国内市场国际化的趋势进一步加强，中国各地区在态度上更加重视国内地区间的合作。我国地市以上政府大部分成立了专门的区域合作与协调管理机构。省级政府基本上设置了专门从事经济技术协作工作的管理机构，如上海市设立了上海市人民政府经济协作办公室，下设秘书处、研究室、经贸处、对口支援处、联络处、干部人事处等职能处室；天津市设立了天津市人民政府经济协作办公室，下设经济协作处、招商处、区县处、驻外办管理处、联络服务处、环渤海地区协作处、综合处、秘书处等职能部门。区域之间的协调是我国经济发展的趋势所在，各地区积极组建了相关部门来协调经济区内部的发展，如长江三角洲城市经济协调会就是协调长三角各区域在发展过程中出现的问题的机构。

但不同地区的定位和谋略不尽相同。从东中西三类地区看，东部呈现：（1）全国推动型，包括北京、广东、上海和辽宁，分别是京津冀地区、泛珠三角地区、长三角地区和东北地区的发展核心，该四省区发展相对较快且在全国的地位也决定了应该以开放的眼光来对待全国的协调发展。（2）协作区内推动型，包括福建、江苏和浙江，即主要考虑与区域内的明星省区进行合作。鉴于福建隶属于泛珠三角地区而江苏和浙江归属于长三角地区，因而在规划中分别以广东和上海为主要区域进行协调合作。（3）辖区内推动型，即侧重于实现省区内部的协调发展，包括天津、海南、山东、广西和河北。天津可能与以滨海新区开发为发展重点有关，山东可能与环渤海地区的发展有待进一步协调相关，而海南、广西和河北可能与自身实力相对较弱有着直接的关联性，因而上述五个省市区都在不同程度上选择了以自身发展作为实现全国协调发展的突破口。

中部各个省区都可以视为辖区内推动型的发展导向。为考察中部的省区差异，将其分为县域型和块状型，其判断标准是在总体发展思路中是否以县域经济或块状（包括点、面）经济发展为主。县域型包括湖北、江西、安徽、河南和吉林，吉林由于中心城市的实力相对较弱而采取了鼓励特色县域经济的发展思路，其他四省的发展思路则为通过中心城市群的发展来带动县域经济的稳步提升。块状型包括内蒙古、陕西、湖南和黑龙江，这些省区在一定程度上已经形成了点或面的发展格局，如内蒙古的“以点带面”、山西的梯度推进、湖南的“一点一线”和黑龙江的经济（功能）区域增长板块。

西部地区是我国总体上较为落后的区域，其发展思路仍然以辖区内的稳健发展为主，为显示差异将西部各省区的发展思路分为块状型和逐步推进型。结合发展现状，将四川、重庆和陕西视为块状型，其思路为通过以经济区或经济建设基地为龙头带动区域内的协调发展；将西部其他省区视为逐步推进型，这些地区一般为少数民族集聚地且发展水平相对较低，历来是国家援助发展的重要区域，因而首要任务是协调各省区内部的经济发展一体化。

区域经济合作呈现多层次特征，既包括不同省区之间的协调，也包括省区内部的协作，由此形成了各种区域性的合作组织，如泛珠三角、长三角、环渤海经济区、淮海经济协作区、武汉经济协作区、中原经济合作区、北部湾经济区、哈大齐工业走廊、武汉城市圈、长株潭经济圈、中原城市群、成渝经济区等，并且已经展开了多种形式的合作。如，泛珠三角2008年在劳务、旅游、卫生、水利、农业、林业等众多方面展开了深层次的合作，浙江义乌小商品市场、绍兴中国轻纺城、永康中国科技五金城在2006年就与上海金山国际贸易城达成合作意向。又如，中部六省在2008年10月通过了《中部六省人才开发合作共同宣言》，其目标是通过不断推进中部六省人才开发的资源共享、政策协调、制度衔接和服务贯通，建立中部六省区域人才开发新机制，逐步形成相互兼容的人才政策框架、人才大市场和人才服务体系，整合中部人才开发资源，加强人才资源开发力度，深化人才人事制度改革，积极推进制度创新，创造人才开发的良好社会环境，为实现中部崛起提供人才支撑。

从区域经济合作内涵发展趋势看，呈现如下趋势：

一是区域经济合作的利益诱导机制加速形成，全方位、多层次的区域合作全面推进。由于生产要素禀赋的差异性直接反映到生产要素的价格和收益体系上，充裕的要素在一个区域价格较低，密集使用该类要素的收益也较低，而稀缺的要素价格较高，收益也较高。所以生产要素总是从价格低的地区流向价格较高的地区，从收益低的地区流向收益较高的地区，从而导致区域经济合作的加强。在当前中国市场经济发展不断深化的条件下，这种利益诱导机制大量地通过民间合作的方式、渠道形成了。与这种利益诱导机制相呼应的是地方政府对经济发展目标的追求，尤其是在工业化、城市化发展过程中，共同区域空间内的经济合作和关联也不断增强，如基础设施网络化的共同发展、旅游业等资源的共同开发等，这就为区域合作提出了要求。发达地区如长江三角洲、珠江三角洲地区的区域合作将向纵深发展，并逐渐过渡到以国际大都市圈经济一体化模式来发展，即在现代化基础设施、城市发展、市场建设、产业和生态环境等方面实现一体化发展，全面实现区域经济现代化。特别在城市产业合作发展上，区域核心城市、次中心城市、专业化城市、一般城镇等四个层次在产业结构的衔接和协调上，更好地体现出区域专业化分工合作。在发达地区与不发达地区的区域合作（如东西部合作）上，也将在自然物资开发、基础设施建设、旅游资源开发等方面在资源优势互补的基础上实现范围更广的联合和协作。西部地区内部也会进行多种形式的合作，如云南、贵州、四川、重庆、广西、西藏及成都市等省区市在基础设施建设、生态环境保护、人文旅游资源开发等方面进行多种形式的合作开发，已经促进了西部地区的发展。这些都将促进区域一体化发展的步伐。

二是转型升级推动的产业结构调整促进了区域经济合作。21世纪以来，在国际市场饱和以及2008年全球性金融危机等压力下，国际贸易保护主义抬头，中国东部沿海地区业已形成的出口型劳动密集型产业，开始加速向中西部转移。区域产业结构演化和转换的规律表明，产业或产品存在梯度的区际转换，通过不同发展梯度地区之间的产业承接，促进生产要素的合理流动和优化配置，从而调整和优化不同地区产业结构，如发达地区将技术成熟但生产成本上升的一些产业转移到发展水平相对较低的地区，而一些欠发达地区可以通过承接发达地区转移出来的产业而提升自己产业的技术水平，这对双方都是有利的。如安徽通过建立皖江经济开发区，来承接长三角的产业转移。随着我国转型升级步伐的加速，这种通过产业结构调整形成的区域合作明显加快。

三是区域经济集聚和扩散效应将进一步推动区域经济合作。集聚与扩散是区域经济发展的两个过程，其作用也是推动区域合作的关键因素。因经济联系密切或因生产要素指向性相同而形成集聚，可以改变企业发展的外部条件，使企业获得集聚经济效益。区域经济的集聚效应是区域经济空间分布不均衡、企业喜欢扎堆的根本原因。但是，区域经济集聚程度一旦超越某个极限即集聚过度时，不仅会加剧区域间生产分布的不平衡，恶化区际经济关系，而且也会使得集聚规模超过其承受能力，地区优势丧失殆尽。这时，经济扩散的力量就起作用，体现在将企业从高度集聚的地区向外扩散，分散区域生产布局。中国区域经济发展中的集聚和扩散效应是非常明显的，这客观上也是区域之间共同利益趋向之所在。

四是企业成为区域经济合作的主体，跨区域的产业集团化发展趋势加强。鉴于中国的国情和政府的功能，我国政府在区域经济合作中仍然发挥重要作用。但随着中国市场经济的日臻成熟，已经催生出大批具有独立行为能力的微观企业主体，为了寻求更大的发展空间，必然需要不断地向外拓展，行政区域的界限已难以割断利益诱导下的资源流动，尤其在行政机制逐渐让位于市场机制的条件下，成长起来的企业必然会通过跨地域的横向经济联合来拓展自己的空间，由此区域产业的集团化发展趋势也必然会加强。

7.4.3 典型区域经济合作发展态势

1. 长江三角洲地区经济合作

长江三角洲地区，是指以长江入海而形成的冲积扇平原所形成的上海、江苏和浙江一带。包括江苏省东南部和上海市、浙江省东北部，是长江中下游平原的一部分，面积约5万平方千米。地理上指的长三角城市带，传统上就是上海、无锡、宁波、舟山、苏州、扬州、杭州、绍兴、南京、南通、泰州、常州、湖州、嘉兴和镇江这15个城市。2003年吸收台州为第16个成员，2010年第十次市长联席会议上正式吸收了合肥、盐城、马鞍山、金华、淮安、衢州6个城市为协调会会员，到2010年共有22个城市。在经济上，长江三角洲地区指以上海为龙头的江苏、浙江经济带，这里是我国目前经济发展速度最快、经济总量规模最大、最具有发展潜力的经济板块。

长江三角洲地区不仅经济发达，而且区域经济合作也走在全国前列。呈现以下几个方面的发展态势：

第一，区域经济合作机制初步建立。1997年成立了长江三角洲城市经济协调会。在长江沿岸中心城市经济协调会的组织框架下，组建起了以上海为核心的长江三角洲城市经济协调会，同时建立起了定期的15个地级以上城市的市长联席会议制度，分别就涉及全局性的重大基础设施项目、经济技术协作项目等进行协调和落实。

第二，以跨地区基础设施建设为突破口，构建起现代化区域网络化交通和通信体系。从区域基础设施建设来看，长江三角洲地区跨区域交通和通信体系建设表现在：一是围绕国际航运中心建设，这是长三角基础设施建设的突破性进展，上海乃至整个长三角有可能因此而成为东北亚的国际航运中心。以深水港为核心建设主枢纽港，并构建起发达的集疏运系统，包括长江口航道整治、千吨级内河航道整治、长江口越江工程和杭州湾跨海工程等，有利于促进各港口的合理分工。二是围绕城市间的现代化交通网络建设，从点、线、面的关系着眼，建设区域内高铁网络系统，建设三条环状高速公路及与上海空港相应的地市级输运系统，使上海和南京、杭州两个次中心在高新技术、工业支柱产业方面实现技术性垂直分工和配套性水平分工，增强上海、南京、杭州的辐射功能。三是合作建设长江三角洲地区信息高速公路。以上海为中心，以区域内各地级以上城市为主要节点，连接所有县和县级市，形成统一、便捷的信息平台。

第三，以转型升级为主线，推动区域产业一体化发展。长江三角洲地区经济发展总体上处于工业化中后期，但是地区之间也存在明显的差异。如上海处于工业化后期向后工业化转换阶段，南京、杭州等地处于工业化的后期，宁波、常州、扬州等城市则处于工业化中后期阶段，而南通、嘉兴、湖州、合肥、盐城、马鞍山、金华、淮安、衢州等城市则处于工业化早期向中期转换阶段。这表明长江三角洲地区产业的资本和技术可以分为多个层级。这样，处于不同层次的地区可以通过产业的垂直分工实行区域合作，而处于同一工业化阶段的地区则可以通过地区之间的配套性水平分工来强化产业联系。特别是最近几年，现代服务业在长三角区域内的合作呈加快之势。上海的现代服务业的服务对象已经扩展到整个长三角区域，长三角服务业合作的空间和领域在不断扩展。

第四，区域经济合作的空间和领域在不断扩展，呈不断拓宽态势。1997—1998 年，长三角经济合作的重点主要是旅游和商贸。1999 年，合作的重点转为“推进国有企业改革”。2010 年，随着世博会的成功举办、长三角经济合作的重点又转到了城市交通、生产环境等重大基础设施建设上来。长三角区域经济合作以从一般的产业项目协作向资本融合的方向发展，从单一的生产合作向科研开发方向过渡，从以工业领域为主的合作向金融、房地产、旅游等全方位拓展。在先前《长江三角洲地区城市合作协议》提出长三角地区要在信息、规划、科技、产权、旅游、协作等六个领域进行合作的基础上，2007 年又拓宽了长三角区域经济合作的空间，环保和世博会成为了合作的新项目。2010 年各成员城市领导共同签署了《长江三角洲地区城市合作（嘉兴）协议》，《协议》提出要继续深化“长三角医保合作”、“长三角金融合作”、“长三角会展合作”三个合作专题，新设“长三角园区共建”专题和“长三角异地养老合作”、“长三角现代物流业整合和提升”两个专题，并着力在城镇体系、产业布局、重大基础设施等方面加强区域的规划、政策和项目的对接。

但是，我们也注意到长江三角洲地区经济合作面临的许多障碍，主要有以下几方面：

（1）由于长三角是一个复合型的行政区域，因此经济运行带有显著的行政区域利益特征，区域合作和摩擦始终并存，生产要素不能完全自由流动，各城市之间的规划缺乏衔接。

（2）恶性竞争加剧。长三角区域内各城市竞争加剧，各城市陷入了招商引资的“倾斜式”竞争之中，相继以更加优惠的政策吸引外商投资。尽管 2008 年国家公布了《关于进一步推进长江三角洲地区改革开放和经济社会发展的指导意见》，强调长三角要规范招商引资行为，实行相对统一的土地、税收政策，营造公平、开放的投资环境，但实际运行中问题很多。

（3）产业结构趋同。长三角区域内各城市之间产业结构趋同现象较为突出。根据联合国工业发展组织国际工业研究中心提出的相似系数计算公式，根据 1999 年数据计算出上海与江苏的产业结构相似系数为0.82，上海与浙江的相似系数为0.76，而浙江与江苏的相似系数高达0.97。产业结构趋同使长三角整体联动效应的发挥受到了抑制。

（4）基础设施重复建设。长三角跨区域的重大基础设施未能实现统筹规划和有效衔接，造成很多基础设施（主要表现在港口和机场上）重复建设，导致严重的资源浪费。

2. 珠江三角洲地区经济合作

珠江三角洲地区主要是指以广州、香港（深圳）、珠海（澳门）为中心形成的中部、东部和西部三个都市区，并通过广深（港）和广珠（澳）两个发展轴（带）组成珠江三角洲大都市区的空间格局。珠江三角洲是我国人口、城镇密集、经济发达的地区之一，也是我国对外开放的前沿地带，特大城市的龙头作用和区域一体化趋势加强，是本区的典型特征。在区域经济合作上呈现以下发展态势：

第一，区域合作中市场的基础性作用明显。相比我国其他区域的合作，珠江三角洲地区的合作最为典型的特征是政府行政协调和协商的色彩非常淡化，市场力对资源配置的功能作用十分突出，政府的作用更多地体现为一种战略性的指导和政策鼓励；同时香港独特的经济特点和体制结构在与珠江三角洲地区的合作中产生了非常重要的影响，特别是在利用国际市场和承接国际产业结构转移等方面，香港发挥了积极的桥梁作用。

第二，要素的市场配合特征明显。“前店后厂”式的区域合作模式突出反映了粤港两地利用各自资源优势进行专业化分工合作的客观要求。香港等利用国际市场的信息和资源优势，深圳、珠海等的政策优势，周边地区的人力优势进行“前店后厂”式的合作。香港在把广东作为“工厂”来发展的同时，利用与国际市场联系紧密的优势，把自身变成广东重要的“购销店”，并不断构筑自己的国际市场营销网络。粤港两地这种生产过程基本在广东，销售渠道基本在香港的经济合作，是一种典型的“前店后厂”式的经济关系，这种合作是一种优势互补的合作，是按照双方经济发展的内在需要形成的。它既大大增强了香港的国际竞争力，同时也促进了广东经济的迅猛发展和经济技术水平的极大提高。

第三，珠江三角洲地区经济合作开放态势明显。一方面，以香港、澳门、广州、深圳、珠海五大核心城市为依托，把环珠江口城市建成一个“最具活力的大规模科技创新中心”和“新经济时代的珠江三角洲经济旗舰”，构筑新经济时代珠港澳一体化的珠江三角洲城市经济区域；另一方面，在珠江三角洲东西两翼及山区等不同区域间形成梯次分布，协调发展。不同类型地区根据各自的不同条件发展特色产业或优势产业，实现产业发展的专业区域集聚效应和产业结构的梯度转移，形成“互动”，实现“多赢”的目标。基于与珠江流域相连、与大珠三角相邻、经贸关系密切等三方面因素，形成了泛珠三角区域，具体包括福建、江西、湖南、广东、广西、海南、四川、贵州、云南九个省（区）以及香港、澳门两个特别行政区，简称“9＋2”。2004年搭建的“一虚一实”两大平台——泛珠三角区域合作与发展论坛和泛珠三角区域合作与发展经贸洽谈会，使泛珠三角区域合作机制更健全。到2010年，泛珠三角区域合作与发展高层论坛已成功召开六届。目前的重点在完善合作机制，进一步加强区域内现代化综合交通网络建设合作上。

珠江三角洲地区经济合作由于内部发展水平差异大、相互交通网络系统缺口大、产

业结构两极同构严重，因而很难实现实质性的推进。

3. 渤海湾经济区合作

渤海湾经济区是指依托华北、华东、东北部分沿海大中城市，形成以辽东半岛、山东半岛、京津冀为主的环渤海综合经济圈。由京津领衔的环渤海经济区成立于1986年，是中国最大的工业密集区。环渤海经济圈处于东北亚经济圈的中心地带，是中国欧亚大陆桥的东部起点之一。在环渤海地区5 800公里的海岸线上，有20个城市遥相呼应，有数千家大型企业虎踞龙盘，包括天津、大连、青岛、秦皇岛等中国的重要港口在内的60多个大小港口在这条线上星罗棋布。以京津两个直辖市为中心，以大连、青岛、烟台、秦皇岛等沿海开放城市为扇面，以沈阳、太原、石家庄、济南、呼和浩特等省会城市为区域支点，构成了中国北方最重要的集政治、经济、文化、国际交往等多功能于一体的密集的城市群落。在全国和区域经济中发挥着集聚、辐射、服务和带动作用，有力地促进了本地区特色经济区域的发展。

与珠江三角洲和长江三角洲不同的是，环渤海经济区是一个复合的经济区，由三个次级的经济区组成，即京津冀圈、山东半岛圈和辽宁半岛圈。在区域经济合作上呈现以下发展态势：

第一，区域经济合作起步早，政府主导特色明显。1986年，在天津通过市长（专员）联席会协议书和章程（1992年更新了协议书和章程），确定市长（专员）联席会是按照自愿、平等、互利的原则建立起来的一个区域性、开放型、松散式、推动经济联合的一种组织形式，主要任务是坚持改革、开放的方针，从实际出发，按照“扬长避短、形式多样、互利互惠、共同发展”的原则，发展跨地区、跨部门、跨行业、跨所有制、跨城乡的横向经济联合，促进环渤海地区经济的发展和繁荣。环渤海经济区内行政干预的力量比较强，市场配置资源的能力相对较弱，致使在体制创新上，环渤海与珠三角、长三角有一定差距。

第二，合作的空间和领域呈现多样化态势。从成员看，截至2010年，朝阳、承德、阜新、太原、淄博五市先后加入。从合作领域看，20世纪80年代，合作重点集中在合作机制、地区内港航运输协作网建设、环渤海地区盐业开发综合利用联合体等方面。20世纪90年代，合作领域拓宽到服务业和共同市场建设。最近十多年，合作领域进一步拓展至区域环保合作、口岸合作、人才协作。

第三，向着“大首都特区”发展。以“大首都特区”为形式，由京、津、唐、保、廊大城市直接对口就近参与西部大开发，就近对口参与扶贫脱困脱愚，全权负责治沙防沙引水节水、退耕还林以及开发式移民脱困工作，并享受国家特殊优惠扶持政策，如优先上马重大基础项目工程、中央财政公共转移支付和返还全部或部分上缴中央财政国税等等。相应同步推进以大首都城市圈为中心的华北大城市群开发，泛华北地区全部资源重组，产业结构布局重新整合。这种“大首都特区”有巴黎大区和东京都的影子，其目的是将京津一体作为“泛华北五环绕复合同心圆圈区”的核心圈，逐层外向辐射拉动，最终形成一个所谓的“泛大华北区域经济协作地带”。

由于行政区域利益主体地方意识较强、条块分割严重，导致地区间经济协调成本高，市场化程度低，资金、人才、技术等要素流动也不够畅通，影响了区域经济合作向纵深发展。环渤海经济区的区域经济合作是比较松散的，大多还停留于规划设想方面，缺乏长江三角洲和珠江三角洲地区那样明显的成效与可操作性，这不仅是因为这一区域经济的体制特殊性，而且是因为核心城市的作用力相对弱化，上海之于长江三角洲、广州之于珠江三角洲都产生了显著的“正拉动”效能，而京津对于环渤海则是某种程度的“负拉动”，即从这一地区抽取资源与资金，却没有反哺区域经济。

本章小结

区域经济差异是指在一个统一的国家内部，一些区域比另一些区域有更快的增长速度、更高的经济发展水平和更强的经济实力，致使空间上呈现发达区域与不发达区域并存的格局。与区域差异化发展密切相关的一个概念是区域协调发展，其本质内涵是区域之间经济和社会发展的和谐、经济发展水平和人民生活水平的共同提高、社会的共同进步、区域之间的经济和社会福利差距控制在社会心理所能承受的范围内。常用来测度区域差异的指标包括经济指标和社会指标两类。

采用锡尔系数对1995—2008年中国总体和东部、中部、西部和东北四大地区的差异水平与协调发展水平进行评价的结果表明，在区域发展差异方面，1995—1999年，中国总体区域发展水平差异先是不断缩小，然后又逐渐增大；1999年后，差异基本上呈现不断缩小态势。就分地区而言，东部地带省际差异最大，其次是四大地带间的差异，再次为西部地区与中部地区的差异，东北地区的总体差异最小。就分系统而言，公共服务系统差异最大，经济系统差异次之，生态环境系统差异最小。

区域差异是中国经济发展的动力，但不意味着区域差异越大，经济增长的动力就越强。问题的关键是要正确对待和把握区域发展差距，适时调控差距。我们的政策目标和调控任务就是把差距缩小到一定程度内，不仅要缩小地区间经济发展水平的差距，而且要缩小地区间公共服务和人民生活水平的差距。

亚当·斯密最早对分工的经济增长的含义进行系统的分析，认为分工经济以专业化经济为基础，分工以专业化为基础，但又不同于专业化。新兴古典经济学借助科斯的交易费用理论来说明分工网络的形成和发展。科斯只强调了企业之间分工的好处在于可以避免通过市场获得投入品的交易费用，而忽视了分工带来的专业化的好处。新兴古典经济学的增长模型将组织结构的选择定位在分工的内生机制中，在组织理论中直接注入了经济增长的含义，从而从根本上克服了新古典增长理论中的缺陷。

根据传统H-O模型分析，我国各省份之间的要素禀赋差异相对较小，应优先开展对外贸易；基于H-O-R模型的分析倾向于优先开展国内区际贸易；基于相异产品模型的分析同样倾向于优先开展国内区际贸易。

区域经济合作是自然人、法人、经济组织、行业协会、地区政府等行为主体，为了共同的经济利益，在生产领域中以生产要素的流动和重新配置为主要内容而进行的较长期的经济阶段活动。自然条件和自然资源始终是区域产业分工与合作的自然物质基础，社会经济条件是区域分工合作的重要基础，共同的利益趋向是中国区域合作的动力源泉，制度环境是有效推进区域经济合作的重要机制条件。

中国区域经济合作的发展机制主要有市场机制与非市场机制。市场机制通过市场的资源配置功能自发地调节区域经济合作；非市场机制主要是指政府和有关区域经济组织依靠法律、行政计划和政策协调等手段对区域合作进行的一种自觉调节，以实现深化区域分工体系、促进区域合作有序进行的目标。

以效率为原则的市场机制，应该成为配置资源的基本手段，实现比较优势的充分发挥，校正政府干预的相对失灵。政府的功能定位是：区域经济合作制度的制定者、区域合作组织的指导者、宏观调控机制的缔造者、公共产品和公共服务的提供者、市场秩序的维护者以及社会保障体系的建设者。

中国区域经济合作模式根据不同视角可以有不同的划分方法：根据合作地区经济发展水平的差异，可以分为垂直型经济合作、水平型经济合作和混合型经济合作；根据主导合作主体的不同，可以分为宏观经济合作与微观经济合作；根据参与合作方数量的多少，可以分为双边经济合作和多边经济合作；根据空间模式，可以分为单核外围区域合作模式、双核外围区域合作模式和多核区域合作模式。

关键术语

区域差异　区域协调性　基尼系数　锡尔系数　区域分工　专业化　交易费用理论　H-O模型　H-O-R模型　相异产品模型　区域经济合作　区域合作模式

复习思考题

1. 列举大国区域差异的必然性。
2. 分析中国区域差异形成的原因。
3. 你认为在缩小区域差距过程中政府和市场应该发挥什么作用？
4. 由于各区域的自然禀赋、区位差异和功能定位各不相同，有些区域不宜进行大规模经济开发，但同时，仅靠财政转移支付难以大幅度提高这些地区的经济社会水平，况且这种“养懒人”的方式也会造成大量劳动力等生产要素的低效率运行。对于这类较难解决的问题，请进行挖掘、梳理、分析并提出解决方案。
5. 区域协调发展的出发点和宗旨不是片面追求欠发达地区的经济增长，也不是单纯缩小地区间经济发展水平的差距，普遍提高改善人民生活水平和质量，逐步缩小地区间公共服务和人民生活水平的差距。你是否同意这种观点？为什么？

建议阅读书目

1. 胡鞍钢，王绍光，康晓光. 中国地区差距报告. 沈阳：辽宁人民出版社，1995
2. 王小鲁，樊纲主编. 中国地区差距：20年变化趋势和影响因素. 北京：经济科学出版社，2004
3. 王梦奎，李善同等. 中国地区社会经济发展不平衡问题研究. 北京：商务印书馆，2000
4. [瑞典] 奥林. 地区间贸易和国际贸易. 北京：商务印书馆，1981
5. 贾根良. 劳动分工、制度变迁与经济发展. 天津：南开大学出版社，1999

6. 盛洪. 分工与交易——一个一般理论及其对中国非专业化问题的应用分析. 上海：上海三联书店，上海人民出版社，1994

7. ［澳］杨小凯，［澳］黄有光. 专业化与经济组织. 北京：经济科学出版社，1999

8. 魏后凯. 区域经济发展的新格局. 昆明：云南人民出版社，1995

附表 1

1995—2001 年全国各地人均 GDP

（元）

地区＼年份	1995	1996	1997	1998	1999	2000	2001
北京	13 085	15 044	16 735	18 482	19 846	22 460	25 523
天津	10 308	12 270	13 796	14 808	15 976	17 993	20 154
河北	4 444	5 345	6 079	6 525	6 932	7 663	8 362
山西	3 569	4 220	4 736	5 040	4 727	5 137	5 460
内蒙古	3 639	4 259	4 691	5 068	5 350	5 872	6 463
辽宁	6 880	7 730	8 525	9 333	10 086	11 226	12 041
吉林	4 414	5 163	5 504	5 916	6 341	6 847	7 640
黑龙江	5 465	6 468	7 243	7 544	7 660	8 562	9 349
上海	18 943	22 275	25 750	28 253	30 805	34 547	37 382
江苏	7 299	8 447	9 344	10 021	10 665	11 773	12 922
浙江	8 074	9 455	10 515	11 247	12 037	13 461	14 655
安徽	3 357	3 881	4 390	4 576	4 707	4 867	5 221
福建	6 787	8 136	9 258	10 369	10 797	11 601	12 362
江西	3 083	3 715	4 155	4 484	4 661	4 851	5 221
山东	5 758	6 834	7 590	8 120	8 673	9 555	10 465
河南	3 313	4 032	4 430	4 712	4 894	5 444	5 924
湖北	4 162	5 122	5 899	6 300	6 514	7 188	7 813
湖南	3 470	4 130	4 643	4 953	5 105	5 639	6 054
广东	8 495	9 513	10 428	11 143	11 728	12 885	13 730
广西	3 304	4 081	4 356	4 076	4 148	4 319	4 668
海南	5 225	5 500	5 698	6 022	6 383	6 894	7 135
四川	3 081	3 763	4 029	4 339	4 452	4 784	5 250
贵州	1 853	2 093	2 215	2 342	2 475	2 662	2 895
云南	3 044	3 715	4 042	4 355	4 452	4 637	4 866
陕西	2 843	3 313	3 707	3 834	4 101	4 549	5 024
甘肃	2 288	2 901	3 137	3 456	3 668	3 838	4 163
青海	3 430	3 748	4 066	4 367	4 662	5 087	5 735
宁夏	3 328	3 731	4 025	4 270	4 473	4 839	5 340
新疆	4 819	5 167	5 904	6 229	6 470	7 470	7 913

注：因重庆 1997 年才直辖，1998 年前的数据不易得，为了便于纵向比较，故未列出重庆。

附表2

2002—2008年全国各地人均GDP

（元）

地区＼年份	2002	2003	2004	2005	2006	2007	2008
北京	28 449	32 061	41 099	45 444	50 467	58 204	63 029
天津	22 380	26 532	30 575	35 783	41 163	46 122	55 473
河北	9 115	10 513	11 248	14 782	16 962	19 877	23 239
山西	6 146	7 435	10 742	12 495	14 123	16 945	20 398
内蒙古	7 241	8 975	12 767	16 331	20 053	25 393	32 214
辽宁	12 986	14 258	15 823	18 983	21 788	25 729	31 259
吉林	8 334	9 338	11 537	13 348	15 720	19 383	23 514
黑龙江	10 184	11 615	12 449	14 434	16 195	18 478	21 727
上海	40 646	46 718	46 338	51 474	57 695	66 367	73 124
江苏	14 391	16 809	20 223	24 560	28 814	33 928	39 622
浙江	16 838	20 147	24 352	27 703	31 874	37 411	42 214
安徽	5 817	6 455	7 681	8 670	10 055	12 045	14 485
福建	13 497	14 979	16 469	18 646	21 471	25 908	30 123
江西	5 829	6 678	8 097	9 440	10 798	12 633	14 781
山东	11 645	13 661	20 044	20 096	23 794	27 807	33 083
河南	6 436	7 570	9 145	11 346	13 313	16 012	19 593
湖北	8 319	9 011	9 898	11 431	13 296	16 206	19 860
湖南	6 565	7 554	9 165	10 426	11 950	14 492	17 521
广东	15 030	17 213	20 871	24 435	28 332	33 151	37 589
广西	5 099	5 969	7 460	8 788	10 296	12 555	14 966
海南	7 803	8 316	10 067	10 871	12 654	14 555	17 175
四川	5 766	6 418	7 895	9 060	10 546	12 893	15 378
贵州	3 153	3 603	4 317	5 052	5 787	6 915	8 824
云南	5 179	5 662	7 012	7 835	8 970	10 540	12 587
陕西	5 523	6 480	8 588	9 899	12 138	14 607	18 246
甘肃	4 493	5 022	6 467	7 477	8 757	10 346	12 110
青海	6 426	7 277	8 693	10 045	11 762	14 257	17 389
宁夏	5 804	6 691	9 198	10 239	11 847	14 649	17 892
新疆	8 382	9 700	11 337	13 108	15 000	16 999	19 893

第8章 区域经济政策

区域经济政策是区域经济学研究的核心问题之一，也是现代区域经济学的重要组成部分。尤其是对于像中国这样一个地区差异悬殊且面临着诸多复杂区域问题的发展中大国来说，制定并实施科学有效的区域经济政策，是国家经济政策的重要组成部分，也是国家调控和协调区域经济发展、优化资源空间配置的重要手段。

8.1 区域经济政策概述

所谓区域经济政策，又称为区域政策，是政府干预区域经济的重要工具之一，它通过政府的集中安排，有目的地对某些类型的问题区域实行倾斜，以改变由市场机制作用所形成的一些空间结构，促使区域经济发展与区域格局协调并保持区域分配合理。① 大体上讲，区域经济政策产生于20世纪30年代的西方资本主义国家。在20世纪30年代以前，西方资本主义国家实行的是市场机制，市场是这些国家经济运行的唯一调节机制，政府对经济活动的干预受到排斥。然而，爆发于1929—1932年的经济大危机彻底打破了人们对仅仅依靠市场自发解决区域问题的幻想。1936年，凯恩斯的《就业、利息和货币通论》一书出版，提出了国家干预经济运行理论，为区域经济政策的产生奠定了理论基础。在凯恩斯国家干预经济运行理论的指导下，西方一些资本主义国家政府开始着手干预区域经济发展，从而，一些旨在解决落后区域和萧条区域发展问题的区域经济政策应运而生。

① 参见张可云：《区域经济政策》，6页，北京，商务印书馆，2005。

8.1.1 区域经济政策的范畴

世界各国的中央政府为了促进本国国民经济的健康发展，维护各个不同的社会集团的经济利益，以及保证有关政府机构自身的正常运转，往往需要制定各种各样的国家经济政策，来对整个宏观经济的运行和国民经济各个不同领域的发展进行调控。这些国家的宏观经济政策一般是以一个国家范围内的全部经济活动或某个特定领域的有关经济活动作为直接的调控对象，并且由相应的政府机构运用法律赋予的各种行政手段来实现的，它们在这个国家的所有地区都应当是普遍适用的。但是，在一个国家所实施的各项经济政策当中，也有一部分是由这个国家的中央政府及其所属的各有关机构，为实现其区域经济布局战略和调节若干个不同区域之间的经济关系，以及促进国家某些特定地区的经济发展而制定的，或者是由这个国家一部分级别较高、被授予了一定的经济管理权限的地方政府，为促进由其所管辖的行政区全部或部分地区的经济发展而制定的。这种经济政策不像国家宏观经济政策那样可以普遍适用，它只对单个区域有效，或是对个别特殊地区（如区域问题较严重的地区）适用。为了使之显著区别于国家宏观经济政策，我们把它们归入区域经济政策的范畴。

根据制定区域经济政策的政府机构等级和政策适用范围的不同，可以把区域经济政策分为国家区域经济政策和地方区域经济政策两大部分。其中，国家区域经济政策是由一个国家的中央政府及其所属的各有关机构制定，通常可以适用于这个国家之内具有某些相同特征的若干个地区；地方区域经济政策则是由一个国家的一部分级别较高、被授予了一定的经济管理权限的地方政府负责制定，一般只适用于该地方政府所管辖的行政区范围之内。

具体而言，国家区域经济政策是立足于区域差异，旨在促使资源在空间的优化配置、控制区域间发展水平和经济结构差距、协调区际之间关系、促进生产力布局逐渐平衡化的区域经济政策。它是由一个国家的中央政府及其所属的各有关机构为实现国家的经济发展战略或区域经济布局战略、调节区际经济关系，以及促进国家某些特定区域的经济发展而制定的国家经济干预政策。可以说国家区域经济政策大部分是针对国内区域经济情况而制定的，旨在通过国家经济政策对国内区际的经济发展进行协调。地方区域经济政策则是立足于资源禀赋，旨在发挥地区优势、调节产业结构以及促进资源合理开发利用和环境保护的地区政策。它是国家一部分级别较高、被授予了一定经济管理权限的地方政府，为促进由其所管辖的行政区全部或部分地区的经济发展而制定的经济政策。地方区域经济政策是为了增强地区发展活力、解决地区间发展水平差距的政策的总称，一般包括与地区发展相关的财政投资、财税管理、金融信贷、外经外贸等方面的政策。

8.1.2 区域经济政策的性质

各项经济政策，在实践中主要是作为有关政府机构实施其调控宏观经济职能的行动准则，它们就像一只只“看得见的手”，对一个国家或一个行政区范围内的各种经济活动施加自己的影响。当一个国家的中央政府及其所属的各有关机构依据各自所要调控的目标分别制定的各项国家宏观经济政策合起来作为一个整体在起作用时，整个国民经济的运行都将成为其调控的对象。而当由中央政府所属的各有关机构针对不同领域的发展和调控问题制定的各项具体的国家经济政策在单独起作用时，这些经济政策实际上是国家宏观经济政策在不同领域中的体现。它们既可以有着相同的目标，以起到强化国家宏观经济调控的作用，也可以相互制约，以弱化国家宏观经济调控所带来的副作用。

虽然区域经济政策对于一个国家或一个行政区范围内整个国民经济的运行会产生一定的影响，而且区域经济政策也可以包含一系列针对不同领域的具体的区域经济政策，如区域财政政策、区域税收政策、区域投资政策、区域产业政策、区域货币政策、区域外贸政策、区域就业政策、区域社会福利政策等等，但各种类型的区域经济政策，一般都必须服从于相应的国家宏观经济政策，而不应该与之有矛盾和发生冲突。此外，区域经济政策所影响的地域范围还要小于整个国家宏观经济政策及与之相关的其他各项具体的国家经济政策。从这一角度来看，所有的区域经济政策，无论是国家区域经济政策还是地方区域经济政策，都只能是属于国家宏观经济政策在地方尺度上的延伸。

当然，国家区域经济政策的性质与地方区域经济政策的性质也是有一定区别的。其中由中央政府及其所属的各有关机构制定的各项国家区域经济政策，主要是从维护国家整体利益出发，在国家宏观经济政策基础上制定的，与国家宏观经济政策是一脉相承的，在许多国家中都是国家宏观经济政策不可缺少的组成部分，实际上是国家宏观经济政策向地方尺度的直接延伸。而由地方政府所制定的各项地方区域经济政策，则是由一些地方政府在不违反国家宏观经济政策的原则下自行制定的。所考虑的主要是地方的经济利益，尽管可以在一定限度内独立于国家宏观经济政策和国家区域经济政策，但通常并不能够违反国家宏观经济政策和国家区域经济政策，只能是对整个国家宏观经济政策及各项国家区域经济政策的补充。

8.1.3 区域经济政策的特征

根据中国人民大学张可云教授的分析，区域经济政策具有两个不可分割的特征。①

第一，积极的区域倾斜，即对选定的地域单元予以利益补助。只有当各区域受到不同水平的政府支持或权利让与时，区域经济政策才存在。当所有区域或地区被一视同仁地对待，即受到政府同等支持或获得相同的权利时，区域经济政策是不存在的。而且，权利的分散往往与区域经济政策目标相矛盾，并妨碍区域经济政策目标的实现。显然，同等权利对较发达的区域而言比落后区域更有效，因为发展水平较高的区域具有更多的手段和资源。因此，在同等对待情况下，区域社会经济发展水平差距会扩大。所谓积极

① 参见张可云：《区域经济政策——理论基础与欧盟国家实践》，24～48页，北京，中国轻工业出版社，2001。

的倾斜，是指差别对待各种不同类型区域，对解决区域问题会产生积极的而非消极的影响。换言之，那些尽管具有区域倾斜特点但不能产生区域差距缩小效应的政策，是非积极的倾斜政策。

第二，高度集中化。所谓区域经济政策高度集中化，是指区域经济政策的制定、实施、监督与评价是由中央当局（包括中央政府、国家立法机构等）来进行的。也就是说，区域经济政策始终是一个“来自上面”的政策。但这并不意味着制定区域经济政策是只有中央政府才有的特权。“小规模”地域单元——省、市（州）、县——也可制定发展政策，但这些单元应具有足够的立法基础。政策需要“从上面”制定，否则就无法对区域问题及其严重程度给予“权重”，但这并不意味着区域经济政策只应通过“上面”实现。在已采纳的决策范围之内，区域或地区往往可有效地利用机会以增进自身利益。

上述两个特征可以说是区域经济政策的灵魂，是区域经济政策区别于一般经济政策的突出特点。除此之外，区域经济政策还表现出如下特征①：

第一，针对不同区域的区域经济政策相对独立。由于生产要素的不完全流动性，有的区域资源富集，而有的区域资源稀缺，由此造成区域间的要素价格、要素成本和要素收入等存在差别，从而形成了区域之间自然条件、经济发展等方面的差异。例如，我国西部地区自然资源特别丰富，而东部沿海地区在这方面不如西部地区，但东部沿海地区具有西部地区所缺乏的区位优势，东部沿海地区对外开放程度高，人才资源十分丰富。因此，针对西部地区的区域经济政策侧重自然资源的开发和利用，针对东部沿海地区的区域经济政策则侧重于人才和智力资源等方面的充分有效利用。由于区域之间客观存在这些差异，为了更好地指导区域发展，各个区域的经济政策都是根据区域的客观情况制定的，都是“因地制宜”的区域经济政策，所以区域经济政策具有相对独立性。

第二，区域经济政策呈现出阶段性。处于不同发展阶段的区域面临一系列不同的问题，比如处于传统社会发展阶段和“起飞”准备阶段的区域，表现出生产力水平低下、生产方式落后、产业结构单一、经济增长缓慢、积累资金的能力低下等问题，缺乏自我发展的能力。这个阶段对其实施的区域经济政策就要立足于本地资源的利用，扶持其发展既能发挥本地优势，又具有一定市场潜力的产业；对其资金投入的空间方向要集中于培养区内增长极，以带动整个区域经济的发展。随着区域经济发展进入“起飞”阶段，区域内生产方式急剧变革，工业化进程加快，第二产业开始占主导地位，这个阶段是区域经济发展的关键阶段，是其摆脱不发达状态的分水岭。这个阶段对其实施的区域经济政策应是巩固、扩大区域内优势产业部门，扶持围绕优势产业发展的前向、后向和侧向关联产业；与此同时还要注重区域内第三产业的发展，优化产业结构；对其资金投资的空间方向要从过去培养区内单一的增长极到沿若干开发轴线培育新的或次级增长极，促进区域经济向纵深发展。区域经济进一步发展到成熟阶段，此时区域经济持续增长，工业化达到较高的水平，第三产业较发达，基础设施也较齐备。但在这个阶段后期区域内

① 参见陈娟、何福荣、张露：《区域经济政策特点再认识》，载《知识经济》，2008（12）。

会出现要素价格上涨，领先技术丧失其“独占利益”，越来越多的产业和产品的比较优势逐步丧失等问题。针对此阶段的区域经济政策要侧重引导其发展新兴产业，逐步淘汰已经丧失比较优势的产业和产品，实现产业结构高度化；在市场结构上引导其大力发展外向型经济，积极参与国际分工与合作。

另外，系统性、有限性、工具性等也是区域经济政策所具有的特征。所谓系统性是指区域经济政策涉及区域经济运行的各个方面，各项政策需要相互衔接和协调配套，以政策体系的形式整体发挥作用；所谓有限性是指区域经济政策的作用范围和作用效果是有限的；所谓工具性是指区域经济政策总是作为落实区域发展战略和区域发展规划的工具而存在。

8.2 区域经济政策目标

实现宏观经济在空间层面上的均衡发展，在依靠市场作用的基础上，还需要辅之以强有力的政府干预，即由政府制定各种区域经济政策，借助行政、经济诸杠杆调控区域经济运行，以达到区域经济发展目标。区域经济政策作为政府调控区域经济运行的工具和手段，有着自己明确的目标和奋斗方向。区域经济政策目标是制定区域经济政策的起点与终点，是区域经济政策的核心和关键，其根本出发点是通过实施区域经济政策来引导区域经济活动，协调区际经济关系，促进区域经济协调发展。

8.2.1 制定区域经济政策的动机

诱发区域经济政策制定的因素有很多，概括起来主要包括以下几个方面①：

1. 市场失灵

“市场失灵”是指当完全的市场机制在调节经济发展过程中失效时所产生的后果，其背景是20世纪上半叶发生在资本主义国家的“大萧条”。“市场失灵”作为区域经济政策制定的基本动因，主要体现在四个方面。

（1）区域经济是一个空间的概念，它与一定的不可移动的空间相联系。区域经济的兴衰，取决于空间范围内活动的产业经济的兴衰、天赋要素情况以及现代经济活动的特点等，因此，在完全的市场机制调节下，市场的一个重要任务就是通过资源再分配来促进区域均衡发展。由于市场是通过调节产业经济活动来调节区域经济的，而现代产业经济倾向于造成区域经济的更加不平衡，因此，实现区域经济均衡发展的需求加速了区域经济政策的制定。

① 参见母爱英：《区域经济政策新视角研究》，4～8页，北京，经济科学出版社，2004。

(2) 在完全市场机制下，“与市场力量相适应的劳动力和资本的流动，将由私人成本而不是社会成本来决定；在两者存在重大差别之处，可能造成资源的严重分配不当”。

(3) 在完全市场调节下，极化效应的作用在相当时期大于扩散效应，从而造成对弱者的损害和区域间收入差距的拉大，进而形成不平等的竞争局面。

(4) 由于市场本身存在对资源集中动员能力不足的问题，因此，单靠市场机制实现资源在区域间的倾斜配置或者集中资源开发重点区域是行不通的，它们需要国家政府干预的区域经济政策来保证实施。

2. 经济因素

在引发区域经济政策制定的众多因素中，经济因素是影响区域经济政策制定的主导因素，其表现形式主要有：

(1) 追求社会效益和缩小区域发展差距是区域经济政策的两种目标形式，在区域经济发展初期，区域之间差距逐渐拉大，该阶段国家区域经济政策以实现区域经济效率为目标；当区域差距增大到一定程度后，开始逐渐缩小，此时的国家区域经济政策应以实现社会公平为目标。因此，当区域经济发展到一定程度时，如果区域经济差异得不到有效控制，就会导致区域之间发展关系的失衡，从而使区域之间因区域经济发展不协调而出现供需能力不配套、竞争无序、区域摩擦与冲突增加、区域经济秩序混乱等现象，严重抑制区域间互补性的发挥，而这不仅会制约各区域的经济发展，而且会影响到国民经济的总体增长。

(2) 企业是区域经济的基本经济单元，对于任何企业来讲，进行区位决策具有十分重要的意义。从企业的角度来看，利润最大化及成本最小化是其最佳区位选择，然而，对于政府而言，企业的最佳区位选择未必符合整个社会的最优经济行为，因此，政府需要通过一定的约束条件即区域经济政策来协调企业的经济行为。

(3) 城市化是经济增长的必由之路，但是，在城市化进程中，随着大都市的兴起，由于城市过度膨胀而带来的各种外在不经济现象如交通拥挤、基础设施不配套、失业率上升等相继出现，因此，限制大城市、发展中小城市已成为许多国家区域经济政策的一项重要内容。

3. 社会因素

社会因素有多种存在形态，其中就业因素和区域社会发展差距问题是影响区域经济政策制定的最重要因素。

(1) 充分就业论。第二次世界大战前后，在西方许多国家出现一些高失业率、低发展水平的区域（亦称问题区域），问题区域的长期存在不仅加剧了结构性失业，而且严重影响到区域经济的健康发展。在这种形势下，人们开始意识到，由于区域发展的不平衡，仅靠在全国范围内实施的金融与财政政策是不可能充分解决就业问题的，因此，需要有区域经济政策来帮助其实现充分就业的重任。

(2) 区域经济发展是区域社会进步的基础，随着区域经济发展差距的拉大，区域之间社会发展差距也会随之加大。在欠发达地区或经济衰退区域等问题区域，由于存在高失业率和经济发展水平较低，人们生活和福利水平开始下降；相反，在发达地区，人们的生活和福利水平保持了较高的增长速度，远高于欠发达地区或经济衰退区域等问题区域。短期的差距存在人们可以接受，但是如果这种差距长期存在，就会产生一些社会问题。例如，长期的差距存在势必造成问题区域的资金、人才等资源大量流入发达地区，而发达地区在经济达到一定规模之后，开始出现资金、劳动力过剩、失业率上升等区域问题；同时，对于问题区域而言，大量的资金、人才等资源的外流，大大降低了该区域的就业机会，经济发展失去活力，使问题区域的社会发展雪上加霜。由此可见，当区域间社会发展差距达到一定程度时，单靠市场的力量只能使区域问题变得更为突出，因此，对于这种区域间的社会发展差距，除了采取一定的社会性措施去解决外，还必须运用区域经济政策，促进和加快问题区域的社会经济发展，提高问题区域内人们的生活水平和福利水平，逐渐缩小问题区域与发达地区的社会发展差距，保证国民经济持续、健康、稳定发展。

4. 环境因素

人类社会的发展史从某种意义上说是一部与环境的生存斗争史。在原始社会，人们生存的依靠是自然环境，自然环境以其丰裕的资源孕育着人类的一代又一代。随着工业化的到来，人类开始了征服和改造自然的历程，尤其是生产力大发展下的掠夺式资源开发及工业文明的鼎盛发展，使我们赖以生存的生态环境遭到严重破坏，紧随其后的是土地沙化、资源匮乏、物种灭绝及环境污染等一系列环境问题的出现，自然环境的报复严重制约了相当一部分区域的经济发展。在此背景下，为了充分利用和合理开发资源、保护和改善环境，需要区域经济政策作为区域开发中维护各项环境因素的保障。

5. 政治因素

施奈德（H. Schneider）认为，在国家区域经济政策中，应当考虑政治因素，因为对区域间人均实际收入差距处理不当会导致严重的政治后果。欧洲一些国家大选的结果表明，问题区域的人们认为巨大的收入差距是不公正的，这种差距会产生有损于国家政策的后果。差距越大，采取某些能产生社会经济效果的全国性措施就越困难，有时这些措施甚至无法实施下去。因此，在欧洲的一些资本主义国家，为了保证国家政策对社会经济生活的有效性，往往通过区域经济政策来逐步缩小区域经济社会发展差距，以维护国家安定和政治环境，或在政治上取得优势地位。

8.2.2 区域经济政策目标内容

区域经济政策目标是解决区域问题所要实现的目的的明确表述。针对不同的区域问题，区域经济政策的目标往往是不同的，但总体来看，一个国家的区域经济政策往往有

总目标和子目标之分。

1. 区域经济政策的总目标

区域经济政策的总目标是追求经济效率和社会公平的最大化。追求效率目标就是在发展国民经济过程中，通过资源的空间有效配置，旨在取得最佳经济效益，实现区域经济的迅速发展，从而增强整个国家的经济实力。追求社会公平目标就是在发展国民经济过程中，通过运用各种手段逐步缩小区际差异，旨在使社会公平最大化，实现区域之间的相对均衡发展，从而提高整个社会的和谐程度。

经济效率和社会公平之间是既矛盾又统一的辩证关系，在经济发展的不同阶段，二者的关系不尽相同。在经济不发达阶段，经济效率与社会公平相互矛盾，存在着替换关系。要实现国民经济的高速增长，就不利于区域之间的平衡发展；要实现区域之间的平衡发展，就可能影响国民经济的增长速度和效率。如图8—1所示，在A点，经济效率最高，但社会公平为零；在B点，社会公平最大，但经济效率为零；在AA'之间，过于偏重经济效率，忽视社会公平；在BB'之间，过于强调社会公平，忽视经济效率；恰当的组合在$A'B'$之间。在经济中等发达阶段，经济效率和社会公平由矛盾走向统一。在这一阶段的前期，经济效率和社会公平之间仍然是矛盾的，但矛盾的程度有所缓和；到了后半期，两者的统一迹象开始出现，尽管还存在矛盾，但矛盾的方面已经不起主导作用。因此必须准确把握政策的转换时期，及时调整政策的导向。在经济高度发达阶段，经济效率和社会公平是统一的。一方面，社会公平使每个社会成员都愿意为区域的发展贡献力量，从而可以加速国民经济的高速增长，促进经济效率的提高；另一方面，经济效率创造社会公平，经济效率是实现公平的物质基础，经济效率决定社会公平的存在和发展，没有经济效率，就谈不上社会公平。这一阶段，区域经济政策的重心在于追求社会公平目标。

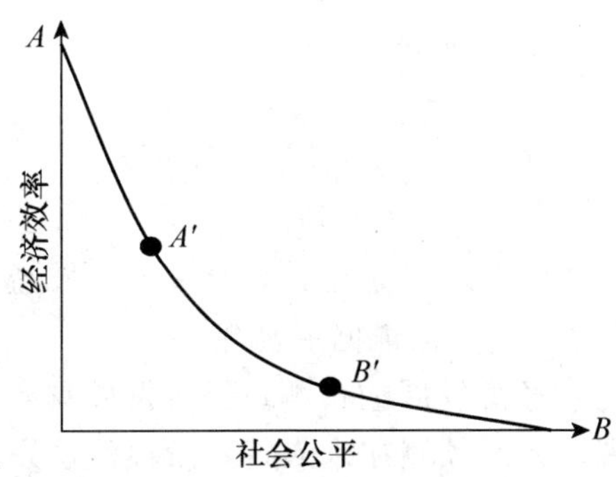

图8—1　经济不发达阶段经济效率和社会公平的关系

2. 区域经济政策的子目标

不同的国家和地区，针对不同的区域问题，区域经济政策的子目标往往不尽相同，总的来说可以分为四类，即经济目标、社会目标、生态目标和政治目标。每一类子目标又可以分为若干种类的具体目标，详见表8—1。

表 8—1 区域经济政策子目标及其具体目标

子目标	具体目标
经济目标	缩小区际经济发展差距 促进生产力的合理布局 推进经济空间的扩大和新区开发 促进落后地区经济增长 复兴衰退地区 实现核心地区经济活动的扩散 提高衰退地区、落后地区就业率 降低衰退地区、落后地区迁移率 实现地区经济一体化
社会目标	缩小区域社会发展差距 缩小区际生活质量的差异 改善落后地区教育、文化、卫生状况
生态目标	加强环境保护 加强国土整治 促进资源的合理利用 加强“三废”治理 实现生态环境的恢复和重建
政治目标	实现区域政治一体化 加强国防安全 维护少数民族地区、边境地区的安全与稳定

区域经济政策的子目标是动态的，是随着经济发展阶段的演替而不断发生变化的。在经济发展的初级阶段，经济目标占主导地位；随着经济的发展，社会目标上升为主导地位；在经济发达阶段，生态目标和政治目标占主导地位。

8.2.3 区域经济政策目标选择

1. 区域经济政策目标选择的基本依据

区域经济政策的目标选择，必须建立在对国家及各区域经济发展战略规划深入研究的基础上。对区域经济政策选择的基本依据主要有：

（1）国家在特定阶段内对经济发展的预测。经济发展具有周期性，在波动周期内经济繁荣和经济衰退相继出现。如果预测在未来特定阶段经济发展将处在繁荣时期，那么区域经济政策可选择以经济效率目标为主、公平目标为辅；反之，如果预测在未来特定阶段经济发展将处在衰退时期，那么区域经济政策可选择以社会公平目标为主、效率目标为辅，只有通过公平目标的实现，才能为下一轮经济起飞创造条件。

（2）国家区域经济发展的差距状况。如果区域间经济发展差距太大，就会影响到经济发展、社会和政治的稳定，无论总的经济形势如何，国家都应把社会公平目标作为区域经济政策的主要目标。否则，一旦问题爆发，就不可收拾。如果区域经济发展差距在社会可以承受的限度内，就应把经济效率目标放在首位，加快全国经济发展步伐，增强整体经济实力，为解决区域经济差距问题提供可靠的基础。

(3) 国家经济发展所处的阶段。若国家经济发展处于不发达阶段或成长期，应把经济效率目标作为区域经济政策的主要目标；反之，若国家经济发展处于发达阶段或成熟期，已具备了解决区域经济差距所需的经济条件，就应把社会公平目标作为区域经济政策的主要目标。

(4) 区域经济发展的实际情况。不同的区域所面临的经济发展问题是不同的，在欠发达区域应以效率目标为主；在发达区域，应以公平目标为主。

(5) 资金积累状况和国家可能用于开发的人力、物力、财力。一个国家在工业化发展的初期阶段，人力、物力、财力有限，为促进经济高速发展，就应把资源投到经济发展条件较好的地区，以取得高效的投资回报；只有当经济发展积累了丰富的人力、物力、财力等资源时，才能对落后地区进行大规模开发。

2. 区域经济政策目标选择的基本原则

区域经济政策的目标选择大体应遵循如下原则：

(1) 与中央政策协调的原则。区域经济政策的生成有两种：一种是针对国家制定的各项经济政策，结合本区域具体情况进行有针对性的调整而生成；另一种是根据本区域经济发展的具体情况，在国家经济政策允许和赋权范围内制定而生成。无论区域经济政策形成方式和内容如何，都必须与中央政策相协调。

(2) 立足于资源禀赋的原则。立足于资源禀赋，突出区域特色，是区域经济政策的根本特征。一方面，立足于资源禀赋，强化区域比较优势，扬长避短，因地制宜，推动区域经济发展，以特色经济取胜；另一方面，发挥地区优势，在技术进步的基础上，不断培植新的区域经济增长点，调整产业结构，以促进资源合理开发利用和环境保护，使地区优势在区域经济发展过程中不断成长和演化。

(3) 与经济发展阶段相协调的原则。在区域经济发展的工业化初期，以纺织、采掘、轻工业等劳动力密集型产业为主；在区域经济发展的工业化中期，以电力、机械制造、化学、石油、钢铁、汽车等资本密集型的产业为主；在区域经济发展的工业化后期，以电气设备、精密仪器、核能工业、航空工业等资本—技术密集型产业为主；在区域经济发展的后工业化时期，以微电子、新材料、生物工程、海洋工程、信息产业等知识密集型产业为主。区域经济发展的阶段性，必然要求区域经济政策的适应性。

(4) 专业化与综合化相结合的原则。区域专业化是建立在区域比较优势基础之上，由区域资源禀赋、社会经济基础所决定的特色产业部门的发展；区域综合化包括了基础设施部门、为区域服务的部门和专业化部门等各部门的综合发展。在区域经济发展的过程中，如果专业化部门过分膨胀，容易导致区域经济结构畸形和对区外的依赖性增强。因此，区域经济政策目标应提倡专业化与综合化的有机结合。

8.2.4 区域经济政策目标模式

区域经济政策目标根据制定区域经济政策的政府机构等级和政策适用范围的不同，

存在两种不同的区域经济政策目标模式，即国家区域经济政策目标模式和地方区域经济政策目标模式。在两种不同的区域经济政策目标模式下，区域经济政策所追求的目标内涵是不一样的。

1. 国家区域经济政策目标模式

当前，世界各国实行的各项国家区域经济政策，基本上是围绕区域均衡发展、区域优先发展和区域发展援助等目标展开的。区域均衡发展目标是指一个国家的中央政府，按照“效率与公平兼顾，以公平为主”的原则，通过制定与实施旨在限制发达地区的经济发展，加快大部分尚未开发地区和欠发达地区经济发展的国家区域经济政策，以期在较短时期内实现全国范围内的区域均衡。区域优先发展目标是指以“效率与公平兼顾，效率优先”为原则，通过重点推动某些经济发达或较为发达、发展条件优越的地区优先发展，以促进国家整体经济的快速发展和国家经济实力的迅速增强。区域发展援助目标是指一个国家的中央政府，运用一定的国家区域经济政策，对在经济发展方面存在严重障碍的“问题区域”进行具体的发展援助，使其尽快克服发展的障碍，走出困境，缩小或消除与发达区域或繁荣区域的发展差距。

2. 地方区域经济政策目标模式

促进地方经济发展是地方区域经济政策的主要目标。对管辖范围较大并被授予了一定的经济管理权限的地方政府来说，尽管地方政府有时候也要考虑，对自己所管辖行政区域内在经济发展方面遇到严重障碍的地区进行援助，在自己所管辖行政区域内实现区域经济的均衡发展或选择某些地区采取优先发展的措施，但从总体上说，以上所有这些考虑，都只是实现当地经济发展这个总目标之下的一些子目标。因此，地方区域经济政策的主要目标，与国家区域经济政策的目标相比更为单一，一般仅仅是为了促进地方政府所管辖地区的经济发展。

8.3 区域经济政策实施

在确定了区域经济政策目标以后，应针对各项区域经济政策目标，采取相应的政策工具（或手段），以保证该政策目标的实现。由于区域经济政策目标是多重的，区域经济政策工具也多种多样，同一政策目标也可以采取多种政策工具。从层次上看，有宏观、微观和协调政策工具；从性质上看，有奖励性和控制性两种政策工具。在实践中，微观政策工具、宏观政策工具和协调政策工具以及奖励性政策工具和控制性政策工具往往交织在一起，共同推动区域经济政策的实施，促进区域经济政策目标的实现。区域经济政策的实施正是在运用合适的政策工具，选择恰当的作用对象和范围，遵循科学的实施程序的前提下展开的。

8.3.1　区域经济政策工具概述

所谓区域经济政策工具，也称区域经济政策手段或区域经济政策措施，是指为实现区域经济政策目标而运用的、针对区域问题的具体方法与措施。或者说，区域经济政策工具是奖励与区域经济政策目标相符的区域经济行为和控制与区域经济政策目标相悖的区域经济行为的方法与措施的总和。从一般意义上说，有许多政策工具可供政策制定者选择，区域经济政策工具可用许多不同的方法进行分类。

1. 传统的区域经济政策工具分类

传统的方法将区域经济政策工具分为微观政策工具、宏观政策工具和协调政策工具。微观政策工具是影响劳动力与资本在产业间和区域间分配的措施，或者说是影响家庭与企业的区位决策的措施；宏观政策工具是改变区域收入与支出水平的措施；协调政策工具是为避免政策资源浪费而慎重组合各种工具、协调政府决策的措施。具体的分类结果见表8—2。

表8—2　　传统的区域经济政策工具分类

<table>
<tr><td rowspan="10">微观政策工具</td><td rowspan="3">劳动力再布局政策</td><td colspan="3">迁移政策</td></tr>
<tr><td colspan="3">流动政策</td></tr>
<tr><td colspan="3">改善劳动力市场效率政策</td></tr>
<tr><td rowspan="7">资本再布局政策</td><td rowspan="5">税收与补贴</td><td rowspan="3">对投入</td><td>对资本、土地与建筑物</td></tr>
<tr><td>对劳动力</td></tr>
<tr><td>对其他</td></tr>
<tr><td colspan="2">对产出</td></tr>
<tr><td colspan="2">对技术</td></tr>
<tr><td colspan="3">改善资本市场效率政策</td></tr>
<tr><td colspan="3">管理控制</td></tr>
<tr><td rowspan="5">宏观政策工具</td><td colspan="4">贸易、财政与货币政策向区域下放</td></tr>
<tr><td rowspan="4">中央宏观政策控制</td><td rowspan="2" colspan="2">区域倾斜的税收与支出政策</td><td>自动稳定器</td></tr>
<tr><td>有目的的倾斜</td></tr>
<tr><td colspan="3">区域倾斜的货币政策</td></tr>
<tr><td colspan="3">区域倾斜的关税与其他贸易控制政策</td></tr>
<tr><td rowspan="4">协调政策工具</td><td rowspan="2">辖区内协调</td><td colspan="3">不同微观政策间协调</td></tr>
<tr><td colspan="3">微观与宏观政策间协调</td></tr>
<tr><td rowspan="2">辖区间协调</td><td colspan="3">中央与区域开发机构间政策协调</td></tr>
<tr><td colspan="3">区域开发机构同地方间政策协调</td></tr>
</table>

（1）微观政策工具。微观政策工具可分为劳动力再布局政策与资本再布局政策两种。

劳动力再布局政策是提高劳动力区域间流动性的措施的总和，其理想结果是将劳动力诱导到边际生产率最高的经济活动中，通过提高劳动力的流动性，从而提高劳动生产率。区域经济政策中的劳动力再布局政策可分为三种：第一，迁移政策，即诱导劳动力供给在区域间转移，也就是将问题区域的劳动力供给诱导到存在工作机会的区域；第二，流动政策，即诱导劳动力在问题区域内部不同工作岗位与不同产业间转移；第三，改善劳动力市场效率政策，即政府通过建立就业信息服务网络、加强职业培训与再培训，以及在迁移目的地改善住房、学校、社交、娱乐和文化设施条件等措施，提高劳动力的流动效率，使区域工资率差与劳动生产率差相吻合。这三个方面措施的目的都是尽可能使劳动力供给与需求相匹配，提高劳动力的流动性。

资本再布局政策是将生产能力从一个区域转移到另一个区域的措施的总称，包括所有鼓励问题区域内的内生经济活动增长的工具。区域经济政策中的资本再布局政策可分为三种：第一，税收与补贴，即通常所说的财政刺激，包括对投入、产出与技术的补贴。对投入的补贴包括对资本、土地、建筑物、劳动力以及运输费用等其他生产要素进行补贴。对产出的补贴通常是价格补贴或减税，可使产品以较低的价格在市场上出售，从而提高市场竞争力。对技术的补贴一般表现为对技术创新的补助与减免新技术产品税收等方面。第二，改善资本市场效率，即提高资本区域间流动性的措施，主要有奖励资本流动、提供资本流动信息服务、平衡布局金融机构和限制资本市场上的地区与民族歧视等。第三，管理控制，即政府对在某些区域的资本布局或扩张课以重税、实施许可制度或干脆明文限制。

（2）宏观政策工具。宏观政策工具通过调整宏观政策变量改变区域的收入与支出，这类政策工具包括贸易、财政与货币政策向区域下放和中央宏观政策控制两种措施。

贸易、财政与货币政策向区域下放是指国家贸易、财政与货币政策的实施权力由中央政府向区域或地方政府转移，并在决策时考虑区域或地方政府与公众的利益和意见的机制。

中央宏观政策控制即中央政府对不同区域确定不同的宏观政策变量以影响区域发展格局，包括区域倾斜的税收与支出政策、区域倾斜的货币政策以及区域倾斜的关税与其他贸易控制政策。区域倾斜的税收与支出政策工具有两种形式：一种是自动稳定器，即通过税收与转移支付防止经济周期性波动而自动稳定就业与收入；另一种是有目的的倾斜，即在财政收支方面做出有利于问题区域的安排，这是最常用的奖励政策工具。货币政策用于区域经济政策的目的受到严格限制，能用于区域经济政策方面的主要有放松贷款条件与降低不动产购买抵押率。区域倾斜的关税与其他贸易控制政策能够产生一定的区域影响，可作为宏观政策工具的备选，但不是处理区域问题的主要政策工具。

（3）协调政策工具。协调政策工具是指设计与运用明确的协调程序，慎重组合各种微观与宏观政策工具，避免政策矛盾与重复。协调政策工具可分为辖区内协调工具与辖区间协调工具两种。

辖区内协调工具是指在特定地区或区域范围内不同政策工具的协调一致，包括两种：第一，不同微观政策间协调，如在一个区域内协调运用布局控制和投资鼓励政策；第二，微观与宏观政策间协调，如投资鼓励和在基础设施项目上的财政支出的协调。

辖区间协调工具是指不同层次辖区政府或机构的政策之间的协调措施，包括两种：第一，中央与区域开发机构间政策协调。中央的区域经济政策着眼于解决全国性的区域问题，而区域开发机构的政策主要是促进区域内整体发展和区域内的区域问题，两者的目标不尽相同，需要协调。第二，区域开发机构同地方间政策协调。区域开发机构一般涉及若干个地区的开发，其制定的政策同区域内地方政府所推行的地方政策也需要协调。

2. 区域经济政策工具功能性质分类

区域经济政策工具功能性质分类是一种根据区域问题中的具体功能而对区域经济政策工具进行分类的方法，它将区域经济政策工具分为奖励性政策工具与控制性政策工具两种，具体的细分见图 8—2。奖励性政策工具用于奖励政府欢迎的特定空间经济行为，控制性政策工具用于控制政府不希望的特定空间经济行为。

(1) 奖励性政策工具。奖励性政策工具又称“胡萝卜”政策、刺激政策、激励政策或援助政策，包括直接援助与间接援助两种。直接援助又包括拨款、优惠贷款与减免税收三种，间接援助主要包括基础设施建设和建立工业与科技园区。

(2) 控制性政策工具。控制性政策工具又称“大棒”政策、限制政策或惩罚政策，包括直接控制与间接控制。直接控制就是直接禁止特定的空间行为，而间接控制主要是通过课税或许可制度，规定在特定空间范围的经济活动必须缴纳高额税收或获得许可证。

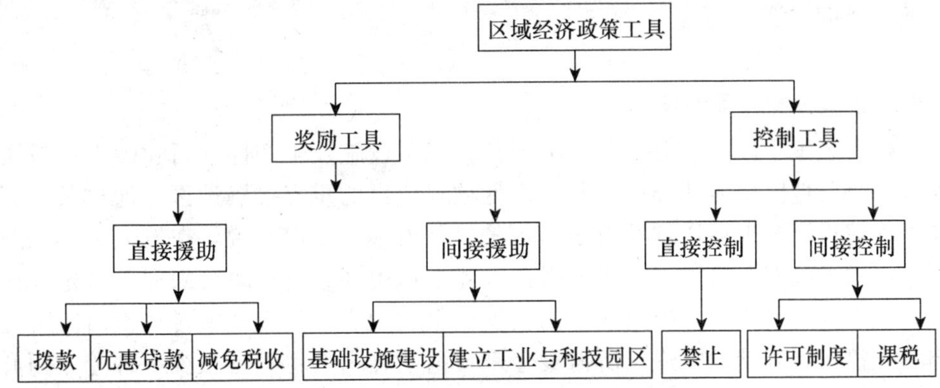

图 8—2 区域经济政策工具功能性质分类

8.3.2 常用的区域经济政策工具

一般常用的区域经济政策工具主要有财政、金融、投资、产业和法律等政策手段。

1. 区域财政政策手段

区域财政政策主要是通过调整财政收入和支出的地区格局，促进区域经济发展，缩小地区差异。具体手段包括：(1) 实行累进税制政策。对不同的收入水平按不同的税率征税，以自动调节高收入与低收入地区的收入差距。(2) 税收优惠政策。对问题区域或鼓励发展的地区在税收方面给予优惠，具体手段有减免税收、出口退税、税收返还、加速折旧等。(3) 财政补贴政策。在一些国家，只要地方财政收入低于某一水平的地区，就可以从中央政府得到相应数额的财政补贴。有些国家还对地处边远、经济特别落后的地区进行财政补贴。(4) 财政平衡政策。财政平衡政策是中央同各级地方政府间通过采取一些手段来平衡各地区的财政力量，从而达到保障各地区生活水平相对平衡的目标。(5) 政府采购政策。这一手段主要通过两条途径来实现区域经济政策目标：一是通过分配政府的商品和劳务采购合同，特别是军事订货合同来影响区域经济发展；二是通过分配研究与开发经费来影响地区经济发展。

2. 区域金融政策手段

区域金融政策手段主要是通过对区域之间货币和资本的供给与流通状况进行调控，来影响区域经济发展的空间格局。一般情况下，流入问题区域的货币和资本往往很少，要想增加问题区域的货币供给量，必须给予一定的外力刺激，具体措施包括：(1) 投资补助。政府对在特定地区投资的企业提供补助。(2) 就业补助。政府对在特定地区就业的人员提供补助。(3) 优惠贷款。资本价格在决定投资量方面起重要作用，优惠贷款就是要降低资本的价格。优惠贷款一般由商业银行提供，政府向银行补偿优惠利率与市场利率之间的差额，并为贷款担保，有时资金由政府机构直接提供。(4) 培育区域资本市场。通过在一些地区培育资本市场，进行内部积累、横向集中和社会化控制等资本运营，促进区域经济的发展。

3. 区域投资政策手段

区域投资政策手段是指中央政府利用其在基础设施及生产性项目建设上的投资决策权，选择一部分地区作为基础设施及生产性项目建设的重点投资地区，通过其所属的投资机构注入建设资金来促进这些特定地区的经济发展。一般来说，在发展中国家或计划经济国家，中央政府的投资决策权较强，因此常运用区域投资政策来促进特定地区的经济发展；在市场经济国家，中央政府的投资决策权较小，生产性项目建设所需资金一般都来自私人机构，基础设施建设所需资金来自财政支出的也只占很少一部分，因此较少运用区域投资政策手段。

4. 区域产业政策手段

区域产业政策手段是一些国家的中央政府为实现其对产业活动的投资和经营的控制而采取的一项区域经济政策，其目的是要形成符合中央政府愿望的地区产业分工格局。由于执行区域产业政策时，要对企业的投资和经营活动进行直接干预，因此这种区域经济政策手段在市场经济国家中一般较难实现，只是在政府对经济生活干预较强的发展中国家和计划经济国家应用比较普遍。

5. 区域法律政策手段

许多国家通过立法手段，使区域财政政策、区域金融政策、区域投资政策、区域产业政策等手段的实施有法可依并稳步推进。很多西方发达国家常采用此种手段。

8.3.3　区域经济政策作用的对象与范围

1. 区域经济政策作用的对象

通过运用政策工具，区域经济政策作用的重点对象主要有两类区域。

（1）重点发展区域。这类区域要么重点发展的产业较为集中，要么经济发展所需的战略资源较为丰富，它们都是从国民经济持续、快速、健康发展的角度所作的选择，这些区域或者具有投入产出高效率，能够带动其他区域的经济发展，或者具有保证国民经济持续发展的重要资源，需要重点开发。

1）中心城市地区。中心城市地区是经济发展的增长极，是带动广大地区增长的力量源泉，具备大量有实力的产业部门，已经具备了自我发展的能力。对中心城市地区的重点发展政策工具，关键是指导这些地区的产业结构调整，并引导这类地区能够达到经济社会协调发展。

2）经济技术开发区。经济技术开发区是以引进先进技术、先进管理经验和海外资本为主要目的建立起来的专业化经济发展地区，产业发展的外向型（面对国外和区外）表现十分明显。对经济技术开发区的区域经济政策工具，是以促进技术进步、发展具有带动性的主导产业为主要目的。

（2）问题区域。这些区域的问题往往在于区域经济失调或区域企业竞争力衰退，其共同症状为长期经济增长缓慢、长期高失业率、生活水平低、人口大量外迁等，问题区域主要包括以下几类：

1）落后地区。落后地区通常有两个标志：一是按某个标准看是过分低下的收入水平，二是高于平均值的失业水平和一种人口过多外流的倾向。归根到底，经济结构落后是落后地区不能跟上时代步伐的症结所在，这不仅是发展中国家经济发展的通病，而且在发达国家的一些地区也严重存在。因此，促进落后地区开发，使落后地区经济起飞并进入自我持续的经济增长，是国家区域经济政策的重要内容。

2）萧条地区。经济萧条区的通病是经济结构陈旧，它们曾经是发达地区，但随着时代的发展，原有支柱产业大都由创新阶段进入了衰退阶段。但是这种区域由于种种原因未能及时调整产业结构，结果陷入了结构性危机之中。其主要症状是产品需求收入弹性低、销售市场难以扩大，且在低成本区域的挤压下，生产难以维持、企业开工不足、失业率高、地区经济增长缓慢、人口外流。但是它们与落后地区的显著区别在于这些地区人均收入和生产力发展水平仍较高，经济有一定基础，科学文化也较发达。这些因素对萧条地区摆脱困境大有裨益。

3）膨胀地区。膨胀地区的通病是经济结构臃肿、紊乱，其经济发展规模过大，超过了区域经济承载力，这类区域常见于发达国家和一些发展中国家的大都市区，突出的如美国的纽约—费城地区、英国以伦敦为中心的英格兰东南部地区、法国以巴黎为中心的中部地区、印度的孟买地区等。这些地区表面上经济繁荣、经济总量在全国的比重大、兴旺产业在全国占的比重也大、就业率高、人均水平高，但是潜在的问题也很多，主要是新旧产业过度集中，造成严重的不经济和环境恶化、公共设施成本剧增、居民生活质量下降。

2. 区域经济政策作用的范围

一般认为，区域经济政策在经济起飞过程中最为重要，这一阶段经济社会的空间结构变化也最为剧烈。就区域而言，在起飞前漫长而缓慢的变化积累过程中，区域经济政策尚无着力点，难以发挥作用；进入后工业化社会后，区域经济政策的重要性也趋于减退，重点在于萧条衰退地区的再开发和过度密集的大都市的疏导；只有在经济起飞、城市化进入高潮、空间不平衡发展较快的时期，才是区域经济政策工具真正发挥作用的时期。

8.3.4 区域经济政策的实施方式

区域经济政策形成后，即在中央政府或立法机构通过后，便进入实施阶段。区域经济政策实施就是要将政策工具落实到具体的问题区域。实施过程有多种主体参与，这些主体被称为区域经济政策利益相关者，主要包括中央政府的区域管理机构、区域开发机构、问题区域机构、地方层次的区域开发机构、地方政府、问题区域内的经济实体或个人等。实际上，区域经济政策实施方式规定的是这些主体间的利益转移规则，包括主体间作用关系和具体的转移规定，其形式有三种，详见表 8—3。

表 8—3　　区域经济政策的实施方式

实施方式	决策机构	中间传递者	利益收受者
直接方式	区域管理机构 区域开发机构	—	地方政府、企业或个人
层层传递方式	区域管理机构	区域开发机构→问题区域机构→地方政府	企业或个人
间接方式	区域管理机构	区域开发机构 问题区域机构 地方政府	地方政府、企业或个人 地方政府、企业或个人 企业或个人

直接方式是指区域经济政策决策机构不通过中间层而直接作用于利益收受者的一种程序。决策机构一般为区域管理机构，但在一些联邦制国家或采用联合职能部门模式的国家，决策机构也可能是中央政府设立的专门的区域开发机构。利益收受者可能是地方政府，也可能是问题区域内的企业或个人。这种方式的突出优点是实施层次少，可避免信息不对称所造成的负面影响和因层次过多而造成的办事效率下降，但有可能缺乏区域整体考虑。

层层传递方式是按层次逐级转移区域经济政策再分配利益，决策机构不直接而是通过多种中间层次间接地作用于问题区域的企业或个人。这种方式的优点是在区域经济政策实施过程中可充分考虑各层次的意见或利益，并扩大地方政府与机构的参与程度，但由于层次过多，往往存在明显的缺陷，如层次太多导致实施过程过长、各层次间难免存在逆向选择与道德风险问题等。

间接方式是上述两种方式的折中，在决策机构与利益收受者之间存在一个中间传递者，其要么为区域开发机构，要么为问题区域机构，要么为地方政府。这种方式可减少政策执行的传递层次，还可兼顾地方的利益要求，同时还在一定程度上考虑了地方政府与机构的参与。但其也兼有上述两种方式的一些缺陷。

8.4　区域经济政策评价

区域经济政策评价是根据既定程序与方法，在区域经济政策制定与实施过程中或政策项目完成后对区域经济政策方案、工具或项目的预期或实际效应和效益进行分析研究，以提高区域经济政策的合理性与作用。区域经济政策评价是合理、有效地管理区域经济的必然要求。由于区域经济政策是影响社会经济空间格局变化的一个重要因素，无论是区域经济政策的支持者或反对者，都需要用区域经济政策评价的结论来支持自己的观点。区域经济政策评价是一个连续的、相互作用的过程，一方面，它是科学地制定区域经济政策的重要保证之一，另一方面，评价工作本身需要根据新出现的情况进行调整。区域经济政策评价是区域经济政策效率提高的保证，它能对区域经济政策的制定者、实施者与利益收受者起到监督作用，同时也是改善区域经济政策的主要依据。因此，评价区域经济政策与制定和实施区域经济政策一样重要，是保证实现区域经济政策预期的一个重要环节。

8.4.1　区域经济政策评价的必要性

开展区域经济政策评价，有利于使政策目标的确定更符合实际要求，使政策工具的运用更具可操作性，使政策效果在更大程度上接近确定的目标，从而促进区域经济政策不断完善和科学化。区域经济政策评价的重要意义具体体现在：

1. 区域经济政策评价是区域经济政策走向决策民主化、科学化的必由之路

区域经济政策评价是区域经济政策程序的重要环节，在确保区域经济政策决策的科学化、民主化方面具有重要作用。区域经济政策决策实际上是在对多种政策备选方案科学评价的基础上，对是否实施区域经济政策和实施怎样的区域经济政策做出决定，没有区域经济政策方案效果评价（事前评价）所提供的决策支持信息，就不可能对区域经济政策做出科学决策。区域经济政策实施效果的事后评价是新一轮区域经济政策制定的起点，为政策修订提供决策背景资料与经验支持，同时，它还推动区域经济政策理论的发展，从而为区域经济政策的制定提供科学的理论支撑。在市场经济体制较完善的国家，区域经济政策评价一般由政策决策主体机构之外的专职机构来执行，同时，区域经济政

策评价还应广泛邀请区域经济政策影响区域的代表、区域经济专家学者和政府官员的参与，并倾听与借鉴专业学者和其他群体的非官方评价结论，从而使区域经济政策评价成为区域经济政策民主化决策的重要机制。

2. 区域经济政策评价是及时纠正区域经济政策偏差、合理调整区域经济政策目标和工具的前提条件

区域经济政策评价作为对区域经济政策实施可靠的信息反馈，无疑有助于决策者全面了解并及时纠正区域经济政策在实施过程中所出现的偏差，进而合理调整区域经济政策的目标和工具，以实现政策收益的最大化。缺少区域经济政策评价这一信息反馈机制，决策者将很难及时发现政策偏差和减少政策失误的损失。

3. 降低区域经济政策的成本，提高区域经济政策的效益

由于区域经济政策是政府提供的发展援助，因而在实践中往往容易产生重效益、轻成本的倾向。区域经济政策评价既包括对政策效应的评价，也包括对政策成本收益的评价。区域经济政策评价一方面有利于抑制区域经济政策制定与实施过程中的寻租行为，确保政策投入的适度，避免非必要的区域进入政策适用对象区域的范围；另一方面也会对区域经济政策投入的规范化与高效使用施加压力，从而提高既定政策资源的使用效益。

8.4.2 区域经济政策评价的内容与方法

区域经济政策评价涉及的内容广泛，既有综合评价，也有专项评价；既有效应评价，也有效益评价；既有事前评价，也有事后评价。

区域经济政策综合评价是以区域经济政策体系目标为标准对政策总体进行的评价，如区域经济政策效应评价、区域经济政策成本收益评价。区域经济政策专项评价是对区域经济政策中的分项目标或区域经济政策中的专项政策所作的分析，如对区域经济政策就业目标的评价等。

区域经济政策效应评价是通过将区域经济政策目标与效应进行求差式对照来检验区域经济政策干预逻辑的合理性。区域经济政策效益评价是将区域经济政策效应同投入、目标与需要进行求商式对比，或将需要同目标进行求商式对比，来检验区域经济政策干预逻辑的合理性。

区域经济政策事前评价主要是对政策备选方案进行的评价，为决策者提供区域经济政策的辅助决策资料。区域经济政策事后评价则是对政策实施效果、效益的分析，给区域经济政策实施中的控制与区域经济政策修订提供反馈信息。

区域经济政策评价方法从评价所依存逻辑的角度可分为三类，即间接方法、部分方法和综合方法。

间接方法是通过一个或若干个与区域经济政策目标的指标在区域经济政策实施前后的对比，间接推断区域经济政策效应，这种方法在区域经济政策评价中应用得最为广泛。

部分方法是采用某些数量技术，对区域经济中某些社会经济的发展演变做出合理的

预测，进而对区域经济政策的结果和具体影响进行评价，以说明区域经济政策的具体目标是否实现。

综合方法是对各种政策工具的全部成本与收益进行全面的综合分析并得出结论的方法，其操作难度最大。

区域经济政策评价通常会应用多种评价工具，主要有干预逻辑分析、SWOT 分析、问题调查、访谈、座谈会、案例研究、比较组、专家团、特尔斐调查、偏离—份额分析、回归分析、经济计量模型、投入产出模型、成本效果分析、成本收益分析和多标准分析等。

8.4.3　区域经济政策效应评价

1. 专项效应评价

区域经济政策的专项效应评价主要有区域经济政策的就业影响评价、区域经济政策的投资影响评价和区域经济政策的增长（产出）影响评价。

以区域经济政策的就业影响评价为例，在欧美发达国家，就业目标是区域经济政策的主导目标，学者们围绕这一评价问题进行了深入的研究，形成了较为成熟的评价方法。通常的方法有五个步骤：

一是预测在政策评价对象时间段上无区域经济政策时典型时刻的就业水平，常用方法是按国家平均就业增长速度来测定区域的就业水平，即 t 时刻区域的预期就业水平 $E_t=\sum_{i=1}^{n}[r_{it_0}\ (n_{it}/n_{it_0})]$，式中，$r_{it_0}$ 为区域在 t_0 时刻第 i 类产业的就业水平；n_{it} 为国家在 t 时刻第 i 类产业的就业水平；n_{it_0} 为国家在 t_0 时刻第 i 类产业的就业水平；n 为区域的产业数。

二是计算各时刻（年）区域实际就业水平 A_t 与预测就业水平的差 $D_t=A_t-E_t$。

三是将研究阶段划分为无政策阶段和政策实施阶段。

四是以区域经济政策实施起始时刻 D 值为一点，线性拟合无政策阶段的 D 值线，并延长得到趋势线 D^*。

五是由 D 与趋势线 D^* 之差计算区域经济政策时期内历年的区域经济政策累积效应（见图 8—3）。

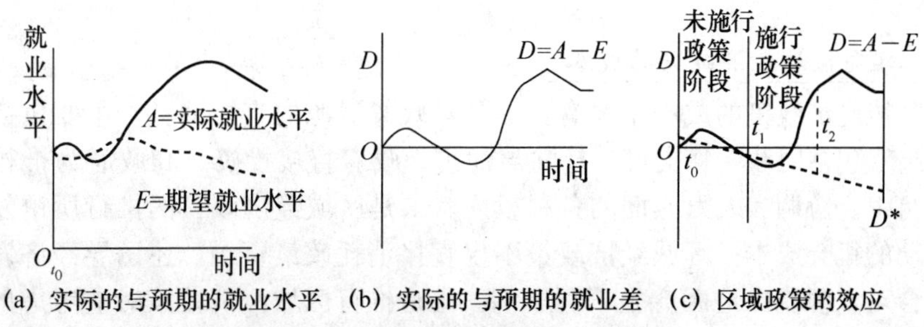

(a) 实际的与预期的就业水平　(b) 实际的与预期的就业差　(c) 区域政策的效应

图 8—3　区域经济政策对就业的影响

2. 综合效应评价

在区域经济政策评价中，常常要针对政策的多个目标给出一个综合性的评价结论，这就需要采用多目标综合评价法来进行评价。在评价中，一般需要将多目标的定性分析转化为定量评价，将不同计量单位或无计量单位转化为统一的计量单位，将离散式的多目标转化为综合的单一目标，再按综合后的单一目标对区域经济政策效应进行评价。

多目标综合评价的主要步骤如下：一是排列区域经济政策的目标，并给每一目标赋予权重值。权重的赋值可以采用专家评定法、层次分析法、德尔菲法等。二是对各政策目标进行专项评价，做出达成各目标的程度评价值。三是将各目标的评价值与权重值相乘后累加起来，得出区域经济政策效应的评价值。四是对区域经济政策的评价值进行修正，给出定性的评价结论（见表 8—4）。

表 8—4　　区域经济政策的多目标综合评价

评价指标	权重	评分标准	评价值	评价值×权重
经济持续增长	1.5	较强的积极影响：10	4	6
区域发展差距缩小	1.5	较弱的积极影响：7.5	8	12
居民生活水平提高	1.0	无影响：5	6	6
区域居民生活水平差距缩小	1.5	较弱的消极影响：2.5	8	12
区域优势发挥	1.0	较强的消极影响：0	5	5
基础设施改善	1.0		8	8
人口素质提高	1.0		8	8
社会长期稳定	1.5		9	13.5
综合评价	10			70.5

8.4.4　区域经济政策成本收益评价

区域经济政策的实施是需要成本的，因此，仅对区域经济政策的效果进行评价是不够的，需对其进行成本收益评价。区域经济政策成本收益评价是一种以数量化评价为主的方法，是在对政策成本和政策实施效果进行数量化分析的基础上，借鉴投资项目评价的方法，将政策实施的成本与取得的收益进行比较、分析和评价。其中，区域经济政策成本与收益的认定是评价的重点。

1. 实施区域经济政策的成本

实施区域经济政策的成本主要有：一是对政策资源的直接消耗。主要包括各级政府的援助支出（包括财政转移支付、补贴与优惠、政府直接投资）和政府为推行区域经济政策而在组织、协调和人力方面的各种投入。二是区域经济政策的推行所诱发的经济发展资源流动的机会成本。区域经济政策不仅直接消耗政策资源，还诱导经济发展资源的流动，这会对资源流出地区产生不利影响，也是推行区域经济政策时应考虑的成本。三是社会成本，主要指推行区域经济政策所导致的各种非生产性消耗，如制定和实施区域经济政策过程中的寻租活动、区域经济政策对价格与资源流动的扭曲所产生的费用（如企业与居民的迁移费用、资源的过度使用或闲置）等。

2. 实施区域经济政策的收益

区域经济政策的收益可以从以下三个方面识别：一是区域经济政策作用区域的收益。主要表现为政策作用区域经济产出的提高、就业率的提升、居民收入的增长、环境质量的改善、社会福利的增进等。二是区域经济政策影响区域的收益。区域经济政策也会给非政策作用区域带来各种收益，如对落后区域的支援政策可以为发达区域闲置的资本、人才和技术提供利用机会，可以转移发达区域相对落后的产业从而促进其产业结构升级，可以为发达区域经济发展提供基础性资源，从而给发达区域的发展拓展空间等。此外，在区域经济政策支持下，落后区域的发展还能减缓贫困（群体）向发达区域蔓延，缓解其社会压力。三是国民经济与社会整体的收益。主要表现为区域经济政策在推动经济发展、增强国民经济发展方面的潜力和动力，以及其在社会的稳定、民族的团结、国防的巩固等方面的贡献。

3. 区域经济政策的成本收益分析

区域经济政策成本收益分析分为静态分析和动态分析，其中，动态分析还考虑了成本与收益的时间价值。区域经济政策成本收益分析的一般方法是计算成本收益的净现值（NPV）。

$$\mathrm{NPV}=\sum_{t=0}^{n}\frac{B_t-C_t}{(1+r)^t}$$

式中，B_t 为区域经济政策实施第 t 年的全部收益；C_t 为区域经济政策实施第 t 年的全部成本或投入；r 为贴现率；n 为区域经济政策评价的时间跨度。当 NPV 大于零时，可得出区域经济政策收益成本较好的评价结论，当 NPV 小于零时，可得出区域经济政策收益成本较差的评价结论。贴现率 r 的选择相当重要，它在相当程度上决定了区域经济政策评价的结论。为了减少贴现率 r 的选择对政策评价的影响，一般要计算多个 r 值下的 NPV，甚至做出 r 值与 NPV 的关系图，以便评价者做出较客观全面的评价。

8.5 案例分析

8.5.1 我国区域经济政策重心转移及效应分析①

1. 我国区域经济政策的重心转移

改革开放 30 多年来，我国政府为了促进国民经济的快速发展，为适应各发展阶段的具体社会经济形势，进行了三次大的区域经济发展政策的调整。根据区域经济政策重心的不同，可以将我国的经济发展划分为三大阶段。

（1）以经济效率为重心的发展阶段。改革开放后，中央政府为了促进国内经济的快

① 参见李光德：《我国区域经济政策重心转移及效应分析》，载《商业研究》，2009（11）。

速增长，在总结建国以来区域发展经验教训和借鉴西方发达国家区域发展理论的基础上，突破了原有经济体制下生产力均衡布局思想的束缚，充分认识到由于区位条件、产业基础、投资效率等因素的差异及资源因素的约束，全面均衡发展的状况不可能在经济发展的初期实现，以及在特定的历史阶段区域发展不平衡存在的客观必然性；认为按照区域经济增长理论的观点，区域的发展也应该是有层次、分阶段逐步进行的；认为在现有资源前提下，应该先行发展具有绝对优势、具有相对优势且具有较强带动作用的重点地区和重点部门，优先发展那些具有较强增长优势的地区，以取得较好的投资效率和较快的增长速度，通过这些地区的发展及其扩散效应，带动其他区域共同发展。

基于上述认识，我国在1978—1990年实施了以东部沿海地区为重点的非均衡区域经济发展战略。从“六五”计划开始，我国的区域经济政策重心开始向东部沿海地区倾斜，并以提高国家经济综合实力、追求经济整体增长效率为目标，全国形成了以东部沿海地区为主的对外开放格局，以及沿海经济特区—沿海开放城市—沿海经济技术开发区—内陆的梯度开放布局，对东部开放地区形成了与区域布局相对应的投资倾斜政策，产业结构优化调整政策和优惠扶持政策。

(2) 注重效率、兼顾公平的发展阶段。以经济增长为核心的发展战略取得了一定效果，但也促使东、中、西三大经济地带经济差距逐步扩大，梯度转移的区域发展战略受到了多方面的挑战。由于外部环境的变化及内陆地区与周边国家发展的贸易关系而产生的新的机遇，能源与原材料供应的不足迫切要求我国加快中西部的资源开发，各地区产业结构趋同现象日益严重等问题，使得中央政府在考虑经济增长、提高效率的同时，不得不考虑到经济发展的公平问题。所以，1990—1999年，在促进沿海地区在继续发挥其增长优势的同时，国家加快了对中西部的开发开放，形成了沿海、沿江、沿线的经济格局。中央政府希望通过这三大轴线的经济布局促进内地的经济发展，形成多层次、多渠道、全方位的对外开放格局。以此为标志，区域经济政策的重心由东部沿海地区的带状式发展模式演变为“以东部带中部及西部”的轴线式发展模式。

(3) 以注重公平为重心的发展阶段。经过20多年的经济发展，特别是外向型经济的发展，我国的整体经济实力有了明显的增强，取得了令世人瞩目的成就。但是，我国东中西部地区的差距并没有缩小，反而仍然在逐步拉大，解决东西部的差距已经成为中央政府制定区域经济政策的立足点，区域经济政策的重心必须放在区域之间的公平问题上。注重公平的发展阶段经历了西部大开发和振兴东北老工业基地两个时期。从“九五”开始，中央把解决地区发展差距，坚持区域经济协调发展作为一项战略性任务来抓。1999年9月，中央正式提出了西部大开发战略，注重公平的区域经济协调发展战略正式启动。以此为标志，中国区域经济政策的重心实现了第三次转移。2003年10月，我国正式提出了振兴东北老工业基地的计划。2007年8月，我国又提出了建立东北经济增长极的规划，中央希望通过聚焦区域的发展，实现参与国际竞争与提高国际竞争力及降低区域差距的目标。至此，我国最终形成了全方位的区域开发格局。

2. 我国区域经济政策的效应状况

我国区域经济政策制定和实施的目标主要是实现社会公平和经济效率。为实现这两

个目标所执行的区域经济政策整体效应主要表现为经济增长、就业效应和收入效应等方面，其中又以经济增长作为区域经济政策整体效应的主要评价指标。

从经济总量上看，我国以经济增长为目标的非均衡区域发展战略及与其相应的区域经济政策，应该说取得了预期的效果。根据《中国统计年鉴》，1980—2006年东部沿海经济发达地区占全国GDP的比重在50%以上的水平，并基本保持上升的态势，从1980年的51.13%逐步上升到2006年达到60%。与全国经济增长的水平相比较，东部沿海地区基本上快于全国的速度，进而保证了改革开放以来我国8%左右的经济高增长速度，使得中国经济总量与整体实力逐步提高。与此相反的是中西部地区的经济总量比重基本上出现下降的趋势，特别是中部地区，从1980年到2006年，下降了7个多百分点，西部地区也下降了1.8个百分点。

从改革开放到1999年之前，中国区域经济政策的重心是经济增长或注重效率，非均衡区域发展战略在促进全国经济快速增长的同时，也使东、中、西部三大地带的差距不断扩大。1999年后，区域发展及区域经济政策重心转向西部，西部地区投资和经济加快增长，到2002年底，西部地区人均GDP已经达到了1978年的22倍，但是2001年和2003年间差距增长率的上下波动，再次说明在区域经济政策效应之外还有其他的因素影响区域差距。如2001年底中国加入WTO，有效地促进了外向型经济的发展，这对东部沿海地区来说，无疑是促进其经济增长的利好消息。但对中西部来说，可能会再一次拉大与东部地区的发展差距。不过，这种差距增长率再次拉大的经济现象符合萨拉-艾-马丁（Sala-I-Martin）的“条件收敛”模式，即在区域经济增长路径中，某些外生因素的突然变化很可能会暂时地影响增长趋势，但传统新古典经济学所考虑的因素却最终会把经济增长重新拉回到收敛的路径上来。至此，可以得出这样的结论：1978年以来中国区域经济政策在促进经济增长方面起到非常重要的作用，但没有明显地缩小区域差距，区域经济伴随区域经济政策的实施，其差距在继续扩大。

3. 我国区域经济政策的效应分析

改革开放以来，我国区域经济政策在以经济增长为核心的第一阶段取得了明显的效应，这时的政策由封闭转向相对开放，建设的重心由内地转向沿海，东部沿海地区在国家区域经济政策的支持下，凭借其良好的自然区位优势和经济社会基础，积极利用和发展外向型经济，吸引了大量生产要素流入，带动和促进了当地经济的发展。东部沿海区域的极化效应，在提高就业率和增加人均收入的同时，促进了工业化进程和产业升级，从而为整个区域经济发展奠定了良好的基础。这种区域经济政策极化效应的取得，主要归功于政策支持和区位优势两大因素。

首先，中央政府制定的对外开放政策作为外生变量，有效地增加了该区域的资源供给和来自海外的各种需求，极大地刺激了沿海极化区域的经济发展。改革开放之前，与内陆地区相比，沿海地区的自然资源比较匮乏，很多生产资料都要由内陆地区供给，而内陆地区的需求不大、市场规模小、经济发展缓慢。在对外开放政策的支持下，大量海外资金、先进技术和外资企业进入东部极化区域，使得该地区的发展资源相对丰富，市场规模也明显扩大，为企业的发展提供了良好的环境，从而在微观层面上改变了东南沿海地区的经济增长模式。

其次，在对外开放政策的支持下，沿海地区日趋优化的地理位置不断降低了国际贸易的运输成本，增加了该区域的比较优势，为该区域发展外向型经济提供了良好的自然基础。再加上该区域内原有的产业经济基础，使其能够很容易地接纳外来经济并与之融合，形成产业集聚和规模经济。不论是以纺织为代表的传统产业，还是以电子信息与生物技术等为代表的高科技产业，产业集聚区域主要在东部沿海地区，这就为该区域极化效应的持续发挥、经济的持续增长奠定了坚实的微观基础。

注重效率、兼顾公平的第二阶段区域经济政策在于促进形成东、中、西三大区域发展关联互动机制，有效消除极化区域和非极化区域的经济差异，进而带动中西部地区的经济发展。但遗憾的是，东南沿海外向型经济发展很大程度上处于本省或本地区内的封闭式循环，且由于东、中、西部地区之间的市场分割，不能形成相对合理的产业分工与合作体系，两者间也就没有形成较好的扩散效应及产业关联效应，东部对中西部发展的带动力不强、辐射范围有限、作用效果不大。该阶段区域经济政策效应不强，主要有以下几方面的原因：

第一，政府对区域发展特征和发展阶段认识不足，造成区域经济政策工具单调和创新不足。由于地理位置的差异，中西部和东部地区的区位差别明显，不仅仅表现为因远离海港而带来对外贸易运输成本的不断提高，还表现为经济不发达而带来人口规模小和市场分散，也表现为历史和传统所造成观念和制度上的差别。由于区域经济政策工具没有出现因地制宜的创新，仍然沿用东南沿海地区开发中所采用的资金投入和政策倾斜，虽然政府希望通过政策导向作用来吸引资本和企业进入中西部地区，从而促进区域经济的共同发展，但是对于以追逐利润为天性的资本和企业来说，当中西部地区难以提供和东部沿海地区同样的机会，甚至存在更大的不确定性风险时，它们不会进入，更不可能在这些地区集聚，这样就很难在中西部地区形成良好的经济发展态势。

第二，区域经济政策的实施没有形成区域互动发展机制，东、中、西部地区经济发展关联性仍然很低，从而导致中西部地区难以承接东部产业转移。客观上虽然存在梯度转移理论，但是在经济实践中，如果区域间经济发展差距悬殊、梯度相差太大，或者还存在其他影响因素，那么实现产业转移就很困难。目前，东部沿海地区已经进入工业化中期，无论是需求方面还是供给方面，对中西部地区经济发展的依赖性不是很大，仍然主要是以外向型经济为主，发展“以进带出”的经济增长模式，外贸依存度非常高。中部地区经济发展较好的省份也只处于向工业化中期过渡的阶段，大部分的中西部地区省份还都处于工业化初期，市场需求小，人均收入低，区域间经济发展落差较大，产业转移的客观条件难以满足。同时，根据行政区域划分而形成的东、中、西三大区域的划分没有形成真正的协调互动发展机制和相关的组织机构。虽然中央政府在进行宏观层面的区域发展调控，但是由于经济发展过程中经常出现中央与地方、地方与地方之间的经济利益冲突，因而作为协调者的中央政府和作为执行者的地方政府之间必然会进行利益博弈，中央政府就难以做出连续一致的正确抉择，也难以及时准确地评价区域经济政策效应，从而导致在大的区域范围内难以形成有效分工、协作和共同接受产业转移。所以，区域间的产业转移不但缺乏客观层次的产业基础，也缺少主观层次的制度基础。

第三，区域经济政策的作用对象不明确，中西部地区短期内难以形成有效的增长极。中西部地区包括12个省市和自治区，各省市区的自然地理和人文社会的差异很大，而且产业发展规划也有很大的差异性，因而区域经济政策不仅无法集中到具体特定对象，反而会由于目标区域过大而削弱政策工具的影响，出现顾此失彼的现象。由于我国中央政府的财政能力有限，在如此大范围内执行区域经济政策，难以避免在财政转移支付和固定资产投资等区域发展资助过程中出现“瓶颈”现象。因此，如果不对中西部区域范围进行更详细的认识和划分，就无法在短期内出现并形成带动区域发展的节点，区域经济政策就没有明确具体的作用对象，区域经济增长极也就难以形成。以注重公平为重心的区域经济政策演变的目的是进一步缩小东西部地区之间的发展差距，提高全民福利水平，解决社会经济发展带来的不公平问题。但是，由于西部地区经济发展阶段和自然条件的限制，其经济增长模式正处于一种类似内尔森式的低水平均衡之中，即使整个西部地区有很强的“后发优势”和区域经济政策支持，也需要一定的时间才能够打破这种低水平均衡和走出“贫困性循环”，进而赶上或者超越东部地区的经济发展。因此，西部大开发战略的政策效应并不十分明显，东西部之间的差距仍有继续扩大的趋势。振兴东北老工业基地的区域经济政策刚刚推出，其效应也不明确。但与广阔的中西部地区相比，东北地区不但地理位置集中，而且有着良好的经济区位优势；不但自然资源蕴藏丰富，而且工业基础和交通设施也相对比较完善，高品质的人力资源也相当丰富。只要按照市场规律进行认真思索和正确定位，再辅以国家区域经济政策的支持，东北地区会很快形成新的增长极，实现经济的再次腾飞。

从上述区域经济政策整体效应的分析可知，我国区域经济政策能够在整体上有效地促进区域经济的快速增长与发展，增强中国经济的整体实力。但是，区域经济政策的制定要注意每个区域经济发展的阶段性及其自身规律，在按照市场规律促进发达地区产生极化效应、形成扩散效应的同时，要积极培育不发达区域的产业，从而更好地增强梯度转移效应，缩小区域间的发展差距。

8.5.2 区域经济政策对山东半岛城市群经济发展的影响①

2002年，山东省委、省政府为提升山东产业结构、发展山东省经济，提出在胶济沿线已有城市的基础上建设“山东半岛城市群”。2003年3月，山东省十届人大一次会议正式将加快山东半岛城市群的规划编制写入政府工作报告。该报告提出，山东省沿海和胶济铁路沿线的青岛、济南、烟台等八城市要形成现代产业和高素质人力资源集中、综合服务功能完备、科技文化创新能力较强的城市群，并提出了发展山东半岛城市群的经济政策，以带动山东省政治和经济的发展。

山东半岛城市群是由济南、青岛、烟台、淄博、威海、潍坊、东营、日照等八个设区城市构成的城市地域空间组合。该地区北临京津唐和辽东半岛，南接长三角经济区，

① 参见高亚男、崔树强：《区域经济政策对区域经济发展的影响——以山东半岛城市群为例》，载《资源开发与市场》，2008 (11)。

矿产资源丰富、工业基础雄厚、人力资源集中，区位优势明显。山东半岛城市群以青岛为龙头城市，以青岛、济南为区域双中心城市，以烟台为副中心城市，规划范围包括济南、青岛、烟台、淄博、东营、威海、潍坊、日照等八个地级市市域和邹平县县域范围，其中青岛、烟台、威海、潍坊、日照、东营六市为沿海地区，青岛、烟台、威海三市又称胶东半岛地区。

山东半岛城市群规划的基本思路是：胶东半岛地区以片状布局为主，形成以青岛为龙头，分别以青岛、烟台、威海三市为核心的多层嵌套、圈点带片相结合的“群峰型”都市圈和城市经济区。胶济沿线地区则以胶济线为轴，向两翼展开布局，形成与胶东半岛城市体系相互衔接的城市群布局形态，最终形成片、带、圈相结合的城市群空间布局；突出“开放、融合、发达”三大区域特色，依托大型港口和陆路交通枢纽，积极打造环黄海经济圈重要的国际化都市群和面向日、韩的现代化制造业基地两大品牌，着力形成带动全省、服务黄河流域的龙头区域和继长江、珠江两个三角洲之后全国开放程度最高、发展活力最强、最具核心竞争能力的经济增长极。

与规划思路相配套的政策措施包括：财政、税收、信贷、投资等一系列的优惠政策首先向半岛城市群倾斜；全方位、多层次开拓日、韩市场，招商引资，构筑半岛城市群面向日、韩的“跨国城市走廊”；加大建设设施的基础力度，尤其是交通基础设施建设；建立产业集聚带，使产业分工合作更加合理，提高劳动效率，并且延长产业链条，扩大产业规模，发挥规模效益，增强产业抵御外界风险的能力等。

山东半岛城市群的区域经济政策的制定与实施，给半岛经济的发展注入了新的活力，有力地促进了区域经济的协调与发展，也明显改变了山东区域经济格局，推动了全省经济的发展。具体表现为：

1. 半岛城市群核心城市的突起

核心城市的突起及带动作用是至关重要的，是区域经济发展的需要和必然结果。新经济政策的实施，有效提升了青岛、济南两市的核心地位。青岛是山东对外开放的门户和中心城市，是区域内人口、资源、技术等要素集聚和辐射的中心，承担着区域内各城市的主要经济联系，是山东经济发展的龙头城市和区域中心城市；济南作为山东省政治、文化、教育中心，鲁中南经济中心和交通枢纽，已成为带动区域经济发展的第二大区域中心城市。

2. 促进生产力的空间集聚及“T 形沿线”产业布局结构的形成

（1）促进产业集聚，建设产业集聚带。产业集聚能降低交易成本、提高生产效率、改进激励方式，创造信息、专业化分工、产品信誉等集聚效应。半岛城市群总体规划提出建设六大产业集聚带：东营—淄博石化和医药产业带、济南电子信息产业带、青岛—日照家电制造业带、烟台—威海汽车制造产业带、潍坊—即墨纺织服装产业带、日照—青岛—威海—烟台海洋产业带。

（2）制造业的“T”形布局。山东半岛城市群产业的发展空间布局为胶济铁路沿线和沿海产业带沿线。胶济铁路沿线包括济南、淄博、潍坊和青岛，集中了石化、机械制造、

食品加工这样的传统产业。沿海产业带沿线包括日照、青岛、威海和烟台，集中了汽车制造、海洋化工、新材料这样的外向型现代化制造业。

山东半岛城市群建设突破了传统的经济发展，即单个城市的发展模式，突破了对周边地区影响较小的局限性，各地市的连群发展带动了周边地区甚至辐射范围内更大的区域的发展。连群发展充分利用各地的资源和优势，提高了资源的利用效率，减少了整体成本，增加了整体竞争力，使区域的发展跃上了新的台阶。为了自身的长远利益和经济的可持续发展，区内各地市树立了全省一盘棋的思想，以提升半岛城市群整体实力为目标，选择合理的产业结构和产品结构，做到方向明确、有进有退、分工协作，消除产业重构现象，避免不良竞争。

山东半岛城市群区域经济政策的制定和实施，使山东半岛城市群迅速崛起与发展，经济增长进入了持续上升阶段。以2000—2006年山东半岛城市群经济增长为例，山东半岛城市群在2002年实施区域经济政策之后，经济发展打破了原来持续低迷的状态，2003年增长率上升到18.89%，经济增长开始了跨越式的发展；与2002年的12.61%以及之前的经济增长率相比，增长速度加快，成为一个新的经济增长转折点，并在随后的两年一直保持这种高增长。2005年的经济增长率达到了21.85%，2006年的增长率略有下降为18.28%，但总体仍呈上升趋势。山东省非均衡发展战略的实施，使山东半岛地区成为省内资源倾斜配置的主要地区。因此，在各种有利因素的综合作用下，山东半岛城市群经济突飞猛进，成为山东省经济增长最快和最活跃的地区。2002年区内生产总值为7 014亿元，2006年达到14 488亿元，占全省生产总值的64%；人均国民生产总值为40 288元，分别是全省、全国人均水平的1.7倍和2.3倍。从全国沿海城镇密集的几个区域来看，山东半岛的GDP总量仅次于珠三角、长三角，而高于京津唐、辽中南和福建沿海。

总之，山东半岛城市群的区域经济政策加快了半岛城市群经济发展的速度，促进了各区域间的相互合作、协调和可持续发展，缩小了差距，初步形成山东半岛城市群经济一体化雏形。半岛城市群经济实现了高速增长，成为全国最具活力的发展地区之一。

8.5.3 国外区域经济政策实践及其对我国的启示①

从历史的角度看，区域经济政策最早起源于英国和美国。这主要是由于这两个国家的工业化进程起步早、水平高，因而区域问题暴露得更早和更充分。

1. 国外实施区域经济政策的原因及工具选择

（1）国外实施区域经济政策的原因。区域经济政策的实施是为了解决区域问题。在特定区域，一些问题表现得十分突出，以至于政府不得不进行有目的的干预，否则这些问题会妨碍所在区域的整体发展，进而影响全国的社会经济发展。

① 参见张丽君主编：《区域经济政策》，448～454页，北京，中央民族大学出版社，2006。

尽管世界各国区域问题千差万别，但大致可分为三类，即落后问题、萧条问题与膨胀问题。在空间上与之对应就是落后区域、萧条区域与膨胀区域。区域经济政策的实施就是针对问题区域的，有具体、明确的空间目标。落后问题是几乎各个国家都有的通病。萧条问题是西欧区域经济政策得以广泛运用的最直接的导火线。膨胀问题若没有得到及时解决，就会恶化为萧条问题。当这些区域问题同时出现时，一个国家经济发展的量与质就必然受到很大影响。区域经济政策正是医治这些病症的处方。遗憾的是，几乎任何区域问题都不能被一劳永逸地解决，所以区域经济政策需要根据问题的变化不断地调整。

（2）国外实施区域经济政策的工具选择。区域经济政策是通过政策工具发挥作用的。所谓区域经济政策工具是奖励与区域经济政策目标相符的区域经济行为和控制与区域经济政策目标相悖的区域经济行为的方法与措施的总和。根据在解决具体区域问题中的具体功能，可将区域经济政策工具分为奖励性政策工具与限制性政策工具两种。区域经济政策奖励性政策工具又称“胡萝卜”政策、刺激政策、激励政策或援助政策。区域经济政策控制性政策工具又称“大棒”政策、限制政策或惩罚政策。这一政策框架是由英国皇家工业人口地理布局委员会（Royal Commission on the Geographical Distribution of the Industrial Population）于1940年写出的闻名遐迩的《巴洛报告》（Barlow Report）确立的，该报告为二战后至20世纪60年代的区域经济政策提供了一个框架，并一直沿用至今。

2. 国外治理问题区域的区域经济政策实践

（1）国外促进萧条地区发展的实践情况。

1）萧条区域的主要特点。在西方国家，萧条区域也称萧条的老工业区或危机工业区，基本上对应于我国的“老工业基地”。萧条区域一般都曾经达到较高的经济发展水平，但由于区域比较优势改变、需求与区域贸易结构变化、主导产业老化和产业结构单一等原因盛极而衰。其主要特点是：主要产业衰败，竞争力急剧下降；经济结构老化，结构转换乏力；经济增长速度下降，经济下滑；新工作机会少，失业率居高不下；人民生活水平逐步下降，人口大量外迁。

2）国外促进萧条区域发展的基本途径。第一，重新认识老工业基地的现实优势，确立新的主导产业部门。美国东北部老工业基地抓住高校众多、科技力量雄厚的优势，在波士顿地区建立了美国第二个“硅谷”，发展了数万家高新技术企业，形成了高新技术产业开发带，计算机、新材料、光导通信、精密机械等高新技术产业部门一跃成为主导部门，给传统的老工业基地注入了新的活力。第二，拓展产业领域，改变单一的产业结构，增强老工业基地产业结构的弹性。鲁尔工业基地在煤钢生产的基础上发展汽车、电子、纺织、食品等新的产业部门，使鲁尔由原来较为单一的产业结构，转变为以煤钢生产为基础，机械、化工、电子、纺织等多部门相结合的综合性工业基地。第三，加强对传统工业部门的技术改造，实现传统产业生产的现代化。美国东北部老工业基地加强了对汽车、钢铁工业的技术改造，大幅度地降低了生产成本，提高了产品质量，增强了传统产品的市场竞争能力。第四，大幅度压缩地区比较优势完全丧失、增长潜力枯竭的传统工业部门。美国和英国的老工业基地压缩了纺织、食品、普通机械制造等夕阳工业，使生产要素转向高增长的产业部门。第五，逐步调整工业布局，严格控制老工业城市的发展规模，引导新建企业和老工业企业向城市边缘地带迁移，在不发达地区开拓新的工业中心，逐步改变老工业基地工业布局过于密集的状况。美国东北部纽约等特大工业城市、工业企业大量迁往城市边缘，城市中心则成为科技、文化、金融中心。20世纪80年代以来，英国在伯明翰、曼彻斯特等城市周围建立了20多个新的工业园区。第六，建立组织机构，制定工业基地改造规划。联邦德国成立了鲁尔煤管区开发协会（KVR），1960年该机构编制了鲁尔区第一个总体发展规划，提出了以煤钢为基础，发展新兴工业，调整工业结构，消除环境污染的规划目标。第七，制定支持老工业基地振兴的有关政策。政府向老工业基地提供低息贷款，用于老工业基地的技术改造和产业结构的调整。政府拨专款用于改造老工业基地的公共设施，以改善老工业基地的投资环境。

（2）国外促进膨胀地区发展的实践情况。

1）膨胀地区的主要特点。膨胀地区一般是一个国家的核心城市的中心地区，也称最大的集聚体与区域。其主要特点是：人口与经济活动过于集中，负外部性突出；生产与生活成本日益上升，公共服务质量每况愈下；结构趋于老化，发展方向不明确；资源遭到破坏性开发，环境趋于恶化。世界上许多国家的首都或主要都市区都曾经或正面临膨胀之苦。之所以要治理膨胀区域是因为：一方面，经济与人口在少数中心过度集中导致规模不经济，其膨胀与拥挤会导致整个国家的综合竞争力下降；另一方面，最大的集聚体及其腹地是能为其他类型问题区域提供新工作与发展机会选择的最主要的源泉。膨胀区域若没有得到及时治理而恶化为萧条区域，将使这类区域积重难返。

2）国外促进膨胀地区发展的基本途径。第一，通过发放许可证的办法，加强对企业选址的控制。这一办法在英国尤为典型。20世纪40年代中期，为控制企业向繁荣地区集中，鼓励企业在萧条地区投资设厂，英国政府规定新建工厂必须获得贸易委员会颁发的建设许可证。到了20世纪60年代，政府加强了对企业选址的引导和控制，其政策开始从广泛意义上的制造业向具体行业渗透，从制造业向服务业渗透，并提高了工业开发许可证的标准。这具体表现在：一是1960—1962年，政府通过财政资助和控制在汽车工业传统聚居地区——中部地区和东半部地区——颁发许可证的办法，鼓励汽车企业到苏格兰地区等地投资建立新厂。二是为鼓励办公机构从伦敦、英格兰东南部地区迁出，开始将对企业选址的控制从制造业企业扩展到服务业企业，特别是办公机构选址的控制，早在1963年，英国政府就成立了办公机构选址局，鼓励办公机构迁出伦敦，以控制伦敦办公地区办公机构的膨胀。1965年正式颁布了《官厅和工业发展控制法》，规定凡在伦敦地区修筑超过5 000英尺（1 524米）以上的办公建筑必须获取“官厅开发许可证书”。三是更加严格地控制英格兰中部和东南部地区开发证书的发放。把需要开发许可证的工厂面积先减为3 000平方英尺（2 790平方米），后又减到1 000平方英尺（93平方米）。通过发放许可证加强对企业选址控制的方法，一方面可抑制繁荣地区的进一步膨胀，另一方面可促进萧条、落后地区的开发，可谓一箭双雕，但后来这种方式因它在新的经济形势下的不实用性而逐渐被取消了。第二，采取分散化政策，控制膨胀地区发展。通过膨胀区域分散化政策，可将企业与新投资转移到萧条或落后地区，产生一举多得的效果。1918年，莫斯科在全球最先提出了对首都的发展与集聚进行控制的城市发展规划，该规划虽然未得到实施，但预见到了经济、科学、文化与行政等方面的功能在首都的集中和产业功能向外部转移的必要性。英国于20世纪40年代就开始执行膨胀区域分散化政策，是全球资本主义国家中最早控制最大的膨胀地区发展的国家。其后，20世纪50年代与60年代，法国、荷兰、比利时、意大利、瑞典等国也相继开始实施这种政策。

控制膨胀地区的发展，主要是分散首都与最发达的城市区域的经济活动。政府控制首都发展的政策与控制其他膨胀地区的政策稍有不同。在很多国家，控制首都膨胀区的必要性表现在：一是解决膨胀区自身存在的问题，二是需要解决全国区域发展不平衡问题。

在西欧，首都膨胀区分散化政策始于英国。由于人口与经济活动在首都高度集中妨碍了首都的发展并影响了边缘萧条区域的发展。在分散首都时，围绕首都迅速发展起来一些呈带状分布的新城镇。政府奖励人口与公司从首都迁至这些新中心或其他中心。1945—1965年（工业迁移最活跃的时期）从大伦敦迁出的制造业超过了1/3，而且公司迁离首都的距离比从其他地区迁出的距离长得多。

3. 国外区域经济政策实践的成功启示①

（1）政府的高度重视。区域经济政策是协调一个国家或地区内存在发展差异的一系列政策的总和，在一个国家内，政府在这种协调中可以发挥重要作用。因此，政府对区域经济政策的重视与否往往是该政策能否起到应有效果的一个非常重要的影响因素。德国区域经济政策能取得良好的效果是与其政府的高度重视分不开的。英国的区域经济政策在20世纪80年代中叶进行调整之前效果欠佳，一个重要原因是工党与保守党交替执政造成政府对其时而关注时而不重视的态度有很大关系。

（2）目标明确，针对性强。德国、美国区域经济政策的目标都是针对各经济发展不同阶段的区域问题制定的，目标明确且针对性强。例如，德国把扶助不同时期出现的相对落后地区作为区域经济政策的目标，通过一年一度的财政补贴框架计划，对落后的州给予直接的援助。美国的区域经济政策则是针对落后的流域地区和衰退的老工业区制定的政府支持政策。

（3）制定明确的区域发展长远规划。日本的区域经济政策在其实施的几十年中，不仅在不同的阶段都有明确的目标，而且制定了详尽的发展规划以保证目标的实现。这些都为日本经济的高速增长作出了贡献。又如，当时的欧共体在其区域经济政策的执行过程中，明确要求各成员国政府提交详尽完备的三年或五年期的地区发展规划，并规定该规划应至少包括五方面内容：经济和社会状况分析、地区发展目标、发展措施、财源保证以及组织机构设置。欧共体委员会认为，有了完备的地区发展规划才能保证各国及共同体区域经济政策的顺利实施。

（4）成立负责执行区域经济政策措施的专门机构。在实行区域经济政策的西方国家

① 参见聂华林、王成勇：《区域经济学通论》，521～522页，北京，中国社会科学出版社，2006。

一般都成立了专门机构以负责对政策做出权威性解释、根据有关措施分配经济和社会资源，协调与其他政策的关系等。例如，在美国有商务部经济开发署，在荷兰有区域开发署，在法国有国土整治与区域行动评议会，在德国有从联邦到地方各级政府内的专门负责区域经济政策的委员会，在日本有国土厅等专门机构来负责本国区域经济政策的实施。

（5）建立专门基金或者使用于区域经济政策的资金有明确的法定来源。保证对问题区域的开发有确定的资金来源是实施好区域经济政策的一个重要前提。因此，西方国家或者通过建立专门基金，或者用法律形式保证用于区域经济政策实施的资金有明确的来源。例如，法国政府于1964年设立了地区开发资金以鼓励在萧条地区投资建立工业企业和兴办第三产业。

（6）注重发挥地方政府的主动性和积极性。如英国在20世纪80年代以前，鉴别受资助区域和企业、发放投资许可证以及对萧条地区的失业者进行再就业培训等政策实施工作，都是由中央政府贸工部设在各地的办事处以及劳工部负责，地方政府没有发言权。60年代后期之后，虽然设立过一些区域性经济协调组织，但这些组织在财政上对中央政府存在依赖性，也没能独立发挥作用。这种局面显然不利于区域经济政策的良好实施。因此，到90年代上半期，中央政府包揽一切的传统被打破，改由中央政府和地方政府共同协商制定，并由两级政府分级负责实施。

（7）实行区域经济政策的法律化。为保证有关政策的落实，保持政策的稳定性和连续性，许多国家都把解决地区差距的区域经济政策上升为法律法规，通过法律法规的形式体现出来。在这方面，德国、美国等国家较为典型。如德国《联邦基本法》规定，联邦各地的发展和居民生活水平应该趋于一致；《联邦空间布局法》规定，联邦领土在空间上应该得到普遍的发展；《联邦改善区域结构共同任务法》规定，联邦和州共同出资（各出50%）对落后地区的开发给予补贴。20世纪60年代以来，美国政府也出台了一系列法案来解决地区差距，促使区域经济均衡发展，如《地区再开发法案》（1961年）、《人力发展和训练法案》和《加速公共工程法案》（1962年）、《经济机会法案》（1964年）、《公共工程与经济开发法案》和《阿巴拉契亚区域开发法案》（1965年）等。

本章小结

为区别于对一个国家的所有地区普遍适用的宏观经济政策，我们把那些只对单个区域有效，或是对个别特殊地区适用的经济政策纳入区域经济政策的范畴。所谓区域经济政策，又称为区域政策，是政府干预区域经济的重要工具之一，它通过政府的集中安排，有目的地对某些类型的问题区域实行倾斜，以改变由市场机制作用所形成的一些空间结果，促使区域经济发展与区域格局协调并保持区域分配合理。根据制定区域经济政策的政府机构等级和政策适用范围的不同，可以把区域经济政策分为国家区域经济政策和地方区域经济政策两大部分。从性质上讲，所有的区域经济政策，无论是国家区域经济政策还是地方区域经济政策，都只能是属于国家宏观经济政策在地方尺度上的延伸。区域经济政策具有积极的区域倾斜和高度集中化两大本质特征，同时也表现出针对不同区域的相对独立、阶段性、系统性、有限性、工具性等特征。

诱发区域经济政策制定的因素有很多，主要涵盖市场失灵、经济因素、社会因素、环境因素及政治因素几个方面。区域经济政策目标是解决区域问题所要实现的目的的明确表述，是对制定区域经济政策的动机的一种有效回应，与诱发区域经济政策制定的因素有着较强的对应关系。针对不同的区域问题，区域经济政策的目标往往是不同的，但总体来看，一个国家的区域经济政策往往有总目标和子目标之分。区域经济政策的总目标是追求经济效率和社会公平的最大化。经济效率与社会公平之间是既矛盾又统一的辩证关系，在经济发展的不同阶段，二者的关系不尽相同。一般来讲，区域经济政策的总目标可分为经济目标、社会目标、生态目标和政治目标四类子目标和若干具体目标。区域经济政策目标选择的基本依据有：(1) 国家在特定阶段内对经济发展的预测；(2) 国家区域经济发展的差距状况；(3) 国家经济发展所处的阶段；(4) 区域经济发展的实际情况；(5) 资金积累状况和国家可能用于开发的人力、物力、财力。区域经济政策目标选择应遵循四个基本原则：(1) 与中央政策协调的原则；(2) 立足于资源禀赋的原则；(3) 与经济发展阶段相协调的原则；(4) 专业化与综合化相结合的原则。区域经济政策存在两种不同的目标模式，即国家区域经济政策目标模式和地方区域经济政策目标模式。在两种不同的区域经济政策目标模式下，区域经济政策所追求的目标内涵是不一样的。当前，世界各国实行的各项国家区域经济政策，基本上是围绕区域均衡发展、区域优先发展和区域发展援助等目标展开的，而促进地方经济发展则是地方区域经济政策的主要目标。

区域经济政策的实施，必须依靠政策工具的合理运用。所谓区域经济政策工具，也称区域经济政策手段或区域经济政策措施，是指为实现区域经济政策目标而运用的、针对区域问题的具体方法与措施。按照传统的方法，区域经济政策工具分为微观政策工具、宏观政策工具和协调政策工具：微观政策工具是影响劳动力与资本在产业间和区域间分配的措施，或者说是影响家庭与企业的区位决策的措施，可分为劳动力再布局政策与资本再布局政策两种；宏观政策工具是改变区域收入与支出水平的措施，包括贸易、财政与货币政策向区域下放和中央宏观政策控制两种；协调政策工具是为避免政策资源浪费而慎重组合各种工具、协调政府决策的措施，可分为辖区内协调工具与辖区间协调工具两种。按照功能性质分类，区域经济政策工具可分为奖励性政策工具与控制性政策工具两种。区域经济政策奖励性政策工具又称“胡萝卜”政策、刺激政策、激励政策或援助政策，主要用于奖励政府欢迎的特定空间经济行为；区域经济政策控制性政策工具又称“大棒”政策、限制政策或惩罚政策，主要用于控制政府不希望的特定空间经济行为。一般常用的区域经济政策工具主要有财政、金融、投资、产业和法律等政策手段。通过运用政策工具，区域经济政策作用的重点对象主要有两类区域，即以城市中心区和经济技术开发区为代表的重点发展区域及以落后地区、萧条地区和膨胀地区为代表的问题区域。区域经济政策只有在区域处于经济起飞、城市化进入高潮、空间不平衡发展较快的时期才能通过运用政策工具来真正发挥作用。区域经济政策实施就是要将政策工具落实到具体的问题区域。实施过程有多种主体参与，这些主体被称为区域经济政策利益相关者。区域经济政策实施方式规定的是这些主体间的利益转移规则，包括主体间作用关系和具体的转移规定，主要有直接、层层传递和间接三种方式。

区域经济政策评价是根据既定程序与方法，在区域经济政策制定与实施过程中或政策项目完成后对区域经济政策方案、工具或项目的预期或实际效应和效益进行分析研究，以提高区域经济政策的合理性与作用。区域经济政策评价是合理、有效地管理区域经济的必然要求。开展区域经济政策评价，有利于使政策目标的确定更符合实际要求，使政策工具的运用更具可操作性，使政策效果在更大程度上接近确定的目标，从而促进区域经济政策不断完善和科学化。区域经济政策评价涉及的内容广泛，既有综合评价，也有专项评价；既有效应评价，也有效益评价；既有事前评价，也有事后评价。区域经济政策评价方法从评价所依存逻辑的角度可分为三类，即间接方法、部分方法和综合方法。区域经济政策评价通常会应用多种评价工具。区域经济政策效应评价可分为专项效应评价和综合效应评价两种。区域经济政策成本收益评价是一种以数量化评价为主的方法，是在对政策成本和政策实施效果进行数量化分析的基础上，借鉴投资项目评价的方法，将政策实施的成本与取得的收益进行比较、分析和评价。

关键术语

区域经济政策　国家区域经济政策　地方区域经济政策　积极的区域倾斜　区域经济政策高度集中化　市场失灵　区域经济政策目标　经济效率　社会公平　区域均衡发展　区域优先发展　区域发展援助　问题区域　区域经济政策工具　微观政策工具　宏观政策工具　协调政策工具　劳动力再布局政策　资本再布局政策　区域经济政策下放　辖区内协调工具　辖区间协调工具　奖励性政策工具　控制性政策工具　落后地区　萧条地区　膨胀地区　区域经济政策利益相关者　区域经济政策评价　政策效应

复习思考题

1. 什么是区域经济政策？区域经济政策的性质是什么？
2. 区域经济政策具有哪些特征？
3. 制定区域经济政策的动因有哪些？
4. 简述区域经济政策目标的主要内容。
5. 区域经济政策目标选择的基本依据和基本原则是什么？
6. 区域经济政策目标存在哪些模式？不同目标模式下的区域经济政策的目标内涵有什么不同？
7. 什么是区域经济政策工具？它是如何分类的？
8. 简述区域经济政策作用的对象和范围。
9. 区域经济政策实施方式有哪几种？
10. 简述区域经济政策评价的内涵及必要性。
11. 如何开展区域经济政策成本收益评价？
12. 试分析改革开放以来我国区域经济政策的演变轨迹及其原因。

建议阅读书目

1. 张可云. 区域经济政策. 北京：商务印书馆，2005
2. 王一鸣主编. 中国区域经济政策研究. 北京：中国计划出版社，1998
3. 陈耀. 国家中西部发展政策研究. 北京：经济管理出版社，2000

4. 张可云. 区域经济政策：理论基础与欧盟国家实践. 北京：中国轻工业出版社，2001

5. 李天德等. 欧盟区域政策及其效应研究. 成都：四川大学出版社，2003

6. ［英］哈维·阿姆斯特朗，吉姆·泰勒. 区域经济学与区域政策（第三版）. 上海：上海人民出版社，2007

第9章 可持续发展战略

9.1 可持续发展概述

9.1.1 前言

发展是人类社会的主题，也是人类不断认识社会和自然的过程。“可持续发展”概念的提出，历经多年讨论，从20世纪70年代着眼环境保护和污染治理，上升到20世纪90年代的规范未来的认识，反映了人类对发展道路的反思，特别是对工业化过程的反省，也反映了人类对今后发展途径的憧憬，是20世纪人类发展思想史上最伟大的认识之一。

1972年，为解决工业革命以来日益加重的工业污染与环境破坏问题，联合国召开第一次人类环境会议，提出了“只有一个地球”的口号，号召人们珍惜和善待人类唯一的地球。1980年3月5日，联合国向全世界发出呼吁：“必须研究自然的、社会的、生态的、经济的，以及利用自然资源过程中的基本关系，确保全球持续发展。”1980年，联合国环境规划署（United Nations Environment Programme，UNEP）、国际自然保护同盟（International Union for Conservation of Nature and Natural Resources，IUCN）和世界野生生物基金会（World Wild Fund for Nature，WWF）等组织联合出版了一份《世界自然保护大纲》（World Conservation Strategy），把“可持续发展”作为一个口号和概念首次提出来。该报告认为，由于人口数量与消费规模不断增加，对地球各类物质的需求日益增多，人类与生物圈的关系日益恶化，只有达成一种新的国际经济秩序，采用一种新环境道德观，可持续发展才能实现。1981 年 3 月 23 日，在科特迪瓦阿比让签订的区域性国际条约《合作开发和保护西北非洲区域海洋和海岸带公约》，在“序言”中正式提出“可持续的、对环境无害的发展”①。之后，一些环境学和经济学的文献开始引述这个概念。1983 年 11 月，联合国成立世界环境与发展委员会（World Commission on Environment and Development，WCED），联合国要求该委员会以持续发展为基本纲领，制定“全球的变革日程”。1987 年，该委员会把长达四年研究、经过充分论证的报告《我们共同的未来》（Our Common Future）提交给联合国大会，正式提出了可持续发展的理念和模式，将“可持续发展”概念定义为：“既满足当代人的需求，又不对后代人满足其自身需求的能力构成危害的发展。”②

9.1.2 可持续发展定义

可持续发展定义的提出并被接受，有一个逐渐推广的过程。

从联合国本身系统看，1987 年以后几次有关环境问题的大会文件并没有把 WCED 的定义当作标准定义。1988 年春，在联合国开发计划署理事会全体委员会磋商会议上，围绕 WCED 的定义，发达国家和发展中国家展开激烈争论后达成了一个协议，请联合国环境理事会讨论并草拟出一个可以为大家所接受的关于“可持续发展”一词含义的说明。为此，1989 年 5 月，第 15 届联合国环境规划署理事会通过了一个《关于可持续发展的声明》。《关于可持续发展的声明》指出：“可持续的发展，系指满足当前需要而又不削弱子孙后代满足其需要之能力的发展，而且绝不包含侵犯国家主权的含义。”

1992 年 6 月，世界各国在巴西里约热内卢召开环境与发展“世界首脑会议”，通过了《里约宣言》和《21 世纪议程》等重要文件，与会各国一致承诺，把走可持续发展的道路作为未来的长期共同的发展战略。可持续发展的原则得到了国际社会的普遍接受，但是，社会各界对可持续发展概念仍有很多争议。在联合国环境和发展大会上通过的五个保护环境的文件中，没有一处直接或完整地引用 WCED 对可持续发展的定义。1994 年，在开罗召开联合国人口与发展大会，大会通过的《国际人口和发展大会行动纲领》虽然通篇谈论人口和可持续发展，但仍然没有一处直接或完整地引用 WCED 的定义，也没有重新对可持续发展进行定义。

在学术界，不同学科对可持续发展的定义也不同。在 WCED 对可持续发展进行定义后，国内外文献“修正”和“改写”出来的可持续发展定义多达几十种。其中具有代表性的有以下几种③：

（1）着重于自然属性的定义。可持续性的概念源于生态学，即所谓“生态持续性”。它主要指自然资源及其开发利用程度之间的平衡。1991 年，国际生态学协会（Interna-

① 转引自蔡守秋、何卫东：《当代海洋环境资源法》，37 页，北京，煤炭工业出版社，2001。

② 世界环境与发展委员会编著：《我们共同的未来》，北京，世界知识出版社，1989。

③ 参见石英、朱正男等：《永续发展指标》，见 http://185140.ntpu.edu.tw/class/enveng02/sustainable.pdf，2002。

tional Association for Ecology）及国际生物科学联合会（International Union of Biological Sciences，IUBS）共同主办可持续发展问题专题研讨会，该研讨会对可持续发展的定义是："保护和加强环境系统的生产及再生能力"。1990 年，福曼（R. T. T. Forman）从生物圈的概念出发，提出可持续发展是："寻求一种最佳的生态系统，以支持生态的完整性和人类愿望的实现，使人类的生存环境得以持续"。国际自然保护同盟 1991 年对可持续性的定义是："可持续地使用，是指在其可再生能力（速度）的范围内使用一种有机生态系统或其他可再生资源"。

（2）着重于社会属性的定义。1991 年，由国际自然保护同盟、联合国环境规划署和世界野生生物基金会共同出版了《保护地球：可持续生存战略》（*Caring for the Earth：A Strategy for Sustainable Living*）一书，书中对可持续发展的定义是："在生存不超出维持生态系统涵容能力的情况下，提高人类的生活质量"。该报告将可持续发展的最终目标确定为人类社会的进步，该类定义改善人类生活质量，创造美好的生活环境。

（3）着重于经济属性的定义。该类定义把可持续发展的核心看成经济发展。1985 年，巴比尔（Edward B. Barbier）在《经济、自然资源：不足和发展》一书中，把可持续发展定义为："在保护自然资源的质量和其所提供服务的前提下，使经济发展的净利益增加到最大限度"。1993 年，皮尔斯（D. W. Pearce）和沃福德（J. J. Warford）在《世界无末日：经济学、环境与可持续发展》一书中，把可持续发展定义为："当发展能够保证当代人的福利增加时，也不应使后代人的福利减少。"① 世界资源研究所（World Resources Institute，WRI）在 1992 年也从经济角度将可持续发展定义为："不降低环境品质与不破坏世界自然资源基础的经济发展"。

（4）着重于科技属性的定义。1989 年，斯帕思（J. G. Spath）从科技选择的角度扩展了可持续发展的定义，他认为，可持续发展就是转向更清洁、更有效的技术，尽可能接近"零排放"或"闭环式"的工艺方法，尽可能减少能源和其他自然资源的消耗。世界资源研究所在 1992 年也从技术角度提出，可持续发展是建立极少产生废料和污染物的生产和技术系统，污染并不是工业活动不可避免的结果，而是技术差、效率低的表现。

（5）从代际的角度定义可持续发展。1989 年 5 月，《关于可持续发展的声明》指出："可持续的发展，系指满足当前需要而又不削弱子孙后代满足其需要之能力的发展，而且绝不包含侵犯国家主权的含义。"

对可持续发展定义的学科性理解和表述的纷繁现象体现了发展与环境问题的广泛性和前沿性。事实上，无论怎样切入，"可持续发展"一词表达的是一种关于经济发展和环境保护协调关系的主张。各种观点性定义在争执后又妥协地重复 WCED 当初提出的模糊定义，只是进一步明确了这个概念所包含的两个基本观点：一是人类要发展，要满足人类的发展需求；二是不能损害自然界支持当代人和后代人生存的能力。

在辨析可持续发展定义的进程中，可持续发展逐渐从概念落实到操作层面，其显著标志是可持续发展指标体系的建设逐步完善。评价和监测可持续发展的状态和程度，是建立可持续发展的综合决策机制和协调管理机制的基础，是实施可持续发展管理的依据。

---

① ［英］D. W. 皮尔斯、J. J. 沃福德：《世界无末日：经济学、环境与可持续发展》，北京，中国财政经济出版社，1996。

1992年联合国环境与发展大会之后，有关可持续发展的指标及其定量评价方法成为后续研究的热点和难点。与多视角可持续发展定义一样，关于可持续发展指标体系的研究纷杂多样。联合国可持续发展委员会（United Nations Commission on Sustainable Development，UNCSD）为此专门召开国际会议，倡导世界各国为制定可持续发展指标体系作出贡献。众多国际组织机构、学者提出了很多不同的可持续发展指标体系及其定量评价模型。概括起来，可持续发展指标体系建设形成四大学科研究方向：一是生态学方向，其代表有生态足迹（Ecological Footprint，EF）、价值化的“生态服务”（Ecological Service，ES）指标、美国国家尺度生态指标、生态系统健康力指数；二是经济学方向，其代表是“国民财富”指标，即真实储蓄率（Genuine Saving Rate，GSR），以及绿色净国民生产总值核算体系（Green Net Gross National Product，GGNP）；三是社会政治学方向，最具有代表性的是联合国开发计划署的人文发展指标（Human Development Index，HDI）、真实发展指数（Genuine Progress Indicator，GPI）和可持续经济福利指数（Index of Sustainable Economic Welfare，ISEW）；四是系统学方向，其代表是中科院可持续发展研究组提出的“可持续能力”指标体系、联合国可持续发展委员会提出的国家尺度主题指标体系、压力—状态—响应及驱动力—压力—状态—影响—响应框架体系等。这些指标体系分别从不同角度，侧重不同的方面，对可持续发展理论体系与方法体系展开深入研究，构建可量度的可持续发展指标体系。但迄今为止，还没有一套公认的标准体系及其评价方法。①

9.2 可持续发展内涵

9.2.1 可持续发展研究的前提假设

可持续发展缘起人类社会未来发展悲观预期与乐观预期的争论，可持续发展的提出立足于悲观派的基本观点：经济发展最终要受到普遍的、不可避免的环境资源来源和处理两方面稀缺性的限制，还要受到热力学规律的限制，此外，经济增长受到的限制与每天选择了资源消耗/财富积累/污染模式的人类社会密切相关。② 这种认识形成可持续发展研究的三个前提假设。

1. 资源稀缺

资源稀缺的讨论主要立足在能源和其他矿藏数据的考察。以能源为例，有学者认为，

① 参见张丽君：《可持续发展指标体系建设的国际进展》，载《国土资源情报》，2004（4）。

② 参见［美］赫尔曼·E·戴利、肯尼思·N·汤森编：《珍惜地球——经济学、生态学、伦理学》，1～2页，北京，商务印书馆，2001。

以现有已探明储量、开采趋势等数据进行乐观地估算，生产和消耗地球80%的总煤量的时期大概是在公元2000年到2300年或2400年的300年或400年间，原油是1965—2025年的60年间。① 悲观论者据此推论，依现在的资源使用方式，将加速资源损耗，资源耗竭之时，人类社会发展也就走到了尽头。

2. 熵定律

由于技术进步史包含的资源替代性使用情况动摇了资源稀缺论，悲观论者又进一步提出熵定律，推导人类社会将毁灭于能量单向流动积累起的混沌热寂中。

熵定律即热力学第二定律。悲观论者认为，资源和人口构成的经济系统，类似单个有机体，是吸收低熵的开放系统，资源和人口的稳态依靠低熵物质—能源（衰竭）的流入和等量的高熵物质—能量（污染）的流出维持。② 地球上可利用的低熵库存有限，现有的生产方式在加速降解地球上的低熵库存。由于能量不能回收利用，无论人类什么时候利用能量，最终所有的能量都将转化为废热，热污染将严重影响生态系统。在遥遥无期的宇宙热力学上的热沉寂发生前，人类社会就将遭受热污染灾难。

3. 人口增长

一些人口学家推测，在人口达到100亿或更多之前，人口不会停止增长。对此，悲观论者认为，如果人类不采取行动控制人口（增长），早在人口达到100亿之前，自然环境就以悲剧方式制止人口爆炸。③

9.2.2 悲观论经济模型

可持续发展概念反映了人类社会对环境与发展关系的理解：人类社会要实现可持续发展，必须要改变引发资源耗竭、环境破坏与人口问题的先污染后治理、边污染边治理等现有经济发展模式。设想替代现有经济发展模式的方案中较有影响的有三种。

1. 世界零增长模型

世界零增长模型是罗马俱乐部1972年提出的，该模型认为地球上的有限资源无法满足世界人口指数化增长产生的无限需求，地球环境承载力无法净化工业化生产模式产生的大量污染。④ 人类社会要继续存在，就必须使经济增长率下降并控制人口增长。合理的

---

① 参见［美］M·金·休伯特：《指数增长，人类历史中的暂时现象》，见［美］赫尔曼·E·戴利、肯尼思·N·汤森编：《珍惜地球——经济学、生态学、伦理学》，132～145页，北京，商务印书馆，2001。

② 参见［罗马尼亚］尼古拉斯·乔治斯库-罗根：《能量和经济的神话》（节选），见［美］赫尔曼·E·戴利、肯尼思·N·汤森编：《珍惜地球——经济学、生态学、伦理学》，101～131页，北京，商务印书馆，2001。

③ 参见［美］保罗·R·埃利希、安尼·H·埃利希：《为什么不是每个人都和我们一样震惊》，见［美］赫尔曼·E·戴利、肯尼思·N·汤森编：《珍惜地球——经济学、生态学、伦理学》，65～80页，北京，商务印书馆，2001。

④ 参见：《增长的极限：罗马俱乐部关于人类困境的报告》，成都，四川人民出版社，1983。

模式是人口增长和物质增长要保证在零水平上，即生育率等于死亡率，新资产增量等于已有资产折旧量。

2. 生态经济结构模型

在系统论和交叉学科研究引导下，一些学者提出了生态经济结构模型。① 该模型认为，生态系统与经济系统最终可以融合为一个更高级的、结构层次更多的、功能更复杂的超级生态经济系统。在这个超级系统中，生态平衡与经济平衡、生态规律与经济规律、生态效益与经济效益，是三种基本的关系。经济规律要从属和维持生态规律，经济系统要从物质、能量和资金三个方面建立具有合理投入产出比例的生态系统性生产结构，与自然生态系统共同达到平衡，实现经济效益和生态效益统一提升。

3. 稳态经济模型

影响最大的是稳态经济模型。该模型认为，经济系统应该同时解决资源配置、产品配置和规模三个目标。② 现有的经济理论和政策手段只解决了前两个目标，对规模的认识还远远落后于实践。规模是人口数与人均资源消费量的乘积。它以绝对的物理量度量，其意义是与生态系统的自然承载力相关的，即在可持续的基础上输入能量、更新资源和消化废弃物的能力。地球生态系统的规模是固定的。人类经济作为一个非增长的地球生态系统的子系统，相对于生态系统规模重要组成部分的经济规模非常重要。但是，人类影响经济规模的政策措施几乎总是扩大经济规模。经济子系统的增长已经威胁到地球生态系统的稳定和存在。人类社会必须要改变现有的资源配置和产品配置模式，形成一种不随时间推移而有损环境承载力的适度经济规模。也就是说，要建立一种人口数量、人造资本数量稳定的稳态经济。

以上三种发展模型，虽然提法各异、表述不同，实际上都可归结为零增长的稳态经济模型。从历史终极性逻辑看，这三种替代性发展模型是合理的。但是，从历史进程看，它们不切实际，过于理想化。

本质上，稳态经济与罗马俱乐部的世界零增长模型是一种“补位经济”。一个人或一群人逝去了，就补进一个人或一群人；一单位或一定量的人造资产消耗了，就补进一单位或一定量的人造资产。但是，如何在不同政治实体之间分配生育婴儿的权利？如何界定和监测人造资产的消耗速率与单位？谁有资格安排再生产过程和物质分配？如果人类社会不能像生态系统一样以弱肉强食方式维护等级制层次性消费结构的比较静态均衡，实施稳态经济，那么就意味着要么实施共产主义分配制度，要么回归渔猎采集经济。但是，依照马克思主义观点，共产主义分配制度是立足于物质丰裕供给基础上的，这与稳态经济所要求的低流通率是互相矛盾的。从实践的角度看，根本不可能实现稳态经济。

---

① 参见王干一等编著：《新兴经济学科概论》，上册，161～178页，长春，东北师范大学出版社，1987。

② 参见［美］赫尔曼·E·戴利：《稳态经济：趋向生物物理平衡与道德进步的政治经济学》，见［美］赫尔曼·E·戴利、肯尼思·N·汤森编：《珍惜地球——经济学、生态学、伦理学》，363～407页，北京，商务印书馆，2001。

从历史实践看，人类社会增加粮食等生存物质供给总量的最有效方法就是尽量减少生态系统中间层的数量，使中间损耗向终端人类消费品生产转移。从技术角度讲，生态系统经济也无法达到现有生产模式已实现的反季节、短周期性充分利用可持续性太阳能和实现局部高密度要素积累催生植物生长的无机质充分利用的技术水平。而且，人类社会是由一个多元化主体组成的松散集合，不可能做到一致性的社会公共选择①，难以保证一种约束每个人的计划性生产生活结构的良好运行。

在学理上，可持续发展是20世纪70年代一些环保主义者在运用未来学派的图景预示法分析当时表现突出，但人类社会无论在过去，还是在将来，都要永远面对的诸如资源短缺、能源限制、环境破坏、粮食供应、人口压力等一系列问题的过程中，机械性放大推论的结果。由于差异性，不应该等同地放大区域或要素问题为全球性的所谓的“共同的未来”。这种一致性摊派问题或威胁的方式，只会产生“合成推理的谬误”。② 事实上，对局部成立的事情，对总体不一定必然成立。事情发展的后期与最初状态往往是不尽相同的。而且，可持续发展的提出，隐含着一劳永逸地解决这些问题的希望。从纯粹逻辑角度看，人类社会历史进程中，从来就不存在哪一种经济模式或经济体系是可持续的。这个概念的提出，首先就是错误地假定现有的发展模式是不变的。只有静态化了发展模式，才能圈点并攻击同样静态化了的缺点和失误，得出现有发展模式不可持续的结论，并妄自尊大地扮演上帝的角色，设想未来的创世纪。

发展是否可持续的疑问实质上是人类社会在历史发展过程中不断重现的断面性约束在当代的翻版。在工业化蓬勃发展的18世纪末，马尔萨斯（Thomas Robert Malthus）就曾提出“人口陷阱”以否认任何增长性的发展。③ 二战后，面对参战国战后的快速重建和获得独立的原殖民地国家的兴盛，加内特·哈丁（G. Hardin）又提出了公地的悲剧性宿命。④ 但是，200多年的社会发展史已推翻了马尔萨斯的预测。而哈丁的“公地的悲剧”中个人行为背后的动机与亚当·斯密的“看不见的手”中个人行为的动机的逻辑是一致的。相比于哈丁揭示的负外部性积累的毁灭性后果，亚当·斯密推论的是正外部性的繁荣发展。纵观人类文明史，每一时期每一区域的人类社会都面临着各种类型的扼喉性生存和发展难题。几百万年的人类史中，有一些部落、一些民族、一些国家消亡了，也就是所谓的不可持续了。本质上，从人类社会出现起就已面临着所谓的可持续发展命题。

9.2.3 可持续发展途径辨析

逻辑上，只要一个区域相对于别的地区更发达或更强盛，推动其发展的因素和作用机制就是可持续的，即使这种机制有可能是以其他地区的不可持续发展为条件或基础。因此，可持续发展的具体体现是区域的可持续发展。20世纪90年代后期，国际可持续发

① 参见［美］肯尼思·Y·阿罗：《社会选择：个性与多准则》，36～49页，北京，首都经济贸易大学出版社，2000。

② 参见［美］萨缪尔森：《经济学》，21页，北京，商务印书馆，1979。

③ 参见［英］马尔萨斯：《人口原理》，北京，商务印书馆，1992。

④ 参见［美］加内特·哈丁：《公地的悲剧》，见［美］赫尔曼·E·戴利、肯尼思·N·汤森编：《珍惜地球——经济学、生态学、伦理学》，146～166页，北京，商务印书馆，2001。

展研究和实践向更切实的地方性的“地方21世纪议程”、“可持续发展能力建设”、“可持续发展实验区”和“清洁生产”等收缩或回归，进一步说明区域可持续发展的重要性。①

世界银行的伊斯梅尔·萨拉格丁（Ismail Sarageldin）认为，可持续性是指“我们留给后代人的四种资本（人造资本、自然资本、人力资本、社会资本）的总和不少于我们这一代人所拥有的资本的总和”②。从性质上看，自然资本就是自然生态环境与资源等自然作用的产物；人造资本、人力资本与社会资本就是人类活动的创造物，是人类社会开发利用生态环境与资源的结果。由于自然资源是一个相对性概念，是自然环境的一部分，因而萨拉格丁定义的可持续性的内涵可以简化为自然生态环境（environment）与人工性资产（the man-made capital）两类。从环境—经济系统看，环境是经济活动中资源投入来源与废弃物分解场所，具有一定价值，类似于资产。所以，可持续发展的实质是财产管理问题，也就是对自然生态环境与人工性资产的管理，区域可持续发展就是在三个层次对区域内自然生态环境（environment）与人工性资产（the man-made capital）的管理。③

第一个层次是从全人类的层面上探讨可持续发展。在全球人类意义上，可持续发展即是为使全人类能够在地球上永久生存和发展下去，而自觉形成的以人为主体，以生态、环境、资源为基础，以经济发展为核心，以全体社会成员参与和科技进步为保证，以人的全面发展和社会全面进步为目标，实现代与代之间和同代人之间相互公平、人与自然协调的一种发展道路。第二个层次是从区域层面评估可持续发展。区域可持续发展就是对区域内自然生态环境与人工性资产的管理。第三个层次是从人类个体角度衡量可持续发展。

从规模要求和持续性的保障程度看，第一层次的可持续发展要求地球必须保持一定数量和结构的生物种类与生态系统，必须保持一定状态的大气结构与水循环系统等物理组分。第二层次的可持续发展则认可环境库兹涅茨曲线规律，认为只要区域总资本不递减，在一定范围内，区域内几种资本类型消长变化不影响区域最终达到可持续状态。从社会发展历史看，第三层次的可持续发展是第二层次可持续发展的具体表现。

第一层次可持续发展以生物物理学自然财产指标计量，又被称为“硬可持续性”。第二层次可持续发展可以货币资产指标衡量，其可持续性称为“软可持续性”。就这两类指标而言，在较小级别上从家庭到国家，货币指标的计量是强有力的，但是在全球级别的计量上，它就有了局限性。在全球级别上，生物物理学计量能够更好地捕获跨界效果和从总体上把握地球的健康。相反，生物物理学指标计量，尽管在全球级别上很有用，但是对于家庭级别的政策制定者来说，就没有多大帮助。④

硬可持续性的本质是，自然生态环境在消费品的生产中和作为效用的直接的提供者，是不可替代的，除了总的累计资本存量外，还应当为子孙后代保留自然生态环境本身。强调硬可持续发展，一是要求至少保持自然生态环境和人工性资产的合计总价值以及自

① 参见杨润高、李红梅：《区域可持续发展的经济学模型分析》，载《中国可持续发展》，2004（6）。

② 转引自李克国、魏国印、张宝安主编：《环境经济学》，79页，北京，中国环境科学出版社，2003。

③ 参见杨润高、李红梅：《区域可持续发展的经济学模型分析》，载《中国可持续发展》，2004（6）。

④ 参见［美］伊恩·约翰逊、克劳德·马丁：《未来决策的工具：货币与生物物理学指标相结合》，载《UNEP产业与环境》，2003（2）。

然生态环境本身的总价值不变。因此，硬可持续性包括软可持续性，但对自然生态环境提出了额外的要求。这种解释并不要求按原样保存环境。二是不按照价值进行定义，而要求对有些环境资产形式的实际存量加以保存（所谓的生命攸关的自然生态环境）。这一解释认为不同的生命攸关的自然生态环境形式之间不能相互替代，不断增加的消费并不能补偿后代的生活环境的退化，即物质消费不能替代与效用直接相关的可再生资源存量的减少和污染总量的增加。①

软可持续性是新古典经济学的延伸，也被称为"索洛—哈特威克可持续性"。软可持续性认为，那些能提供效用能力的东西应被称为资产，对子孙后代十分重要的是人工性资产和自然生态环境的总和，而不是自然生态环境本身。广义上的资产是作为一种提供目前和将来（潜在）各类服务的存量。自然生态环境是自然的总体——资源、植物、物种和生态系统——能够提供人类物质和非物质的各种服务。人工性资产是传统上被人们归入资本的东西，即工厂、机械、道路等等。软可持续性要求保持"总的净投资"，它被适当地界定为包括所有大于或等于零的有关形式的资本。这一要求就是有名的哈特威克规则。要求保持大于或等于零的累计净储蓄（投资）总量至少保持人工性资产和自然生态环境的合计总价值不变。这意味着自然生态环境可以安全地减少，只要足够的人工性资产建立起来作为交换就行。软可持续性观点认为环境是优质商品，经济发展对环境有好处。因此，软可持续性观点的提倡者赞成经济增长。在软可持续性中，隐含着各种资产能够替代的转化关系，即一种资产的损失可以通过另外资产的增加得到总量补偿。只要资产得到补偿，就能实现效用水平不变或增加的可持续发展。

区域可持续发展具有空间层次性，如果较小的区域与更大范围的空间存在开放性联系，它的可持续发展边界就不仅仅是框定它行政区划空间的界线。如果引进区域封闭性假设条件，则实现可持续发展的必要条件只能是，区域内居民感受的环境的边际效用应不小于人工性资产的边际效用。②

假设以下面的效用函数代表某一个人的效用水平：

$$U=U(C,N,P) \tag{9.1}$$

式中，U 为效用水平（函数）；C 为消费；N 为提供舒适性环境要素数量；P 为污染总量。如果存在下述条件：

$$\frac{\partial U}{\partial C},\frac{\partial U}{\partial N}>0, \qquad \frac{\partial U}{\partial P}<0 \tag{9.2}$$

那么，个体层面的发展是可持续性的。在微观经济学范畴内，可持续发展的定义是：不削弱无限期地提供不下降的人均效用的能力的发展。③

---

① 参见［英］埃里克·诺伊迈耶：《强与弱：两种对立的可持续性范式》，39～40页，上海，上海译文出版社，2002。

② 参见杨润高、李红梅：《区域可持续发展的经济学模型分析》，载《中国可持续发展》，2004（6）。

③ 参见［英］埃里克·诺伊迈耶：《强与弱：两种对立的可持续性范式》，13页，上海，上海译文出版社，2002。

9.3 可持续发展原则

从可持续发展含义出发，实现可持续发展必须遵循以下基本原则：

第一，持续性原则。发展和保护环境是有机的统一体。发展是第一要务，是解决一切问题的关键，也是解决环境问题的重要基础。环境是发展的重要前提，在发展过程中必须坚持环境优先，充分考虑环境的承载能力，即人类发展必须以不损害支持地球生命的大气、水、土壤、生物等自然条件为前提，必须充分考虑环境承载力的临界性，必须将人类社会经济活动控制在资源与环境的承载能力之内，确保资源环境为发展持续地提供物质和为人类各种活动持续地提供相对稳定的场所。

另外，持续性既是可持续发展的过程性特征，也是可持续发展的目标性特征。总之，持续性就是自然—经济—社会复合系统的持续、稳定、健康发展。

第二，公平性原则。它包括当代人之间的公平和当代人与后代人之间的公平。就代内公平而言，可持续发展要满足当代所有人的基本需求，给予所有成员享有公平分配有限资源的机会，给予所有成员机会以满足他们要求过美好生活的愿望。就代际公平而言，要给后代人以公平利用自然资源的权利，当代人不能因为自己的发展与需求而损害后代人满足其发展需求的自然资源与环境条件。

第三，共同性原则。实现可持续发展，就是人类要共同促进自身之间、自身与自然之间的协调，这是人类共同的道义责任。正如《我们共同的未来》中指出的："今天我们最紧迫的任务也许是要说服各国，认识回到多边主义的必要性"，"进一步发展共同的认识和共同的责任感，是这个分裂的世界十分需要的"。在发展中，要通过教育和引导，使公众正确认识和运用可持续发展思想，积极地参与到环境保护与建设中，从对环境本能、被动的关注转变为主动、自觉的参与。

9.4 可持续发展战略

在《我们共同的未来》基础上，1992 年召开的联合国环境与发展大会在与会各国中达成共识，即解决环境与发展问题，迎接人类社会面临的共同挑战，各国应制定和组织实施面向 21 世纪的可持续发展战略、计划和政策。

可持续发展战略是发展理念从经济增长向经济发展，再向可持续发展转变的体现，是人类认识上的飞跃。经济发展战略要求实现一系列社会发展目标，突破了经济增长仅限于国民生产总值或人均国民生产总值实际水平增长的狭隘性，但是，不能解决自然资源枯竭、环境污染日趋严重等问题。实现可持续发展，核心的问题是实现经济社会与人口资源环境协调发展。可持续发展战略强调环境与经济发展密不可分，呼吁必须确定自然的、社会的、生态的、经济的以及利用自然资源过程中的基本关系，确保可持续发展。

9.4.1 可持续发展战略目标

可持续发展战略就是一种要求共同实现生态持续、经济持续和社会持续的发展战略。孤立追求经济增长必然导致经济崩溃，孤立追求生态持续不能遏制全球环境的衰退。生态持续是基础，经济持续是条件，社会持续是目的。首先，可持续发展目标是发展，包括经济发展和社会发展，其中经济发展是核心，是实现可持续发展的物质基础。但是，可持续发展中的经济发展，不仅仅是经济产品数量的增长，而是以科学技术进步为推动、在经济发展质量不断提高和经济增长方式持续改善的前提下，所实现的经济发展。其次，可持续发展是有限条件下的发展，即经济和社会发展不能超越资源与环境的承载能力。这就要求必须在严格控制人口增长、提高人口素质和保护环境、资源永续利用的条件下，进行经济建设，保证以可持续的方式利用自然资源，降低环境成本。资源的永续利用和良好的生态环境，应是可持续发展的重要标志。最后，可持续发展的最终目标应是谋求社会的全面进步。通过可持续发展，实现人们生活质量和福利不断改善、人们健康和教育水平不断提高、人类社会更加平等和自由。以上三个方面，是可持续发展战略的基本思想和内涵。

从可持续发展一般定义与可持续发展原则出发，可持续发展战略应包括两方面目标。

第一，最大化地同时实现生态目标、经济目标和社会目标。可持续发展的生态目标是生物基因多样性、生态系统的伸缩弹性、高生物生产力等，经济目标是满足人们对经济增长与发展的需要、收入公平等，社会目标是社会公平、公众参与等。

第二，在不危害环境系统的前提下，不断提高人们的生活质量，持续增进人们的福利。

另外，发展具有阶段性与地区差异性，每一阶段的生活与生产的主导内容都不相同，不同国家和地区面临的问题决定着区域可持续发展战略目标的差异性。对发达国家而言，环境问题意味着生活质量的下降，它们可持续发展的战略目标是强调环境保护，重点关注空气、土壤和水污染，全球气候变化，臭氧层耗竭与破坏等问题，优先项目选择也都是围绕环境保护，如废物循环利用、污水处理、可持续能源、绿色农业等。对发展中国家而言，自然生态系统的破坏意味着人民生活将难以维持，可持续发展战略目标特别注重经济发展，在制定国民经济计划和发展战略时，人口的迅速增长、自然资源的匮乏和环境恶化及由此产生的食物和能源供应不足、人类住区的质量恶劣、环境引致疾病的蔓延等是主要考虑对象，优先发展计划通常围绕消除贫困、控制人口、发展农业、减少环境污染等。①

① 参见王伟中主编：《国际可持续发展战略比较研究》，556页，北京，商务印书馆，2000。

9.4.2 可持续发展战略措施

针对可持续发展战略目标具体落实为全球、区域和个人三个层次上自然生态环境与人工性资产数量与结构转换的目标管理，相应地，一些可持续发展战略措施在全球范围内得到了广泛认同。

1. 21世纪议程

1992年召开的联合国环境与发展大会使世界各国对全球未来环境与发展问题达成了共识，并将这种共识以《21世纪议程》协议形式确定下来。

联合国《21世纪议程》共40章，涉及各国在反贫穷、保护生态系统与全球环境、发达国家对发展中国家技术与资金援助、教育与公众参与等可持续发展各个领域的国际合作与协调。

以联合国协议为指导，各国陆续制定了国别性的“21世纪议程”，以作为在21世纪协调人口、环境、经济发展的纲领性指导方针。相应地，各国各级地方政府也制定了地方“21世纪议程”，确定地方可持续发展战略和行动计划、优先发展项目等。地方“21世纪议程”的概念源于全球《21世纪议程》的第28章“地方当局”。该章强调：“《21世纪议程》探讨的问题和解决方法之中有许多源于地方活动，地方政府的参与和相互合作将是实现其目标的决定因素。地方当局负责建设、运作和维护经济、社会及环境基本设施，监督规划的进程，制定当地的环境政策和规章，并协助执行国家和地方的环境政策。”

2. 可持续发展实验区

在我国，可持续发展实验区的前身是20世纪90年代初的社会发展综合实验区，其设立的目的是解决计划经济体制向市场经济体制转变过程中产生的经济增长模式和以区域及法人为单位形成的外部性问题。1994年7月，社会发展综合实验区协调领导小组会第一次提出了“实施可持续发展战略，推进社会发展综合实验区建设”的意见，标志着可持续发展实验区的出现。在“九五”期间，社会发展综合实验区更名为可持续发展实验区。可持续发展实验区的主要工作领域是：（1）形成新的发展观；（2）制定社会发展总体规划；（3）探索促进可持续发展的社会管理机制；（4）促进地方可持续发展能力建设。①

3. 可持续发展能力建设

可持续发展能力建设是指建立国家、地方和个人在制定正确决策以及以有效的方式实施这些正确决策方面的能力。它是人们不断改善能力、提高效率的整个过程，在这个

① 参见王伟中主编：《地方可持续发展导论》，155～174页，北京，商务印书馆，1999。

过程当中不断发现从前低效率的问题症结之所在，并不断加以改进和完善；是一个国家或地方在开发、利用和加强机构与个人实施可持续发展能力的过程中所有努力之总合。①

可持续发展能力建设可以概括为两个方面的主要内容：技术能力提高与人力资源的开发、制度效能的提高。联合国工业发展组织（United Nations Industrial Development Organization，UNIDO）把技术能力按要素划分为人员培训能力、开展基础研究的能力、检测设备的能力、获取和适应技术的能力、提供信息支持及网络化的能力。② 制度效能的提高就是指，通过加强政策、法律框架的建设，使得社会的可持续发展始终在有序的轨道上运行，通过各种形式的教育提高全体国民的意识，使可持续发展成为全体人民的自觉行动。

4. 清洁生产

清洁生产就是通过产品设计、原料选择、工艺改革、生产过程管理和物质材料内部循环利用等环节的科学化和合理化，实现工业生产最终产生的污染物最少的工业生产方法和管理思路。清洁生产包括清洁的生产过程和清洁的产品两方面内容，不仅要实现生产过程的无污染和少污染，而且生产出来的产品在使用和最终报废处理过程中也不对环境造成损害。③

5. 循环经济

循环经济就是改变资源开发—经济增长—资源丢弃的传统经济模式，以“减量化、再利用、资源化”为原则（3R原则），即大力减少（reduce）生产和消费中的物质和能量流量，多次或尽可能多种方式地使用（reuse）已生产的产品，尽可能多地对资源再利用（recycle），以资源的高效利用和循环利用为目标，以物质闭路循环和能量梯次使用为特征，按照自然生态系统的物质循环和能量流动的方式运行的经济模式。

9.5 案例分析

9.5.1 中国可持续发展战略概述

中国是人口大国，面临严峻的资源和环境挑战，中国政府高度重视环境和发展问题。自1992年参加联合国环境与发展大会，参与签署《里约宣言》和《21世纪议程》后，中

① 参见王伟中主编：《地方可持续发展导论》，178～179页，北京，商务印书馆，1999。

② 参见上书，185～186页。

③ 参见王伟中主编：《国际可持续发展战略比较研究》，567页，北京，商务印书馆，2000。

国政府即提出了促进中国环境与发展的“十大对策”，其第一条就是“实施持续发展战略”，明确指出中国不能走工业发达国家“先污染，后治理”的老路，也不能采取目前发达国家“高投入、高技术”治理环境问题的模式，中国只能根据国情国力，在保持经济持续增长的同时，尽可能加大投入，不断改善环境质量，最终实现可持续发展的目标。为此，国务院环境保护委员会在1992年7月2日召开的第二十三次会议上决定由国家计划委员会和国家科学技术委员会牵头，组织国务院各部门和机构编制《中国21世纪议程》。国家计委和国家科委联合成立了“中国21世纪议程管理中心”，具体负责日常管理工作。1994年3月，国务院批准《中国21世纪议程——中国21世纪人口、环境与发展白皮书》。①

《中国21世纪议程》阐明了中国的可持续发展战略和对策。20章内容可分为四大部分。第一部分涉及可持续发展总体战略，包括第1、2、3、5、6和20章等六章。第二部分涉及社会可持续发展内容，包括第7、8、9、10和17章等共五章。第三部分涉及经济可持续发展内容，包括第4、11、12和13章等共四章。第四部分涉及资源与环境的合理利用与保护，包括第14、15、16、18和19章等共五章。每章均设导言和方案领域两部分。导言重点阐明该章的目的、意义及其在可持续发展整体战略中的地位、作用；每一个方案领域又分为三部分，即首先在行动依据里扼要说明本方案领域所要解决的关键问题，其次是为解决这些问题所制定目标，最后是实现上述目标所要实施的行动。

1996年3月，八届全国人大四次会议通过的《中华人民共和国国民经济和社会发展“九五”计划和二〇一〇年远景目标纲要》，可持续发展战略被纳入纲要，正式成为我国的一项基本国策。

党的十六大进一步提出，把“可持续发展能力不断增强，生态环境得到改善，资源利用效率显著提高，促进人与自然的和谐，推动整个社会走上生产发展、生活富裕、生态良好的文明发展道路”，确定为21世纪初中国全面建设小康社会的四大目标之一。为此，党的十六届三中全会明确提出“坚持以人为本，树立全面、协调、可持续的发展观，促进经济社会和人的全面发展”的要求。

在国民经济和社会发展“十五”计划实施中，中国逐渐确立了可持续发展领域的主要目标：走生产发展、生活富裕、生态良好的可持续发展道路，推进现代农业和新型工业化发展，逐步形成循环经济体系，建设资源节约型社会，可持续发展能力不断增强，实现经济持续增长，人口素质提高，生态环境进一步改善，资源综合利用能力、生态环境承载能力、城乡协调发展能力、人口增长控制能力明显增强，基本形成城乡互动、工农互促、区域协调发展、经济社会协调发展、人与自然和谐发展、国内发展和对外开放协调推进的良好局面，把中国加快建设成为经济发展、社会进步、文化繁荣、民族团结、山川秀美、各族人民生活更加殷实的国家。

9.5.2 中国可持续发展战略体系的实施

为了落实《中国21世纪议程》中提出的可持续发展目标，中国实施了地方21世纪议

① 参见《中国21世纪议程——中国21世纪人口、环境与发展白皮书》，北京，中国环境科学出版社，1994。

程行动。在地方21世纪议程行动编制的可持续发展规划基础上，中国在20世纪90年代后期，还通过可持续发展实验区进一步具体落实区域可持续发展战略目标。

概括地，中国主要从两个方面实施可持续发展战略体系。①

1. 建立环境与发展宏观综合决策的机制

《中国21世纪议程——中国21世纪人口、环境与发展白皮书》指出：努力寻求一条人口、经济、社会、环境和资源相互协调的可持续发展道路，是中国未来发展的自身需要和必然选择，为此，中国在可持续发展战略中逐渐引入可持续发展实验区、生态省（市、县）建设、城乡统筹综合改革配套实验区、主体功能区划分等环境与发展宏观综合决策的机制。

2. 推行可持续发展的环境经济政策

（1）工业转向清洁生产的发展道路，建立以节能、节材为中心，注重整体效益的清洁生产型工业生产体。

（2）农业发展采取生态农业方式，建立生态农业生产体系。

（3）以节省运力为中心，建立高效、节约型综合运输体系。

（4）改变消费结构，转变消费方式，形成以适度消费、勤俭节约为特征的生活服务体系。消费方式以适度消费为原则，节约资源和保护环境，实现资源和环境的永续利用。

（5）保护自然资源，防止对自然资源的过度利用，将资源、环境价值纳入国民经济核算体系，建设绿色GDP核算体系，建立以改善环境质量，增殖再生资源为主要任务的环境保护体系。

本章小结

自1980年《世界自然保护大纲》中首次提出"可持续发展"的概念以来，可持续发展的原则已得到了国际社会的普遍接受。然而，由于发展与环境问题的广泛性和前沿性，社会各界包括学术界对可持续发展的定义仍存在很多争议。"可持续发展"实质上表达的是一种关于经济发展和环境保护协调关系的主张。这个概念包含两个基本观点：一是人类要发展，要满足人类的发展需求；二是不能损害自然界支持当代人和后代人生存的能力。

与可持续发展定义一样，关于可持续发展指标体系的研究也纷杂多样。目前形成四大学科研究方向：一是生态学方向，二是经济学方向，三是社会政治学方向，四是系统学方向。这些指标体系分别从不同角度，侧重不同的方面，对可持续发展理论体系与方法体系展开深入研究，构建可量度的可持续发展指标体系。

可持续发展研究的三个前提假设是：资源稀缺、熵定律和人口增长。可持续发展概

① 参见曲格平：《市场经济条件下的一项基本国策——环境保护》，载《管理世界》，1993（4）。

念反映了人类社会对环境与发展关系的理解：人类社会要实现可持续发展，必须要改变引发资源耗竭、环境破坏与人口问题的先污染后治理、边污染边治理等现有经济发展模式。设想替代现有经济发展模式的方案中较有影响的有三种：世界零增长模型、生态经济结构模型、稳态经济模型。

区域可持续发展是在三个层次对区域内自然生态环境与人工性资产的管理。第一个层次是从全人类的层面上探讨可持续发展，要求地球必须保持一定数量和结构的生物种类与生态系统，必须保持一定状态的大气结构与水循环系统等物理组分。第二个层次是从区域层面评估可持续发展，认可环境库兹涅茨曲线规律，认为只要区域总资本不递减，在一定范围内，区域内几种资本类型消长变化不影响区域最终达到可持续状态。第三个层次是从人类个体角度衡量可持续发展，是第二层次可持续发展的具体表现。

实现可持续发展必须遵循持续性原则、公平性原则和共同性原则。

从可持续发展一般定义与可持续发展原则出发，可持续发展战略应包括两方面目标：第一，最大化地同时实现生态目标、经济目标和社会目标。第二，在不危害环境系统的前提下，不断提高人们的生活质量，持续增进人们的福利。

关键术语

可持续发展　熵定律　世界零增长模型　生态经济结构模型　稳态经济模型　硬可持续性　软可持续性　可持续发展战略　21世纪议程　可持续发展实验区　清洁生产　可持续发展能力建设　循环经济

复习思考题

1. 简述可持续发展的基本定义。
2. 什么是硬可持续发展？什么是软可持续发展？
3. 可持续发展遵循哪些原则？

建议阅读书目

1. 世界环境与发展委员会编著．我们共同的未来．北京：世界知识出版社，1989
2. 朱启贵．可持续发展评估．上海：上海财经大学出版社，1999
3. 刘思华．可持续发展经济学．武汉：湖北人民出版社，1997
4. 洪银兴主编．可持续发展经济学．北京：商务印书馆，2000

第10章 区域经济学的最新进展

经济全球化过程中出现的贸易扩张、资本流动、新技术浪潮和区域一体化等使得区域经济的发展出现了一些新趋势和新现象，促使学术界不断吸收主流经济学的理论和研究方法，对这些新的经济现象进行研究和阐释，推动了区域经济理论研究的新发展，也催生了一批新的研究领域和热点。本章主要介绍其中的几个方面，包括新经济地理学、区域营销与区域管治、区域创新以及区域竞争力等。

10.1 新经济地理学

20世纪90年代初，克鲁格曼、藤田昌久和维纳布斯等学者以垄断竞争模型为基础，用不完全竞争、报酬递增和市场外部性等理念构建新的经济地理模型，掀起了一场新经济地理学（New Economic Geography，NEG）革命。新经济地理学在理论新基础、研究特点和方法等方面的创新受到经济学界和地理学界的普遍关注。本节主要对新经济地理学理论的产生背景、理论基础、基本模型以及研究方法等作简要的介绍。

10.1.1 新经济地理学的产生背景及理论基础

1. 新经济地理学的产生背景①

生产活动是人类生存与发展的前提，人类的经济活动存在于时空中。然而，两个多世纪以来，经济学家一直忽略了空间因素对人类经济活动的影响。与此相反，政策制定

① 参见安虎森：《新经济地理学原理》，2版，北京，经济科学出版社，2009。

者一直关注经济活动的空间问题。早在18世纪后半期，为了使美国的经济摆脱英国的隶属，时任美国总统汉密尔顿主张提高关税。19世纪，欧洲国家通过血腥扩张而占领的世界市场，对欧洲国家工业经济的发展与稳定起到了决定性的作用。20世纪中叶，为实现欧洲一体化，欧盟条约提出了缩小区际经济不平等和发展落后地区经济的目标。20世纪末，美国总统候选人佩罗特（Ross Perot）反对美国—墨西哥自由贸易协定，他声称该贸易协定将导致就业机会的南迁。在21世纪头几年，日本政策制定者因日本产业的“空洞化”而感到极为苦恼。2009年2月，面对金融海啸，美国国会最终投票表决批准了总额为7 870亿美元的经济刺激计划，但仍保留了“购买美国货”的条款，也就是得到经济刺激计划支持的项目使用的钢铁和制成品应该是美国生产的。法国前总统萨科齐宣布的国家救助法国汽车业的条件是：获得救助的企业必须留在法国本土。显然，政策制定者所关注的是本国或本地区的产业活动规模和性质。

虽然区域经济学、城市经济学、经济地理学等学科十分关注空间经济问题，但从整体上说，这种空间经济研究“在上一代基本上处于休眠状态”，在很长时间里，空间因素一直难登经济学的大雅之堂，这种情况一直持续到20世纪90年代初。1991年，美国著名经济学家保罗·克鲁格曼发表了著名的《收益递增和经济地理》一文，倡导空间经济研究的复兴。他认为经济地理现象是现实经济中最显著的特征之一，必须复兴区域经济学和经济地理学的研究，把被主流经济学长期忽视的空间因素纳入一般均衡理论的分析框架中，研究经济活动的空间分布规律，解释现实中存在的不同规模、不同形式生产的空间集中机制，并通过这种机制的分析探讨经济增长规律与途径。

在20余年的发展过程中，新经济地理学正日趋成熟与完善，形成了多种理论模型。目前，发达国家的许多研究国际贸易的学者也纷纷加入空间经济研究行列，一部分学者重点研究各种模型的建立以及研究方法的创新，而另一部分学者重点进行实证分析。我国已提出了区域协调发展、统筹城乡，建立和谐社会的发展目标，为了实现这一目标，我们只有了解区域差距形成的原因与机制、发展趋势与方向，才能针对性地找到解决问题的思路和办法。经济活动空间分布的差异必然也是区域差距的原因，而新经济地理学正是解释经济活动空间分布的原因与机制的学科。目前我国迫切需要新经济地理学理论的研究与应用。

2. 新经济地理学的理论基础①

和采用报酬不变与完全竞争假设的传统经济理论和经济地理研究不同，新经济地理学研究以报酬递增和不完全竞争理论假设为基础。按照规模报酬不变和完全竞争的假设，传统经济地理学预测，在区域之间不存在基本差异的情况下，经济活动最终将沿空间均匀分布。产品和市场的竞争为厂商舍近求远的区位抉择提供了解释。但是，不同层次的经济活动在空间上的高度集聚，在现实世界却屡见不鲜，甚至连20世纪初的马歇尔也不曾回避这一现象。由于规模报酬不变是马歇尔新古典经济学说的基本假设之一，他只好用“外部经济”一词来笼统地解释各种生产活动的集聚。这种外部经济表现为公司水平的规模报酬不变，而社会性的报酬递增。在规模报酬不变的假设下，用外部经济虽然可以在一定程度上解释产业集聚，但是，人们却仍不清楚这种外部经济来源于何方。而且，

① 参见刘安国、杨开忠：《新经济地理学理论与模型评介》，载《经济学动态》，2001（12）。

问题并不仅仅在于用外部经济解释产业集聚本身，越来越多的经济学家感到，对规模报酬不变和完全竞争假设的有效性其实大有进行一番反思的必要。

然而，在相当长的一段时间，报酬递增和不完全竞争对经济学家们来说都是难以驾驭的。直到 1977 年迪克西特和施蒂格利茨将张伯伦的垄断竞争概念用数学模型形式化之后，关于报酬递增的研究才真正在经济学界掀起了一场实质性的革命。按照 D-S 模型的假设，消费种类和生产分工程度内生于市场规模。一方面，一个经济中的消费者喜好多样化消费，因而，消费品种类越多，效用水平越高；另一方面，消费品的生产具有厂商层次上的规模经济，而资源的有限性导致规模经济和多样化消费之间的两难冲突。如果人口规模或可用资源增加，则有更大的市场空间来平衡上述冲突，厂商为满足消费需求实行进一步分工，实现了规模经济，消费者又能有更多的品种选择，效用亦随之上升。D-S 模型也为解决复杂的经济地理问题提供了一个不可多得的分析框架。在一个引入了报酬递增和不完全竞争的世界，经济活动的演化不再是线性的，而是由非线性动态所支配的。经济活动的空间集聚所呈现出的循环累积因果关系，不就是一幅活生生的非线性的蛛网图吗？假定存在足够强的规模经济，任何厂商都会选择一个单个的区位来为一国的市场提供服务。为使运输成本最小，他无疑会选择一个有大的当地需求的区位。然而，恰恰只有大多数厂商都在那儿选址经营的某个区位才会有大的当地需求。因此，一个产业带一旦建立，在没有外部扰动的情况下，这一循环将会长期持续下去，这就是阿瑟所谓的集聚的路径依赖（path-dependent）特性。从某种意义上说，产业集聚很可能始于一种历史偶然。如果专业化生产和贸易是由报酬递增而非比较利益所驱动，则什么样的产业在什么样的区位形成集聚一般来说是不确定的，而是“历史依赖”（history-dependent）的。但是，不管属于什么样的原因，某种专业化生产与贸易格局一旦建立，从贸易获得的好处将累积循环，从而使得这一格局因进一步强化而被锁定。

10.1.2　新经济地理学与传统经济地理学的比较①

由于涉及非线性演化和复杂的数学演算，与传统经济地理学相比，新经济地理学展示出较多的理论难点。下面，我们将新经济地理学与传统经济地理学进行比较，对一些重大理论假设、研究方法与特点进行简要分析，以阐明新经济地理学与传统经济地理学之间的联系和区别。

1. 新经济地理学与传统经济地理学的不同理论假设及其结果

新经济地理学与传统经济地理学的一个最显著的差别，在于前者采用不完全竞争、报酬递增和多样化需求假设，而后者采用完全竞争、报酬不变（或报酬递减）和同质需求的新古典假设。传统经济地理学认为，在区域之间不存在基本差异的情况下，运输成本的存在将导致经济活动沿空间均匀散布，运输成本的变化对厂商区位抉择的影响是线

① 参见刘安国、杨开忠、谢燮：《新经济地理学与传统经济地理学之比较研究》，载《地理科学进展》，2005 (10)。

性单调的，这从古典的杜能模型及后来的阿朗索模型可见一斑。然而，传统经济地理学无法清楚地解释现实世界的经济活动集聚现象。20 世纪初，马歇尔用“外部经济”这一说法笼统地解释经济集聚。这种外部经济表现为厂商层次的规模报酬不变，而社会性的报酬递增。厂商和产业之间存在的前向关联和后向关联与市场规模之间形成“循环累积因果关系”式的互动，从而导致经济活动的集聚。

在规模报酬不变的假设下，用外部经济和产业联系虽然可以在一定程度上解释产业集聚，但是，人们却不清楚这种外部经济源于何方。新经济地理学的长处恰恰在于它能够解释传统经济地理学所不能解释的问题。

采用 D-S 垄断竞争框架的新经济地理学讲述的是一个包含两个部门（农业部门和制造业部门）的具有不完全竞争市场结构的经济的故事。这里，农业部门的特点是完全竞争和报酬不变（或报酬递减），生产单一、同质的产品；制造业部门的特点为垄断竞争和报酬递增，生产大量的细分产品。作为经济中的需求方的消费者喜好多样化消费，而消费品的生产具有厂商层次上的递增报酬或规模经济。资源的有限性导致多样化消费与专业化生产的报酬递增之间的两难冲突。如果经济规模（人口）或可用资源增加，则有更大的市场空间来平衡上述冲突，专业化生产的报酬递增和多样化消费可以同时兼得。垄断竞争的性质决定了在一个市场中每一品种只由一个厂商专业化生产。

在新经济地理学中，宏观层次的外部经济有其确定的来源或微观基础：厂商层次的报酬递增通过产业联系转化为市场范围的外部经济。

在报酬递增的条件下，运输成本对市场产生的分割效应是非线性的，运输成本的变化通过影响产业联系所产生的向心力（或正反馈效应）与运输成本或土地租金成本所导致的离心力（或负反馈效应）之间的微妙平衡，导致多样化消费与报酬递增的两难冲突的微妙变化。

在运输成本的高端，厂商享有的前向关联和后向关联将随产品或投入品运输距离的增加而迅速衰减。厂商集聚在狭小的地理空间虽可以享受相当强的后向关联，却很难取得远方市场的前向关联，前向关联与后向关联加在一起形成的向心力难以压倒源于空间距离的运输成本所形成的离心力。就地供应市场的需要促使厂商将生产活动分布在不同的市场区域，每个区域只有有限的厂商以报酬递增的方式生产有限的品种，区域专业化和产业集聚无从发生，市场空间格局表现为高度分隔。

随着运输成本下降到中间段，运输成本对市场可达性构成的制约大大减弱。一方面，厂商集聚在狭小的地理空间仍然可以享有相当强的后向关联；另一方面，集聚的厂商享有的前向关联水平显著上升。在运输成本下降到某一临界值时，前向关联与后向关联加在一起形成的向心力足以压倒源于空间距离的运输成本所形成的离心力。每一家厂商在权衡了集聚和非集聚生产情形下的总的经营成本之后，会发现集聚生产情形下的总成本节约高于分散经营情形下的总成本节约，专业化生产和集聚因此发生，高度分隔的市场趋向于一体化。

当运输成本极低时，运输成本对市场可达性的影响极弱，前向关联和后向关联不再显著。远离集聚地可以使厂商避过对不可流动的要素（如土地）的竞争，由此而产生的成本节约甚至可以超额补偿因远离集聚地而导致的采购成本的窄幅上升。因此，在运输成本极低的情况下，产业集聚又再次变得不可持续，经济活动再次趋向于沿地理空间扩散。

2. 内生与外生之分

传统经济地理学模型大多是外生性的模型，无论是杜能、克里斯塔勒和勒施，还是贝克曼（Beckmann）和阿朗索，他们在研究城市和经济集聚时都将其视为事先给定；齐夫（Zipf）在研究城市等级体系时同样假定城市及其等级是外生给定的。米尔斯（Mills）和亨德逊（Henderson）的城市经济模型亦事先假定外部经济的存在，哈里斯（Harris）的市场潜能模型和普莱德（Pred）动态化的经济基础系数模型同样如此。总之，传统经济地理学无法解释城市和集聚，也无法说明外部经济由何而来，它只能通过外部基本特征方面的差异来说明城市和生产结构上的差异——它一开始就假定有市场大小不同的城市或区域的存在，但并没有说明为什么会出现这一大小差异，特别是为什么原本非常相似的国家、地区或城市会发展出非常不同的生产结构；它也没有说明为什么一个部门的厂商趋向于群集在一起，导致区域专业化。

相反，新经济地理学模型是内生性的，它们不需要通过外生差异（如山脉、河流、海港等自然条件的利弊）来解释经济活动的空间分布。新经济地理学模型通过报酬递增、运输成本、产业联系及市场外部性之间动态、非线性的相互作用可以内生出经济活动沿地理空间依倒U形轨迹演化的规律，即使是从原本非常相似的国家、地区或城市也可以内生出这样的规律。新经济地理学模型还可以通过劳动生产率的差异和区域之间内生的工资差异来解释产业向不同地区或国家的渐次扩散。

3. 外部经济、技术外部经济与市场外部经济

传统经济地理学所使用的马歇尔“外部经济”包括西托夫斯基（Scitovsky）所称的“技术外部经济”与“市场外部经济”（亦称“金钱外部经济”）。马歇尔对“外部经济”和集聚之间的联系分三种情形做过解释：（1）产业在地理上的集聚可以支持更多的当地厂商以更低的成本专门化地生产更多种类的面向特定产业的非贸易投入品；（2）通过将相同产业的厂商集聚在同一个地方，一个产业中心可以实现对面向有专门技能的产业工人的劳动市场的汇聚，而劳动市场的汇聚对厂商和工人都有益处；（3）产业的集聚便于信息的传播，产生技术溢出效果。显然，马歇尔论及的情形(1）和情形（2）可以归于西托夫斯基所称的“市场外部经济”，情形（3）即为“技术外部经济”。新经济地理学特别强调和关心“市场外部经济”，大多数新经济地理学模型都是建立在“市场外部经济”基础上的。克鲁格曼认为，技术创新并非是驱动产业集聚的唯一因素，而受“市场外部经济”推进的产业集聚却相当普遍；此外，技术和知识溢出经济而是无形的，难以量化，任何人都可以就技术状况做出任何外生性的假设。因此，新经济地理学将建模的重点放在“市场外部经济”之上。但并不能据此得出新经济地理学否定“技术外部经济”的存在，只将外部经济局限于“市场外部经济”的狭窄范围的结论。

4. 对循环累积因果关系的不同程度的解释力

尽管新经济地理学与传统经济地理学都试图用循环累积因果关系解释经济活动的空间集聚和城市的产生，但二者对循环累积因果关系背后的驱动因素的解释是不同的。在传统经济地理学那里，驱动循环累积因果关系的是所谓的“外部经济”，但产生“外部经

济”的“黑箱”里面到底有些什么东西，人们却不得而知。不过，有了容纳“外部经济”的“黑箱”，至少可以将由前向关联与后向关联产生的循环累积因果关系形式化。

新经济地理学则认为，一个下游产业要对上游产业产生后向关联，在它们之间光有买方—卖方关系是不够的，还必须存在这样的情形，即下游产业产出的增加，通过扩大它所使用的中间产品的市场，将导致上游产业以更为有效的规模从事生产。类似地，只有在上游生产部门产出的增加允许下游产业更为有效地生产的情况下，下游产业才会享有前向关联。因此，新经济地理学假定外部性是由单个厂商层次上的规模经济参与的市场交互作用的结果，新经济地理学所关注的外部经济主要是在微观层次报酬递增条件下的市场外部性，单个厂商层次的报酬递增通过市场外部性与产业间联系触发循环累积因果关系：市场规模的扩大促进生产的专业化分工和产品细分，扩大的市场支持更多新的厂商以更低的成本规模专业化生产细分产品，增加的市场外部性对更多的厂商形成吸引，从而激活“市场扩张→生产专业化/产品细分→外部经济加强→分工深化/厂商集聚→市场扩张”的累积循环过程。

有一点需要注意，在新经济地理学模型中内生的循环累积因果关系的强度与运输成本之间存在非线性的关系：在中等大小的运输成本下，会产生较强的循环累积因果关系；在较高与较低的运输成本下，循环累积因果关系却都表现得比较弱。

5. 内生不对称性

循环累积因果关系的存在决定了新经济地理学模型的内生不对称性，这种不对称性对运输成本表现出同样的敏感性。以两区域模型为例：假定存在两个外界条件（人口规模、技术、自然环境等）完全相同的区域。在较高的运输成本下，后向关联强但前向关联弱，总的循环累积因果效应弱，区域专业化无从发生，产业将在两区域内平均分布；在运输成本的中间段，后向关联并不明显减弱，而前向关联显著增强，总的循环累积因果效应强，区域专业化和集聚由此发生；当运输成本进一步下降之后，任何区位的后向关联与前向关联都不再表现出显著的差异，循环累积因果效应反倒变弱，集聚变得不可维持，厂商重新选择分散化的区位决策（见图 10—1）。

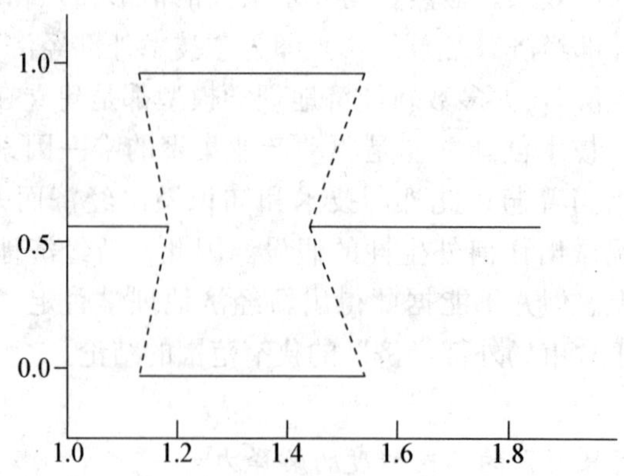

图 10—1　有农产品贸易时的制造业分布交叉图

资料来源：M. Fujita，P. Krugman，A. Venables，*The Spatial Economy：Cities，Regions and International Trade*，Cambridge MIT Press，1999。

在其他以“技术外部经济”为基础而建立的模型中，也会出现内生不对称性。但是，由此类模型衍生出的不对称性并不像在新经济地理学模型中的那样表现出对运输成本的敏感性。

6. 历史、预期、路径依赖和锁定

采用报酬不变假设的传统经济地理学预测经济空间是一个线性、和谐、稳定和均衡的系统。但是，现实中的经济却远非如此。新经济地理学向经济系统中加入报酬递增律，可以更好地解释经济活动的空间集聚和扩散机理。但是，报酬递增律的引入导致新经济地理学模型出现多种均衡状态。如在两区域模型中，我们知道，当运输成本降到足够低时，制造业将在两个完全相同的区域中的某个区域形成集聚。由于所讨论的两个区域的一切外部条件都完全相同，因此，集聚具体在哪个区域发生，不是事先能够确定的。这时候，历史偶然因素将起非常重要的作用。正如阿瑟在讨论厂商的区位决策时注意到的，在存在报酬递增和外部经济的情况下，如果第一家厂商纯粹出于地理偏好来选择生产区位，则第二家厂商的区位决策不仅仅是出于同样的考虑，与第一家厂商为邻而获得的益处亦不能从后者的考虑中排除。以后的厂商关于生产的区位决策过程亦大抵如此。因此，某个区位碰巧在早期比其他区位吸引了更多的厂商，它就有可能吸引更多的厂商。阿瑟的研究表明，产业活动的空间集聚亦遵循路径依赖原理：在报酬递增的条件下，一旦经济活动随机选择一个特定的路径，除非发生大的反方向扰动，这一选择可能将被锁定，否则经济将继续保持在先前的路径上运行。换言之，一旦有外部冲击在两个完全相同的区域之间造成任何微小差异，这种差异都将因循环累积的正反馈机制而放大。

既然历史偶然因素能够在很大程度上左右经济活动在两个事先完全相同的区域中的分布，因此，即使并不发生实际的外部冲击，单是经济成分的个人预期也足以构成影响经济活动空间分布的“第一驱动力”。换言之，给定循环累积因果效应的存在，使得众多微观经济分子的共同预期具有自我实现的倾向。从这种意义上来说，任何短期冲击或预期变化都会有其长期后果。但是，克鲁格曼指出，相对而言，历史事件和预期变化对于大尺度的“中心—外围”演进问题（如美国“阳光带”的演化）至多有一些助长作用，因为资本和劳动力在大尺度的空间范围的流动实在比较缓慢；对于较小尺度的空间经济演化（如单个城市或大一点的区域的兴衰）的确可以产生重要影响。

上述分析表明，虽然新经济地理学与传统经济地理学各自基于不同的理论假设，各自在研究方法上有不同的特点，但是，它们有着共同的研究对象，其研究内容在很大程度上交叉重叠，研究结果即使表现出不同，但相辅相成、相互印证之处也会不少。新经济地理学不仅建立了贸易和增长理论的直接联系，而且将贸易和增长相辅相生的机制以及变化的贸易成本对贸易、增长、专业化和分工的非线性影响都完全动态化。从这个意义上来说，新经济地理学不仅构成对贸易和增长理论的重要补充，而且构成对传统经济地理学的重要补充，是对传统经济地理理论的继承、发展和完善。所以，新经济地理学与传统经济地理学之间其实不存在一条不可逾越的鸿沟，更没有必要将这两种理论对立起来。

10.1.3 新经济地理学的研究方法和基本模型

1. 新经济地理学的研究方法①

（1）数学建模。

新经济地理学在研究中大量使用了数学的方法，把现实生活中的现象高度抽象、简化为数学表达式，但是这一切都没有摆脱约束条件下求最大化的过程。具体而言，首先是对向心和离心因素的相对作用给予不同的假设，然后对经济景观进行高度抽象，最后用数学形式的模型模拟空间集聚的替代均衡过程。正是克鲁格曼和阿瑟等人在不完全竞争和多重均衡过程中使用了数学建模方法，为传统的区位理论突破原来的简单的经济模型形式找到了着力点。克鲁格曼认为是经济过程的数学建模上的进步，导致了新经济地理学的诞生。克鲁格曼建立了区位吸引力的联立非线性方程，特别是包含了一定数量的主导变量，如地方收入、运输成本、地方均衡工资等。这些方程通过使用傅立叶（Jean Baptiste Joseph Tourier ）扩展式的关键参数的方式模拟不同区位的产出。新经济地理学者们在进行数学演绎的过程中也建立了一些有用的数学指标，如基尼系数，以及其他一些度量区域集中度的指标。

（2）实证的方法。

新经济地理学中还采用了实证分析方法，但严格地讲，新经济地理学在数学上的偏爱胜过对现实生活的关注。这主要是因为数据的缺乏和很少有数据适合空间的经验分析之用。一些特殊的参考案例还是存在的，如阿瑟对硅谷的成因进行了分析，克鲁格曼对美国的中西部产业进行了分析，对马萨诸塞州进行了考察。案例的研究还没有和理论的分析形成良性的互动，也就是还没有用经验的证据对理论模型的正确性进行可靠的校正，只是停留在证明理论模型的阶段。

2. 新经济地理学的基本模型②

新经济地理学在研究空间问题时沿袭了经济学的传统方法，大量采用数学方法，将现实中的现象高度抽象化、模型化。这些模型主要包括："中心—外围"模型、国际专业化模型、全球化和产业扩散模型以及区域专业化模型。

（1）两区域模型："中心—外围"模型。新经济地理学理论中最有代表性的"中心—外围"模型最先见于克鲁格曼的研究。该模型展示外部条件原本相同的两个区域是如何在报酬递增、人口流动与运输成本交互作用的情况下最终演变出完全不同的生产结构的。模型假设世界经济中仅存在两个区域和两个部门——报酬不变的农业部门和报酬递增的制造业部门。农业工人在这两个区域均匀分布，农业工资处处相同；制造业工资的名义值和实际值则存在地区差异，因而制造业工人视实际工资的高低从低工资区域向高工资区域流动。它通过将报酬递增条件下的制造业份额与流动工人的份额加以内生，得出区

① 参见张发余：《新经济地理学的研究内容及其评价》，载《经济学动态》，2000（11）。

② 参见刘安国、杨开忠：《新经济地理学理论与模型评介》，载《经济学动态》，2001（12）。

域生产结构随运输成本变化而呈现出非线性关系的规律。模型显示，在中等水平的运输成本下前向和后向关联的效应最强：一个区域的制造业份额越大，价格指数越低，厂商能够支付的工资越高，就能吸引更多的制造业工人。在这种情况下，经济的对称结构变得不可持续，从制造业原本均匀分布的经济中将逐渐演化出一种“中心—外围”结构。核心占世界产业的份额大于其占世界要素禀赋的份额，由于制造业报酬递增的缘故，它将成为制成品的净出口国。由于在这里区域（或国家）的大小及其演变都是内生的，由这一模型得出的结论比一开始就假定国家大小是外生给定的新贸易模型大大前进了一步，也更加具有说服力。

（2）国际专业化模型。由于国界以及语言和文化等方面的差异对人口流动构成相当大的障碍，上述以要素流动性假设为基础的人口集中意义上的集聚模型一般只适用于国内范围的空间集聚研究。为研究国际层次的经济活动的分布，维纳布斯凭借产业间的直接“投入—产出”联系假设建立起国际专业化模型。按照他的假设，在由国家组成的世界中，国家之间虽然不存在劳动力的流动，但是可以进行贸易。假设各个国家具有相同的资源禀赋和生产技术，拥有农业和制造业两个生产部门，劳动力可以在国内部门间流动，农业部门为完全竞争型，农业产出为单一投入—劳动力的增凸函数，制造业部门为不完全竞争型，使用劳动和中间产品的组合作为投入，厂商之间存在直接的“投入—产出”联系，每一厂商的产出既作为提供给消费者的最终产品，又作为所有其他厂商所需要的中间投入品。制造业作为中间商品的生产者和消费者的双重身份使得与传统集聚有相近逻辑的国际专业化过程得以发生。

拥有较大制造业部门的区域通常能够提供较多种类的中间产品，而中间产品种类较多的区域有较低的价格指数，使得使用中间产品的厂商可以以较低的成本生产，这就构成一种前向关联——既有的产业集聚构成对外部厂商的吸引，中间产品投入较大的厂商将倾向于在拥有较大制造业部门的区域选址生产。反过来，厂商生产成本中的中间投入品采购部分构成厂商之间的后向关联的来源：在一个区域生产的厂商越多，对中间产品的需求越大；在其他条件相同的情况下，该区域在制成品上的总支出也越大，这就为中间产品提供了一个巨大的当地市场。一方面，由于国与国之间不存在劳动力的流动，前、后向关联的结果不可能是人口在特定的国家的集中，但是，它们却能够导致制造业（或特定产业）在有限几个国家集聚的过程专业化。另一方面，正是由于劳动力不能在国家间流动，特定国家的制造业集聚也会因劳动力供给的趋紧而使得该国制造业与农业工资同时上升，在农业生产函数为严格凹的假设下，农业边际产出上升，制造业对农业的吸引减弱。

国际专业化模型所表明的一体化与集聚之间非线性的倒U形关系揭示了厂商对经济一体化可能做出的区位响应。在较高的贸易成本下，厂商将分布于禀赋相同的区域以满足最终需求。在居中的贸易成本下，随着某些区域比其他区域吸引更多的产业，区域差异开始形成，但并不会达到完全专业化的程度。在低贸易成本下，集聚随着低工资区域的产业份额逐渐上升而溃散。相对于更为工业化的区域来说，早期进入低工资区域的厂商的动机是出于对非流动要素的较低价格的考虑。然后，随着某些部门建立起临界厂商群落，更多的厂商将搬迁过来以充分利用前向和后向关联。这一模型表明，全球化背景下的经济增长需要实行高度的对外开放，不仅需要商品领域的自由贸易，而且需要各国在投资和服务（尤其是生产者服务）贸易领域表现出更大的灵活性和自由度。

(3) 全球化和产业扩散模型。全球性的产业扩散及其规律对于新贸易和新增长理论来说一直是一个难以把握的问题。以上述国际专业化模型为基础，蒲格（Puga）和维纳布斯在模型中进一步引入技术进步作为外生变量，用 L 表示由技术所决定的效率水平，假设技术进步使所有基本要素稳定地递增，并用效率单位测度各基本要素，建立起全球化和产业扩散模型：假设存在这样一个世界，其中某个区域因为偶然的技术进步在制造业率先建立起一种自我强化的优势，这一优势允许它支付比其他国家更高的工资。随着时间的推移，世界对制成品的需求上升。这将使得制造业区域的生产水平上升，强化制造业在该区域的集聚，并使得该区域工资上升。随着这一过程的进一步发展，区域间的工资差异将越来越大，并最终不可持续，制造业厂商将寻求迁入第二个区域，在那里它们更为有利可图。这样，第二个区域又开始了建立制造业自我强化优势、提升区域工资新的轮回，并最终引发第三个区域的制造业成长，如此循环往复。在运输成本很高或很低的情况下，位于核心国家的产业感受到前向和后向关联（向心力）都相对较低，劳动效率的小幅度上升所导致的工资成本的上升（离心力）足以压倒产业联系（向心力）的影响，从而引发投资和生产向周边国家的转移以满足最终需求。倒是在运输成本的中间区段，位于核心国家的产业感受到的前向与后向关联（向心力）最强，有更大的余地平衡由劳动效率的上升所导致的工资成本（离心力）的增加，因此，在运输成本的中间区段，产业集聚更容易维持。

然而，这一模型给人们的启发更多地在于揭示产业扩散相对于劳动效率（而非运输成本）变化的敏感性上。藤田昌久、克鲁格曼与维纳布斯用了一个包含三个国家和七个劳动密集度各不相同的产业的例子更好地说明这一产业扩散过程，在阶段Ⅰ，所有产业均位于国家 1，在国家 1 与国家 2 和 3 之间存在工资差异。随着劳动效率水平的提高，工资差异的幅度不断增加——直到某个产业的厂商开始重新进行区位选择并因此而有利可图，阶段Ⅱ即从此开始。在阶段Ⅱ，产业是向所有国家均匀地扩散，还是依次一个国家一个国家地扩散呢？且考察一下阶段Ⅱ的最初阶段，其间国家 2 和国家 3 都在开始工业化。在阶段Ⅱ起初的一个很小的区间内，两国的工资水平是一致的。但是，随着国家 2 和国家 3 内部的产业联系不断增强，两个国家有相同产业结构的均衡将会变得不稳定。只要有一个国家略微领先，其优势就会被放大，另一个国家将因此而落后。因此，产业扩散并不是沿所有国家齐头并进的，各国的工业化有先有后。

这一模型很好地表明，经济发展不是各个国家齐头并进地追赶富裕国家的平稳的过程，它是一个富国与穷国集团共存的过程，存在导致穷国加入富国俱乐部可能的机制。世界范围的工业化将以一系列波的形式从一个国家传到另一个国家。在工业化进程里，一个国家的产业体系的建立一般要遵循从低级开始向高级攀升的过程。

(4) 区域专业化模型。为了进一步考察全球化对已经实现工业化的国家和地区产业结构的影响，克鲁格曼和维纳布斯从分析一些厂商与某类厂商存在比与其他厂商更强的买方/供方关系这一重要的“投入—产出”联系特征入手，建立起区域专业化模型。这一模型与上述模型的演化动态原理基本相似，但在基本假设方面却存在一个主要差别：在区域专业化模型中，假设存在两个国家（“本国”与“外国”）和两个生产部门（产业 1 和产业 2），这两个国家和两个生产部门所面临的需求与所采用的技术完全对称，劳动投入为唯一的生产要素；由于所考察的经济已完全实现工业化，规模报酬不变的农业部门已从其中退出，因此，假设各生产部门均为不完全竞争型的制造业。

假定产业 1 在本国的集聚（相应地，产业 2 在外国集聚）为一均衡，当产业间联系强于产业内联系时，在任何贸易成本下，这一产业集聚都不是可持续的，这是因为，对于各个厂商来说，最为重要的区位利益来自与他国厂商的联系，因此，各个国家将发展多样化的产业组合。相反，如果产业内联系强于产业间联系，则当贸易成本值较高时，产业不可能形成地理集聚，两个产业在两个国家内均有分布；只有当贸易成本足够小时，产业的地理集聚才是可能的和可持续的。产业内联系与产业间联系之差距越大，使产业集聚为可持续的贸易成本的取值范围越宽。由这一模型所预测的基本倾向即使在对模型引入更多区域和产业部门的情况下也会保持不变。但在多个产业的情况下，分布并不是一半对一半的。一个区域可能比另一个区域有更多的产业，这将导致区域之间真实收入的差距。

以上四个模型讨论的问题基本上都是围绕产业集聚、区域贸易和区域专业化展开的。这些模型主要通过改变方程中的关键参数的方式模拟不同区位的产出，克鲁格曼等人认为正是经济过程的数学建模的进步，导致了新经济地理学的诞生。

10.1.4 对新经济地理学的评价

1. 新经济地理学理论的创新与意义①

新经济地理学的出现对经济学来说是把空间概念引入经济系统，对地理学来说则是把微观经济机制引入地理分析。尽管新经济地理学能否将地理学与经济学成功地融合在一起，目前尚无定论，但是不可否认，与以往理论相比，新经济地理学有其创新之处。

（1）新经济地理学以规模经济、报酬递增、不完全竞争为假设条件来研究区域经济问题，比新古典经济学更接近于现实。新经济地理学将空间因素和厂商层次的报酬递增纳入了一般均衡的框架，成功地将应用 D-S 模型与冰山成本相结合，解决了经济学长期以来厂商层次报酬递增与竞争性一般均衡不相容的问题。

（2）新经济地理学模型将比较优势、外部性等问题内生化。新经济地理学通过将比较优势内生化来深化背景上的认识问题，为没有先天差异的区域之间的发展差异寻求解释。在新经济地理学中，外部经济是被推导出来的，而不是被假设的，因而作为经济变化更基本的参数，外部经济可以被视为以一种可以预测的方式变化。

（3）尽管新经济地理学的某些模型过于抽象，但这些模型的建立毕竟相对于传统的区位科学模型有了很大进步和改观。新经济地理学是包含非均衡力的经济学，它的核心模型是非线性模型，因而它给出了许多富有特色的理论观点，揭示了经济活动空间模型的复杂性，而且，克鲁格曼通过对有些不确定性的复杂理论进行了比较深入的研究，建立了多中心城市空间自组织模型，这些都使得新经济地理学的模型更有现实意义。

2. 理论的不足之处②

同所有的新生事物一样，新经济地理学还存在许多不足之处有待进一步完善，主要

① 参见刘芳、王文静：《新经济地理学研究评述》，载《集团经济研究》，2007（9）。

② 参见张发余：《新经济地理学的研究内容及其评价》，载《经济学动态》，2000（11）。

的有三个方面。

(1) 忽略真实地点。新经济地理学的一个严重缺点是忽略真实地点，这在空间集聚过程的数学模型化中表现最为明显，在模型中，“区域”和“区位”仅指一个线性的经济或者是杜能环或克里斯塔勒型平面的一个点。真正的社区，真实的历史、社会和文化背景，真实的人们进行的日常生活事务几乎被忽略。真实的空间只是研究过程的陪衬，造成本末倒置。空间和地点的处理方法过于简单，同一个模型可以用来解释在规模上存在着极大差别的空间集聚和专业化问题，这种规模包括从国际尺度到国家之间的“中心—外围”模式再到地方城市的产业集中，甚至到了城市内的邻里关系。在讨论区域经济发展过程中，没有考虑不同规模对经济发展的影响，这样做实际上是承认不同规模等级的区域之间是相互依存的。新经济地理学在其文献中提出金钱（市场规模）外部经济在较大的区域空间上，要比技术和信息外部经济起的作用大，但是并没有讨论不同规模的区域的相依过程是如何相互作用的。

(2) 区域过分的抽象化。区域概念的使用上也有不少问题。新经济地理学家对区域收敛感兴趣，一方面是因为区域能为他们的模型提供较多“控制”实验数据，另一方面是因为他们试图为长期区域增长和发展提出新的见解。根据巴罗（Robert J. Barro）等人的观点，进行区域收敛研究的好处在于，可以假设区域间社会、文化制度和管制特点的差异不影响模型，即使区域之间的产业结构差异也可以假定为不重要（或者仅假定为虚拟变量），故而，虽然空间集聚理论家们知道不同区域社会、文化和制度因素是不同的，是影响经济景观的重要因素，但却因为无法把它们纳入正式的数学模型中，无法进行“严格”（量化）的分析而把它们排除在模型之外，很少或者没有找出一个实际的区域规模，在这个区域规模上分析收敛问题，也没有得出是否不同的空间规模具有不同的区域收敛趋势的结论。

(3) 过分依赖数学模型。新经济地理学的倡导者们作为主流的数理经济学家，在看待区位理论和区位科学的时候不可避免地按照他们的思维去理解，因为新经济地理学领域纳入了现代主流经济学的最大化均衡框架，这种思想的潜在含义似乎是只有那些能够用数学符号表示的经济思想才是严格意义上的经济理论，它被克鲁格曼称为“希腊字母经济学”。经济总体发展和空间集聚现象，确实特别适合用数学表述和数学建模，但是，这种方法还存在着认识论和本体论的局限，因为有些因素不可能简化或者表述成数学形式。但这些因素确实又是地方和区域经济学的社会、制度、文化和政治根基，它们决定了发展的可能性以及对发展构成某些限制，它们解释了经济活动在特定空间集聚的原因。过分强调数学建模，就无法真正正确表述被新经济地理学家认为是重要的某些过程。

10.2 区域营销与区域管治

区域营销与管治是近一二十年来一个越来越受到关注的区域经济的热点问题。随着区域间竞争在全球范围内的展开及加剧，世界许多国家和地区已初步形成了区域营销与管治的理论和实践良性互动的局面。区域营销与管治日益成为增强区域竞争力、促进区域发展的重要战略手段。

10.2.1 区域营销

1. 区域营销的概念

从某种程度上，区域也是一个具有价值和使用价值的商品，区域营销是其价值的生产与让渡过程。然而区域营销不是简单地把企业市场营销的理念与手法应用于区域层面，而是要深入挖掘区域特性，寻求区域的细分目标市场，挖掘其独特价值，生产和策划特定的区域产品组合，寻求区域的最优发展路径。

菲利浦·科特勒（Philip Cotler）在其所著《科特勒看中国与亚洲：地区营销的成功策略》一书中提出了区域营销的概念。区域营销是指将区域视为企业，将地区的资源和未来视为产品，分析它的内部环境和外部环境，揭示它在全球性竞争中的优势和劣势，以及面临的挑战和机遇，确定它的目标（包括目标人口、目标产业和目标区域），并针对目标市场进行创造、包装和营销的过程。区域营销是区域市场的管理过程，也是一个区域财富的增长过程。①

2. 国内外区域营销研究概况

（1）国外区域营销研究概况。②

欧美等发达国家在实践基础上对区域营销作了系统的研究，于20世纪80年代末提出区域营销理论。其中最具代表性的理论学派有以下三个：

第一，市场学派。该学派的主要观点来源于战略管理理论，倾向于从发展态势中动态把握区域营销。其中，科特勒和海德（ Haider）构建了区域营销的层次体系，提出了区域营销的两大战略——区域促进战略和区域形象战略，以及实现区域营销的战略方法——形象营销、吸引力营销、基础设施营销和人的营销。科特勒、贾特斯里皮塔克（Somkid Jatusripitak）和米辛希（Suvit Masincee）将区域营销的理念与方法进一步扩展到国家层面，提出将国家看作一个特殊的企业，各国应在SWOT分析的基础上，运用战略市场管理的方法来增加财富和国民福利。

第二，规划学派。该学派以城市为主要研究对象，强调区域营销是城市变化与调整的产物，也是城市规划的重要手段。他们着重对城市营销的起因、含义、作为城市规划的工具和城市营销过程等问题进行了系统论述。该学派的代表人物范登伯格和布朗恩从城市动力学和区域竞争的角度把城市发展的历史划分为三个阶段，即城市化阶段（包括城市化、郊区化和逆城市化）、功能性城市区域阶段（多中心区域的兴起）和信息城市阶段，并以此为基础分析了区域营销兴起的原因。阿什沃斯与乌格德以城市的发展过程为核心，从城市经济特征的变化、城市公共规划的变化以及全球化时代城市之间相互关系

① 参见魏后凯主编：《现代区域经济学》，624页，北京，经济管理出版社，2006。

② 参见严群英：《基于区域营销的区域经济发展机制研究》，载《华东经济管理》，2010（9）。

的变化三个方面对区域营销的起因进行系统阐述。该学派的研究成果为城市营销实践提供了有效的方法和路径，也为区域或国家层次上的营销提供了理论基础。

第三，文化导向学派。该学派从文化的视角进行区域营销研究。卡恩斯（Keams）和菲洛（Philo）着重阐述了如何利用地区、城市文化资产进行区域营销，吸引移民、旅游、工业和投资等方面要素，最终形成区域优势，促进区域发展。韩国学者李武容从文化视角对城市营销作了深入研究，认为城市营销有三种战略类型，即经济导向的城市营销、地方社区导向的城市营销及地区文化导向的城市营销，提出了城市营销战略规划的“S-A-U-N-E”要素，即持续（sustainability）、真实（authenticity）、统一（unitiveness）、网络（network）和经济效果（economic effect）。

（2）国内区域营销研究概况。

国内学者对区域营销的研究始于20世纪90年代末，虽然目前更多地表现为对国外区域营销理论和方法的引进与应用，但也取得了一些研究成果，对我国区域营销的理论研究和实践操作都有较大意义。代表性的研究有以下几个方面：

第一，区域形象的研究。学者们借鉴企业形象理论，深入探讨了区域形象的概念、设计和评价等问题。王德业等人从理论、设计、推广的角度系统探讨了区域形象概念、塑造、定位、识别、推荐、使用和管理①；马志强等人指出区域形象是一个区域对内对外的整体形象，它包括区域的政治、历史、文化、环境等要素。经济发展与区域形象互为驱动。

第二，地区旅游营销。以北大杨开忠教授为主导的学者，将区域营销理念和方法应用于区域旅游发展规划研究之中，展开了以旅游营销为主导的区域发展规划研究，建立了以市场为导向、营销为主导的区域旅游发展规划体系，构建了具有创建性和操作性的区域旅游营销策略模型，极大地推动了旅游经济的发展。

第三，区域营销研究。王定一从招商引资角度来研究区域营销，他从投资需求角度界定了区域营销、区域营销体系、区域营销对吸引外来投资的意义，并且系统研究了区域营销的市场、产品、定价、促销、服务策略及其区域营销的战略决策。韦文英就有对区域营销系统的目标市场和营销主体及其结构进行研究，认为区域营销是区域营销主体、区域产品、目标市场三大子系统依据营销战略相互作用的动态过程。

3. 区域营销推动区域经济发展的机制

（1）要素集聚功能。一定的经济要素存量是区域经济发展和区域优势形成的基本前提，而区域营销是促成区外经济要素（资本、人力资源、技术等）向区域内集聚的有效策略和手段，为区域优势的形成创造条件。区域营销促进要素集聚主要是借助以下的活动来实现：一是为区域树立强大而有吸引力的地位和形象，二是为现有和潜在的顾客提供有吸引力的优惠，三是以有效的、可行的方法将区域的产品和服务提供给目标顾客，四是提升区域的价值和形象来吸引潜在顾客关注区域与众不同的优势。作为一种主动和积极的策略，区域营销能够促成要素的有效集聚，推动区域开启具有高附加价值的区域

① 参见王德业主编：《区域形象浪潮》，北京，新华出版社，1998。

良性发展之路（见图 10—2）。

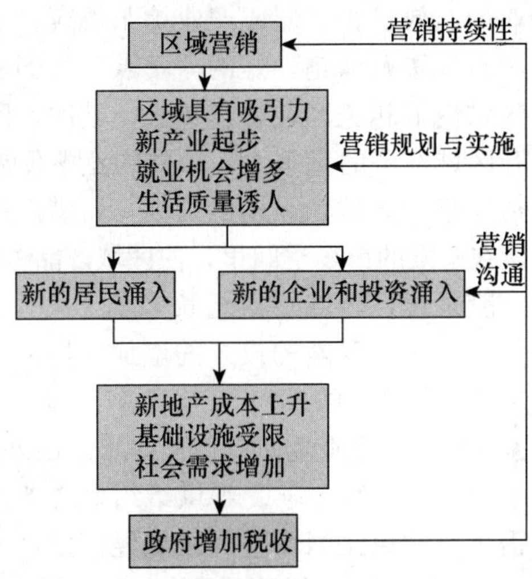

图 10—2　区域营销促成区域发展的过程

（2）特色产业培育功能。目前，产业集群已经成为区域特色经济和区域竞争优势的重要源泉，但产业群的成长除自身的发展外，离不开区域营销功能（吸引关联的投资、企业和人才等）的发挥。区域营销的基本工作，就是发掘和推广区域的吸引力，创造本地有吸引力的区域产品。人口和产业是区域发展的两个基本内容，产业的发展增加就业机会，吸引区外人口迁入。产业的进驻，除了人力资源市场和基础设施外，还包括区域形象吸引和相关的营销渠道的配合。而居民是否定居，往往要考虑生活环境、生活品质以及更广泛意义上的社会生态系统的质量。生产性产业的集聚，使得居民收入增加，而居民和外来游客又促进消费性产业的集聚。区域在这一产业良性互动中扩大了税基，有能力进一步完善基础设施、提升公共服务，从而使区域的吸引力得到持续的强化。图 10—3 归纳了区域营销促进区域产业发展的作用过程。

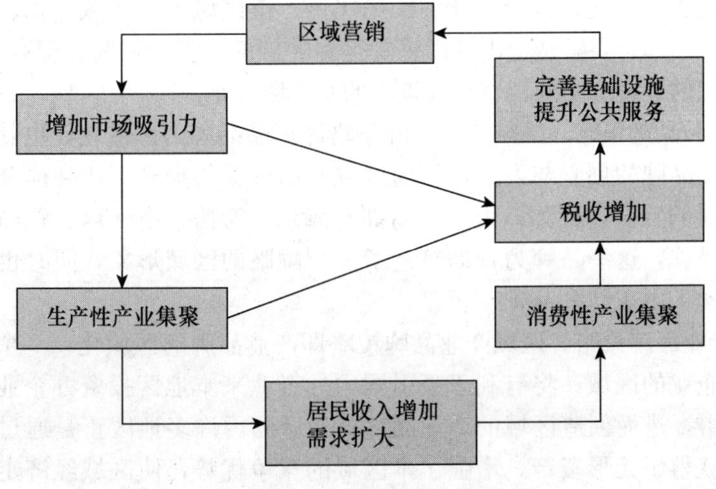

图 10—3　区域营销诱致产业集聚

（3）产能辐射功能。区域营销增强区域产能辐射力主要表现在两个方面：首先，区域营销有利于促进区域产业的有效扩张，形成产业扩张效应。一个区域要想成功营销自己，都会极力寻找最佳“卖点”进行营销，好的“卖点”犹如一个原子能的内核，能产生“核裂变”反应，引起区域内的相关产业快速成长。其次，区域营销有利于促进区域产品市场份额的提高，提升区域经济的竞争力。激烈的竞争促使营销者加强区域品牌的建设，成功的区域品牌塑造能推动区域知名度的提高，而借助区域知名度，可以有效地提高市场辐射和覆盖范围，在有限的市场空间里，使区域产品占据更大的市场份额。

（4）财富增长功能。一般来说，区域财富增长来源于两个方面。从供给方面来看，区域财富增长取决于：一是区域生产要素的投入的增加，特别是区外人才、信息和技术等要素不断向区内集中；二是提高区域的投入/产出比率，即区域的生产率。从需求方面来看，区域财富增长需要家庭需求、企业需求、政府需求及区外需求的持续增加。

在全球市场经济体系下，除了少数国家受到供给约束之外，大部分国家和区域的经济都受到总需求的约束，需求的约束是当今世界区域经济发展的根本特征。因此，在不考虑供给约束的情况下，一个区域的产出增长是投资增长和消费增长的函数。即

$$\Delta Y = f(\Delta I, \Delta C) \tag{10.1}$$

式中，ΔY 为产出的增长；ΔI 为投资的增长；ΔC 为消费的增长。也就是说，区外追加的投资、旅游消费和进口可以引起一个地区的财富增加。而区域营销则可以促进需求增长，进而促进投资、刺激消费，引致区域财富的增加。

4. 区域营销的策略

区域营销策略是指用于指导区域营销实践活动的具有很强可操作性的具体手段和方法。

（1）区域品牌营销策略。所谓区域品牌是区域生态环境、经济活力、文化底蕴、精神品格、价值导向等综合功能的表现，是区域在功能定位的基础上，确定自己的核心价值，利用区域的历史传统、区域文化、民风民俗、市民风范、区域标识、区域特色、经济支柱等差别化的品牌要素塑造出可以感受得到的价值。它既是区别于竞争对手的标识，也是区域个性化的表现。实施区域品牌策略的基本路径是：

1）区域产品品牌策略。区域产品品牌策略即产品品牌的区域化，也就是扶持和促进区域内企业产品品牌的创立与发展，借助区域产品形象的提升，达到提升区域整体形象和促进经济发展的目的。例如，山东青岛拥有海尔、海信、澳柯玛、青岛啤酒、双星等一大批知名的品牌，这些品牌为青岛打造了一个耀眼的区域形象，同时也提升了山东的良好形象，推动了山东经济发展。

2）区域产业品牌策略。区域产业品牌策略即产业品牌的区域化。一个拥有众多的知名产品、名牌企业的区域，将有利于吸引国内外企业来本地区投资办企业，从而形成区域的支柱产业群，进而创造区域的产业品牌。如今国内许多地区正是通过成功地塑造区域产业品牌，获得了无形资产，增强了本区域的竞争优势，使区域经济走上了持续发展之路。如武汉的“中国光谷”、石家庄的“中国药谷”、景德镇的“中国瓷都”等。

3）区域整体品牌策略。区域整体品牌策略即区域形象品牌化，就是为把区域作为一

个品牌来经营，以品牌的形式参与市场竞争。该策略的关键是要给区域打造一个良好的区域整体形象，整合区域资源，突出区域优势，扬长避短，增强区域的市场竞争力，并以此作为区域品牌营销的立足点。

（2）区域文化营销策略。所谓区域文化营销是指以文化为卖点或手段来营销区域的活动，其核心内容就是要把区域文化内涵传达给营销对象，与其沟通，以达到价值观念和评价标准的共振，产生亲和力，从而最大限度地调动营销对象的消费情感，接受区域提供的产品或服务，最终实现区域经营目标。实施区域文化营销策略的基本路径是：

1）间接文化营销策略。间接文化营销是指把区域文化作为手段，赋予产品以独特的文化内涵和产品形象，从美学、情感、品位和人性化的设计等角度对产品加强文化渲染，衬托产品的文化特征，影响顾客的价值取向，博得更多的价值认同。

2）直接文化营销策略。直接文化营销是指把区域文化作为对象的营销。如今，文化本身正日益成为消费对象，形成一个庞大的文化经济产业。区域应当充分挖掘自身的文化资源，向市场推出高品位的文化产品，这不仅能带来直接的经济利益，更能通过文化营销为区域树立良好形象和提高知名度。借助影视艺术、文化名人、节庆等已经成为直接区域文化营销的主要途径。

（3）区域事件营销策略。区域事件营销是以事件为载体，对区域进行营销。特色事件不仅是提升区域知名度的有效手段，更是拉动区域经济增长的引擎。具体营销途径有：首先充分利用区域的特色，着力打造“特色节”，利用“特色节”来集聚目光，提升区域知名度。如江苏盱眙就通过举办龙虾节提高了城市的知名度。其次可以通过举行会议或论坛来提升城市和区域形象，拉动经济增长，如亚太经济合作组织会议、博鳌亚洲经济论坛等。

（4）区域整合营销策略。区域营销具有其复杂性和特殊性，这就决定了必须运用系统的整体观念来指导区域营销，即在营销活动中，整合区域的所有营销资源，协调所有的部门和营销功能，从而形成整合力。主要实施途径有：

1）区域营销资源的整合。区域营销资源的整合即通过市场化整合软、硬资源，为区域营销创造条件。例如2001年昆明开展的“营销昆明”活动，就是将昆明的“春城名片”与全国最丰富的生物资源库、全国最大的花卉市场、全国最好的土豆生产基地、全国领先的机床制造、全国最优美的自然环境等有效地整合起来，赋予其独特的内涵。用一种新的方式去发现、协调、整合和营销整个城市的优势资源与企业，把散乱的力量以恰当的方式整合成一个整体、一股合力。

2）区域营销要素的整合。区域营销要素的整合即区域所有机构、组织和个人都参与区域营销，发动全部可以动用的力量，以产生最大的营销效果。营销网络的整合，是温州最大的优势：其一是温州人的网络，因为有40多万温州人在世界各地，100多万温州人在中国各地；其二是温州人在全国乃至世界各地的商业网络，把市场做到全国各地甚至国外去。

3）区域营销传播的整合。区域营销传播的整合即使用多方位的、立体式的传播手段和工具对区域进行有效传播与推广。例如，上海卫视的《人在上海》、《聚焦上海》、《投资上海》等栏目，成为营销上海的焦点窗口。《上海通史》、《上海文化通史》、《寻找上海》、《解读上海》等畅销书的发行为魅力上海的展示提供了有效的载体。而2001年

APEC会议、2010年世博会的成功举办更把一个开放、繁荣、创新的国际性大都市推向了全世界。

4）区域营销策略的整合。区域营销策略的整合即为实现营销战略目标，取得最佳效益的各种手段和技巧的组合运用。区域营销策略包括品牌营销策略、文化营销策略和事件营销策略等，这些策略必须相互配合、相互协调，构成完整的有机整体，才能实现最佳的效益目标。

综上所述，区域营销是区域经济发展的有效策略，通过利用市场手段对区域各种资源进行包装、宣传和营运，实现区域各种资源的价值提升，引导资源配置在容量、结构和秩序上实现最大化与最优化。区域营销有利于区域财富增长、提升区域价值，实现区域有形和无形资产的保值增值，最终实现区域持续发展的目标。

10.2.2 区域管治

近些年来，在世界范围内，城市及发达的区域作为全球经济的结节点或结节区域正发挥着越来越重要的作用，几乎所有城市和地区的发展都跨越了原有的行政区界限。与此同时，不断增多的社会发展问题和环境压力也集中体现在这些地方。这一方面推动了城市与区域政府的改革，另一方面也使得城市与区域管治研究成为西方学术界，尤其是城市社会学、城市地理学、城市规划学、城市管理学等领域最新的研究热点。

1.“管治”和“区域管治”的内涵

（1）“管治”的内涵。

“管治”的概念最初起源于环境问题，1989年世界银行在讨论当时的非洲问题时提出了“管治危机”（crisis in governance）一词，随后被逐渐引入处理国际、国家、城市、社区等各个层次的各种需要进行多种力量协调平衡的问题之中。20世纪90年代以来，“管治”频繁出现于联合国、多边和双边机构、学术团体及民间志愿组织的出版物上，涉及社会经济学科的各个领域，逐渐发展成为一个内涵丰富、适用广泛的理论，并在许多国家的政治、行政、城市、社会管理改革中得到广泛的运用。但是对于“管治”的概念，存在很多不同的观点。例如：世界银行将管治定义为一国如何运用权力管理经济和社会资源以寻求发展；亚洲发展银行认为管治可分为两个方面，一是政治部分，如民主和人权，另一是经济部分，如有效地管理公共资源；联合国发展计划认为，管治是一国在所有层次上运用经济、政治和行政权力以管理它的事务，这包括通过机制、程序和机构让市民和团体得以表达意见，以及运用法律权力承担责任和调解歧见；等等。①

尽管对于管治存在各种不同的理解，但这些理解却有一个共识：当今社会，政府并不需要垄断一切合法的权利，社会上的各种力量包括其他正式与非正式组织（机构、单

① 参见杨汝万：《发展中国家的城市管治及其对中国的含义（下）》，载《上海城市管理职业技术学院学报》，2002（6）。

位、社团等）也可负责维持秩序、参与经济和社会调节，这成为管治概念得以存在与不断发展的基础，进而使"管治"（governance）理念逐渐与传统的"统治"（government）概念区分开来。"管治"与"统治"的主要区别在于：第一，统治的权威必须是政府，而管治的权威并非一定是政府机构；第二，统治的主体一定是社会的公共机构，而管治的主体既可以是公共机构，也可以是私人机构，还可以是政治国家与公民社会、政府与非政府、公共机构与私人机构强制的与自愿的合作；第三，管理过程中两者权力的方向不一样，即政府统治依靠政府的权威，其权力运行方向总是自上而下的，而管治主要依靠合作网络的权威，其权力方向是多元互动的，而不是单一自上而下的。

由此，我们可以这样来理解管治的内涵，所谓管治是指通过多种集团的对话、协调、合作以达到最大程度动员资源的治理方式，以补充市场交换和政府自上而下调控之不足，最终达到"双赢"的综合的社会治理方式。其基本特征是：第一，管治不是一套规章制度，而是一种综合的社会过程；第二，管治的建立不以"支配"、"控制"为基础，而以"调和"为基础；第三，管治同时涉及广泛的公私部门及多种利益单元；第四，管治虽然并不意味着一种固定的制度，但确实有赖于社会各组成部分之间的持续相互作用。①

（2）"区域管治"的内涵。

区域管治是一种基于地域空间资源的管治，它是将经济、社会、生态等可持续发展资本，和土地、劳动力、技术、信息、知识等生产要素综合包融在内的整体地域管治概念，既涉及中央元，又涉及地区元，也涉及非政府组织元等多组织元的权利协调，其中政府、公司、社团、个人行为对资本、土地、劳动力、技术、信息、知识等生产要素控制、分配及流通起着十分关键的作用。② 在市场经济环境中，空间资源的分配是协调各社会发展单元的相互利益的重要方式，因此它是政府握有的为数不多而行之有效的调控社会整体发展的手段之一（具体表现为各种形式的空间规划与管理行动）。以"空间资源管治"为核心的区域管治是"广泛社会管治"的重要组成内容和基本实现渠道。

2. 区域管治的特点和分类

（1）区域管治的特点。

20世纪90年代以来，经济全球化、区域一体化进程对原有的地域空间结构与组织形式产生了巨大的冲击，区域的发展与演进日益呈现出群组化、网络化的特征。在社会经济高速发展的同时，区域内部以及各区域之间不同组织和集团的利益冲突也不断加剧，由此带来的各种经济和社会问题也逐步产生与放大。有鉴于此，世界各国纷纷运用管治理念反思不同层次的区域问题，并力图构建平稳、弹性、开放的区域管治体系，以提升区域整体竞争力。区域管治旨在通过协调机制，将由多种组织、多个成员和决策当局共同作用形成多层次、多变动结构，顺应各利益主体共同发展的需要，推动区域发展的有效合作。它既承认了区域内部作为区域发展的基础，又突出了区际之间的协调作用，既

① 参见张京祥：《城市与区域管治及其在中国的研究和应用》，载《城市问题》，2000（6）。

② 参见张京祥、黄春晓：《管治理念及中国大都市区管理模式的重构》，载《南京大学学报（哲学·人文科学·社会科学版）》，2001（5）。

主张在区域和区际的各个层面之间开展合作，并在合作的前提下展开竞争，同时又强调通过各成员间不断的对话和协商，促进各种利益的相互融合，在达成共识、自我约束、建立互信的基础上，形成多形式、多渠道、多层次、多元化互动的网络式协调管理局面，实现整体效益最大化和各成员之间的利益公平。

（2）区域管治的分类。

根据层次和范围的不同，可以将区域管治细分为城市管治和大都市区管治两种基本类型。

勒加勒给出的城市管治定义包括两方面含义：一方面，城市管治是整合与协调地方利益、组织和社会团体的能力；另一方面，城市管治是代表它们（地方利益、组织和社会团体）形成对市场、国家、其他城市和其他层次政府的相对一致的策略的能力。西方发达国家的城市管治基本上是涉及城市地区地方政府、市民社会和私营部门等不同机构关系的性质、质量和目标的总和。这些关系又分解为正式和非正式的结构和规则等诸多方面。也就是说，城市管治涉及中央、地方和非政府组织多层次的权力协调，其中政府、公司、社团、个人行为对资本、土地、技术、信息、知识等生产要素控制、分配、流通的影响都是其研究的内容。

与城市管治相比，大都市区管治的研究与应用更注重不同层次的政府和发展主体之间、同级政府和发展主体之间的权利互动关系，解决大都市宏观和微观区域问题，协调都市区发展中效率与公平的关系、当前利益与长远利益的关系、局部利益与整体利益的关系，探索一条区域的可持续发展之路。其本质是：第一，用“机构学派”的理论建立地域空间管理的框架，提高政府的运行效益，避免权力“一边倒”倾向，加强统筹以满足区域中各个主体的应得利益；第二，有效地发挥非政府组织参与城市与区域管理的作用，以提高空间规划的社会基础、科学基础和可实施基础。

3. 区域管治模式

（1）城市管治模式。

不同的战略产生不同的城市管治体系。美国在第二次世界大战结束以来经历了三种城市管治体系。第一种是指导性管治体系（1950—1964年），在地方政府的赞助下，城市管治联盟制定和实施了大规模的城市更新规划。第二种是让步性管治体系（1965—1974年），商业利益还是占据中心地位，但是对低层的城市居民做出一些让步，提供福利。第三种是保守性管治体系（1975年至今），维持财政稳定，让步和福利减少，但是保留政治和经济控制。

埃尔金（Elkin）提出三种城市管治体系：多元型、联合型和创业型。多元型和联合型城市管治体系分别对应于指导性和让步性管治体系。创业型城市管治体系是一种新的管治体系。相比之下，皮埃尔（Pierre）对城市管治模式的划分最具代表性和概括性，他深入研究了正式组织与非正式组织在城市管治活动中权力分配的强弱状况，根据参与者、目标、手段和结果将西方种类繁多的城市管治方式归纳为四种一般模式，即管理模式、社团模式、支持增长模式和福利模式。

（2）大都市区管治模式。

西方国家的城镇往往是作为自治体而存在，包括其所在区域的县、州等各级地方行

政机构都有很强的独立性。但是自 21 世纪初，欧美城市化高度发展，特大城市集聚区逐渐增多，城镇间以及城镇与其所在区域间许多问题需要共同解决，因此各种大都市区行政管理机构应运而生。由于不同国家和区域的政治传统、历史原因以及区域发展的目标和利益不同，不同大都市区的管治模式存在很大差异。概括起来，西方国家大都市区的管治模式主要有四类。

1）松散、单一组织的管治模式。这种管治模式以纽约大都市区最具典型。这是一种松散而无统一的行政主体、以专门问题性的协调组织运行为主的管治模式。针对一些具体的区域性问题，如供水、排水、垃圾处理等，建立了一些跨州的职能单一的组织。它反映了美国政治文化传统：强调地方政府的联合行动，以处理不同领域的各类问题。通过各种共同建立的专门机构去处理区域问题、管理大都市，但不建立一个管辖全部区域事务的大都市政府，即只建立管理体制，而不建立政府体制，两者的脱节是造成大都市区组织调控缺乏力度的重要原因。

2）统一组织的大都市区管治模式。实行这种管治模式的典型是华盛顿大都市区。其管治模式为设立都市区政府委员会，财政来源于联邦和州的拨款、契约费以及成员政府的分担，都市区政府委员会将联邦和州政府的拨款予以分配，用于为成员提供交通、环境等跨地区服务，解决了许多公众关注的区域问题。虽然它亦是一个没有执法权力，由县、市政府组成的自愿组织，但由于其较好地解决了区域问题并为成员带来了实质的利益，因而是一个相对稳定的联合形式。不足之处在于，因其结构局限、政治分化、财政局限而影响了自身的效率。

3）完全单层制大都市区管治模式。这种管治模式以美国杰克逊维尔大都市区最为典型。这种管治模式通过市县合并形成单一机构的大都市政府，合并不只是地域上的统一，而且改变了以往公共服务提供中的互有交叉、效率很低的局面，产生了长期的规模经济，据此降低了政府运行的成本。但对于市/县中的其他经济社会问题，如收入差距和种族的不平等，仍没有实质性的解决办法。

4）双层制大都市区管治模式。这种管治模式以美国迈阿密大都市区最为典型。在这种管治模式中，上下层政府具有明确的职责分工：大都市区政府提供区域性质的服务，如消费者的保护、消防、公路和交通、警察、公共运输、战略规划、垃圾处理；地方的自治市政府负责严格的地方服务，如教育、环境卫生、住宅、地方规划、地方街道、社会服务、垃圾汇集等。在县（区域）内的非城市地区，公民接受大都市政府（上层）的服务，而自治市的公民接受他们所在市（下层）和大都市（上层）的双重服务。但由于服务范围有限，其无力解决更广泛的区域问题。

10.3　总部经济

信息网络技术的发展和城市化进程的加快，使得中小城市、欠发达地区的企业总部向中心城市迁移，形成了中心城市特定区域上企业总部集聚的新现象。这一新的区域经济现象需要给予新的理论解释，总部经济的提出丰富了区域经济学理论。

10.3.1 总部经济的内涵

总部是指在企业系统中相对独立的，具有战略决策、资源配置、资本经营、业绩管理、人事决策及外部公关等全部或其中几种职能的组织单元。这种独立性既指组织结构上的独立，也指空间上的独立。从企业内部价值链环节来看，总部主要集中在企业价值链高端，如研究开发、产品设计、市场营销、售后服务等高附加值环节。

由于对总部经济的概念和理论研究是近几年才在我国提出并兴起的，因此对总部经济的概念尚处于争议之中。有两种代表性的理解：一是从企业角度出发，认为总部经济是指某区域由于特有的资源优势吸引企业将总部在该区域集群布局，将生产加工基地布局在具有比较优势的其他地区，而使企业价值链与区域资源实现最优空间耦合，以及由此对该区域经济发展产生重要影响的一种经济形态。二是从产业角度出发，认为与总部经济相关的要素大多数是属于高级生产要素，如高级科技管理人才、研发、金融、营销、物流、会计、律师等知识和技术含量较高的组织等，所以总部经济是一种高级形态的产业集群。目前引用较多的是前一种概念。这个概念包含三层含义：第一，总部经济是企业内部价值链基于区域比较优势原则在不同区域进行空间布局的表现形式；第二，总部经济是企业不断寻求利润最大化或经营成本最小化的结果；第三，总部经济在实践中意味着区域之间可以形成以企业功能为基础的区域合作模式。它指出了总部经济的本质是“通过企业总部与生产制造基地的空间分离实现企业价值链与区域资源最优空间耦合”，因此，总部经济是一种能使企业、总部所在区域和生产加工基地所在区域三方利益都得到增进的区域经济形态。①

10.3.2 总部经济的形成机理

总部经济理论是基于对企业经营活动价值增值过程的分析而提出的，其形成的内在机理可以用“三赢模型”② 来揭示。

1. 模型假设条件

第一，信息经济比较充分地发展。网络及其新的通信手段的普及，使得企业内部信息传递和组织成本大大降低，企业有条件实现内部不同组织的空间分离。

第二，企业在发展中对于战略资源的需求地位上升。随着企业规模的扩大和市场竞争的加剧，企业对于信息、技术、人才等战略资源的需求越来越强烈，而且这类战略资源不能由产品生产制造过程中需要的土地、能源、材料以及一般加工工人等常规资源完

① 参见孙久文主编：《区域经济学》，144 页，北京，首都经济贸易大学出版社，2008。

② 参见上书，145～146 页。

全替代。

第三，区域成本差异决定企业的区位选择。在发展水平差异比较大的不同区域之间，战略资源和常规资源的禀赋差异很大，因而取得的成本差异很大。在发达的中心城市，战略资源密集则成本低，常规资源稀缺则成本高；在欠发达地区情况刚好相反。

2. 模型分析

在信息技术较为发达的今天，如果企业依然按照传统布局模式进行布局，即企业将总部和加工基地布局在一起，那么无论企业布局在发达的中心城市，还是布局在欠发达地区，都不能实现企业资源的最优配置（见表 10—1）。

表 10—1　　两种企业空间布局模式比较

企业空间布局模式		战略资源	常规资源
常规布局模式	中心城市	优势	劣势
	欠发达地区	劣势	优势
总部经济布局模式	中心城市（总部）	优势	
	欠发达地区（生产加工基地）		优势

原因在于，如果布局在发达的中心城市，企业可以便捷地获取中心城市的战略资源，同时由于战略资源的密集也使得企业获取战略资源的成本相对较低。但是由于城市规模不断扩大和人口急剧扩张，使得土地、劳动力等常规资源变得相对稀缺，企业发展需要付出比其他地区相对较高的土地成本、劳动力工资和环境保护成本等。如果布局在欠发达地区，情形正好相反。在欠发达地区，尽管土地、劳动力等常规资源的获取成本相对较低，但由于区域人才、技术等战略资源的稀缺，使得企业要取得同样的战略资源，不得不支付较中心城市高得多的成本，甚至有些资源即使愿意付出高额成本也难以取得。

如果企业按照总部经济的模式进行空间布局，把总部布局在发达的中心城市，而将生产加工基地布局在欠发达地区，那么企业就能够以较低的成本价格取得中心城市的战略资源和欠发达地区的常规资源，实现两个不同区域最优势资源在同一个企业的集中配置，从而实现企业资源配置综合成本最低化。这样企业就可以避免因将"总部—生产加工基地"布局在一个区域而必须支付高昂的"机会成本"，"损失"掉"利润"，这种由于降低了"机会成本"而被获得的"利润"正是总部经济的"收益"所在。在总部经济模式下，不但能够使企业取得在原有布局模式下难以取得的资源优势，实现综合成本最低化和效益最大化，而且使得总部所在的中心城市密集的人才、信息、技术资源得到最充分的效能释放，使得生产加工基地所在的欠发达地区的密集的制造资源得到最大限度的发挥，因此，总部经济是一种能使企业、总部所在区域、生产加工基地所在区域三方利益都得到增进的区域经济形态（见图 10—4），也正是在这个意义上，我们将"总部经济模型"称为"三赢模型"。

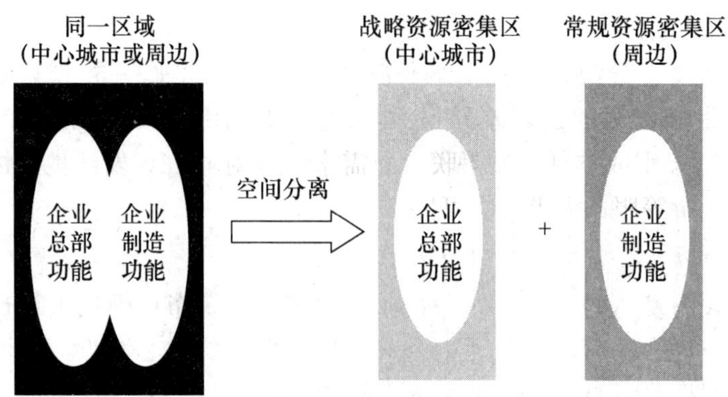

图 10—4　总部经济模式下企业功能链空间重置战略示意图

资料来源：孙久文主编：《区域经济学》，146 页，北京，首都经济贸易大学出版社，2008。

10.3.3　总部经济的区域经济效应

1. 企业总部对所在区域的贡献

在总部经济模式下，企业总部对所在区域的贡献主要表现在五个方面。

(1) 税收贡献效应。总部经济对所在区域的税收贡献主要包括三方面：一是企业的税收贡献效应。大量的企业总部将向总部所在地上缴所得税。二是总部员工的个人税收贡献效应。企业总部的高级白领由于丰厚的收入，必然以上缴个人所得税的形式为当地的经济发展作贡献。三是总部的集聚可以直接增加相关产业（如所在区域的知识型服务业）的税源，从而优化税制结构。

(2) 产业乘数效应。在总部经济模式下，企业总部所在区域的知识型服务业往往较为发达，包括信息、金融、贸易、科技、人才、咨询、法律、文化、娱乐等诸多方面服务，形成了为企业总部服务的知识型服务业产业链，从而带动关联产业在该区域集聚并维持扩张趋势。值得注意的是，这些知识型服务并不是一般意义上的资料提供，而是富有创意性、建设性的高级智力型服务。也就是说，由总部经济理论和总部基地实践所衍生出来的“总部产业”，将是一个资本和知本高度密集的产业。通过这种产业乘数效应，可以实现该区域产业经济总量的成倍增长，提高第三产业的结构水平和质量，从而提升区域经济竞争力。

(3) 消费带动效应。企业总部对所在区域的消费带动作用主要表现在两方面：一是围绕总部的商务、研发活动，以及配套进行的消费，包括办公楼宇的建造，通信设施、实验设备、仪器仪表等硬件消费，以高档商务和休闲娱乐为主的商务费用，以及总部员工的商务套餐、商务文件快递等一般性消费。二是总部高级白领的个人生活消费，包括交通、购物、置业安家、子女教育、休闲娱乐、法律支持等。由于企业总部员工及相关服务业企业员工大都属于高收入群体，而且这部分人群是消费创新的重要力量，因此会产生多方位、高质量的消费需求，使得总部集聚区及其周边地区大都形成了包括公寓、酒吧、咖啡厅、美容院、商业街、餐饮、文化娱乐场所等在内的较为繁华的商业中心，

在很大程度上拉动所在区域的消费。

(4) 就业乘数效应。总部劳动就业带动的效应主要表现在三个层次上：一是企业总部直接从当地雇用员工，从而扩大当地就业。二是增加商务服务产生的就业量与生活服务产生的就业量。三是与经济繁荣相联系的需求，如对城市基础设施、住宅、物业、绿化、子女教育、旅游等服务需求，也可以创造新的就业。

(5) 社会资本效应。社会资本是寓于社会网络之中的一种社会结构性资源，包括社会关系网络、社会规范、社会信任、社会凝聚力、政府功能、公民参与、人际关系、行为承诺等多方面内容。社会资本是无形的、不可量度的，但是它对于区域经济发展具有深远持久的影响力。①

总部集聚对所在区域社会资本的贡献具体表现为：总部集聚区域具有获取和整合技术、人才的优势，从而大大提高区域生产率；区域内形成的互利互惠的信任机制降低了区域的信息获取成本和市场交易成本；总部集聚将不可避免地促使企业间展开激烈竞争，由此带来的企业生存和发展压力将提升企业乃至整个区域的创新力和竞争力；总部集聚会创造区域独特的地域文化，有利于增强区域竞争力，保持其持续竞争优势；提升区域的知名度、美誉度，提升区域形象。

2. 生产加工基地对区域经济的综合效应

(1) 生产加工基地对于区域经济发展的贡献。在总部经济模式下，生产加工基地对于所在区域的积极作用主要表现在四个方面。

1) 促进区域经济增长和产业结构优化。对于相对落后的区域来说，代表了先进生产力的生产加工基地与当地具有比较优势的经济资源一经结合，将使区域产业经济总量迅速增加，同时由区域产业带来的“增长极”效应、产业集聚效应和产业乘数效应，将继而放大区域的产业总量。由于这些效应的作用，该区域的关联产业将逐步兴起，区域产业结构得到优化。

2) 促进区域就业岗位的增加和就业结构的调整。生产加工基地可以充分利用当地人力资源的比较成本优势，大量雇用所在区域的劳动力，继而通过就业乘数效应扩大区域的就业总量。同时生产加工基地的形成也将影响区域就业结构的调整，如生产加工基地通过技术推广、学习培训等方式为区域培育生产技术专门型人才，从而优化区域就业结构。

3) 促进区域税收总量的增加和税源结构走向多元化。“生产加工基地性”企业和由生产加工基地激发的关联产业直接为当地带来可观的税收贡献，同时由于企业性质的特殊性，使“生产加工基地性”企业涉及的税目几乎涵盖了增值税、营业税、企业所得税等所有税目，因此促进了区域税源结构的多样化。

4) 促进区域消费总量和质量的提高。生产基地的形成或入驻将促使区域消费总量增加，这主要表现在企业职工的个人生活消费、企业一般性日常消费（如办公用品费用支出）、社会公共消费（如地方文化教育、休闲娱乐等方面支出）和关联产业引发的消费需

① 参见孙久文主编：《区域经济学》，154页，北京，首都经济贸易大学出版社，2008。

求的增加。同时，生产加工基地在一定程度上影响着当地的消费观念和消费结构。

(2) 生产加工基地对于所在区域的消极影响。生产加工基地的功能特征决定了生产加工基地相对于企业经营的其他环节，将消耗更多的自然资源，造成更大的资源环境压力。过度的开发利用将导致区域的成本比较优势逐渐减弱。生产基地的发展还将使区域社会管理工作复杂化，主要表现为增加了区域人口管理的难度，对区域基础设施承载能力和配套服务体系提出更高要求，生产基地的快速发展可能会带来诸多社会矛盾等。

10.3.4 发展总部经济的条件

总部经济是由企业总部集聚而产生的一种新的经济形态，它属于企业价值链的高端环节，因此发展总部经济必须具备一定的条件。通过对纽约、新加坡等总部经济发展较好的国际性城市进行实证研究，可以概括出一个中心城市发展总部经济需要具备的一般性条件。

1. 必须拥有丰富的高素质人才、科技资源

企业总部主要进行知识密集型价值活动的创造，需要大量高水平、国际化的管理、营销和研发人才等，需要开放式的知识创新氛围。如世界最大的跨国公司总部所在地纽约就拥有极为丰富的人才、科技资源，拥有完善的教育体系和众多著名的高等院校，大专以上学历占从业人员的比例超过50%。提高城市的人力资源素质，同时确定优惠的政策，吸引更多优秀人才到该区域发展，是区域发展总部经济的重要条件。

2. 必须形成围绕总部需求的专业化服务支撑体系

企业总部发展过程中需要各种专业服务业为其提供服务支撑，与总部经济相适应的专业化服务支撑体系应覆盖金融、保险、会展、商贸、航运、物流、旅游、法律、教育培训、中介咨询、公关、电子信息网络等诸多领域。纽约、伦敦、巴黎、东京等国际化程度较高的城市对企业总部有较强的吸引力，与其城市服务业尤其是专业服务业发达有着密切的联系。服务业在这些城市的国民生产总值中所占的比重都比较高，大都在70%以上，香港的服务业比重更是高达87.9%（2004年）。高度发展的服务业是提高城市经济效益与经济实力的必然选择，也是发展总部经济的重要条件之一。

3. 必须拥有便捷的交通运输网络和完善的通信系统

交通运输网络和通信系统是企业对内、对外联络的重要手段。从企业内部看，在总部经济模式下，虽然企业总部与生产加工基地实现了空间上的分离，但是为了保证公司的高效运转和各项业务的顺利进行，并及时发现、解决公司运营中出现的问题，企业总部往往通过实地考察或异地远程监控，与公司内其他分部、子公司、生产加工基地之间每时每刻都保持着密切的联系。从企业外部看，企业总部与配套服务业、相关业务伙伴等都有着多方面的业务合作关系。便捷的交通条件、发达的通信网络为企业实现跨区域

管理和沟通联络提供了重要保证。

4. 必须具备健全高效的法律制度环境和政府服务

发展总部经济，要具备完善的法律法规制度，尤其是要健全围绕企业总部需求的知识产权保护、信用体系建设、规范市场秩序等方面的法律法规，加大执法力度，强化执法监督，为发展总部经济营造良好的法制环境。同时，要不断提高政府的办事效率，增加政府工作的透明度，为企业总部提供优质高效的政府服务。

5. 必须具备宽容的多元文化、优越的生活环境和良好的区域形象

宽容的多元文化、优越的生活环境、良好的区域形象是一个城市发展总部经济的重要基础。宽容的多元文化有助于信息的沟通、情感的交流；优越的生活环境可以吸引大量高端人才的集聚，降低企业的人才成本；良好的区域形象能够提升企业形象和品牌价值。这些非经济因素对公司总部区位选择产生十分重要的影响。

10.4　区域创新

人类社会已进入知识经济时代，知识经济的本质特征是创新。江泽民同志在党的十六大报告中指出，“创新是一个民族进步的灵魂，是一个国家兴旺发达的不竭动力”，并发出了“推进国家创新体系建设”的号召，由此可见党对创新的重视程度。事实上，一个地区、一个国家、一个企业能否掌握持续发展的命脉，关键在于其能否驾驭不断出现的新技术，推动本地区企业进行持续的创新。可以说，创新正成为一个国家、一个地区经济增长的发动机。在当代，创新不但已经成为经济发展的主要动力，而且成为推动产业结构升级、形成区域竞争优势和促进区域经济跨越式发展的重要力量，整个社会正如新经济增长理论得出的结论一样，“内生的技术进步（技术创新）”成为了“经济增长的唯一源泉”。

10.4.1　创新和区域创新

美籍奥地利学者约瑟夫·熊彼特是最早提出和研究创新问题并力图用创新理论来解释经济周期和经济增长的经济学家。1912年，在其著名的《经济发展理论》一书中，他第一次将创新视为现代经济增长的核心，并将创新理解为“建立一种新的生产函数”，也就是把一种从来没有过的关于生产要素和生产条件的“新组合”引入生产体系。他认为，创新是发明的第一次商业化应用，只有将发明引入生产体系才能成为创新。熊彼特所指的创新包括下列五种情况：（1）采用一种新的产品——也就是消费者还不熟悉的产品——或一种产品的一种新的特性；（2）采用一种新的生产方法，也就是在有关的制造

部门中尚未通过检验的方法，这种新的方法不需要建立在科学上新的发现的基础之上，并且也可以存在于商业上处理一种产品的新的方式之中；（3）开辟一个新的市场，也就是有关国家的某一制造部门以前不曾进入的市场，不管这个市场以前是否存在过；（4）掠夺或控制原材料或半制成品的一种新的供应来源，也不管这种来源是已经存在的，还是第一次创造出来的；（5）实现任何一种工业的新的组织，比如造成一种垄断地位，或打破一种垄断地位。熊彼特所指的创新，既包括技术创新，也包括产品创新、工艺创新、市场创新和组织创新等内容。但事实上，从创新的本质来讲，严格的经济学意义上的创新应该主要指技术创新，其他形式的创新只是相伴技术创新而生的。

区域创新是以区域为整体，以发展区域经济为目的，构建区域创新网络系统，从而能够一方面根据本区域的特点发展科学技术进而带动生产发展，另一方面，则是通过技术创新和技术进步来促进区域发展与经济进步。通常情况下，区域创新必须依托区域技术创新实力，有效利用区域技术创新资源，协调区际（国际）间的技术合作与竞争，实现区域内技术创新资源的高效配置与结构优化，促进区域技术创新活动的广泛开展与创新成果的应用、推广和普及，从而创造和发展区域的竞争优势，为保证区域经济安全与社会发展服务。区域创新作为区域层面上的技术创新活动，是区域经济发展的必然趋势。

10.4.2 区域创新系统

1. 区域创新系统的由来

在最早提出和研究创新问题的约瑟夫·熊彼特看来，创新是由“企业家”这种特殊的主体所从事的工作，即创新的主体主要是“企业家”。创新行为基本上是“企业家”个人的行为，是“企业家”在利益的驱动下（有时甚至纯粹出于个人偏好）进行的生产要素和生产条件的“新组合”，创新与社会无关。而事实上，在现在看来，创新的主体应该是一个多层次的概念，既可以是个人（“企业家”），也可以是一个企业、一个团体，甚至一个民族或一个国家，但是，在熊彼特所处的时代，创新还不被认为是经济发展或企业发展的必由之路，而且许多人不愿从事被认为冒险的创新，所以，“企业家”致力于创新的突出形象奠定了他们作为创新主角的基础。尽管熊彼特关于创新主体的理解是相当狭隘的，但熊彼特的观点，却从一个侧面反映了创新的基本发展历程：一般情况下，最初的创新活动，由于目的单一、内容简单，一般都是在个人的努力下（有时甚至纯粹是在偶然的情况下）完成的，但随着科学技术的发展、创新需求的大幅度增加，个体行为已不能满足综合而复杂的创新活动的需要，在这种情况下，个人就必须在一定的组织结构下，进行系统的创新活动。因此，个体的偶然的、随机的创新行为向多主体参与的系统的、有组织的创新行为过渡是创新发展的必然趋势。换句话说，尽管“创新”归根到底是人进行的创新，但就像人不可能脱离社会一样，任何个人的创新也都是在特定的创新体系之中形成并被置于这种创新体系之中的。这就最终决定了创新活动从个人创新走向了系统创新，建立与形成创新系统成为创新的内在要求。

所谓创新系统（体系）是指能够基于市场体制和国家战略引导，有效促进各类创新主体网络化互动的组织系统，涉及创新的主体、创新的体制和机制、创新的环境等多个方面。创新主体的多层次性自然决定了创新系统的多层次性：就一个国家而言，必须具有国家级的创新系统，以提高国家或民族在国际竞争和世界格局中的地位；就一个地区、一个特定区域，尤其是一级地方政府的行政区域而言，也必须有自己的创新系统，以提高区域经济和社会发展的竞争力；就一个企业而言，也同样必须存在一个创新系统，以提高自身创新能力，增强市场竞争力。多层次的创新系统并不是相互独立的，而是相互联系、相互影响、相互支撑、相互制约，构成一个不可分割的整体。国际上对创新系统的研究，最早起源于国家层次的创新系统——国家创新系统——的研究。英国苏塞克斯大学的弗里曼（Freeman）是最早使用“国家创新系统”这一概念的学者，他将国家创新系统（National Innovation System，NIS）定义为：“一个主权国家内的公共部门和私人部门中各种机构组成的网络，这些机构的活动和相互作用促进了新技术和组织模式的开发、引进、改进和扩散。”国家创新系统具有国家创新资源的配置功能、国家创新制度与政策体系建设功能、国家创新基础设施建设功能和创新活动的执行功能。国家创新系统的建立有利于我国科教兴国战略的实施，有利于我国高科技的发展及其产业化的实现，有利于我国由工业经济时代向知识经济时代的尽快迈进，有利于我国国家竞争优势的提高以及跨越式发展的实现。就创新系统的层次性来说，由于在配置资源、制定创新政策和造就创新环境上，国家具有其他组织无法替代的特殊优势，因此在国家水平上的分析尤为重要。这也是国际上进行创新系统研究时，首先研究国家层次的创新系统的原因。但事实上，构建全方位的国家创新系统是非常困难的，因为“以国家作为一个单位来分析一个技术体系的动态图像可能太大了”，这会无限增加工作的复杂性，同时，在国家层面上构建全方位的创新系统也有悖于创新的发生规律，因为“创新，无论是国家的，还是区域的、企业的，其本质都是基于人的自下而上的行为和过程，创新体系模式从本质上讲是独特的”。正因为如此，所以“应该考虑一组特色的、以技术为基础的体系，其中的每一个以在一个国家地理和制度为边界，而它们之间又进行联系，支撑国家或国际创新体系的发展”。在这种情况下，区域创新系统（Regional Innovation System，RIS）便应运而生。区域创新系统是国家创新系统的基础和重要组成部分，体现国家创新系统的层次性特征。国家总体层次上的创新系统如果没有区域层次的创新系统的孕育、发展乃至成熟，无疑是空中楼阁。区域创新系统是构筑国家创新系统的重要支柱，国家层次的创新必须依靠区域层次的创新来支撑。建立完善的区域创新系统，将为国家创新系统的建设夯实基础。

如果把国家创新系统看作一个大系统，区域创新系统则是一个子系统。国家创新系统常由若干区域创新系统组成，但国家创新系统绝不是若干区域创新系统的简单叠加，国家创新系统的整体功能要大于各区域创新系统功能之和。同时，尽管国家创新系统是由若干个区域创新系统构成的，但区域创新系统绝不是区域中的国家创新系统，相反，它比国家创新系统表现得更具特色与个性，多样化和区域化是区域创新系统相对于国家创新系统的本质特征，因而，区域创新系统绝不是国家创新系统的一个缩影，而是创新的区域化。另外，区域创新系统与国家创新系统在功能上也存在较大的差别，体现了不同层次的创新系统的特色。这表现在：在国家创新系统中，政府根据国家发展目标，组织重大创新计划和项目，通过为创新活动提供良好的制度、政策、法律环境和国家科技教育、情报信息等基础设施，促进产学研合作，推广创新成果；区域创新子系统担负着推进技术创新并将其成果内化为区域经济增长的自变量、促使区域内产业结构合理化、促使区域内产业升级和区域经济高质量增长等任务。因此，区域创新系统以技术创新为主。

2. 区域创新系统的内涵

区域创新系统是一个新兴的概念，20 世纪 90 年代初才开始出现，而我国引入这一概念则是 20 世纪 90 年代末的事。一直以来，国内对区域创新系统的内涵缺乏统一的认识，其主要分歧表现在五个方面。

（1）对区域创新系统中的“区域”的理解不同。有的认为是经济区域，有的认为是行政区域，更多的人认为是技术区域。

（2）对区域创新系统定义的角度不同。大多数人是从区域创新系统的构成要素及结构去定义，也有人是从区域创新系统的组织形式或运行方式去定义（如将区域创新系统定义为创新网络），还有人是从区域创新系统的作用与功能去定义。

（3）对区域创新系统功能的认识不同。一般认为区域创新系统的主要功能是技术创新，但也有人认为区域创新系统的功能包括知识创新、知识扩散和知识应用，还有人认为区域创新系统的功能应包括制度创新、组织创新等在内。

（4）对区域创新系统的构成要素认识不同。一般认为区域创新系统是由企业、大学和科研机构、政府、中介机构等创新主体构成，但对主体数量的认识不一；有人认为区域创新系统的构成要素不仅包括不同的创新主体，而且还包括创新资源、创新环境等。

（5）对区域创新系统的性质认识不同。有人认为区域创新系统是一个技术系统，也有人认为区域创新系统是一个社会系统，还有人认为区域创新系统是一个社会经济系统。

实质上，区域创新系统是指在特定的行政区域内，各创新主体彼此密切联系、依靠各种创新资源（如资本、人才等）、借助各种创新条件（如基础设施、政策、法律等）、利用各种创新手段（如制度、组织、管理等）建立起来的有利于推动知识创新、技术创新、知识传播和知识应用的开放的、复杂的社会经济网络巨系统。

3. 区域创新系统的结构

系统的结构是指系统内部各组成要素之间在空间或时间方面的有机联系与相互作用的方式或顺序。研究区域创新系统的结构，就是研究区域创新系统的组成要素、各要素在系统中的地位及相互关系，以及各要素相互作用的方式等内容。

（1）从区域创新的要素条件来看，区域创新系统主要由三大部分构成，即创新主体、创新资源和创新环境。创新主体包括大学、研究机构、企业、中介机构和政府。创新资源包括知识与信息、人才和资本等。创新环境包括两个方面：一是内部创新环境，二是外部创新环境。内部创新环境包括创新硬环境（如基础设施、综合经济实力、自然资源、生态环境等）和创新软环境（如制度、政策、法规、信用和社会文化等）两部分。外部创新环境包括通达性条件和区域之间的联系与合作等（见表 10—2）。

区域创新系统实质上就是区域创新主体积极利用和合理配置创新资源，在特定的创新环境下形成的一个旨在推动技术创新的体系。在区域创新系统中，创新主体是区域创新的执行者、参与者和推动者，创新资源是区域创新的基础和条件，而创新环境则是区域创新得以顺利进行的根本保障。在区域创新系统中，这三者缺一不可，合理的主体结构、高效的创新资源配置和优越的区域创新环境，有利于推动区域持续的创新；相反，则会降低区域创新的效率，不利于区域创新的顺利进行。

表 10—2 要素条件决定的区域创新系统结构

<table>
<tr><td rowspan="37">区域创新系统</td><td rowspan="23">创新主体</td><td rowspan="4">大学</td><td>研究型大学</td></tr>
<tr><td>教学型大学</td></tr>
<tr><td>职业技术学院</td></tr>
<tr><td>其他类型大学</td></tr>
<tr><td rowspan="4">研究机构</td><td>自然科学研究机构</td></tr>
<tr><td>人文社科研究机构</td></tr>
<tr><td>科技信息与情报机构</td></tr>
<tr><td>其他科研机构</td></tr>
<tr><td rowspan="4">企业</td><td>国有大中型企业</td></tr>
<tr><td>民营中小型企业</td></tr>
<tr><td>民营科技型企业</td></tr>
<tr><td>其他企业</td></tr>
<tr><td rowspan="6">中介机构</td><td>生产力促进中心</td></tr>
<tr><td>工程技术研究中心</td></tr>
<tr><td>技术开发中心</td></tr>
<tr><td>创业服务中心</td></tr>
<tr><td>技术市场</td></tr>
<tr><td>其他中介机构</td></tr>
<tr><td rowspan="3">政府</td><td>各级人民政府</td></tr>
<tr><td>开发区管理委员会</td></tr>
<tr><td>其他政府管理机构</td></tr>
<tr><td rowspan="13">创新资源</td><td rowspan="4">知识与信息</td><td>专利</td></tr>
<tr><td>出版物、文献等</td></tr>
<tr><td>科技、经济信息</td></tr>
<tr><td>其他知识与信息</td></tr>
<tr><td rowspan="5">人才</td><td>科学家</td></tr>
<tr><td>工程师</td></tr>
<tr><td>专业技术人员</td></tr>
<tr><td>技术开发人员</td></tr>
<tr><td>其他人才</td></tr>
<tr><td rowspan="4">资本</td><td>财政拨款</td></tr>
<tr><td>民间资本</td></tr>
<tr><td>风险资本</td></tr>
<tr><td>其他资本</td></tr>
<tr><td rowspan="4">创新环境</td><td rowspan="2">内部创新环境</td><td>创新硬环境（如基础设施、综合经济实力、自然资源、生态环境等）</td></tr>
<tr><td>创新软环境（如制度、政策、法规、信用和社会文化等）</td></tr>
<tr><td rowspan="2">外部创新环境</td><td>通达性条件（如交通、通信等的通达性和是否存在地区封锁等）</td></tr>
<tr><td>区域之间的联系与合作（含国际间的联系与合作）</td></tr>
</table>

(2) 从区域创新的过程来看，区域创新系统主要由四大部分构成，即区域知识创新系统、区域技术创新系统、区域知识传播系统和区域知识应用系统。各子系统的构成要素、功能及创新成果体现详见表10—3。

表10—3　　创新过程决定的区域创新系统结构

系统		核心部分	相关部分	主要功能	创新成果
区域创新系统	区域知识创新系统	科学研究机构、研究型大学	企业研究与开发中心、其他高等院校、政府部门、基础设施等	新知识的创新、扩散和转移	学术出版物（论文、著作等）、科学引文、其他知识产权等
	区域技术创新系统	创新型企业（从事研究与开发的企业）	部分科研机构、技术工程类大学、中介机构、政府部门等	新技术的创造、扩散和转移	专利、其他知识产权、学术出版物、高技术产业等
	区域知识传播系统	教育系统、培训系统、信息服务系统	知识和信息基础设施、科研机构、企业、政府部门等	新知识的传播、人才培养	技术许可、合作专利、合作论著、合作研究开发、知识交流、人员流动、职业培训、国民教育普及率、国民科学文化素质、知识与信息基础设施、国际知识和技术贸易等
	区域知识应用系统	不直接从事研究与开发活动的企业、机构	不从事研究与开发活动的政府部门、其他机构	为了社会和经济利益进行新知识的应用、储存和扩散	知识密集型产业、知识密集型服务业、新产品和新服务等

区域创新系统实际上就是由从知识创新开始到知识应用结束的各环节组成的一个旨在推动创新的体系。在区域创新系统中，知识创新是基础，技术创新是关键，知识传播是手段，知识应用是结果。这四者在系统中呈一种线性上升的关系，前者与后者互为条件和结果，共同组成一个完整的区域创新过程。脱离任意一个环节的区域创新，都将是一个不连续的区域创新，不利于区域创新系统的持续、有序和高效运行。

4. 区域创新系统的功能

系统的功能是指系统与外部环境相互联系和相互作用过程的秩序和能力，体现了系统与外部环境之间的物质、能量和信息的输入与输出的变换关系。根据系统论的观点，系统是结构与功能的统一体，系统的结构与系统的功能是对应的，有什么样的结构，就有什么样的功能。因此，区域创新系统的结构与功能也是对应的，有什么样的创新结构，就有什么样的创新功能，区域创新系统的功能是区域创新系统结构的外在表现。

在进行区域创新系统的功能分析时，应该从区域创新系统建立的目的出发，认真研究区域创新系统的结构，牢牢把握区域创新系统的本质，否则，很难得出科学的、正确的结论。区域创新系统是区域创新主体积极利用和合理配置创新资源，在特定的区域创新环境下形成的一个旨在推动创新的体系。这表明，区域创新系统建立的根本目的就是推动创新，区域创新系统的结构也为此而设计。而从创新的过程来看，技术创新始终处于区域创新系统中的最关键位置，是区域创新过程的核心。因此，区域创新系统的基本功能就是推动创新，主要是推动技术创新，以及为推动技术创新而进行的制度创新、组织创新和管理创新。

10.4.3　区域创新与区域发展

区域创新是实现现代区域发展的重要途径和过程，而区域发展是区域创新的主要目的和结果。区域创新促进区域的整体发展，而区域发展又会进一步促进区域创新的进行。

1. 区域创新对区域经济发展的带动

区域经济对区域创新的依赖表现在区域创新对区域经济发展的带动作用。具体来说就是，通过区域创新可以优化、整合区域内的创新资源，提高区域的创新能力，形成新产业和新的经济增长点。

技术创新对区域经济的巨大乘数效应，是技术创新推动区域经济增长的一个关键。具体而言，技术创新使主导产业或产业集群成为相关行业新的增长极，而增长极的集聚与扩散作用，会使得整个区域内的各产业、各部门都有不同程度和比例地增长，从而引发区域经济全方位的增长。

2. 区域创新对区域经济的依赖

区域技术创新的发展受到区域内具体的历史文化传统及制度、结构因素的影响，一些区域可能因为所建立的区域创新系统与原来的制度、结构和历史等相匹配而产生了协同效应，取得了创新的成功，而另一些区域可能因为其所建立的创新系统与原来的制度、结构和历史等无法形成很好的协调，而渐渐失去领先地位。因此，区域创新系统是多样的，没有固定的模式，各个区域应根据自身的特点，找到合适的创新之路，发展独具优势的产业，避免因趋同而造成过度竞争和资源浪费。

区域创新系统的定位要结合现实条件和区域经济发展的长远目标，突出优势、避免劣势。区域经济增长不可能在所有产业领域都取得成功，而只能在那些有条件的产业群中获取成功。因此，区域创新还必须有所为、有所不为，根据地域发展的比较优势选择不同的产业群。

10.4.4　区域创新政策

所谓区域创新政策，是指一个国家或地区的政府为了促进创新活动的大规模涌现、创新效率的不断提高和创新能力的不断增强而采取的公共政策的总和，其最终目标是通过创新提高竞争力以实现经济的持续增长。区域创新政策是区域创新系统正常运行的保证，区域创新政策是国家经济政策、国家科技政策和区域产业政策的结合，是一个整合的概念。

1. 区域创新政策的作用领域

（1）基础研究领域。大多数基础研究是没有直接收益的，但它们却是大多数创新得以产生的基础。在市场经济制度下，企业一般不会去做没有直接经济收益的基础研究，这就需要超越企业局部利益的中央和地方政府承担起组织、资助基础研究的责任。通过政策手段资助基础研究是区域创新政策的重要方面。

（2）基础设施建设领域。以基础设施建设为中心的许多公共设施建设，如交通、通信和城市基础设施建设等，是技术创新活动能够进行的环境基础。由于这些基础设施具有公共产品的性质，因而有赖于政府的投资、建设。通过政策手段资助基础设施建设，能够为区域创新提供保障。

（3）主导产业领域。如果一个区域某些主导产业领域的创新活动可以极大地促进区域经济的发展，那么中央和地方政府都应积极促进这些领域的创新。通过政策手段加快主导产业发展，使区域经济政策成为促进区域发展的主要机制之一。

2. 区域创新政策的主要手段

（1）政府资助区域研究与开发项目。政府对研究与开发项目给予直接的资助，是实施区域创新政策的一个普遍使用的手段，只不过侧重点不同而已。虽然各国的研发经费近年来在财政支出中的比例不尽相同，但都呈现上升的趋势。政府资助还包括政府拨款给公共研究开发部门，通过建立政府研究所、实验室、资助大学研究等，使创新活动普遍化。

（2）政府采购创新产品。政府购买创新产品一定程度上会促进区域的创新。原因主要有两点：首先，政府部门的需求构成了一个大市场，政府既可以为本身购买，也可以采取合适的手段，要求能源、交通等部门采用某些产品，这种市场保证自然有利于创新产品的问世。其次，政府部门的购买起着需求拉动的作用，在产业发展的早期阶段，这种拉动尤为重要，特别是落后地区发展半导体、集成电路等领域，政府购买所起的推动作用要比直接资助大得多。

（3）政府直接投资。国家将一些基础设施和产业、技术领域，作为优先发展的对象，制定这些领域的具体发展战略、方案，并为它们筹措必需的资金进行直接投资。由于许多创新产业的风险高、资金需求多、涉及技术领域多，政府与企业的合作性投资也已成为一个趋势。

10.5 区域竞争力

区域经济发展与区域竞争力之间存在着密切的联系。在经济全球化的背景下，各个区域都不可避免地以各种方式参与全球资源、市场、发展空间和机会的竞争，区域竞争力的强弱已成为衡量一个区域是否具有现实的和潜在的竞争优势的重要标志，是判断一个区域能否实现可持续发展的关键因素，因此研究区域竞争力具有十分重要的现实意义。

10.5.1　区域竞争力概述

1. 区域竞争力的概念

目前，对区域竞争力的概念认识不统一，主要有以下五种观点：

(1) 产品提供能力。持这种观点的学者以区域经济的均衡产出、生产能力和市场地位来描述竞争力。他们要么认为“区域竞争力是指各经济区域所提供的商品在某一特定区域市场中占领的市场份额”；要么认为区域竞争力是“商品在国际市场上所处的地位”，具体而言，“竞争力来源于同样质量的产品具有较便宜的价格，或者说同样质量的产品具有较低成本”。甚至还有学者将区域竞争力直接界定为“提供产品和服务的能力”，认为区域竞争力的实质是比较生产力。

(2) 经济持续发展能力。这种观点基于提高竞争力的最终意图，即促进国民经济持续增长，体现了古典经济学的核心思想。持这种观点的学者认为，区域竞争力是“一个区域与整个市场加强分工与协作，实现区域经济和社会可持续发展的能力”。

(3) 资源吸引和有效配置能力。这种观点着眼于提高区域竞争力的基本途径，是目前国内较主流的一种观点。持这种观点的学者认为，“区域竞争力是一个区域为其自身发展在其从属的大区域中进行资源优化配置的能力，也就是一个区域为其自身的经济发展对大区域资源的吸引力和市场的争夺力”。具体可以理解为：第一，区域竞争力是一种立足现在、面向未来的能力——以区域的经济和社会的客观现状为基础，以支撑区域经济发展为导向；第二，区域竞争力是一个相对性的能力——竞争力分析是一种比较研究；第三，区域竞争力是一种综合性的能力——由区域的直接性竞争力要素(如企业竞争力等)、间接性竞争力要素（如国民素质竞争力等)、显在性竞争力要素(如经济实力竞争力等)、潜在性竞争力要素（如可持续发展竞争力等)、物质性竞争力要素（如基础设施竞争力等）和精神性竞争力要素（知识经济竞争力等）综合形成。

(4) 财富创造能力。持这种观点的学者认为，区域竞争力是一个区域在国内外市场上与其他区域相比，所具有的自身创造财富和推动区域、国家或世界创造更多社会财富的现实和潜在能力，是指一个区域在一定社会经济制度和人文自然条件下，创造出比其他区域更多的有效经济财富增加值的能力。

(5) 多种形式的综合能力。持这种观点的学者认为：区域竞争力是“一个区域在与其他区域竞争中所具有的相对优势，包括经济增长潜力、资源优化配置能力和市场占有能力等，是社会、经济、文化、制度、政策等多因素综合作用的结果”。

综合各种观点，可以把区域竞争力的定义归纳为：在系统分析区域现状的基础上，一个区域与其他区域相比，在资源环境、经济实力、产业市场、对外开放、基础设施、人力资本、科技创新和管理服务等方面表现出来的一种相对的综合能力，是一种通过比较所具有的吸引、争夺、转化资源和控制、占领市场的能力，亦即能够为区域发展提供资源配置和市场导向功能的能力。

2. 区域竞争力的本质

人类为了生存和满足需要，就需要制造各种各样的产品，随着人口的增多、生活水平的提高，人类对产品的需求越来越多，需要投入的要素也越来越多，但要素相对于人类的需求来说总是短缺的，这就是资源的稀缺性。

区域经济发展同样面临着资源的稀缺性问题。一个区域要发展，人民生活水平要提高，经济结构要升级，生活环境要改善，精神文明与物质文明要进步……发展的需求是无限的，然而支持发展的资源总是有限的。任何一个区域性的地方政府，不论是富裕地区还是贫困地区，都会有资金、人才、技术等方面的资源稀缺问题。

由于资源稀缺问题的存在，所以面临着选择的问题。人类无法满足自己的所有需求，只能选择其中的一部分予以满足，而放弃其他大部分的需求。由稀缺性导致选择的不可避免性，就构成了经济学的基本问题。资源稀缺性决定了人们为达成经济目标进行资源的优化配置，而经济学就是研究资源的优化配置，研究如何进行有限资源的优化配置，因此，经济学的核心就是实现资源的优化配置。对企业的经营管理者来说，就是通过优化配置企业拥有的有限资源，达成企业目标；对政府来说，就是通过优化配置社会资源，达成社会经济发展的目标。

为了实现资源的优化配置，达到资源的合理利用，促进经济的快速发展，可将资源优化配置归结为两种形式："看不见的手"和"看得见的手"。所谓"看不见的手"是指依靠市场自身的力量进行资源优化配置，从微观经济角度讨论如何实现资源优化配置，使资源的优化配置，在一个竞争的市场环境得到实现。通过市场进行资源优化配置，可以调整生产者、消费者之间的利益关系。然而市场调节资源也并非绝对理想，存在着"失灵"现象。针对这一现象，需要依靠政府力量进行资源优化配置，这称为"看得见的手"，是从宏观角度讨论资源优化配置问题。政府通过制定法规、参加经济活动、利用宏观经济政策等手段进行资源优化配置，保证经济的健康发展。

资源优化配置问题是经济学研究的核心问题，而区域竞争力是一个区域经济范畴，也是一个经济学范畴，因此它脱离不了经济学的本质，也要研究一个区域或地区如何进行资源优化配置。但区域竞争力的概念又不同于传统的区域经济理论，虽然同样是讨论区域经济的资源优化配置问题，但是区域竞争力从一个全新的角度即竞争角度切入，从以一个区域自身为主扩大到大区域中，来为区域经济发展进行资源优化配置。因此，区域竞争力就是能支撑一个区域持久生存和发展的力量，即一个区域在竞争和发展的过程中与其他区域相比较所具有的吸引、争夺、拥有、控制和转化资源，争夺、占领和控制市场的能力，为其自身发展所具备的资源优化配置能力，也可以说，是一个区域为其自身发展对资源的吸引力和市场的争夺力。这里的资源优化配置能力就是区域竞争力，表现在资源优化配置上，既有内部资源的有效安排、外部稀缺资源的容纳，又有内外资源的有效协调配合；这里也体现了区域竞争力的目标，如何通过对区域内资源优化配置，确保区域经济运行和发展，以保证区域经济发展目标的达成。

3. 区域竞争力的核心

区域竞争力的核心是创造竞争优势。区域间资源优化配置的经济理论经历了一个逐

渐深化的过程：绝对优势理论、比较优势理论、竞争优势理论，前两者都属经典理论，后者则是近些年来被认同、富有生命力的概念。

绝对优势理论认为，区域分工应基于区域拥有的绝对优势的资源和条件，拥有一种资源绝对优势的区域与拥有另一资源绝对优势的区域，各自生产自己的优势产品，然后进行交换，两个区域都因此好起来，而整个区域也因此好起来。然而绝对优势理论受到了挑战，因为它无法解释这样的现象：即使一个区域在所有方面都比另一个区域差，它仍可集中生产自己有相对优势的产品来进行交换，使自己好起来。

比较优势理论对上述无法解释的现象做了回答。该理论指出，即使 A 区域生产的所有产品都比 B 区域具有优势，也能通过区域分工使双方都好起来，整个大区域也因此好起来。区域分工只要基于其相对的比较优势就能做到这一点。相对优势是指同一区域生产哪种产品更有利，那么这一点就是其相对优势，A 区域虽然生产甲、乙两种产品都较 B 区域生产同样两种产品具有优势，然而，如果 A 集中生产其具有相对优势的甲产品（A 生产甲比生产乙有利），而 B 也集中生产其具有相对优势的乙产品（B 生产乙比生产甲有利，虽然 B 生产甲和乙都不如 A 生产有利），然后通过交换，达到区域内的资源优化配置。然而比较优势理论也遇到了困难：即使通过比较优势实现区域分工，然而具有优势的区域（如上例中的 A）得到的好处就一定会比不具优势区域（如上例中的 B）多得多，也就是说，条件不足的区域永远没有机会赶超条件好的区域。然而，现实中的情况远不是这样，如没有资源优势的新加坡等都实现了它们经济上的赶超。

竞争优势理论从一个全新角度来讨论自己区域的优势问题。它认为区域可以通过实施恰当的提升区域竞争力的战略来创造自己的竞争优势，实现经济的赶超。最典型的区域竞争优势理论是迈克尔·E·波特《国家竞争优势》一书所讨论的，虽然它只是区域竞争优势理论之一，但却是讨论最全面、体系最完整的一个理论。该理论认为国家经济竞争的核心是各国同产业之间的竞争，竞争战略要素是产业结构与产业定位，实现竞争优势的基本竞争战略可分为成本领先、差异化、成本集中与差异化集中战略等。波特以造船业为例说明竞争优势：日本采用差异化战略，提供多品种、高质量、高价格的船只；韩国采用低成本领先战略，提供质量足够好，但绝对不是最优秀的，品种多且价位比日本低得多的船只；斯堪的纳维亚地区的国家实施集中差异化战略，集中生产特种船只（破冰船、游艇等），其高价位弥补了昂贵的北欧劳动成本；中国是采取成本集中战略，提供相对简单但属于标准型的船只，却比韩国价位低得多。这样它们都具备了各自的竞争优势，在世界造船业中取得一席之地。

区域竞争力理论是建立在竞争优势理论基础之上的，区域竞争力可以看成区域创造竞争优势的能力。具备了竞争优势的区域，就有可能使自己在区域中通过竞争来获取区域经济发展所需的战略资源。竞争优势理论认为，一个区域可以发展其他区域具有优势的相同产业，关键在如何正确地选择其竞争战略，创造竞争优势，实现赶超。

10.5.2　区域竞争力分析框架

区域竞争是一种特殊的竞争形式，它是一个区域内一个或多个利益主体代表通过区域经济活动与其他区域为获取非任何区域都能获得的、影响区域共同利益的对象而展开的角逐和较量。区域利益主体的复杂性、竞争领域的多方面性和多层次性、竞争形式的多样性决定了区域竞争的系统性及区域竞争力的综合性。区域竞争力的综合性使得区域竞争力必然是由多个构成要素组成的有机整体。区域竞争力构成要素为区域竞争力研究提供了分析框架。本节从七个方面来分析区域竞争力的构成。

1. 产业竞争力

一个国家不同区域竞争力的差异的直接体现就是产业的发展现状和前景，因为各种资源配置最终必须落实到各个产业部门，并形成强弱不同的产业整体竞争力，进而决定创造财富的大小。因此，区域内产业越具有吸引力、资源优化配置能力越强，就表明该区域的产业竞争力越强，区域竞争力也越强。可见，产业竞争力是区域竞争力的核心。

一个区域产业的发展既要受到其他产业的影响，又影响着其他产业。如果区域各产业、各生产部门在生产上相互衔接、紧密配合，并形成合理的比例，那么区域资源在各部门之间将得到合理的配置，相应地为区域创造的财富就会越多，区域的经济实力就会越强，竞争力也会越强。区域的自然、社会、政治、经济、技术和对外关系形成区域特定的供给结构，如果区域产业结构和产业组织与其相适应，那么区域要素比较优势得以发挥，从而实现生产成本低廉、产品价格上升，最终区域产业竞争力得以提升。同时，区域的产业结构只有适应了市场需求的变化，才能使产品的价值得以实现，产业结构的应变能力才能提高，才能向区域所需的方向调整，才能增加区域产业的吸引力，如此一来，区域资源配置的能力就会越强，区域竞争力也会越强。

2. 企业竞争力

产业是由企业集合而成的，产业竞争力归根到底要落实到企业竞争力上来，缺乏企业竞争力，产业就失去了根底。因为，企业竞争力是产业竞争力的基石。一方面，企业竞争力的增强有助于区域内产业竞争力整体的增强；另一方面，产业竞争力的提升反过来又会促进企业竞争力的进一步增强。如此，便可实现产业竞争力与企业竞争力的互动良性循环。

企业是经济的基本组织单元，只有具备人才、资金、技术、管理和规模优势的企业，才能在市场竞争中取胜。企业只有利用、把握市场机会，开发新的生产技术，对变化竞争环境做出迅速的反应，适应需求的变化，才能使区域经济充满活力、产业发展健全，实现区域经济的增长。

3. 开放竞争力

开放竞争力是指区域在国际市场环境中的竞争力，它实际是产业竞争力与企业竞争力的特殊组成部分，如企业国际竞争力与产业国际竞争力就是涉外竞争力。在经济全球化大背景下，开放竞争力被单独列出，显示了区域对外开放活动的重要意义，它为资源的优化配置提供了一个更为广大的空间。在改革开放的今天，区域的对外开放活动体现出前所未有的意义。开放竞争力首先表现为企业整体的国际化经营能力，其次表现为产

业整体国际化经营能力。因此，一方面，开放竞争力的强弱直接影响到企业竞争力和产业竞争力；另一方面，企业竞争力和产业竞争力的增强，也有助于为区域内企业和产业的国际化经营奠定更为坚实的基础。

区域开放程度决定生产要素合理流动和合理配置的程度。区域开放程度高、生产要素流动性高，企业就能够有效地引进、输出、迅速合理地配置生产要素，有效地降低生产成本和交易成本，提高产品竞争力。对外开放加强了区域与区域、区域与国际之间的联系，通过吸收和引进知识、技术、技能、制度、文化与管理，企业可以进行创新，增强自身的竞争力。开放可以创造新资源、培养新优势，不仅可以扩大原有产业规模，提高产业层次，而且可以发展高技术的创新产业，实现产业的高级化，促进资源的合理配置。

4. 经济综合实力竞争力

经济综合实力既反映了一个区域过去经济发展的成果，又反映了一个区域经济发展现状和未来潜力。它不仅是产业、企业、对外开放多年的沉淀结果，而且是区域产业、企业、对外开放程度的新起点。经济综合实力越强，说明区域产业结构越合理、产业结构的应变能力越强、企业的创新能力越强、对外开放的层次越高，因而区域的竞争实力就越强。

5. 基础设施竞争力

基础设施是区域经济、社会经济的基本承载。它是指区域可利用的各种设施及其质量，包括交通、通信和能源等方面。区域基础设施的容量大小和负荷能力强弱决定了该区域的产业规模，先进的区域基础设施水平为区域产业的高级化提供了基础，基础设施的具体类型和结构也决定着区域具体的产业结构。

基础设施质量好和匹配合理，能够实现生产、运输、交易费用的节约，降低产品的相对单位成本，从而提高区域产品的竞争力，扩大产业和企业规模。基础设施为区域开放提供了载体和条件，先进的基础设施使区域与域外的交流、交往快速便捷，从而为全方位开放和交流创造了条件。先进的基础设施，能够吸引域外的居民，使高质量的人才向该区域集中，创造出巨大的物质财富，增强区域的竞争实力。

6. 科学技术竞争力

一个区域的科学、技术和知识资源影响区域的产业结构，区域科技水平和科技综合实力是产业整体素质的技术基础。一个区域没有足够的科技力，特别是没有足够的科技成果转化能力，区域的产业结构整体技术水平不会高，提高得也不会快。

科技力影响着高新技术产业的发展。科技力越强，特别是在某一些代表全球科技发展方向的重要应用科技领域拥有优势，并且区域的科技成果转化能力强，则区域的高新技术产业发展就有了一定的可能性。

科技力影响着企业的组织结构。一方面，新科技在产业中的应用，可以重新调整生产工序和环节，通过新的分工，提高生产专业化的水平，扩大企业规模。另一方面，知识经济时代的到来，需要企业进行不断的观念、技术、组织结构的创新，而创新需要对知识的生产、占有和有效利用，这需要科学技术作为先导，引导企业进行创新，使企业竞争能力得到增强，进而增强区域竞争力。

科学技术和知识发达的区域，能够吸引域外的资本、人才等生产要素的流入，形成区域内产业、企业发展的强大动力，增强竞争能力；科技要素的流动必将带动其他要素的流动；科学技术的交流与合作有利于推动政治、经济、文化的交流与合作，有利于区域的全面开放。

科技力为区域建立先进的基础设施提供了一定的技术支持。拥有现代化的交通，通信技术广泛地应用于基础设施的建设上，则该区域的基础设施将是技术上比较先进的基础设施。同时，知识和技术还能够使区域基础设施的建设、管理、保护、使用的效率得以提高。

7. 人力资源竞争力

人力资源是创造价值的主体。人力资源的构成，特别是人力资源知识技术的构成影响区域的产业结构。高素质专业化人才集聚的地方，具备了产业专业化和产业高级化的条件，可以成为高新技术产业的集聚区。

人力资源利用自己掌握的知识和技术，不断地进行创新，把新工艺、新技术应用在产品的加工制造过程中，提高企业制造系统的使用寿命，降低成本，使产品占有市场并提高市场占有率，进而提高企业经济效益，增强企业竞争力。

人力资源素质高和资源丰富的区域，有利于吸引外部的投资，资金、技术、管理及知识大量流入该区域，不仅促进了区域经济的发展，而且带动了区域全方位的对外开放。

人力资源的构成状况决定了基础设施的构成状况。一个区域专业化人力资源比例高、规模大，就需要与之配套的科研基础设施，从而对区域的基础设施提出更多的要求，推动基础设施的建设。

以上几个要素能够对区域经济发展产生重要的影响，并且它们之间相互影响、相互作用，为区域竞争力的模型设计奠定了一定的基础，成为分析区域竞争力的重要切入点。

10.5.3 提升区域竞争力的途径

通过区域竞争力构成要素的分析，我们知道影响区域竞争力的因素是多方面的，要提高区域竞争力，应采取多种手段而不是单一措施。

1. 加强地方政府的作用

地方政府是区域经济主体之一，政府角色和职能对建立区域竞争力的影响取决于以下几个方面：

第一，地方政府是否具有根据本区实际情况制定恰当的区域经济政策的能力。地方政府作为地方经济的管理者，要追求国家经济利益与区域利益的统一。一般而言，区域经济政策属于制度范畴。政府通过制度安排，改变区域的要素供给特征和要素配置效率，

进而影响区域经济增长速度。兼顾公平和效率的区域经济政策，既能实现区域内部的均衡发展，也可以在资源供给既定的条件下，实现资源利用效率的最大化。

第二，区域政府能否最大限度地降低对企业生产经营活动的干预。区域政府要强化宏观经济调控职能，取消对企业的直接行政干预，企业生产什么、生产多少、怎样生产，由企业根据市场情况决定。政府的区域经济管理，主要是协调好政企关系。

第三，区域政府能否为微观经济主体提供可预测的客观社会环境。制定和维护市场规则，加强市场监管力度，营造统一开放的市场环境，保护公平竞争，保护区内所有投资者和居民的合法权益是区域政府的重要工作。区域政府应当合理定位各政府部门之间、政府与企业之间以及政府与社会之间的分工。

不同的区域由于社会、文化背景的差异，对政策法规的理解、适应和应用会出现差别，因而造成区域运行机制创新能力的不同。具有较强开放意识的区域政府，能够比较顺利地接受新思想、新观念，抓住机遇在体制改革方面进行超前试验。区域政府对改革的适应能力也是影响区域竞争力的重要因素。

2. 优化区域产业结构

现代产业理论认为资源配置结构的演化是区域经济发展的前提之一，区域经济发展的过程实际上也是区域经济结构高级化、合理化的过程。因此，结构优化是区域经济发展的永恒主题。

区域的产业结构是指在一定空间范围内的产业构成和诸产业间质的联系及量的比例关系的总和，主要包括两个方面：一是指产业之间的比例关系及其变化，二是指产业间的投入与产出。区域产业结构优化是指从整个区域经济出发，以一定的价值观和方法论为指导，通过一系列深入细致的定性、定量研究，得出区域产业结构的优化模型和方案，在此基础上，制定和实施相应的产业政策，实现区域内产业间比例关系的优化调整，促进各种生产要素最佳组合、各种资源最佳配置，从而取得最好的经济效益。从这个角度讲，区域产业结构优化是一个科学的决策过程，即根据自身定位和区域内所拥有的资源，依据科学的决策，实现区域经济效益的最大化。区域内产业结构的优化，能够保证经济增长率高的产业部门对资源的需要，使社会资源得到合理的配置与利用，提高单位资源的产出效益，使总量增长有充分的后劲，从而提高区域的产业竞争力。区域内产业结构的优化，就是区域产业结构趋向合理的过程。这个过程本质上是如何正确选择区域的主导产业、合理确定其发展规模和速度、发挥主导产业的带动和辐射作用的过程。

区域产业结构的优化还要依靠区外的产业转移。产业转移不仅会提高转移产业的生存能力，增加就业机会，而且还可以通过一系列的传递扩散机制，提高整个区域的产业竞争力，带来区域经济的繁荣。首先，产业转移可以增加转入区的就业机会，并为相关产业的发展创造条件；其次，产业转移将直接增加转移产业的生产能力，扩大该产业的产出量和市场份额，由此带动整个区域经济的增长；最后，产业转移不单纯是资金的注入，往往伴随着技术和管理经验的扩散，因而有利于提高资源配置效率，提高劳动生产率和创新能力。

当然，由于转移的产业大都是劳动密集型的产业，有的甚至是技术含量很低的简单组装装配产业，生产工人的劳动强度很大、工资很低、缺乏劳动保护，容易造成职业病，危害工人的身体健康。另外，还有一些产业是因为受到转出区环保政策的限制而拟转移到其他区域的。如果转入区不加限制，很容易吸收一些污染企业。这种产业转移虽然短期内创造了就业，增加了产出，但长远发展下去会降低区域的竞争力。因此，应该积极吸收适合区域经济持续发展的转移产业来提高区域的竞争力，控制产业转移带来的不利影响。

3. 发展产业集群

产业集群又称企业集群或产业簇群。在产业集群问题研究上最具开创性的代表人物是美国哈佛商学院的迈克尔·E·波特，他认为所谓集群（cluster），是指在某一特定领域内互相联系的、在地理位置上集中的公司和机构的集合。集群包括一批对竞争起重要作用的、相互联系的产业和其他实体，如零部件、机器和服务等专业化投入的供应商与专业化基础设施的提供者。集群还经常向下延伸至销售渠道和客户，并从侧面扩展到辅助性产品的制造商，以及与技能技术或投入相关的产业公司。最后，许多集群还包括提供专业化培训、教育、信息研究和技术支持的政府与其他机构，如大学、标准的制定机构、智囊团、职业培训提供者和贸易联盟等。经济全球化使国家之间的竞争越来越激烈。国与国的竞争更多地表现在区域的竞争力上，而区域的竞争力则往往表现在地方特色产业集群上。发展产业集群已成为促进区域经济发展、提升区域综合竞争力的重要途径。发展产业集群，提升区域竞争力尤其应注意以下几点：

第一，提高生产要素的质量。按照波特的观点，生产要素可分为初级生产要素和高级生产要素。许多产业集群区的初级生产要素优势正在逐渐减弱，一些资源性要素的利用，几乎到了山穷水尽的地步。因此，未来应重点培育和创造中高级生产要素，提高劳动力的素质，发展诸如会展经济、职业教育、文化品牌等各种新型生产要素。通过生产要素质量的普遍提高来引导新的投资方向，增加产品种类的方向，延伸集群产业链，提高集群深加工能力，从而促进区域产业结构的高度化和合理化。

第二，大力发展中介组织，提高产业集群的自我管理能力。中介机构是企业协作的标志，可以提供诸如研究与开发、市场营销、游说、劳资谈判、论坛等服务。中介机构可以大大降低企业间的交易费用，并在必要时提供单个企业无能为力的、具有外部性的服务。专门的中介服务机构可以协调和解决集群中可能出现的问题，及时公布与行业竞争相关的信息，发挥竞争对于创新的积极作用。

第三，培育龙头企业，实现层次性布局。要根据市场发展的需要，利用分包、战略联盟、技术合作、组建虚拟企业等形式，在产业集群内部形成合理的“大、中、小”共生的产业组织结构，提高专业化与协作的效率，克服内在的缺陷，促使产业集群向规模化、专门化、协作化的方向发展，提高整个群落的生命力和竞争力。

第四，着力打造区域品牌，树立区域品牌竞争意识。区域品牌对于产业集群区域的经济的促进作用是不言而喻的，它是区域经济发展的一种宝贵资源。这种资源又几乎可以被集群内所有企业免费享用，是准公共物品，因而就要由政府牵线，集群运作，将这种品牌加以整合、包装，通过广告媒体或组织博览会、新品推介会、研讨会等，来扩大宣传的力度。同时，还需要在集群内部建立起一种监督协调机制，对一些破坏区域品牌整体形象的区内企业实行惩罚，从而形成一种精诚合作、优势互补的竞争新格局。

第五，广拓融资渠道，促进产业集群的资本集聚。要构筑与区域产业集群发展相适应的地方金融体系，组建股份制商业银行等；推行企业财产抵押贷款，组建中小企业跟踪监督机构，建立专门的信用担保机制和企业债权维护机制等，放宽对企业信贷的限制；创立集群产业发展基金，拓宽融资渠道，建立"政府宏观指导、企业自主投资、银行独立审贷"的新型投融资体制，促进民间投资向产业群集聚。

10.6　案例分析

10.6.1　美国的大都市区管治模式[①]

1. 美国大都市区管治出现的时代背景

1840—1920 年，美国的城市化以向心集聚为主，中心城市发展空间受阻，多数对周围地域实行兼并（annexation)。20 世纪 20 年代进入郊区化扩散阶段以后，城郊联系日益密切，中心城市的衰落和郊区的繁荣形成了鲜明的对照。在这种背景下，中心城市周围的郊区多数采取合并（combination）的方式独立建市，因而形成了众多的地方政府。罗伯特·伍德（Robert Wood）在其名著《1 400 个政府》中认为太多的地方政府使有效的管治成为不可能，为了提高政府的管治效率，应减少地方政府的数量。在这种思潮的影响下，美国从 20 世纪 50 年代后期开始，出现了大量地方政府的重组和合并，如迈阿密（1957 年）、纳什维尔（1962 年）、明尼阿波利斯/圣保罗（1967 年）、杰克逊维尔（1967 年）和印第安纳波利斯（1969 年），从而强化了大都市区政府的权威。但是，在随后的数十年里，由于公共选择理论者和合并倡导者对大都市区政府管治效率的争论不休而使大都市区管治一度陷入停顿状态。公共选择理论者把大都市区看成一个巨大的公共市场，在那里，市民可在相互竞争的公共商品中选择，政府间的竞争可以降低成本，使政府管治更有效，因而反对地方政府的合并；合并倡导者则认为减少地方政府数量，合并管辖范围，实现大都市区管治可以按规模经济的要求更有效地提供服务，从而减少财政赤字，促进经济发展。进入 20 世纪 90 年代，受经济全球一体化影响，区域主义再度盛行，为协调城郊利益而进行大都市区管治再度引起人们的重视。这时，人们不再像 60 年代那样过分注重提高管治效率，而更强调城郊相互依赖和经济繁荣。解决城郊经济、社会发展不平衡的最好办法是将中心城市和郊区纳入一个统一的管治体系之下，城郊合力产生的共鸣是区域繁荣的基础。在这种思潮影响下，大都市区管治又出现了复兴的趋势。

---

① 参见宋迎昌：《美国的大都市区管治模式及其经验借鉴——以洛杉矶、华盛顿、路易斯维尔为例》，载《苏州大学中国特色城镇化研究中心电子期刊》，2004（5）。

2. 美国大都市区的公共行政组织与管治模式

美国大都市区的公共行政组织与管治模式受以下因素影响：强大的“地方自治制度”的传统，崇尚“民主自由”精神的选民的支持，联邦和州法律的许可，政党、种族矛盾，城郊利益矛盾。前两个因素决定了美国很难形成具有绝对权威的大都市区政府，后三个因素则决定了美国大都市区的公共行政组织与管治模式各异，既有具备多种职能的大都市管治委员会，也有单一职能的特别区（special districts），而且大都市管治委员会的组织形式也各不相同。

（1）洛杉矶。洛杉矶大都市区是由5个位于洛杉矶盆地的县（凡吐拉、洛杉矶、奥林奇、河滨和圣伯纳迪诺）构成的地区，总人口1 400多万。洛杉矶大都市区尽管存在大量的区域性问题，但形成强大的大都市区政府是非常困难的，其主要原因是：

1）政治上高度分化。洛杉矶大都市区一直是一个非中心化的城市地区。洛杉矶市尽管毫无疑问是区域的中心城市，但却没有突出的地位和影响。集中的人口增长分散在市中心、郊区及其邻县。事实上，自1920年以来，郊区人口增长率一直高于市中心。该区大多数城市化地区被合并为200多个城市。这些城市规模差别很大，洛杉矶市人口超300万，而一些小城市人口不足1 000人，但自治的权力很大。

2）经济上剧烈变动。过去20多年是洛杉矶地区经济的转轨期。和其他大都市区一样，制造业增长很慢。自20世纪70年代以来，已失去了和防务有关产业的就业岗位15 000个，而增长主要发生在服务业、旅游业和娱乐业上。经济结构转型对各地区影响不一，洛杉矶地区中部和一些边缘县失业特别明显，如圣伯纳迪诺县，而就业增长主要发生在奥林奇县，发展不平衡使大都市区内部矛盾重重。

3）种族矛盾日益突出。少数民族令人吃惊地向洛杉矶市集中，盎格鲁人比例下降。不同种族有不同的文化传统、信仰和价值观念，很难进行有效的区域合作。

尽管区域合作的难度很大，但洛杉矶地区仍然出现了一些跨行政区的组织，它们是：

南海岸大气质量管理区（South Coast Air Quality Management District，AQMD），在联邦政府和州政府的支持下负责制定区域大气质量规划，包括交通拥挤控制规划和土地利用规划，这样就直接介入地方政府的基本决策。AQMD由12名代表构成，其中4名由5个县任命，4名由5个县的城市选举，3名由州长、立法会议发言人和参议院法规委员会主席任命，1名附加代表由洛杉矶市推举。

南加州政府联合会（Southern California Association of Governments，SCAG），是一个由市、县代表自愿组成的委员会，倡导区域协调发展。它是一个由70名被选举出来的官员组成的区域委员会，它的主要职责是制定交通运输规划和土地利用规划，并由最初的咨询机构演变为一个有一定决策权的机构。

令人意想不到的是，联邦和州环境立法影响了地方政府的决策，强化了AQMD的地位。1970年的《联邦清洁空气法案》（Federal Clean Air Act）的出台和环境保护机构的建立导致洛杉矶地区区域政策的出现。该法案提出了不同污染物的联邦标准，达不到这些标准的城市将受到惩罚，如联邦资助的减少，这就大大加强了AQMD的权威。AQMD有独立于其他政府机构的地位，它有权力发放许可证，并对污染企业进行罚款。

总而言之，洛杉矶大都市区高度分化的政治、经济上的剧烈变动和日益突出的种族问题决定了该区很难形成统一的大都市区政府。然而，大都市协调的某种形式还是存在的，如 AQMD、SCAG。特别是在联邦和州立法的干预下，大都市管治组织所发挥的作用还是相当突出的。

(2) 华盛顿。华盛顿大都市区包括哥伦比亚区（核心）及马里兰州和弗吉尼亚州的15个市县。华盛顿大都市区的区域合作比洛杉矶更进一步，形成了华盛顿大都市政府委员会（Metropolitan Washington Council of Governments，MWCOG），这与其作为联邦首府有很大关系：联邦政府官员有时把华盛顿看作展示新政策的地点，对其他大都市也有示范效应；作为联邦政府所在地，国会和白宫很容易操纵地方事务；许多联邦政府官员居住在此，这使他们对区域问题特别警觉，当交通拥挤造成太长的通勤时间时，他们可以更直接地表达个人的关心，并施加影响。

MWCOG 组建于 1957 年。当时，该组织有 7 个成员政府，还没有正式职员，年预算不足 2 万美元。后发展成包含 18 个成员政府、120 名雇员、年预算 1 000 万美元的组织。经过 40 多年的发展，MWCOG 的职能增多，从交通规划到环境保护，解决了许多公众关心的区域问题。然而，由于其结构局限和财政问题反而又降低了其处理区域问题的效率。

从结构上讲，MWCOG 没有政府权威，没有增加收入的能力，完全依赖于联邦和州的拨款（占 60%）、契约费（占 30%）和成员政府的分摊（占 10%）。它没有执法权力，不能强迫成员采取任何行动，是一个非营利性质的，由县、市政府组成的自愿组织，不能强迫地方政府加入，任何成员可在任何时刻以任何理由退出。20 世纪 60 年代早期企图通过国会特许或州之间合约获得正式政府地位的努力失败了，因为一些成员害怕 MWCOG 获得太大的权力而凌驾于地方政府之上。同时由于是自愿组织，MWCOG 必须仔细考虑它的行动对每个成员的影响。

MWCOG 的活动也受到财政限制。如在住房问题上，MWCOG 曾将联邦住房援助的数百万美元分配给它的成员。当联邦政府极大地削减住房拨款并改变拨款方式时，MWCOG 介入的住房活动被迫缩减。在与经济发展直接有关的问题上，MWCOG 不能接受联邦和州的拨款，只能依靠成员政府的分摊。由于资金有限，对区域经济合作影响不大。

尽管受到以上局限，MWCOG 还是为其成员提供了实质利益，其作用主要体现在以下两方面：

1) 将联邦和州拨款分配给它的成员。联邦法律长久以来要求交通、住房和环境拨款通过区域组织予以分配，那些不参与这些组织的地方政府没有资格获得联邦拨款。现在 MWCOG 每年可直接分配使用大约 25 亿美元用于道路修建和基础设施改善。MWCOG 也分配联邦和州划拨的资金用于环保活动，自 20 世纪 60 年代以来，MWCOG 花费大量时间和精力用于波托马克河的治理，使该河污染物减少了 90%。无疑，MWCOG 通过其分配职能给其成员带来了利益。大多数情况下，联邦和州资金要求通过区域组织进行分配。这样，MWCOG 的成员身份就成为获取联邦和州资助的资格。况且，交通拥挤和污染是区域问题，单个地方政府是无法解决的。

2) 为成员提供跨地区服务。MWCOG 在契约基础上为其成员提供跨地区服务，如通过运输专家分析，发布交通信息，供地方政府在决策时考虑。此外，也提供其他专题信息，如 AIDS 危机、关心儿童服务等，以利于协调区域行动。或许，MWCOG 提供给成员最切实的利益是集体采购。在合作性的购买计划下，通过 MWCOG，成员可购买石油、天然气和其他公用设备，集体采购为其成员节约了费用，一些小的成员由此节约的费用已超过了它对 MWCOG 的分摊份额。

总之，MWCOG 形成了地方政府在交通、环保、信息收集等方面协调行动的机制，但它的作用是有限的。自愿组织的性质及财政上对联邦和州的依赖使它尽量避免涉及敏感的公共问题，因为倾向性太强会损害相关方的利益，只能在小心翼翼地不损害任何一方利益的基础上寻求合作，因而这种合作发挥的作用是有限的。

（3）路易斯维尔。路易斯维尔大都市区包括肯塔基州的 4 个县（杰斐逊、奥德汉姆，布利特和谢尔比）及印第安纳州南部的 4 个县（克拉克、弗洛伊德、哈里森和斯科特）。全区人口接近一百万，其中，中心市路易斯维尔占 27%左右，中心县杰斐逊占 41%左右。过去 40 多年，受城市郊区化扩散的影响，路易斯维尔市人口比重剧降，而杰斐逊县上升。相应地，经济产出也具有相似的特征。路易斯维尔市和杰斐逊县在经济利益上的矛盾和冲突由此而产生。为了解决市、县矛盾，路易斯维尔市和杰斐逊县采取了一种特殊的大都市管治模式——市、县合约。

市、县合约起因于郊区化扩散引起的市、县矛盾。20 世纪 70 和 80 年代路易斯维尔市日益感到人口减少、经济衰退和联邦援助的减少，难以满足公民对政府服务的要求。1982 年和 1983 年，路易斯维尔市曾两次提议市、县合并。但两次都被公民投票否决。1985 年夏，路易斯维尔市寻求兼并靠近市界的杰斐逊县的非合并地区，严重地威胁了杰斐逊县的收入。财政上，市和县都严重依赖就业税（一种按就业地征收的收入税，大约占收入的一半多）。市每一次成功的兼并都会减少县的收入，由此引起县的激烈抵制。1985 年秋季，解决市、县冲突的机遇来临。当时即将离任的市长哈维·斯隆（Harvey Sloane）被选为县执行官，这是首次路易斯维尔市长将成为县执行官。斯隆深知城市关心的问题。斯隆的市长位置被杰瑞·阿布拉姆森（Jerry Abramson）取代（前市议长，地位仅次于市长）。这两人都是民主党人，有共同的信仰、相似的政治立场和友好的合作关系。在由选举到就职的几个月期间，市长和县执行官协商签署了两政府间的和平条约。这个合约以 12 年为期限，终止于 1998 年。由于合约被路易斯维尔市、杰斐逊县和肯塔基州议会所采纳，任何政府都不能单方面撕毁，合约的期限也不能在终止前随意改变。合约到期后，可以重新修订、重新协商或简单废止。

合约解决了市、县在以下三个方面的冲突：

1）市、县同意分享各自辖区内的就业税。分配方案是：市分配 58%，县分配 42%（以 1985 年市、县征收该税的基数为依据），结束了市、县围绕财政收入进行的残忍竞争。

2）两政府同意为独立的联合机构提供经费，并对管理做出了新的安排。合约以前，联合机构运作经费由市、县分摊（各 1/2），并在独立的委员会下运作。由于两政府财政能力上的差异经常导致联合机构偏向一方而损害另一方的利益。签订合约后，4 个机构（大气污染、健康、犯罪和规划部门）被划分给县；4 个（灾害、应急服务、人类关系、历史和科学博物馆及动物园部门）被划分给市；4 个（图书馆、公园、运输和下水道部门）被保留为联合机构，市、县继续分摊保留机构的运作费用，联合机构执行官由市长和县执行官联合任命，联合机构变成了咨询机构，它的独立性被极大地减少了。

3）合约迫使发生在杰斐逊县内的兼并或新的合并延期。市同意放弃兼并的努力以报答县承担的附加的 100 万美元的都市服务费用。如果合约不能正常执行，市保留兼并合约

前试图兼并的所有土地的权力。

市、县合约的签订给区域带来的正面效应是显而易见的，它导致先前缺乏合作的市、县政府有了合作的基础。兼并的冲突也减少了。先前8个联合机构的包袱被市、县分担，减少了机构在经费上的冲突。这样，市、县之间的紧张的关系缓和了。合约中的税收分享条款也减少了两个政府在经济发展中的残忍竞争。

总之，市、县合约在难以形成大都市政府的条件下提供了有效的大都市管治，其成功的经验值得肯定。但合约的连续性和稳定性不强，在实践中需要兼顾各方的利益，使其不断得到完善。

10.6.2　日本、韩国区域创新体系建设的实践及启示①

1. 日本区域创新体系的特点和研究动态

长期以来，日本实施“技术立国”的国家战略，在科技资源投入、产学研合作和科技成果转化、科技体制等方面全力推动科技创新，致力于发展研发主导型的区域创新体系。

（1）研发驱动型的区域科技创新体系。

1）高效配置研发资源。日本政府科技人力投入与资金投入的有关数据表明，日本区域创新体系在市场和政府的双重作用下，科技创新资源向科技研发方向倾斜，科技投入结构趋于优化。日本研发经费总额占国内生产总值的比例在2002年就达到了3.12%，在西方发达国家中是最高的，每千人就业人数中研究人员比率达到10.2%。在日本，几乎所有大中型企业都有自己的研发机构，与大学与科研机构开展了广泛的合作，大大促进了研发成果的转化。

2）重点推进应用型研发。日本技术创新的成功不在于模仿，而在于模仿基础上的创新。日本在大量引进外国先进技术的基础上，经过应用研究和开发研究，逐步实现国产化，并形成规模经济，日本人将这种在引进基础上的技术创新模式，称为“借来的技术革新”。

3）集成创新推动“技术聚变”。日本不仅重视技术的引进与消化，而且注重多种技术的集成创新，日本区域创新体制也十分注重聚变基础上的增量型创新，将传统技术与引进技术进行综合、改造，形成一个广泛的技术体系，并用这些技术体系改造出一个新的产业，在短期内促进技术体系的普遍升级。

（2）创新政策制定的三个阶段和研究近况。

日本促进区域科技创新的政策经历了三个时期：1）1970—1990年，主要是科技资源和基础条件的分散化布局。代表性的工作有1970年的Tsukuba科学城建设行动、1983年的高新技术工业园推进行动等。2）1990—2000年，主要是地方政府科技体系发展阶段。如1992年的第18次科技政策纲要，1995年的科技基本法的发布，并在其中第4、5章明确了地方政府的责任。3）2000年以来，主要是加强区域政府创新能力。如2001年开

① 参见王书华：《日本、韩国区域创新体系建设的实践及启示》，载《中国科技成果》，2006（17）。

展了第2次科技发展基本规划工作和近两年开展的第3次面向科技政策的研究。

近期，日本第3次科技政策研究小组围绕区域创新体系建设开展了许多研究。以九山嘉浩研究员为代表的小组，研究的主要目的是在推动地方政府科技能力的同时，全面评估地方政府的区域创新能力。采用的主要方法是有利于区域科技创新的“综合指数法”。该综合指数共包括4个一级指数和基于主成分分析方法得出的权重值。其中4个一级指数包括：投入指数（地方政府的研发投入、促进集群计划的财政投入、可得到的竞争性研发基金）、科技条件资源等基础设施指数（科学家、工程师、私立研究机构、公立研究机构）、产出指数（大学和地方政府联合研究成果、论文数、应用专利数、最新注册的企业数）、影响力指数（每个雇员的纯收入、成长于企业的大学数量、孵化器中成长起来的企业数量等）。

2. 韩国区域创新体系的特点和研究动态

韩国采取的是典型的政府主导型的科技发展模式，韩国各级政府都积极鼓励吸引外资和引进技术来发展高新技术产业，提高企业技术研发的水平和效率，使韩国的区域创新体系突飞猛进。

（1）政府主导型的区域科技创新体系。

1）明确以科技为中心的国家体制。韩国历届政府都非常重视科技创新，2003年，韩国新政府提出“科学技术第二次立国”和建立“以科技为中心的社会”两点政策方向，2005年又完成了第3次科学和技术规划纲要的制定工作。政府还加强对技术创新的资金支援，主要形式有政策性金融扶持和技术开发基金等形式。

2）鼓励引进消化吸收的技术创新战略。韩国各级政府鼓励高新技术产业吸引外资和引进技术，先后出台了一系列政策鼓励外商直接投资。另外，韩国重视在引进技术的同时引进知识产权，将由引进技术形成的生产、经营比较优势及持久的产品竞争力作为企业引进技术的主要目标。

3）政府主导官产学研之间的协同合作。在韩国，官办的科研机构已占全国研究机构总数的一半以上，同时韩国政府在继续发挥国家科研机构对技术创新的主导作用的同时，也通过“产学研协同技术开发”，提高企业技术研发的水平和效率。为了促进官产学研的有效合作，韩国政府制定了一系列法律和优惠政策。

（2）关于创新集群的研究动态。

近期，围绕区域创新开展了创新集群的研究。这里主要介绍一下韩国科技政策研究所开展的“东亚地区全球生产网络的创新集群研究”。该所近年来围绕创新集群开展了系列研究，其主要以东亚地区的创新集群为研究对象，研究其在全球生产网络（Global Production Networks，GPN）中的生产联系特征、集群作用和创新能力比较等。

该研究范围涉及东亚地区的日本、韩国、中国，以及东南亚、南亚地区的印尼、新加坡、马来西亚、印度等国家和地区，侧重于集群之间的地理联系、生产联系、劳动力、贸易等系统的、动态分析。主要选取了1995年、2000年和2003年3个时间段的分析资料进行对比分析。以新加坡为例，研究指出在20世纪90年代，中国经济的迅速发展使得很多投资于新加坡的外国企业开始转而投资于中国，这对新加坡产生了很大影响，为此，新加坡采取了更加开放的经济政策。一方面，政策上采取各种方式鼓励和支持企业向中国投资；另一方面，在国内建立科学城以吸引更加先进的企业，如IT、BT产业。除此之外，还对日本东京、新加坡地区"增长三角"、印度的班加罗尔等产业集群进行了研究。研究指出东亚产业集群发展模式不同于西方欧美国家的产业集群，最重要的一点就是在东亚产业集群发展中中央政府发挥着重要作用。

3. 日本、韩国区域创新体系建设的实践及启示

重视产学研合作，并在国内设立各种类型的产学研合作研究园区；重视产业集群创新在区域创新体系建设中的作用，实施集群创导工程；重视政府在区域科技创新体系建设中的作用，尤其要为区域创新提供政策、法规保障，从法律和制度上对区域开发和创新给予规范与支持，为区域创新提供更加良好的环境与条件。

10.6.3 国外总部经济集聚典型区发展实践及经验借鉴①

1. 总部经济集聚区特点

总部经济集聚区是在知识经济、信息化以及企业组织变革的背景下，产业集群发展的高级形态。总部经济集聚区具有一些和产业集聚区类似的特征，如空间的高度集聚性、竞争的共生性以及创新性等，同时，由于其本身集聚的是企业总部、研发、营销等产业价值链高端环节，又有其独特的特点。

（1）企业总部集中。企业总部是承担管理、研发、营销、投融资、采购等职能，占据企业价值链的高端环节，这些高端部门在总部经济集聚区"扎堆"所产生的集聚效应和溢出效应，使区域经济发展走向高端化和规模化。例如纽约的曼哈顿CBD，在曼哈顿老城的华尔街，长仅1.54公里、面积不足1平方公里的区域内，集中了几十家大银行、保险公司、交易所的总部以及上百家大公司总部和几十万就业人口，成为世界上就业密度最高和总部最集中的地区。

（2）高端要素集聚。作为企业价值链高端环节的集聚地，总部经济集聚区还具有非常密集的高端要素。尤其是人才、信息、金融等高端要素和战略资源都纷纷流向"第四产业"。还以曼哈顿CBD为例，纽约每年毕业的高校学生有37万人，还有各国移民56万人，外商社团220个。曼哈顿的华尔街不仅是美国的金融中心，也是全世界金融业的圣地，坐落于华尔街的纽约股票交易所的交易额在2007年就已高达31.8万亿美元，纽约始终是全美金融资源最为集中的地区。另外，美国6家最大会计公司中的4家，10家最大咨询公司中的6家都坐落于曼哈顿，使这里也成为世界信息和现代服务业最为发达的地区之一。

（3）服务体系发达。总部经济能够有效带动城市现代服务业发展，企业总部具有管理、研发、营销、投融资、采购等不同职能，这些职能的实现对相应的服务业产生强烈

① 参见张静华：《国外总部经济集聚典型区发展实践及经验借鉴》，见 http://www.zgzbjj.com/templates/T_Second/index.aspx? nodeid=20&page=ContentPage&contentid=1591，2009-07-10。

的市场需求，成为这些服务业发展的重要市场动力。不仅金融保险、会计审计、法律服务、信息技术、广告、中介咨询等现代服务业快速成长，餐饮、快递、超市等传统服务业也得到了提升，总部集聚区成为城市服务业体系最完整的区域。例如，举世闻名的伦敦金融城，长期以来一直是世界级的专业服务和商业服务中心。世界四大会计师事务所在伦敦金融城均设有总部。同时，世界15大律师事务所的5家事务所源于伦敦金融城，逾60家美国律师事务所在伦敦金融城设有办事处。另外，纽约曼哈顿不仅是世界商务服务业最发达的区域，也是生活服务配套最完善的区域，截至2008年，拥有36家百老汇剧院、300家演出场所、500多家书店、400多家画廊、273家夜总会式俱乐部、1.7万家饭店和酒吧，这些都为商务活动和企业高级员工的生活带来了极大的便利。

（4）产出效益突出。总部经济集聚区内，企业既能最大限度地获取中心城市发达的现代服务、密集的智力资源、便捷的通信信息、敏捷快速的物流等资源优势，又能最大限度地利用生产基地廉价的土地、劳动力、能源等要素优势，最大限度地降低成本。同时，企业总部集聚发展产生竞争效应、示范效应、溢出效应等，有利于企业创新能力增强、竞争力提升和品牌影响力增强，从而进一步提升企业的产出效率和收益能力。

（5）创新氛围活跃。总部作为企业的“指挥控制中心”，集中了研发、营销、战略管理、资本运营等企业价值链中知识含量最高的区段，其核心就是自主创新，在总部经济集聚区内，企业的高端环节互相交流，各项技术不断向周围扩展和渗透。同时，企业为了维持其集群的共同利益和提高自身竞争力，也不断进行技术革新和改造。

2. 国外典型总部经济集聚区发展实践

（1）纽约曼哈顿CBD。曼哈顿位于纽约市的中心区，总面积57.91平方公里，占纽约市总面积的7%，人口超过150万。曼哈顿中央商务区形成于20世纪70年代，主要分布在曼哈顿岛的老城（Downtown）、中城（Midtown），面积约26平方公里。作为世界发展最早、最为著名的中央商务区之一，曼哈顿是纽约经济活动的中心，并以其鲜明的特点，对纽约经济发展起到了巨大的促进作用。

第一，曼哈顿产业、人口和文化高度集中。曼哈顿的就业人口超过240万，占纽约各类经济活动就业职位的70%左右，其中，金融、保险、房地产等就业职位占纽约全市的比重超过90%。曼哈顿经济增长量占纽约市总经济增长量的82%，曼哈顿地产估价约占纽约市地产估价总额的53%。曼哈顿CBD实现的产值占纽约全市的65%以上。此外，曼哈顿还集聚了许多文化娱乐设施，如纽约著名的百老汇、中央公园、大都会艺术博物馆、大都会歌剧院等都集中在曼哈顿地区。

第二，曼哈顿是全球企业总部的集聚地。随着曼哈顿CBD各类服务功能的完善，一批国际性和跨国性行业组织在区域内集聚，曼哈顿CBD逐渐成为全球企业总部的重要集聚地，纽约也因此确立了其世界城市的形象。2007年世界500强跨国公司中就有22家总部设在纽约。外国企业进入美国市场后也争先在曼哈顿CBD设立总部，早在20世纪80年代就有277家日本公司、213家英国公司、175家法国公司、80家瑞士公司及其他许多国家公司在纽约市设立区域总部及分支机构。

第三，曼哈顿形成了以金融业为主导的生产性服务业集群。在老城长仅1.54公里、

面积不足1平方公里的华尔街CBD金融区内，就集中了3 000多家银行、保险公司、交易所等金融机构，是世界上著名的金融中心之一。金融保险行业的就业人口也不断增加，仅华尔街的金融从业人员就达28万人左右，金融保险行业占曼哈顿就业总人口的比重接近20%。除金融外，专业技术服务业、信息服务业、房地产等生产性服务业也发展迅速，曼哈顿CBD也因此形成了以金融业为主导的生产性服务业集群。

第四，政府适当的规划引导，不断提升曼哈顿的配套服务功能。曼哈顿CBD包括老城和中城两部分，老城主要是自发形成的，而中城的建设发展与规划引导密切相关。在老城的发展过程中，由于功能单调，商业等配套不完善，出现了夜晚"空洞化"现象，而中城则通过规划建设较好地解决了这些问题。一方面，政府规划缓解了老城的压力。截至20世纪80年代，曼哈顿老城仍然是一个以办公区为主的城区，商业和服务业的配套设施很少，高达30余万的就业人口，使得老城的交通压力巨大。为此，纽约市政府不仅将曼哈顿的范围扩展到炮台公园、翠贝卡、布鲁克林和长岛市，而且还对第三产业进行了专门的研究，制定了更适合纽约经济可持续发展的规划方案。另外，纽约市政府还大力建设公共交通网络，限制私家车的发展，大大缓解了老城的交通压力。另一方面，曼哈顿中城实现了商务办公和配套功能的有机结合。中城区的大量写字楼建筑不仅发挥着企业办公楼的功能，还发挥着国际都市消费、娱乐的功能。例如，区域内的洛克菲勒中心有19栋楼房合围，不仅是时代华纳、通用等众多著名国际化大公司的总部所在地，也是著名的商业娱乐场所，其购物中心引领着国际潮流。另外，在曼哈顿中城CBD区域内，集中了纽约都市区50%以上的戏院及公共娱乐中心，如林肯中心、卡内基音乐厅、无线电城等。完善的娱乐休闲中心成为中城区吸引企业总部的重要因素，保持了曼哈顿CBD发展的持久活力。

(2) 伦敦金融城。伦敦金融城位于泰晤士河畔，面积1.4平方英里，约合11平方公里。金融城拥有近2 000家金融机构，以及30万左右的金融人士，还集聚了500多家外国银行、180多个外国证券交易中心，每日外汇交易量达6 300亿美元，是华尔街的两倍之多。作为世界三大金融中心之一，具有其他金融中心无可比拟的独特优势。

即使在世界三大金融中心内，伦敦金融城也有纽约和东京无法比拟的地位，纽约和东京的交易量虽然大，但主要服务于本国或地区经济，而伦敦金融城则依赖于世界经济和贸易的发展，据统计，伦敦在国际债券交易、海外权益交易、外汇交易和跨国贷款方面居世界第一。在银行方面，英国银行约半数的资产由国外银行持有，伦敦450家授权银行中的2/3来自国外。据英国《金融时报》2006年3月的数据，2001年至2005年，在伦敦金融城传统上领先的众多领域市场份额一直保持上升或稳定的状态。2006年，伦敦占跨境银行信贷的市场份额从1992年的16%上升到20%，同期的外汇市场交投总额份额从27%升至31%。伦敦在国际债券二级市场的份额达70%。

虽然英国没有加入欧元区，但欧元的出现并未削弱反而巩固了伦敦金融城的国际地位，与此同时，金融城也提升了欧元的世界货币功能。实际上，在伦敦使用欧元交易的国际金融业务比任何欧元区城市都多。其中原因就是欧元的诞生导致了欧洲从保险到证券和衍生品交易的各批发金融市场围绕着当时已经是市场领导者的金融中心伦敦金融城进行了明显整合。在伦敦金融城的外汇交易中，约40%的业务涉及欧元。欧洲证券交易所与伦敦国际金融期货交易所的情况相似，欧元是交易的主要货币。在进行交易的所有利率衍生金融产品中，有 3/4 使用欧元。伦敦证券交易所 1/3 的交易使用欧元。国际长期债券中，欧元比例上升至 40%，其地位堪与美元比肩。

由于地理位置及时差等关系，许多美国银行以金融城为基地管理其中东甚至远东的业务，使得金融城的国际色彩异常浓烈。在这里可以找到各种各样的国际银行业务，而且，其交易比重涵盖了美元、日元、欧元和英镑等世界性货币，这里还管理着世界上 20%的国际贷款。伦敦金融城还是世界期货交易市场之都，进行着全球 90%以上的有色金属交易和世界上 95%的传统金属交易。作为欧洲最主要的能源交易市场之一，伦敦金融城国际石油交易所每分钟调整布伦特原油（全球大部分原油市场的基准等级）价格。伦敦金融城还保持着世界最大国际保险市场的地位。世界上第一家保险市场“劳合社”诞生在金融城，全球 20 家顶尖保险公司都在金融城有公司。

伦敦金融城长期以来一直是世界级的专业服务和商业服务中心，尤其是咨询、法律、会计等生产性服务业高度发达。世界四大会计师事务所在伦敦金融城均设有总部、其管理咨询业总收入为 47 亿英镑，世界金融市场最主要的信息提供商路透社的总部就位于金融城。另外，世界 15 大律师事务所的 5 家事务所源于伦敦金融城，这些事务所员工至少 1/4 在英国境外工作，还有逾 60 家美国律师事务所在伦敦金融城设有办事处。

伦敦金融城作为一个庞大而致密的金融业网络体系，其管理和运作需要高度精细化，拥有专门的市政机构——“伦敦金融城政府”，致力于维护伦敦金融城的全球地位。这一体制自几个世纪前的《大宪章》起便得以确立，伦敦金融城政府成为世界上最古老的市政地方自治主体。伦敦金融城政府主要提供基础设施维护、经济战略规划及所有相关的服务。伦敦金融城政府包括伦敦金融城市长、两名市政司法长官、市政参事等官员以及议会。伦敦金融城政府的市府参事议政厅（Court of Aldermen）和政务议事厅（Court of Common Council）的角色类似英国国会的上议院和下议院。它们通过渠道信息和出访等活动，维护着“伦敦金融城”这个特殊的品牌，在长期不懈的努力下，伦敦金融城已成为金融服务行业的最高境界。

（3）巴黎拉德芳斯。拉德芳斯位于巴黎上塞纳河畔塞纳省皮托市、库伯瓦市和楠泰尔市的交界处，原是巴黎西郊的无名高地。1958 年，巴黎市政府为了提供更加充足的商务办公空间，缓解老城区的人口、交通压力，保护原有的历史建筑和城市风貌，决定在拉德芳斯区规划建设现代化的城市副中心，拉德芳斯占地约 750 公顷，规划建设写字楼 250 万平方米，并计划用 30 年的时间，分步骤开发，将拉德芳斯建设成工作、居住、娱乐设施齐全的现代化商务中心。

经过几十年的开发建设，拉德芳斯区成为欧洲最具影响力的商务中心区，被誉为“巴黎曼哈顿”。目前，区域内已入驻企业超过 1 600 家，其中包括法国最大的 5 家银行及近 200 家金融机构，190 多家世界著名跨国公司总部和地区总部。整个商务区的工作人员超过 15 万人，拥有欧洲最大的 10.5 万平方米的商业中心。在已建成的中心区写字楼中，法国最大的企业 50%进驻其中。拉德芳斯已成为全法国乃至整个欧洲规模最大、最集中的办公区之一。

拉德芳斯的规划建设，成功疏解了巴黎市区过于拥挤的压力，作为新城，它没有破坏甚至丝毫没有触动老城的古朴，反而创造了现代化的生活环境，给老城注入了新的活力。拉德芳斯建设发展的主要经验有：

第一，合理的开发机制保证了拉德芳斯规划建设的有效实施。在拉德芳斯区开发过程中，拉德芳斯区域开发公司起到了重要作用。该公司在区域开发之初成立，既与政府密切联系，贯彻执行政府发展规划，对开发建设进行有效控制，同时还在土地收购、基础设施建设等方面拥有很大自主权，在开发初期通过建设道路、交通等基础设施吸引投资者，并向开发者出售建筑权，取得收入。可见，这一机构既保证了政府的主导作用，又充分利用了市场机制，在政府与市场、政府与居民之间达到了较好的平衡。

第二，便捷的交通体系保证区域办公的高效率。拉德芳斯在建设初期就制定了人车分流的交通规则，大力发展公共交通。建设十余年后，拉德芳斯区开通地铁，区内快速铁路通车，从市中心区到拉德芳斯区不超过5分钟。目前，拉德芳斯区形成了高架交通、地面交通和地下交通三位一体的交通系统，清晰的道路标志也引导车辆快速通过、有序停放。拉德芳斯成为欧洲最大的公交换乘中心，公共运输服务系统运输通勤者达35万人，近80%的人进出拉德芳斯选择公共交通。

第三，完善的配套设施提升了综合服务功能。1970年，区域快速铁路通车后，在相关交通节点周围建成了小型的购物中心，到80年代，区域内已建成了当时欧洲最大的购物中心，总面积超过10万平方米，而各小区内也有各类食品店、超市等，为企业职工和居民提供购物服务。区域内还有多家大型会展中心，满足企业展览、会务需要，区域内曾举办过七国高峰会议。通过完善的配套设施，拉德芳斯成为以商务办公为主，集居住、购物、会展、旅游等多种功能为一体的商务区。

第四，良好的景观文化环境不断丰富拉德芳斯的内涵。拉德芳斯不仅注重城市景观建设，保持建筑的多样性和新旧城的协调性，而且还注重生态环境建设，注意保持写字楼、住宅的合理密度。据初步统计，目前区内绿地面积超过67公顷，这些绿地经过创意设计，为区域营造了和谐、舒适的环境。此外，文化设施建设也是拉德芳斯的重要特点，文化展览、艺术表演等多种文化活动提高了拉德芳斯的城市品位，丰富了内涵，也有利于集聚“人气”。

3. 国外总部经济集聚区发展经验借鉴

(1) 总部经济集聚区的建设发展是一个长期而艰巨的过程。纵观这些国际知名的总部经济集聚区的发展历程，动辄几十年上百年，一般自发发展起来的集聚区历史都比较悠久，年龄居中的集聚区大部分是由于老城容量不足或老城无法提供除商务以外的其他配套服务，从而由政府规划和开发的新城，年龄稍短的集聚区则是由政府规划的中央商务功能区，其配套设施和服务业的发展也相对较为健全。但无论如何运作，总部经济集聚区的建设都需要一段相当长的时间，没有相关产业的集聚、配套设施的完善和相关法规制度的健全，总部经济集聚区的建设和发展都难以实现。

(2) 政府的规划引导对推进总部经济集聚区建设具有重大作用。虽然诸如纽约、伦敦的总部经济集聚区基本是自发形成并发展起来的，但政府在其发展过程中的作用也不容忽视。纽约曼哈顿在20世纪70年代末，以华尔街为代表的老城容量逐渐饱和，一方面交通负荷和办公空间的饱和，使得老城越来越拥挤；另一方面由于历史的原因，老城更加突出其商务办公功能，其他如娱乐休闲、高档品零售等服务行业难以满足需求。从而造成了老城的“空洞化”，直至纽约市政府对全城交通的重新规划，对老城加以改造并实施 CBD 扩展计划，将中城、炮台公园、长岛市等地纳入 CBD 区域，才使曼哈顿 CBD 重新焕发了生机和活力，20 世纪 80 年代后，曼哈顿重新成为世界上最富有活力的 CBD 之一。

（3）总部经济集聚区的建设要注重特色和定位。国外知名的总部经济集聚区一般都拥有自己的特色产业和独特的区域定位，例如曼哈顿以商务和金融著称，伦敦金融城更是以其发达的金融网络著称，德国的法兰克福则以其会展业享誉全球。总部经济集聚区不仅要重视商务地产的经营和基础设施的建设，更要注重其产业的特色和城市功能定位。

（4）总部经济集聚区的建设要注重功能的多样性。总部经济集聚区作为城市经济的制高点，不仅要突出商务功能，也要注重其他功能的配套，包括娱乐休闲、高档消费、文化事业等多种功能。例如，纽约的曼哈顿不仅拥有以商务金融为主要特色的华尔街，还拥有百老汇等演艺、娱乐高度发达的街区，同时还拥有中城的时尚消费，这里甚至是全球时尚的风向标。因此，总部经济的影响力不单是其经济的辐射能力，也是文化的传播和覆盖能力。

本章小结

本章主要介绍近几十年来出现的新经济地理学、区域营销、区域管治，区域创新以及区域竞争力等新的区域经济学研究领域和研究成果。

20 世纪 90 年代初，克鲁格曼、藤田昌久和维纳布斯等学者以垄断竞争模型为基础，用不完全竞争、报酬递增和市场外部性等理念构建新的经济地理模型，创立了新经济地理学。新经济地理学与传统经济地理学比较，各自有不同的理论假设，在研究方法各有特点，但是，它们有着共同的研究对象，其研究内容在很大程度上交叉重叠，研究结果也相辅相成、有很多相互印证之处。所以，新经济地理学与传统经济地理学之间并不存在不可逾越的鸿沟，更没有必要将这两种理论对立起来。新经济地理学的研究方法最突出的是两个方面：数学建模与实证的方法。新经济地理学在研究空间问题时沿袭了经济学的传统方法，大量采用数学方法，将现实中的现象高度抽象化、模型化。这些模型主要包括：“中心—外围”模型、国际专业化模型、全球和产业扩散模型以及区域专业化模型。作为一种新的理论，新经济地理学有很多不完善的地方，因此也遭到各种批评，但不可否认，与以往理论相比，新经济地理学有其创新之处，新经济地理学的出现对经济学来说是把空间概念引入经济系统，对地理学来说则是把微观经济机制引入地理分析。

区域营销是指将区域视为企业，将地区的资源和未来视为产品，分析它的内部环境和外部环境，揭示它在全球性竞争中的优势和劣势，以及面临的挑战和机遇，确定它的目标（包括目标人口、目标产业和目标区域），并针对目标市场进行创造、包装和营销的过程。区域营销是区域市场的管理过程，也是一个区域财富的增长过程。欧美等发达国家在实践基础上对区域营销作了系统的研究，形成了代表性的三个理论学派：市场学派、规划学派和文化导向学派。国内学者对区域营销的研究主要集中在区域形象的研究、地区旅游营销和区域营销研究等方面。区域营销推动区域经济发展的机制在于它具有要素集聚功能。特色产业培育功能、产能辐射功能和财富增长功能。区域营销策略是指用于指导区域营销实践活动的具有很强可操作性的具体手段和方法。主要的区域营销策略有：区域品牌营销策略、区域文化营销策略、区域事件营销策略、区域整合营销策略。

管治是指通过多种集团的对话、协调、合作以达到最大程度动员资源的统治方式，以补充市场交换和政府自上而下调控之不足，最终达到"双赢"的综合的社会治理方式。其基本特征是：第一，管治不是一套规章制度，而是一种综合的社会过程；第二，管治的建立不以"支配"、"控制"为基础，而以"调和"为基础；第三，管治同时涉及广泛的公私部门及多种利益单元；第四，管治虽然并不意味着一种固定的制度，但确实有赖于社会各组成部分之间的持续相互作用。区域管治是一种基于地域空间资源的管治，它是将经济、社会、生态等可持续发展资本，和土地、劳动力、技术、信息、知识等生产要素综合包融在内的整体地域管治概念，既涉及中央元，又涉及地区元，也涉及非政府组织元等多组织元的权利协调。根据层次和范围的不同，可以将区域管治细分为城市管治和大都市区管治两种基本类型。在管治模式方面，因采用不同的战略，存在不同的城市管治体系。而大都市区的管治模式主要有四类，即松散、单一组织的管治模式，统一组织的大都市区管治模式，完全单层制大都市区管治模式和双层制大都市区管治模式。

总部经济是指某区域由于特有的资源优势吸引企业将总部在该区域集群布局，将生产加工基地布局在具有比较优势的其他地区，而使企业价值链与区域资源实现最优空间耦合，以及由此对该区域经济发展产生重要影响的一种经济形态。总部经济的本质是"通过企业总部与生产制造基地的空间分离实现企业价值链与区域资源最优空间耦合"。总部经济形成的内在机理可以用"三赢模型"来揭示。具体来说就是通过把总部布局在发达的中心城市，将生产加工基地布局在欠发达地区，企业能够以较低的成本价格取得中心城市的战略资源和欠发达地区的常规资源，实现两个不同区域最优势资源在同一个企业的集中配置，因此总部经济能够使企业、总部所在区域、生产加工基地所在区域三方利益都得到增进。在总部经济模式下，企业总部对于所在区域的贡献主要表现在五个方面：税收贡献效应、产业乘数效应、消费带动效应、就业乘数效应、社会资本效应。而生产基地对于区域经济发展的积极作用主要是：促进区域经济增长和产业结构优化，促进区域就业岗位的增加和就业结构的调整，促进区域税收总量的增加和税源结构走向多元化，促进区域消费总量和质量的提高。同时，要注意减少生产加工基地对于所在区域的资源环境、人口管理、基础设施和配套服务体系等方面的消极影响。丰富的高素质人才、科技资源，围绕总部需求的专业化服务支撑体系，便捷的交通运输网和完善的通信系统，健全高效的法律制度环境和政府服务，宽容的多元文化、优越的生活环境和良好的区域形象是一个中心城市发展总部经济需要具备的一般性条件。

美籍奥地利学者约瑟夫·熊彼特把创新理解为"建立一种新的生产函数"，也就是把一种从来没有过的关于生产要素和生产条件的"新组合"引入生产体系，他认为，创新是发明的第一次商业化应用。尽管"创新"归根到底是人进行的创新，但就像人不可能脱离社会一样，任何个人的创新也都是在特定的创新体系之中形成并被置于这种创新体系之中的。区域创新系统是国家创新系统的子系统，但区域创新系统绝不是区域中的国家创新系统，而是创新的区域化。区域创新系统是指在特定的行政区域内，各创新主体彼此密切联系、依靠各种创新资源、借助各种创新条件、利用各种创新手段建立起来的有利于推动知识创新、技术创新、知识传播和知识应用的开放的、复杂的社会经济网络巨系统。从区域创新的要素条件来看，区域创新系统主要由三大部分构成，即创新主体、创新资源和创新环境。从区域创新的过程来看，区域创新系统主要由四大部分构成，即区域知识创新系统、区域技术创新系统、区域知识传播系统和区域知识应用系统。区域创新系统的基本功能就是推动创新，主要是推动技术创新，以及为推动技术创新而进行的制度创新、组织创新和管理创新。区域创新是实现现代区域发展的重要途径和过程，而区域发展是区域创新的主要目的和结果。区域创新促进区域的整体发展，而区域发展又会进一步促进区域创新的进行。所谓区域创新政策，是指一个国家或地区的政府为了促进创新活动的大规模涌现、创新效率的不断提高和创新能力的不断增强而采取的公共政策的总和，其最终目标是通过创新提高竞争力以实现经济的持续增长。区域创新政策主要作用于基础研究、基础设施建设和主导产业等领域，其主要手段包括政府资助区域研究与开发项目、政府采购创新产品、政府直接投资等。

区域竞争力是在系统分析区域现状的基础上，一个区域与其他区域相比，在资源环境、经济实力、产业市场、对外开放、基础设施、人力资本、科技创新和管理服务等方面表现出来的一种相对的综合能力，是一种通过比较所具有的吸引、争夺、转化资源和控制、占领市场的能力，亦即能够为区域发展提供资源配置和市场导向功能的能力。区域竞争力的本质是资源优化配置，其核心是创造竞争优势。区域竞争力主要由产业竞争力、企业竞争力、开放竞争力、经济综合实力竞争力、基础设施竞争力、科学技术竞争力、人力资源竞争力七个要素构成。应通过加强地方政府的作用、优化区域产业结构、发展产业集群等途径提升区域竞争力。

关键术语

新经济地理学　报酬递增　不完全竞争　市场外部经济　运输成本　“中心—外围”模型　国际专业化模型　全球和产业扩散模型　区域专业化模型　区域营销　区域营销策略　区域品牌营销策略　区域文化营销策略　区域事件营销策略　区域整合营销策略　管治　区域管治　城市管治　大都市区管治　区域管治模式　总部经济　总部　生产加工基地　“三赢模型”　税收贡献效应　产业乘数效应　社会资本效应　创新　区域创新　国家创新系统　区域创新系统　创新主体　创新资源　创新环境　区域知识创新系统　区域技术创新系统　区域知识传播系统　区域知识应用系统　区域创新政策　区域竞争力　区域竞争　竞争优势　产业竞争力　企业竞争力　开放竞争力　经济综合实力竞争力　基础设施竞争力　科学技术竞争力　人力资源竞争力　产业集群

复习思考题

1. 比较新经济地理学与传统经济地理学的联系与区别。
2. 简述新经济地理学的主要模型。
3. 如何评价新经济地理学？
4. 如何理解区域营销的概念？区域营销推动区域经济发展的内在机制是什么？

5. 区域营销策略包括哪些方面？试举例说明如何选择恰当的区域营销策略来对某个区域进行营销。

6. 管治的概念是什么？管治与统治的区别是什么？

7. 区域管治的概念、特点与分类。

8. 如何理解总部经济概念的内涵？总部经济形成的内在机理是什么？

9. 总部经济的区域经济效应。

10. 创新和区域创新的概念是什么？

11. 什么是区域创新系统？简述区域创新系统的由来。

12. 简述区域创新系统的结构和功能。

13. 简述区域创新与区域发展的关系。

14. 什么是区域创新政策？列举区域创新政策作用的主要领域及其主要手段。

15. 什么是区域竞争力？区域竞争力的本质和核心是什么？

16. 简述区域竞争力的构成。

17. 结合我国实际，论述提升区域竞争力的主要途径。

建议阅读书目

1. 安虎森等．新经济地理学原理（第二版）．北京：经济科学出版社，2009

2. ［日］藤田昌久等．空间经济学——城市、区域与国际贸易．北京：中国人民大学出版社，2011

3. 孙柏瑛．当代地方治理．北京：中国人民大学出版社，2004

4. 王德业主编．区域形象浪潮．北京：新华出版社，1998

5. 黄丽．国外大都市区治理模式．南京：东南大学出版社，2003

6. 顾朝林等．城市管制——概念·理论·方法·实证．南京：东南大学出版社，2003

7. 刘彦平．城市营销战略．北京：中国人民大学出版社，2005

8. 赵弘．总部经济（第二版）．北京：中国经济出版社，2005

9. 赵弘主编．中国总部经济发展报告（2011—2012）．北京：社会科学文献出版社，2011

10. 张鹏．总部经济时代．北京：社会科学文献出版社，2011

11. 柳卸林，高太山主编．中国区域创新能力报告 2012．北京：科学出版社，2013

12. 柳卸林等．构建均衡的区域创新体系．北京：科学出版社，2011

13. ［美］迈克尔·波特．国家竞争优势．北京：华夏出版社，2002

14. 倪鹏飞．中国城市竞争力理论研究与实证分析．北京：中国经济出版社，2001

15. 倪鹏飞主编．城市竞争力蓝皮书：中国城市竞争力报告（No. 10）．北京：社会科学文献出版社，2012

参考文献

[1]［德］阿尔弗雷德·韦伯．工业区位论．北京：商务印书馆，1997

[2]［德］奥古斯特·勒施．经济空间秩序——经济财货与地理间的关系．北京：商务印书馆，1995

[3]［德］沃尔特·克里斯塔勒．德国南部中心地原理．北京：商务印书馆，1998

[4]［德］约翰·冯·杜能．孤立国同农业和国民经济的关系．北京：商务印书馆，1997

[5]［美］保罗·克鲁格曼．地理和贸易．北京：北京大学出版社，中国人民大学出版社，2000

[6]［美］舒尔茨．改造传统农业．北京：商务印书馆，1987

[7]［美］埃德加·胡佛．区域经济学导论．北京：商务印书馆，1990

[8]［美］艾萨德．区域科学导论．北京：高等教育出版社，1990

[9]［美］菲利浦·科特勒．营销管理（第十版）．北京：中国人民大学出版社，2001

[10]［美］库兹涅茨．各国的经济增长．北京：商务印书馆，1985

[11]［美］查尔斯·P·金德尔伯格，B．赫里克．经济发展．上海：上海译文出版社，1986

[12]［美］肯尼思·约瑟夫·阿罗．社会选择：个性与多准则．北京：首都经济贸易大学出版社，2000

[13]［美］科斯．论生产的制度结构．上海：上海三联书店，1994

[14]［美］赫尔曼·E·戴利，肯尼思·N·汤森编．珍惜地球——经济学、生态学、伦理学．北京：商务印书馆，2001

[15]［美］赫希曼．经济发展战略．北京：经济科学出版社，1991

[16]［美］萨缪尔森．经济学．北京：商务印书馆，1979

[17]［美］保罗·克鲁格曼．发展、地理学与经济理论．北京：北京大学出版社，

中国人民大学出版社，2000

[18] [瑞典] 冈纳·缪尔达尔. 世界反贫困的挑战. 北京：北京经济学院出版社，1991

[19] [瑞典] 奥林. 地区间贸易和国际贸易. 北京：商务印书馆，1981

[20] [以] 赫尔普曼，[美] 克鲁格曼. 市场结构和对外贸易——报酬递增、不完全竞争和国际贸易. 上海：上海三联书店，1993

[21] [英] 巴顿. 城市经济学. 北京：商务印书馆，1984

[22] [英] 巴顿. 运输经济学. 北京：商务印书馆，2001

[23] [英] 埃里克·诺伊迈耶. 强与弱：两种对立的可持续性范式. 上海：上海译文出版社，2002

[24] [英] 哈维·阿姆斯特朗，吉姆·泰勒. 区域经济学与区域政策（第三版）. 上海：上海人民出版社，2007

[25] [英] 马尔萨斯. 人口原理. 北京：商务印书馆，1992

[26] [英] 马歇尔. 经济学原理. 北京：商务印书馆，1991

[27] [英] D. W. 皮尔斯，J. J. 沃福德. 世界无末日：经济学、环境与可持续发展. 北京：中国财政经济出版社，1996

[28] [澳] 杨小凯，[澳] 黄有光. 专业化与经济组织. 北京：经济科学出版社，1999

[29] 安虎森. 新经济地理学原理（第二版）. 北京：经济科学出版社，2009

[30] 安虎森等. 新区域经济学. 大连：东北财经大学出版社，2010

[31] 白永秀，赵伟伟，王颂吉. 城乡经济社会一体化的理论演进. 重庆社会科学，2010（10）

[32] 白志礼，欧阳敏. 我国城乡一体化的阶段性及其量化分析. 西北农林科技大学学报（社会科学版），2010（6）

[33] 蔡宁，吴结兵. 企业集聚的竞争优势：资源的结构性整合. 中国工业经济，2002（7）

[34] 蔡守秋，何卫东. 当代海洋环境资源法. 北京：煤炭工业出版社，2001

[35] 陈才. 区域经济地理学. 北京：科学出版社，2001

[36] 陈栋生主编. 区域经济学. 郑州：河南人民出版社，1993

[37] 陈鸿宇主编. 区域经济学新论. 广州：广东经济出版社，1998

[38] 陈华山. 当代美国农业经济研究. 武汉：武汉大学出版社，1996

[39] 陈秀山，赵霄伟. 区域规划密集推出重构区域经济格局. 领导之友，2010（2）

[40] 陈耀. 国家级区域规划与区域经济新格局. 中国发展观察，2010（3）

[41] 陈振汉，厉以宁. 工业区位理论. 北京：人民出版社，1982

[42] 陈自芳. 区域经济学新论. 北京：中国财政经济出版社，2011

[43] 邓宏兵主编. 区域经济学. 北京：科学出版社，2008

[44] 丁四保等. 区域经济学. 北京：高等教育出版社，2003

[45] 董棣. 发展云南区域经济的宏观思考. 社会主义论坛，2010（2）

[46] 郭熙保. 农业发展论. 武汉：武汉大学出版社，1995

[47] 郝寿义，安虎森．区域经济学（第二版）．北京：经济科学出版社，2004

[48] 贺灿飞，陈颖．港澳地区对中国内地直接投资的区位选择及其空间扩展．地理科学，1997（3）

[49] 贺灿飞，梁进社．中国外商直接投资的区域分异．地理学报，1999（2）

[50] 胡鞍钢，王绍光，康晓光．中国地区差距报告．沈阳：辽宁人民出版社，1995

[51] 胡明铭．区域创新系统：评价、发展模式与政策．长沙：湖南大学出版社，2008

[52] 贾凤和等．区域经济理论与模型．天津：南开大学出版社，1989

[53] 贾根良．劳动分工、制度变迁与经济发展．天津：南开大学出版社，1999

[54] 江秀平编著．实践中的中国公共政策．北京：中国人民大学出版社，2008

[55] 李克国，魏国印，张宝安主编．环境经济学．北京：中国环境科学出版社，2003

[56] 李小建主编．经济地理学．北京：高等教育出版社，1999

[57] 李小建．香港对大陆的投资区位变化与公司空间行为．地理学报，1996（3）

[58] 梁吉义．区域经济学通论．北京：科学出版社，2009

[59] 刘安国，杨开忠，谢燮．新经济地理学与传统经济地理学之比较研究．地理科学进展，2005（10）

[60] 刘安国，杨开忠．新经济地理学理论与模型评介．经济学动态，2001（12）

[61] 刘芳，王文静．新经济地理学研究评述．集团经济研究，2007（9）

[63] 刘继生，张文奎，张文忠编著．区位论．南京：江苏教育出版社，1994

[63] 刘乃全等．中国区域经济发展与空间结构的演变——基于改革开放30年时序变动的特征分析．财经研究，2008（11）

[64] 刘歆立，张要杰．统筹城乡发展的要义、依据及战略意义．中国特色社会主义研究，2009（4）

[65] 鲁明泓．外国直接投资区域分布与中国投资环境评估．经济研究，1997（12）

[66] 陆大道．区域发展及其空间结构．北京：科学出版社，1995

[67] 陆玉麟．区域发展中的空间结构研究．南京：南京师范大学出版社，1998

[68] 栾贵勤等．区域经济学．北京：清华大学出版社，2008

[69] 罗宏翔，哈颖．乡镇撤并与农村空间结构优化．财贸经济，2005（4）

[70] 罗宏翔．人类聚落演变的一般规律和我国主要聚落的数量变化特点．理论与改革，2000（4）

[71] 罗宏翔．中国小城镇发展研究：1949—2002．北京：高等教育出版社，2005

[72] 马丽，刘毅．经济全球化下的区域经济空间结构演化研究评述．地球科学进展，2003（2）

[73] 孟庆红主编．区域经济学概论．北京：经济科学出版社，2003

[74] 母爱英．区域经济政策新视角研究．北京：经济科学出版社，2004

[75] 聂华林，王成勇编著．区域经济学通论．北京：中国社会科学出版社，2006

[76] 戚常庆，李健．新区域主义与我国新一轮区域规划的发展规划．上海城市管理，2010（5）

[77] 钱东平. 产业集群与江苏区域经济竞争力——美国加州产业集群模式的借鉴. 现代经济探讨，2004 (6)

[78] 曲格平. 市场经济条件下的一项基本国策——环境保护. 管理世界，1993 (4)

[79] 任军，马咏梅等. 增长极理论视角下的我国中、西部增长极战略布局. 税务与经济，2008 (4)

[80] 盛洪. 分工与交易——一个一般理论及其对中国非专业化问题的应用分析. 上海：上海三联书店，上海人民出版社，1994

[81] 世界环境与发展委员会编著. 我们共同的未来. 北京：世界知识出版社，1989

[82] 宋迎昌. 美国的大都市区管治模式及其经验借鉴——以洛杉矶、华盛顿、路易斯维尔为例. 苏州大学中国特色城镇化研究中心电子期刊，2004 (5)

[83] 孙久文，叶裕民编著. 区域经济学教程. 北京：中国人民大学出版社，2010

[84] 孙久文主编. 区域经济学. 北京：首都经济贸易大学出版社，2008

[85] 王干一等编著. 新兴经济学科概论（上册）. 长春：东北师范大学出版社，1987

[86] 王静. 区域经济发展中网络开发战略模式研究. 陕西教育学院学报，2007 (1)

[87] 王梦奎，李善同等. 中国地区社会经济发展不平衡问题研究. 北京：商务印书馆，2000

[88] 王世豪. 区域经济空间结构的机制与模式. 北京：科学出版社，2009

[89] 王书华. 日本、韩国区域创新体系建设的实践及启示. 中国科技成果，2006 (17)

[90] 王伟中主编. 地方可持续发展导论. 北京：商务印书馆，1999

[91] 王小鲁，樊纲主编. 中国地区差距：20年变化趋势和影响因素. 北京：经济科学出版社，2004

[92] 王铮，丁金宏. 区域科学原理. 北京：科学出版社，1994

[93] 王铮. 区域管理与发展. 北京：科学出版社，2000

[94] 魏后凯，贺灿飞，王新. 外商在华直接投资动机与区位因素分析——对秦皇岛市外商直接投资的实证研究. 经济研究，2001 (2)

[95] 魏后凯. 跨世纪我国区域经济发展与制度创新. 经济问题研究，1998 (12)

[96] 魏后凯主编. 现代区域经济学. 北京：经济管理出版社，2006

[97] 吴传清主编. 区域经济学原理. 武汉：武汉大学出版社，2008

[98] 吴殿廷主编. 区域经济学（第二版）. 北京：科学出版社，2009

[99] 吴殿廷主编. 区域经济学. 北京：科学出版社，2003

[100] 武友德等编著. 区域经济学导论. 北京：中国社会科学出版社，2004

[101] 夏智伦. 区域经济竞争力研究. 长沙：湖南大学出版社，2006

[102] 谢文蕙，邓卫编著. 城市经济学. 北京：清华大学出版社，1996

[103] 许学强，周一星，宁越敏编著. 城市地理学. 北京：高等教育出版社，1997

[104] 严群英. 基于区域营销的区域经济发展机制研究. 华东经济管理，2010 (9)

[105] 杨汝万. 发展中国家的城市管治及其对中国的含义（下）. 上海城市管理职业技术学院学报，2002 (6)

[106] 杨睿辰. 推动中国区域经济一体化发展的三大因素分析. 高科技与产业化，

2008 (11)

[107] 杨润高，李红梅. 区域可持续发展的经济学模型分析. 中国可持续发展，2004 (6)

[108] 杨晓光，樊杰，赵燕霞. 20 世纪 90 年代中国区域经济增长的要素分析. 地理学报，2002 (6)

[109] 杨祖义. 20 世纪 90 年代中国区域经济发展的历史考察与基本经验. 当代中国史研究，2006 (3)

[110] 增长的极限：罗马俱乐部关于人类困境的报告. 成都：四川人民出版社，1983

[111] 张敦富主编. 城市经济学原理. 北京：中国轻工业出版社，2005

[112] 张敦富主编. 区域经济学原理. 北京：中国轻工业出版社，1999

[113] 张发余. 新经济地理学的研究内容及其评价. 经济学动态，2000 (11)

[114] 张继良. 中国区域竞争力研究. 南京：东南大学出版社，2008

[115] 张京祥. 城市与区域管治及其在中国的研究和应用. 城市问题，2000 (6)

[116] 张京祥，黄春晓. 管治理念及中国大都市区管理模式的重构. 南京大学学报 (哲学人文科学社会科学版)，2001 (5)

[117] 张可云. 区域经济政策. 北京：商务印书馆，2005

[118] 张可云. 区域经济政策：理论基础与欧盟国家实践. 北京：中国轻工业出版社，2001

[119] 张丽君. 可持续发展指标体系建设的国际进展. 国土资源情报，2004 (4)

[120] 张丽君主编. 区域经济政策. 北京：中央民族大学出版社，2006

[121] 张善余. 人口地理学概论. 上海：华东师范大学出版社，1999

[122] 张善余. 中国人口地理. 北京：科学出版社，2003

[123] 张善余编著. 世界人口地理. 上海：华东师范大学出版社，2002

[124] 张五常. 企业的契约性质. 上海：上海三联书店，1994

[125] 张文忠. 经济区位论. 北京：科学出版社，2000

[126] 张秀生主编. 区域经济学. 武汉：武汉大学出版社，2007

[127] 甄峰. 信息时代的区域空间结构. 北京：商务印书馆，2004

[128] 中国 21 世纪议程——中国 21 世纪人口、环境与发展白皮书. 北京：中国环境科学出版社，1994

[129] 中国社会科学院研究生院城乡建设经济系编. 城市经济学. 北京：经济科学出版社，1999

[130] 周霖. 区域产业群成长的内生机制与学习路径——以台州产业群为个案的实证研究. 中共浙江省委党校学报，2004 (4)

[131] 周一星，张莉. 改革开放条件下的中国城市经济区. 地理学报，2003 (2)

[132] 朱国传. 区域经济发展——理论、策略、管理与创新. 北京：人民出版社，2007

[133] 邹再进. 欠发达地区区域创新论——以青海省为例. 北京：经济科学出版社，2006

[134] John M. Hartwick，Intergenerational Equity and the Investing of Rents from Exhaustible Resources，*American Economic Review*，1977（5）

[135] M. Fujita，P. Krugman，A. Venables，*The Spatial Economy：Cities，Regions and International Trade*，Cambridge MIT Press，1999

图书在版编目（CIP）数据

区域经济学/张洪主编．—北京：中国人民大学出版社，2014.9
教育部经济管理类主干课程教材
ISBN 978-7-300-19380-9

Ⅰ.①区… Ⅱ.①张… Ⅲ.①区域经济学-高等学校-教材 Ⅳ.①F061.5

中国版本图书馆 CIP 数据核字（2014）第 184498 号

云南省普通高等学校“十二五”规划教材
云南省精品课程教材
教育部经济管理类主干课程教材
区域经济学
主　编　张　洪
副主编　林　泉　邹再进

出版发行	中国人民大学出版社		
社　址	北京中关村大街 31 号	**邮政编码**	100080
电　话	010－62511242（总编室）		010－62511770（质管部）
	010－82501766（邮购部）		010－62514148（门市部）
	010－62515195（发行公司）		010－62515275（盗版举报）
网　址	http：//www. crup. com. cn		
	http：//www. ttrnet. com（人大教研网）		
经　销	新华书店		
印　刷	北京昌联印刷有限公司		
规　格	185 mm×260 mm　16 开本	**版　次**	2014 年 9 月第 1 版
印　张	24.5	**印　次**	2014 年 9 月第 1 次印刷
字　数	571 000	**定　价**	45.00 元

教学支持说明

（教学课件）

中国人民大学出版社政治与公共管理出版分社秉承“出教材学术精品，育人文社科英才”的出版宗旨，多年来，出版了大批高质量的公共管理、教育学、政治学、政治理论公共课教材和学术著作。

为服务一线老师的教学工作，我们为本教材制作了相应的 PowerPoint 教学课件，任何一位采用本书为授课教材的老师都可免费获得课件。为保证这些课件仅为授课教师获得，烦请您填写如下材料并邮寄或传真给我们，我们将在收到信件或传真后 48 小时内通过 E-mail 给您发送有关课件。关于人大出版社政治与公共管理出版分社的其他图书信息，请登录 http://www.crup.com.cn/gggl 查询。

我们的联系方式：

地址：（100872）北京市中关村大街甲 59 号文化大厦 1202 室

中国人民大学出版社政治与公共管理出版分社

电话：（010）82502724　62514775（传真）

E-mail：gggglcbfs@vip.163.com

兹证明__________大学/学院__________院/系__________专业__________学年第__________学期开设的__________课程，采用中国人民大学出版社出版的__________（书名、作者）作为本课程教材。授课教师为__________，授课班级共______个、学生______人。授课教师需要与本书配套的教学课件。

联 系 人：____________________

通信地址：____________________

邮　　编：____________________

电　　话：____________________

E-mail：____________________

系/院主任：__________（签字）

（系/院办公室章）

______年_____月_____日